Die Kabinettsprotokolle
der Bundesregierung

Kabinettsausschuß für Wirtschaft
Band 1 · 1951–1953

Die Kabinettsprotokolle der Bundesregierung

herausgegeben
für das Bundesarchiv
von
Friedrich P. Kahlenberg

Die Kabinettsprotokolle der Bundesregierung

Kabinettsausschuß für Wirtschaft
Band 1 · 1951–1953

Bearbeitet
von
Ulrich Enders

R. OLDENBOURG VERLAG MÜNCHEN 1999

Die Deutsche Bibliothek – CIP-Einheitsaufnahme

Deutschland <Bundesrepublik> / Bundesregierung:
[Die Kabinettsprotokolle der Bundesregierung / Kabinettsausschuß für Wirtschaft]
Die Kabinettsprotokolle der Bundesregierung / hrsg. für das Bundesarchiv. Kabinettsausschuß für Wirtschaft. – München : Oldenbourg

Bd. 1: 1951/53 (1999)
ISBN 3-486-56393-9

Rosenheimer Straße 145, D-81671 München
Internet: http:/www.oldenbourg.de

Gedruckt auf säurefreiem, alterungsbeständigem Papier (chlorfrei gebleicht)
Gesamtherstellung: R. Oldenbourg Graphische Betriebe GmbH, München

ISBN 3-486-56393-9

INHALTSVERZEICHNIS

GELEITWORT

Am 20. Juli 1979 erteilte die Bundesregierung dem Bundesarchiv den Auftrag, die jeweils mehr als 30 Jahre alten Niederschriften ihrer Kabinettssitzungen wie auch der Sitzungen ihrer Ausschüsse in einer wissenschaftlichen Edition zu veröffentlichen. Der vorliegende Band enthält die Protokolle des Kabinettssausschusses für Wirtschaft von dessen Beginn im Frühjahr 1951 bis zum Ende des Jahres 1953. Erstmals werden hiermit Sitzungsniederschriften eines Kabinettsausschusses der Öffentlichkeit und der wissenschaftlichen Forschung zugänglich gemacht. Das entspricht auch dem Verlangen der historisch-wissenschaftlichen Forschung, die in den letzten Jahren mehrfach, am nachdrücklichsten in einer Resolution des Deutschen Historikertags in München im September 1996, den Quellenwert der Unterlagen der Ausschüsse der Bundesregierung unterstrich und deren damalige Unzugänglichkeit beklagte.

Den zweiten, die Jahre 1954 bis 1955 umfassenden Band der Protokolle des Kabinettsausschusses für Wirtschaft sowie die Protokolle des Ausschusses für Sozialreform für die Jahre 1955 bis 1960 bin ich sicher, im kommenden Jahr vorlegen zu können.

Aus der Sicht des Bundesarchivs wie der wissenschaftlichen Forschung ist erfreulich, daß die bislang als „Geheime Verschlußsache" eingestuften Sitzungsniederschriften jeweils zum Zeitpunkt ihrer Veröffentlichung offengelegt werden. Damit wird künftig einer zentralen Forderung der Wissenschaft nach der Überprüfbarkeit der Edition der Kabinettsprotolle entsprochen. Ich bin aufgrund der geleisteten Vorarbeiten zuversichtlich, daß der Jahresband 1957 der Kabinettsprotokolle gleichfalls im nächsten Jahr erscheinen kann.

Der Kabinettsausschuß für Wirtschaft war auf Bestreben von Bundeskanzler Adenauer im Frühjahr 1951 eingerichtet worden. Er trat am 19. April 1951 zu seiner ersten Sitzung zusammen. Hintergrund dieser Initiative war die durch den Korea-Krieg ausgelöste weltweite Nachfrage nach Rohstoffen und Fertigprodukten, die in der Bundesrepublik zu Produktionsengpässen, zu einer Verknappung der Devisen und schließlich zu einer Suspendierung des Liberalisierungsprozesses mit den Ländern der OEEC im Frühjahr 1951 geführt hatte. Die Aufhebung der Liberalisierung des Handels und die Wiedereinführung von Bewirtschaftungsmaßnahmen hatten Zweifel an dem marktwirtschaftlichen Kurs von Bundeswirtschaftsminister Erhard hervorgerufen. Die Skepsis erfaßte auch den Bundeskanzler, der in einem „wirtschaftspolitischen Koordinierungsausschuß" einen Weg suchte, den Handlungsspielraum Erhards zu beschränken und die Wirtschaftspolitik verstärkt vom Kanzleramt aus zu betreiben. Der Ausschuß war organisatorisch dem Kanzleramt zugewiesen und in seinen Aufgaben eng in die Tätigkeit des Kabinetts eingebunden. Er bereitete im wesentlichen die Kabinettsbeschlüsse der

Bundesregierung auf wirtschaftspolitischem Gebiet vor, oder er wurde auf Beschluß des Kabinetts in diesem Sinne tätig. Aus den Protokollen geht das Bemühen der Bundesregierung hervor, die Auswirkungen der Krise um die Jahreswende 1950/51 zu überwinden. Sie lassen aber auch Details eines Wirtschaftsprogrammes der Bundesregierung sichtbar werden, das in einer Förderung der Ausfuhr den Hebel für einen allgemeinen wirtschaftlichen Aufschwung und einer Verbesserung der Lebensverhältnisse sah. Das Programm bestand in seinen Grundzügen darin, die Inlandspreise insbesondere bei Agrarprodukten, Kohle und industriellen Grundstoffen an die Entwicklung auf dem Weltmarkt anzupassen und die damit verbundene Erhöhung der Lebenshaltungskosten durch eine Angleichung der Sozialrenten, der Löhne und Gehälter abzufedern. Kreditrestriktionen, Drosselung des Verbrauchs, Umlenkung der Kaufkraft und Anpassung der lebensnotwendigen Einfuhren an die Devisenreserven sollten die inflatorischen Auswirkungen abschwächen und gleichzeitig die Wettbewerbsfähigkeit der Bundesrepublik verbessern und Voraussetzungen für eine Belebung der Exportwirtschaft schaffen. Diese langfristig angelegte Strategie einer ausfuhrorientierten Wirtschaftspolitik erwies sich schließlich als Erfolgsrezept der Bundesregierung und ermöglichte den einmaligen wirtschaftlichen Aufstieg der Bundesrepublik Deutschland.

Für die kollegiale Unterstützung des Bearbeiters dieses ersten Bandes danke ich den Damen und Herren des Historischen Referats des Auswärtigen Amtes, der Stiftung Bundeskanzler-Adenauer-Haus, des Archivs für Christlich-Demokratische Politik der Konrad-Adenauer-Stiftung, der Ludwig- Erhard-Stiftung und des Archivs der Deutschen Bundesbank. Von den Kollegen und Mitarbeitern dieser Institutionen möchte ich hier stellvertretend Dr. Ludwig Biewer, Knud Piening, Dr. Günter Buchstab, Prof. Hans-Otto Kleinmann, Dr. Hans Peter Mensing, Andreas Schirmer, Rolf Herget und Gerd-Christian Wannovius nennen. Mein Dank gilt auch den Kollegen aus den verschiedenen Dienstorten des Bundesarchvis, die den Bearbeiter unterstützt haben. Ebenso danke ich Anita Wennholz für ihre umsichtige Schreibarbeit, Irmgard Wettengel, die mit Zuverlässigkeit und Sorgfalt das Manuskript durchgesehen hat, sowie Klaus Wagner, der in mühevoller Arbeit die Biographien erstellt hat.

Mein besonderer Dank gilt dem Bearbeiter dieses Bandes, dem Kollegen Dr. Ulrich Enders, dessen langjährige Erfahrung in der Editionsarbeit an den Kabinettsprotokollen sich bei der Betretung des Neulandes der Kabinettsausschüsse in jeder Weise bewährte und damit beste Voraussetzungen für ein gutes Gelingen dieses ersten Bandes boten. Einbeziehen in meinen besonderen Dank möchte ich schließlich die Kolleginnen und Kollegen der Editionsgruppe, Bettina Martin-Weber, Uta Rössel, Ralf Behrendt und Dr. Michael Hollmann sowie den Leiter der Gruppe, Dr. Josef Henke. Sie haben die einzelnen Arbeitsstufen stetig und kritisch mit Aufmerksamkeit und mit Ratschlägen begleitet und in konstruktiver Teamarbeit an der Entstehung dieses Bandes mitgewirkt.

Koblenz, im November 1998

Präsident des Bundesarchivs

ZUR EDITION

Gegenstand des vorliegenden Bandes der Edition „Die Kabinettsprotokolle der Bundesregierung" sind die Sitzungsniederschriften des Kabinettsausschusses für Wirtschaft aus den Jahren 1951 und 1953, die in Form von Kurzprotokollen über die Sitzungen des Bundeskabinetts von Referenten des Bundeskanzleramtes angefertigt wurden[1]. Die Protokolltexte wurden 1998 an das Bundesarchiv abgegeben und dem Bestand B 136 (Bundeskanzleramt) zugeordnet. Die Protokolle des Kabinettsausschusses für Wirtschaft sind, anders als die Kabinettsprotokolle, in einer einzigen Serie organisiert, in der Entwürfe und Ausfertigungen jeweils zusammen abgelegt wurden. Die Textvorlagen aus den Jahren 1951 bis 1953 befinden sich in den folgenden Bänden:

B 136/36209	1.–18. Ausschußsitzung	(19. April 1951 – 4. März 1952)
B 136/36210	19.–29. Ausschußsitzung	(14. März 1952 – 8. Dez. 1952)
B 136/36211	30.–40. Ausschußsitzung	(14. Jan. 1953 – 22. Sept. 1953)
B 136/36212	1.– 7. Ausschußsitzung	(19. Nov. 1953 –15. Mai 1954)

Die Edition bietet in aller Regel den Text der Protokollausfertigungen. Sie werden in graphisch aufgearbeiteter Form, aber ungekürzt vorgelegt. Von den Ausfertigungen abweichende Entwurfsstadien werden im Anmerkungsapparat nur dort nachgewiesen, wo es dem Bearbeiter inhaltlich angemessen erscheint; bei rein stilistischen Bearbeitungen und orthographischen, syntaktischen oder stilistischen Korrekturen wird auf den Nachweis von Abweichungen verzichtet. Auch die Einladungen zu den Sitzungen und deren Anlagen – mit Ausnahme der Einladungen zu den ausgefallenen Sitzungen – sowie das in die Protokollserie aufgenommene Schriftwerk bleiben von der Veröffentlichung ausgenommen. Nachträgliche Protokollkorrekturen – in der Regel dem ausgefertigten Protokoll als Anhang beigefügt oder in der „Kabinettskorrespondenz" gesammelt[2] – werden dagegen berücksichtigt und die ursprünglichen Textfassungen der Ausfertigungen in diesen Fällen in den Anmerkungen nachgewiesen.

Für alle Teile des Protokolltextes gilt – ebenso wie für Zitate im Kommentar –, daß offensichtliche orthographische oder syntaktische Fehler der Textvorlagen

[1] Zur Entstehung der Protokolltexte vgl. Kabinettsprotokolle 1954, S. IX–XII.

[2] Für die Jahre 1951 bis 1953 ist der Band 121 der sogenannten „Kabinettskorrespondenz" einschlägig.

stillschweigend korrigiert bzw. der heute gültigen Schreibweise angepaßt werden. In Zweifelsfällen werden die Korrekturen des Bearbeiters kenntlich gemacht.

Die Dokumentenköpfe sind vom Bearbeiter gestaltet. Sie enthalten in einheitlicher und übersichtlicher Form die formalen Angaben der Protokolltexte zu Teilnehmern, Zeit und Ort der Sitzungen in Abweichung von der originalen Textgestalt. Die Reihenfolge der genannten Teilnehmer entspricht der Vorlage; Bundesminister, Staatssekretäre und andere Sitzungsteilnehmer werden jedoch durch Semikola voneinander abgetrennt. Soweit dies in den Vorlagen nicht geschehen ist, werden die Staatssekretäre und sonstige Ministerialbeamte durch Zusatz des entsendenden Ressorts identifiziert. Die Tagesordnung wird, sofern sie dem Protokolltext nicht vorangestellt wurde, aus den Einladungsschreiben übernommen. Gegebenenfalls werden zusätzliche Informationen der Einladung, wie z.B. die Bezeichnung der Vorlagen, stillschweigend hinzugefügt. Abweichungen zwischen Einladung und Protokolltext werden kenntlich gemacht.

Grundsätzlich wird die Bezeichnung der Tagesordnungspunkte im Worlaut des Protokolls übernommen. Änderungen oder Hinzufügungen werden als Eingriffe der Bearbeiter mit eckigen Klammern gekennzeichnet. In der Höhe der Überschrift wird das für den jeweiligen Tagesordnungspunkt federführende Ressort angegeben.

Ordentliche Tagesordnung, Nachtragstagesordnung und außerordentliche Tagesordnung sind in den Protokollen häufig nicht durchgehend numeriert, manchmal tragen verschiedene Tagesordnungspunkte einer Sitzung dieselbe Nummer. Um jedem Tagesordnungspunkt eine eindeutige Kennzeichnung zu geben, wird in der Edition nur die Numerierung der ordentlichen Tagesordnungspunkte übernommen, alle außerhalb der Tagesordnung behandelten Punkte werden mit fortlaufenden Großbuchstaben in eckigen Klammern markiert.

Lange, außerhalb der Tagesordnung stehende Textpassagen ohne Überschrift sind – wo möglich – durch die Bearbeiter in mehrere Tagesordnungspunkte gegliedert, mit Überschriften versehen und wie außerordentliche Tagesordnungspunkte gekennzeichnet.

Die sprechenden Personen, die in der Vorlage unterstrichen sind, werden in der Edition im Kursivsatz wiedergegeben.

Anders als bei den Kabinettsprotokollen konnten parallele Mitschriften zu den Sitzungen des Kabinettsausschusses für Wirtschaft nicht ermittelt werden, die zur Ergänzung des Protokolltextes in die Edition hätten aufgenommen werden können. Kabinettsvorlagen oder andere Dokumente, deren Abdruck dem besseren Verständnis der Kommentierung dient, werden in einem eigenen Dokumentenanhang zusammengefaßt.

Der Kommentar der Protokolltexte in den Anmerkungen verfolgt mehrere Ziele. Neben der textkritischen Beschreibung des Textkorpus dienen die Anmerkungen zunächst dazu, den Protokolltext verständlich zu machen und an den Beratungsgegenstand heranzuführen. Nicht allgemein bekannte oder gebräuchliche Ereignisse, Institutionen oder Begriffe werden erläutert.

Im Protokolltext angesprochene Besprechungen, Schreiben, Vermerke, Gesetzestexte, Drucksachen, Zeitungsartikel etc. werden verifiziert und – wo möglich – nachgewiesen. Insbesondere gilt das für die den Kabinettsberatungen zu Grunde liegenden Kabinettvorlagen, die in den Beständen des jeweils federführenden Ressorts im Bundesarchiv oder im Politischen Archiv des Auswärtigen Amts sowie in der Regel auch im Bestand 136 (Bundeskanzleramt) überliefert sind. Darüber hinaus wollen die Bearbeiter dem Benutzer der Edition durch die Bezeichnung weiterer Unterlagen der zuständigen und qualifiziert beteiligten Ressorts den gezielten Einstieg in die einschlägige Sachaktenüberlieferung der Bundesressorts ermöglichen, ohne daß freilich eine vollständige sachthematische Inventarisierung angestrebt wird. Auch auf Unterlagen in den verfügbaren Nachlässen von Kabinettsmitgliedern im Bundesarchiv und in den Parteiarchiven wird gegebenenfalls hingewiesen. Im Fall von im Kabinett beratenen Gesetz- oder Verordnungsentwürfen wird auf die Nachzeichnung des sich an den Kabinettsbeschluß anschließende parlamentarische Behandlung verzichtet, wenn die Angelegenheit nicht wieder ins Kabinett zurückkommt; die betreffenden Drucksachen des Bundesrats und des Bundestags sowie die amtliche Veröffentlichung des Gesetzes oder der Verordnung werden nachgewiesen.

Im Text genannte Personen erhalten bei ihrer ersten Nennung eine biographische Anmerkung. Ausgenommen bleiben die im Text namentlich genannten Teilnehmer an den Kabinettssitzungen, über deren dienstlichen Werdegang ein eigener Anhang informiert. Diese Kurzviten werden im Personenregister durch Fettdruck der betreffenden Seitenzahl gekennzeichnet.

Schließlich bieten die Anmerkungen – durch den Hinweis „Siehe“ gekennzeichnete – Rückverweise und Fortgänge, die den Gang der Beratungen einer Angelegenheit im Kabinettsausschuß für Wirtschaft und im Kabinett leichter nachvollziehbar machen.

Wissenschaftliche Literatur wird nur dann angegeben, wenn der Sachkommentar dadurch wesentlich entlastet werden konnte. Die Zitierung erfolgt unter Verwendung von Kurztiteln, die im Literaturverzeichnis aufgelöst sind.

EINLEITUNG

DER KABINETTSAUSSCHUSS FÜR WIRTSCHAFT

I. Vorgeschichte und Einrichtung

„Wenn die Marktwirtschaft in einigen Sektoren heute in Bedrängnis gerät und wenn die von mir als lebensnotwendig erkannten Maßnahmen durchgeführt werden, dann ist das für uns alle und für das deutsche Volk kein Grund zum Frohlokken. Dem deutschen Volk würde es besser gehen, wenn unsere marktwirtschaftliche Politik ohne Korea unverändert hätte durchgeführt werden können"[1]. Mit diesen Worten versuchte Bundeswirtschaftsminister Erhard am 14. März 1951 vor dem Bundestag zu erklären, warum die bisher verfolgte Politik der sozialen Marktwirtschaft teilweise revidiert und Bewirtschaftungsmaßnahmen wieder eingeführt werden mußten. Der Koreakrieg hatte einen weltweiten Schock mit politischen, militärischen und wirtschaftlichen Folgereaktionen ausgelöst, die sich auch auf die Bundesrepublik auswirkten. Eine dieser Folgen war die Wirtschaftskrise um die Jahreswende 1950/51. Sie erschütterte den Glauben an den Erfolg der sozialen Marktwirtschaft und brachte den für die Wirtschaftspolitik verantwortlichen Minister politisch in schwere Bedrängnis. Die wirtschaftliche wie politische Krise führte schließlich im Frühjahr 1951 auch zu einer Reorganisation der Entscheidungsstrukturen der Bundesregierung auf wirtschaftspolitischem Gebiet und zur Errichtung eines für die Wirtschaftspolitik zuständigen Kabinettsausschusses.

Der Einfall des kommunistischen Nordkorea in das von amerikanischen Truppen geräumte Südkorea im Juni 1950 und das militärische Eingreifen der USA mit Unterstützung der UNO lösten den Koreakrieg aus. Er verschärfte den politischen und ideologischen Gegensatz zwischen den Ländern des kommunistischen Machtbereichs unter der Führung der Sowjetunion und den USA als der Vormacht der westlichen Welt. Der Angriff auf Südkorea wurde als Beweis eines weltweiten sowjetischen Expansionsbestrebens interpretiert, auf das die USA mit weitreichenden strategischen Gegenmaßnahmen reagierten. Sie wirkten sich in besonderem Maße auch auf die Bundesrepublik als einem an der Nahtstelle zum kommunistischen Machtbereich gelegenen Staat aus. Der Koreakrieg beschleunigte die Integration der Bundesrepublik in ein westliches Verteidigungs- und Bündnissystem. Wiederbewaffnung und finanzieller Verteidigungsbeitrag, aber auch die

[1] Siehe Stenographische Berichte, Bd. 6, S. 4805.

Einbeziehung der industriellen Ressourcen der Bundesrepublik in den Rahmen globaler Rüstungsanstrengungen des Westens wurden die zentralen Themen zwischen der Bundesregierung und den drei westlichen Besatzungsmächten[2].

In der Bundesrepublik löste der Konflikt eine sprunghaft wachsende Inlands- und Auslandsnachfrage aus und leitete einen anhaltenden wirtschaftlichen Aufschwung, den sogenannten ‚Koreaboom', ein. Er war aber auch Ursache der Krisenerscheinungen in der Jahreswende 1950/51. Aus Furcht vor einer Ausweitung des Krieges legten private Haushalte wie gewerbliche Wirtschaft Vorräte an Lebensmitteln, Fertigwaren und industriellen Grundstoffen an. Gleichzeitig verstärkte sich die Nachfrage des Auslandes nach Industrieprodukten aus der Bundesrepublik. „Eindeckungswelle" und „Ausfuhrsog" beschleunigten die Produktion vor allem von Gebrauchsgütern, sie förderten aber auch inflationäre Tendenzen und lösten vorübergehend eine übersteigerte Konjunktur aus[3]. In der Bundesrepublik stieg die Gesamtproduktion von Juli bis November 1950 um mehr als 25%. Damit verdoppelte sich die Zuwachsrate gegenüber derjenigen der ersten Jahreshälfte.

Diese konjunkturelle Binnenentwicklung wurde jedoch bald überschattet von den weltwirtschaftlichen Folgeerscheinungen des Koreakonflikts, die sich in einer weltweiten Verknappung der Rohstoffe und in einem internationalen Preisauftrieb bemerkbar machten. Von dieser Preisentwicklung wurden auch die Grundnahrungsmittel erfaßt. Obwohl öffentliche Mittel für Preissubventionen eingesetzt wurden, um die Preisauftriebstendenzen abzuschwächen, zogen die Lebenshaltungskosten von August 1950 bis Februar 1951 mit einer Jahresrate von 11% an, während die realen Lohnzuwächse hinter dieser Preisentwicklung zurückblieben.

Binnennachfrage und Auftragseingänge aus dem Ausland ließen die Einfuhr von Konsumgütern, Rohstoffen und industriellen Vorprodukten stark anwachsen. Die Einfuhr der Bundesrepublik nahm sowohl der Menge als auch – durch steigende Weltmarktpreise bedingt – dem Wert nach zu. So lagen die durchschnittlichen monatlichen Einfuhrwerte um 40% höher als in den letzten Monaten vor Ausbruch der Korea-Krise. Unter diesen Bedingungen nahmen die Einfuhren stärker zu als die Ausfuhren. Die Bilanz im Zahlungs- und Handelsverkehr verschlechterte sich rapide sowohl gegenüber dem Dollar-Raum wie gegenüber den Ländern der OEEC, auf die in der zweiten Hälfte des Jahres 1950 fast drei Viertel des gesamten Außenhandels der Bundesrepubik entfielen. Die Erhöhung der Liberalisierungsquote für bestimmte Waren innerhalb des OEEC-Raumes von 50 auf 60% zum 1. September 1950 gab der Nachfrage nach Waren aus diesen Ländern zusätzliche Impulse. Bei der von den Besatzungsmächten eingeführten und noch bestehenden Devisenbewirtschaftung entstanden wachsende Rechnungsdefizite gegenüber den Ländern der OEEC. Sie brachten die Bundesrepublik in eine starke

[2] Zu den Verhandlungen Adenauers mit den Alliierten Hohen Kommissaren vgl. Akten zur Auswärtigen Politik, Bd. 1 und 2.

[3] Zum Folgenden vgl. insbesondere die Geschäftsberichte der BdL für 1950 und für 1951 sowie Wirtschaft und Statistik, 1952. – Vgl. dazu auch die tabellarischen Übersichten zur Wirtschaftsentwicklung u. a. in Abelshauser, Fünfziger Jahre, S. 77–93.

Schuldnerposition gegenüber der Europäischen Zahlungsunion (EZU), dem rückwirkend zum 1. Juli 1950 in Kraft getretenen Verrechnungssystem der OEEC-Länder. Schon Ende Oktober war absehbar, daß die Bundesrepublik die nach dem Außenhandelsumsatz von 1949 festgesetzte Kreditquote von maximal 320 Millionen Dollar innerhalb des Abrechnungssystems der EZU überschreiten würde. Um weiterhin an der Liberalisierung des innereuropäischen Handels beteiligt zu bleiben, hatte die Bundesrepublik einen Sonderkredit der EZU in Höhe von 120 Millionen Dollar erhalten. Als auch diese Kreditlinie zur Deckung weiterer monatlicher Zahlungsdefizite annähernd erschöpft war, sah sich die Bundesregierung gezwungen, am 22. Februar 1951 die Liberalisierung des Handels mit den Ländern der OEEC auszusetzen[4].

Der Liberalisierungsstop signalisierte eine zumindest vorübergehende Aufhebung der bis dahin verfolgten Politik der Handelsliberalisierung. Er war begleitet von einer Reihe weiterer Maßnahmen zur Regulierung des Außenhandels. Mit einer Verschärfung der Import- und Devisenkontrollen, Einfuhrkontingentierungen und Kreditrestriktionen einerseits und mit steuerlichen Anreizen zur Förderung der Ausfuhr andererseits versuchte die Bundesregierung die Ungleichgewichte in der Handels- und Zahlungsbilanz zu verringern. Diesem Ziel sollten auch Korrekturen am bestehenden Preisgefüge dienen. Mit einer schrittweisen Anhebung der Preise beabsichtigte die Bundesregierung, den privaten Konsum als eine der Ursachen der Devisenkrise zu beschränken. Gleichzeitig erwartete sie von Preisanhebungen, für gewerbliche und landwirtschaftliche Betriebe Produktionsanreize zu schaffen und durch ein erhöhtes Binnenangebot die Nachfrage an Importwaren einzudämmen[5].

Mangel an Rohstoffen und Engpässe bei der Kohleversorgung, im Energiebereich und in der Eisen- und Stahlproduktion zwangen die Bundesregierung, auch in diesen Teilbereichen auf Bewirtschaftungsmaßnahmen zurückzugreifen. Mit dem Gesetz für Sicherungs- und Überleitungsmaßnahmen auf einzelnen Gebieten der gewerblichen Wirtschaft vom 9. März 1951 erhielt die Bundesregierung die Ermächtigung, befristet Rechtsverordnungen in eigens genannten, besonders gefährdeten Wirtschaftsbereichen zu erlassen[6]. Zu Lenkungsmaßnahmen im Bereich der Ein- und Ausfuhr wurde die Bundesregierung durch das Gesetz über die Errichtung einer Bundesstelle für den Warenverkehr der gewerblichen Wirtschaft ermächtigt. Die Ernennung des Vorstandsmitglieds der Phoenix A.G., Otto A. Friedrich, zum Berater der Bundesregierung für Rohstofffragen und zum kommissari-

[4] Vgl. dazu 130. Kabinettssitzung am 21. Febr. 1951 TOP B und 131. Kabinettssitzung am 23. Febr. 1951 TOP E (Kabinettsprotokolle 1951, S. 169f. und 179f.).

[5] Vgl. zum Folgenden auch Kabinettsprotokolle 1951, S. XL-LI. – Die Einzelmaßnahmen faßte die Bundesregierung zu einem Wirtschaftsprogramm zusammen, mit dem sie die gegenwärtige Krise zu überwinden gedachte. Vgl. dazu Sondersitzung der Bundesregierung am 20. März 1951 TOP A (Kabinettsprotokolle 1951, S. 263f.) und 140. Kabinettssitzung am 10. April 1951 TOP 1 (Kabinettsprotokolle 1951, S. 287–292).

[6] Zum Gesetz für Sicherungs- und Überleitungsmaßnahmen auf einzelnen Gebieten der gewerblichen Wirtschaft vom 9. März 1951 (BGBl. I 163) vgl. 94. Kabinettssitzung am 5. Sept. 1950 TOP 3 (Kabinettsprotokolle 1950, S. 673f.).

schen Leiter der Bundesstelle für den Warenverkehr fügte sich in die Maßnahmen der Bundesregierung zur Wirtschaftslenkung [7].

Forderungen nach einer teilweisen oder vorübergehenden Korrektur der marktwirtschaftlich orientierten Wirtschaftspolitik der Bundesregierung gingen auch von den USA aus. Als Reaktion auf den Koreakrieg hatte die amerikanische Regierung nach der Verabschiedung des Defence Production Act im September 1950 umfangreiche Bewirtschaftungs- und Kontrollmaßnahmen zur Lenkung strategisch wichtiger Rohstoffe eingeführt und einen mit weitreichenden Vollmachten ausgestatteten Verwaltungsapparat aufgebaut. Von der Bundesrepublik wurden ähnliche Maßnahmen zur Unterstützung der gemeinsamen Verteidigungsanstrengungen erwartet. In einem Schreiben vom 6. März 1951 verlangte der amerikanische Hochkommissar und Sonderbeauftragte der Marshallplan-Verwaltung für Deutschland, John McCloy, von der Bundesregierung unmißverständlich Bewirtschaftungs- und Lenkungsmaßnahmen in strategisch wichtigen Wirtschaftsbereichen, Preis- und Devisenkontrollen sowie eine vorausschauende Versorgungsplanung. Der Sonderbeauftragte war sich dabei bewußt, daß diese Forderungen mit marktwirtschaftlichen Prinzipien nicht zu vereinbaren waren. Eine grundsätzliche Kehrtwendung in der Wirtschaftspolitik der Bundesregierung hielt er aber für notwendig, da „nur eine bedeutsame Modifizierung der freien Marktwirtschaft der veränderten Situation gerecht werden“ könne[8].

In den folgenden Gesprächen gab die amerikanische Seite zu verstehen, daß man von der Bundesregierung rasch und eindeutig eine Neuorientierung in der Wirtschaftspolitik erwarte. Zur Einleitung des Kurswechsels empfahl sie demonstrative und öffentlich eindrucksvolle Maßnahmen, die auch personelle Veränderungen mit einbezogen[9].

Die Bundesregierung konnte diesen Forderungen mit Hinweisen auf die von ihr ergriffenen Bewirtschaftungs- und Steuerungsmaßnahmen teilweise parieren. Zur Bekämpfung der aktuellen Probleme hatte sie selbst schon auf administrative Steuerungsinstrumente zurückgegriffen, ohne jedoch die Grundprinzipien der freien Marktwirtschaft in Frage zu stellen. Erhard nahm auch mehrmals öffentlich zu dieser Modifikation seiner Wirtschaftspolitik Stellung. Am 14. März 1951 verteidigte er erneut seine marktwirtschaftlichen Überzeugungen im Plenum des Deutschen Bundestages und erklärte unter Anspielung auf die von der Bundes-

---

[7] Vgl. 2. Ausschußsitzung am 2. Mai 1951 TOP 1 (Bundesstelle für den Warenverkehr). – Zum Gesetz zur Errichtung einer Bundesstelle für den Warenverkehr im Bereich der gewerblichen Wirtschaft vom 29. März 1951 (BGBl. I 216) vgl. 48. Kabinettssitzung am 24. Febr. 1950 TOP 4 (Kabinettsprotokolle 1950, S. 221).

[8] Vgl. 134. Kabinettssitzung am 8. März 1951 TOP A (Kabinettsprotokolle 1951, S. 212 f.). – Schreiben John McCloys vom 6. März 1951 in B 136/1309, abgedruckt in Abelshauser, Ansätze, S. 734–736.

[9] Vgl. dazu den Vermerk von Karl Albrecht (BMM) vom 14. März 1951 in B 136/1309. Vermutlich Staatssekretär Otto Lenz hatte im Zusammenhang mit dem Vorschlag personeller Veränderungen in einer Randbemerkung den Namen von Friedrich Ernst, dem späteren Geschäftsführer des Kabinettsausschusses für Wirtschaft, notiert. – Die Erwartungen auf amerikanischer Seite konzentrierten sich dabei auf den künftigen Koordinator für Wirtschaftsfragen als „Gegenspieler“ für die amerikanische ECA-Verwaltung in der Bundesrepublik (Vermerk von Ernst vom 14. März 1951 in B 136/1309).

regierung vorgenommenen Korrekturen: „Wenn wir also auch auf den Prinzipien beharren, so sind wir doch bereit, die Methoden und Verfahren zu verändern. Wir wollen die Funktionen des Marktes erhalten. Aber wir sind uns darüber klar, daß manche Freizügigkeit und manche Freiheit durch bewußte, planvolle und sinnvolle Regelung ersetzt werden müssen“[10]. Der Rückgriff auf administrative Lenkungsmaßnahmen hatte aber Wert und Wirksamkeit der Marktwirtschaft in Frage gestellt, während sich die Befürworter einer staatlichen Wirtschaftslenkung in ihrer Auffassung bestätigt sahen. Die Idee der Marktwirtschaft, aber auch der für die Wirtschaftspolitik der Bundesregierung verantwortliche Minister gerieten zunehmend unter Druck der öffentlichen Meinung. Die Opposition interpretierte die Wiederaufnahme planwirtschaftlicher Elemente sogar als Scheitern Erhards und empfahl ihm den Rücktritt[11].

Die Unsicherheit über die Methoden zur Bekämpfung der Wirtschaftskrise löste einen allgemeinen „Programmhunger“[12] aus, dem von den verschiedensten Seiten mit Vorschlägen, Memoranden und Empfehlungen begegnet wurde. Bei den unterschiedlichen Ansätzen drehten sich die Lösungsvorschläge im Kern um die Frage nach der Notwendigkeit und dem Umfang staatlicher Zwangsmaßnahmen[13].

Der Richtungsstreit erfaßte auch die Bundesregierung, wobei sich im Kabinett Erhard und Finanzminister Schäffer als Kontrahenten gegenüber standen. Der Wirtschaftsminister propagierte einen „Sparmarkenplan“, der einen Preisaufschlag für bestimmte Waren in Form von Sparmarken vorsah. Diese sollten in verzinsliche Anteilscheine eintauschbar und zu einem späteren Zeitpunkt auszahlbar sein. Erhard sah darin ein marktkonformes Mittel, um Privatkapital vom Konsum in volkswirtschaftlich dringend erforderliche Investitionen umzulenken. Dagegen setzte sich der Finanzminister für eine Sondersteuer ein, mit der die grundsätzlich erwünschte Abschöpfung von Kaufkraft vorgenommen werden sollte. Die Mehreinnahmen sollten zur Stabilisierung der Staatsfinanzen verwendet werden und Handlungsspielraum für eine fiskalpolitisch gesteuerte staatliche Investitionsförderung eröffnen.

Diese auch in der Öffentlichkeit ausgetragenen Differenzen ließen allenthalben den Eindruck mangelnder Zusammenarbeit innerhalb der Regierung aufkommen. Sie schürten eine allgemeine Unzufriedenheit über die Regierungstätigkeit, die sich in Forderungen nach einer verstärkten Koordination in der Wirtschaftspolitik Luft machte. So kritisierte der Vorstand der CDU/CSU-Bundestagsfraktion auf seiner Sitzung am 31. Januar 1951 die „unzureichenden Leistungen der Ministerien“, die er „vor allem auf den Mangel einer ausrichtenden Koordinierung“ zu-

[10] Auch Erhard hatte von der Notwendigkeit gesprochen, auf Lenkungsmaßnahmen zurückzugreifen, ohne jedoch das System der freien Marktwirtschaft in Frage zu stellen. – Vgl. dazu Stenographische Berichte, Bd. 7, S. 4800, ferner Erhard, Wirtschaftspolitik, S. 132f.

[11] Vgl. dazu die Replik des Wirtschaftsexperten der SPD, Dr. Erik Nölting, vom 14. März 1951 auf die Rede Erhards (Stenographische Berichte, Bd. 6, S. 4811).

[12] So der Bundestagsabgeordnete Hermann Schäfer auf der Sitzung des Bundesvorstandes der FDP am 1. April 1951 (vgl. FDP-Bundesvorstand, S. 201).

[13] Zu der wirtschaftspolitischen Debatte und den sich daran beteiligenden gesellschaftlichen Gruppen vgl. Adamsen, Investitionshilfe, S. 106–153.

rückführte. Die Errichtung eines interministeriellen Ausschusses der Staatssekretäre erschien ihm als beste Lösung zur Beseitigung der Misere[14]. In einem Schreiben an den Staatssekretär im Bundeskanzleramt, Otto Lenz, bemängelte Curt Bekker, stellvertretender Leiter des Wirtschaftsausschusses der CDU des Rheinlandes[15], die mangelnde Zusammenarbeit und empfahl einen „Koordinierungsausschuß für die wirtschaftliche Stabilisierung", dem Vertreter der Bundesressorts, der Arbeitnehmer und der Unternehmen angehören sollten[16]. Auch Lenz kritisierte die Zusammenarbeit innerhalb der Regierung, als er am 17. Juli 1951 an Adenauer schrieb: „Was mich bei meinem Antritt meiner Tätigkeit am meisten beunruhigt hat, war das Versagen und die mangelnde Koordination innerhalb der verschiedenen Ressorts für Wirtschaft, Ernährung und Finanzen"[17]. Schließlich beklagte sich auch von Brentano, auf die letzten Monate seiner Tätigkeit als Fraktionsvorsitzender zurückblickend, bei Adenauer: „[...] Ich kann dieses Thema [der mangelnden Zusammenarbeit innerhalb der Regierung und zwischen Regierung und Fraktion] nicht anschneiden, ohne Ihnen, verehrter Herr Dr. Adenauer, in aller Offenheit, aber auch mit allem Ernst zu sagen, daß meiner festen Überzeugung nach das Kabinett in einer erschreckenden Weise das Vertrauen unseres Volkes verloren hat. [...] Aber nicht nur die Abgeordneten im Bundestag, sondern auch die breite Öffentlichkeit spürt sehr wohl, daß die Zusammenarbeit in Ihrem Kabinett nicht funktioniert. Wenn ich nur an die letzten Monate denke, so glaube ich nicht [zu] viel zu sagen, wenn ich feststelle, daß wohl keine Erklärung des Kabinetts oder eines Ressortministers nicht unverzüglich von irgend einem anderen Kabinettsmitglied kritisiert, kurze Zeit darauf dementiert und wenige Stunden oder Tage darauf wieder aufgenommen wurde"[18].

Auch die Fraktion der CDU/CSU mahnte in ihren Vorschlägen zur Wirtschaftspolitik eine Geschlossenheit der Regierungspolitik an: „In der vergangenen Zeit hat sich als im höchsten Maße störend eine uneinheitliche Wirtschaftspolitik und eine mangelhafte Abstimmung der Finanzpolitik mit der Wirtschaftspolitik erwiesen. Die Fraktion hat hierauf schon verschiedentlich hingewiesen, und sie stellt erneut die Forderung auf, nunmehr endlich die Einheitlichkeit in der Führung der Wirtschaftspolitik innerhalb des Kabinetts sicherzustellen"[19].

Einen Vertrauensverlust in die Politik der Bundesregierung konstatierte auch der Bundesvorstand der FDP. Auf einer Sitzung am 1. April 1951 führte er das schwindende Ansehen der Bundesregierung auf das Fehlen einer klaren wirtschaftspolitischen Linie und auf die Widersprüchlichkeit der Regierungspolitik zurück. Dabei stellte sich für den Vorstand die Frage, inwieweit er noch die Verantwortung für diese Politik mittragen könne. Ohne an ernsthafte Konsequenzen zu denken, zog er bei dieser Gelegenheit auch personelle Veränderungen im Bun-

---

[14] Vgl. CDU/CSU-Fraktion, S. 345.

[15] Vgl. dazu Curt Becker, Verantwortung, S. 42.

[16] Siehe das Schreiben von Curt Becker vom 19. Febr. 1951 in ACDP I-162/146.

[17] Siehe das Schreiben von Otto Lenz in ACDP I-172/58/2.

[18] Siehe Durchschrift des Schreibens von Brentanos vom 16. Juni 1951 in Nachlaß Brentano N 1239/154, abgedruckt in Baring, Bundeskanzler, S. 67.

[19] Siehe das Schreiben von Brentanos an Adenauer vom 9. März 1951 mit beigefügten Vorschlägen der CDU/CSU-Fraktion in B 136/2363.

deskabinett in Betracht. Er erhoffte sich in einem Revirement, das auch vor dem Bundeskanzler nicht Halt machte, das Signal eines wirtschaftspolitischen Neuanfangs[20].

Auf diese sich häufenden Anzeichen einer allgemeinen Unzufriedenheit mußte Adenauer reagieren, waren doch letztlich auch Leistung und Führungsqualität des Bundeskanzlers in Frage gestellt worden. Der Bundesregierung, in dieser Zeit ohnehin im „Dauertief"[21], brachten diese Querelen und Divergenzen einen zusätzlichen Ansehensverlust. Adenauer sah sich gezwungen, zur Wahrung seiner Amtsautorität Handlungsfähigkeit zu demonstrieren und den Zusammenhalt seiner Regierung wieder herzustellen.

Die von seinen Parteifreunden an Adenauer herangetragenen Empfehlungen waren indes nicht neu. Bereits im November 1949 hatte das Kabinett die Bildung eines „wirtschaftspolitischen Ausschusses der Bundesregierung" beschlossen[22]. Nach dem Vorschlag Blüchers sollte er sich aus den Ministern für Wirtschaft, Finanzen, Landwirtschaft und Marshallplan zusammensetzen und die Aufgabe haben, „die Beschlußfassung für alle Gebiete der Wirtschaftspolitik betreffenden Grundsatzfragen vorzubereiten und dafür Sorge zu tragen, daß die Wirtschaftspolitik der Bundesregierung eine einheitliche sei"[23]. Die Angelegenheit war aber nicht weiter verfolgt worden. Erst in der aktuellen Krisensituation und in dem sich zuspitzenden Konflikt mit Erhard griff Adenauer diesen Vorschlag wieder auf.

Ein Koordinierungsausschuß bot Adenauer die Möglichkeit, zwei ihn gleichermaßen bedrängende Probleme zu lösen. Er ermöglichte es zum einen, die Meinungsverschiedenheiten im Vorfeld von Kabinettsentscheidungen austragen zu lassen, die inhaltlichen Gegensätze zu entschärfen und somit die Voraussetzungen für eine einheitliche und in sich kohärente Wirtschaftspolitik der Bundesregierung zu verbessern. Er eröffnete zum anderen dem Bundeskanzler die Möglichkeit, den Handlungsspielraum und die Aktivitäten seines Wirtschaftsministers einer schärferen Kontrolle zu unterziehen. Der Plan zu einer Reorganisation der Entscheidungsstrukturen traf sich in diesem Punkt mit den personaltaktischen Bestrebungen Adenauers, durch einen Austausch des Staatssekretärs einen Mann seines Vertrauens im Bundeswirtschaftsministerium zu plazieren. Dieser sollte den Einfluß des Bundeskanzlers auf das Wirtschaftsministerium sichern, aber auch die Führungsschwächen Erhards kompensieren und die von Adenauer geforderte organisatorische Neuordnung des Ministeriums vornehmen[24].

Zu dieser schon seit längerem bestehenden kritischen Einschätzung der Organisationsfähigkeiten kamen bei Adenauer im Frühjahr 1951 auch Zweifel an der Sachkompetenz seines Wirtschaftsministers hinzu. Mit wachsenden wirtschaftlichen Schwierigkeiten und zunehmender Kritik an dem wirtschaftspolitischen

---

20 Vgl. dazu FDP-Bundesvorstand, S. 189–205.

21 Vgl. dazu Schwarz, Adenauer, S. 776.

22 Vgl. 21. Kabinettssitzung am 11. Nov. 1949 TOP 7 (Kabinettsprotokolle 1949, S. 189).

23 Siehe das Schreiben Blüchers an Adenauer vom 9. Nov. 1949 in Nachlaß Blücher N 1080/78.

24 Zur Absicht Adenauers, mit einem neuen Staatssekretär einen Verwaltungsfachmann, aber auch einen „Aufpasser" im Wirtschaftsministerium zu installieren, vgl. Wengst, Staatsaufbau, S. 253–258, Koerfer, Kampf, S. 102 f. und Hentschel, Erhard, S. 149–151.

Kurs der Bundesregierung begann Adenauer, sich vorsichtig von Erhard und der von ihm vertretenen Wirtschaftspolitik zu distanzieren. So erklärte Adenauer am 12. Februar 1951 vor dem Bundesausschuß der CDU zur Wirtschaftspolitik der Bundesregierung, daß er allein an einer erfolgreichen Überwindung der aktuellen Wirtschaftskrise interessiert sei, die Wahl der Mittel dagegen für ihn nur eine untergeordnete Rolle spiele[25]. Unzufriedenheit mit der Arbeit des Wirtschaftsministeriums und seines Ressortleiters zeigte Adenauer auch im Gespräch mit Heuss, als er bemängelte: „Die optimistischen wirtschaftspolitischen Voraussagen des Ministers Erhard seien nicht eingetroffen. Sein Ministerium habe die wirtschaftspolitische Entwicklung nicht genügend übersehen und die notwendigen Gegenmaßnahmen nicht getroffen“[26]. Adenauer wandte sich aber auch direkt an seinen Wirtschaftsminister. In einem Brief vom 24. Februar 1951 an Erhard kritisierte er die optimistischen Prognosen Erhards über die künftige Preisentwicklung und bat um Zurückhaltung bei derartigen öffentlichen Äußerungen. Sein Schreiben endete mit der Mahnung, „[...] daß jede Enttäuschung der Öffentlichkeit über Sie und Ihre Voraussicht der gesamten Bundesregierung zur Last fällt“[27]. Für Erhard mußte dies eine Warnung sein. Adenauer hatte sich nur bedingt für Erhards Wirtschaftskurs ausgesprochen, er hatte auch durchblicken lassen, daß er für den Erhalt seiner Regierung bereit war, den Kurs der Wirtschaftspolitik zu verändern und gegebenenfalls auch personelle Konsequenzen in Kauf zu nehmen.

Auf der Kabinettssitzung am 16. Februar 1951 machte Adenauer sein Kabinett erstmals und gleichsam beiläufig mit seinem Plan zur Einrichtung eines Koordinierungsausschusses bekannt. Adenauer hatte die mangelhafte Getreideversorgung scharf kritisiert und im Verlauf einer wenig ergiebigen Diskussion von der „Notwendigkeit einer engeren Koordinierung der auf wirtschaftlichem Gebiet tätigen Ministerien“ gesprochen[28]. Dabei brachte er auch den Verwaltungsratsvorsitzenden der Berliner Zentralbank, Friedrich Ernst, als Geschäftsführer des Ausschusses ins Spiel, mit dem er noch tags zuvor ein Gespräch geführt hatte[29]. Dieser frühzeitig eingebrachte Personalvorschlag verwies nicht nur auf einen bereits detailliert vorbereiteten Plan, er verriet auch die Urheberschaft Adenauers, der seine Entschlossenheit demonstriert, das Kabinett überrascht und jeder weiteren Personaldiskussion den Boden entzogen hatte.

Erhard konnte sich zunächst mit dem Gedanken eines Koordinierungsausschusses aus sachlichen Gründen anfreunden, hatte er doch im November 1949 selbst einen ähnlichen Vorschlag unterbreitet. Er war damals allerdings von der Erwartung ausgegangen, daß die Zuständigkeit für die Koordinierung eindeutig beim Bundeswirtschaftsminister liegen müsse. Als Begründung hatte er ausgeführt: „Unerläßliche Voraussetzung einer sozialen Marktwirtschaft ist [...] eine Koordinierung sämtlicher wirtschafts- und sozialpolitischen Entscheidungen als die wichtigste Voraussetzung der künftigen Wirtschaftspolitik. Eine solche Koor-

[25] Vgl. dazu Wengst, Staatsaufbau, S. 254.
[26] Siehe Adenauer-Heuss, S. 54.
[27] Siehe das Schreiben Adenauers an Erhard vom 24. Febr. 1951 in LES I.1)2, abgedruckt in Adenauer, Briefe 1949–1951, S. 351 f.
[28] Siehe 129. Kabinettssitzung am 16. Febr. 1951 TOP B (Kabinettsprotokolle 1951, S. 163).
[29] Vgl. die Besucherliste vom 15. Febr. 1951 (StBKAH III 04.02).

dinierung, d.h. die Übereinstimmung aller wirtschaftspolitischen Maßnahmen, verlangt die Zusammenfassung dieser Maßnahmen in der Hand des für Wirtschaftspolitik verantwortlichen Bundesministers für Wirtschaft“[30]. Beantwortete sich für den Bundeswirtschaftsminister die Frage nach dem Vorsitz im Wirtschaftskabinett allein schon aus der sachlichen Zuständigkeit, so glaubte Erhard darüber hinaus auch einen in seiner Person selbst liegenden Führungsanspruch erheben zu können. So hatte er im November 1949 in einem an Adenauer persönlich gerichteten Begleitbrief geschrieben: „Die soziale Marktwirtschaft [...] zu einem guten, segensreichen Ende zu führen, vermag nur der, dessen wirtschaftspolitische Autorität [...] so unbestritten ist, daß er die Geister zuletzt doch versöhnen kann, ohne sich selbst untreu werden zu müssen. Es ist nicht Hochmut, sondern Nüchternheit, wenn ich Ihnen sage, daß diese Aufgabe in Deutschland nach Lage der Dinge nur mir zufallen kann“[31].

Erhard hatte einen Kabinettsausschuß vorgeschlagen, der seine Kompetenzen zu einer Art Überministerium erweitert und ihm die Position eines „wirtschaftspolitischen Nebenkanzlers“[32] eingeräumt hätte. Diesem 1949 angemeldeten Führungsanspruch Erhards setzte Adenauer im Frühjahr 1951 ein Modell entgegen, das dessen Handlungsspielraum einschränken und einer stärkeren, zentralen Kontrolle unterwerfen sollte. Konnte sich Erhard mit dieser Wendung noch aus sachlichen Gründen abfinden, so erweckten in den Medien vorgetragene Spekulationen über eine wirtschaftliche Nebenregierung Adenauers und über eine Entmachtung des Wirtschaftsministers das Mißtrauen Erhards. Er erkundigte sich daher bei Adenauer nach der weiteren Ausgestaltung des geplanten Koordinierungsausschusses. So schrieb er an Adenauer unter Bezugnahme auf Pressemeldungen, daß er einer Ernennung von Blücher „zu einer Art Koordinierungsminister sowohl aus staats- wie aus parteipolitischen Gründen unter keinen Umständen zustimmen“ könne, um dann fortzufahren: „Wenn ich auch eine Koordinierung der wirtschaftlichen Ressorts nicht nur für wünschenswert, sondern für notwendig halte, so vertrete ich doch den Standpunkt, daß diese Koordinierung nur vom Bundeskanzleramt aus selbst besorgt werden dürfte“. Für unvertretbar hielt er dagegen den Vorschlag, „den Chef eines nebengeordneten Ressorts sozusagen zum Überminister zu ernennen.“ Zur Stellung des Geschäftsführers erklärte er: „Ich würde es persönlich begrüßen, wenn Herr Dr. Ernst bereit wäre, einen interministeriellen Ausgleich in allen wirtschaftspolitischen Fragen unter Ihrem Vorsitz herbeizuführen, und ich hätte auch keine Bedenken, wenn im Falle Ihrer Verhinderung dann der Herr Vizekanzler in Ihre Funktion einträte. Wohl aber würde ich es mit den Aufgaben, Pflichten und Verantwortungen eines Ressortministers nicht mehr für vereinbar halten, wenn Herr Dr. Ernst seine Tätigkeit im Rahmen des Marshallplan-Ministeriums ausüben würde. Das heißt also mit anderen Worten, daß ich mir eine fruchtbare Tätigkeit des Herrn Dr. Ernst nur im Rahmen des Bundeskanzleramtes vor-

[30] Siehe „Kabinettvorlage zur Geschäftsverteilung auf dem Gebiet der Wirtschaftspolitik“ und Begleitschreiben Erhards an Adenauer vom 24. Nov. 1949 in B 136/4649. – Vgl. dazu Anhang 1, Dokument Nr. 1.

[31] Ebenda, auszugsweise abgedruckt in Hentschel, Erhard, S. 93 f.

[32] Siehe Hentschel, Erhard, S. 95.

stellen kann“[33]. Die Antwort Adenauers fiel beruhigend aus, als er lapidar schrieb: „Den Vorsitz übernehme ich. Mit meiner ständigen Vertretung betraue ich den Vizekanzler. Herr Ernst wird nicht in das Marshallplan-Ministerium eingereiht, sondern soll die Leitung der Geschäfte dieses Ausschusses übernehmen“[34].

Gefahren für die politische Zukunft des in der Gunst des Bundeskanzlers gesunkenen Wirtschaftsministers lagen aber weniger in den beabsichtigten organisatorischen Veränderungen als vielmehr in der Personalentscheidung und den dahinter stehenden personaltaktischen Überlegungen des Bundeskanzlers.

Dr. iur. Friedrich Ernst (1889–1960) war 1931 unter der Regierung Brüning zum Reichskommissar für das Bankgewerbe ernannt worden und anschließend von 1935 bis 1939 Reichskommissar für das Kreditwesen und von 1939 bis 1941 Reichskommissar für die Behandlung feindlichen Vermögens. Wegen seiner Verbindung zu den Widerstandskreisen des 20. Juli 1944 war er verhaftet worden. Als Mitglied der Berliner CDU hatte er Kontakte zu Vertretern der ehemaligen Zentrumspartei und über diese wiederum Beziehungen, die in das Kanzleramt und zu Adenauer persönlich reichten[35]. Verbindungslinien zu Adenauer verliefen auch über die Bankiers Robert Pferdmenges und Hermann Josef Abs, die Ernst während seiner Zeit als Ministerialdirektor im Preußischen Handelsministerium und in der Zeit vor dem Ausbruch des Krieges kennengelernt hatte. Mit Abs verband ihn darüber hinaus die Teilhaberschaft an dem Bankhaus Delbrück, Schickler & Co.

Ernst hatte im Frühjahr 1949 an der Währungsreform in Berlin an führender Stelle mitgewirkt[36] und anschließend die Stelle des Vorsitzenden des Verwaltungsrates der Berliner Zentralbank erhalten. Er hatte auch innerhalb der Unionsparteien einen gewissen überregionalen Bekanntheitsgrad erreicht, als er im Januar 1948 zum Vorsitzenden des Unterausschusses für Fragen der Währungsreform und des Lastenausgleichs gewählt worden war[37]. Schließlich war Ernst auch Mitglied des Beratenden Berliner Ausschusses für den Marshallplan, der im Januar 1950 gebildet worden war[38].

Bei der Diskussion des Kabinetts über die Ernennung eines Bevollmächtigten der Bundesregierung in Berlin hatte Jakob Kaiser den Bankier vorgeschlagen und dessen „allseits hohes Ansehen“ betont. Ernst schien auch Adenauers Erwartungen an eine „Persönlichkeit mit politischem Charakter“ zu erfüllen[39], doch zu sei-

---

[33] Siehe das Schreiben Erhards an Adenauer vom 2. März 1951 in StBKAH III 11.02.

[34] Siehe das Schreiben Adenauers an Erhard vom 4. März 1951 in LES I.1)2, abgedruckt in Korea-Krise, S. 283.

[35] Hierzu gehörten vor allem Jakob Kaiser, Heinrich Vockel, Friedrich Spennrath, Heinrich Krone und Otto Lenz, der durch seine Widerstandstätigkeit wiederum über Kontakte zu Vockel, aber auch zu Hans Globke, Josef Rust und Josef Wirmer verfügte. Heinrich Vockel besaß aus seiner Zeit als Generalsekretär der Zentrumspartei eine alte Verbindung zu Adenauer. Auf die Zeit vor 1933 gingen die auch nach 1945 gepflegten engeren Beziehungen Adenauers zu Spennrath zurück, der wiederum wie Vockel und Ernst Mitglied des Aufsichtsrates der AEG in Berlin war. – Hinweise dazu bei Gradl, Anfang, S. 15 und 55 und Gradl, Adenauer, S. 353 sowie Lenz, Tagebuch, S. IX, zu den Verbindungen von Lenz Unterlagen in Nachlaß Kaiser N 1018/17b und 115.

[36] Vgl. Wolf, Währungsreform, S. 261.

[37] Vgl. dazu Kaff, Unionsparteien, S. 762.

[38] Vgl. Berlin 1948–1951, S. 551.

[39] Vgl. 27. Kabinettssitzung am 29. Nov. 1949 TOP 3a (Kabinettsprotokolle 1949, S. 231).

nem Bedauern hatte Ernst dieses Amt abgelehnt[40]. Im Zusammenhang mit der Neubesetzung des Postens eines Staatssekretärs im Bundeswirtschaftsministerium war ebenfalls Ernst – vermutlich durch Vermittlung von Lenz und Vockel[41] – ins Spiel gebracht worden. Ernst lehnte zwar das Amt des Staatssekretärs ab, war aber schließlich bereit, vorübergehend die Tätigkeit des Geschäftsführers im Koordinierungsausschuß zu übernehmen. Vorbedingung war für ihn allerdings, weiterhin den Vorsitz im Verwaltungsrat der Berliner Zentralbank zu führen[42].

Adenauer hatte mit Friedrich Ernst einen angesehenen Bankfachmann in seine Nähe geholt, der aus seiner Tätigkeit vor dem Kriege über Erfahrungen zu staatlichen Interventionsmaßnahmen in Notstandszeiten verfügte und der offen zu den Kritikern Erhards zählte[43]. Adenauer war auch bemüht, die Position von Ernst gegenüber den Kabinettsmitgliedern und Wirtschaftsführern zu stärken. Ernst begann am 26. Februar 1951 seine Tätigkeit im Bundeskanzleramt[44]. Am 2. und 6. März nahm er erstmals an Kabinettssitzungen teil, in denen das Wirtschaftsprogramm der Bundesregierung erörtert wurde[45]. Ab 15. März lud ihn Adenauer auch zu informellen Gesprächen mit Spitzenvertretern der deutschen Wirtschaft und zu Gesprächen mit seinen persönlichen Beratern in Wirtschaftsfragen[46].

Erhard setzte sich gegen diese für ihn bedrohlich werdende Situation zur Wehr, indem er sich wiederholt an die Öffentlichkeit wandte, für die von ihm vertretenen Prinzipien der Marktwirtschaft focht und einen uneingeschränkten Führungsanspruch einforderte. Dabei wandte er sich auch indirekt gegen die Pläne Adenauers, als er vor einer Zersplitterung der Zuständigkeiten warnte. Eine Gelegenheit, vor aller Öffentlichkeit auch dem Bundeskanzler gegenüber seinen Führungsanspruch anzumelden, bot sich im Bundestag am 14. März 1951, als der Haushalt des Bundeswirtschaftsministeriums beraten wurde. Dabei verteidigte er erneut seine Wirtschaftspolitik, um fortzufahren: „Eine solche Politik setzt klare Verantwortungen und klare Zuständigkeiten voraus. Diese können und dürfen nach dem Grundgesetz lediglich in der Hand des Wirtschaftsministers sein.

[40] Vgl. 34. Kabinettssitzung am 10. Jan. 1950 TOP G (Kabinettsprotokolle 1950, S. 119).

[41] Vgl. Tagebucheintragung vom 3. Febr. 1951 in Lenz, Zentrum, S. 30, und Schreiben Vockels vom 5. Febr. 1951 an Adenauer, mit dem er um einen Termin für Ernst bat, um die Frage des Staatssekretärs beim Bundeswirtschaftsministerium zu erörtern (StBKAH III 10.05).

[42] Vgl. dazu die Erklärung von Ernst in der Sitzung des Verwaltungsrates der Berliner Zentralbank am 21. März 1951 (B 331/603). – Daß bei der besonderen Geschäftsführung nicht an eine Dauereinrichtung gedacht war, geht auch aus einer „Notiz für den Herrn Staatssekretär" (o.D.) hervor. Danach hatte Ernst selbst „von Anfang an betont, daß er die ihm übertragene Aufgabe nur als eine vorübergehende betrachte und weder Angestellter noch Beamter des Bundes zu werden wünsche." (B 136/1672).

[43] Mit dieser Meinung hielt Ernst sich offenbar auch nicht zurück. Von Franz Etzel, dem Vorsitzenden des Wirtschaftsausschusses der CDU, zur Rede gestellt, „ob es stimme, daß er ein ungünstiges Urteil über Erhard abgegeben habe", bestätigte Ernst dies und fügte hinzu, „daß Erhard nun einmal unfähig sei, ein Ministerium zu leiten, und außerdem mit seinen ständigen Reden über die freie Wirtschaft der gespannten wirtschaftlichen Lage nicht Rechnung trage". (Siehe Tagebucheintragung vom 9. Juni 1951 in Lenz, Zentrum, 93 f.).

[44] Vgl. Tagebucheintragung vom 24. Febr. 1951 in Lenz, Zentrum, S. 44.

[45] Vgl. dazu 133. Kabinettssitzung am 2. März und Sondersitzung am 6. März 1951 (Kabinettsprotokolle 1951, S. 198–211).

[46] Vgl. Besucherliste in StBKAH III 04.01.

Selbstverständlich bedürfen Maßnahmen wirtschaftspolitischer Art der Abstimmung mit den benachbarten Ressorts und der Genehmigung durch das Kabinett, aber der Führungsanspruch des Wirtschaftsministeriums ist klar gegeben. Nur der Wirtschaftsminister kann die Verantwortung übernehmen, die er auch nach dem Grundgesetz trägt. Ich bin bereit und willens, diesem Prinzip gemäß die Verantwortung voll zu übernehmen" [47].

Kämpferisch und selbstbewußt zeigte sich Erhard auch noch kurz vor der Beschlußfassung des Kabinetts über den Koordinierungsausschuß. Unter der Überschrift „Viele Köche verderben den Brei" berichtete die „Offenbach-Post" über eine Rede Erhards am 19. März 1951 vor Mitgliedern der Industrie- und Handelskammer in Frankfurt. In ihr hatte Erhard erneut eine Kompetenzbeeinträchtigung kritisiert und bekräftigt: „Ich bin bereit, diese Verantwortung in den Grenzen meiner Zuständigkeit und nach den Richtlinien des Bundeskanzlers voll zu erfüllen. Das deutsche Volk soll wissen, daß ich eine klare Konzeption über die wirtschaftspolitischen Notwendigkeiten besitze, und es soll nicht länger daran zweifeln, daß ich auch den Mut habe, nach dieser Konzeption die Probleme so gut zu lösen, wie es in meiner Kraft steht"[48].

Diese in Reden und Zeitungsartikeln geäußerte Kritik wurde im Kanzleramt als „wilde Pressekampagne"[49] bewertet. Adenauer sah sich zum Handeln gezwungen, wollte er nicht den Zusammenhalt seiner Regierung, aber auch sein eigenes Ansehen im Kabinett und in der Öffentlichkeit aufs Spiel setzen.

In einem Brief vom 19. März 1951 forderte er Erhard zur Stellungnahme auf. Dabei rügte er in harschem Ton nicht nur Erhards eigenmächtige und regierungsabträgliche öffentliche Äußerungen, er warf ihm auch grundsätzliches Versagen in der Wirtschaftspolitik und in seiner Eigenschaft als Ressortleiter vor[50]. Adenauer hatte zu einer Generalabrechnung ausgeholt und Erhard als Person und als Bundeswirtschaftsminister in einer Schärfe kritisiert, die seinen Rücktritt nicht mehr ausschloß[51]. Erhard aber zeigte sich unbeeindruckt. In seinem Antwortschreiben vom gleichen Tage versuchte er die Vorwürfe gegen seine Öffentlichkeitsarbeit durch Hinweis auf Pannen und Indiskretionen abzuschwächen, verteidigte aber erneut mit aller Eindringlichkeit seine wirtschaftspolitischen Überzeugungen. Er ging sogar zum Gegenangriff über, als er Maßnahmen kritisierte, die die Wirkungsfähigkeit der gegenwärtig verfolgten Wirtschaftspolitik beeinträchtigten: „Was aber die sachlichen Ausführungen über die Zersplitterung unserer Wirtschaftspolitik anbelangt, kann ich nicht umhin, die Berechtigung dieser Klagen anzuerkennen. Immer ist in Deutschland der Wirtschaftsminister Träger der Wirtschaftspolitik ge-

[47] Vgl. dazu Stenographische Berichte, Bd. 7, S. 4800.

[48] Zitiert nach der „Offenbach-Post" vom 21. März 1951 (Pressedokumentation in B 102/8919).

[49] Siehe Tagebucheintragung vom 19. März 1951 in Lenz, Zentrum, S. 60.

[50] Entwurf des von Lenz redigierten (dazu Tagebucheintragung vom 19. März 1951 in Lenz, Zentrum, S. 60f.) Schreibens vom 19. März 1951 an Erhard, in Adenauer, Briefe 1951–1953, S. 26–32, und in Korea-Krise, S. 341–345; vgl. dazu auch Hentschel, Erhard, S. 157f.

[51] So war Lenz der Meinung, daß Erhard aufgrund dieses Schreibens zurücktreten werde, Adenauer bezweifelte dies (Tagebucheintragung vom 19. März 1951 in Lenz, Zentrum, S. 60).

wesen, und wenn deshalb auch nach dem Grundgesetz jeder Bundesminister innerhalb der vom Bundeskanzler zu bestimmenden Richtlinien der Politik seinen Geschäftsbereich selbständig und unter eigener Verantwortung zu führen hat, dann ist mit diesem Grundsatz eine Aufsplitterung der Wirtschaftspolitik in eine Reihe von Einzelgremien und Sonderkommissariaten nicht zu vereinbaren. [...] Wenn ich bisher der Bildung immer neuer Ausschüsse und Zirkel keinen Widerstand entgegensetzte, so geschah es aus meinem guten Willen zu einer Zusammenarbeit, aber ich muß dieses Verhalten heute als Schuld verbuchen. Gerade in einer Situation wie der gegenwärtigen ist eine straffe Führung unerläßlich, und es muß vor allen Dingen Sorge getragen werden, daß über das Raten hinaus die Taten nicht unerträgliche Verzögerungen erfahren"[52].

Zu sehr vom Erfolg seiner Politik und der Unersetzlichkeit seiner Person überzeugt, war er nicht bereit, nach der vernichtenden Kritik des Bundeskanzlers von sich aus den Rücktritt anzubieten. Einen Kurswechsel, der mit seinem Rücktritt verbunden gewesen wäre, wies er in die Verantwortung des Bundeskanzlers zurück. Dazu schrieb er an Adenauer: „Falls Sie, sehr verehrter Herr Bundeskanzler, nicht das Vertrauen zu mir haben, daß meine wirtschaftspolitischen Fähigkeiten zur Erfüllung meines Amtes ausreichen, dann steht Ihnen meine Abberufung frei, und Sie haben einen Mann an meine Stelle zu setzen, der Ihnen mit seiner Person mehr Sicherheit und Erfolg verbürgt. Ich darf allerdings hinzufügen, daß es unbestreitbar meine Wirtschaftspolitik war, die das deutsche Volk und die deutsche Wirtschaft aus einem Chaos heraus wieder auf eine lebensfähige Grundlage stellte. Ich behaupte nicht unfehlbar zu sein, aber ich habe eine ganz klare Konzeption und verfüge vor allen Dingen über die wirtschaftspolitischen Erfahrungen und Kenntnisse, um erkannte Notwendigkeiten auch in die Tat umzusetzen. Das aber eben macht die Vertrauensfrage aus, und diese zu entscheiden obliegt zuletzt Ihnen"[53].

Adenauer drängte auf eine Entscheidung, er war nicht länger bereit, die Eigenmächtigkeiten seines Wirtschaftsministers hinzunehmen und einen Beschluß über die Errichtung des Koordinierungsausschusses zu gefährden. Unmittelbar vor der Abendsitzung des Kabinetts am 20. März 1951, in der der Koordinierungsausschuß behandelt werden sollte, stellte er Erhard in einer solch demütigenden Form zur Rede, daß nur mehr der Rücktritt oder ein Rückzug auf ganzer Linie übrig blieb[54]. Erhard war auch diesmal nicht bereit, von sich aus zurückzutreten. Er zog es vor, sich zu fügen, ohne sich aber von seinem wirtschaftspolitischen Kurs abbringen zu lassen. An der anschließenden Erörterung des „Wirtschaftlichen Koordinierungsausschusses" im Kabinett beteiligte er sich nicht[55]. Adenauer hatte aber sein Nahziel erreicht und Erhard in die Kabinettsdisziplin gezwungen.

Schien sich Erhard mit dem Ausschuß abgefunden zu haben, so fühlte er sich doch von der Vorgehensweise Adenauers innerlich tief und nachhaltig getroffen.

---

[52] Siehe das Schreiben Erhards an Adenauer vom 19. März 1951 in B 136/4674. Entwurf des Schreibens in LES I.1)2, abgedruckt in Korea-Krise, S. 343–345.
[53] Siehe das Schreiben Erhards an Adenauer vom 19. März 1951 in B 136/4674.
[54] Vgl. dazu Tagebuchaufzeichnung vom 20. März 1951 in Lenz, Zentrum, S. 61.
[55] Vgl. Sondersitzung am 20. März 1951 TOP 1 (Kabinettsprotokolle 1951, S. 261 f.).

So schrieb er noch drei Jahre später am 11. April 1954 in einer 17-seitigen Rechtfertigungsschrift an Adenauer zu den Vorgängen im Frühjahr 1951: „Daß Sie, sehr verehrter Herr Bundeskanzler, gerade in politisch bewegten Zeiten, die auch ökonomisch stärkere Ausschläge zeitigten, mein wirtschaftspolitisches Handeln nicht immer billigten, hat sich erstmals schon bei der Korea-Krise deutlich genug ausgeprägt, als Sie es für notwendig erachteten, sich neben – oder besser über – den Wirtschaftsminister hinweg in der Person des Herrn Dr. Ernst einen wirtschaftlichen Sonderberater in Ihr Haus zu nehmen. Daß er Ihnen seinerzeit gerade das Falsche zu tun empfahl, und ich mit meiner als Sturheit empfundenen Weigerung, wieder dirigistische Maßnahmen einzuleiten, recht behielt, ist in der Zwischenzeit nicht nur von den amerikanischen Behörden, sondern vor allen Dingen auch von der internationalen Wissenschaft als allein richtig anerkannt worden und hat in vielen Veröffentlichungen dieser Art seinen Niederschlag gefunden. [...]“[56].

Mit dem „Beschluß über die Errichtung eines wirtschaftspolitischen Koordinierungsausschusses“ legte der Bundeskanzler dem Kabinett am 20. März 1951 den Entwurf einer Geschäftsordnung vor, der Zweck, Zusammensetzung, Leitung und Verfahrensregeln des neu zu bildenden Gremiums bestimmte[57]. Den Vorsitz sollte der Bundeskanzler führen, der den Bundesminister für den Marshallplan als seinem Stellvertreter mit der Ständigen Vertretung beauftragte. Ferner sah die Geschäftsordnung einen „besonderen Geschäftsführer“ vor, der im Vertretungsfalle den Vorsitz übernehmen, für die Durchführung der Beschlüsse sorgen und außerhalb der Sitzungen für diesen Ausschuß handeln sollte.

Bei der Beratung im Kabinett wurden zwar Ergänzungsvorschläge eingebracht, zunächst aber keine grundsätzlichen Bedenken erhoben. Erst nachträglich trug der Bundeswirtschaftsminister, unterstützt von den Bundesministern des Innern und der Justiz[58], seine grundsätzlichen Einwände vor. Erhard sah in der Errichtung eines Koordinierungsausschusses mit eigenen Kompetenzen auf dem Gebiet der Wirtschaftspolitik eine erhebliche Einschränkung des verfassungsrechtlich garantierten Prinzips der Ministerverantwortlichkeit. Insbesondere wollte er Funktion und Stellung des Geschäftsführers eingeschränkt wissen. So schrieb er: „Ich lege Wert darauf, daß die Zuständigkeit und Verantwortung der Minister nach Artikel 65 des Grundgesetzes ausdrücklich verankert wird, um von vornherein der Gefahr einer Nebenregierung vorzubeugen. Das besagt praktisch, daß der Geschäftsführer aus eigener Veranlassung heraus keine wirtschaftspolitische Aktivität und Initiative zu entfalten hat, und daß die Vorlagen für den Ausschuß nur von den Ministern herkommen können. [...] Der Geschäftsführer des Ausschusses tritt nach außen als Vertreter der Wirtschaftspolitik der Regierung nicht in Erscheinung“[59].

Zur verfassungsrechtlich problematischen Stellung des Geschäftsführers bemerkte der FDP-Abgeordnete Preusker in einem Brief an Erhard: „Ich bin noch

---

[56] Siehe dazu Schreiben in LES I.1)4, auszugsweise abgedruckt bei Koerfer, Kampf, S. 92 f.

[57] Siehe Kabinettsvorlage des Bundeskanzleramtes vom 19. März 1951 in B 102/128776. – Abdruck in Anhang 1, Dokument Nr. 2.

[58] Vgl. dazu Kabinettsprotokolle 1951, S. 261 Anm. 6.

[59] Vgl. Schreiben Erhards an Staatssekretär Lenz vom 21. März 1951 in B 102/128776. – Abdruck in Anhang 1, Dokument Nr. 3.

immer nicht damit fertig geworden, daß der Bundeskanzler nun doch seine Absicht durchgesetzt hat, die sogenannte „Koordinierung" unter Dr. Ernst zur Wirklichkeit werden zu lassen. Denn das ‚unter Ernst' scheint mir leider insofern durchaus berechtigt, als nach den mir zuteil gewordenen Informationen in Abwesenheit des Bundeskanzlers und von Blücher Dr. Ernst den Vorsitz in diesem Ausschuß führen soll. Wie das verfassungsmäßig gedacht ist, daß Bundesminister dem Vorsitz einer Persönlichkeit unterstellt werden, die nicht dem Bundeskabinett angehört oder in diesem Rahmen irgendeine Verantwortung besitzt, ist mir überdies völlig unklar"[60].

Die von Erhard vorgetragenen Bedenken wurden weitgehend berücksichtigt. Die von Staatssekretär Lenz ausgearbeitete Neufassung der Geschäftsordnung vom 7. April 1951 hielt nunmehr ausdrücklich fest, daß „die verfassungsmäßige Verantwortlichkeit des einzelnen Ministers für seinen Geschäftsbereich durch die Einrichtung des Kabinettausschusses nicht berührt" wird. Auch die Stellung und Funktion des Geschäftsführers war klarer umrissen. Dem Kanzleramt unterstellt, besaß er zwar Vorschlagsrecht, doch im übrigen konzentrierte sich seine Tätigkeit auf eine Koordinierung der Ausschußarbeiten[61].

Mit der Überarbeitung der Geschäftsordnung veränderte sich auch die Bezeichnung des Ausschusses. Hatte die Vorlage vom 19. März 1951 von einem Wirtschaftspolitischen Koordinierungsausschuß gesprochen, so schuf die Neufassung vom 7. April 1951 mit dem Begriff des „engeren Kabinettsausschusses" eine Regelung, die auch in den allgemeinen Sprachgebrauch einging. Im Bundeswirtschaftsministerium wurde er später intern auch als „kleines Kabinett" bezeichnet[62]. Mit der Protokollierung seiner Sitzungen verlieh ihm das Bundeskanzleramt die offizielle Bezeichnung „Kabinettsausschuß für Wirtschaft".

Der Entwurf einer Geschäftsordnung stand zwar wiederholt auf der Tagesordnung der Kabinettssitzungen, wurde aber nicht weiter behandelt und damit auch nicht förmlich verabschiedet[63]. Weitere Planungen wurden zunächst durch den Lauf der Ereignisse überholt und schließlich durch eine rasch sich etablierende Routine überflüssig.

Der Kabinettsausschuß trat am 19. April 1951 zum erstenmal zusammen. In der Regel tagte er im Haus Carstanjen, dem in Bad Godesberg gelegenen Sitz des Bundesministeriums für den Marshallplan. Der Konstituierung war ein Vorschlag Blüchers in der Kabinettssitzung tags zuvor vorausgegangen, „in einer besonderen Sitzung der beteiligten Bundesminister und ihrer Staatssekretäre" und unter seinem Vorsitz zusammenzutreten, um die dringlich gewordene Entscheidung der

---

[60] Siehe das Schreiben Preuskers an Erhard vom 20. März 1951 in LES I.4)57, abgedruckt in Korea-Krise, S. 346.

[61] Neufassung vom 7. April 1951 in B 102/128776. – Abdruck im Anhang 1, Dokument Nr. 4.

[62] Unter dem Namen „wirtschaftspolitischer Ausschuß" oder auch „Wirtschaftsausschuß" trat auch auf Wunsch Adenauers in unregelmäßigen Abständen ein informelles Gremium zusammen. Ihm gehörten die Bundesminister Blücher, Schäffer und Erhard, die Finanzsachverständigen Abs und Pferdmenges, der Präsident der Bank deutscher Länder, Karl Bernard, und der Direktoriumsvorsitzenden der Zentralbank, Wilhelm Vocke, an. – Unterlagen dazu in B 136/4800, vgl. dazu auch 21. Kabinettssitzung am 11. Nov. 1949 TOP 7 (Kabinettsprotokolle 1949, S. 189f.).

[63] Vgl. dazu Sondersitzung am 20. März 1951 TOP 1 (Kabinettsprotokolle 1951, S. 262).

Bundesregierung über die Preisgestaltung für Milch, Butter und Zucker vorzubereiten[64]. Der politische Druck der agrarischen Interessensvertretung hatte einen hastigen und unvorbereiteten Tätigkeitsbeginn des Kabinettsausschusses erzwungen. Die in der Anfangsphase auch in der Protokollführung sichtbare Improvisation wich jedoch bald einem routinemäßigen Geschäftsablauf nach dem Vorbild der Kabinettssitzungen. Die Geschäftsführung lag beim Kanzleramt und wurde dort von einem der fachlich jeweils zuständigen Referenten wahrgenommen, der auch Einladung und Tagesordnung zu den Sitzungen je nach den Vorgaben des Kabinetts oder den Anträgen der Ressorts vorbereitete und die Protokollführung übernahm. Die Referenten stellten somit geschäftstechnisch und fachlich eine enge Verbindung zwischen dem Kabinettsausschuß und dem Kabinett her und gewährleisteten eine reibungslose Zusammenarbeit zwischen beiden Einrichtungen. Dieses Verfahren erfüllte auch die Forderung Adenauers, die Geschäftsführung des Kabinettsausschusses im Kanzleramt anzusiedeln. Der daraus resultierende Anspruch des Kanzleramtes, „Herr des Verfahrens" zu sein, wurde dadurch zusätzlich abgesichert, daß Blücher den Vorsitz im Kabinettsausschuß in seiner Funktion als Stellvertreter des Bundeskanzlers führte. In dieser Eigenschaft verfügte Blücher über keinen eigenen Mitarbeiterstab, er war in besonderem Maße auf die Zuarbeit des Kanzleramtes angewiesen. Blücher hielt sich an diese Vorgaben. In der Wahrnehmung seiner Aufgaben als Vorsitzender des Kabinettsausschusses stützte er sich ausschließlich auf die Dienste des Kanzleramtes[65]. Erst mit Dr. Joachim Heise, von 1953 bis 1957 im Referat II 3 des BMM auch für den Kabinettsausschuß zuständig und ab der 31. Sitzung am 11. Februar 1953 Teilnehmer an den Sitzungen des Kabinettsausschusses, hatte Blücher einen Mitarbeiter aus seinem Hause, der an der geschäftstechnischen Abwicklung der Sitzungen und Abfassung der Protokolle beteiligt war[66].

Durch seine Zweckbestimmung erhielt der Kabinettssauschuß ein konkretes Tätigkeitsgebiet zugewiesen, das sich ohne nähere Umschreibung materiell auf wirtschaftspolitische Angelegenheiten bezog[67]. Für das formale Beratungsverfahren wurde die Geschäftsordnung der Bundesregierung bestimmend[68]. So behandelte der Kabinettsausschuß auf Antrag eines Ressorts strittig gebliebene Vorlagen, um sie zur Kabinettsreife zu bringen. In der Bereinigung von Meinungsverschie-

[64] Siehe 142. Kabinettssitzung am 18. April 1951 TOP 3 und 4 (Kabinettsprotokolle 1951, S. 313 f.).

[65] Aus diesem Grund sind in den Akten des BMM auch keine Unterlagen über die Tätigkeit Blüchers als Leiter des Kabinettsausschusses zu finden.

[66] Einen Hinweis, daß die Protokolle im BMM gegengelesen wurden, gibt das Schreiben Heises vom 7. Aug. 1954 an den Referenten im Kanzleramt, Hornschu. B 136/36214.

[67] Hierin unterschied sich der Kabinettsausschuß von dem Interministeriellen Wirtschaftsausschuß, dessen schriftlich fixierter Auftrag eng begrenzt war und sich auf die Vorlage von Empfehlungen beschränkte. Seine Errichtung ging auf einen Kabinettsbeschluß vom 21. Dezember 1950 zurück (vgl. Kabinettsprotokolle 1950, S. 905). Er konstituierte sich am 4. Januar 1951. Er war mit der Koordinierung der Rohstoffversorgung und -verteilung, mit Fragen der Zahlungsbilanz und der Einfuhrsicherung befaßt. Unter Vorsitz des Staatssekretärs des BMWi gehörten ihm die Abteilungsleiter des BMWi, BMM, BMF, BML und Vertreter der BdL an (Unterlagen zu seiner Tätigkeit in B146/566 und B 102/12580f.).

[68] Vgl. dazu die §§ 15 und 16 der GOBReg, abgedruckt im Anhang 2.

denheiten unter den Ministern erfüllte der Ausschuß die Aufgabe von Ministerbesprechungen, während im übrigen seine Funktion in der Vorbereitung von Beschlüssen des Kabinetts bestand[69]. Häufig delegierte das Kabinett aber auch Entscheidungen auf den Kabinettsausschuß, wobei es die Grundlinie vorgab und die Detailentscheidungen dem Kabinettsausschuß überließ[70]. Dabei konnte der Ausschuß bei entsprechendem Kabinettsbeschluß eine Angelegenheit auch abschließend behandeln. Für eine Delegation der Entscheidungsbefugnis auf den Ausschuß war allerdings ein einstimmiger Kabinettsbeschluß erforderlich, da nach Artikel 65 Absatz 3 des Grundgesetzes bei Meinungsverschiedenheiten der Bundesminister nur die Bundesregierung die oberste Entscheidungsbefugnis besaß[71]. In den meisten Fällen wurden jedoch die Entscheidungen des Kabinettsausschusses erneut dem Kabinett zur abschließenden Beratung bzw. zur formellen Beschlußfassung vorgelegt, die manchmal auch im Umlaufverfahren vollzogen wurde. Hierbei handelte es sich um Gesetze oder Verordnungen, für deren Beschlußfassung die Bundesregierung in ihrer Gesamtheit zuständig war[72]. Der Kabinettsausschuß konnte andererseits in solchen Fällen Beschlüsse fassen, die über die Eigenverantwortlichkeit eines Ministers nach Art. 65 GG hinausgingen, die aber in ihrer Sachbezogenheit nicht alle Ressorts betrafen und denen keine grundsätzliche Bedeutung zukam[73].

Das Fehlen förmlich festgelegter Verfahrensvorschriften ermöglichte ferner eine pragmatische Anpassung der Organisation und Arbeitsweise des Kabinettsausschusses an die wirtschaftlichen und politischen Erfordernisse und Gegebenheiten. Als der Kabinettsausschuß Mitte April 1951 seine Tätigkeit aufnahm, hatte sich das wirtschaftliche und politische Klima im Verhältnis zum Jahresbeginn entscheidend verändert. Im März 1951 hatte die Bundesrepubik im Außenhandel erstmals wieder einen Überschuß erzielt. Bei anhaltender Auslandsnachfrage nach deutschen Produkten zeichnete sich eine positive Entwicklung für eine Steigerung der industriellen Produktion ab. Der im Vergleich zu anderen Industriestaaten niedrige Anstieg der Lebenshaltungskosten ließ eine günstige Ausgangsposition für die Wettbewerbsfähigkeit der westdeutschen Wirtschaft auf den internationa-

---

69 So wurden z.B. die Vorlagen des BMV auf Erhöhung der Eisenbahn- und Güterferntarife und die Vorlage des BMP auf Gebührenerhöhung im Post- und Päckchendienst zunächst im Kabinettsausschuß vorberaten (vgl. 11. Ausschußsitzung am 13. Sept. 1951 TOP 2 und 3) und in der 173. Kabinettssitzung am 14. Sept. 1951 verabschiedet (vgl. Kabinettsprotokolle 1951, S. 645).

70 So genehmigte etwa das Kabinett in der 143. Sitzung am 24. April 1951 TOP 5 eine Vorlage des BMF zur Gestaltung der Währungsgewinnabgabe unter dem Vorbehalt einer abschließenden Besprechung der Einzelheiten im Kabinettsausschuß (Kabinettsprotokolle 1951, S. 325), die dann in der 2. Ausschußsitzung am 2. Mai 1951 TOP 3 auch durchgeführt wurde.

71 Vgl. dazu Honnacker, Geschäftsordnung, insbesondere S. 66f.

72 So wurde zum Beispiel in der Frage der Zuckerpreise verfahren. In der 154. Kabinettssitzung am 20. Juli 1951 TOP H (Kabinettsprotokolle 1951, S. 462) hatte das Kabinett die Vorlage zur nochmaligen Überprüfung an den Preisrat zurücküberwiesen. Über das Ergebnis der Beratungen im Kabinettsausschuß am 6. Juli 1951 TOP 4 berichtete Ernst dann im Kabinett am 7. Juli 1951 TOP 2b, das auf der Grundlage dieses Berichtes die Vorlage verabschiedete (Kabinettsprotokolle 1951, S. 521).

73 So etwa 19. Ausschußsitzung am 14. März 1952 TOP 1 (Beratung über eine deutsche Erklärung zur Liberalisierung).

len Märkten erwarten. Diese Entwicklung bestätigte die optimistischen Prognosen Erhards, dessen politische Stellung sich mit der wirtschaftlichen Stabilisierung wieder festigte. Die von Adenauer beabsichtigte Installierung eines Krisenmanagements erwies sich aufgrund dieser wirtschaftlichen Vorgaben als nicht mehr erforderlich. Der Ausschuß konnte mit der Beruhigung der wirtschaftlichen Lage zu einer routinemäßigen Abwicklung seiner Aufgaben übergehen und durch Vor- und Nachbereitung von Beschlüssen das Kabinett von wirtschaftspolitischen Fachdiskussionen weitgehend entlasten. Er konnte ferner dank fehlender Festschreibung ganz nach Bedürfnislage tagen. So trat er zu Anfang seiner Tätigkeit bei der noch bestehenden angespannten Wirtschaftslage häufiger zusammen als zu Zeiten wirtschaftlicher Aufwärtsentwicklung. Gelegentlich wurde er auch spontan zu dringlichen Konsultationszwecken einberufen[74].

Mit den sich verändernden wirtschaftlichen Rahmenbedingungen stand schließlich auch die Funktion des Geschäftsführers zur Disposition. Die Unruhe, die die Ernennung von Ernst im Vorfeld der Entscheidung um die Errichtung eines Kabinettsausschusses ausgelöst hatte, war mit Tätigkeitsbeginn des Ausschusses bereits abgeklungen. Die wirtschaftliche Entwicklung hatte der Diskussion um den Wirtschaftskurs der Bundesregierung den Boden entzogen und die von Bundesminister Erhard bestimmte Richtung bestätigt. Die Funktion eines Geschäftsführers, der als Krisenmanager mit Hilfe staatlicher Lenkungsmaßnahmen die Wirtschaftspolitik der Bundesregierung steuerte, war obsolet geworden. Ernst beschränkte sich darauf, Beschlüsse des Ausschusses auszuführen oder ihm zugewiesene Aufträge zu erfüllen. So übernahm er etwa in der Frage der Milchpreisgestaltung die Rolle eines Übermittlers zwischen Kabinettsausschuß und Bauernverband[75], oder er verhandelte im Auftrag des Kabinettsausschusses mit der Bank deutscher Länder über die Finanzierung dringender Lebensmitteleinfuhren[76]. Ansonsten beschränkte sich seine Funktion auf die eines Berichterstatters, der den Kabinettsausschuß über die Ergebnisse von Verhandlungen anderer Gremien unterrichtete[77] oder im Ausschuß zu Kabinettsvorlagen der Ressorts referierte[78]. Im Herbst 1951 trat Friedrich Ernst, der sich ohnehin nur zu einer befristeten Mitarbeit auf Entschädigungsbasis bereit erklärt hatte, von seiner Funktion im Bundeskanzleramt zurück. Am 26. November 1951 nahm er zum letztenmal an einer Sitzung des Kabinettsausschusses teil. Die Situation hatte sich derart beruhigt und normalisiert, daß sein Abgang fast unbemerkt blieb. Ein Nachfolger wurde nicht mehr benannt. Auch in den Akten des Kanzleramts hinterließ sein Wirken kaum Spuren. Als Ge-

[74] So etwa in der 33. Ausschußsitzung am 26. März 1953 TOP 1 (Ministerratssitzung der OEEC) oder in der Sondersitzung am 28. April 1953 (Bericht über die Sitzung des Ministerrates der Montanunion).

[75] Vgl. 1. Ausschußsitzung am 19. April 1951 TOP 1 (Verordnung über Preise für Milch und Butter) und 3. Ausschußsitzung am 7. Mai 1951 TOP 1 (Gestaltung des Sozialausgleichs für die Erhöhung der Nahrungsmittelpreise).

[76] Vgl. etwa 7. Ausschußsitzung am 6. Juli 1951 TOP 3 (Einfuhrprogramm) und 9. Ausschußsitzung am 17. Aug. 1951 TOP 7 (Zuckerversorgungsplan).

[77] Vgl. z.B. 5. Ausschußsitzung am 15. Juni 1951 TOP 8 (Investitionshilfegesetz) und TOP B (Bergarbeiterlöhne).

[78] So z.B. 3. Ausschußsitzung am 7. Mai 1951 TOP 2 (Gesetz über den Zuschlag zum Kohlepreis).

schäftsführer war Ernst nicht in die Strukturen des Bundeskanzleramtes eingebunden und verfügte nicht über eigene Mitarbeiter. Er war daher auf die enge sachliche Zusammenarbeit mit den Fachreferenten des Kanzleramtes angewiesen, in dessen Akten Vermerke von Ernst verstreut Aufschlüsse über seine sehr unterschiedlichen Aktivitäten geben.

Mangels verbindlicher Festlegung konnte sich auch die Veränderung in der Zusammensetzung der Teilnehmer reibungslos vollziehen. Die von Adenauer gewünschte Etablierung des Kabinettsausschusses als Ministerausschuß kam in dieser Form nicht zustande. Die Minister zogen sich allmählich aus den Beratungen des Kabinettsausschusses zurück. Sie ließen sich immer häufiger durch ihre Staatssekretäre vertreten, so daß Blücher als Vorsitzender des Kabinettsausschusses häufig einziges Regierungsmitglied in der Beratungsrunde war. Zu den insgesamt 44 Sitzungen des Kabinettsausschusses für Wirtschaft der Jahre 1951 bis 1953 erschien jeder Ressortleiter im Durchschnitt zehn Mal. Das Interesse der Minister an den Sitzungen hielt bis zur Jahreswende 1950/51 an, um dann ab Frühjahr 1952 mit sich entspannender Wirtschaftslage stark abzusinken. Finanzminister Schäffer, der lediglich an acht Sitzungen teilnahm, stellte im Frühjahr 1952 seine Teilnahme bis zum Ende des Jahres 1953 gänzlich ein. Am häufigsten erschien Bundeswirtschaftsminister Erhard, der an insgesamt zwölf Sitzungen teilnahm. Die Minister waren vor allem dann anwesend, wenn ihnen eine im Ausschuß vorgetragene Angelegenheit besonders wichtig erschien oder wenn sie einer Vorlage aus dem eigenen Haus durch ihren Vortrag ein besonderes Gewicht verleihen wollten[79]. Mit dem Rückzug der Minister bestimmten zunehmend die Staatssekretäre die Verhandlungen des Kabinettsausschusses. Bei der Vertretung der Vorlagen ihres Hauses oder der Verteidigung von Ressortstandpunkten fanden sie zunehmend Unterstützung durch Ministerialbeamte ihrer Häuser, die immer zahlreicher an den Sitzungen des Kabinettsausschusses teilnahmen. Abteilungsleiter oder Referenten, die zumeist die Vorlagen ihres Ministeriums ausgearbeitet hatten, verfügten über besondere Fachkenntnisse, die sie in die Beratungen einbrachten. Ihre Mitwirkung führte zu einer Betonung einer fachlichen Auseinandersetzung im Kabinettsausschuß. Die Anwesenheit von Fachbeamten bei den Sitzungen des Kabinettsausschusses entwickelte sich in der Praxis zur Regel und ließ die Zahl der Teilnehmer an den Ausschußsitzungen stark anschwellen. An den Sitzungen nahmen bis zum Ende des Jahres 1953 insgesamt etwa 120 Ministerialbeamte aus den einzelnen Fachbereichen mit unterschiedlicher, vom Beratungsgegenstand abhängiger Häufigkeit teil[80].

Das Fehlen einer rechtlich verbindlichen Festschreibung des Aufgabenbereichs und des Beratungsverfahrens ermöglichte so eine Flexibilität und Anpassung an die politischen und geschäftsmäßigen Gegebenheiten, die den Kabinettsausschuß rasch zu einer festen, von allen Seiten angenommenen Institution wer-

---

[79] Vgl. dazu etwa 11. Ausschußsitzung am 13. Sept. 1951 TOP 2 (Erhöhung des Eisenbahntarifs und des Tarifs für den Güterfernverkehr) und TOP 3 (Gebührenänderung im Postpaket- und Päckchen-Dienst) und 13. Ausschußsitzung am 18. Okt. 1951 TOP 1 (Richtlinien für die Wohungsbaupolitik).

[80] Einen genaueren Überblick über ihre Mitwirkung ermöglicht ein sachlich differenzierter Personenindex sowie der biographische Anhang (Anhang 3).

den ließ, die im Prozeß der Entscheidungsfindung der Bundesregierung allen Beteiligten entgegenkam. Dies bestätigte Blücher am 19. November 1953 in der konstituierenden Sitzung des Kabinettsausschusses für die zweite Legislaturperiode, als er die Aufgaben und Zuständigkeiten des Kabinettsausschusses umriß. Danach hatte der Kabinettsausschuß die Funktion, die Kabinettssitzungen von wirtschaftspolitischen Erörterungen zu entlasten. Er durfte sich nur mit Fragen befassen, „die ihm das Kabinett zur weiteren Klärung überwies, zu deren Entscheidung das Kabinett ihn ermächtigte und in denen im Einvernehmen mit den beteiligten Ressorts eine Entscheidung vorbereitet werden könne"[81]. In diesem weit gesteckten Rahmen entwickelte sich ein reibungsloses Zusammenspiel zwischen dem Kabinettsausschuß und der Bundesregierung, das weitere Überlegungen über seine Ausgestaltung erübrigte. So hielt ein Vermerk aus dem Jahre 1955 fest: „Aufgaben und Zuständigkeiten des Wirtschaftskabinetts [sind] zwar lose geregelt, doch beruht seine Tätigkeit im wesentlichen jetzt auf einer Übung, die sich praktisch bewährt hat. Es ist nicht beabsichtigt, dieses den praktischen Bedürfnissen angepaßte lose Verfahren näher zu regeln"[82].

II. Schwerpunkte der Tätigkeit 1951–1953

Als der Kabinettsausschuß für Wirtschaft im April 1951 seine Tätigkeit aufnahm, waren die Krisenerscheinungen des Frühjahres 1951 weitgehend abgeklungen. Die Außenhandels- und Zahlungsbilanz wies eine positive Tendenz auf, sinkende Rohstoffpreise auf den internationalen Märkten und eine anhaltende Nachfrage nach deutschen Produkten ließen eine günstige Entwicklung für die Exportsituation der Bundesrepublik erwarten. Zunächst aber hatte die Bundesregierung die Folgen der Devisenkrise zu verarbeiten. Dazu zählte auch die Erfüllung der Bedingungen, die die OEEC und die amerikanische Marshallplan-Verwaltung an die Gewährung weiterer Kredite gebunden hatten. Vor allem hatten sie eine Stabilisierung der Preisentwicklung, eine Dämpfung der Einfuhren und eine Ankurbelung des Exports gefordert. Diese Auflagen zielten letztlich darauf ab, die Zahlungsbilanz auszugleichen und die Bundesrepublik in die Lage zu versetzen, an die Liberalisierungspolitik der OEEC im Interesse des wirtschaftlichen Wiederaufbaus Europas anzuknüpfen. Diese Gesamtvorgaben für die Wirtschaftspolitik der Bundesregierung entsprachen auch den Zielvorstellungen der Bundesregierung. Ihr Wirtschaftsprogramm[83] bestand im wesentlichen darin, durch eine Anpassung der Preise an die Entwicklung auf den Weltmärkten den Haushalt von Subventionen zu entlasten, den Konsum zu drosseln sowie Produktionsanreize für die Binnenwirtschaft zu schaffen und damit die Abhängigkeit von Einfuhren zu verringern. Die Auswirkungen dieser Preispolitik auf die Lebenshaltungskosten sollten durch Erhöhung der Sozialrenten und Teuerungszulagen[84] abgefedert werden. Kredit-

[81] Vgl. 1. Ausschußsitzung am 19. Nov. 1953 TOP A (Konstituierung und Zuständigkeit des Kabinettsausschusses).

[82] Siehe Vermerk vom 6. Aug. 1955 in B 102/128776.

[83] Vgl. dazu 140. Kabinettssitzung am 10. April 1951 TOP 1 (Kabinettsprotokolle 1951, S. 287–292).

[84] Vgl. dazu 3. Ausschußsitzung am 7. Mai 1951 TOP 1.

Haus Carstanjen in Bad Godesberg. Sitz des Bundesministeriums für den Marshallplan und Ort der Sitzungen des Kabinettsausschusses für Wirtschaft.
(Bundesbildstelle)

Franz Blücher (1896–1959). Bundesminister für den Marshallplan, Stellvertreter des Bundeskanzlers und Vorsitzender des Kabinettsausschusses für Wirtschaft.
(Bundesbildstelle)

Friedrich Ernst (1889–1960). Geschäftsführer des Kabinettsausschusses für Wirtschaft.
(Privatbesitz)

Ludger Westrick (1894–1990). Staatssekretär im Bundesministerium für Wirtschaft.
(Bundesbildstelle)

Alfred Hartmann (1894–1967). Staatssekretär im Bundesministerium der Finanzen.
(Bundesbildstelle)

Theodor Sonnemann (1900–1987). Staatssekretär im Bundesministerium für Ernährung, Landwirtschaft und Forsten.
(Bundesbildstelle)

Max Sauerborn (1889–1963). Staatssekretär im Bundesministerium für Arbeit.
(Bundesbildstelle)

Karl George Bernard (1890–1972). Vorsitzender des Zentralbankrates der Bank deutscher Länder.
(Deutsche Bundesbank)

restriktionen, Kaufkraftumlenkung und Konsumbeschränkung sollten die inflationäre Entwicklung unter Kontrolle halten und gleichzeitig die Wettbewerbsfähigkeit der Bundesrepublik auf dem Exportsektor verbessern. Die Einzelteile dieses Wirtschaftsprogramms bildeten die thematischen Schwerpunkte, mit denen sich der Kabinettsausschuß für Wirtschaft bei der Vorbereitung von Kabinettsbeschlüssen zu befassen hatte.

Eines der zentralen Themen des Kabinettsausschusses für Wirtschaft war die Gestaltung der Preise. Preissubventionen, staatliche Einkaufspolitik und administrative Mengensteuerung wurden als Instrumente diskutiert, mit denen industrielle Grundstoffpreise und Lebenshaltungskosten auf einem stabilen Niveau gehalten und inflationäre Tendenzen bekämpft werden sollten.

Als größtes Hindernis im Kampf um die innere Preisstabilität erwies sich die Abhängigkeit der Bundesrepublik von Einfuhren bei Grundnahrungsmitteln und Rohstoffen, die zu hohen Weltmarktpreisen bezogen werden mußten. Mit Subventionen suchte die Bundesregierung die Inlandspreise für diese Waren auf ein möglichst niedriges Niveau zu senken. Eine Preissenkung unter Einsatz öffentlicher Mittel konnte nur in begrenztem Umfang verfolgt werden. Beschränkt verfügbare Haushaltsmittel sowie ein stabilitätspolitisch begründetes Interesse an einem ausgeglichenen Bundeshaushalt setzten dem Bemühen der Bundesregierung enge Grenzen, mittels staatlicher Zuschüsse die Preisentwicklung zu dämpfen. Veränderungen auf dem Weltmarkt und deren Auswirkungen auf das Binnenpreisgefüge zwangen häufig zu Preisanpassungen, sobald Ausgleichsmittel aus der Bundeskasse im erforderlichen Umfang nicht zur Verfügung standen. Die jährlich zu erneuernden Preisgesetze für die einzelnen Warengruppen lieferten den rechtlichen Rahmen zum Erlaß entsprechender Preisanordnungen[85].

Insbesondere bei Getreide und Zucker war die Bundesrepublik von Einfuhren abhängig. Diese Importe belasteten nicht nur die Devisenbilanz. Ihre Bereitstellung zu sozial akzeptablen Preisen beanspruchte zudem wegen der erforderlichen Preissubventionen in erheblichem Maße Mittel aus dem Bundeshaushalt. Die Bundesregierung suchte diese Ausgaben dadurch zu verringern, daß sie die Inlandspreise schrittweise an das Weltmarktniveau heranführte[86]. Als Ausgleich für die Preisanhebungen verbilligte sie das Konsumbrot und schuf damit breiten Verbraucherschichten weiterhin die Möglichkeit zum Bezug von preiswertem Brot[87]. Dem Preisdruck bei Getreide suchte die Bundesregierung auch durch eine Verbesserung des Binnenangebots entgegenzuwirken. „Frühdruschprämien" sollten finanzielle Anreize für die einheimischen Landwirte schaffen, den Markt gleichmäßig mit Brotgetreide zu beliefern und saisonale Preisschwankungen auszugleichen[88].

---

[85] Vgl. 32. Ausschußsitzung am 21. März 1953 TOP 1 (Getreidepreisgesetz 1953/54).

[86] Vgl. dazu etwa 5. Ausschußsitzung am 15. Juni 1951 TOP C (Versorgungslage mit Getreide und Futtermitteln), 25. Ausschußsitzung am 19. Aug. 1952 TOP 2 (Einfuhrprogramm).

[87] Vgl. dazu 6. Ausschußsitzung am 18. Juni 1951 TOP 6 (Einsatz ersparter Subventionen für die Konsumbrotstützung), 7. Ausschußsitzung am 6. Juli 1951 TOP 4 (Zuckerlage) und 27. Ausschußsitzung am 6. Okt. 1952 TOP 1 (Jahreseinfuhrplan).

[88] Vgl. 6. Ausschußsitzung am 18. Juni 1951 TOP 5 (Entwurf eines Gesetzes über die Zahlung von Frühdruschprämien).

Nach dem gleichen Schema bemühte sich die Bundesregierung auch um eine behutsame Entwicklung der Zuckerpreise. Zunächst sollten eine staatlich betriebene Vorratshaltung sowie Preissubventionen die Grundversorgung und ein verbraucherfreundliches Preisniveau sichern[89], während in der Phase eines vergrößerten Angebotes und wirtschaftlicher Aufwärtsentwicklung die Preise allmählich an das Marktniveau angehoben und Subventionen eingespart werden sollten[90].

Mit ihrer Preispolitik verfolgte die Bundesregierung auch das Ziel, Produktionsanreize zu schaffen, das Warenangebot auf dem Binnenmarkt zu erhöhen und die Einfuhrabhängigkeit zu reduzieren. Andererseits störten die Forderungen der Landwirtschaft nach angemessenen Erträgen, nach Anschluß an die Preisentwicklung und nach Rentabilität ihrer Betriebe die Bestrebungen der Bundesregierung, die Preisauftriebstendenzen in engen Grenzen zu halten.

Die Bundesregierung sah sich bei ihren Stabilitätsbemühungen zum Teil einem erheblichen Druck von seiten der landwirtschaftlichen Interessenvertreter ausgesetzt. So wurden die Milch- und Butterpreise in der ersten Sitzung des Kabinettsausschusses über Telefon mit dem Bauernverbandspräsidenten abgestimmt[91]. Hintergrund dieses ungewöhnlichen Verfahrens waren massive Drohungen der Verbandsvertreter, die in der Forderung nach Rücktritt des Landwirtschaftsministers und der Ankündigung, eine parteiübergreifende Interessensfraktion im Bundestag zu bilden, gipfelten[92].

Die Preisstabilität zu sichern und gleichzeitig den Forderungen der landwirtschaftlichen Erzeuger nachzukommen, brachte die Bundesregierung in einen Interessenkonflikt, den sie mit einer Verringerung der Handels- und Verarbeitungsspannen bei den weiterverarbeitenden Betrieben zu überwinden hoffte. Doch auch hier konnte sie nur Teilerfolge erzielen. Mühlen, Bäcker, Molkereien und Zuckerfabriken forderten ihrerseits Preisanhebungen, die sie mit gestiegenen Preisen ihrer Ursprungsware und erhöhten Betriebskosten begründeten. Auch ihnen mußte die Bundesregierung Zugeständnisse einräumen[93].

Um die Einfuhrabhängigkeit zu verringern und deren unerwünschte Nebeneffekte auszuschalten, bemühte sich die Bundesregierung u.a. auch um eine Steigerung der einheimischen landwirtschaftlichen Produktion. Vor allem von einem verstärkten Einsatz von Dünger wurde eine Ertragsverbesserung erwartet. Die Einfuhr der erforderlichen Mengen an chemischen Grundstoffen stieß auch hier schnell an die Grenze verfügbarer Währungsreserven. Zudem standen auch Haushaltsmittel nicht in dem Maße zur Verfügung, um die Düngemittelpreise soweit zu

[89] Vgl. 7. Ausschußsitzung am 6. Juli 1951 TOP 4 (Zuckerlage).

[90] Vgl. 1. Ausschußsitzung am 19. April 1951 TOP B (Verordnung über Preise für Zucker).

[91] Vgl. 1. Ausschußsitzung am 19. April 1951 TOP A (Verordnung über Preise für Milch und Butter).

[92] Unterlagen dazu in B 136/2643.

[93] Vgl. dazu 7. Ausschußsitzung am 6. Juli 1951 TOP 4 (Zuckerlage), 9. Ausschußsitzung am 7. Aug. 1951 TOP 2 (Handelsspannen bei Butter), 11. Ausschußsitzung am 13. Sept. 1951 TOP 4 (Milch- und Fettgesetz), 17. Ausschußsitzung am 21. Febr. 1952 TOP 7 (Investitionshilfe) und 26. Ausschußsitzung am 18. Sept. 1952 TOP 3 (Neufestsetzung des Zuckerrüben- und Zuckerpreises).

subventionieren, daß ihr Einsatz die Betriebskosten nicht erhöhte und neue Preisforderungen auslöste[94].

Gleichgelagerte Probleme stellten sich der Bundesregierung auch bei der Gestaltung der Kohlenpreise. Schon um die Jahreswende 1950/51 hatte die Kohlenproduktion den steigenden Bedarf nicht mehr decken können und eine Ausweitung der industriellen Produktion behindert. Der von der Ruhrbehörde festgelegte Exportzwang[95] verringerte zusätzlich das ohnehin knappe Angebot an einheimischer Kohle. Mit teuren Einfuhren aus den USA versuchte die Bundesregierung den Engpaß für Industrie und privaten Konsum abzuschwächen, wobei auch hier Devisenmangel und beschränkte Transportkapazitäten[96] den erforderlichen Einfuhren enge Grenzen setzten. Lenkungsmaßnahmen sollten nach Kriterien der wirtschaftlichen und sozialen Erfordernisse die Versorgung einzelner Verbrauchergruppen sichern[97]. Der Zwang zur Kontingentierung hatte teilweise zu empfindlichen Produktionseinschränkungen und zu Engpässen in der Stromversorgung geführt. Der Mangel an Kohle hatte unter anderem die Herstellung von Ziegeln beeinträchtigt und so das Wohnungsbauprogramm der Bundesregierung vorübergehend gefährdet[98]. Brennstoffmangel zwang auch die Bundesbahn, zeitweise ihren Zugverkehr einzuschränken[99].

Schließlich brachten auch Lohnerhöhungen im Steinkohlebergbau von mehr als zehn Prozent die Endpreise für Kohle in Bewegung. Mit Ausnahmeregelungen für Kleinverbraucher, Verkehrs- und Energieversorgungsbetriebe sowie in der Ernährungsindustrie versuchte die Bundesregierung, die Versorgung in zentralen Bereichen aufrecht zu erhalten und eine allgemeine Preissteigerungswelle abzuwenden[100]. Die eisenschaffende Industrie sah sich nicht mehr in der Lage, die Lohnerhöhungen aufzufangen und stellte ihrerseits Forderungen nach Preiserhöhungen. Nur mit verstärktem Einsatz von Bundesmitteln konnte ein Kostenausgleich für die Unternehmen erzielt werden, der die Preissteigerungen in einem erträglichen Rahmen hielt[101].

Maßnahmen zur Förderung der Kohlenproduktion sollten den Versorgungsengpaß überwinden und die Preissituation in diesem zentralen Grundstoffgüterbereich entspannen. Mit dem Investitionshilfegesetz wurde Kapital für die Investitionsfinanzierung aufgebracht und u.a. auch in den Kohlebergbau zum Kapazitätsausbau gelenkt[102]. Lohnanreize und ein beschleunigter Wohnungsbau für Berg-

[94] Vgl. dazu 5. Ausschußsitzung am 15. Juni 1951 TOP 7 (Erhöhung der Stickstoffpreise), 18. Ausschußsitzung am 4. März 1952 TOP 1 (Erhöhung der Preise für Kalidüngemittel).

[95] Vgl. dazu 5. Ausschußsitzung am 15. Juni 1951 TOP A (Kohlenfrage).

[96] Vgl. dazu 10. Ausschußsitzung am 31. Aug. 1951 TOP A (Kohlenimport).

[97] Zur Festsetzung von Höchstpreisen für einzelne Verbrauchergruppen vgl. 30. Ausschußsitzung am 14. Jan. 1953 TOP B (Änderung von Preisen für Steinkohle).

[98] Vgl. dazu 13. Ausschußsitzung am 18. Okt. 1951 TOP 1 (Richtlinien zur Wohnungsbaupolitik) und 30. Ausschußsitzung am 14. Jan. 1953 TOP B (Änderung von Preisen für Steinkohle).

[99] Vgl. 9. Ausschußsitzung am 17. Aug. 1951 TOP 3 (Brennstoffversorgung).

[100] Vgl. 13. Ausschußsitzung am 18. Okt. 1951 TOP 4 (Änderung von Preisen für Braunkohlebriketts).

[101] Vgl. dazu 13. Ausschußsitzung am 18. Okt. 1951 TOP A (Eisenpreise).

[102] Vgl. 5. Ausschußsitzung am 15. Juni 1951 TOP 8 (Investitionshilfegesetz).

arbeiter hatten das Ziel, Arbeitskräfte in diesen Produktionsbereich zu ziehen[103]. Nach Überwindung der Kohlenkrise im Winter 1951/52 und nach der allgemeinen konjunkturellen Entspannung 1952 ging die Bundesregierung zu vorsichtigen Preiserhöhungen über. Neben der erwünschten Entlastung des Bundeshaushaltes von Subventionsausgaben sollten sie Gewinnanreize schaffen und Anstrengungen zur Produktionsausweitung honorieren[104].

Im Kampf um eine Eindämmung der Inflationstendenzen fand die Bundesregierung nur selten Unterstützung. Allein im Falle der Holzpreise gelang es, die forstwirtschaftlichen Betriebe zu einer Selbstbeschränkung zu bewegen und wenigstens vorübergehend in einem wichtigen Grundstoffgüterbereich eine Ruhepause in der Lohn-Preisbewegung einzulegen[105].

Für die Preispolitik der Bundesregierung spielte auch die Einfuhr und Vorratshaltung eine wichtige Rolle, da über eine Steuerung des Angebots die Preisgestaltung beeinflußt werden konnte. Die Bundesstelle für den Warenverkehr der gewerblichen Wirtschaft[106] sowie die Einfuhr- und Vorratsstellen im landwirtschaftlichen Sektor[107] waren als Einfuhrschleusen die entscheidenden staatlichen Instanzen, die durch Festsetzung der Einfuhrmengen indirekt preisregulierend wirkten. Rechtliche Voraussetzungen für die administrativen Lenkungsmaßnahmen im Lebensmittelbereich hatten die Marktordnungsgesetze geschaffen, so u.a. für Zukker[108] und Milch[109]. Der Versuch, auch für Obst und Gemüse Schutzbestimmungen einzuführen, fand im Bundestag keine Mehrheit[110].

Die Vorratshaltung war aber in erster Linie durch die Abhängigkeit der Bundesrepublik von Einfuhren lebenswichtiger Grundnahrungsmittel und Rohstoffe erforderlich. Die Notwendigkeit einer ausreichenden Versorgung der Bevölkerung zwang zu umfangreichen Importen, die einen hohen Anteil der Devisenreserven beanspruchten und anderweitige Dispositionen zum dringlich geforderten Aufbau der Produktionskapazitäten blockierten. Die Zusammenstellung der jährlichen Einfuhrprogramme[111] im Ernährungsbereich erwies sich daher unter dem Vorzeichen knapper Währungsreserven als besonders schwierig und konfliktträchtig.

---

[103] Vgl. 3. Ausschußsitzung am 7. Mai 1951 TOP B (Gesetz über den Zuschlag zum Kohlepreis).

[104] Vgl. 21. Ausschußsitzung am 9. April 1952 TOP 1 (Aussprache über die Preisgestaltung für Kohle, Stahl, Schrott und Holz).

[105] Vgl. 11. Ausschußsitzung am 13. Sept. 1951 TOP B (Holzpreise).

[106] Vgl. 2. Ausschußsitzung am 2. Mai 1951 TOP 1 (Bundesstelle für den Warenverkehr).

[107] Zu den Kosten der Vorratshaltung vgl. 9. Ausschußsitzung am 17. August 1951 TOP C (Vorratshaltung der Einfuhr- und Vorratsstelle), zu den Funktionen 20. Ausschußsitzung am 2. April 1952 (Entwurf einer zweiten Verordnung über Zolländerungen).

[108] Vgl. 4. Ausschußsitzung am 28. Mai 1951 TOP 5 (Änderung des Zuckergesetzes).

[109] Vgl. 4. Ausschußsitzung am 28. Mai 1951 TOP 7 (Änderung des Milch- und Fettgesetzes).

[110] Vgl. 4. Ausschußsitzung am 28. Mai 1951 TOP 8 (Marktordnungsgesetz für Obst und Gemüse).

[111] Vgl. 4. Ausschußsitzung am 28. Mai 1951 TOP 1 (Besprechung des Einfuhrprogramms), zum Einfuhrprogramm für das Wirtschaftsjahr 1951/52 vgl. 14. Ausschußsitzung am 24. Okt. 1951 TOP 1, für das Wirtschaftsjahr 1952/53 24. Ausschußsitzung am 19. Aug. 1952 TOP 1 (Einfuhr gewerblicher und agrarischer Erzeugnisse) und für das Wirtschaftsjahr 1953/54 36. Ausschußsitzung am 17. Juni 1953 TOP 1 (Einfuhr- und Versorgungsprogramm des Ernährungssektors).

Besonders bei Getreide[112] und Zucker[113] bestand ein hoher Einfuhrbedarf, der vor allem in den USA und in den Ländern des Dollarraums gedeckt wurde und einen Großteil der knappen Währungsreserven verschlang. Einen Ausweg aus dieser Abhängigkeit bot der Transithandel mit den Ländern der OEEC. Er ermöglichte der Bundesregierung Einfuhren von Waren und insbesondere von Grundnahrungsmitteln amerikanischen Ursprungs, die jedoch nicht in Dollar, sondern in den „weichen Währungen" der OEEC-Staaten abgerechnet wurden[114]. Schuf der Transithandel somit eine gewisse Erleichterung in der Dollarbilanz der Bundesrepublik, so brachten die Forderungen der USA, die Vorräte an lebenswichtigen Nahrungsmitteln und Rohstoffen als eine strategische Reserve für den Fall einer militärischen Auseinandersetzung anzulegen, eine zusätzliche Belastung des Devisenhaushaltes mit sich[115]. Zuschüsse aus der amerikanischen Wirtschaftshilfe[116] konnten die „Dollarlücke", die chronisch stark defizitäre Handels- und Zahlungsbilanz der Bundesrepublik gegenüber den USA, nur geringfügig entschärfen.

Mit Preisverordnungen und Mengensteuerung verfügte die Bundesregierung über Instrumente, den privaten Konsum zu dämpfen und inflationäre Tendenzen zu bekämpfen. Sie konnte auf diese Weise ein günstiges Verhältnis von Inlands- und Ausfuhrpreisen herstellen und damit die Grundlage für einen anhaltenden Anstieg der Ausfuhr schaffen. Die Ausfuhrsteigerung selbst wurde als Hebel betrachtet, die Zahlungsbilanzkrise zu überwinden, die „Dollarlücke" zu schließen und Währungsreserven zu Investitionsfinanzierungen des wirtschaftlichen Wiederaufbaus anzulegen. Diese wirtschaftspolitische Strategie fand bei der Bank deutscher Länder uneingeschränkte Unterstützung, die ihrerseits aus monetären Gründen der Geldwertstabilität durch Kreditrestriktionen eine Beschränkung der Binnennachfrage anstrebte, um die Absatzwünsche der Industrie auf die Auslandsmärkte zu lenken[117]. Mit steuerlichen Begünstigungen sowie durch Übernahme von Bürgschaften leistete die Bundesregierung von ihrer Seite einen Beitrag zur Förderung der Ausfuhr[118].

Wiederaufnahme und Neuabschlüsse von Waren- und Handelsabkommen sollten ebenfalls den Absatz deutscher Fertigungsprodukte im Ausland fördern. Diese bilateralen Abkommen zwangen aber häufig zur Hereinnahme von landwirtschaftlichen Produkten, die den einheimischen Markt belastete und den Protest landwirtschaftlicher Interessenvertreter provozierte[119]. Der Schutz landwirtschaft-

[112] Vgl. dazu 5. Ausschußsitzung am 15. Juni 1951 TOP C (Versorgungslage mit Getreide und Futtermitteln).

[113] Vgl. dazu 9. Ausschußsitzung am 17. Aug. 1951 TOP 7 (Zuckerversorgungsplan).

[114] Vgl. Sondersitzung am 9. Febr. 1952 TOP 1 (Einfuhrprogramm) und 23. Ausschußsitzung am 30. Juli 1952 TOP 2 (Finanzierung der Vorratshaltung von Grundnahrungsmitteln).

[115] Vgl. 15. Ausschußsitzung am 26. Nov. 1951 TOP 1 (Lebensmittelbevorratung).

[116] Vgl. 19. Ausschußsitzung am 14. März 1952 TOP 2 (MSA-Wirtschaftshilfe 1951/52).

[117] Zur Politik der Bank deutscher Länder vgl. Dickhaus, Bundesbank, S. 90–116, ferner Holtfrerich, Geldpolitik, S. 362–385.

[118] Vgl. 16. Ausschußsitzung am 17. Jan. 1952 TOP 6 (Einbeziehung des Preisrisikos in die Bundesgarantien und Bundesbürgschaften auf Grund eines Gesetzes über die Übernahme von Sicherheitsleistungen und Gewährleistungen im Ausfuhrgeschäft).

[119] Vgl. 4. Ausschußsitzung am 28. Mai 1951 TOP D (Außenhandelspolitik) und 29. Ausschußsitzung am 8. Dez. 1952 TOP A (Handelsvertrag mit Schweden).

licher Interessen konnte dabei so weit gehen, daß der Abbruch von Handelsvertragsverhandlungen und Exportverluste in Kauf genommen wurden[120].

An der sich rasch verbessernden Zahlungsbilanz gegenüber den Ländern der OEEC hatte der Liberalisierungsstop vom Frühjahr 1951 einen wesentlichen Anteil[121]. Ein Entgegenkommen der übrigen OEEC-Staaten ermöglichte es der Bundesrepublik, den Export in die Länder des EZU-Raumes fortzuführen, ohne im Gegenzug Importe in gleichem Umfang aufnehmen zu müssen. Schon im Herbst 1951 konnten auf diese Weise beträchtliche Überschüsse erzielt, Einfuhrbeschränkungen gelockert und mit Wirkung vom 1. Januar 1952 die Liberalisierung zunächst in einem Umfang von ca. 60% wieder aufgenommen werden. Die anhaltende günstige Exportentwicklung veranlaßte die Bundesregierung, den Liberalisierungsprozentsatz im April 1952 auf durchschnittlich 75%[122] und im August auf 80% und schließlich im Frühjahr 1953 auf 90% zu erhöhen[123]. Mit anwachsenden Guthaben innerhalb der EZU näherte sich die Bundesrepublik dem Stadium, in dem gemäß den Regeln der EZU der in Gold zu zahlende Teil der Schulden nicht mehr automatisch, sondern erst nach Genehmigung durch die OEEC an den Gläubiger überwiesen wurde. In dieser Situation bot sich eine Aufstockung (Rallonge) der Quote für die Bundesrepublik an, die die OEEC allerdings von Maßnahmen der Bundesrepublik zum Abbau der extremen Gläubigerstellung abhängig machte[124]. In der Folge wurde die Rallonge mehrmals erhöht[125], während im Gegenzug die Bundesrepublik mit der Liberalisierung des Kapitalverkehrs begann. Dazu zählten devisenrechtliche Erleichterungen im Reiseverkehr und im Kleinhandel sowie die Erhöhung der Zahlungsfreigrenze für die Ausfuhr von Devisen ins Ausland[126].

Ausschlaggebend für die Liberalisierung dieser „unsichtbaren Ausfuhren" war das Londoner Abkommen vom 27. Februar 1952 über die deutschen Auslandsschulden und über die Verbindlichkeiten aus der Nachkriegshilfe, zu deren Durchführung die Alliierten auf ihre Vorbehaltsrechte verzichteten und die Devisenhoheit der Bundesrepublik herstellten. Mit dem Abkommen hatte sich die Bundesregierung auch verpflichtet, bei Sperrmarkguthaben den Transfer von Erträgnissen ausländischer Kapitalanlagen in Deutschland zuzulassen. Die Aufnahme der Zahlungen und die Lockerungen im Devisentransfer erleichterten die Verrechnung und milderten die Überschußposition der Bundesrepublik gegenüber der EZU.

Die Entwicklung der Position der Bundesrepublik innerhalb der EZU von einem Schuldner- zu einem extremen Gläubigerland spiegelte den rasanten wirtschaftlichen Aufschwung der Bundesrepublik in den Jahren von 1951 bis 1953. Er

[120] Dies war bei den Verhandlungen mit Dänemark der Fall. Vgl. dazu 20. Ausschußsitzung am 2. April 1952 TOP 1 und 2 (Entwurf einer zweiten Verordnung über Zolländerungen).

[121] Zur Bedeutung dieses „Aktes europäischer Solidarität" für den wirtschaftlichen Aufschwung der Bundesrepublik vgl. Hentschel, Zahlungsunion, S. 717.

[122] Vgl. 19. Ausschußsitzung am 14. März 1952 TOP 1.

[123] Vgl. 33. Ausschußsitzung am 26. März 1953 TOP A.

[124] Vgl. 37. Ausschußsitzung am 2. Juli 1953 TOP 1a.

[125] Vgl. 40. Ausschußsitzung am 22. Sept. 1953 TOP B (Beantragung einer weiteren Rallonge für die Bundesrepublik in der EZU).

[126] Vgl. 2. Ausschußsitzung am 21. Dez. 1953 TOP 2 (Aussprache über die deutschen Zahlungsbilanzüberschüsse).

war bedingt durch eine Bündelung fiskalischer, monetärer und wirtschaftspolitischer Maßnahmen, die auf eine Drosselung der Inlandsnachfrage und eine Förderung der Ausfuhr abzielten. Der Erfolg dieser Politik schlug sich in steigenden Ausfuhrerlösen nieder, die die Bundesrepublik in die Lage versetzten, ihren internationalen Zahlungsverpflichtungen nachzukommen.

Ab 1952 trat eine deutliche Entspannung der konjunkturellen Lage ein, die zusätzlich von einem konstanten Rückgang der Importpreise getragen war. Bei zunehmender Investitionsquote stieg das Wirtschaftswachstum um die Jahreswende 1951/52 auf ca. zehn Prozent, eine Rate, die in den folgenden Jahren nur geringfügig unterschritten wurde. Dieser günstigen Wirtschaftsentwicklung stand auf der anderen Seite eine relativ hohe Arbeitslosigkeit gegenüber, die sich in diesen Jahren auf etwa 10% eingependelt hatte. Nach der Überwindung der Versorgungs- und Produktionskrise des Frühjahrs 1951 und einer steten konjunkturellen Aufwärtsentwicklung verlagerte sich auch der Tätigkeitsschwerpunkt des Kabinettsausschusses für Wirtschaft. Die durch Mangelerscheinungen bedingten Bewirtschaftungs- und Lenkungsmaßnahmen wurden im Maße der wirtschaftlichen Konsolidierung durch marktkonforme Mittel zur Steuerung von Angebot und Nachfrage in weiten Bereichen der Wirtschaft ersetzt. Gleichzeitig verstärkten sich die Forderungen nach Investitionen zum Abbau der Arbeitslosigkeit. Der innere Ausbau der Republik mittels Expansion der Binnenwirtschaft, Strukturförderung und Anhebung des Konsums wurde zum neuen beherrschenden Thema der Beratungen des Kabinettsausschusses für Wirtschaft.

VERZEICHNIS DER SITZUNGEN UND TAGESORDNUNGSPUNKTE

PROTOKOLLE

1. Sitzung des Kabinettsausschusses für Wirtschaft am Donnerstag, den 19. April 1951

Teilnehmer: Blücher, Niklas, Sonnemann, Schäffer, Sauerborn, Westrick. Protokoll: Ernst.

Ort: [?]

Beginn: [17.00 Uhr[1]] *Ende: [?]*

Es wurden folgende Punkte besprochen:

[A. VERORDNUNG ÜBER PREISE FÜR MILCH UND BUTTER] BML

1) Es wurde allseitig anerkannt, daß der Gedanke, das ungeteilte Gemelke an den Konsumenten weiterzugeben, aus technischen Gründen und im wohlverstandenen Interesse des Konsumenten nicht möglich sei.

2) An der Hand des vorbereiteten Materials legte ich die Milchpreisfrage[2] dar und wies darauf hin, daß voraussichtlich in der Molkereispanne Möglichkeiten vorhanden seien, einen Teil der Preiserhöhungen aufzufangen. Ich schlug daher vor, eine Teilung des Milchpreises je nach Fettgehalt vorzunehmen und zwar 38 Dpf für Milch mit einem Fettgehalt von mindestens 2,8% bis einschließlich 3%, 40 Dpf für Fettgehalt über 3%. In der eingehenden Diskussion verwiesen *Minister Niklas* und *Staatssekretär Sonnemann* darauf, daß zumindest in einem Teil der nördlichen Länder (Niedersachsen und Schleswig-Holstein) nicht die in Aussicht genommene Preiserhöhung von rd. 2 Dpf. für den Produzenten durchkäme. Trotz der von *Staatssekretär Sauerborn* geltend gemachten Bedenken wurde schließlich eine Einigung dahin erzielt, daß der Verbraucherpreis für Vollmilch mit einem Fettgehalt von mindestens 2,8% im höchsten Preisgebiet 38 Dpf, mit einem Fettgehalt von mindestens 3% 40 Dpf und von mehr als 3,2% 42 Dpf je Liter ab Laden nicht übersteigen darf.

3) Anschließend wurde die Frage des Butterpreises erörtert. Ich legte die Automatik der Preisbildung dar (vergl. Vermerk vom 18. April) und übergab die anliegende Tabelle[3]. Ich schlug vor, statt der vom Ernährungsministerium gewählten Spalte, die mit einem Butterpreis von 6,34 DM abschließt, die folgende Spalte mit einem Preis von 6,26 DM zu nehmen. Zur Begründung verwies ich darauf, daß die Molkereien im Norden hierdurch begünstigt, die an sich durch den Milchpreis

---

[1] Nach Eintrag Blüchers („Wi.-Fin.Pol.-Ausschuß") in seinen Tageskalender (Nachlaß Blücher N 1080/294–5).

[2] Siehe 142. Kabinettssitzung am 18. April 1951 TOP 4 (Kabinettsprotokolle 1951, S. 313 f.). – Vorlage des BML vom 14. April 1951 („Entwurf einer Verordnung über Preise für Milch und Butter") und weitere Unterlagen in B 102/17425 und B 136/2643.

[3] Vermerk und Tabelle in B 136/2643. – Die genannte Differenz zwischen den Verbraucherhöchstpreisen für Butter ergab sich aus der Annahme verschiedener Grundpreise für Milch und entsprechender Herstellungskosten.

stärker bedachten Molkereien im Süden etwas belastet würden, dies aber ertragen könnten. Obwohl meine Argumente allerseits anerkannt wurden, entschloß man sich wegen des Hinweises auf die Preisrelation zur Trinkmilch, doch bei der vom Ernährungsministerium gewählten Berechnungsart zu bleiben. Entscheidend war dabei der Gedanke, daß es sich nur um einen Höchstpreis handele.

4) Eine lebhafte und schwere Diskussion ergab sich über die Frage, ob der Butterpreis Höchstpreis oder Festpreis sein sollte. Trotz der immer wieder von *Staatssekretär Sonnemann* erhobenen Bedenken hielten die übrigen Beteiligten daran fest, daß lediglich ein Höchstpreis in Frage kommen könne. *Staatssekretär Sonnemann* erklärte in dieser Besprechung ganz offen, der Sinn des Festpreises sei, an ihn eine Subvention[4] anzuknüpfen. Eine solche Subvention wurde von allen übrigen Beteiligten scharf abgelehnt. Schließlich gab *Minister Niklas* in dieser Frage nach.

5) Ein Telefonat von Staatssekretär Sonnemann mit Dr. Hermes[5] ergab, daß dieser sich mit den bei Milch und Butter vorgesehenen Vereinbarungen nur abfinden wolle, wenn der Butterpreis doch zum Festpreis gemacht würde. Über die daraus gezogenen Konsequenzen vergleiche Vorlage an den Bundeskanzler über das Gespräch Schäffer-Niklas-Hermes[6].

[B. VERORDNUNG ÜBER PREISE FÜR ZUCKER] BML

6) Die Frage des Zuckerpreises wurde bis zum Montag, dem 24. April nachmittags zurückgestellt[7].

[C. MÜNZAUSPRÄGUNG] BMF

7) Anschließend wurde noch kurz die Frage des Silbers für die Münzausprägung erörtert[8].

[4] Im Protokolltext ursprünglich: „[...] an ihn eine Subvention dem Butterpreis anzuknüpfen".

[5] Dr. Andreas Hermes (1878–1964). 1945 Mitbegründer und Vorsitzender der CDU in der sowjetischen Besatzungszone, 1948–1954 Präsident des Deutschen Bauernverbandes und 1948–1961 Präsident des Deutschen Raiffeisenverbandes.

[6] Vgl. Vermerk vom 19. April 1951 in B 136/2643. – Fortgang 143. Kabinettssitzung am 24. April 1951 TOP 9 (Kabinettsprotokolle 1951, S. 327–329), ferner 4. Ausschußsitzung am 28. Mai 1951 TOP 6 (Stützung Butterpreis). – BR-Drs. 458/51, Verordnung M Nr. 1/51 über Preise für Milch und Butter vom 8. Juni 1951 (BAnz Nr. 109 vom 9. Juni 1951, S. 1).

[7] Fortgang hierzu 3. Ausschußsitzung am 28. Mai 1951 TOP A.

[8] Das BMF hatte wiederholt das BMWi gebeten, die erforderlichen Ausschreibungen für die Einfuhr von Prägesilber in der vorgesehenen Höhe von 2,5 Millionen Dollar vorzunehmen. Die Angelegenheit war dringlich geworden, weil einerseits steigende Silberpreise den Münzgewinn zu beeinträchtigen drohten, andererseits 300 Millionen DM aus dem Münzgewinn zur Finanzierung des sozialen Wohnungsbaus vorgesehen waren. (Vgl. dazu 129. Kabinettssitzung am 16. Febr. 1951 TOP 8, Kabinettsprotokolle 1951, S. 159). Das BMWi wollte dagegen angesichts der angespannten Weltmarkt- und Devisensituation auf eine Münzprägung zugunsten der silberverarbeitenden Industrie verzichten (Schriftwechsel in B 102/18200). Nach einem Schreiben Schäffers vom 27. April 1951 wurde auch die Anregung diskutiert, die 5-DM-Münze aus Edelstahl herzustellen (B 136/1196). – Fortgang 150. Kabinettssitzung am 1. Juni 1951 TOP 2 (Bundeshaushalt 1951: Kabinettsprotokolle 1951, S. 408). – Zur Ausgestaltung der 5-DM-Münze vgl. 135. Kabinettssitzung am 13. März 1951

[D. AUSSCHREIBUNGSVERFAHREN] BMWi

8) Ich machte Herrn Minister Schäffer darauf aufmerksam, daß in seinem Hause von der Bauabteilung ein Entwurf vorbereitet werde, in das Baugedinge der öffentlichen Hand Gleitpreise aufzunehmen. Ich wies auf die sehr große Gefahr hin, die darin liege. Es bestand hierüber Einigkeit. *Minister Schäffer* wird seinen Referenten anweisen, diesen Gedanken fallen zu lassen[9].

TOP 10 (Kabinettsprotokolle 1951, S. 227). Sie wurde die erste Bundesmünze mit Silbergehalt. Vgl. dazu Bekanntmachung über die Ausprägung von Bundesmünzen im Nennwert von 5 Deutschen Mark vom 1. Dez. 1951 (BGBl. I 953).

[9] Siehe 121. Kabinettssitzung am 9. Jan. 1951 TOP 10 (Kabinettsprotokolle 1951, S. 59). – Mit der Einführung von Gleitklauseln in die Preisvereinbarungen über Bauleistungen (vgl. Verordnung über die Baupreisbildung für öffentliche und mit öffentlichen Mitteln finanzierte Aufträge, BAnz Nr. 92 vom 17. Mai 1951, S. 1) sollten Verteuerungen auf dem Bausektor bei der späteren Berechnung berücksichtigt werden können. Unterlagen dazu in B 136/2484 und B 102/14463. – Vgl. auch 149. Kabinettssitzung am 29. Mai 1951 TOP 6 „Vergebung öffentlicher Aufträge, hier: Bevorzugte Berücksichtigung heimatvertriebener Unternehmer" (Kabinettsprotokolle 1951, S. 393).

2. Sitzung des Kabinettsausschusses für Wirtschaft am Mittwoch, den 2. Mai 1951

Teilnehmer: Blücher, Schäffer, Kühne [BMF] (zeitweise), Wildermuth, ein Sachbearbeiter des BMWo, Sauerborn, Westrick, Friedrich [BMWi], Keiser [BMWi] (zeitweise), Sonnemann, Frohne. Protokoll: Ernst.

Ort: [?]

Beginn: [9.30 Uhr[1]*]* *Ende: [?]*

2. [a) ENTWURF EINES VERWALTUNGSABKOMMENS ÜBER DIE DURCHFÜHRUNG DER AUFGABEN AUF DEM GEBIET DER BESATZUNGSLASTEN IM RECHNUNGSJAHR 1951 BMF

b) ENTWURF EINES GESETZES ÜBER DIE ERRICHTUNG EINES BUNDESBESATZUNGSAMTES] BMF

Zunächst wurde Punkt 2 der Tagesordnung[2] – Vorlage des Bundesfinanzministers betreffend Durchführung der Aufgaben auf dem Gebiet der Besatzungslasten[3] – beraten. Es ergab sich Einmütigkeit darüber, daß zur einheitlichen Handhabung der anfallenden Aufgaben gegenüber den Besatzungsmächten ein Bundesbesatzungsamt[4] geschaffen werden müsse und daß es zweckmäßig sei, diese Stelle nicht als eine Abteilung des Bundesfinanzministeriums, sondern als selbständige Bundesoberbehörde zu führen. Herr *Minister Wildermuth* und *Staatssekretär Westrick* vertraten die Auffassungen ihrer Ressorts gegenüber dem Entwurf.

Dr. Friedrich bestätigte, daß das Schreiben von Prof. Oeftering die zwischen den Herrn Ministern Erhard und Schäffer getroffenen Abmachungen richtig wiedergebe[5]; es seien nur noch einige Punkte zu ergänzen.

Nach längerer Diskussion kam eine Einigung dahin zustande, daß dem § 1 Abs. 1 folgender Satz angefügt wird:

„Die Bundesregierung erläßt Richtlinien für die Zusammenarbeit des Bundesbesatzungsamtes mit den übrigen beteiligten Bundesstellen“.

Dr. Ernst wurde beauftragt, die Zustimmung des Herrn Justizministers zu dieser Neufassung einzuholen (ist inzwischen geschehen). Die beteiligten Ressorts (Wirtschaftsministerium, Wohnungsbauministerium und, soweit erforderlich, Ar-

---

1 Nach Eintrag Blüchers („Kleines Kabinett“) in seinen Tageskalender (N 1080/294–5).

2 Tagesordnung in der Serie der Ausschußprotokolle nicht ermittelt.

3 Siehe 143. Kabinettssitzung am 24. April 1951 TOP 11 (Kabinettsprotokolle 1951, S. 329). – Vorlage des BMF vom 30. März 1951 in B 134/1704 und B 136/7331.

4 Zu den bisherigen Bemühungen des BMF zur Errichtung eines Besatzungsamtes vgl. 62. Kabinettssitzung am 2. Mai 1950 TOP 2 (Kabinettsprotokolle 1950, S. 358) und B 126/12847.

5 Das Schreiben vom 27. April 1951 an Friedrich bestätigte die Vereinbarung zwischen BMWi und BMF über die Mitwirkung der Bundeswarenstelle hinsichtlich der Produktion, der Rohstoffversorgung und der Preise bei der Beschaffung von Besatzungsbedarf (B 126/12828).

beitsministerium, Verkehrsministerium) werden Entwürfe für Richtlinien, soweit ihre Ressorts betroffen sind, an den Herrn Finanzminister übersenden. Der Gesetzentwurf soll dem Kabinett zur Beschlußfassung so bald wie möglich vorgelegt werden, die Richtlinien nach Abstimmung zwischen den Ressorts[6].

1. [BUNDESSTELLE FÜR DEN WARENVERKEHR] BMWi

Im Zusammenhang mit dem vorangegangenen Punkt wies *Dr. Friedrich* auf die Bedeutung der Bundeswarenstelle[7] hin. Die wirtschaftliche Entwicklung mache eine wesentliche Ausweitung dieser Stelle erforderlich. Dazu komme die Notwendigkeit, daß diese Stelle eine sachgemäße Abgrenzung der zur Verfügung stehenden Rohstoffe usw. für den deutschen Inlandsmarkt, den deutschen Export und die deutsche Defence-Leistung[8] vornehme. Es sei daher auch erforderlich, daß die Stelle des Leiters dieser Bundeswarenstelle ähnlich wie beim Bundesbesatzungsamt herausgehoben werde, um auch bei Verhandlungen mit den Besatzungsmächten die erforderliche Autorität zu haben. *Minister Schäffer* erklärte sich grundsätzlich hiermit einverstanden[9].

3. [ENTWURF EINES LASTENAUSGLEICHSGESETZES, HIER: GESTALTUNG DER WÄHRUNGSGEWINNABGABEN] BMF

Minister Schäffer trug zu Punkt 3 und 4 der Tagesordnung kurz den Inhalt seiner Vorlage vom 30. März 1951 über das Lastenausgleichsgesetz vor[10]. In der Dis-

---

[6] Entwürfe der Richtlinien in B 134/1704. – Fortgang (Bundesbesatzungsamt) 146. Kabinettssitzung am 8. Mai 1951 TOP 14 (Kabinettsprotokolle 1951, S. 356). – Das Gesetz kam nicht zustande. – Fortgang zum Verwaltungsabkommen 156. Kabinettssitzung am 28. Juni 1951 TOP 15 (Kabinettsprotokolle 1951, S 489f.) und 7. Ausschußsitzung am 6. Juli 1951 TOP 1.

[7] Zum Gesetz über die Errichtung einer Bundesstelle für den Warenverkehr der gewerblichen Wirtschaft vom 29. März 1951 (BGBl. I 216) vgl. 48. Kabinettssitzung am 24. Febr. 1950 TOP 4 (Kabinettsprotokolle 1950, S. 221), zur Frage des Sitzes vgl. Sondersitzung des Kabinetts am 20. März 1951 TOP 2 (Kabinettsprotokolle 1951, S. 168).

[8] Defence-Leistungen waren Aufträge für Verteidigungszwecke, die von den Besatzungsmächten gegenüber der Bundesrepublik auf kommerzieller Basis vergeben wurden. Im Rechnungsjahr 1950/51 hatten sie einen Umfang von ca. 1,45 Milliarden DM erreicht. Vgl. dazu Anfänge Sicherheitspolitik Bd. 4, insbesondere S. 62.

[9] Zur Beauftragung von Otto A. Friedrich mit der Wahrnehmung der Leitung der Bundesstelle für Warenverkehr vgl. 146. Kabinettssitzung am 8. Mai 1951 TOP B (Kabinettsprotokolle 1951, S. 357), zur Ernennung eines Präsidenten 186. Kabinettssitzung am 16. Nov. 1951 TOP 15 (Kabinettsprotokolle 1951, S. 765).

[10] Siehe 143. Kabinettssitzung am 24. April 1951 TOP 5 (Kabinettsprotokolle 1951, S. 325). – Vorlage vom 20. März 1951 in B 126/5709 und 136/1171. – Mit der Währungsreform vom 21. Juni 1948 wurden Reichsmarkverbindlichkeiten und -forderungen im Verhältnis von 10 RM zu 1 DM umgestellt. Aus den Unterschiedsbeträgen zwischen den in der Reichsmark-Schlußbilanz ausgewiesenen Verbindlichkeiten bzw. Guthaben und Forderungen in Reichsmark und den in der Eröffnungsbilanz ausgewiesenen Verbindlichkeiten bzw. Guthaben und Forderungen in Deutscher Mark entstanden Schuldnergewinne und Gläubigerverluste. In der Vorlage des BMF war vorgesehen, Härten bei der Berechnung der Sonderabgabe auf Währungsgewinne zu vermeiden. Die Hypothekengewinnabgabe sollte dagegen von den vorgesehenen Milderungen ausgenommen bleiben. – Zum Lastenausgleichsgesetz vgl. 124. Kabinettssitzung am 19. Jan. 1951 TOP 2 (Kabinettsprotokolle 1951, S. 85f.), Gesetz vom 14. Aug. 1952 (BGBl. I 446).

kussion wurde zunächst klargestellt, daß die von Herrn Minister Schäffer vorgeschlagenen Milderungen keinesfalls auf die Hypothekengewinnabgabe ausgedehnt werden dürfen. *Dr. Schäffer* stimmte hierin mit Herrn Minister Wildermuth voll überein.

Von Herrn *Minister Wildermuth* wurde auf Schwierigkeiten aufmerksam gemacht, welche sich aus einer neuen Feststellung der Einheitswerte in Nordrhein-Westfalen ergeben, die gleichzeitig als Unterlagen für den Lastenausgleich angesehen werde. *Vizekanzler Blücher* wies darauf hin, daß Reparaturen, die vor dem Stichtage von den Hausbesitzern vorgenommen worden waren, ebenfalls die Belastung der Hausbesitzer vermehren. Es wurde infolgedessen erwogen, ob dem Hausbesitz dadurch eine Erleichterung verschafft werden könne, daß bei ihm grundsätzlich dieselben Sätze wie bei der Landwirtschaft Anwendung finden; eine solche Änderung soll gegebenenfalls durch einen Antrag der Koalitionsparteien herbeigeführt werden.

Die von Herrn *Ministerialdirigent Kühne* vorgetragene Frage, ob die Hypothekengewinnabgabe auch bei dinglich gesicherten gewerblichen Krediten zu erheben sei, wurde bejaht.

In Kenntnis des Widerspruchs des nicht vertretenen Ministers für Vertriebene wurde daraufhin die Vorlage einmütig angenommen[11].

4. [EINFUHRLIZENZEN] BMM

Vizekanzler Blücher gab einige Ziffern über den noch vorhandenen Bestand an Lizenzen[12] sowie über neuere Haltung der Amerikaner in der Frage der deutschen Einfuhren bekannt[13]. Von Bedeutung war insbesondere die Einsicht der Amerikaner, daß die überstarke Kohlenausfuhr notwendigerweise zu einer Schmälerung der übrigen Ausfuhr führe. Der *Vizekanzler* wies auch auf die Bedeutung der Frage hin, ob die eingeführte amerikanische Kohle auf die deutschen Verfügbarkeiten angerechnet werden solle oder nicht[14].

5. [EINFUHRFINANZIERUNG] BML

Als letzter Punkt wurden erneut die Finanzierungen der Einfuhren erörtert. An der Hand des im Bundesfinanzministerium aufgestellten Vermerks[15] über die

---

11 Fortgang (Feststellungsgesetz) 152. Kabinettssitzung am 8. Juni 1951 TOP D (Kabinettsprotokolle 1951, S. 427).

12 Wegen der rapiden Verschlechterung der Zahlungsbilanz hatte sich die Bundesregierung gezwungen gesehen, die Liberalisierung der Einfuhren rückgängig zu machen und die Einfuhrkontrolle zu verstärken. Vgl. dazu 134. Kabinettssitzung am 8. März 1951 TOP D (Kabinettsprotokolle 1951, S. 216 f.).

13 In einem Schreiben an Adenauer vom 4. Mai 1951 berichtete Blücher über eine Besprechung zwischen ihm, Schäffer und Westrick am 2. Mai mit dem Vertreter der amerikanischen Wirtschaftshilfe in Deutschland. Dabei hatte die amerikanische Seite weitere Wirtschaftshilfe u. a. auch von einer erfolgreichen Einschränkung der Einfuhren aus dem Dollarraum abhängig gemacht (B 136/655).

14 Zur Rolle der Kohlenein- und -ausfuhr im Zusammenhang mit der Zahlungsbilanzkrise vgl. insbesondere 151. Kabinettssitzung am 5. Juni 1951 TOP 1 (Kabinettsprotokolle 1951, S. 414 f.). – Fortgang 5. Ausschußsitzung am 15. Juni 1951 TOP A.

15 Vermerk vom 23. April 1951 „Unterlagen über den voraussichtlichen Devisenbedarf

Sitzung am 23. April wurden die landwirtschaftlichen Ziffern nochmals einer Nachprüfung unterzogen.

Herr *Staatssekretär Westrick* teilte mit, daß es bisher nicht möglich gewesen sei, die Devisenbedürfnisse des gewerblichen Sektors in ausreichendem Maße für die einzelnen Positionen zu klären.

Ministerialdirigent Keiser trug daraufhin vor, daß beabsichtigt sei, das Programm für die Devisenpositionen so aufzustellen, daß zunächst für drei Monate der voraussichtliche landwirtschaftliche Bedarf befriedigt und die gewerbliche Wirtschaft auf den dann verbleibenden Überhang verwiesen werde. Zur Zeit schweben über diese Fragen Verhandlungen mit der Bank deutscher Länder. Das Bundeswirtschaftsministerium wird bis Pfingsten eine kurze schriftliche Wiedergabe der Ausführungen des Ministerialdirigenten Keiser den anderen Ressorts übermitteln[16].

Staatssekretär Frohne verwies darauf, daß das Verkehrsministerium bisher bei den Unterhaltungen nicht beteiligt worden sei. Er wies darauf hin, daß der Bestand an verfügbaren Güterwagen in keiner Weise ausreiche, um den Verkehrsbedürfnissen zu entsprechen. Bereits im Jahre 1950 sei es nur durch Leihe französischer Güterwagen möglich gewesen, die Spitzenbelastung im Herbst zu überwinden. In diesem Jahr sei mit Bestimmtheit angesichts des gewachsenen Verkehrs der Wirtschaft mit einer Verkehrskrise zu rechnen, wenn nicht alsbald dafür Sorge getragen werde, daß der Wagenbestand der Bundesbahn wesentlich erweitert werde[17].

6. [NÄCHSTE SITZUNG]

Die nächste Sitzung des Kabinettsausschusses soll am Freitag, dem 4. Mai im Anschluß an die Sitzung des Kabinetts, also voraussichtlich um 10 Uhr stattfinden. Gegenstand der Beratungen sollen die noch ausstehenden Fragen für das Wirtschaftsprogramm der Regierung sein.

1951/52 für die Ernährung und Landwirtschaft nach Zahlungsraum und Vierteljahren" in B 146/173.

[16] Fortgang hierzu 9. Ausschußsitzung am 17. Aug. 1951 TOP 6.

[17] Zu den Produktionsengpässen bei Güterwagen wegen Stahlknappheit vgl. B 102/5198. – Fortgang (Einfuhrprogramm) 4. Ausschußsitzung am 28. Mai 1951 TOP 1.

3. Sitzung des Kabinettsausschusses für Wirtschaft am Montag, den 7. Mai 1951

Teilnehmer: Blücher, Schäffer, Erhard (ab 16.25 Uhr), Storch, Seebohm, Wildermuth, Lukaschek; von Lex (nur am Vormittag), Westrick (ab 16.35 Uhr), Sonnemann, Sauerborn; Ernst. Protokoll: Rust.

Ort: Haus Carstanjen

Beginn: 11.00 Uhr *Ende: 19.00 Uhr*

Tagesordnung:

1. *Gestaltung des Sozialausgleichs für die Erhöhung der Nahrungsmittelpreise (Teuerungszulage oder Verbilligungsscheine); Sonderumsatzsteuer unter Berücksichtigung der zwischen dem Herrn Bundesfinanzminister und dem Herrn Bundeswirtschaftsminister vorgesehenen Änderungsabreden.*
2. *Vorlage eines Gesetzes über den Zuschlag zum Kohlepreis von DM 1,– je Tonne.*
3. *Neuvorlage des Bundesministers der Finanzen über die Erfassung der Pensionsrückstellung und der Zuweisungen zu Pensions- und Unterstützungskassen für die Zwecke der Investitionen.*
4. *Pläne der Wirtschaft für die Aufbringungsumlage für Investitionen.*

1. TEUERUNGSZULAGE ODER VERBILLIGUNGSSCHEINE, SONDERUMSATZSTEUER BMF

Zunächst wird die Frage erörtert, ob der soziale Ausgleich für die erhöhten Lebensmittelpreise durch Teuerungszulagen oder Verbilligungsscheine erfolgen soll[1]. Der *Bundesminister der Finanzen* spricht sich für die Verbilligungsscheine aus mit dem Hinweis, daß dieser Weg allein die Einbeziehung der Butter in die Subventionen ermögliche.

Der *Bundesminister für Arbeit* spricht sich erneut gegen die Verbilligungsscheine aus. Er weist darauf hin, daß dieser Weg notwendigerweise dahin führe, erhebliche weitere Teile der Bevölkerung den Versorgungsämtern zuzuführen, daß dies politische Bedenken habe und im übrigen dem Gefühl der Betroffenen nicht entsprechen würde. Außerdem sei zu befürchten, daß dieser Weg dahin führe, daß

[1] Die Vorlage des BMF vom 30. April 1951 (B 126/10965 und B 136/786) war Bestandteil eines umfassenden Wirtschaftsprogramms der Bundesregierung. Vgl. dazu 145. Kabinettssitzung am 4. Mai 1951 TOP 2 (Kabinettsprotokolle 1951, S. 348 f.). – Angestrebt war, die u. a. durch den beabsichtigten Wegfall von Subventionen bedingten Preiserhöhungen durch eine Verbilligung der Lebensmittel für Sozialleistungsempfänger aufzufangen.

die den Ländern obliegenden Fürsorgelasten in weitem Umfange auf den Bund übertragen würden[2].

Staatssekretär Ritter von Lex schließt sich den Ausführungen des Bundesarbeitsministers an.

Auch *Staatssekretär Dr. Sonnemann* spricht sich nur sehr bedingt für die Verbilligungsscheine aus. Er weist darauf hin, daß es eine Illusion der Bauernverbände sei, wenn sie glaubten, daß über die Verbilligungsscheine eine Stützung des Butterpreises zu erreichen sei. Er könne aber nach der Stellungnahme des Bundesernährungsministers nur dann von diesem Wege abgehen, wenn in anderer Weise für eine Stützung des Butterpreises Sorge getragen werde.

Der *Vizekanzler* regt an, daß eine Zentralkartei der Rentenempfänger geschaffen werde, um auf diesem Wege endlich eine Grundlage für eine sachgemäße soziale Reform und gegen die Zahlung von Doppelrenten zu erhalten[3].

Dr. Ernst legt anschließend die Entwicklung der Verhandlungen über die Butterpreise und den Gedanken des Bundeskanzlers, Butter durch Beimischung von Margarine aus dem Markte zu nehmen, ausführlich dar[4]. Er weist darauf hin, daß dieser Weg zwangsläufig entweder zu einer Erhöhung des Margarinepreises um etwa 35 – 40 Pfg. führen oder weitere Subventionsmittel des Bundesfinanzministers in Höhe von 100 – 130 Millionen erfordern werde. Beides sei nicht möglich.

Auf Grund der dann folgenden Ausführungen von *Staatssekretär Dr. Sonnemann*, daß sich die Absatzlage gebessert habe, und im Anschluß an die Besprechung bei Dr. Hermes macht *Dr. Ernst* den Vorschlag, einen Betrag von 30 Millionen als Reserve zurückzustellen, um notfalls zur Stützung des Buttermarktes eingreifen zu können[5]. *Dr. Ernst* weist dabei auf die Möglichkeit eines stark forcierten Exports von Butter hin. *Bundesminister Schäffer* erklärt sich bereit, diesen Gedanken weiter zu verfolgen. Eine feste Zusage wird nicht gegeben.

---

[2] Im Entwurf des Protokolls sind die Ausführungen des BMF und BMA folgendermaßen festgehalten: „Der Bundesminister der Finanzen ist der Ansicht, daß man den Verbilligungsscheinen den Vorzug geben soll, da auf diese Art die Hilfe dort gewährt würde, wo sie notwendig ist und auf diese Weise bei der Enge des Haushaltes Kosten gespart würden. Würde man sich für die Teuerungszulage entscheiden, so stünde zu befürchten, daß die Vorlage im Parlament aus politischen Gründen eine unübersehbare Ausweitung erfahre. Demgegenüber tritt der Bundesminister für Arbeit für die Teuerungszulage ein. Er hält es für eine bedenkliche politische Gefahr, Millionen von Menschen zur Empfangnahme von Verbilligungsscheinen erstmalig und zusätzlich zum Wohlfahrtsamt zu schicken. Die Wohlfahrtsämter seien der Brutherd politischer Propaganda. Zudem solle man berücksichtigen, daß es auch heute noch eine große Zahl [von Menschen] gebe, die nur ungern zum Wohlfahrtsamt gehen und die es nur widerwillig in Kauf nehmen, als Empfänger von Verbilligungsscheinen in den Geschäften und in der Öffentlichkeit erkannt zu werden. [...]".

[3] Fortgang hierzu 146. Kabinettssitzung am 8. Mai 1951 TOP 2 a (Kabinettsprotokolle 1951, S. 359 f.). – Verordnung über die Durchführung einer einmaligen Statistik über die sozialen Verhältnisse der Renten- und Unterstützungsempfänger vom 12. Aug. 1953 (BAnz Nr. 156 vom 15. Aug. 1953, S. 1).

[4] Siehe 1. Ausschußsitzung am 19. April 1951 TOP A. – Zur Besprechung Adenauers mit Hermes am 21. April 1951 vgl. 143. Kabinettssitzung am 24. April 1951 TOP 9 (Kabinettsprotokolle 1951, S. 327 f.).

[5] Vermerk vom 1. Mai 1951 über Besprechungen zwischen Hermes und weiteren Verbandsvertretern, Sonnemann und Ernst in B 136/2643. – Fortgang (Stützung des Butterpreises) 4. Sitzung TOP 6.

Auf dieser Grundlage wird aber Einigkeit dahin erzielt, von den Verbilligungsscheinen endgültig abzusehen.

Am Nachmittag ergibt sich zu diesem Punkt eine eingehende Diskussion zwischen dem *Bundesfinanzminister* und *Staatssekretär Dr. Sauerborn*, ob die Teuerungszulage bei der für später geplanten Rentenerhöhung[6] wieder abzubauen sei oder daneben bestehen bleiben solle. Der *Bundesminister für Arbeit* schließt sich der Auffassung des Bundesfinanzministers an, daß gegebenenfalls diese Teuerungszulage später zu beseitigen sei. Ebenso erklärt er sich im Gegensatz zu seinem Staatssekretär einverstanden, daß auch bei den Sozialrentnern Höchstgrenzen vorgesehen werden sollten, bei deren Überschreitung die Teuerungszulagen fortfallen würden.

Es wird weiter in Aussicht genommen, daß schon bei der nächsten Rentenzahlung durch die Post ein Fragebogen an alle Empfänger herausgegeben werden soll, um zu klären

1.) ob neben der Rente noch Arbeitsverdienst oder sonstiges Einkommen bestehen,

2.) ob mehrere Renten nebeneinander gewährt würden.

Der *Vizekanzler* bittet Dr. Ernst, sich bei der Gestaltung dieses Fragebogens[7] einzuschalten.

Der *Bundesfinanzminister* führt weiter aus, daß die Empfänger von Soforthilfe aus dem Fonds selbst entsprechend mehr erhalten sollten, daß die Empfänger von Renten aus der Arbeitslosenversicherung ebenfalls fortfallen sollten.

Über weitere Einzelfragen vergleiche die Vorlage.[8]

[A. ZUCKERPREISE] BML

Im Zusammenhang mit der Vorlage des Bundesfinanzministeriums über die Teuerungszulage wird auf Veranlassung von *Staatssekretär Dr. Sonnemann* erneut die Zuckerpreisfrage angeschnitten[9]. Nach längerer Diskussion erneuert *Dr. Ernst* seinen bereits früher gemachten Vorschlag, die im Zusammenhang mit dem erhöhten Zuckerrübenpreis erforderliche Preiserhöhung für Zucker bereits mit Wirkung vom 1. September statt 1. Oktober in Kraft zu setzen und die Preisdifferenz dieses Monats voll abzuschöpfen, um auf diesem Wege die für die Einfuhr erforderlichen erhöhten Subventionen des Bundesfinanzministers zu finanzieren. Der Vorschlag wird von dem *Bundesfinanzminister* und *Staatssekretär Dr. Sonnemann* angenommen. Er soll in der Weise vorbereitet werden, daß der Bundesfinanzminister am 1. Juli [eine] Bestandsaufnahme bei Raffinerien und im Handel durchführen

---

6 Zum Rentenzulagengesetz vgl. 149. Kabinettssitzung am 29. Mai 1951 TOP 4 (Kabinettsprotokolle 1951, S. 390–392).

7 Fragebogen nicht ermittelt.

8 Fortgang 146. Kabinettssitzung am 8. Mai 1951 TOP 2 a (Kabinettsprotokolle 1951, S. 358–360). – BR-Drs. 452/51, BT-Drs. 2463, Gesetz über die einstweilige Gewährung einer Teuerungszulage zur Abgeltung von Preiserhöhungen bei Grundnahrungsmitteln (Teuerungszulagengesetz) vom 10. Aug. 1951 (BGBl. I 507).

9 Siehe 142. Kabinettssitzung am 18. April 1951 TOP 3 (Kabinettsprotokolle 1951, S. 313 f.).

läßt, welche eine spätere Erfassung der Preisdifferenz an diesen Stellen vorbereiten und ermöglichen soll.

Durchführung dieser Maßnahme durch das Bundesfinanzministerium und Staatssekretär Dr. Sonnemann[10].

2. VORLAGE EINES GESETZES ÜBER DEN ZUSCHLAG ZUM KOHLEPREIS VON DM 1,– JE TONNE BMWi

In Abwesenheit der Vertreter des Bundeswirtschaftsministeriums wird alsdann das Gesetz über den Bergarbeiterwohnungsbau[11] von dem *Bundesminister für Wohnungsbau* vorgetragen. *Dr. Ernst* gibt einen kurzen Überblick über die Zweifelsfrage der Einbeziehung der Braunkohle in die Abgabe. Es wird beschlossen, die Braunkohle trotz der sehr anders gelagerten Verhältnisse in die Abgabe einzubeziehen, aber den Braunkohleschwelkoks auf Anregung des *Bundesverkehrsministers* herauszunehmen. Der *Bundesminister für Wirtschaft* und *Dr. Westrick* erklären sich später hiermit einverstanden.

Auf Wunsch des *Arbeitsministeriums* wird vorgesehen, daß auch dieses in dem Bundesausschuß und in den Landesausschüssen vertreten ist[12]. Es wird Wert darauf gelegt, daß das Bundeswirtschaftsministerium möglichst durch einen Herrn seiner Bergabteilung vertreten sein soll.

Der Bundeswohnungsbauminister wird die Berichtigung der Vorlage gemäß den Beschlüssen im Kabinett vortragen[13].

[B. SONDERUMSATZSTEUER] BMF

Der Entwurf der Sonderumsatzsteuer[14] wird erneut beraten. Der *Bundesfinanzminister* weist auf die Änderungen im § 7 (Rechnungserteilung) und im § 11 (Bestandsbesteuerung) hin. Über den § 7 entspinnt sich eine längere Diskussion, in der der *Bundeswirtschaftsminister* sich dagegen ausspricht, die Sonderumsatzsteuer beim Einzelhandel gesondert auszuweisen und dadurch dem Käufer Ein-

---

[10] Fortgang 4. Ausschußsitzung am 28. Mai 1951 TOP 4.

[11] Siehe 141. Kabinettssitzung am 13. April 1951 TOP A (Kabinettsprotokolle 1951, S. 307). – Vorlage des BMWi und BMWo vom 4. Mai 1951 in B 126/11024 und B 136/1458. Unterlagen zur weiteren Behandlung in B 102/4391. – Mit dem Zuschlag auf den Kohlepreis sollte der Wohnungsbau für die Bergarbeiter gefördert werden.

[12] Der Entwurf sah die Errichtung eines Bundesausschusses für den Bergarbeiterwohnungsbau (§ 5) und die Errichtung von Bezirksausschüssen in den Ländern vor, in denen Kohlebergbau betrieben wurde (§ 7). Diese Ausschüsse sollten über die Verteilung der Mittel entscheiden.

[13] Fortgang hierzu 146. Kabinettssitzung am 8. Mai 1951 TOP 2 c (Kabinettsprotokolle 1951, S. 363 f.). – BR-Drs. 450/51, BT-Drs. 2388, Gesetz vom 23. Okt. 1951 (BGBl. I 865).

[14] Siehe 140. Kabinettssitzung am 10. April 1951 TOP 1 d (Kabinettsprotokolle 1951, S. 289 f.). – Entwurf eines Gesetzes über eine Sonderumsatzsteuer in der Fassung vom 30. April 1951 in B 136/637, in der Fassung vom 27. April 1957 in B 126/11869. – Fortgang 146. Kabinettssitzung am 8. Mai 1951 TOP 2 b (Kabinettsprotokolle 1951, S. 360–363). – BR-Drs. 446/51, BT-Drs. 1345. Der Gesetzentwurf erledigte sich, als der Bundestag am 18. Nov. 1951 dessen Überweisung in die Ausschüsse zur weiteren Beratung ablehnte (Stenographische Berichte, Bd. 9, S. 7113).

blick in die Handelsspanne des Einzelhandels zu geben. Alle übrigen Anwesenden erklären sich aber für die Vorlage des Bundesfinanzministers. Schließlich gibt der *Bundeswirtschaftsminister* seinen Widerspruch auf.

3. NEUVORLAGE DES BUNDESMINISTERS DER FINANZEN ÜBER DIE ERFASSUNG DER PENSIONSRÜCKSTELLUNG UND DER ZUWEISUNGEN ZU PENSIONS- UND UNTERSTÜTZUNGSKASSEN FÜR DIE ZWECKE DER INVESTITIONEN BMF

Zurückgestellt[15].

4. AUFBRINGUNGSUMLAGE FÜR INVESTITIONEN BMWi

Die Wirtschaftshilfe für Investitionen in den Grundstoffindustrien soll ohne Vorlage im Kabinett erörtert werden[16].

---

[15] Siehe 140. Kabinettssitzung am 10. April 1951 TOP 1 h (Kabinettsprotokolle 1951, S. 290 und 292). – Die Vorlage des BMF vom 5. April 1951 (B 126/11805 und B 136/624) wurde im Kabinettsausschuß nicht mehr behandelt. – BR-Drs. 557/51, BT-Drs. 2546, Gesetz vom 26. März 1952 (BGBl. I 206).

[16] Siehe 146. Kabinettssitzung am 8. Mai 1951 TOP 2 d (Kabinettsprotokolle 1951, S. 364–367). – Fortgang 5. Ausschußsitzung am 15. Juni 1951 TOP 8.

4. Sitzung des Kabinettsausschusses für Wirtschaft am Montag, den 28. Mai 1951

Teilnehmer: Blücher; Hartmann, Sonnemann, Sauerborn, Frohne; Bernard [BdL], Ernst, Klamser (BMF). Protokoll: Pühl.

Ort: Haus Carstanjen

Beginn: 15.00 Uhr *Ende: 19.00 Uhr*

Tagesordnung[1]*:*

1. *Besprechung des Einfuhrprogramms.*
2. *Neuregelung des Verfahrens für die Ausschreibungen.*
3. *Gestaltung der EZU-Quoten.*
4. *Gestaltung des Zuckerpreises.*
5. *Änderung des Zuckergesetzes (Ermächtigung zu Leistungsauflagen).*
6. *Stützung des Butterpreises.*
7. *Änderung des Milch- und Fettgesetzes (Verwendung von Raps bei der Margarineherstellung).*
8. *Marktordnungsgesetz für Obst und Gemüse.*

1. BESPRECHUNG DES EINFUHRPROGRAMMS BML

Der *Vizekanzler* stellt einleitend nochmals die Bedeutung eines Einfuhrprogramms heraus. *Staatssekretär Dr. Sonnemann* ergänzt diese Ausführungen durch entsprechendes Zahlenmaterial über den Einfuhrbedarf auf dem Agrarsektor[2]. Der Kabinettsausschuß spricht sich einstimmig für die baldige Vorlage eines Einfuhrprogramms aus. Jedoch betont *Präsident Bernard*, daß es der Bank deutscher Länder nicht möglich sei, für längere Fristen die Bereitstellung bestimmter Devisenbeträge zuzusagen[3]. Unter diesen Umständen hält *Vizekanzler Blücher* das Vorzie-

[1] Gemäß Einladung vom 23. Mai 1951. – Die Sitzung war ursprünglich für den 18. Mai 1951 mit folgender Tagesordnung anberaumt worden: 1. Vortrag von Prof. Hallstein über den Schuman-Plan, 2. Abschließende Besprechung des Einfuhrprogramms, 3. Gestaltung des Zuckerpreises, 4. Stützung des Butterpreises.

[2] Siehe 2. Ausschußsitzung am 2. Mai 1951 TOP 5. – Dazu Aufzeichnung vom 11. Mai 1951 für den Bundesminister und den Staatssekretär („Einfuhrbedarf für die wichtigsten Nahrungsmittel bis zum Anschluß an die Ernte 1951“) in B 116/36320, Unterlagen zum Einfuhr- und Versorgungsprogramm 1950/1951 in B 116/1851 und 1854.

[3] Zur restriktiven Devisenzuteilungs-Praxis der BdL vgl. Ausführungen Keisers in der 9. Ausschußsitzung am 17. Aug. 1951 TOP 6.

hen der Programmierung der ECA-Lieferungen für dringend erforderlich, damit die Devisenschwierigkeiten bei der Einfuhr überwunden werden können[4].

Der Kabinettsausschuß stellt mit Bedauern fest, daß im Gegensatz zum Bundesernährungsministerium das Bundeswirtschaftsministerium bisher noch kein schlüssiges Zahlenmaterial für die Planung des Einfuhrprogramms vorgelegt habe. Wenn auch anerkannt wird, daß auf dem Sektor der gewerblichen Wirtschaft die Erstellung von Planzahlen weitaus schwieriger ist als auf dem Agrarsektor, so muß nach Ansicht des Kabinettsausschusses doch versucht werden, zumindestens Annäherungswerte festzulegen.

Der Kabinettsausschuß beschließt, die Gedanken des Einfuhrprogramms energisch weiter zu verfolgen[5].

2. NEUREGELUNG DES VERFAHRENS FÜR DIE AUSSCHREIBUNGEN BMWi

Einleitend stellt der *Vizekanzler* erneut mit Bedauern fest, daß der Bundeswirtschaftsminister nicht anwesend ist. *Staatssekretär Sonnemann* legt Vorschläge betr. Änderung bei dem Ausschreibungsverfahren vor[6] und erläutert diese im einzelnen. Das bisher übliche termingebundene Offert-Verfahren sei nicht mehr tragbar, da hierdurch eine massierte Anfrage im Ausland mit entsprechenden Preisauftriebstendenzen hervorgerufen würde. Dagegen sei das modifizierte Reihenfolgeverfahren mit Auslosung sehr zu empfehlen[7].

Auf Anregung von *Präsident Bernard* sieht der Kabinettsausschuß davon ab, sich mit den technischen Einzelheiten einer Neuregelung im Ausschreibungsverfahren näher zu befassen und beschließt, dem Einfuhrausschuß[8] diese Aufgabe zu übertragen. Der von *Staatssekretär Dr. Sonnemann* vorgelegte Entwurf soll dabei dem Einfuhrausschuß als Material zugeleitet werden. In diesem Zusammenhang regt *Präsident Bernard* an, den Einfuhrausschuß auch mit der Frage zu befassen,

---

4 Als Nachfolgerin der Marshallplan-Organisation stellte die Economic Cooperation Administration der amerikanischen Regierung über die Organization for European Economic Cooperation (OEEC) weiterhin Mittel für den Wiederaufbau Europas zur Verfügung. Vgl. 145. Kabinettssitzung am 4. Mai 1951 TOP A (Kabinettsprotokolle 1951, S. 349).

5 Fortgang 7. Ausschußsitzung am 6. Juli 1951 TOP 3.

6 Nicht ermittelt. – Zu den bisherigen Versuchen und Plänen der Bundesregierung, durch eine verstärkte Kontrolle der Einfuhren vor allem im Lebensmittelbereich die Devisenknappheit zu bekämpfen, vgl. 134. Kabinettssitzung am 8. März 1951 TOP E (Kabinettsprotokolle 1951, S. 217f.). – Unterlagen zur Neuregelung des Einfuhrverfahrens in B 116/1439f.

7 Nach dem bisher gültigen Verfahren aufgrund der Anweisung Nr. 29 der Joint Export-Import Agency (JEIA) der Besatzungsmächte wurden die bei den Außenhandelsbanken eingegangenen Lizenzanträge für die im Bundesanzeiger veröffentlichten Ausschreibungen je nach Eingang der Reihe nach und gleichwertig bearbeitet. Teilweise wurden erst nach Prüfung der Offerten durch die Fachgruppen (im gewerblichen Bereich) und von den Außenhandelsstellen (für den Bereich der Ernährung) Devisenzuteilungen vorgenommen, die erst den Importeur zum Abschluß eines Kaufvertrages berechtigten (vgl. Vermerk vom 3. April 1951 in B 102/307).

8 Der Interministerielle Einfuhrausschuß setzte sich aus Vertretern des BMWi, des BML und der BdL zusammen. Er trat am 14. Okt. 1949 zu seiner zweiten Sitzung zusammen (Protokolle bis April 1951 in B 102/335 und 336).

ob und inwieweit eine Beseitigung des Bardepots[9], das vom Standpunkt der Bank deutscher Länder nicht sehr erwünscht ist, möglich ist. Man müsse allerdings berücksichtigen, daß es sich hierbei im wesentlichen um eine politische Frage handele, da das Bardepot ein Lieblingsgedanke der EZU sei. Die EZU habe seinerzeit bei der Bewilligung der Kreditquote von 120 Mio $ besonderen Wert auf das Instrument des Bardepots gelegt[10].

Der Kabinettsausschuß ist übereinstimmend der Meinung, daß man versuchen sollte, das Bardepot durch andere Methoden der Einfuhrsteuerung zu ersetzen. Der *Vizekanzler* betont in diesem Zusammenhang, daß in Deutschland ein entsprechender Behördenapparat fehle, um die Einfuhr zu lenken. Der Einfuhrausschuß soll beauftragt werden, die Möglichkeit einer Neugestaltung des Ausschreibungsverfahrens zu überprüfen[11].

3. GESTALTUNG DER EZU-QUOTEN BMM

Der *Vizekanzler* legt hierzu dar, daß die Forderung des Bundeswirtschaftsministers auf Festlegung einer EZU-Quote von 800–850 Mio $ für die Bundesrepublik als überhöht anzusehen sei. In den bisher geführten mündlichen Besprechungen sei bislang nur eine Zahl von 550–600 Mio $ genannt worden[12]. Diese Zahl sei realistisch und habe auch Aussicht, die Zustimmung der Amerikaner zu finden. Die Ausführungen des Vizekanzlers werden von *Präsident Bernard* nachdrücklich unterstrichen. Man sollte sich auf einen Betrag von maximal 600 Mio $ beschränken. Überhöhte Forderungen würden einen schlechten Eindruck machen und sich auch nicht begründen lassen. Im übrigen dürfe man bei der Festsetzung der Quote niemals außer Acht lassen, daß es sich hierbei niemals um einen Kredit, sondern um einen Swing, der nur im äußersten Fall erreicht wird, handele. Der Kabinetts-

[9] Der Zentralbankrat hatte mit Wirkung vom 16. Okt. 1950 einen Depotzwang eingeführt. Danach mußten bei Beantragung neuer oder zu verlängernder Einfuhrlizenzen 50% des Volumens in DM-Gegenwerten bei einer Bank hinterlegt werden. – Vgl. Sondersitzung am 2. Nov. 1950 TOP 6 (Kabinettsprotokolle 1950, S. 795).

[10] Ein Sonderkredit der Europäischen Zahlungsunion (EZU) war der Bundesregierung nach Beschluß des Rates der OEEC vom 13. Dez. 1950 als Devisenhilfe gewährt worden. – Vgl. 118. Kabinettssitzung am 21. Dez. 1950 TOP 7 (Kabinettsprotokolle 1950, S. 905).

[11] Unterlagen hierzu in B 102/57757 und B 116/1440. – Runderlaß Außenwirtschaft Nr. 56/51 vom 15. Dez. 1951 (BAnz Nr. 244 vom 18. Dez. 1951, S. 1)

[12] Siehe 141. Kabinettssitzung am 13. April 1951 TOP A (Wirtschafts- und steuerpolitische Maßnahmen der Bundesregierung: Kabinettsprotokolle 1951, S. 306 f.). – Schreiben des BMWi vom 7. Mai 1951 an das BMM, Vermerk vom 25. Mai 1951 über eine interministerielle Besprechung und weitere Unterlagen über die Verhandlung mit der EZU in B 146/474. – Das Abkommen über die Europäische Zahlungsunion (EZU) vom 19. Sept. 1950 (Gesetz vom 14. März 1951, BGBl. II 31) regelte das Verfahren und die Mechanismen des Handels- und Zahlungsverkehrs zwischen den Mitgliedsstaaten der OEEC. Überschüsse und Defizite eines jeden Mitgliedslandes wurden gegeneinander verrechnet. Dabei konnten für jedes Land Gesamtüberschüsse bzw. Gesamtdefizite entstehen, deren Umfang begrenzt war und von der OEEC für jedes einzelne Land in Form von Quoten festgelegt wurde. Im Zuge der Überprüfung des Abkommens hatte das Direktorium der EZU für die Niederlande und für die Bundesrepublik eine Erhöhung der Quote eingeräumt und um entsprechende Vorschläge gebeten.

ausschuß beschließt, seine einmütige Auffassung, daß eine Quote bis zu 600 Mio $ als ausreichend angesehen werde, dem Kabinett zur Kenntnis zu bringen[13].

4. GESTALTUNG DES ZUCKERPREISES BML

Staatssekretär Dr. Sonnemann begründet die Notwendigkeit einer Regelung der Zuckerpreisfrage[14] noch vor dem Beginn des neuen Zuckerwirtschaftsjahres, also vor dem 1. 10. 1951. Bei der gegenwärtigen ungeklärten Preissituation sei die Industrie nicht bereit, Abschlüsse zu tätigen. *Staatssekretär Dr. Sonnemann* schlägt daher eine Erhöhung des Verbraucherpreises von DM 114,– auf DM 140,– je 100 kg vor. Von der Differenz von DM 26,– soll eine Spitze von DM 7,80 bei den Zuckerfabriken und Raffinerien abgeschöpft und von der Frachtenausgleichskasse bei der Geschäftsstelle Zuckerwirtschaft vereinnahmt werden. Die abgeschöpften Beträge sollen zur Aufrechterhaltung des Preisstandes innerhalb der Zuckerwirtschaft, in erster Linie zur Deckung der bei weiterem Steigen der Auslandspreise etwa noch notwendig werdenden Subventionen für Zucker, verwendet werden. Der Kabinettsausschuß ist sich darüber grundsätzlich einig, daß der Zuckerpreis in dem vorgeschlagenen Umfang erhöht werden muß.

Es wird weiterhin die Frage erörtert, zu welchem Zeitpunkt diese Preiserhöhung in Kraft treten soll. *Staatssekretär Dr. Sonnemann* fordert die Preiserhöhung bereits ab 1. 7. 1951. Man solle es lieber in Kauf nehmen, wenn der Einmachzukker etwas teuerer sei, dafür aber den Konsumenten zur Verfügung stände. *Staatssekretär Dr. Sauerborn* macht dagegen Bedenken geltend im Hinblick auf die schwebenden Verhandlungen mit den Sozialpartnern in der Lohn- und Preisfrage. *Staatssekretär Hartmann* schließt sich der Auffassung von Staatssekretär Sonnemann an und tritt für die Preiserhöhung ab 1. 7. 1951 ein. Der Ausschuß errechnet überschläglich, daß bei einer Preiserhöhung ab 1. 7. 1951 ein Abschöpfungsbetrag von rd. 78 Mio DM zugunsten des Subventionsfonds des Bundesfinanzministeriums zur Verfügung stände. Dagegen würde ein Mehrbedarf an Subventionen für Importzucker in Höhe von rd. 60 Mio DM erforderlich werden, wenn die Preiserhöhung erst ab 1. 9. 1951 erfolgen würde.

Der Kabinettsausschuß spricht sich im Grundsatz für die Preiserhöhung ab 1. 7. 1951 aus. Dr. Ernst wird beauftragt, dies dem Ausschuß Löhne und Preise der Sozialpartner zur Kenntnis zu bringen[15].

---

[13] Fortgang 164. Kabinettssitzung am 26. Juli 1951 TOP B (Einfuhrprogramm, Kabinettsprotokolle 1951, S. 567 f.).

[14] Siehe 142. Kabinettssitzung am 18. April 1951 TOP 3 (Kabinettsprotokolle 1951, S. 313) und 3. Ausschußsitzung am 7. Mai 1951 TOP A. – Vorlage des BML vom 31. März 1951 in B 116/7246 und B 136/2628.

[15] Ein paritätisch besetzter Ausschuß für Löhne und Preise hatte sich am 23. April 1951 konstituiert. Vgl. 140. Kabinettssitzung am 10. April 1951 TOP 1 h (Kabinettsprotokolle 1951, S. 291). Niederschriften in B 102/14466. Stellungnahme des Preisrates vom 3. Juli 1951 in B 136/2628. – Fortgang 153. Kabinettssitzung am 12. Juni 1951 TOP 8 (Erhöhung der Verbraucherpreise) und 154. Kabinettssitzung am 20. Juni 1951 TOP H (Kabinettsprotokolle 1951, S. 434 f. und 462 f.) sowie 6. Ausschußsitzung am 18. Juni 1951 TOP 4.

5. ÄNDERUNG DES ZUCKERGESETZES (ERMÄCHTIGUNG ZU LEISTUNGSAUFLAGEN) BML

Staatssekretär Dr. Sonnemann begründet die Notwendigkeit, das Zuckergesetz zu ändern. Danach solle der Bundesminister für Ernährung, Landwirtschaft und Forsten in § 6 ermächtigt werden, Leistungsauflagen festzusetzen[16].

Der Kabinettsausschuß ist mit den Änderungsvorschlägen einverstanden. Der Bundesminister für Ernährung, Landwirtschaft und Forsten wird dem Kabinett einen entsprechenden Entwurf zur Beschlußfassung vorlegen[17].

6. STÜTZUNG DES BUTTERPREISES BML

Staatssekretär Dr. Sonnemann gibt dem Kabinettsausschuß bekannt, daß wegen der zu erwartenden Butterschwemme eine Bevorratung der Butter erforderlich werde[18]. Soweit diese Butter nicht für den normalen Konsum im Inland verwendet werden kann, soll sie exportiert oder zur Margarineproduktion verwendet werden. Dies würde eine Abgabe der Butter zu Unterpreisen bedeuten. Der hieraus etwa entstehende Fehlbetrag in Höhe bis zu 30 Mio DM müsse aus Bundesmitteln abgedeckt werden. *Staatssekretär Hartmann* erklärt, hierzu keine Stellung nehmen zu können, solange die Grundsatzfragen der zukünftigen Haushaltsgestaltung noch nicht geklärt seien. Der Punkt bedarf einer erneuten Erörterung im Kabinettsausschuß[19].

7. ÄNDERUNG DES MILCH- UND FETTGESETZES (VERWENDUNG VON RAPS BEI DER MARGARINEHERSTELLUNG) BML

Staatssekretär Dr. Sonnemann legt im einzelnen die Notwendigkeit dar, eine Änderung des Milch- und Fettgesetzes im Sinne einer Ermächtigung des Bundesernährungsministers zur Auferlegung von Produktionsauflagen bei der Margarineherstellung vorzunehmen. Der Kabinettsausschuß hat hiergegen keine Bedenken. Das Bundesernährungsministerium wird daher dem Kabinett einen entsprechenden Entwurf zur Beschlußfassung vorlegen[20].

8. MARKTORDNUNGSGESETZ FÜR OBST UND GEMÜSE BML

Unter Bezugnahme auf die Kabinettsvorlage des Bundesministers für Ernährung, Landwirtschaft und Forsten vom 11. 5. 1951 erörtert *Staatssekretär Dr. Sonnemann* die Notwendigkeit, zunächst einen Stützungsfonds von 25 Mio DM für

---

[16] Zum Zuckergesetz vom 5. Jan. 1951 (BGBl. I 47) vgl. 154. Kabinettssitzung am 20. Juni 1951 TOP H. – Entwürfe des BML in der Fassung vom 19. und 28. Mai 1951 in B 116/516, spätere Fassungen in B 136/2627 und B 116/348. – Vorgesehen war eine Ermächtigung für das BML zum Erlaß von Rechtsverordnungen und Verfügungen und zur Erhebung von Ausgleichsabgaben, mit denen stabile und angemessene Preise sowie eine gleichmäßige Versorgung sichergestellt werden sollten.

[17] Fortgang 7. Ausschußsitzung am 6. Juli 1951 TOP 4.

[18] Siehe 1. Ausschußsitzung am 19. April 1951 TOP 2.

[19] Fortgang 5. Ausschußsitzung am 15. Juni 1951 TOP 1.

[20] Fortgang 166. Kabinettssitzung am 10. Aug. 1951 TOP 5 (Kabinettsprotokolle 1951, S. 591 f.) und 9. Ausschußsitzung am 17. Aug. 1951 TOP 1.

den einheimischen Gemüse- und Obstbau zu errichten[21]; später müsse man dann an die Schaffung eines Marktgesetzes für Gartenbauerzeugnisse und an die Festsetzung zeitlicher Sperren bei der Einfuhr von Gemüse und Obst denken. *Staatssekretär Hartmann* erklärt sich aus haushaltswirtschaftlichen Gründen auch in diesem Falle nicht in der Lage, zu dieser Frage bereits endgültig Stellung zu nehmen. Die Angelegenheit müsse zunächst mit Bundesminister Dr. Schäffer erörtert werden.

Der Kabinettsausschuß beschließt, die Angelegenheit demnächst erneut zu beraten[22].

Außerhalb der Tagesordnung

[A.] ZINSFRAGEN BMF

Unter Bezugnahme auf den Schriftwechsel zwischen den Bundesministern der Finanzen und für Wirtschaft, der den Mitgliedern des Kabinettsausschusses zugeleitet worden ist, teilt *Dr. Ernst* mit, daß hierüber am 23. 5. 1951 erneut eine Ressortbesprechung stattgefunden habe[23]. Er bittet den Kabinettsausschuß, einen Beschluß etwa folgenden Inhalts herbeizuführen: „Der Kabinettsausschuß sieht keinen Anlaß, eine Änderung des bisherigen Beschlusses des Kabinetts vom 6. 3. 1951 betr. Beibehaltung des langfristigen Zinsfußes zu beantragen“[24].

Präsident Bernard nimmt zur Frage der Zinserhöhung für langfristige Werte eingehend Stellung. Die Höhe des Zinssatzes würde im Kapitalverkehrsausschuß[25] entschieden. Der Vertreter der Bank deutscher Länder in diesem Ausschuß sei jedoch durch einen Beschluß des Zentralbankrates in dem Sinne gebunden, sich einer Erhöhung des Zinssatzes nicht zu widersetzen. *Präsident Bernard* begründet dann im einzelnen das Erfordernis, den Kapitalzinsfuß dem kurzfristigen Zinsfuß anzupassen und betont, daß nach seiner Ansicht keineswegs die Konversion bereits begebener Papiere im Zuge einer Erhöhung des Zinsfußes erforderlich sei. Wenn man die hierfür erforderlichen Stützungsbeträge aus den Berechnungen des Bundesfinanzministeriums streichen würde, würde sich ein wesentlich erträglicheres Bild ergeben. Wenn der Kabinettsausschuß dagegen den Beschluß in dem von Dr. Ernst vorgeschlagenen Sinne fassen würde, so bedeute dies praktisch das Todesurteil des Kapitalmarktes. Er habe überdies erhebliche Bedenken dagegen, den Pfandbrief gesetzlich mit dem Sachwert zu verknüpfen. Dies bedeute eine Gefahr für die Währung und zugleich eine Diffamierung derselben. *Dr. Ernst* nimmt zu den Ausführungen von Präsident Bernard etwa wie folgt Stellung: Man müsse

[21] Siehe 148. Kabinettssitzung am 25. Mai 1951 TOP 8 (Kabinettsprotokolle 1951, S. 387). – Vorlage des BML in B 116/368 und B 136/705.

[22] Fortgang 5. Ausschußsitzung am 15. Juni 1951 TOP 2.

[23] Schriftwechsel zwischen BMF und BMWi sowie Aufzeichnung über die Ressortbesprechung in B 102/12649 und (ohne Schreiben des BMWi vom 21. April 1951) in B 136/7343. Vgl. auch 82. Kabinettssitzung am 11. Juli 1950 TOP 5 (Kabinettsprotokolle 1950, S. 528).

[24] Vgl. Sondersitzung vom 6. März 1951 TOP 1 (Kabinettsprotokolle 1951, S. 209f.).

[25] Der Kapitalverkehrsausschuß trat am 25. Nov. 1949 zu seiner ersten Sitzung zusammen (Niederschrift in B 126/12080). Aufgrund des Kapitalverkehrsgesetzes vom 2. Sept. 1949 (WiGBl. S. 305) hatte er Emissionen zu genehmigen sowie über die Höhe der Zinssätze zu entscheiden.

bedenken, daß der Kapitalmarkt sehr langsam wächst. Der Zinsfuß sei nicht das entscheidende Moment für die Neubildung von Kapital. Wesentlich sei heute für den Sparer der Gesichtspunkt der Sicherheit. Dagegen sollte man die Diskrepanz zwischen dem lang- und kurzfristigen Zinssatz dadurch verringern, daß ein allmählicher Abbau des Diskontsatzes angestrebt wird. Grundsätzlich spricht sich *Dr. Ernst* auch gegen eine Heraufkonvertierung der alten Emissionen aus. Man könnte höchstens im Hinblick auf die Gefahr erheblicher Kurseinbrüche auf dem Rentenmarkt daran denken.

Der *Vizekanzler* hebt hervor, daß die Frage der Höhe des Kapitalzinses zu einem geeigneteren Zeitpunkt erörtert werden müsse, nämlich dann, wenn eine gewisse Lohn- und Preisstabilität gesichert sei. Davon könne aber im gegenwärtigen Zeitpunkt noch nicht gesprochen werden. *Staatssekretär Hartmann* spricht sich gegen eine Erhöhung des Kapitalzinses aus. Es sei vom Standpunkt des Bundesfinanzministers nur zu begrüßen, wenn man bei einer Zinserhöhung auf die Heraufkonvertierung der alten Emissionen verzichten könne; wenn das Bundesfinanzministerium bei seinen bisherigen Überlegungen jedoch dafür eingetreten sei, so nur aus Gründen der Kursstützung. Abschließend schlägt *Staatssekretär Hartmann* dem Kabinettsausschuß vor, einen Beschluß gemäß dem Vorschlage von Dr. Ernst zu fassen, jedoch an das Kabinett nicht erneut heranzutreten.

Der Kabinettsausschuß beschließt entsprechend[26].

[B.] AUSLANDSSCHULDENKONFERENZ BMF

Dr. Ernst stellt im Hinblick auf die bevorstehenden internationalen Verhandlungen über die deutschen Auslandsschulden die Frage der Federführung zur Debatte. Nach seiner Ansicht müsse für diese Fragen das Auswärtige Amt federführend sein[27]. Die vom Bundesfinanzministerium angestrebte Federführung sei nicht sachdienlich, da dieses durch Parteiinteressen gebunden sei. Zumindest der Delegationsführer müsse interessenunabhängig sein. Selbstverständlich würden das Bundesfinanzministerium, das Bundeswirtschaftsministerium und das Bundesministerium für den Marshallplan in der Delegation vertreten sein. Ein besonderes Problem sei es, einen geeigneten Delegationsführer zu finden. *Staatssekretär Hartmann* erklärt, zu einer abschließenden Stellungnahme ohne Rücksprache mit Bundesminister Dr. Schäffer nicht in der Lage zu sein. Der *Vizekanzler* bittet Staatssekretär Hartmann, die Angelegenheit mit Bundesminister Dr. Schäffer zu besprechen[28].

[26] Der Zentralbankrat nahm keine Zinserhöhung vor (Protokolle in B 136/336).

[27] In der Vorlage vom 23. Mai 1951 erhob das BMF Anspruch auf die Zuständigkeit für die am 5. Juni 1951 in Bonn beginnenden Vorbesprechungen zu der noch im Juni vorgesehenen inoffiziellen Vorkonferenz in London (B 126/48363 und B 136/1116).

[28] Fortgang 149. Kabinettssitzung am 29. Mai 1951 TOP 2 (Kabinettsprotokolle 1951, S. 389f.). Die Verhandlungsdelegation setzte sich aus Vertretern des AA, des BMF, des BMWi und des BMM zusammen. Geleitet wurde sie von Hermann Josef Abs. Vgl. dazu 163. Kabinettssitzung am 20. Juli 1951 TOP 4 (Kabinettsprotokolle 1951, S. 555).

[C.] AUSWIRKUNGEN VON BERICHTIGUNGEN DER UMSTELLUNGSRECHNUNGEN AUF DIE AUSGLEICHSFORDERUNGEN DER GELDINSTITUTE, VERSICHERUNGSUNTERNEHMEN UND BAUSPARKASSEN BMF

Der Präsident des Zentralbankrates hat dem Bundeskanzler mit Schreiben vom 18. Mai einen Gesetzentwurf über die Ausgleichsforderungen der Geldinstitute, Versicherungsunternehmen und Bausparkassen übersandt mit der Bitte, eine Beschlußfassung des Bundeskabinetts über die Einbringung einer entsprechenden Gesetzesvorlage herbeizuführen[29]. Dieses Schreiben ist gleichfalls allen Bundesressorts zugegangen. *Dr. Ernst* erörtert die Frage, in welcher Weise diese Vorlage weiterbehandelt werden soll. *Staatssekretär Hartmann* sagt zu zu prüfen, ob die Vorlage noch einer Erörterung innerhalb der Ressorts bedürfe oder bereits in der gegenwärtigen Fassung als kabinettsreif angesehen werden könne[30].

[D.] AUSSENHANDELSPOLITIK BMWi

Staatssekretär Dr. Sonnemann beschwert sich darüber, daß das Bundeswirtschaftsministerium im Geldverkehr insbesondere mit den Ländern des Ostblocks zahlungsbilanzmäßig Aktiven entstehen lasse, die dann das Bundesernährungsministerium durch Importe wenig erwünschter Agrarprodukte ausgleichen müsse[31]. Hierüber würden die Bemühungen des Bundesernährungsministeriums um die laufende Erhöhung der einheimischen Produktion erheblich erschwert. Er beantrage daher, diese Frage demnächst im Kabinettsausschuß eingehend zu klären.

Der Kabinettsausschuß beschließt entsprechend[32].

---

[29] Schreiben vom 18. Mai 1951 und Gesetzentwurf vom 20. März 1951 in B 126/48434 und B 136/1188. – Bei der Währungsreform 1948 waren die Forderungen der Bank deutscher Länder, der Landeszentralbanken, Kreditinstitute und Bausparkassen gegenüber Bund, Ländern und Gemeinden im Gegensatz zu ihren Verbindlichkeiten nicht in DM umgerechnet worden. Dadurch entstand in der Eröffnungsbilanz dieser Institute ein Fehlbetrag bei den Aktiva, der die Ausgleichsforderungen begründete.

[30] Das Gesetz kam nicht zustande. Die Ausgleichsforderungen wurden aus den Gewinnen der Zentralbank schrittweise beglichen. Vgl. hierzu 139. Kabinettssitzung am 3. April 1951 TOP 1 (Kabinettsprotokolle 1951, S. 279) und Gesetz über die Verteilung des erzielten Reingewinns der Bank deutscher Länder in den Geschäftsjahren 1950 und 1951 vom 10. Aug. 1951 (BGBl. I 510). – Zur Bildung eines Ankauffonds für Ausgleichsforderungen aus dem Reingewinn der Bank deutscher Länder und der Landeszentralbanken vgl. 300. Kabinettssitzung am 7. Juli 1953 TOP D (Kabinettsprotokolle 1953, S. 385 f.), zum Entwurf eines Gesetzes über die Tilgung von Ausgleichsforderungen vgl. 83. Kabinettssitzung am 24. Mai 1955 TOP 1 (Kabinettsprotokolle 1955, S. 304).

[31] Vgl. dazu 79. Kabinettssitzung am 30. Juni 1950 TOP F (Kabinettsprotokolle 1951, S. 504 f.)

[32] Fortgang 6. Ausschußsitzung am 18. Juni 1951 TOP 3 und 4.

5. Sitzung des Kabinettsausschusses für Wirtschaft am Freitag, den 15. Juni 1951

Teilnehmer: Blücher, Erhard, Niklas, Seebohm, Lukaschek; Hartmann, Westrick, Sonnemann, Wandersleb; Scheuble [BMA], Ernst, Kroll [BMWi], Albrecht [BMM], von Spindler [BMF], Meinhold [BMWi]. Protokoll: Rust.

Ort: Haus Carstanjen

Beginn: 10.00 Uhr — *Ende: 13.30 Uhr*

Tagesordnung:

1. *Stützung des Butterpreises bzw. der Werkmilch.*
2. *Marktordnung für Obst und Gemüse*
   Vorlage des Bundesernährungsministers vom 11. Mai 1951.
3. *Zuckereinfuhr in Verbindung mit anderen Waren.*
4. *Einfuhrprogramm.*
5. *Außenhandelspolitik gegenüber dem Ostraum.*
6. *Handel mit Rotchina.*
7. *Erhöhung der Stickstoffpreise.*
8. *Investitionshilfegesetz.*

1. STÜTZUNG DES BUTTERPREISES BZW. DER WERKMILCH — BML

Es wird festgestellt, daß Mittel zur Stützung von Werkmilch[1] oder für Käse nicht bereitgestellt werden können. Wegen der Stützung des Butterpreises bleibt die weitere Entwicklung abzuwarten[2].

2. MARKTORDNUNG FÜR OBST UND GEMÜSE — BML

Staatssekretär Dr. Sonnemann schildert die Lage auf dem Gebiet der Gartenbauerzeugnisse, insbesondere von Obst und Gemüse. Er trägt den Inhalt des Schreibens des Bundesministers für Ernährung, Landwirtschaft und Forsten vom 11. 5. 1951 an den Staatssekretär im Bundeskanzleramt vor[3]. Danach hält das Bun-

---

[1] Die Werkmilch, Ausgangsprodukt für die weiterverarbeitenden Betriebe, bildete die Berechnungsgrundlage für den Erzeugerpreis. Vgl. dazu 143. Kabinettssitzung am 24. April 1951 TOP 9 (Kabinettsprotokolle 1951, S. 327–329).

[2] Siehe 4. Ausschußsitzung am 28. Mai 1951 TOP 6. – Fortgang 9. Ausschußsitzung am 17. Aug. 1951 TOP C (Vorratshaltung).

[3] Siehe 148. Kabinettssitzung am 25. Mai 1951 TOP 8 (Kabinettsprotokolle 1951, S. 387) und 4. Ausschußsitzung am 28. Mai 1951 TOP 8. Vorlage vom 11. Mai 1951 in B 116/363 und B 136/705.

desernährungsministerium drei Maßnahmen für notwendig, um die Gefahren, die den Gartenbaubetrieben drohen, zu mildern. Er hält einmal die Einführung von „Sperrfristen" für notwendig; darüber hinaus glaubt er an die Notwendigkeit eines Stützungsfonds aus öffentlichen Mitteln und schließlich müßte damit Hand in Hand eine Restriktion der Anbauflächen für Gemüse und Obst verbunden werden. Es wird darauf hingewiesen, daß mit diesen Maßnahmen keinesfalls der allgemeinen Reichsnährstandspolitik und einer Politik der Marktverknappung das Wort gesprochen werden solle. Aber in irgendeiner Weise müsse Ordnung geschaffen und Hilfestellung seitens der öffentlichen Hand gegeben werden. Der *Wirtschaftsminister* erwähnt, daß bereits jetzt Sperrfristen in Zolltarifen enthalten seien.

Gegen die Bildung eines Fonds aus öffentlichen Mitteln werden von der Mehrheit der Vertreter der Ressorts die schwersten Bedenken geltend gemacht. Selbsthilfe und Selbstkontrolle müßten hier ordnend eingesetzt werden.

Dr. Ernst bemerkte überdies, daß mit Rücksicht auf die fortgeschrittene Zeit jetzt allein eine Prüfung vorgenommen werden könne, ob in den Haushalt 1952/53 Mittel für die fraglichen Zwecke angesetzt werden können.

Es wird beschlossen, alsbald dem Kabinettsausschuß einen Beschlußentwurf über die Sperrfristen und sonstige geeignete Maßnahmen zum Schutze der Obst- und Gemüsebauern vorzulegen[4].

3. ZUCKEREINFUHR IN VERBINDUNG MIT ANDEREN WAREN — BML

Staatssekretär Dr. Sonnemann schildert die Lage auf dem Zuckermarkt. Er glaubt, daß die Anspannung einen wesentlichen Grund darin habe, daß weitgehend Zucker gehortet werde. So habe er bei der Zuckerfabrik Uelzen feststellen können, daß allein diese Fabrik einen Sackrückstand von 134000 (je Doppelzentner) habe. Außerordentlich störend wirke auch der Schwarzhandel mit Deputatzucker. Das Thema der Zuckerversorgung und der Zuckerpreis sollen in der nächsten Kabinettsausschußsitzung weiter erörtert werden[5].

4. EINFUHRPROGRAMM — BML

Zurückgestellt[6].

5. AUSSENHANDELSPOLITIK GEGENÜBER DEM OSTRAUM — BMWi

Zurückgestellt[7].

6. HANDEL MIT ROTCHINA — BMWi

Zurückgestellt[8].

---

[4] Fortgang 181. Kabinettssitzung am 23. Okt. 1951 TOP 3 (Kabinettsprotokolle 1951, S. 707 f.) und 14. Ausschußsitzung am 24. Okt. 1951 TOP 2.

[5] Siehe 4. Ausschußsitzung am 28. Mai 1951 TOP 4 und 5. – Fortgang 6. Ausschußsitzung am 18. Juni 1951 TOP 1.

[6] Fortgang 7. Ausschußsitzung am 6. Juli 1951 TOP 3.

[7] Fortgang 6. Ausschußsitzung am 18. Juni 1951 TOP 3.

[8] Fortgang 6. Ausschußsitzung am 18. Juni 1951 TOP 4.

7. ERHÖHUNG DER STICKSTOFFPREISE BMWi

Zurückgestellt[9].

8. INVESTITIONSHILFEGESETZ BMF

Dr. Ernst berichtet über den Stand der Verhandlungen, insbesondere über die Besprechung, die am Vortage mit den Vorständen der Kreditanstalt für Wiederaufbau und der Industriekreditbank stattgefunden habe. Das Ergebnis dieser Verhandlungen sei die Feststellung, daß die Kreditanstalt für Wiederaufbau für die Verwaltung der aufzubringenden Gelder nicht in Betracht komme, daß vielmehr die Industriekreditbank mit der Weiterleitung beauftragt werden soll[10].

In sachlicher Hinsicht wurde eine ganze Reihe von Einwendungen gemacht und Zweifelsfragen aufgeworfen: so gegen die Bestimmungen der §§ 6, 12, 29 und 32. Zu § 12 ist zweifelhaft, ob es zweckmäßig ist, die Industrie- und Handelskammern einzuschalten oder ob diese Arbeit nicht doch von den Finanzämtern zu leisten sei. *Staatssekretär Dr. Hartmann* hält eine weitere Belastung der Finanzämter für unmöglich[11].

Wegen der bestehenden Zweifelsfragen und aufgetretenen Bedenken erscheint dem Kabinettsausschuß eine erneute Beratung auf Referentenebene erforderlich. Insbesondere soll auch versucht werden, schon jetzt die Rechtsverordnung auf Grund des § 6 in ihren Grundzügen festzulegen[12].

Außerhalb der Tagesordnung

[A. KOHLENFRAGE] BMWi

Der *Vizekanzler* gibt davon Kenntnis, daß in der Kohlenfrage ein Brief an die AHK und an Herrn McCloy[13] gerichtet sei[14].

---

9 Fortgang 6. Ausschußsitzung am 18. Juni 1951 TOP A.

10 Siehe 3. Ausschußsitzung am 7. Mai 1951 TOP 4 und 146. Kabinettssitzung (Fortsetzung) am 8. Mai 1951 TOP 2 d (Kabinettsprotokolle 1951, S. 364–367). – Aufzeichnung über die Besprechung am 14. Juni 1951 unter Vorsitz von Ernst in B 136/1219.

11 Mit dem geplanten, zeitlich befristeten Investitionshilfegesetz (Vorlage des BMF und BMWi vom 11. Juni 1951 in B 102/15821, B 126/11919 und B 136/1219) sollten durch einmalige Beiträge der gewerblichen Wirtschaft insgesamt 1 Milliarde DM für Investitionszwecke in Engpaßbereichen aufgebracht werden. Die angesprochenen Paragraphen behandelten die Bemessungsgrundlage für die Höhe der Aufbringung, die Aufbringungserklärung gegenüber der Industrie- und Handelskammer, die Verwendung der Investitionsmittel sowie die schrittweise Zuteilung von Wertpapieren an die aufbringungspflichtigen Betriebe.

12 Über den Stand der Verhandlungen nach dieser Sitzung berichtete Ernst dem Ausschuß der Sozialpartner für Investitionen am 15. Juni 1951 (B 102/15821). – Fortgang 154. Kabinettssitzung am 19. Juni 1951 TOP 1 (Kabinettsprotokolle 1951, S. 448) und 10. Ausschußsitzung am 31. Aug. 1951 TOP 2.

13 John Jay McCloy (1895–1989). 1949–1952 Militärgouverneur und Hoher Kommissar der USA in Deutschland.

14 In dem Memorandum vom 13. Juni 1951 (B 136/2495 und B 102/3283) hatte die Bundesregierung eine Herabsetzung der von der Ruhrbehörde am 19. Mai 1951 festgelegten deutschen Kohlenexportquote gefordert und auf die negativen Folgen einer Verpflichtung zum

[B. BERGARBEITERLÖHNE] BMWi

Dr. Ernst berichtet über die Verhandlungen im Ausschuß Löhne und Preise, in denen das Thema Bergarbeiterlöhne behandelt worden sei[15]. Es wird der Vorschlag von Minister Erhard über einen geteilten Kohlenpreis diskutiert. Zusätzliche Steuervergünstigungen hält *Dr. Hartmann* für unvertretbar, da sie in ihrer Auswirkung unsozial seien. Abgesehen davon bestehen Bedenken, die Steuerbestimmungen immer mehr zu differenzieren. Der *Bundesminister für Verkehr* unterstreicht besonders den letzteren Gesichtspunkt und vertritt die Ansicht, daß man unbedingt an klaren und gerechten Leistungslöhnen festhalten müsse. Die Gewährung von besonderen steuerlichen Vorteilen bei einzelnen Gruppen würde unübersehbare Auswirkungen haben[16].

[C. VERSORGUNGSLAGE MIT GETREIDE UND FUTTERMITTELN] BML

Der *Vizekanzler* erörtert die Versorgungslage mit Getreide und Futtermitteln[17]. Er hält es für notwendig, alsbald Beschluß über den Einkauf weiterer Getreidemengen zu fassen und damit auch zugleich die kontinuierliche Fortsetzung der Verschiffung sicherzustellen. Dabei wird der Stand des Kontos II erörtert; auch hier soll umgehend Klarheit darüber geschaffen werden, in welchem Umfang Mittel von diesem Konto für Getreideeinkäufe bereitgestellt werden können[18]. Es sei anzunehmen, daß amerikanische Bedenken nicht beständen[19].

Der *Bundesminister für Ernährung, Landwirtschaft und Forsten* begrüßt die Ausführungen des Vizekanzlers. Minister Niklas und Minister Erhard werden sich

---

Export von 6,3 Millionen t für Industrie und privaten Verbrauch hingewiesen. – Zur allgemeinen Kohleversorgungslage und den Kohlepreisen vgl. 151. Kabinettssitzung am 5. Juni 1951 TOP 1 (Kabinettsprotokolle 1951, S. 414 f.).

15 Siehe 151. Sitzung am 5. Juni 1951 TOP I (Kabinettsprotokolle 1951, S. 422). – Niederschrift über die Verhandlung am 14. Juni 1951 in B 136/8791 und B 102/14466. – Neben Vertretern der Arbeitgeber und der Gewerkschaften nahmen von Seiten der Bundesregierung Erhard, Storch, Schäffer, Niklas und Ernst teil. Beraten wurden Maßnahmen, mit denen die Forderungen der Gewerkschaft IG Bergbau nach einer 14%igen Lohnerhöhung aufgefangen werden könnten, so u. a. ein steuerlich begünstigter Bezug von Kohle für die Bergarbeiter. Von Regierungsseite war dieses Gespräch in einer Besprechung unter der Leitung des Bundeskanzlers am 11. Juni 1951 vorbereitet worden (B 136/6574). Am 13. Juni 1951 hatte Erhard mit Gewerkschaftsvertretern und Vertretern der Deutschen Kohlenbergbau-Leitung (DKBL) verhandelt (Aufzeichnung vom 13. Juni 1951 in B 102/21391).

16 Fortgang 155. Kabinettssitzung am 26. Juni 1951 TOP G (Kabinettsprotokolle 1951, S. 480). Am 3. Juli 1951 nahm die IG Bergbau in einer außerordentlichen Generalversammlung einen Kompromißvorschlag an, der rückwirkend zum 1. Mai 1951 eine Erhöhung der Löhne um 12% vorsah (Pressedokumentation in B 102/4012).

17 Vorlage des BML vom 2. Juni 1951 in B 116/1975. – Zum Einfuhrprogramm vgl. 4. Ausschußsitzung am 28. Mai 1951 TOP 1. – Zur Getreideversorgung vgl. auch Ausführungen des BML in der 153. Kabinettssitzung am 12. Juni 1951 TOP 9 (Kabinettsprotokolle 1951, S. 435–437).

18 Über das Devisenkonto Nr. 2 der Bank deutscher Länder wurde, mit Ausnahme der USA, der Außenhandel abgewickelt. Es diente insbesondere als Reserve für die Devisenverpflichtungen gegenüber der EZU (vgl. Vermerk vom 14. Juni 1951 in B 146/465).

19 Die ECA genehmigte eine zusätzliche Lieferung von 250 000 t Brotgetreide und 50 000 t Futtergetreide (Vermerk vom 2. Juli 1951 in B 146/173).

umgehend miteinander ins Benehmen setzen, um das sofort einzuleitende Einfuhrprogramm aufzustellen[20].

[D. PRODUKTIONSENTWICKLUNG] BMM

Dr. Albrecht referiert auf Veranlassung des *Vizekanzlers* über die Produktionsentwicklung[21]. Er behandelt insbesondere die unterschiedliche Auffassung über die Ziffern des Sozialprodukts, die zwischen dem Wirtschaftsminister und dem Marshallplanminister und auch den amerikanischen Sachverständigen besteht. Der *Vizekanzler* hält es für erforderlich, die Ziffer möglichst niedrig anzusetzen. *Minister Erhard* weist darauf hin, daß bei allem die Kohlenlage Ausgangspunkt der Betrachtungen sein müsse. Ergänzend bemerkt *Dr. Hartmann*, daß auch bei der Erörterung der Produktionsziffern die Devisenlage, die entscheidend für die Einfuhr notwendiger Rohstoffe ist, Berücksichtigung finden müsse.

[E. MARGARINEPREISE] BML

Es wird die Preisentwicklung im Bereich der Margarinerohstoffe behandelt. Es besteht Einigkeit darüber, daß mit allen Mitteln versucht werden müsse, unberechtigte Gewinne in der Margarineindustrie zu vermeiden. Die Subventionen könnten weitgehend mit Rücksicht auf die fallenden Weltmarktpreise eingespart werden[22].

[F. BESCHAFFUNG DES KREDITS IN HÖHE VON DM 20 MIO FÜR DIE ERRICHTUNG VON LEHRWERKSTÄTTEN] BMWi

Dr. Westrick bittet klarzustellen, daß die mehrfach im Gespräch gewesenen 20 Mio DM für das Jugendwerk, dem Antrag des Bundeswirtschaftsministers entsprechend, bereitgestellt werden, desgleichen 2 Mio DM aus dem Haushalt. Das Kabinett teilt die von Dr. Westrick vorgetragene Ansicht[23].

---

[20] Fortgang 7. Ausschußsitzung am 6. Juli 1951 TOP 3.

[21] Vgl. „Memorandum der Bundesrepublik Deutschland zum Programm 1950/51 und 1951/52" in B 146/457.

[22] Siehe 153. Kabinettssitzung am 12. Juni 1951 TOP 8 (Kabinettsprotokolle 1951, S. 434 f.). – Mit Schreiben vom 5. Juni 1951 an den Bundeskanzler hatte der DGB gegen die vorgesehene Erhöhung der Preise für Zucker und Margarine protestiert und Lohnforderungen angekündigt (B 136/8791 und 8801). Das Kabinett hatte sich aufgrund steigender Rohstoffpreise für einen Höchstpreis von 2,72 DM pro Kilogramm entschieden. Nach dem Sinken der Preise sprach es sich für eine Freigabe der Preise aus. Vgl. dazu 164. Sitzung am 26. Juli 1951 TOP C (Kabinettsprotokolle 1951, S. 568). – Fortgang 165. Kabinettssitzung am 2. Aug. 1951 TOP 3 (Kabinettsprotokolle 1951, S. 578). Verordnung M Nr. 3/51 über Preise für Margarine, Kunstspeisefette sowie feste Speisefette vom 29. Aug. 1951 (BAnz Nr. 177 vom 13. Sept. 1951, S. 1).

[23] Siehe 150. Kabinettssitzung am 1. Juni 1951 TOP 7 (Kabinettsprotokolle 1951, S. 411 f.). – Das BMWi hatte sich bei der amerikanischen Hohen Kommission um die Beschaffung eines Kredits von 20 Millionen DM bemüht. Unterlagen dazu in B 102/10271.

6. Sitzung des Kabinettsausschusses für Wirtschaft am Montag, den 18. Juni 1951

Teilnehmer: Blücher, Schäffer; Hartmann, Sonnemann, Westrick; Scheuble [BMA], Ernst, Kroll [BMWi]. Protokoll: Rust.

Ort: Haus Carstanjen

Beginn: 9.30 Uhr *Ende: 13.00 Uhr*

Tagesordnung:

1. *Zuckereinfuhr und Zuckerpreis.*
2. *Einfuhrprogramm.*
3. *Außenhandelspolitik gegen Ostraum.*
4. *Handel mit Rotchina.*
5. *Entwurf eines Gesetzes über die Zahlung von Frühdruschprämien.*
6. *Einsatz ersparter Subventionen für die Konsumbrotstützung.*

1. ZUCKEREINFUHR UND ZUCKERPREIS BML

Dr. Ernst stellt fest, daß eine Einigung in den Ressorts dahin erfolgt sei, daß der Zuckerpreis mit dem 1. 7. 1951 erhöht wird, und zwar von 1,14 auf 1,40 DM je kg. Bei dieser Erhöhung um 26 Pfg. würden nicht nur die Mehrkosten aus der Erhöhung der Rübenpreise und der Lohnerhöhung gedeckt, es bleibe vielmehr noch eine Marge, aus der die Mittel für die Subventionierung fließen könnten[1]. Der Ausschuß diskutierte eingehend die Frage, ob und in welcher Weise es möglich sei, den teuren Importzucker der gewerblichen Wirtschaft zuzuführen, um alsdann den billigen Inlandszucker als Mundzucker bereitzustellen. Die Art und Weise, eine derartige Aufspaltung vorzunehmen, bedarf im einzelnen der Prüfung. Um das gesteckte Ziel zu erreichen, müßte wohl eine Lenkung vom Importeur aus erfolgen.

Staatssekretär Dr. Sonnemann trägt Bedenken, ob ein solches System funktioniert. Er ist der Ansicht, daß nur die Zuckerkarte Ordnung bringen könnte. Allerdings sei dieser Gedanke nicht weiter verfolgt [worden], da das Kabinett sich eindeutig seit langem dagegen ausgesprochen habe. Zudem bedürfe es zur Einführung der Zuckerkarte zunächst einer neuen gesetzlichen Regelung, während der andere ins Auge gefaßte Weg beschritten werden könnte auf Grund des Zuckergesetzentwurfs[2].

---

[1] Siehe 4. Ausschußsitzung am 28. Mai 1951 TOP 4. – Verordnungsentwurf vom 9. Juni 1951 in B 116/516 und B 136/2628.

[2] Gleichzeitig mit dem Entwurf einer Preisverordnung vom 9. Juni 1951 hatte das BML den

Der Entwurf soll umgehend dem Kabinett vorgelegt werden, damit entschieden werden kann, ob die Einbringung bei den Gesetzgebungsorganen erfolgen kann.

Im einzelnen wurde die Frage einer auch für die Zukunft notwendigen Subvention besprochen. *Dr. Sonnemann* konnte feste Bedarfszahlen nicht angeben, da diese Subventionen in ihrer Höhe abhängig seien von der Entwicklung der Weltmarktpreise, der Frachtsätze und so fort[3].

2. EINFUHRPROGRAMM BML

Zurückgestellt[4].

3. AUSSENHANDELSPOLITIK GEGEN OSTRAUM BMWi

und

4. HANDEL MIT ROTCHINA BMWi

Gesandter Dr. Kroll gibt eine eingehende Schilderung über die handelspolitischen Verhältnisse zwischen der Bundesrepublik und dem Ostraum[5] sowie mit Rotchina[6]. Nach seinen Ausführungen geht es um eine politische Frage erster Ordnung. Mit dem Problem des Ost-Westhandels sei die Lage in Berlin[7] aufs engste verknüpft. Die Befürchtungen der letzten Wochen seien zum Glück nicht einge-

---

Entwurf eines Gesetzes über besondere Maßnahmen in der Zuckerwirtschaft und einen Entwurf zur Ergänzung und Änderung des Gesetzes über den Verkehr mit Zucker (Zuckergesetz) vom 5. Jan. 1951 (BGBl. I 47) vorgelegt. Mit ersterem Gesetzentwurf sollte das BML ermächtigt werden, die Herstellung und Lieferung von Zucker nach Sorte, Menge und Zeitpunkt sowie die gebietliche Verteilung, Lieferbedingungen und Verwendung zu regeln (Unterlagen dazu in B 116/347). Dieser Entwurf wurde nicht weiter beraten (Vermerk vom 14. Juli 1951 in B 136/2628). Mit dem Änderungsentwurf zum Zuckergesetz war angestrebt, Vorratshaltung, Preise im Sinne einer gleichmäßigen Versorgung und stabiler Preise umfassender zu regeln. – Vorlage vom 9. Juni 1951 in B 116/516 und B 136/2628.

3 Fortgang 154. Kabinettssitzung (Fortsetzung) am 20. Juni 1951 TOP H (Kabinettsprotokolle 1951, S. 462 f.) und 7. Ausschußsitzung am 6. Juli 1951 TOP 4.

4 Fortgang 7. Ausschußsitzung am 6. Juli 1951 TOP 3.

5 Siehe 4. Ausschußsitzung TOP D. –Berichte über den West-Ost-Handel der Bundesrepublik und über die Bekämpfung des illegalen Handels in B 136/7834 und AA B 10/1785. – Sonnemann hatte die Handelspolitik des BMWi mit den Ländern des Ostblocks kritisiert. Von Seiten der Bundesrepublik seien hochwertige Industriegüter geliefert worden, während die Vertragspartner ihre Verpflichtungen nicht erfüllt und z.T. für die Versorgung entbehrliche Güter in einem den deutschen Inlandsmarkt destabilisierenden Umfang geliefert hätten (Schreiben an das BMM vom 1. Juni 1951 und Stellungnahme des BMWi vom 30. Juli 1951 sowie Vermerk vom 7. Juni 1951 über die Entwicklung des Handelsverkehrs mit Osteuropa in B 102/56086). – Zum Osthandel Fortgang 184. Kabinettssitzung am 6. Nov. 1951 TOP C (Kabinettsprotokolle 1951, S. 737 f.).

6 Vgl. 149. Kabinettssitzung am 29. Mai 1951 TOP E (Kabinettsprotokolle 1951, S. 398 f.). – Unterlagen zu den Bemühungen, den illegalen West-Osthandel einzuschränken, in B 102/56086. – Fortgang 38. Ausschußsitzung am 12. Aug. 1953 TOP A.

7 Vgl. dazu 154. Kabinettssitzung am 19. Juni 1951 TOP F (Kabinettsprotokolle 1951, S. 454 f.).

troffen. Es wäre eine Einigung über ein neues Interzonenabkommen und auch wegen der Begleitpapiere im Verkehr zwischen Westberlin und den Westzonen zu erwarten[8].

5. ENTWURF EINES GESETZES ÜBER DIE ZAHLUNG VON FRÜHDRUSCHPRÄMIEN BML

Der Punkt wird zurückgestellt, da Minister Niklas nicht anwesend ist[9].

6. EINSATZ ERSPARTER SUBVENTIONEN FÜR DIE KONSUMBROTSTÜTZUNG BML

Nicht behandelt[10].

Außerhalb der Tagesordnung

[A.] STICKSTOFFPREISE BMWi

Der Sachbearbeiter für Stickstoff im Bundeswirtschaftsministerium, *Dr. Pohland*[11], gibt einen Überblick über die Lage dieses Industriezweiges. Er führt aus, daß der Stickstoffpreis außerordentlich niedrig sei, daß der Preis an den Erhöhungen der Kohle, Löhne usw. nicht teilgenommen habe. Der Antrag der Stickstoffindustrie ginge berechtigterweise auf eine Erhöhung von 10–13 Pfg. je kg aus[12]. *Dr. Sonnemann* bestreitet die Berechtigung eines solchen Antrages nicht. Er bemerkt jedoch, daß die Erhöhung eine Mehrbelastung der Landwirtschaft von insgesamt 43 Mio DM = 3,– DM je ha ausmacht. Wenn der Landwirt diese Mehrbelastung tragen müsse, so sei alles, was bislang an Entgegenkommen sich effektiv ausgewirkt habe, stark beeinträchtigt[13].

Der *Bundesminister der Finanzen* wehrt sich gegen eine neue Beanspruchung von Subventionen[14]. Er wendet sich gegen das Spiel der „Grünen Front". Tagtäglich würden neue Forderungen geltend gemacht, aber keiner mache sich über die Deckungsmöglichkeit irgendwelche Gedanken.

Der Kabinettsausschuß sieht vor, das Problem der Stickstoffpreise im Zusammenhang mit den Preisen für Superphosphat und Kali zu überprüfen. Es soll die-

---

[8] Zum Interzonenhandelsabkommen vom 20. Sept. 1951 vgl. Sondersitzung vom 17. Sept. 1951 TOP A (Kabinettsprotokolle 1951, S. 649).

[9] Zur Vorlage des BML vom 14. Juni 1951 (B 136/716) vgl. Sondersitzung am 21. Juni 1951 TOP 2 (Kabinettsprotokolle 1951, S. 464 f.). – Der Gesetzentwurf wurde aufgrund einer interfraktionellen Initiative (BT-Drs. 2340) nicht weiter verfolgt. – Fortgang 217. Kabinettssitzung am 6. Mai 1952 TOP 1 (Kabinettsprotokolle 1952, S. 257 f.).

[10] Siehe dazu 154. Kabinettssitzung (Fortsetzung) am 20. Juni 1951 TOP H (Kabinettsprotokolle 1951, S. 462 f.).

[11] Korrigiert aus: Poland.

[12] Vgl. dazu Vermerke vom 8. und 16. Juni 1951 und Entwürfe der Preisverordnungen in B 102/1429, ferner Schreiben des BMWi an das Bundeskanzleramt vom 11. Juni 1951 in B 136/2219.

[13] Vgl. dazu Schreiben des BML vom 23. Juni 1951, in dem er das BMWi über die entsprechenden Einwände von Seiten der Landwirtschaft unterrichtete (B 102/1249).

[14] Am 20. März 1951 hatte die Bundesregierung beschlossen, die Subventionen ab 1. Juli 1951 einzustellen (137. Kabinettssitzung TOP 6, Kabinettsprotokolle 1951, S. 256 f.).

serhalb zunächst noch eine Besprechung mit den Herren aus der Chemie, Dr. Menne[15], Dr. Haberland[16] und Dr. Tramm[17], stattfinden[18].

[15] Dr. Alexander Menne (1904–1993). 1949–1956 Präsident des Verbandes der Chemischen Industrie und Vizepräsident des Bundesverbandes der Deutschen Industrie, 1952–1970 Vorstandsmitglied der Farbwerke Hoechst A.G., 1961–1969 MdB (FDP).

[16] Dr. Ulrich Haberland (1900–1961). Generaldirektor der Farbenwerke Bayer, Vorstand der Landesvertretung Nordrhein-Westfalen des Bundesverbandes der Deutschen Industrie.

[17] Dr. Heinrich Tramm (geb. 1900). Vorstandsmitglied der Ruhrchemie A.G.

[18] Am 20. Juni 1951 sagten Vertreter der Industrie zu, bei der Genehmigung der Preiserhöhung auf weitere Preisforderungen zu verzichten, sofern keine grundlegenden Änderungen bei ihren Kostenkalkulationen eintreten würden (Vermerk Westricks vom 20. Juni 1951 über die Besprechung mit nicht genannten Vertretern der Industrie in B 102/1428). – Fortgang Sondersitzung am 21. Juni 1951 TOP 1 (Kabinettsprotokolle 1951, S. 464) und 10. Ausschußsitzung am 31. Aug. 1951 TOP 4, Verordnung Pr. Nr. 34/51 bis 37/51 vom 26. Mai 1951 (BAnz Nr. 118 vom 22. Juni 1951, S. 1). – Im Einvernehmen mit den Koalitionsfraktionen (vgl. 156. Kabinettssitzung am 28. Juni 1951 TOP F, Kabinettsprotokolle 1951, S. 494–496) wurde entgegen dem Bundestagsbeschluß vom 13. Juni 1951 auf eine weitere Subventionierung verzichtet und Preiserhöhungen beschlossen. Die angestrebte Finanzierung der Subventionen aus ECA-Gegenwertmitteln kam nicht zustande (vgl. dazu 164. Kabinettssitzung am 26. Juli 1951 TOP 1, Kabinettsprotokolle 1951, S. 561 f.). In der Vorlage vom 12. Juli 1951 forderte das BML erneut die Fortzahlung der Subventionen in Höhe von 50 Millionen DM (B 102/1419, B 116/47 und B 136/2219). Fortgang hierzu 15. Ausschußsitzung am 26. Nov. 1951 TOP 2.

7. Sitzung des Kabinettsausschusses für Wirtschaft am Freitag, den 6. Juli 1951

Teilnehmer: Blücher, Wildermuth, Lukaschek, Hellwege; Hartmann, Sonnemann, Frohne, Westrick, Sauerborn, Strauß; Bernard [BdL], Ernst, Fischer-Dieskau [BMWo]. Protokoll: Pühl

Ort: Haus Carstanjen

Beginn: 9.30 Uhr *Ende: Gegen 13.00 Uhr*

Tagesordnung[1]:

1. *Zuständigkeitsfragen im Rahmen des Verwaltungsabkommens über die Durchführung der Aufgaben auf dem Gebiet der Besatzungslasten im Rechnungsjahr 1951*
   Vorlage des BMF vom 8. Juni 1951 und Vorlage des BMWo vom 23. Juni 1951.
2. *Zuständigkeit auf dem Gebiet der technischen Gewerbeaufsicht*
   Vorlage des BMWi vom 15. Juni 1951.
3. *Einfuhrprogramm, hier: Versorgungslage im Getreide*
   Vorlage des BML vom 15. Juni 1951.
4. *Zuckerlage*
   a) Entwurf eines Gesetzes über besondere Maßnahmen in der Zuckerwirtschaft
   b) Entwurf einer Verordnung über Preise für Zucker
   Vorlagen des BML vom 9. Juni 1951, des BMF vom 18. Juni 1951 und des BMA vom 19. Juni 1951.
5. *Wirtschaftsprogramm der Bundesregierung*
   Vorlagen des BML vom 25. April und 16. Juni 1951 und des BMF vom 29. Mai 1951.
6. *Bereitstellung eines 100 Millionen DM-Fonds für die Sanierungsgebiete der Bundesrepublik*
   Vorlage des BMWi vom 15. Juni 1951.
7. *Entwurf eines Gesetzes gegen Wettbewerbsbeschränkungen*
   Vorlage des BMWi vom 22. Mai 1951.

---

[1] Gemäß Einladung vom 2. Juli 1951.

1. ZUSTÄNDIGKEITSFRAGEN IM RAHMEN DES VERWALTUNGSABKOMMENS ÜBER DIE DURCHFÜHRUNG DER AUFGABEN AUF DEM GEBIET DER BESATZUNGSLASTEN IM RECHNUNGSJAHR 1951 BMF

Bundesminister Wildermuth begründet seine Forderung, daß alle Fragen des Wohnungsbaues in seinem Ministerium zusammengefaßt werden müßten[2]. Es ginge nicht an, daß der Bundesfinanzminister einen Teil der Wohnungsbaumittel, die im Besatzungskostenhaushalt etatisiert seien und einen Betrag von 185 Mio DM umfaßten, selbst bewirtschaften wolle. Er müsse darauf bestehen, daß die Bewirtschaftung aller für den Wohnungsbau zur Verfügung gestellten Mittel federführend beim Wohnungsbauministerium konzentriert würde.

Staatssekretär Hartmann erklärt hierzu, daß nicht ein Betrag von 185 Mio DM, sondern nur ein solcher von 77,5 Mio DM in diesem Jahre für den Wohnungsbedarf der Besatzungsverdrängten zur Verfügung gestellt würde. Im übrigen seien die im Besatzungskostenhaushalt veranschlagten Mittel nur zum geringen Teil für Zwecke des Wohnungsbaues, im wesentlichen dagegen für den Kasernenneubau vorgesehen. Daher sei es naheliegend, daß die Federführung beim Bundesfinanzministerium liege.

Der *Vizekanzler* vertritt den Standpunkt, daß die Aufgabe des Wohnungsbauministeriums darin bestände, alle Bauaufgaben, ganz gleich welcher Art, bei sich zu vereinigen. Daher müsse nicht nur der Wohnungsbau federführend beim Wohnungsbauministerium ressortieren, sondern auch der Kasernenneubau. Bauten dieser Art seien eine für das Bundesfinanzministerium völlig wesensfremde Aufgabe.

Bundesminister Wildermuth begründet seine Forderung im besonderen damit, daß alle übrigen Fachminister, soweit sie mit Fragen des Wohnungsbaues befaßt seien, die Federführung seinem Ressort übertragen hätten. Er macht folgenden Vermittlungsvorschlag:

1.) Der Ersatzwohnungsbau für Altbesatzungsverdrängte wird federführend vom Bundeswohnungsministerium bearbeitet und die Mittel hierfür im Haushalt des Bundeswohnungsministeriums ausgebracht.

2.) Der Wohnungsbau für Kasernenverdrängte wird von beiden Ressorts gemeinsam in der Form durchgeführt, daß alle Verfügungen, Erlasse usw. einen gemeinsamen Briefkopf tragen. Die Mittel hierfür werden im Besatzungskostenhaushalt veranschlagt.

Der *Bundeswohnungsminister* erklärt weiterhin, daß – soweit später Wohnungsbauten für Verdrängte aus Kasernen, die nicht von der Besatzungsmacht belegt werden, benötigt würden – hierfür allein sein Ressort federführend sein müsse.

Staatssekretär Hartmann bittet um einige Tage Aufschub, um den Vermittlungsvorschlag des Bundeswohnungsministers zu prüfen. Der *Vizekanzler* weist darauf hin, daß der Kabinettsausschuß den eindeutigen Auftrag vom Kabinett er-

---

[2] Siehe 2. Ausschußsitzung am 2. Mai 1951 TOP 2 und 156. Kabinettssitzung am 28. Juni 1951 TOP 15 (Kabinettsprotokolle 1951, S. 489 f.). – Vorlage des BMF vom 8. Juni 1951 und des BMWo vom 23. Juni 1951 in B 136/7331.

halten habe, die Angelegenheit im Ausschuß zu entscheiden. Es sei daher nicht möglich, die Frage nochmals an das Kabinett heranzutragen. Es bestände daher auch kein Anlaß, die Entscheidung, die notfalls durch Abstimmung herbeigeführt werden müsse, hinauszuschieben. Nach längerer Aussprache wird festgestellt, daß die überwiegende Mehrheit des Kabinettsausschusses dem Vorschlag des Bundesministers Wildermuth zuneigt. Es wird aber formell ein Beschluß nicht gefaßt, sondern dem Antrag von Staatssekretär Hartmann entsprochen, die Auffassung des Kabinettsausschusses dem Bundesfinanzminister bekanntzugeben und zu prüfen. Der Kabinettsausschuß erwartet eine Stellungnahme des Bundesfinanzministeriums gegenüber dem Bundeswohnungsministerium in den nächsten Tagen[3].

2. ZUSTÄNDIGKEIT AUF DEM GEBIET DER TECHNISCHEN GEWERBEAUFSICHT BMWi

Der Punkt wird auf Wunsch von Bundesminister Storch zurückgestellt, der ausdrücklich darum gebeten hatte, bei der Erörterung dieses Punktes persönlich anwesend zu sein[4].

3. EINFUHRPROGRAMM BML

Der Kabinettsausschuß verzichtet auf eine eingehende Erörterung dieses Punktes[5]. Der *Vizekanzler* fordert erneut die Einfuhr von weiteren Getreidemengen, um eine gewisse Manipulationsreserve zu haben. Es wird zunächst eine Menge von etwa 500 000 t erwähnt. *Dr. Ernst* übernimmt es, mit Präsident Bernard die Einzelheiten über die Bereitstellung der Devisen zu besprechen und wird über das Ergebnis dem Kabinett in der Sitzung am 7. 7. 1951 berichten[6].

4. ZUCKERLAGE BML

a) *Staatssekretär Dr. Sonnemann* berichtet einleitend kurz über die Zuckerversorgung und teilt mit, daß die Freigabe von 120 000 auf 150 000 t bis September

---

[3] Nicht ermittelt. – Ein neues Verwaltungsabkommen erlangte erst 1953 Rechtskraft, da das Gesetz über das Bundesbesatzungsamt nicht zustande kam. – Verwaltungsabkommen vom 23. März 1953 (MinBlFin, S. 763).

[4] Siehe 153. Kabinettssitzung am 12. Juni 1951 TOP 11 (Kabinettsprotokolle 1951, S. 438). – Vorlage des BMWi vom 15. Juni 1951 und Vorlage des BMA vom 7. Dez. 1950 in B 149/1136. – Fortgang 164. Kabinettssitzung am 26. Juli 1951 TOP A (Kabinettsprotokolle 1951, S. 566 f.). Die Zuständigkeit wurde dem BMA zugewiesen, wobei in bestimmten Fällen das Einvernehmen mit dem BMWi hergestellt werden sollte.

[5] Siehe 4. Ausschußsitzung am 28. Mai 1951 TOP 1. Vorlage des BML vom 2. Juni 1951 in B 136/715 und B 116/1975, Zahlenmaterial in B 116/1968. – Das BML hatte als Versorgungsbedarf für die deutsche Bevölkerung 5,2 Millionen t Brotgetreide angegeben. Davon sollten 2,2 Millionen t aus Ablieferungen und der Rest durch ECA-Einfuhren und Handelsverträge gedeckt werden. Den Bedarf an Futtergetreide bezifferte er mit 3,2 Millionen t, wobei 1,7 Millionen t noch nicht gedeckt waren.

[6] Die Angelegenheit wurde in der Kabinettssitzung am 7. Juli 1951 nicht erörtert. Nach Rücksprache mit Ernst erschien die zusätzliche Einfuhr von Getreide als gesichert (handschriftlicher Vermerk auf der Vorlage des BML in B 136/715). – Fortgang 10. Ausschußsitzung am 31. Aug. 1951 TOP 3 (Einfuhrprogramm).

gesteigert werden sollte. Es sei zu hoffen, daß bei dieser Zuteilungsmenge sogar noch ein schwacher Überhang für das nächste Wirtschaftsjahr zu erwarten sei[7].

b) *Staatssekretär Dr. Sonnemann* bittet den Kabinettsausschuß, der Verwendung eines Betrages von 6 Mio $, der ursprünglich für den Einkauf von Kubazukker vorgesehen war, zum zusätzlichen Getreideimport zuzustimmen. Der Kabinettsausschuß beauftragt Dr. Ernst, diese Frage im Anschluß an die Sitzung mit Präsident Bernard zu besprechen[8].

c) *Staatssekretär Dr. Sonnemann* teilt mit, daß der Entwurf eines Gesetzes zur Ergänzung und Abänderung des Gesetzes über den Verkehr mit Zucker unter allen Umständen noch vor den Parlamentsferien verabschiedet werden müsse, da dieses Gesetz die Grundlage für die Regelung des Zuckerpreises darstellt[9]. Es bestände begründete Aussicht, daß der Gesetzentwurf in der nächsten Woche noch vom Bundestag verabschiedet würde. Der Kabinettsausschuß ist damit einverstanden, daß das Kabinett in der Sitzung vom 7. 7. 1951 die Stellungnahme der Bundesregierung zu den Änderungsvorschlägen des Bundesrates berät[10].

d) Zur Frage der Erhöhung des Zuckerpreises berichtet *Staatssekretär Dr. Sonnemann* über die Beschlüsse des Preisrates[11]. Der Preisrat habe die Aufgabe gehabt, die Handels- und die Verarbeitungsspannen zu prüfen. Über das Ergebnis der Prüfung des Preisrates im einzelnen berichtet *Dr. Sonnemann* im Laufe der weiteren Erörterung. Grundsätzlich betont er, daß, wenn nicht die Zuckerpreiserhöhung im Sinne der vorgelegten Verordnung bald beschlossen würde, der Subventionsbedarf sich um 70 Mio DM erhöhen würde und daß der Finanzminister darüber hinaus mit einem Fortfall von Abschöpfungsbeträgen in Höhe von ca. 30 Mio DM rechnen müsse. Die Beratung des Ausschusses erstreckt sich auf drei Teilfragen:

1.) Höhe der Handelsspanne,

2.) Höhe der Verarbeitungsspanne,

3.) Höhe des Abschöpfungsbetrages bzw. des Zuckerpreises.

---

[7] Zur Zuckereinfuhr siehe 151. Kabinettssitzung am 5. Juni 1951 TOP J (Kabinettsprotokolle 1951, S. 422) und 5. Ausschußsitzung am 15. Juni 1951 TOP 3. – Am 1. Juni hatte der Bundestag einen Antrag der Bayernpartei (BT-Drs. 2237) angenommen, in dem die Bundesregierung zur Bereitstellung von ausreichenden Zuckermengen für die Verarbeitung der kommenden Obst- und Beerenernte aufgefordert worden war (Stenographische Berichte, Bd. 7, S. 5829). Mit Schreiben vom 27. Juni 1951 hatte das BML dem Kanzleramt mitgeteilt, daß für die Zeit vom 16. Juni bis 15. Juli 1951 120 000 t Zucker gegenüber 80 000 t im Vorjahr in den Verkehr gebracht würden und weitere Freigaben vorgesehen seien (B 136/2631).

[8] Die BdL erklärte sich bereit, 6 Millionen freier Dollars unter Vorgriff und Anrechnung auf den Anteil des BML an freien Devisen zur Verfügung zu stellen (Vermerk vom 16. Juni 1951 in B 116/1443). – Fortgang 9. Ausschußsitzung am 17. Aug. 1951 TOP 7 (Zuckerversorgungsplan).

[9] Siehe 6. Ausschußsitzung am 18. Juni 1951 TOP 1. – Vorlage des BML vom 6. Juli 1951 zu BR-Drs. 529/51 in B 116/516.

[10] Fortgang 159. Kabinettssitzung am 7. Juli 1951 TOP 2a (Kabinettsprotokolle 1951, S. 521). – BT-Drs. 2431, Gesetz zur Ergänzung und Abänderung des Gesetzes über den Verkehr mit Zucker (Zuckergesetz) vom 3. Okt. 1951 (BGBl. I 852).

[11] Siehe 6. Ausschußsitzung am 18. Juni 1951 TOP 1 und 154. Kabinettssitzung am 20. Juni 1951 TOP H (Kabinettsprotokolle 1951, S. 462 f.). – Stellungnahme des Preisrates vom 29. Juni 1951 in B 116/7246 und B 136/2628.

Zu 1.) Handelsspanne

Der Preisrat ist zu dem Ergebnis gekommen, daß auf eine gewisse Erhöhung der Handelsspanne nicht verzichtet werden könne. Der Preisrat schlägt für den Großhandel eine Handelsspanne von 5,60 (bisher 4,98 DM) gegenüber dem Vorschlag des BELF in Höhe von 6,35 DM vor. Dem Kleinhandel glaubt der Preisrat eine Erhöhung von 7,33 auf 8,50 DM (Vorschlag des BELF: 9,50 je 100 kg) zubilligen zu sollen. *Bundesminister Wildermuth* spricht sich grundsätzlich gegen die Erhöhung der Handelsspannen aus. Diese seien in der Zeit der Bewirtschaftung entstanden, als die Umsätze rückläufig waren. Sie seien im allgemeinen immer auf die Grenzbetriebe abgestellt. Er könne sich unter keinen Umständen mit einer Erhöhung der Handelsspannen einverstanden erklären. Nach längerer Aussprache kommt der Ausschuß zu dem Ergebnis, daß aus politischen Gründen eine relative Steigerung der Handelsspannen nicht zu vertreten sei, dagegen beständen keine Bedenken gegen eine gewisse absolute Steigerung der Handelsspannenbeträge.

Der Kabinettsausschuß beschließt, daß dem Vorschlag des Preisrates, dem Großhandel eine Erhöhung der Handelsspanne auf 5,60 DM und dem Kleinhandel eine Erhöhung auf 8,50 DM zuzugestehen, zugestimmt werden könne.

Zu 2.) Verarbeitungsspanne

Staatssekretär Dr. Sonnemann gibt bekannt, daß ursprünglich eine Erhöhung um 5,25 DM, d.h. um 24%, vorgesehen sei. Es habe sich jedoch herausgestellt, daß dieser Betrag nicht ausreiche, und er müsse daher für die Erhöhung um 7,– DM plädieren. Er begründet diese neue Forderung damit, daß die Wirtschaftslage einzelner Zuckerfabriken erheblich gefährdet sei und daß die Lohn- und Frachterhöhungen eine erhebliche Steigerung der Produktionskosten mit sich brächten. Er könne sich daher auch nicht mit dem Beschluß des Preisrates einverstanden erklären, nach dem die bisherige Spanne von 21,90 DM für das Wirtschaftsjahr 1951 unverändert gelassen werden soll und für das Wirtschaftsjahr 1952, also ab 1.10. 1951, eine Erhöhung um nur 4,– DM vorgeschlagen würde, die auf Antrag bei dem Nachweis erhöhter Kosten entsprechend erhöht werden soll.

Die Staatssekretäre Hartmann und *Dr. Westrick* halten eine Erhöhung um 3,50 bis 4,– DM für ausreichend. Es sei nicht vertretbar, einzelnen Betrieben der Zuckerindustrie Differentialrenten zu gewähren. *Staatssekretär Dr. Sonnemann* erläutert im einzelnen die Zusammensetzung des von ihm vorgeschlagenen Erhöhungsbetrages von 7,– DM, bei dem die bevorstehenden Lohn- und Frachterhöhungen, erhöhte Abschreibungen sowie weitere kleinere Preiserhöhungen berücksichtigt seien. Der Ausschuß ist übereinstimmend der Auffassung, daß die erhöhten Abschreibungskosten im Hinblick auf die Grundsätze der DM-Eröffnungsbilanz nicht in die Berechnung der Verarbeitungsspannen einbezogen werden könnten und beschließt daher, dem Vorschlag des *Vizekanzler*s folgend, eine Erhöhung der Verarbeitungsspanne um 5,– DM zuzugestehen.

Zu 3.) Höhe des Abschöpfungsbetrages bzw. des Zuckerpreises

Nach dem Vorschlag des BELF sollte der Preis für 100 kg Zucker von 114,– auf 140,– DM erhöht werden. Der Ausschuß erwägt im Hinblick auf die lohnpolitischen Auswirkungen der Preiserhöhung auf dem Gebiet der Grundnahrungsmittel, ob eine Erhöhung auf 136,– oder 138,– DM nicht ausreichen würde. Eine Erhöhung auf 136,– DM würde jedoch eine erhebliche Verringerung des Abschöpfungsbetrages bedeuten. Die Erhöhung des Zuckerpreises auf 138,– DM ist jedoch deshalb ungünstig, weil der Preis für ½ Pfund Zucker keinen vollen Pfennigbetrag ergibt und im Wirtschaftsverkehr zu einer Aufrundung nach oben um ½ Pfg. zu Gunsten des Handels führen würde. Der Kabinettsausschuß beschließt daher eine Zuckerpreiserhöhung auf 140, – DM je 100 kg mit der Verpflichtung für den Bundesfinanzminister, den Teil der Abschöpfungsbeträge, der für Zuckersubventionen nicht benötigt wird, zur Verbilligung des Konsumbrotes zu verwenden[12].

5. WIRTSCHAFTSPROGRAMM DER BUNDESREGIERUNG BMWi

und

6. BEREITSTELLUNG EINES 100 MIO DM-FONDS FÜR DIE SANIERUNGSGEBIETE DER BUNDESREPUBLIK BMWi

Zurückgestellt[13].

7. ENTWURF EINES GESETZES GEGEN WETTBEWERBSBESCHRÄNKUNGEN BMWi

Einleitend berichtet *Dr. Ernst* dem Ausschuß, daß der Bundeskanzler auf die baldige Beratung des Gesetzentwurfes sehr großen Wert legt, da die Koalitionsparteien dringend um die Vorlage des Gesetzentwurfes gebeten haben, um einen Initiativantrag im Bundestag zu vermeiden[14]. Er, Dr. Ernst, habe dem Bundeskanzler erklärt, daß vor der Verabschiedung im Kabinett die Grundsatzfrage, ob sich die Bundesregierung für eine Verbots- oder für eine Mißbrauchsgesetzgebung entscheiden wolle, geklärt werden müsse. Der Bundeskanzler habe daher gebeten, daß der Kabinettsausschuß über diesen Punkt eine Aussprache durchführe und daß dann eine Beratung des Gesetzentwurfes in der Kabinettssitzung am 10. 7. 1951 erfolgen soll. An der weiteren Beratung dieses Punktes können der Vizekanzler, die Minister Wildermuth, Hellwege und Lukaschek nicht teilnehmen, da sie zur Plenarsitzung des Bundestages abberufen werden. Es findet daher eine nur informelle Erörterung über den von Dr. Ernst zur Diskussion gestellten Punkt – Verbots- oder Mißbrauchsgesetzgebung – statt. *Staatssekretär Dr. Strauß* macht hierüber sehr eingehende Ausführungen und erklärt, daß eine Verhandlung mit der Alliierten Hohen Kommission darüber, ob statt der von dieser bisher geforderten Verbotsgesetzgebung nicht die Vorlage eines Gesetzes möglich sei,

---

[12] Fortgang 159. Kabinettssitzung am 7. Juli 1951 TOP 2 b (Kabinettsprotokolle 1951, S. 521 f.). und 14. Ausschußsitzung am 24. Okt. 1951 TOP A. – BR-Drs. 639/51, Verordnung über Preise für Zucker vom 3. Okt. 1951 (BAnz Nr. 192 vom 4. Okt. 1951, S. 1).

[13] Siehe 157. Kabinettssitzung am 3. Juli 1951 TOP 1 (Kabinettsprotokolle 1951, S. 498 f.). Die Einladung nannte hinsichtlich des Sanierungsprogramms die Vorlage des BMWi vom 15. Juni 1951 (B 102/13386) und in bezug auf das Wirtschaftsprogramm die Vorlagen des BML vom 25. April und vom 16. Juni 1951 (B 136/2219); die ebenfalls erwähnte Vorlage des BMF vom 29. Mai 1951 konnte nicht ermittelt werden.

[14] Vorlage des BMWi vom 22. Mai 1951 in B 102/17082 und B 136/700. – Zur Entstehung des Gesetzes und zu den verschiedenen Entwurfsstadien siehe 157. Kabinettssitzung am 3. Juli 1951 TOP E (Kabinettsprotokolle 1951, S. 509 f.).

das von dem Gedanken des Verbots des Kartellmißbrauchs ausgeht, völlig ausgeschlossen sei; es sei das Kartellverbot eine unabdingbare Forderung der Alliierten Hohen Kommission[15].

Der Kabinettsausschuß steht zum überwiegenden Teil auf dem Standpunkt, daß der Entwurf noch nicht kabinettsreif sei, nachdem nicht nur über die erwähnte Grundsatzfrage, sondern auch über eine Vielfalt von Einzelfragen eine Übereinstimmung innerhalb der Ressorts noch nicht hergestellt sei. *Dr. Ernst* betont erneut, daß der Bundeskanzler entscheidendes Gewicht darauf legt, den Entwurf in der Kabinettssitzung am 10. 7. 1951 zu behandeln[16]. Der Ausschuß nimmt dies zur Kenntnis und beschließt seinerseits, daß diejenigen Bundesministerien, die noch Bedenken gegen den Entwurf geäußert haben, zu einer Besprechung auf der Ebene der Staatssekretäre nach der Beratung im Kabinett zusammenkommen sollen[17].

[15] Artikel VI des Petersberger Abkommens vom 22. Nov. 1949 verpflichtete die Bundesregierung, „auf dem Gebiet der Dekartellisierung und zur Beseitigung monopolistischer Tendenzen" Gesetze zu erlassen (BAnz Nr. 28 vom 26. Nov. 1949, S. 1). Gesetze auf diesem Gebiet unterlagen dem alliierten Vorbehalt und bedurften gemäß Artikel 2 (b) des Besatzungsstatuts der Zustimmung der AHK (Amtsblatt der Alliierten Hohen Kommission in Deutschland, Nr. 1 vom 23. Sept. 1949, S. 13–15). Sie sollten die von der amerikanischen und britischen Militärregierung auf diesem Gebiet erlassenen Vorschriften (Gesetz Nr. 56 vom 28. Jan. 1947, Amtsblatt der amerikanischen Militärregierung Ausgabe C, S. 2, und Verordnung Nr. 78, Amtsblatt der britischen Militärregierung, S. 412) ablösen. Der Zweck dieser Gesetze bestand darin, übermäßige Machtkonzentration in der Wirtschaft zu zerschlagen und deren erneutes Wiederaufleben für die Zukunft zu verhindern.

[16] Siehe 161. Kabinettssitzung vom 13. Juli 1951 TOP 2 (Kabinettsprotokolle 1951, S. 536–538).

[17] Fortgang 14. Ausschußsitzung am 24. Okt. 1951 TOP 3.

8. Sitzung des Kabinettsausschusses für Wirtschaft am Donnerstag, den 26. Juli 1951

Tagesordnung:[1]

1. *Zuständigkeit auf dem Gebiet der technischen Gewerbeaufsicht*
   Vorlage des BMA vom 7. Dez. 1950 (III c 1720/50), Vorlage des Bundesministers für Wirtschaft vom 15. Juni 1951 (II 6 b – 20050/50).
2. *Festsetzung der Preise für Phosphat- und Stickstoffdüngemittel*
   Vorlage des BML vom 12. Juli 1951 (IV/3 – 3188/1 – 512/51 Kab. 591/51).
3. *Einfuhr-Programm (Devisenverteilung)*
   (ohne Vorlage).
4. *Festsetzung der Margarine-Preise*
   Vorlage des BML vom 30. Juni 1951 (IV/3 – 4361 – Kab. 568/51).
5. *Übernahme- und Abgabepreise für Auslandsbutter*
   Vorlage des BML vom 18. Juli 1951 (IV/3 – Kab. 613/51), Vorlage des BMA vom 18. Juli 1951 (I a 6 – 991/51).
6. *Altmieten*
   (ohne Vorlage).

[1] Gemäß Einladung vom 23. Juli 1951. – Nach handschriftlichem Vermerk auf dem Entwurf der Einladung vom 23. Juli 1951 war die Sitzung ausgefallen und die Tagesordnung im Rahmen der 164. Kabinettssitzung am 26. Juli 1951 abgehandelt worden (Kabinettsprotokolle 1951, S. 561–569).

9. Sitzung des Kabinettsausschusses für Wirtschaft am Freitag, den 17. August 1951

Teilnehmer: Blücher, Schäffer, Niklas, Wildermuth, Lukaschek; Lenz (zeitweise), Sauerborn, Frohne (bis 12.45 Uhr), Strauß; Ernst, Keiser [BMWi]. Protokoll: Pühl.

Ort: Haus Schaumburg

Beginn: 10.00 Uhr *Ende: 13.30 Uhr*

Tagesordnung[1]:

1. *Entwurf eines Gesetzes zur Ergänzung und Abänderung des Gesetzes über den Verkehr mit Milch, Milcherzeugnissen und Fetten (Milch- und Fettgesetz) vom 28. Febr. 1951*
   Vorlagen des BML vom 1. Aug. 1951 (III B 3 – 3206/2 – 368/51 Kab. 614/51), des BMA vom 6. Aug. 1951 (I a 6 – 1149/51) und des BMWi vom 8. Aug. 1951 (I B 3/C 9 – 3523/51).
2. *Entwurf einer Verordnung M Nr. 2/51 über Übernahme und Abgabepreise über die in der Verlautbarung Nr. 1054/51 ausgeschriebene Auslandsbutter sowie über Handelsspannen*
   Vorlagen des BML vom 18. Juni 1951 (IV/3 – 4368 A 2 – 86/51 Kab. 499/51) und des BMWi vom 4. Aug. 1951 (I B 3/C 9 – 3518/51).
3. *Kürzung der Kohlerichtmenge für die Bundesbahn*
   Vorlage des BMWi vom 6. Aug. 1951 (I A 3 – 6734/51).
4. *Beteiligung der Bundesrepublik an den Sitzungen der Economic Commission for Europe (ECE), Genf*
   Vorlage des BMWi vom 31. Juli 1951 (I A 1 – 5808/51).
5. *Entwurf eines Gesetzes über die Währungs- und Notenbank des Bundes (Bundesbankgesetz)*
   Vorlagen des BMF vom 21. Febr. 1951 (V 2101 – 23/51) und vom 3. Aug. 1951 (V GK 2101 – 3/51).
6. *Devisenlage*
   Ohne Vorlage.
7. *Zuckerversorgungsplan für die Zeit vom 1. 10. 1951 bis 30. 9. 1952.*
   Vorlage des BML vom 8. Aug. 1951.

---

[1] Gemäß Einladung vom 13. und 16. Aug. 1951.

1. MILCH- UND FETTGESETZ BML

Bundesminister Niklas begründet den neuen Gesetzentwurf vom 11. 8. 1951[2]. Er weist auf die besondere Bedeutung des neu einzuführenden § 17a hin, der die Ermächtigung des Bundesernährungsministers zur Auferlegung von Produktionsauflagen bei der Margarineherstellung vorsieht. *Bundesminister Niklas* führt zur Begründung für diese neue Bestimmung im einzelnen folgendes aus: die inländische Fetterzeugung (im besonderen Rinderfette) konnte bisher nicht für die Margarineproduktion eingesetzt werden, weil die Margarineindustrie pflanzliche Fette bevorzugt. Die Verwendung der tierischen Fette sei teurer. Daher müsse die Möglichkeit bestehen, der Margarineindustrie den Einsatz dieser Fette vorzuschreiben. Weiterhin sei die Verwertung von Ölsaaten und Ölfrüchten deutscher Erzeugung aus agrarpolitischen Gründen, insbesondere zur Verwertung des Rapsanbaus, sehr wünschenswert. Die Margarineindustrie habe sich grundsätzlich mit der Verarbeitung von Raps einverstanden erklärt. Besonders wichtig bei dem Einsatz dieser Rohstoffe sei die hiermit verbundene Devisenersparnis. *Bundesminister Niklas* führt weiterhin aus, daß nach dem neuen Entwurf vom 11. August den Wünschen der übrigen Bundesressorts entsprochen worden sei, indem § 17a vorsieht, daß die Rechtsverordnungen für die Auferlegung von Produktionsauflagen durch die Bundesregierung, nicht also nur durch den Bundesernährungsminister, vorgeschrieben sind. Hierdurch sei mithin ein Mißbrauch der Ermächtigung durch das Bundesernährungsministerium ausgeschlossen.

Bundesminister Schäffer wünscht bei dem Erlaß der Rechtsverordnung nach § 18 Abs. 2 beteiligt zu sein[3]. *Bundesminister Niklas* erklärt sich hiermit einverstanden, gibt jedoch zu bedenken, daß es fraglich sei, ob der Bundestag einer solchen Regelung zustimmen würde. Es wird daher beschlossen, daß der Gesetzestext unverändert bleiben soll und daß die Beteiligung des Bundesfinanzministers intern durch Beschluß der Bundesregierung vorbereitet wird. *Bundesminister Niklas* sagt den Entwurf eines entsprechenden Kabinettsbeschlusses zu.

Dr. Ernst bemerkt grundsätzlich zu dem Gesetzentwurf, daß bei der bisherigen Fassung die Gefahr gegeben sei, daß die seinerzeit vom Kabinett beschlossenen Höchstpreise praktisch Festpreise würden. Diese Auffassung wird von *Staatssekretär Dr. Sauerborn* geteilt, der darüber hinaus bemerkt, daß alle Maßnahmen des Bundesernährungsministeriums die unverkennbare Tendenz zeigten, daß man von Höchstpreisen praktisch zu Festpreisen kommen will.

---

[2] Siehe 4. Ausschußsitzung am 28. Mai 1951 TOP 7 und 166. Kabinettssitzung am 10. Aug. 1951 TOP 5 (Kabinettsprotokolle 1951, S. 591 f.). – Vorlage des BML vom 11. Aug. 1951 in B 116/505 und B 136/2640. – Der Entwurf sah neben Ergänzungen des Milch– und Fettgesetzes vom 28. Febr. 1951 (BGBl. I 135), die sich in der Praxis als notwendig erwiesen hatten, die Einführung eines Ermächtigungsparagraphen vor. § 17 a Ziffer 1 gab der Bundesregierung die Möglichkeit, zur Förderung und Sicherung der landwirtschaftlichen Produktion (hier insbesondere des Rapsanbaus) einen Verwendungszwang von pflanzlichen und tierischen Fetten einheimischen Ursprungs bei der Herstellung von Margarine zu verfügen. Darüber hinaus sollte die Bundesregierung im Bedarfsfalle zur Sicherung der Fettversorgung das Beimischungsverhältnis und den Umfang der Margarineherstellung vorschreiben können (§ 17 a Ziffer 2).

[3] Danach konnte das BML im Einvernehmen mit dem BMWi „die zur Sicherung des Preisstandes erforderlichen Rechtsverordnungen [...] erlassen".

Ministerialdirigent Dr. Keiser meldet stärkste Bedenken gegen die Grundgedanken des § 17a an. Der in Absatz 1 Ziff. 1 dieser Bestimmung vorgesehene Abnahmezwang könnte die Margarinepreise bei allgemeinen Preissteigerungen gefährden. Es sei hier zu überlegen, ob nicht Preisschutzbestimmungen vorgesehen werden müßten. Besonders schwerwiegende Bedenken habe er gegen die Kontingentierungsbestimmung der Ziff. 2 des Abs. 1[4] § 17a. Diese Bestimmung trage die Gefahr in sich, daß hierdurch der Butterabsatz erzwungen werden könne. *Bundesminister Niklas* begründet die Notwendigkeit von Kontingentierungsbestimmungen damit, daß eine gesetzliche Regelung erforderlich sei, um den Monopolbestrebungen gewisser Margarinekonzerne entgegenzutreten.

Der *Vizekanzler* schließt sich in den Grundzügen der Auffassung von Dr. Keiser an, bemerkt jedoch grundsätzlich, daß es nicht Aufgabe des Kabinettsausschusses sein könne, so sehr in die Einzelberatung von Gesetzentwürfen einzutreten, wie es im vorliegenden Fall erforderlich geworden sei. Es müsse angestrebt werden, daß die Abstimmung der Entwürfe weitgehend auf der Referentenebene erfolge und dem Kabinett nur solche Punkte zur Entscheidung vorgelegt werden, über die eine Einigung nicht erzielt werden konnte.

Der Kabinettsausschuß beschließt folgendes:

Es soll eine erneute Ressortbesprechung stattfinden, bei der folgende Punkte zu berücksichtigen sind:

a) § 17a Abs. 1 Ziff. 2 erscheint in der vorliegenden Fassung nicht tragbar.

b) Alle übrigen Bestimmungen des Gesetzentwurfes müssen nochmals unter dem Gesichtspunkt überprüft werden, daß unter keinen Umständen die vorgeschriebenen Höchstpreise in der Praxis zu Festpreisen werden können.

c) Auf Vorschlag des *Vizekanzler*s bedürfen die Bestimmungen über die Festsetzung der Handelsspannen und Kostensätze einer besonderen Prüfung.

d) Auf Vorschlag des *Staatssekretärs Dr. Strauß* soll im § 17a Abs. 2 Satz 2 gestrichen werden[5].

2. VERORDNUNG M NR. 2/51 ÜBER ÜBERNAHME UND ABGABEPREISE FÜR AUSLANDSBUTTER SOWIE ÜBER HANDELSSPANNEN — BML

Bundesminister Niklas bittet den Ausschuß, den Punkt zurückzustellen[6]. Staatssekretär Dr. Westrick habe im Auftrage von Bundesminister Erhard diesen Wunsch geäußert. Es soll zunächst eine persönliche Unterhaltung zwischen Bundesminister Erhard und Bundesminister Niklas erfolgen[7].

---

[4] Korrigiert aus Abs. 2.

[5] Fortgang 11. Ausschußsitzung am 13. Sept. 1951 TOP 4.

[6] Siehe 166. Kabinettssitzung vom 10. Aug. 1951 TOP G (Kabinettsprotokolle 1951, S. 595). – Vorlage des BML vom 18. Juni 1951 und des BMWi vom 4. Aug. 1951 in B 116/8752, B 102/17462 und B 136/2648. – Der Entwurf des BML sah eine erhöhte Handelsspanne für Importeure von holländischer und dänischer Butter vor. Diesem Vorschlag hatte das BMWi aus preis- und marktpolitischen Gründen widersprochen.

[7] Nach einem Gespräch zwischen Niklas, Erhard und Bauernverbandspräsident Andreas Her-

3. BRENNSTOFFVERSORGUNG BMWi

Staatssekretär Dr. Frohne referiert über die Kohlenversorgungslage der Bundesbahn. Eine Bevorratung von 20 Tagen sei für die Bundesbahn unerläßlich. Wenn eine ausreichende Bevorratung entsprechend den Wünschen des Bundesverkehrsministeriums nicht erfolge, sei ein Herabsinken des Bestandes im Januar 1952 auf 6 Tage unvermeidlich. Dies sei jedoch völlig untragbar und vom Bundesverkehrsministerium nicht mehr zu vertreten. Wenn der Winter hart würde, sei eine Verkehrskatastrophe nicht zu vermeiden[8].

Ministerialdirigent Dr. Keiser schildert ausführlich die Kohlenversorgungslage der Bundesrepublik[9]. Danach ist im Schnitt im 3. Quartal 1951 eine Kürzung weit über 50% der bisherigen Zuteilungen an die Industrie unvermeidlich. Bei einzelnen Industriezweigen würde die Zuteilungsmenge auf einen Bruchteil ihrer bisherigen Höhe zusammenschrumpfen. Es bestände die größte Gefahr, daß sich – wenn nicht entscheidende Maßnahmen getroffen würden – die Industrie über alle Preis- und Zuteilungsvorschriften hinwegsetzt, wodurch die ganze Kohlenversorgung zusammenbrechen könne. Die Bundesbahn und die Kraftwerke müßten Kürzungen hinnehmen. Bei den Kraftwerken sei eine Kürzung von 100000 t erforderlich, bei der Bundesbahn eine solche von 150000 t. Im übrigen sei die Versorgung der Bundesbahn bis Januar gesichert. Sollte wirklich ein harter Winter kommen, dann könnten Sondermaßnahmen immer noch getroffen werden, wenn sie erforderlich würden. Im übrigen habe die Bundesbahn immer noch keinerlei Einsparungsmaßnahmen vorgenommen.

Hinsichtlich der Einsparungsmaßnahmen ist der Ausschuß übereinstimmend der Auffassung, daß Entscheidendes bald geschehen müsse. Einsparungen dürften jedoch nicht nur von der Bundesbahn, sondern auch von den anderen Hauptverbrauchergruppen von Kohle verlangt werden. Hierzu bemerkt *Staatssekretär Dr. Frohne*, daß eine Drosselung des Güterverkehrs untragbar sei, daß das Bundesverkehrsministerium jedoch plane, nach Ablauf des Ferienverkehrs eine Kürzung des Personenverkehrs vorzunehmen. Dabei könne jedoch nur der Reiseverkehr des Inlandes gekürzt werden. Im übrigen rege er eine Untersuchung darüber an, woher der immer mehr wachsende Schwarzmarkt für Kohle stammt. *Ministerialdirigent Dr. Keiser* erklärt, daß Einsparungsmaßnahmen auf dem gewerblichen Sektor erst möglich seien, wenn die Industrie einigermaßen mit Kohle versorgt sei. Bei der

---

mes am 28. Aug. 1951 blieb der Verordnungsentwurf unverändert. Das BMWi hielt zwar seine grundsätzlichen Bedenken aufrecht, beugte sich aber den auch vom Bundeskanzler vertretenen politischen Gründen (Schreiben Niklas' vom 30. Aug. und Antwort Erhards vom 21. Sept. 1951 in B 102/17462). Die Einführung erhöhter Zollsätze für Auslandsbutter zum 1. Okt. 1951 veranlaßte das BML, seine Vorlage zurückzuziehen (Schreiben vom 29. Okt. 1951 in B 136/2648).

[8] Siehe 151. Kabinettssitzung am 5. Juni 1951 TOP 1 (Kabinettsprotokolle 1951, S. 414f.). – Vorlage des BMV vom 4. Juni 1951 in B 102/13681. – Der BMV hatte einen Kabinettsbeschluß zur Sicherung einer ausreichenden Kohleversorgung der Bundesbahn beantragt.

[9] Vorlage des BMWi vom 6. Aug. 1951 in B 102/5070 und B 136/2495. – Das BMWi berichtete in seiner Vorlage über die kritische, durch rückläufige Fördermengen bedingte Versorgungslage für das dritte Jahresquartal. Um drohende Produktionseinbußen und Entlassungen in Industrie und gewerblicher Wirtschaft zu vermeiden, schlug er vor, das Zuteilungskontingent u.a. für die Bundesbahn um 150000 t zu kürzen.

Erörterung der grundsätzlichen Grundlagen wurde erwogen, das Wirtschaftssicherungsgesetz[10] zu erweitern.

Der *Vizekanzler* regt folgenden Beschluß an:

a) Die vorgeschlagene Kürzung der Kohlezuteilung für die Bundesbahn soll zunächst auf den Monat September beschränkt werden. Bis dahin sei zu hoffen, daß die Kohlenversorgungslage besser zu übersehen und die Verschiffungsschwierigkeiten beseitigt seien.

b) Es sollen sofort Vorschläge über drastische Einsparungsmaßnahmen vom Bundesverkehrsministerium für den Sektor Bundesbahn, vom Bundeswirtschaftsministerium für die übrigen Verbrauchergruppen ausgearbeitet werden. Die Arbeiten sollen so beschleunigt werden, daß diese Vorschläge bis Anfang September dem Kabinett vorgelegt werden können.

Der Kabinettsausschuß beschließt gemäß diesem Vorschlag[11].

4. BETEILIGUNG AN DEN SITZUNGEN DER ECE AA

Die Aussprache über diesen Punkt ergibt, daß die überwiegende Auffassung des Kabinettsausschusses dahin geht, von einer Beteiligung der Bundesrepublik an den Sitzungen der ECE abzusehen[12]. Der *Vizekanzler* hat erhebliche Bedenken, daß die deutschen Unterlagen auf diese Weise dem Ausschuß bekannt werden. Außerdem sei es sehr fraglich, ob die Verwaltung personell überhaupt in der Lage sei, den Ausschuß zu beschicken. Ein weiterer Gesichtspunkt, sich ablehnend zu verhalten, sei darin zu sehen, daß die Bundesrepublik praktisch nur geduldet würde. Der Kabinettsausschuß beschließt daher, dem Kabinett zu empfehlen, die deutsche Beteiligung abzulehnen, solange Deutschland nicht als vollberechtigter Vertreter aufgenommen wird[13].

5. BUNDESBANKGESETZ BMF

Nicht behandelt[14].

[10] Das Gesetz für Sicherungsmaßnahmen auf einzelnen Gebieten der gewerblichen Wirtschaft vom 9. März 1951 (BGBl. I 163) – vgl. 94. Kabinettssitzung am 5. Sept. 1950 (Kabinettsprotokolle 1950, S. 673 f.) – ermächtigte die Bundesregierung zu regulierenden Eingriffen bei der Produktion sowie bei der Lagerung von und Versorgung mit Waren und Rohstoffen, die aufgrund alliierter Anweisungen besonderen Beschränkungen und Vorschriften unterworfen waren.

[11] Fortgang 167. Kabinettssitzung am 21. Aug. 1951 TOP F (Kabinettsprotokolle 1951, S. 604 f.). – Die vom Kabinett beschlossene vorübergehende Kürzung der Kohlezuteilungsmenge für die Bundesbahn veranlaßte den BMV zu Einschränkungen im Reisezugverkehr für den ab 7. Okt. 1951 geltenden Winterfahrplan (BPA-Mitteilung Nr. 890/51 vom 4. Okt. 1951).

[12] Vorlage des BMWi vom 31. Juli 1951 in B 102/11473. – Das BMWi sprach sich dafür aus, einer Anregung der Economic Commission for Europe of the United Nations (ECE) zu folgen und deutsche Regierungsvertreter in Fachausschüsse der ECE nach Genf zu entsenden.

[13] Fortgang 176. Kabinettssitzung am 28. Sept. 1951 TOP 10 (Kabinettsprotokolle 1951, S. 667). – Das Kabinett beschloß, wie bisher deutsche Vertreter auf Beraterebene zu entsenden.

[14] Fortgang 10. Ausschußsitzung am 31. Aug. 1951 TOP 5.

6. DEVISENLAGE BMF

und

7. ZUCKERVERSORGUNGSPLAN BML

Diese beiden Punkte werden zusammen behandelt. *Dr. Ernst* berichtet im Sinne des Schreibens des Bundesernährungsministers an den Vizekanzler vom 8. 8. 1951. Danach seien Verhandlungen mit der BdL wegen der Bereitstellung von je 10 Mio Dollar für den Import von Zucker in den Monaten Februar bis Juni 1952 erforderlich[15].

Ministerialdirigent Dr. Keiser macht zur Frage der Bereitstellung von Devisen grundsätzliche Ausführungen. Es sei untragbar, daß die BdL der Bundesregierung nur von Fall zu Fall die erforderlichen Devisen zur Verfügung stelle[16]. Die Bundesregierung müsse darauf dringen, daß sie ein gewisses Devisenkontingent im voraus erhält, um langfristiger disponieren zu können. Er schlage daher vor, der Ausschuß möge beschließen, daß Dr. Ernst mit der BdL in dem Sinne verhandelt, daß ein bestimmtes Dollarkontingent zur Verfügung gestellt wird. Erst wenn die Verhandlungen hierüber mit einem positiven Ergebnis abgeschlossen seien, könnte innerhalb der Bundesregierung über die Aufteilung dieses Betrages auf die einzelnen Bundesressorts beraten werden. Zur Frage des Zuckerimports bemerkt *Dr. Keiser*, daß im Hinblick auf die Knappheit der zur Verfügung stehenden Dollardevisen ein monatlicher Betrag von 10 Mio Dollar allein für Zucker nicht vertretbar sei. Nach seinen Vorstellungen könne man über einen Betrag von vielleicht 5 Mio Dollar sprechen.

Der Kabinettsausschuß schließt sich der Auffassung von Dr. Keiser an und beschließt, daß Dr. Ernst Verhandlungen mit der BdL aufnimmt mit dem Ziele, für das 4. Quartal 1951 ein Kontingent von 100 Mio Dollar zu erhalten. Darüber hinaus soll angestrebt werden, bei der BdL zu erreichen, daß bis auf weiteres monatlich 15 Mio Dollar aus dem EZU-Raum und 10 Mio Dollar im Wege der Termingeschäfte verfügt werden können[17].

---

[15] Siehe 159. Kabinettssitzung am 7. Juli 1951 TOP 2 (Kabinettsprotokolle 1951, S. 521f.). – „Zuckerversorgungsplan für die Zeit vom 1. 10. 1951 bis 30. 9. 1952“ in der Fassung vom 7. Aug. 1951 in B 116/7223. Dieser TOP war nachträglich unter Bezug auf ein Schreiben des BML an den Vizekanzler vom 8. Aug. 1951 in die ordentliche Tagesordnung aufgenommen worden; das Schreiben des BML konnte nicht ermittelt werden. – Das BML kündigte eine Erhöhung der Einfuhr im Vergleich zum Versorgungsjahr 1950/51 von 1,5 Millionen auf 1,6 Millionen t an, wodurch sich der Verbrauch pro Kopf der Bevölkerung und pro Jahr von 30 auf 32 Kilo erhöhen würde. 960000 t sollten durch heimische Erzeugung, 36000 durch Importe aus Kuba und 280000 t durch Handelsverträge aufgebracht werden.

[16] Am 5. Juli 1951 hatte die BdL mitgeteilt, daß sie für den Monat Juli 80 Millionen Dollar und für die folgenden Monate je 20 Millionen Dollar bei einem angemeldeten Devisenbedarf von insgesamt 140 Millionen Dollar bereitstellen würde (B 102/307).

[17] Fortgang 10. Ausschußsitzung am 31. Aug. 1951 TOP 3 (Einfuhrprogramm).

Außerhalb der Tagesordnung

[A.] ZUCKERFREIGABE BML

Der *Vizekanzler* trägt ernste Bedenken, daß der Bundesernährungsminister die Anweisung gegeben habe, 200 000 t Zucker bis zum 30. 9. 1951 freizugeben. Es bestände die große Gefahr, daß dann im Oktober dieses Jahres ein ausreichendes Zuckerkontingent nicht mehr zur Verfügung stände. *Bundesminister Niklas* stellt durch Rückfrage in seinem Hause fest, daß die Anweisung über die Freigabe von 200 000 t (140 000 t für die Zeit vom 15. 8.–15. 9., 60 000 t für die Zeit vom 16. 9.–30. 9. 1951) bereits herausgegeben ist. Er versichert jedoch dem Kabinettsausschuß, daß er die Zuckerversorgung für den Monat Oktober sicherstellen würde[18].

[B.] KOLLEKTIVVEREINBARUNG FÜR DIE BESCHÄFTIGTEN BEI DER BESATZUNGSMACHT IN DER ENKLAVE BONN BMF

Bundesminister Schäffer referiert über den Stand der Verhandlungen mit der AHK über die in Aussicht genommene Kollektivregelung für die Bonner Enklave[19]. Von besonderer Bedeutung sei die Höhe des Ecklohnes. Während die AHK einen Ecklohn von 1,68 DM gefordert habe, hätten sich das Bundesfinanzministerium und die Gewerkschaften auf einen Betrag von 1,62 DM geeinigt. *Bundesminister Schäffer* bittet den Ausschuß um die Ermächtigung, daß er auf dieser Grundlage mit der AHK verhandeln und die Kollektivregelung für die Bonner Enklave abschließen kann. Der Kabinettsausschuß erklärt sich hiermit einverstanden[20].

[C.] VORRATSHALTUNG DER EINFUHR- UND VORRATSSTELLE BML

Bundesminister Niklas teilt dem Kabinettsausschuß mit, daß der Zentralbankrat in seiner letzten Sitzung am 15.8. beschlossen habe, die Rediskontierung eines Wechselbestandes in Höhe von 32 Mio DM für Vorratskäufe abzulehnen. Er erinnert den Ausschuß daran, daß das Kabinett am 10. 8. 1951 die Erhöhung der Buttereinlagerung von 20 000 t auf 30 000 t und die Erweiterung der Bürgschaftszusage von 100 Mio DM auf 150 Mio DM beschlossen habe. Durch den Beschluß des Zentralbankrates ergebe sich nunmehr folgende Sachlage: für 100 Mio DM läge eine Diskontzusage vor, für die bereits eingekauften Vorräte in Höhe von 32 Mio

---

[18] Mit Schreiben vom 27. Sept. 1951 berichtete das BML, daß von den 200 000 freigegebenen t 6000 t als Einmachzucker und 34 000 t für den privaten Konsum zugeteilt und damit der Haushaltsbedarf voll befriedigt und die Obstkonservierung „ohne Reibungen" durchgeführt werden konnte (B 136/2631).

[19] Art. II Abs. 3 der Satzung der AHK vom 20. Juni 1949 bestimmte, daß die Hohe Kommission am Ort der deutschen Bundesregierung ihren Sitz haben sollte (Verordnungsblatt für die Britische Zone, Nr. 50 vom 7. Sept. 1949, S. 403–412). Der Raum Bonn wurde der Zuständigkeit der einzelnen Besatzungsmächte entzogen und der Hohen Kommission als Sondergebiet unmitttelbar unterstellt.

[20] Siehe 162. Kabinettssitzung am 17. Juli 1951 TOP C (Kabinettsprotokolle 1951, S. 552). – Die Tarifregelung wurde am 19. Sept. 1951 vom BMF und den Gewerkschaften unterzeichnet und mit Note der AHK vom 5. Okt. 1951 genehmigt (Schreiben des BMF vom 26. Nov. 1951 und „Tarifregelung für die Arbeitnehmer bei den Dienststellen der Besatzungsbehörden und Besatzungsstreitkräfte in der Bonner Enklave" in B 126/10762 und B 136/7332).

DM sei die Diskontzusage abgelehnt, und über die vom Kabinett beschlossene Erweiterung des Bürgschaftsvolumens um 50 Mio DM habe der Zentralbankrat überhaupt nicht verhandelt[21]. Die Einfuhr- und Vorratsstelle befände sich hierdurch in einer sehr schwierigen Lage, weil die Wechsel fällig würden. Er sei daher zu folgenden Maßnahmen gezwungen: einmal müsse er sofort Verhandlungen mit der Deutschen Landesrentenbank[22] aufnehmen, um diese zur Diskontierung der fälligen Wechsel mit Hilfe der angeschlossenen Privatbanken zu veranlassen, zum anderen müßten die geplanten Einkäufe von Butter, Schmalz, Fetten und Eiern ab sofort gesperrt werden. *Bundesminister Niklas* bittet den Ausschuß dringend, Maßnahmen zu beschließen, durch die die Anlegung der erforderlichen Reserven sichergestellt wird.

Der *Vizekanzler* hält die Vorratslage auf dem Fettsektor für sehr bedenklich. Der gegenwärtige Bestand betrage nur 107000 t, während der Durchschnittsbestand im Jahre 1950 rund 120000 t betragen habe. *Staatssekretär Dr. Sauerborn* gibt erneut den Standpunkt des Bundesarbeitsministeriums bekannt, daß durch die Buttereinlagerung der Höchstpreis praktisch zum Festpreis würde. Hierdurch würden die Lohnverhandlungen des Bundesarbeitsministeriums sehr erschwert[23]. Die Bundesregierung habe dem Deutschen Gewerkschaftsbund zugesagt, daß der Festpreis abgelehnt würde. Daher sei es nicht zulässig, daß durch die Einlagerung von Butter die Höchstpreise im Sinne von Festpreisen reguliert würden[24]. Der *Vizekanzler* stimmt diesen Ausführungen im Grundsatz zu, weist jedoch darauf hin, daß die Buttererzeugung nicht mehr gestoppt werden könne und es daher bei dem Kabinettsbeschluß vom 10.8.1951, der eine Erhöhung der Vorratshaltung für Butter von 20000 auf 30000 t vorsieht, bleiben müsse.

Bundesminister Schäffer wendet sich entschieden gegen die Begründung des Zentralbankrates für die Ablehnung der Diskontierung. Der Zentralbankrat hatte seine Ablehnung damit begründet, daß Preisauftriebstendenzen vermieden wer-

---

[21] Siehe 166. Kabinettssitzung am 10. Aug. 1951 TOP F (Kabinettsprotokolle 1951, S. 594f.). Beschlußprotokoll des Zentralbankrats in B 136/336. – Aufgrund einer Refinanzierungszusage der BdL hatte die Einfuhr- und Vorratsstelle Fette für ihre Ankäufe einen Konsortialkredit in Höhe von 100 Millionen DM aufgenommen. Weitere Ankäufe hatten eine zusätzliche Kreditaufnahme von 32 Millionen DM erfordert, der jedoch die BdL mit der Begründung die Zustimmung versagte, es handele sich nicht mehr um eine Bevorratungsmaßnahme, sondern um eine Preisstützungsaktion. Der Beschluß der Bundesregierung, die Butterreserven um weitere 10000 t zu erhöhen, bedingte einen zusätzlichen Kreditbedarf in Höhe von 50 Millionen DM, zu dem die BdL keine Stellung bezogen hatte. Wegen der unklaren Finanzlage hatte die Einfuhrstelle zum 17. Aug. 1951 einen Einlagerungsstop verfügt, der eine sofortige Protestaktion der Bauernschaft hervorrief (Fernschreiben der Einfuhrstelle vom 17. Aug. sowie Rundschreiben des Bauernverbandes in B 116/303, dort und in B 136/2648 auch Telegramm von Hermes an Adenauer vom 17. Aug. 1951).

[22] Die Deutsche Landesrentenbank war Führerin eines Bankenkonsortiums, das die Kredite für Beschaffungs- und Lagerhaltungskosten vergab.

[23] Im Lohnkonflikt der hessischen Metallindustrie hatte sich am 16. Aug. 1951 die IG Metall in einer Urabstimmung für einen Streik ausgesprochen. Vgl. dazu den Bericht des BMA in der 169. Kabinettssitzung am 28. Aug. 1951 TOP E (Kabinettsprotokolle 1951, S. 624).

[24] Vorlage des BMA vom 21. Juni 1951 in B 102/1746. – Mit dieser Argumentation hatte sich auch der Gewerkschaftsbund gegen die Buttereinlagerung gewandt (Schreiben des Bundesvorstandes des DGB an den Bundeskanzler vom 28. Juli 1951 und Antwort des BML vom 9. Aug. 1951 in B 136/2648).

den müßten. *Bundesminister Schäffer* weist darauf hin, daß es nicht die Aufgabe des Zentralbankrates sei, wirtschaftspolitische Maßnahmen der Bundesregierung zu prüfen. Er beabsichtige, dies dem Vizepräsidenten Dr. Vocke anläßlich einer Besprechung am 18. 8. als die Auffassung der Bundesregierung mitzuteilen.

Der Kabinettsausschuß ermächtigt Bundesminister Niklas, gemeinsam mit dem Bundesfinanzminister mit dem Vizepräsidenten Dr. Vocke über die Aufhebung des ablehnenden Beschlusses zu verhandeln. Daneben soll das Bundesernährungsministerium alles tun, um die Unterbringung der Wechsel im Geldmarkt ohne Inanspruchnahme der BdL zu fördern. Er billigt weiterhin eine Verlangsamung der Vorratshaltung, bis die Frage der Diskontierung einer befriedigenden Klärung zugeführt ist[25].

---

[25] Fortgang 167. Kabinettssitzung am 21. Aug. 1951 TOP G (Kabinettsprotokolle 1951, S. 605 f.). Mit Schreiben vom 7. Sept. 1951 teilte Globke Hermes mit, daß die BdL „auf Veranlassung der Bundesregierung die Finanzierung gesichert" habe (B 136/2648).

10. Sitzung des Kabinettsausschusses für Wirtschaft am Freitag, den 31. August 1951

Teilnehmer: Blücher, Schäffer, Erhard, Niklas, Storch, Wildermuth; Westrick; Ernst, Bergemann [BMV](nur TOP A), Schneider [BMP], Bernard [BdL]. Protokoll: Rust.

Ort: Haus Schaumburg

Beginn: 10.00 Uhr *Ende: 13.00 Uhr*

Tagesordnung[1]*:*

1. *Montan-Neuordnung*
   Bericht des BMWi über den Deutschen Kohlenverkauf und die Einordnung der C-Gesellschaften.
2. *Investitionshilfegesetz*
   Anträge des BMP.
3. *Einfuhrprogramm für das 4. Quartal 1951.*
4. *Verbilligung der Superphosphat-Düngemittel*
   Schreiben des BML vom 23. Aug. 1951.
5. *Bundesbankgesetz*
   Vorlagen des BMF vom 21. Febr. 1951 (V 2101 – 23/51) und vom 3. Aug. 1951 (V GK 2101 – 3/51).

1. MONTAN-NEUORDNUNG BMWi

Dr. Westrick berichtet über den Stand der Verhandlungen über den Deutschen Kohlenverkauf[2]. Er trägt vor, daß der immer wieder von alliierter Seite zitierte „Vorschlag" der Bundesregierung kein Vorschlag im eigentlichen Sinn gewesen sei[3]. Die Bundesregierung habe seinerzeit dem ständigen Drängen nach einer Auf-

---

[1] Gemäß Einladung vom 29. Aug. 1951.

[2] Siehe 165. Kabinettssitzung am 2. Aug. 1951 TOP C (Kabinettsprotokolle 1951, S. 584 f.). – Im Rahmen der Entflechtung und Neuordnung der deutschen Kohle- und Stahlindustrie gemäß Gesetz Nr. 27 vom 16. Mai 1950 (Amtsblatt der Alliierten Hohen Kommission, S. 299) sollte auch der Deutsche Kohlenverkauf (DKV) aufgelöst werden. Im März 1948 als selbständige Abteilung der Deutschen Kohlenbergbau-Leitung (DKBL) gegründet, war er ursprünglich für den gesamten Kohlenabsatz, seit 1950 nur noch für den der Ruhrkohle zuständig.

[3] Vgl. dazu 135. Kabinettssitzung am 13. März 1951 TOP D (Kabinettsprotokolle 1951, S. 231). Im Schreiben vom 25. Aug. 1951 an das Bundeskanzleramt hatte Westrick moniert, daß die AHK „immer wieder" darauf hinweise, daß der Liquidationsvorschlag von der Bundesregierung stamme (B 136/2494). – Die Präambel der Verordnung Nr. 6 vom 2. Mai 1951 zur Gründung von Einheitsgesellschaften der Eisen- und Stahlindustrie gemäß Gesetz

lösung des DKV nachgegeben, und zwar geschah dies wegen übergeordneten Gesichtspunkten (Schumanplan). In der Zwischenzeit hätten sich aber die Verhältnisse derartig geändert, daß man sich deutscherseits völlig darüber im klaren war, in irgendeiner Form einen tragbaren Ausweg zu finden. Nicht nur von sämtlichen deutschen Stellen, sondern auch von seiten des Auslandes wurde zugegeben, daß eine völlige Beseitigung des DKV bei der gegenwärtigen Lage zu katastrophalen Verhältnissen nicht nur für Deutschland, sondern für die europäische Wirtschaft führen müsse. Es sei auch eine Gemischte Kommission geschaffen, der zwei deutsche Vertreter angehören[4]. Diese Kommission habe Vorschläge ausgearbeitet, die zu einer derartig wesentlichen Umgestaltung der alten Organisationsform führen würden, daß man schlechterdings nicht mehr von DKV sprechen könne. Einer völligen Beseitigung einer Verkaufsorganisation könne nach Auffassung des Wirtschaftsministeriums niemals zugestimmt werden[5].

Der *Bundesminister für Arbeit* bittet um Einschaltung in die Verhandlung, damit er seinerseits den für seinen Bereich zuständigen alliierten Berater ansprechen könne[6].

Der Kabinettsausschuß stimmt dem Wirtschaftsminister darin zu, daß mit allen Mitteln versucht werden müsse, die alliierte Seite von den deutschen Notwendigkeiten zu überzeugen[7].

Anschließend gibt *Dr. Westrick* davon Kenntnis, daß wegen der Einordnung der C-Gesellschaften[8] erhebliche Fortschritte erzielt worden seien. Es sei zu erwar-

Nr. 27 (Amtsblatt der AHK, S. 898) bezog sich ausdrücklich auf die „in einem Schreiben vom 14. März 1951 gemachten Vorschläge" der Bundesregierung, die die AHK angenommen habe. In diesem Schreiben hatte Adenauer u.a. die Liquidation der DKV zum 1. Juli 1951 unter bestimmten Voraussetzungen als hinnehmbar in Aussicht gestellt (B 136/2458). Dieser Hinweis wurde auf Betreiben der Bundesregierung mit der Verordnung Nr. 8 vom 16. Juli 1951 (Amtsblatt der AHK, S. 990) gestrichen. Vgl. dazu 148. Kabinettssitzung am 25. Mai 1951 (Kabinettsprotokolle 1951, S. 383 f.).

[4] Neben zwei deutschen Vertretern (Direktor Wilhelm Dehnen von der DKBL und Dr. Franz Grosse von der IG Bergbau) setzte sich der Ausschuß aus je zwei Mitgliedern der drei Besatzungsmächte zusammen. Er hatte die ausdrückliche Vorgabe, eine dezentrale Lösung vorzuschlagen. Vgl. dazu 181. Kabinettssitzung am 23. Okt. 1951 TOP B (Kabinettsprotokolle 1951, S. 713 f.).

[5] Am 30. Aug. 1951 hatten die deutschen Kommissionsmitglieder vom Stand der Beratungen berichtet. Danach hatten sie der Auflösung des DKV grundsätzlich zugestimmt, aber eine aus den Gesellschaften des Ruhrreviers bestehende, zentrale Vertriebsgemeinschaft vorgeschlagen, der allerdings nur noch technische Funktionen zugeordnet sein sollten. Preisgestaltung und Lieferbedingungen sollten staatlichen Einrichtungen vorbehalten bleiben. Bericht und Vorschlag vom 27. Aug. 1951 in B 102/133901.

[6] Angesprochen war das Mitbestimmungsrecht, für das das BMA zuständig war. Das Gesetz über die Mitbestimmung der Arbeitnehmer in den Aufsichtsräten und Vorständen der Unternehmen des Bergbaus und der Eisen und Stahl erzeugenden Industrie vom 21. Mai 1951 (BGBl. I 347) sollte auch bei den nach Gesetz Nr. 27 der AHK neu geschaffenen Einheitsgesellschaften Anwendung finden. Vgl. dazu 195. Kabinettssitzung am 15. Jan. 1952 TOP 9 (Kabinettsprotokolle 1952, S. 44).

[7] Fortgang 181. Kabinettssitzung am 23. Okt. 1951 TOP B (Kabinettsprotokolle 1951, S. 713 f.) und 22. Ausschußsitzung am 19. Juni 1952 TOP 3.

[8] Im Anhang C zum Gesetz Nr. 27 der AHK vom 16. Mai 1950 zur Entflechtung und Neuordnung der Eisen- und Stahlindustrie waren die Gesellschaften namentlich aufgeführt, die in vollem Umfang neu strukturiert werden sollten (Amtsblatt der AHK, S. 299).

ten, daß im Wege der Freiwilligkeit ein zufriedenstellendes Ergebnis zu verzeichnen sei[9].

2. INVESTITIONSHILFEGESETZ BMF

Ministerialdirektor Dr. Schneider bittet um eine Entscheidung, inwieweit in den kommenden Beratungen seitens der Regierungsvertreter die Befreiung der deutschen Bundespost von der Aufbringungsumlage vertreten werden könne. Im Gesetz, das den gesetzgebenden Körperschaften vorliege, sei die Befreiung der Bundespost nach wie vor vorgesehen. In der Begründung sei jedoch eine Streichung der Begünstigung der Bundespost angeregt[10]. Das Postministerium stehe auf dem Standpunkt, daß es bei der Befreiung bleiben müßte. Die Post sei eine Hoheitsverwaltung, daraus rechtfertige sich die Sonderstellung. Keinesfalls könne man aber zulassen, daß beispielsweise der Betrieb der Postsparkasse oder der Postscheckverkehr schlechter gestellt werde, als es bei den Sparkassen und sonstigen öffentlichen Banken der Fall sei.

Der *Bundesminister für Verkehr* unterstreicht die vorgetragene Auffassung und tritt auch für die Herausnahme der Bundesbahn ein. Der *Bundesminister der Finanzen* weist dagegen darauf hin, daß die Bundesbahn bereits auf Grund des § 28 Abs. 4 des Gesetzentwurfes begünstigt sei[11].

Es wird darüber Einvernehmen erzielt, daß die Vertreter der Bundesregierung in den Ausschüssen der gesetzgebenden Körperschaften dafür eintreten, daß die Bundesbahn begünstigt bleibt (und zwar über § 28 Abs. 4) und daß hinsichtlich der Post lediglich die Verkehrsbetriebe erfaßt werden, hingegen der Postscheckverkehr und die Postsparkassen befreit bleiben[12].

3. EINFUHRPROGRAMM FÜR DAS 4. QUARTAL 1951 BML

Es wird erörtert, welche Beträge an Devisen die Bank deutscher Länder für das 4. Quartal bereitstellen kann[13]. *Präsident Bernard* teilt hierzu mit, daß die Bank deutscher Länder bereit sei, einen Betrag von insgesamt 75 Mio DM zur Verfügung zu stellen. Die Kabinettsmitglieder halten diesen Betrag nicht für ausrei-

---

[9] Zum Stand dieser Verhandlungen vgl. Bericht von Westrick in der 165. Kabinettssitzung am 2. Aug. 1951 TOP C (Kabinettsprotokolle 1951, S. 584).

[10] Siehe 5. Ausschußsitzung am 15. Juni 1951 TOP 8 und 159. Kabinettssitzung am 7. Juli 1951 TOP 1 (Kabinettsprotokolle 1951, S. 518–521), BR-Drs. 534/51, BT-Drs. 2450. – In seiner Vorlage vom 20. Aug. 1951 machte der BMP auf eine widersprüchliche Formulierung des § 3 Abs. 1 (Befreiung der Bundesbahn, der Bundespost und des Unternehmens „Reichsautobahnen" von der Aufbringungspflicht) zwischen Regierungsentwurf und der Stellungnahme der Bundesregierung zum Vorschlag des Bundesrates aufmerksam und bat um Ermächtigung, im Sinne des ursprünglichen Regierungsentwurfs bei den anstehenden Beratungen im Bundestag verhandeln zu dürfen (B 136/1220).

[11] Nach dieser Bestimmung waren die von einem Kuratorium zu bestimmenden Begünstigten von der Aufbringungspflicht entbunden.

[12] Fortgang 186. Kabinettssitzung am 16. Nov. 1951 TOP E (Kabinettsprotokolle 1951, S. 768). – Gesetz vom 7. Jan. 1952 (BGBl. I 7).

[13] Siehe 9. Ausschußsitzung am 17. Aug. 1951 TOP 6 und 7. Ausschußsitzung am 6. Juli 1951 TOP 3. – Vgl. hierzu den Vermerk („Bedarf an Dollar für das 4. Quartal 1951 für die Einfuhr von Nahrungs- und Futtermitteln aus dem Dollarraum") vom 30. Aug. 1951 in B 116/1854.

chend, vor allem wenn man berücksichtige, daß darin die für den Kohlenexport erforderlichen Beträge enthalten seien.

Der *Bundesminister für Ernährung, Landwirtschaft und Forsten* glaubt, daß man bei der Behandlung der Frage von dem Bedarf ausgehen müsse. Er beziffert den erforderlichen $-Betrag allein für Brot, Futtergetreide, Zucker und Fett auf 104 Mio $. Der *Vizekanzler* weist demgegenüber darauf hin, daß die Bedarfsziffern zunächst einmal im einzelnen errechnet und geprüft werden müßten. *Präsident Bernard* erklärt, daß er hinsichtlich der 75 Mio an den Beschluß des Zentralbankrates gebunden sei, daß aber eine erneute Prüfung stattfinden soll. Der *Bundesminister für Wirtschaft* bittet, eine Zweiteilung vorzunehmen, dergestalt, daß im Bereich völlig risikoloser Beträge eine langfristige Bereitstellung seitens der Bank deutscher Länder vorgesehen werde. Auch das soll geprüft werden[14].

4. VERBILLIGUNG DER SUPERPHOSPHAT-DÜNGEMITTEL BMWi

Es wird festgestellt, daß der Brief der Landwirtschaftlichen Rentenbank vom 23.8.1951 von falschen Voraussetzungen ausgeht[15]. Es sollte kein Kredit an den Bund gewährt werden, sondern die Kredite sollen der Phosphat-Industrie zur Verfügung gestellt werden. Es wird eine Besprechung[16] in Aussicht genommen, an der teilnehmen: der Vizekanzler, der Minister für Ernährung, Landwirtschaft und Forsten, der Bundesminister für Wirtschaft und Geheimrat Kissler[17].

5. BUNDESBANKGESETZ BMF

Der *Bundesminister der Finanzen* erläutert die Vorschläge, die in dem Schreiben vom 3. 8. niedergelegt worden sind[18]. Zu § 18 glaubt er jedoch, an dem ur-

---

[14] Fortgang 178. Kabinettssitzung am 9. Okt. 1951 TOP 12 (Kabinettsprotokolle 1951, S. 686) und 13. Ausschußsitzung am 18. Okt. 1951 TOP 2.

[15] Siehe 165. Kabinettssitzung am 2. Aug. 1951 TOP 2 (Kabinettsprotokolle 1951, S. 577 f.) und 6. Ausschußsitzung am 18. Juni 1951 TOP A. – Schreiben vom 23. Aug. 1951 in B 136/2219. – Durch Subventionszahlungen an die Düngemittelhersteller in Höhe von 50 Millionen DM sollte die Preiserhöhung für Stickstoffdünger, von der vor allem die Landwirtschaft betroffen war, aufgefangen werden. Die Aufbringung der Subventionsmittel war jedoch noch nicht geklärt. Die Rentenbank sah sich aus rechtlichen Gründen nicht in der Lage, Kredite an den Bund zu geben.

[16] Eine Besprechung erübrigte sich, nachdem das BMM als Lösung vorschlug, den Subventionsbedarf aus ERP-Mitteln zu decken (Schreiben vom 30. Sept. 1951 in B 116/47).

[17] Dr. Hermann Kißler (1882–1953). 1946–1949 Custodian der Deutschen Rentenbank, der Deutschen Rentenbank-Kreditanstalt und der Deutschen Zentralgenossenschaftskasse in der Britischen Zone, 1949–1953 Mitglied im Vorstand der Deutschen Landwirtschaftlichen Rentenbank.

[18] Siehe 139. Kabinettssitzung am 3. April 1951 TOP 2 (Kabinettsprotokolle 1951, S. 279–281). – Vorlage des BMF vom 3. Aug. 1951 und Vorlage des BMWi vom 21. Febr. 1951 in B 126/9435 und B 136/1200. – Artikel 88 GG verpflichtete die Bundesregierung, eine Währungs- und Notenbank als Bundesbank zu errichten, die das mit der Währungsreform 1948 von den Militärregierungen geschaffene Zentralbanksystem von Landeszentralbanken und Bank deutscher Länder ablösen sollte. In der bisherigen Beratung auch mit Vertretern der Koalitionsfraktionen blieb die Frage der Unabhängigkeit und der zentralen oder dezentralen Lösung umstritten. Die Änderungsvorschläge des BMF vom 3. Aug. 1951 zur Vorlage des BMWi vom 21. Febr. 1951 bezogen sich auf die §§ 18, 25, 26 und 27. § 18 erhöhte den Kreditplafond von 1,5 auf 2 Milliarden DM. Die §§ 25 und 26 stärkten gegenüber

sprünglichen Kreditplafond von 1,5 Mia DM festhalten zu können. Der *Vizekanzler* bemerkt, daß es keinesfalls sicher sei, daß die Regierungskoalition den neuen Vermittlungsvorschlägen aus dem erwähnten Schreiben vom 3. 8. zustimmen würde.

Es wird vereinbart, die jüngsten Abänderungsvorschläge in den Entwurf einzuarbeiten. Alsdann soll der Entwurf im Kabinett behandelt werden, damit dort eine möglichst einheitliche Meinung zustande kommt. Alsdann soll vor einer endgültigen Verabschiedung im Kabinett der Entwurf mit den Koalitionsparteien besprochen werden. Mit dem Notenbankgesetz soll möglichst gleichzeitig das Großbankgesetz[19] erörtert werden[20].

Außerhalb der Tagesordnung

[A. KOHLENIMPORT] BMWi

Für den Bundesverkehrsminister berichtet *Ministerialdirektor Bergemann* über die Charterung von Kohlentransportraum und insbesondere über die Pariser Besprechungen[21]. Das Verkehrsministerium ist auf Grund der bisher gepflogenen Verhandlungen der Ansicht, daß die getroffenen Vereinbarungen unbedingt einzuhalten sind, um nicht auf längere Sicht den Kohlenimport ganz zu gefährden[22].

---

der bisherigen Fassung die Stellung des Bundespräsidenten bei der Bestellung der Mitglieder des Zentralbankrates, § 27 verbesserte die Position der Bundesregierung gegenüber dem Zentralbankrat.

[19] Die Militärregierungen hatten als Teilmaßnahme zur Entflechtung und Neuordnung wirtschaftlicher Großunternehmen die Auflösung der Großbanken verfügt und deren Niederlassung außerhalb eines Landes verboten. Vgl. dazu Gesetz Nr. 57 der amerikanischen Militärregierung vom 4. Mai 1947 (Amtsblatt der amerikanischen Militärregierung, Ausgabe O, S. 1), Verordnung Nr. 133 der britischen Militärregierung vom 1. April 1948 (Amtsblatt der britischen Militärregierung, S. 710) und Verordnung Nr. 288 der französischen Militärregierung vom 12. April 1948 (Amtsblatt der französischen Militärregierung, S. 1936). Mit dem Gesetz über den Niederlassungsbereich von Kreditinstituten, dem sog. Großbankengesetz, vom 29. März 1952 (BGBl. I 217) wurden die Vorschriften der Militärregierungen vereinheitlicht, aber auch die Neubildung größerer und leistungsfähigerer Banken ermöglicht. Vgl. dazu 183. Kabinettssitzung am 30. Okt. 1951 TOP 6 (Kabinettsprotokolle 1951, S. 729).

[20] Fortgang 11. Ausschußsitzung am 13. Sept. 1951 TOP C.

[21] Siehe 165. Kabinettssitzung am 2. Aug. 1951 TOP F (Kabinettsprotokolle 1951, S. 586). – Das Marine Transport Committee (MTC) der OEEC hatte in der Julisitzung die Engpässe bei der Lieferung und Zuteilung amerikanischer Kohle erörtert. Dafür wurde vor allem die Bundesrepublik verantwortlich gemacht, die mit dem Kohleeinfuhrprogramm der OEEC nicht abgestimmte, zusätzliche Einfuhren getätigt hatte. („Kurzbericht betr. Sitzung des Seeverkehrsausschusses und seiner Arbeitsgruppe in der Zeit vom 16. 7.–19. 7. 1951 in Paris" in B 108/163).

[22] Als Kompensation für die von der Ruhrbehörde der Bundesrepublik auferlegte Erhöhung der Exportquote für Kohle (vgl. 5. Ausschußsitzung am 15. Juni 1951 TOP A) hatte der Arbeitsausschuß Kohle der OEEC in Paris zugestimmt, die Quote der Bundesrepublik zur Einfuhr amerikanischer Kohle für das 3. Quartal 1951 von 1,35 auf 1,8 Millionen t zu erhöhen. Gleichzeitig hatte er auch Frachthöchstraten für die Einfuhr in die Staaten der OEEC festgelegt. Die Anlieferung erfolgte durch regierungseigene Schiffe der USA, zum Teil auf Charterbasis. Parallel zu diesen Lieferungen hatte das BMWi im Rahmen von Gegenseitigkeitsgeschäften Einfuhrlizenzen erteilt sowie die Bezahlung der Einfuhren mit freien Dollars genehmigt, so daß die insgesamt vorgesehenen Quoten für die Bundesrepublik sowie die Frachthöchstraten überschritten wurden. Die amerikanische Regierung hatte darin eine Ver-

Auch der *Vizekanzler* ist der Meinung, daß es zu massiven Schwierigkeiten kommen werde, wenn die bisherigen Praktiken seitens der Importeure beibehalten werden. Es müsse dafür gesorgt werden, daß die auf Grund der getroffenen Vereinbarungen erforderliche Auflage mit der Erteilung der Lizenzen gemacht würde. Der *Bundeswirtschaftsminister* erkennt diese Notwendigkeit trotz aller gegenwärtigen Schwierigkeiten an. Es soll umgehend mit den Amerikanern verhandelt werden, um die vorerwähnte Ordnung herzustellen und zu erhalten[23].

letzung bindender Beschlüsse der OEEC gesehen und den Transport von Kohle mit regierungseigenen Schiffen vorübergehend eingeschränkt. (Unterlagen dazu in B 102/34155 und 34157).

[23] In einem Rundschreiben vom 5. Sept. 1951 „An die an der Einfuhr von US-Kohle beteiligten Importeure, Bedarfsträger und Schiffsmakler" wies das BMM auf die prekäre Situation hin, zitierte die vom BMWi beschlossenen Devisenzuteilungsverfahren und Auflagen und bat um deren Einhaltung (B 102/34157). Die ECA hielt zunächst an ihren Restriktionen fest, da sie die Maßnahmen der Bundesregierung als wenig wirksam beurteilte. Zum 1. Nov. 1951 führte sie ein neues Lizensierungssystem ein, das die Einhaltung der Frachtkontingente sicherstellen sollte. Vgl. dazu Schreiben des BMM vom 7. Sept. 1951 an das BMWi und BMV sowie Bericht des Handelsausschusses der OEEC vom 12. Okt. 1951 in B 102/34155. – Fortgang 11. Ausschußsitzung am 13. Sept. 1951 TOP E.

11. Sitzung des Kabinettsausschusses für Wirtschaft am Donnerstag, den 13. September 1951

Teilnehmer: Blücher, Niklas, Storch (ab 12.30 Uhr), Wildermuth (bis 11.30 Uhr), Seebohm, Lukaschek; Westrick (bis 10.45 Uhr), Frohne (bis 12.00 Uhr), Thedieck (bis 12.30 Uhr); Ernst, Bernard [BdL], Schneider (BMP) (bis 12.30 Uhr), Oeftering (BMF), Scheuble (BMA), Bormann (BMWi), Pohl (BMWi). Protokoll: Pühl.

Ort: Haus Carstanjen

Beginn: 10.00 Uhr *Ende: 13.00 Uhr*

Tagesordnung[1]:

1. *Initiativantrag im Bundestag betreffend Bildung einer Unterabteilung Handwerk im Bundesministerium für Wirtschaft*
   Vorlage des BMWi vom 25. Juni 1951 (Z O – 161/51).
2. *Erhöhung der Eisenbahntarife und des Tarifs für den Güterfernverkehr mit Kraftfahrzeugen*
   Vorlage des BMV vom 31. Aug. 1951 (A 6/1 Tgar 13 – 3/646 Vm).
3. *Gebührenänderung*
   Vorlage des BMP vom 23. Aug. 1951 (Min/ I A 2022 – 0).
4. *Entwurf eines Gesetzes zur Ergänzung und Abänderung des Gesetzes über den Verkehr mit Milch, Milcherzeugnissen und Fetten (Milch- und Fettgesetz) vom 28. Februar 1951*
   Vorlage des BML vom 5. 9. 1951 (III B 3 – 3206/2 – 386/51 III Kab. 614/51).

1. BILDUNG EINER UNTERABTEILUNG HANDWERK IM BUNDESWIRTSCHAFTSMINISTERIUM BMWi

Staatssekretär Dr. Westrick berichtet auf Grund der Vorlage des Bundeswirtschaftsministeriums vom 25. 6. 1951 und schlägt dem Kabinettsausschuß die Bildung einer Unterabteilung Handwerk vor[2]. Er betont bei dieser Gelegenheit, daß mit einer positiven Stellungnahme zu seinem Vorschlag sich zugleich die Notwendigkeit ergeben würde, eine ähnliche organisatorische Neuregelung für das Referat Handel und Genossenschaften und das Referat Technik zu treffen.

[1] Gemäß Einladung vom 7. und 12. Sept. 1951.

[2] Siehe 157. Kabinettssitzung am 3. Juli 1951 TOP 9 (Kabinettsprotokolle 1951, S. 504). – Abgeordnete der CDU/CSU, FDP, DP und des Zentrums hatten am 10. April 1951 beantragt, der Bundestag solle das BMWi ersuchen, „in Anbetracht der Bedeutung des Handwerks in der Wirtschaft das Referat Handwerk in eine Unterabteilung umzuwandeln" (BT-Drs. 2141). – Vorlage des BMWi vom 25. Juni 1951 in B 102/2974, 128628 und B 136/7577.

Bundesminister Seebohm stellt fest, daß bei den Koalitionsbesprechungen anläßlich der Regierungsbildung der Deutschen Partei ausdrücklich die Bildung einer Unterabteilung Handwerk im Bundeswirtschaftsministerium zugesagt worden sei[3]. Er müsse daher darauf bestehen, daß diese Zusage nunmehr eingelöst würde.

Gegen die Errichtung einer Unterabteilung Handwerk im Bundeswirtschaftsministerium wird von keinem Mitglied des Kabinettsausschusses Widerspruch erhoben. Es wird allgemein anerkannt, daß insoweit den Forderungen des Handwerks nachgegeben werden müsse.

Ministerialdirektor Dr. Oeftering erklärt, daß das Bundesfinanzministerium die Angelegenheit im wesentlichen unter dem Gesichtspunkt des Stellenplanes sähe. Die Frage, ob die Unterabteilung durch einen Ministerialrat oder durch einen Ministerialdirigenten geführt werden solle, müsse s. E. noch geprüft werden. Gegen die Errichtung einer Unterabteilung als solche beständen seitens des Bundesfinanzministeriums keine Bedenken. Hierzu bemerkt *Staatssekretär Dr. Westrick*, daß aus optischen Gründen die Leitung der Unterabteilung einem Ministerialdirigenten übertragen werden müsse. Diese Auffassung wird auch von dem überwiegenden Teil des Kabinettsausschusses anerkannt.

Der *Vizekanzler, Dr. Ernst* und *Prof. Dr. Oeftering* glauben jedoch, der Auffassung des Bundeswirtschaftsministeriums nicht folgen zu können, daß mit der Bildung einer Unterabteilung Handwerk automatisch die Umbildung der bisherigen Referate Handel und Technik in Unterabteilungen verbunden sei. Insbesondere *Dr. Ernst* warnt davor, den Forderungen des Handels gegenüber allzu nachgiebig zu sein. Demgegenüber vertritt *Staatssekretär Dr. Westrick* den Standpunkt, daß man vermutlich nicht umhin könne, aus politischen Gründen den Wünschen des Handels auf gleiche Behandlung wie das Handwerk nachzugeben, obgleich er zugeben müsse, daß, rein sachlich-organisatorisch gesehen, die Bildung einer Unterabteilung Handel nicht erforderlich sei. Er müsse daher ausdrücklich darauf aufmerksam machen, daß der Bundeswirtschaftsminister nicht daran vorbeikomme, in absehbarer Zeit die Errichtung von Unterabteilungen für Handel und Technik zu fordern.

Der Ausschuß beschließt, dem Kabinett etwa folgende Stellungnahme zu unterbreiten: Der Kabinettsausschuß ist mit der Bildung einer Unterabteilung Handwerk einverstanden, hat dagegen erhebliche Bedenken gegen die Bestrebungen, weitere Unterabteilungen im Bundeswirtschaftsministerium zu bilden und empfiehlt hier größte Zurückhaltung[4].

---

[3] Bereits in Schreiben vom 4. Mai und 4. Juli 1950 an das BMWi hatte die Bundestagsfraktion der DP an die Zusicherungen der Bildung einer eigenen „Handwerks-Abteilung" im BMWi erinnert (B 102/128628).

[4] Fortgang 176. Kabinettssitzung am 28. Sept. 1951 TOP 11 (Kabinettsprotokolle 1951, S. 668). – Die Unterabteilung Handwerk wurde mit Erlaß des BMWi vom 11. Okt. 1951 errichtet (Rundverfügung in B 102/2996). – Die gemäß BT-Drs. 3019 ebenfalls geforderten zwei weiteren Unterabteilungen „Handel, Fremdenverkehr, Gewerberecht, Verbraucherpolitik" sowie „Leistungssteigerung und Technik" wurden mit Rundverfügung Nr. 15 vom 14. Juli 1952 geschaffen. Vgl. dazu 199. Kabinettssitzung am 1. Febr. 1952 TOP 4 (Kabinettsprotokolle 1952, S. 86 f.). Dazu Unterlagen in B 102/2974, 42338 und 128682 sowie in B 136/7577.

2. ERHÖHUNG DER EISENBAHNTARIFE UND DES TARIFS FÜR DEN GÜTERFERNVERKEHR MIT KRAFTFAHRZEUGEN BMV

Bundesminister Seebohm begründet – unter Bezugnahme auf seine ausführliche Kabinettsvorlage vom 31.8.1951 – die Notwendigkeit für Tariferhöhungen[5]. Er teilt mit, daß die Tarifvorschläge Gegenstand eingehender Beratungen im Preisrat gewesen seien und daß nur über die Gestaltung der Wagenladungstarife eine Einigung mit dem Bundeswirtschaftsministerium bisher nicht erzielt werden konnte. Er bezeichnet die Erhöhung der Schülertarife trotz der generellen Anhebung um 50% in ihrer Gesamtwirkung als maßvoll. Eine besondere Verbesserung bei dem Personentarif stelle die Einführung der allgemeinen Rückfahrkarte dar, die der Abwanderung auf den PKW-Verkehr entgegenwirken solle.

Grundsätzliche Bedenken gegen die Tariferhöhung werden von *Bundesminister Wildermuth* und *Präsident Scheuble* geltend gemacht. *Bundesminister Wildermuth* ist der Meinung, daß die Bundesregierung mit den Preiserhöhungen nunmehr Schluß machen müsse. Jede Preiserhöhung bedinge letztlich eine Erhöhung der Lebenshaltungskosten und führe zur Auslösung neuer Lohnwellen. Nur wenn man sich zu dem Grundsatz bekenne, keine weiteren Preiserhöhungen vorzunehmen, könne man die Löhne stabil halten. Unter diesem Gesichtspunkt müsse auch die zur Beratung stehende Tariferhöhung gesehen werden. *Präsident Scheuble* erklärt im Auftrage von Bundesminister Storch, daß im gegenwärtigen Zeitpunkt Tariferhöhungen nicht zu vertreten seien. Es sei mit Sicherheit damit zu rechnen, daß diese bei den schwebenden Verhandlungen über Lohnerhöhungen von der Arbeitnehmerseite sofort geltend gemacht würden[6].

Der *Vizekanzler* faßt die Auffassung der Mehrheit des Ausschusses dahin zusammen, daß die vorgetragenen Bedenken zwar völlig berechtigt seien, daß man aber um die Tariferhöhung nicht herumkomme, wenn man nicht die Deckung des Defizits der Bundesbahn dem Bundesfinanzminister überlassen wolle. Er gibt im übrigen der Meinung Ausdruck, daß die Tariferhöhungen so gestaltet seien, daß sie von der Wirtschaft aufgenommen werden könnten.

In der nachfolgenden Einzelberatung werden folgende Punkte besonders erörtert:

a) Schülertarife

Bundesminister Lukaschek macht Bedenken geltend gegen die Erhöhung der Schülertarife im Hinblick auf die besonders schwierige Lage der Vertriebenen, da gerade dieser Personenkreis durchweg wohnsitzmäßig am ungünstigsten gestellt sei. *Bundesminister Seebohm* macht hiergegen geltend, daß die Personen, die ihren

---

[5] Vorlage des BMV in B 136/1496 und B 108/1383. – Betriebsausgaben infolge erhöhter Löhne und Gehälter sowie Preissteigerungen bei Bau- und Betriebsstoffen hatten zu einem Mehrbedarf in Höhe von 627 Millionen DM geführt, der durch Preiserhöhungen teilweise abgedeckt werden sollte. Im Personenverkehr war eine Erhöhung der Preise um durchschnittlich 15% vorgesehen, im Expreß- und Stückgutverkehr um 25% und bei Wagenladungen je nach Klasse zwischen 15 und 25%. Um die Tarifparität im Güterverkehr zwischen Bahn und Straße aufrechtzuerhalten, sollten auch die Tarife im Lastwagenfernverkehr um durchschnittlich 25% erhöht werden.

[6] Zu den Verhandlungen über Lohnerhöhungen im Bergbau vgl. 178. Kabinettssitzung am 9. Okt. 1951 TOP B (Kabinettsprotokolle 1951, S. 689f.).

Wohnsitz auf dem Lande haben, hinsichtlich der Lebenshaltungskosten meist besser gestellt seien als die Stadtbewohner und daß insoweit ein Ausgleich für die erhöhten Fahrtkosten der schulpflichtigen Kinder gegeben sei. Er sei der Meinung, man solle – anstatt auf tariflichem Wege – durch Stipendien den bedürftigen Schülern helfen. Hierfür seien allerdings die Kultusministerien der Länder zuständig. *Staatssekretär Frohne* ergänzt diese Ausführungen und teilt mit, daß die Erhöhung der Schülertarife auch von den Kultusministerien der Länder als notwendig anerkannt sei. Die Bundesbahn habe bereits erwogen, die Schüler kostenlos zu fahren, da bei den bisherigen Tarifen kaum ihre Verwaltungskosten gedeckt würden. Das Bundesverkehrsministerium glaube jedoch, nicht auf die Einnahmen aus den Schülertarifen verzichten zu können. *Ministerialdirektor Dr. Oeftering* begegnet den Bedenken von Bundesminister Lukaschek mit dem Hinweis, daß die vom Bundesverkehrsministerium berechneten Mehreinnahmen nur einen Betrag von 17 Mio DM umfassen, von dem der Anteil der vertriebenen Schüler nur einen Bruchteil ausmache, der sich wiederum auf eine sehr große Zahl von Personen verteile. Er habe daher keine Bedenken gegen die vorgesehene Tariferhöhung. Die Anregung des Vertreters des Bundeswirtschaftsministeriums, *Oberregierungsrat Bormann*, die Tariferhöhung bis zum 1. 4. 1952 hinauszuschieben, um den Kultusministerien der Länder Gelegenheit zu geben, in ihre Haushalte für 1952 Förderungsbeträge für Schüler einzusetzen, findet nicht die Zustimmung des Ausschusses.

b) Güterverkehr, insbesondere Wagenladungen

Oberregierungsrat Bormann teilt mit, daß der Bundeswirtschaftsminister grundsätzlich der Tariferhöhung für die Wagenladungsgüter zustimme, jedoch der Meinung sei, daß man eine lineare Tariferhöhung vornehmen solle, um an dem bestehenden Verhältnis zwischen den einzelnen Tarifklassen nichts zu ändern[7]. Man solle die Festlegung eines neuen Verhältnisses der Tarifklassen untereinander einer späteren Tarifreform überlassen. Gegen die vom Bundesverkehrsministerium gewünschte Differenzierung der Tarife für die einzelnen Regelklassen von 15 bis 25% habe der Bundeswirtschaftsminister deshalb Bedenken, weil hierdurch die bestehenden Preisrelationen in der Wirtschaft gestört werden können. Der Bundeswirtschaftsminister sei im übrigen grundsätzlich gegen jede Abflachung der Entfernungsstaffel. Es sei besser, für standortungünstige Gebiete offene Subventionen zu zahlen, als diesen Gebieten indirekt auf dem Wege der Tarifpolitik der Bundesbahn zu helfen, solange die gegenwärtige ungünstige Wirtschaftsstruktur des Bundesgebietes von politischen Einflüssen bestimmt sei. Demgegenüber stellt der *Vizekanzler* fest, daß man die Wirtschaftsstruktur des Bundesgebietes als gegeben hinnehmen müsse und daß man deshalb die bisherige Abflachung der Tarife, durch die immerhin gewisse Strukturmängel beseitigt würden, nur begrüßen könne. *Ministerialdirektor Dr. Oeftering* setzt sich für die vom Bundesverkehrsministerium eingeschlagene Methode der Tariferhöhung ein, indem er darauf hinweist, daß bei einer linearen Erhöhung um 15% die erforderliche Mehreinnahme von 370 Mio DM nicht erreicht werden könne, so daß für alle Tarifklassen ein er-

[7] Zu den folgenden Ausführungen Bormanns vgl. seine Ministervorlage vom 12. Sept. 1951 in B 102/12900.

höhter Prozentsatz von 17,5% erforderlich würde, was für die unteren Tarifklassen nicht erwünscht sei. *Bundesminister Seebohm* und *Staatssekretär Frohne* begründen die Notwendigkeit einer prozentualen Erhöhung nach Tarifklassen. Bei den beiden letzten Tariferhöhungen habe man keine lineare Erhöhung vorgenommen, so daß hierdurch das altbewährte Verhältnis zwischen den einzelnen Regelklassen bereits erheblich verschoben worden sei. Es sei unter diesen Umständen unumgänglich, bei der vorgeschlagenen Tariferhöhung eine Korrektur der Tarifverhältnisse im Sinne des früher geltenden Regeltarifes vorzunehmen. Durch die vom Bundesverkehrsministerium vorgeschlagene Methode der Tariferhöhung würde trotzdem noch nicht das frühere Verhältnis der Regelklassen zueinander wieder hergestellt, sondern die oberen Tarifklassen würden gegenüber dem Zustand vor der letzten Tariferhöhung noch geschont. Man müsse aber jetzt dazu übergehen, die niederen Klassen zu schützen, um eine Überentwicklung des Kraftwagenverkehrs, die durch die Übernahme von Massentransporten durch den Kraftwagen entstehen könnte, zu verhindern.

Auch *Bundesminister Niklas* und *Staatssekretär Thedieck* sprechen sich für die nichtlineare Erhöhung der Tarife aus. *Bundesminister Niklas* begrüßt es dankbar, daß die Tariferhöhung für wichtige Ernährungsgüter erst mit Wirkung vom 1. 1. 1952 vorgesehen ist, um Störungen in der Landwirtschaft zu vermeiden. *Staatssekretär Thedieck* bittet, daß die besondere Begünstigung der verkehrsentlegenen Gebiete bei der Tarifgestaltung berücksichtigt werden möge.

Oberregierungsrat Bormann macht gegen die Fassung der Anlage A4 (Entwurf einer 4. Anordnung über den Eisenbahngütertarif) noch grundsätzliche rechtliche Bedenken geltend. Hierüber soll nochmals eine Abstimmung zwischen dem Bundesverkehrs- und dem Bundeswirtschaftsministerium erfolgen. Er bittet weiterhin, daß bei § 2 der vorgenannten Verordnung (Seehäfenausnahmetarife) die Beteiligung des Bundeswirtschaftsministeriums sichergestellt würde. *Bundesminister Seebohm* sagt dieses zu und bittet, den Ausdruck „Seehäfenausnahmetarife" unter dem Sammelbegriff „Seehäfentarife" zusammenzufassen.

Der Kabinettsausschuß beschließt, dem Kabinett etwa folgende Stellungnahme vorzutragen: Der Ausschuß hat keine Bedenken gegen die Vorlage des Bundesverkehrsministeriums. Der *Vizekanzler* will es übernehmen, die Auffassung des Kabinettsausschusses dem Kabinett zusammenfassend vorzutragen[8].

3. GEBÜHRENÄNDERUNG IM POSTPAKET- UND PÄCKCHEN-DIENST BMP

Dr. Ernst äußert grundsätzliche Bedenken gegen die vorgeschlagene Erhöhung der Gebühren[9], da die Auswirkungen auf die Bevölkerung viel unmittelbarer seien

[8] Fortgang 173. Kabinettssitzung am 14. Sept. 1951 TOP 3 (Kabinettsprotokolle 1951, S. 644 f.). – BR-Drs. 667/51, Anordnungen (Zweite Anordnung zur Änderung der Zweiten Anordnung über den Eisenbahn-Gütertarif, Anordnung zur Änderung der Dritten Anordnung über den Eisenbahn-Gütertarif und Vierte Anordnung über den Eisenbahn-Gütertarif, Zweite Anordnung zur Änderung der Vierten Verordnung über den Reichskraftwagentarif, Anordnung zur Änderung der Zehnten Anordnung über den Reichskraftwagentarif und Zwölfte Anordnung über den Reichskraftwagentarif) vom 5. Okt. 1951 (BAnz Nr. 201 vom 17. Okt. 1951, S. 6).

[9] Vorlage des BMP vom 23. Aug. 1951 in B 257/406 und B 136/1581. – Der BMP hatte eine

und nach seiner Meinung die wirtschaftliche Lage der Post nicht mit der Notlage der Bundesbahn vergleichbar sei. *Ministerialdirektor Dr. Schneider* entgegnet hierauf, daß die wirtschaftliche Lage der Bundespost weitaus ungünstiger sei als im Vorjahre. Hierzu habe die Erhöhung der Material- und Lohnkosten und die Eingliederung Westberlins beigetragen. Im übrigen bestände ein enger sachlicher Zusammenhang zwischen den Bahntarifen und den Paketgebühren, der eine Angleichung der Gebühren verlange, sonst bestände die Gefahr einer Abwanderung der Güter auf die Post, der die Post kapazitätsmäßig nicht gewachsen sei. Der *Vizekanzler* schließt sich den Bedenken von Dr. Ernst an mit dem Hinweis, daß die Erhöhung der Paketgebühren gerade die breitesten Schichten der Bevölkerung träfe. Er macht auf Anregung von Dr. Ernst den Vorschlag, bei den geringen Gewichtsstufen für Postpakete der 4. Zone die Möglichkeit einer Senkung zu prüfen. *Bundesminister Seebohm* schlägt vor, bei den Päckchengebühren etwas nachzugeben, indem statt einer Erhöhung von 60 auf 80 Pfennige nur eine solche von 60 auf 70 Pfennige vorgenommen wird. *Ministerialdirektor Dr. Schneider* sagt die Prüfung dieser beiden Änderungsvorschläge bis zur Kabinettssitzung am 14. 9. 1951 zu[10].

4. MILCH- UND FETTGESETZ BML

Bundesminister Niklas berichtet auf Grund seiner Kabinettsvorlage vom 5. 9. 1951 über das Ergebnis der Ressortbesprechung[11].

Der *Vizekanzler* macht in zwei Punkten Bedenken geltend:

a) Staatssekretär Dr. Strauß hatte anläßlich der Sitzung des Kabinettsausschusses vom 17. 8. 1951 den Vorschlag gemacht, in § 17a Abs. 2 den Satz 2 zu streichen. Hierin war vorgesehen, Rechtsverordnungen gleichzeitig mit der Zuleitung an den Bundesrat dem Bundestag bekanntzugeben. Der *Vizekanzler* ist der Auffassung, daß die Vorlage von Rechtsverordnungen dieser Art beim Bundestag nur zur „Kenntnisnahme" überflüssig sei.

b) Der Vizekanzler hatte in der Sitzung des Kabinettsausschusses am 17.8. vorgeschlagen, die Bestimmung über die Festsetzung der Handelsspannen und Kostensätze (§ 18 Abs. 2) nochmals einer eingehenden Prüfung zu unterziehen und zu erwägen, ob man nicht darauf verzichten könne. In der Ressortbesprechung war dagegen die Auffassung vertreten worden, daß an dieser gesetzlichen Regelung nichts geändert werden solle. Der *Vizekanzler* macht erneut seine Bedenken gegen diese Bestimmung geltend, und zwar aus wirtschaftspolitischen Erwägungen, weil hierin

---

Gebührenerhöhung im Postpaket- und Päckchendienst um durchschnittlich 25% (in Zonen zwischen 10 und 33% gestaffelt) gefordert, mit der er sich Mehreinnahmen von jährlich 65 Millionen DM erhoffte. Die Erhöhungen sollten zeitlich mit der Tariferhöhung bei der Bundesbahn abgestimmt sein, um ein Abwandern des Expreßgutverkehrs von der Bahn zur Post zu verhindern.

[10] Fortgang 173. Kabinettssitzung am 14. Sept. 1951 TOP 4 (Kabinettsprotokolle 1951, S. 645). – BR-Drs. 691/51, Verordnungen vom 16. Okt. 1951 zur Änderung der Postordnung vom 30. Jan. 1929 und zur Änderung der Postgutgebühren (BAnz Nr. 203 vom 19. Okt. 1951, S. 1).

[11] Siehe 9. Ausschußsitzung am 17. Aug. 1951 TOP 1. – Vorlage des BML in B 116/505 und B 136/2640. – Das BML berichtete über eine Anzahl geringfügiger Änderungen, die auf einer Ressortbesprechung am 22. Aug. 1951 beschlossen worden waren.

wiederum ein unerwünschter Eingriff in das freie Spiel der Kräfte gesehen werden müßte und weil praktisch diese Bestimmung dazu führen könne, daß die Ernährungsindustrie für sich besondere wirtschaftliche Vorteile daraus herleiten würde.

Der *Vizekanzler* will die beiden vorgenannten Bedenken dem Kabinett vortragen[12].

Außerhalb der Tagesordnung

[A.] SCHROTTAUSFUHR BMWi

Staatssekretär Dr. Westrick teilt dem Ausschuß mit, daß die Verhandlungen mit den Engländern und Amerikanern über die Schrottausfuhr gestern auf der Grundlage des deutschen Vorschlages abgeschlossen worden seien. Man habe sich auf folgende Regelung geeinigt: die ersten 325 000 t stehen der deutschen Industrie zur Verfügung, die folgenden 50000 t fließen voll in den Export, die weiteren 25 000 t werden zur Hälfte auf das Inland und zur Hälfte auf den Export verteilt. Das darüber hinaus (über 400000 t) erzielte Schrottaufkommen soll zu 2/3 dem Inland, zu 1/3 dem Export zufließen.

Mit dieser Regelung sind alle Lieferrückstände gegenüber England und Amerika als ausgeglichen anzusehen. Das Abkommen sei im ganzen für Deutschland als sehr tragbar anzusehen[13].

Der Ausschuß nimmt den Bericht zur Kenntnis.

[B.] HOLZPREISE BMWi

Der *Vizekanzler* hält eine baldige Beratung im Kabinett darüber, ob die Holzpreise freigegeben werden sollen oder nicht, für dringend erforderlich, nachdem durch die Presseverlautbarungen über die klare Stellungnahme des Bundeskanzlers gegen eine Preiserhöhung ein erhebliches Durcheinander bei der Holzwirtschaft entstanden sei[14]. *Bundesminister Niklas* und *Staatssekretär Westrick* sagen baldmögliche Vorlage des Materials für die Beratung im Kabinett zu[15].

[C.] BUNDESBANKGESETZ BMF

Der *Vizekanzler* bittet die zuständigen Fachminister, nochmals mit dem Bundesfinanzminister über die strittigen Fragen des Bundesbankgesetzes zu verhandeln[16].

---

[12] Fortgang 178. Kabinettssitzung am 9. Okt. 1951 TOP 8 (Kabinettsprotokolle 1951, S. 684 f.). – BR-Drs. 731/51, BT-Drs. 2964, Gesetz vom 10. Dez. 1952 (BGBl. I 807).

[13] Siehe 168. Kabinettssitzung am 24. Aug. 1951 TOP 9 (Kabinettsprotokolle 1951, S. 610). – Vermerke Westricks „zur Information des Herrn Bundeskanzlers" vom 4. und 11. Sept. 1951 in B 102/21637 und B 136/2514. – Das Abkommen wurde in einem Schriftwechsel zwischen Adenauer und dem amerikanischen Hohen Kommissar vom 17. und 21. Sept. und mit dem britischen Hohen Kommissar vom 17. und 20. Sept. 1951 bestätigt (AA B 10/1777 und B 136/2514). – Abkommen vom 1. Okt. 1951 (BAnz Nr. 192 vom 4. Okt. 1951, S. 6).

[14] Am 7. Sept. 1951 hatte die „Frankfurter Allgemeine Zeitung" berichtet, Adenauer habe sich aus Sorge vor einer „Ingangsetzung der Lohn-Preis-Spirale" gegen eine Freigabe der Holzpreise ausgesprochen. Die holzverarbeitenden Betriebe setzten sich in Eingaben an den Bundeskanzler für eine Beibehaltung der Preise ein (B 136/2438).

[15] Fortgang 12. Ausschußsitzung am 28. Sept. 1951 TOP 2.

[16] Siehe 10. Ausschußsitzung am 31. Aug. 1951 TOP 5.

Er hält die Erörterung dieser Fragen auf der politischen Ebene nicht für wünschenswert. Eine Aussprache zwischen dem Herrn Finanzminister und Herrn Minister Höpker Aschoff[17] erschien jedoch erwünscht[18].

[D.] AUTOBAHNGEBÜHR BMF

Der *Vizekanzler* bittet den Vertreter des Bundesfinanzministeriums, hinsichtlich des dem Kabinett bereits zugeleiteten Gesetzentwurfes über die Erhebung einer Autobahngebühr[19] noch zwei Überlegungen anzustellen, und zwar:

a) Besteht die Möglichkeit, für Ärzte und Tierärzte eine Ausnahmeregelung zu treffen?

b) Kann ein Unterschied gemacht werden zwischen Werkverkehr und gewerblichem Güterverkehr? Der Werkverkehr sei wirtschaftlich zweifellos leistungsfähiger als der gewerbliche Güterverkehr.

Bundesminister Seebohm tritt der Auffassung des Vizekanzlers bei und regt darüber hinaus an zu prüfen, in welcher Form der ostzonale Verkehr einer Sonderbehandlung unterworfen werden könne[20].

[E.] BEREITSTELLUNG VON FRACHTRAUM FÜR DIE KOHLENIMPORTE BMWi

Der *Vizekanzler* schlägt dem Bundesverkehrsminister vor, einen Vertreter seines Ministeriums in die Vereinigten Staaten zu entsenden, um an Ort und Stelle die Frachtverhältnisse zu prüfen. *Bundesminister Seebohm* sagt Prüfung dieses Vorschlages zu[21].

---

[17] Hermann Höpker Aschoff (1883–1954). 1925–1931 Preußischer Finanzminister, 1949–1951 MdB (FDP), Vorsitzender des Ausschusses für Finanz- und Steuerfragen, 1951 (7. Sept.) bis 1954 Präsident des Bundesverfassungsgerichts.

[18] Als Vorsitzender des BT-Ausschusses für Finanz- und Steuerfragen hatte Höpker Aschoff einen eigenen Entwurf eines Bundesbankgesetzes ausgearbeitet, der sich an dem zentralistischen Reichsbanksystem orientierte (vgl. dazu Schreiben Schäffers vom 20. Febr. 1951 an das Bundeskanzleramt in B 136/1200). Nach einem Gespräch zwischen Höpker Aschoff, Schäffer und Ernst am 1. Okt. 1951 konnte weitgehende Einigung erzielt werden. Strittig blieb jedoch die Frage, ob das geplante Notenbanksystem, das die selbständigen, jedoch weisungsgebundenen Landeszentralbanken einbezog, mit Artikel 88 GG (Bundesbank) vereinbar sei (Vermerk vom 1. Okt. 1951 in B 136/1200). – Fortgang 207. Sitzung am 14. März 1952 TOP 1 (Kabinettsprotokolle 1952, S. 166–169), BR-Drs. 450/52, BT-Drs. 4020, Gesetz vom 26. Juli 1957 (BGBl. I 745).

[19] Siehe 173. Kabinettssitzung am 14. Sept. 1951 TOP 2 (Kabinettsprotokolle 1951, S. 643). – Vorlage des BMF vom 6. Sept. 1951 in B 136/7276 und B 108/4363. – Vorgesehen war eine nach Hubraum bzw. Gewicht gestaffelte Gebühr, die sich als Jahresbetrag zwischen 20 und 840 DM bewegte. Ausnahmen für Not-, Sanitäts-, und Straßendienste waren vorgesehen. Ferner sollte die Benutzung der zur Zonengrenze führenden Autobahnen ab der letzten Anschlußstelle frei sein.

[20] Fortgang 188. Kabinettssitzung am 27. Nov. 1951 TOP 4 (Kabinettsprotokolle 1951, S. 781). – Der Entwurf und die Stellungnahme des Bundesrates (BR-Drs. 714/51) wurden nicht an den Bundestag weitergeleitet.

[21] Siehe 10. Ausschußsitzung am 31. Aug. 1951 TOP A. – Der von der OEEC der Bundesrepublik für das 2. Halbjahr 1951 zugeteilte Transportraum in Höhe von 3,9 Millionen t war Ende August 1951 bereits um 300000 t überschritten worden (Vermerk über eine Besprechung am 4. Sept. 1951 bei der ECA in Washington in B 102/34157).

12. Sitzung des Kabinettsausschusses für Wirtschaft am Freitag, den 28. September 1951

Teilnehmer: Blücher, Wildermuth, Erhard (ab 8.45 Uhr), Storch (von 8.50 Uhr bis 10.25 Uhr); Hartmann, Sonnemann, Westrick; Ernst, Meier[1], Bernard [BdL], Kattenstroth [BMWi] (bis 10.00 Uhr). Protokoll: Rust.

Ort: Haus Carstanjen

Beginn: 8.30 Uhr — *Ende: 10.45 Uhr*

Tagesordnung[2]:

1. *Bundeswirtschaftsrat.*
2. *Holzpreise.*
3. *Einführung des autonomen Zolltarifs.*
4. *Zulassung der Konsumgenossenschaften als Sparstellen.*
5. *Einfuhren von Nahrungs- und Futtermitteln aus dem Dollarraum im Wirtschaftsjahr 1951/52*
   Vorlage des BML vom 22. Sept. 1951 (VI/8–6800–626/51 – III/L–118/51 – Kab. 738/51).

1. BUNDESWIRTSCHAFTSRAT — BMWi

Herr Kattenstroth gibt einen Überblick über die Vorarbeiten, die im Bundeswirtschaftsministerium im Zusammenhang mit der Frage des Bundeswirtschaftsrates geleistet sind[3]. Er führt aus, daß es sich hier um ein Problem von außer-

[1] Im Protokolltext „Abgeordneter Dr. Meier" (nicht identifiziert).

[2] Gemäß Einladung vom 25. und 26. Sept. 1951. – Punkt 5 war am 26. 09. 1951 nachträglich in die Tagesordnung aufgenommen worden, die Vorlagen zu TOP 1 bis 4 wurden laut Einladung vom 25. Sept. 1951 vor Beginn der Sitzung verteilt.

[3] Siehe 169. Kabinettssitzung am 28. Aug. 1951 TOP B (Kabinettsprotokolle 1951, S. 623). – Gesetzentwurf des BMWi in der Fassung vom 20. Sept. 1951 und weitere für diese Sitzung zusammengestellte Unterlagen in B 102/40924 und B 136/2453. – Der Entwurf, der auf Besprechungen zwischen DGB und Arbeitgebern in Hattenheim im Jan. und März 1950 und in Maria Laach im Juli 1950 zurückgeht, sah die Errichtung eines aus Vertretern der Arbeitgeber und Arbeitnehmer paritätisch zu besetzenden Bundeswirtschaftsrats vor. Als Instrument des Interessenausgleichs sollte er die gesetzgebenden Körperschaften in allen wirtschafts- und sozialpolitischen Fragen beraten, aber auch selbst das Recht zu Gesetzesinitiativen besitzen. Die von der Bundesregierung auf Vorschlag der Unternehmer- und der Arbeitnehmerorganisationen für die Dauer von vier Jahren zu berufenden 100 Mitglieder sollten sich auf folgende sechs Berufsgruppen verteilen: Gruppe 1 (Industrie) 36 Mitglieder, Gruppe 2 (Handel) 12, Gruppe 3 (Handwerk) 12, Gruppe 4 (Kredit- und Versicherungswesen) 8, Gruppe 5 (Land- und Forstwirtschaft) 24 und Gruppe 6 (Verkehr) 8 Mitglieder, wobei

ordentlich großer politischer Bedeutung handele. Die entscheidenden Fragen seien die Schaffung des Bundeswirtschaftsrates und die entsprechende Änderung in der bezirklichen Ebene. Beim Bundeswirtschaftsrat sei klarzustellen, welche Zuständigkeit er haben solle, insbesondere ob er nur beratend tätig sein oder ob er darüber hinaus ein Enquête- und Initiativrecht haben solle. Wichtig sei weiter die Frage, ob zwei oder drei Gruppen zu bilden seien[4]. Bedeutsamer als der Bundeswirtschaftsrat selbst sei die Organisation in der bezirklichen Ebene. Hier sei zu klären, ob die Bundesregierung für paritätische Kammern eintreten solle, ob es Körperschaften des öffentlichen Rechts sein sollten, ob Unternehmerkammern und daneben Arbeitnehmerkammern geschaffen werden sollten und in welcher Weise schließlich das Verhältnis der bezirklichen Institutionen zum Bundeswirtschaftsrat zu ordnen sei.

Der *Vizekanzler* unterstreicht die politische Bedeutung und glaubt, daß die Arbeiten mit größter Beschleunigung durchgeführt werden müßten. Es sei zweckmäßig, heute schon über das weitere Verfahren zu sprechen. Um die Probleme zu klären, halte er die Errichtung eines besonderen Ausschusses für notwendig; darin müßten vertreten sein: das Bundeskanzleramt, der Wirtschaftsminister, der Arbeitsminister, der Justizminister und der Minister des Innern. Hinzunehmen müßte man wohl auch den Bundesernährungsminister. Es schiene ihm hingegen nicht ratsam, schon zu Beginn der Arbeit Vertreter der Parteien hinzuzuziehen.

Der *Bundesminister für Wirtschaft* glaubt ebenfalls, daß höchste Gefahr im Verzuge und Eile erforderlich sei. Hessen zeige, welchen Weg man gehe, wenn der Bund nicht selbst die Initiative in die Hand nehme[5]. Es gehe darum, die syndikalistischen Bestrebungen zum Nutzen einer echten parlamentarischen Demokratie einzudämmen. Der *Bundesminister für Wohnungsbau* erinnert an die Erfahrungen, die mit dem Reichswirtschaftsrat gemacht seien[6]. Er hält es für notwendig, ausreichende und ausfüllende Aufgaben dem Bundeswirtschaftsrat von vornherein zu stellen. *Staatssekretär Dr. Sonnemann* bittet darum, den Ernährungsminister auf jeden Fall bei den Vorarbeiten hinzuzuziehen. Es sei zu bedenken, daß beispielsweise den 30000 gewerblichen Betrieben in Niedersachsen 300000 bäuerliche Betriebe gegenüberständen. Wolle man also eine Wirtschaftsorganisation aufbauen, dürfe man das bäuerliche Element nicht hintanstellen. *Staatssekretär Hartmann* bittet, für sein Ministerium ebenfalls beteiligt zu werden. Nach längerer Diskussion wird beschlossen, daß ein bestimmtes Frageschema vom Wirtschafts-

---

die Mitgliedergruppen je zur Hälfte aus Vertretern der Unternehmer und der Arbeitnehmer bestehen sollten.

[4] Verschiedentlich war angeregt worden, neben Arbeitnehmern und Arbeitgebern die freien Berufe als Standesgruppe aufzunehmen.

[5] Angesprochen ist das aufgrund von Art. 37 der Hessischen Verfassung von 1946 verabschiedete Betriebsrätegesetz vom 31. Mai 1948, das u. a. eine gleichberechtigte Mitbestimmung in wirtschaftlichen Angelegenheiten vorsah. Die von der amerikanischen Militärregierung 1949 verfügte Suspendierung war 1950 wieder aufgehoben worden.

[6] Artikel 165 der Weimarer Reichsverfassung sah einen Reichswirtschaftsrat als oberstes Reichsorgan vor. Durch Verordnung vom 4. Mai 1920 (RGBl. 858) war ein „Vorläufiger Reichswirtschaftsrat" errichtet worden, der aus 326 Mitgliedern bestand, die sich auf zehn Berufsgruppen verteilten. Er wurde durch Gesetz vom 23. März 1934 aufgehoben (RGBl. II 115).

minister den übrigen nächstbeteiligten Ressorts zugehen solle, um alsbald vorbereitet in die erste Besprechung einzutreten[7].

Der *Vizekanzler* hält es allgemein für erforderlich, daß das Bundeskanzleramt, das Bundesjustizministerium und das Bundesinnenministerium grundsätzlich die Frage klären, ob Länder Gesetze erlassen können, wenn der Bund bereits zu erkennen gegeben hat, daß er die Materie auf Bundesebene ordnen will. Notwendig scheine es, hierüber ein Gutachten des Bundesverfassungsgerichts einzuholen[8].

2. HOLZPREISE BMWi

Der *Bundesminister für Wirtschaft* trägt vor, daß eine Ordnung auf dem Holzmarkt nicht erreicht werden könnte, wenn an den derzeitigen Richtpreisen festgehalten werde. Schon seit langem seien die Preise chaotisch und in nicht gerechtfertigtem Umfang gestiegen. Die gestiegenen Holzpreise hätten sich bereits bis zum letzten Gebrauchsgegenstand ausgewirkt. Im Benehmen mit dem Bundeswirtschaftsminister und dem Bundesminister für Ernährung, Landwirtschaft und Forsten sei im Wege der Vereinbarung mit den Forstverwaltungen und den sonstigen für die Holzwirtschaft maßgebenden Stellen ein Einvernehmen erzielt, nach dem sich alle Teile verpflichtet hätten, die Holzpreise auf einem vertretbaren Niveau zu halten. Gleichzeitig sei sichergestellt, daß das erforderliche Holz auch eingeschlagen werde. Der *Bundeswirtschaftsminister* und der *Bundesernährungsminister* bitten um Zustimmung zu den getroffenen Maßnahmen[9].

Staatssekretär Dr. Sonnemann unterstreicht die Zweckmäßigkeit des eingeschlagenen Verfahrens, es sei kein Zweifel, daß dadurch eine wesentliche Verbesserung des derzeitigen Zustandes erreicht sei. Der *Bundesminister für Arbeit* trägt Bedenken wegen der in der Vereinbarung liegenden Freigabe der Preise. Auch vermisse er eine Garantie dafür, daß die Vereinbarungen eingehalten werden. Der *Bundesminister für den Wohnungsbau* hat ebenfalls Bedenken, er weist vor allem darauf hin, daß die Sägewerke mit einbezogen werden müßten. In einer längeren Diskussion wird die nicht ganz klare Rechtslage erörtert. Insbesondere wird auch die propagandistische Wirkung einer Mitteilung, die eine Freigabe der Holzpreise

---

[7] Der Ad-hoc-Ausschuß tagte unter Vorsitz des Vizekanzlers am 10. Okt. 1951. Beschlossen wurden u. a. die Bildung von Bezirkswirtschaftsräten auf regionaler Ebene, die Einführung einer dritten Gruppe, die im wesentlichen aus Vertretern der Verbraucher, der freien Berufe und der Beamten bestehen sollte, sowie eine rein konsultative Funktion des Bundeswirtschaftsrates (Vermerke über die Ausschußbesprechung am 10. Okt. 1951 und Entwurf des BMWi vom 10. Nov. 1951 in B 102/40925 und B 136/2453).

[8] Die verfassungsrechtliche Frage der Regelung regionaler Wirtschaftsordnungen durch den Bund konnte bis zur Vorlage des neuen Gesetzentwurfs vom 10. Nov. 1951 nicht abschließend geklärt werden (vgl. Schreiben des BMWi an das Bundeskanzleramt vom 10. Nov. 1951 in B 102/40925 und B 136/2453). – Fortgang 178. Kabinettssitzung am 9. Okt. 1951 TOP C (Kabinettsprotokolle 1951, S. 690) und 18. Ausschußsitzung am 4. März 1952 TOP 2.

[9] Siehe 11. Ausschußsitzung am 13. Sept. 1951 TOP B. – Vgl. dazu Erklärung vom 21. Sept. 1951, in der sich die Betriebe zur Zurückhaltung in der Preisfrage verpflichteten, und „Vermerk über den Stand der Holzpreisverhandlungen" vom 26. Sept. 1951 in B 102/8031, B 116/197 und B 136/2438.

zu erkennen gibt, besprochen. Der Ausschuß beschließt, daß zunächst eine Formulierung über die Verlautbarung zu den getroffenen Maßnahmen vom Bundeswirtschafts- und Ernährungsministerium festgelegt wird. Diese Formulierung soll alsdann im Kabinett nochmals beraten werden[10].

3. EINFÜHRUNG DES AUTONOMEN ZOLLTARIFS BMF

Die Angelegenheit soll im Kabinett erörtert werden[11].

4. ZULASSUNG DER KONSUMGENOSSENSCHAFTEN ALS SPARSTELLEN BMF

Dr. Ernst berichtet über die Zulassung von Konsumgenossenschaften als Sparstellen in den verschiedenen Ländern. *Staatssekretär Hartmann* übergibt eine Ausarbeitung, aus der ersichtlich ist, wie es zur Zulassung der Konsumgenossenschaften als Zahlstellen der Bank für Gemeinwirtschaft kam[12]. *Staatssekretär Hartmann* betonte, daß das Finanzministerium keine Zuständigkeit habe, von sich aus einzugreifen. Das Ministerium sei lediglich in der Lage, den Ausschuß Bankaufsicht zu bitten, sein besonderes Augenmerk dem Problem zuzuwenden[13]. Auch *Präsident Bernard* sagte zu, die Angelegenheit mit Aufmerksamkeit zu verfolgen.

5. EINFUHREN VON NAHRUNGS- UND FUTTERMITTELN AUS DEM DOLLARRAUM IM WIRTSCHAFTSJAHR 1951/52 BML

Nicht behandelt[14].

[10] Entwurf der Verlautbarung in B 102/8031, Pressemitteilung Nr. 877/51 vom 2. Okt. 1951 in BD 7/167–1951, 4. – Auf der Basis der Selbstverpflichtung wurde der Richtpreis für Rohholz zum 1. Okt. 1951 aufgehoben (Erlaß betreffend Rohholzpreise vom 1. Okt. 1951 in BAnz Nr. 192 vom 4. Okt. 1951, S. 2). – Fortgang 216. Kabinettssitzung am 2. Mai 1952 (Kabinettsprotokolle 1952, S. 254).

[11] Siehe dazu 178. Kabinettssitzung am 9. Okt. 1951 TOP 4 (Kabinettsprotokolle 1951, S. 683). – Vorlage des BMF vom 28. Sept. 1951 in B 136/353. – Die Zollrechtsnovelle sollte Anpassungen vornehmen, die durch das Zolltarifgesetz vom 16. Aug. 1951 (BGBl. I 527) erforderlich geworden waren. Mit diesem Gesetz war die Umstellung vom spezifischen Gewichts- Stück- und Maßzollsystem auf das Wertzollsystem vorgenommen worden. – BR-Drs. 704/51, BT-Drs. 2841, Gesetz zur Änderung des Zollgesetzes und der Verbrauchssteuergesetze vom 23. Mai 1952 (BGBl. I 317).

[12] Nicht ermittelt.

[13] Der Sonderausschuß Bankenaufsicht hatte bereits in seiner Sitzung am 19. und 20. Jan. 1951 über die Zulassung der Verteilungsstellen der Konsumgenossenschaften als Zahlstellen für die Bank für Gemeinwirtschaft beraten und eine generelle Zulassung abgelehnt. Er sprach sich für eine probeweise Zulassung auf örtlicher Ebene und für ein weiteres Abwarten aus (Protokoll in B 126/12142).

[14] Fortgang 13. Ausschußsitzung am 18. Okt. 1951 TOP 2.

13. Sitzung des Kabinettsausschusses für Wirtschaft am Donnerstag, den 18. Oktober 1951

Teilnehmer: Blücher, Wildermuth; Hartmann, Westrick, Sonnemann, Sauerborn, Frohne, Schreiber, Wandersleb; Schmitt (BMWi). Protokoll: Rust.

Ort: Haus Carstanjen

Beginn: 16.00 Uhr *Ende: 19.45 Uhr*

Tagesordnung[1]:

1. *Richtlinien für die Wohnungsbaupolitik 1951/1952*
   Vorlage des BMWo vom 6. Sept. 1951 (1211/22/51).
2. *Einfuhren von Nahrungs- und Futtermitteln aus dem Dollarraum im Wirtschaftsjahr 1951/52*
   Vorlage des BML vom 22. Sept. 1951 (VI/8 – 6800 – 626/51 – III/L-118/51 Kab. 738/51).
3. *Gemüseordnung*
   Vorlage des BML geht noch zu.
4. *Änderung von Preisen für Braunkohlenbriketts aus den Revieren Köln, Kassel und Helmstedt*
   Vorlage des BMWi vom 29. Sept. 1951 (III A 2 – 21 540/51).

1. RICHTLINIEN FÜR DIE WOHNUNGSBAUPOLITIK BMWo

Obwohl am Montag eine Chefbesprechung über die offenen Finanzfragen des Wohnungsbaues zwischen den Ministern der Finanzen, für Wirtschaft und für Wohnungsbau stattfinden soll[2], hält der Ausschuß eine Beratung der bereits am 6. 9. 1951 vorgelegten Richtlinien für Wohnungsbaupolitik für notwendig[3]. Der

[1] Gemäß Einladung vom 16. Okt. 1951.
[2] Nicht ermittelt.
[3] Vorlage in B 134/1294 und B 136/9451. – In seiner Vorlage berichtete das BMWo, daß zwar für 1951 wie im Jahr 1950 voraussichtlich 350 000 Wohnungen gebaut würden, daß aber durch den deutlichen Rückgang der Bauaktivitäten das im Ersten Wohnungsbaugesetz vom 24. April 1950 (BGBl. 83) gesetzte Ziel, innerhalb von sechs Jahren 1,8 Millionen aus öffentlichen Mitteln geförderte Wohneinheiten zu errichten, gefährdet sei. Als akute Ursachen dieser Entwicklung nannte er die geringe Ersparnisbildung, die angespannte Haushaltslage des Bundes, die gestiegenen Lohn- und Baustoffkosten sowie den Mangel an Baueisen und insbesondere an Kohle für die Ziegelfabriken. Den jährlichen Aufwand für das private und öffentliche Wohnungsbauprogramm bezifferte er mit 4 Milliarden DM. Als Sofortmaßnahme forderte er den erhöhten Einsatz öffentlicher Mittel des Bundes, der Länder, der Gemeinden und des Soforthilfefonds, die Förderung privater Spartätigkeit durch Aufwertung der Altsparguthaben und durch steuerliche Anreize zur Ersparnisbildung bei den Bauspar-

Ausschuß ist der Meinung, daß endgültige Beschlüsse am nächsten Dienstag im Kabinett gefaßt werden müßten, damit die erforderlichen Maßnahmen rechtzeitig durchgeführt werden könnten.

Der *Bundesminister für Wohnungsbau* schildert an Hand der vorliegenden Richtlinien die gegenwärtige Lage, Ursachen und Schwierigkeiten der Entwicklung des Wohnungsbaues und bringt die ihm notwendig erscheinenden Maßnahmen in Vorschlag. Über die Frage der Freigabe der Haushaltsmittel in Höhe der 100 Mio DM soll gesondert am Montag in der Chefbesprechung entschieden werden. *Staatssekretär Dr. Schreiber* legt eingehend die Interessen seines Ministeriums am Wohnungsbau für die Heimatvertriebenen dar[4]. Er unterstützt die Auffassung des Wohnungsbauministeriums, daß eine Zusammenfassung aller Hilfen und eine Lenkung in dem Vertriebenenwohnungsbau erwünscht sei. Über den Entwurf eines Prämiengesetzes soll alsbald beraten werden[5].

Einen größeren Raum der Beratung nimmt die Frage der Versorgung der Bauwirtschaft mit Kohle und Eisen ein. Es soll überlegt werden, in welcher Weise die erforderlichen Kontingente für die Bauwirtschaft sichergestellt werden können[6].

Eine sofortige Prüfung soll darüber angestellt werden, in welcher Weise den Bausparkassen fremde Mittel aus der öffentlichen Hand zugeführt werden können, um bei den Auszahlungen der Bauspardarlehen einen möglichst raschen, sicheren und hohen Effekt zu erzielen. Das Wohnungsbauministerium hält einen Betrag von je 100 Mio DM für eine Zeit von 10 Jahren für ausreichend. Wenn jährlich 400 Mio DM für den Wohnungsbau aus Haushaltsmitteln bereitgestellt würden, müßte sich eine Möglichkeit finden, aus dieser Summe die genannten 100 Mio DM zu nehmen[7].

---

kassen sowie eine Verbesserung der Lage des Altbaubesitzes durch die Möglichkeit der Mietanpassung und der Gewährung zinsgünstiger Darlehen zu Renovierungszwecken.

[4] Mit Schreiben vom 15. Okt. 1951 hatte sich Lukaschek mit der Forderung an Wildermuth gewandt, die Heimatvertriebenen bei der Wohnraumbeschaffung angemessen zu berücksichtigen, um das Umsiedlungsprogramm nicht zu gefährden (B 134/1294). – Zum Eingliederungsprogramm vgl. 149. Kabinettssitzung am 29. Mai 1951 TOP 7 (Kabinettsprotokolle 1951, S. 393 f.).

[5] Der auf einem interfraktionellen Antrag vom 11. Juli 1951 beruhende Gesetzentwurf über die Gewährung von Prämien zur Förderung des Wohnungsbaues (Wohnungsbauprämiengesetz) sah eine Auszahlung durch die Finanzämter von jährlich bis zu 400 DM für Aufwendungen vor, die im Zusammenhang mit dem Erwerb oder der Förderung des Wohnungsbaues standen (BT-Drs. 2488). Der Entwurf wurde in einer gemeinsamen Sitzung der Ausschüsse für Wohnungsbau und für Bau- und Bodenrecht am 18. Okt. 1951 erstmals beraten. Protokoll und weitere Unterlagen zur Entstehung des Gesetzes in B 126/6196 und B 136/1462. – BR-Drs. 40/52, Gesetz vom 17. März 1952 (BGBl. I 139).

[6] Bereits mit der Kabinettsvorlage vom 23. Febr. 1951 hatte das BMWo auf die Gefährdung des Bauprogramms durch unzureichende Kohlelieferungen hingewiesen. Vgl. dazu 137. Kabinettssitzung am 20. März 1951 TOP 3 (Kabinettsprotokolle 1951, S. 254 f.).

[7] Das BMWo hatte beantragt, 400 Millionen DM für das Rechnungsjahr 1952 in den ordentlichen Haushalt seines Ministeriums einzusetzen. Den Vorschlag, 100 Millionen DM für die „Bausparkassenaktion" bereitzustellen, lehnte Schäffer aus haushaltsrechtlichen Gründen ab. Vgl. dazu 182. Kabinettssitzung am 26. Okt. 1951 TOP 1 (Kabinettsprotokolle 1951, S. 718).

Die Vorarbeiten für das Bundesbaugesetz sollen alsbald beginnen[8]. Inwieweit sich die gesetzgeberischen Maßnahmen auf Rahmenbestimmungen beschränken könnten oder müßten, würde sich erst bei den Beratungen beurteilen lassen. Das Wohnungsbauministerium hält es für zweckdienlich, vielleicht schon in einiger Zeit ein Gutachten des Bundesverfassungsgerichts darüber einzuholen, ob und inwieweit eine Zuständigkeit des Bundes in der Gesetzgebung auf dem Gebiete des Bauwesens gegeben sei[9]. Im Interesse des Wohnungsbaues könne man sich nicht damit abfinden, nur eine möglichst einheitliche Landesgesetzgebung in den 11 Ländern zu erstreben. Selbst bei gutem Willen sei sicher, daß es in den 11 Parlamenten zu unterschiedlichsten Ergebnissen kommen würde.

Staatssekretär Dr. Wandersleb richtet in diesem Zusammenhang an das Bundesfinanzministerium die Bitte, der unvermeidlichen personellen Ausweitung des Ministeriums wohlwollend Rechnung zu tragen.

Eingehend wurde die Frage der Mieterhöhung diskutiert. Man kam darin überein, dem Kabinett vorzuschlagen, die Miete in zwei Stufen um je 10% zu erhöhen, und zwar zum 1.4. und zum 1. 10. 1952. Hierbei soll die Hälfte zunächst dem Wohnungsbau zugute kommen, die andere Hälfte dem Hausbesitzer zur Durchführung der notwendigen Reparaturen. Nach und nach soll dann auch diese Hälfte dem Hausbesitzer zufließen[10].

Die Frage der Zinsen wurde angeschnitten. Übereinstimmung bestand darüber, daß es wichtiger sei, den Diskontsatz zu ermäßigen, als etwa den Zinssatz zu erhöhen, zumal der Zins im erststelligen Raum weitgehend an 8% effektiv heranreicht[11].

---

[8] Ein umfassendes Bundesbaugesetz, das alle Bauaktivitäten der öffentlichen Hände zusammenfassen sollte, hatte das BMWo auch in seinen Richtlinien gefordert. – Einen interfraktionellen Antrag (BT-Drs. 2442) auf Vorlage eines Bundesbaugesetzes, das das Bau-, Boden-, Planungs-, Anlieger- und Umlegungsrecht bundeseinheitlich regeln sollte, hatte der Bundestag am 13. Sept. 1951 angenommen (Stenographische Berichte, Bd. 9, S. 6587). Eine erste Ressortbesprechung über den „Entwurf zu einem Baugesetz für die Bundesrepublik Deutschland" vom September 1950 (Entwurf in B 136/1436) hatte am 16. Okt. 1951 stattgefunden (Aufzeichnung in B 134/19067). – Fortgang hierzu 182. Kabinettssitzung am 26. Okt. 1951 TOP 1 (Kabinettsprotokolle 1951, S. 718 f.). – BR-Drs. 326/56, BT-Drs. 3028 (2. WP), Gesetz vom 23. Juni 1960 (BGBl. I 341).

[9] Einem entsprechenden Antrag des BMWo vom 27. Dez. 1951 (B 136/1431) stimmte die Bundesregierung in der 194. Kabinettssitzung am 8. Jan. 1952 (TOP 12) zu (Kabinettsprotokolle 1952, S. 37). Einen gemeinsamen Antrag von Bundestag, Bundesrat und Bundesregierung auf Einholung eines Rechtsgutachtens des Bundesverfassungsgerichts (BT-Drs. 3362 und Neufassung BT-Drs. 3669) übersandte das BMWo am 6. Okt. 1952 dem Bundesverfassungsgericht (BT-Drs. 3783), das in seinem Beschluß vom 16. Juni 1954 im wesentlichen die Zuständigkeit des Bundes bestätigte (BT-Drs. 644, Gutachten ferner in B 134/19144).

[10] Zur Vorlage einer Mietpreisverordnung des BMWi vom 18. Okt. 1951 (B 134/3272) vgl. 181. Kabinettssitzung am 23. Okt. 1951 TOP 5 (Kabinettsprotokolle 1951, S. 708–710). – BR-Drs. 104/52, BT-Drs. 3170, Verordnung über einen allgemeinen Mietzuschlag bei Wohnraum des Althausbesitzes vom 27. Sept. 1952 (BGBl. I 648) und Verordnung Pr. Nr. 71/51 über Maßnahmen auf dem Gebiete des Mietpreisrechts vom 29. Nov. 1951 (BGBl. I 920).

[11] Eine Erhöhung des Kapitalzinses hätte eine allgemeine Verteuerung des erststelligen Hypothekarkredits und damit auch einen Mehraufwand an öffentlichen Mitteln zur Folge gehabt. Vgl. dazu die Modellrechnungen des BMWo („Kapitalzins und Wohnungsbau") vom 24. Nov. 1951 in B 136/1460.

Staatssekretär Sauerborn weist auf die Gefahr des Umlageverfahrens im Versicherungswesen hin. Dies Problem wird eine besondere Prüfung erfahren[12].

2. EINFUHREN VON NAHRUNGS- UND FUTTERMITTELN AUS DEM DOLLARRAUM IM WIRTSCHAFTSJAHR 1951/52 BML

Die Behandlung dieses Punktes soll zurückgestellt werden, bis Herr Dr. Ernst, der sich weitgehend mit der Materie befaßt hat, zurückgekommen ist. An der Vorklärung des Themas sollen beteiligt werden die Minister Blücher, Niklas, Erhard sowie die Bank deutscher Länder[13].

3. GEMÜSEORDNUNG BML

Zurückgestellt[14].

4. ÄNDERUNG VON PREISEN FÜR BRAUNKOHLENBRIKETTS AUS DEN REVIEREN KÖLN, KASSEL UND HELMSTEDT BMWi

Staatssekretär Dr. Westrick legt dar, daß die Braunkohlenwirtschaft gezwungen sei, Löhne und Gehälter endlich entsprechend den Maßnahmen in der Steinkohlenwirtschaft um 10% zu erhöhen[15]. Eine solche Erhöhung sei aber bei den derzeitigen Braunkohlenpreisen nicht tragbar. Der Antrag der Wirtschaft gehe daher dahin, die Tonne um 5,-- DM im Preise zu erhöhen; allerdings sollten dabei die gleichen Ausnahmen gemacht werden wie bei der Erhöhung des Steinkohlenpreises[16].

Es werden Bedenken geltend gemacht, die allgemein gegen den gespaltenen Preis schon bei der Steinkohle erhoben worden sind. *Staatssekretär Hartmann* bat

---

[12] Die Sozialversicherungsträger hatten Mittel in Pfandbriefen und in Direkthypotheken angelegt – Zahlen lagen dem BMWo nicht vor – und damit einen wichtigen Beitrag zur Kapitalversorgung geleistet. Diese Mittel waren jedoch nicht fest kalkulierbar und fielen erst im Lauf eines Jahres an (vgl. Schreiben des BMWo vom 31. Aug. 1951 an den Vorsitzenden des BT-Ausschusses für Wiederaufbau und Wohnungswesen und des Gesamtverbandes Gemeinnütziger Wohnungsunternehmen vom 7. Nov. 1951 an das BMWo in B 134/1294). – Fortgang 182. Kabinettssitzung am 26. Okt. 1951 TOP 1 (Kabinettsprotokolle 1951, S. 717–721).

[13] Siehe 10. Ausschußsitzung am 31. Aug. 1951 TOP 3. – Fortgang 14. Ausschußsitzung am 24. Okt. 1951 TOP 1.

[14] Fortgang 14. Ausschußsitzung am 24. Okt. 1951 TOP 2.

[15] Vorlage des BMWi vom 29. Sept. 1951 in B 102/34005 und B 136/2436. – Die Lohnerhöhungen im Bergbau vom 1. April 1950 um 10 % und vom 1. Jan. 1951 um 9 % hatten sich bisher nicht auf die Preisentwicklung ausgewirkt. Die 12%ige Lohnerhöhung im Steinkohlebergbau – vgl. 155. Kabinettssitzung am 26. Juni 1951 TOP G (Kabinettsprotokolle 1951, S. 480) – hatte Lohnforderungen auch im rheinischen Braunkohlenbergbau nach sich gezogen. Die Unternehmen forderten Preisanhebungen, mit denen die von ihnen auf 14 Millionen DM geschätzten Mehrbelastungen aufgefangen werden sollten.

[16] § 2 des Entwurfs zählte Verbrauchergruppen auf, die von der Erhöhung ausgenommen werden sollten, so u. a. Kleinverbraucher, Verkehrs-, Transport-, Fischerei- und Versorgungsbetriebe sowie Zucker-, Brot- und Margarinefabriken, Mühlen und Molkereien. Sie waren identisch mit den in § 2 der Verordnung Pr. Nr. 50/51 vom 24. Juli 1951 (BAnz Nr. 142 vom 26. Juli 1951, S. 1) genannten Verbrauchergruppen. Vgl. dazu 161. Kabinettssitzung am 13. Juli 1951 TOP C (Kabinettsprotokolle 1951, S. 542).

zu erwägen, ob nicht eine Erhöhung um 3,50 DM ausreiche. Daneben bittet er, aus der Begründung den Hinweis auf die Umsatzsteuererhöhung herauszunehmen.

Der Ausschuß stimmt grundsätzlich dem Vorschlag des Bundeswirtschaftsministeriums zu[17].

Außerhalb der Tagesordnung

[A. EISENPREISE] BMWi

Staatssekretär Dr. Westrick berichtet über die Verhandlungen mit der eisenschaffenden Industrie, die in den letzten Tagen im Wirtschaftsministerium mit dem Ziel geführt worden seien, Ordnung in die Eisenpreise zu bringen. Die beteiligten Wirtschaftskreise hätten sich verpflichtet, die festgelegten Preise einzuhalten, wenn der Preis um 37,-- DM je Tonne erhöht würde[18]. Trotz aller Einwendungen gegen eine solche Maßnahme glaubt der Ausschuß in seiner Mehrheit, dem Verlangen nach Preiserhöhung Rechnung tragen zu sollen, da bei den derzeitigen Verhältnissen die tatsächlich gezahlten Preise im Schnitt wesentlich höher liegen[19].

Die Angelegenheit wird dem Kabinett zur Entscheidung vorgelegt[20].

Der *Bundesminister für den Wohnungsbau* stellt mit Sorge fest, daß, von dem Mietproblem abgesehen, de facto wieder zwei Preiserhöhungen, nämlich Eisen und Braunkohle, in Aussicht genommen worden seien, somit also die gefährliche Preisentwicklung unaufhaltsam weitergehe.

[B. AUFTEILUNG DER I.G. FARBENINDUSTRIE A.G.] BMWi

Staatssekretär Dr. Westrick gibt dem Kabinettsausschuß Kenntnis davon, daß der Deutsche Gewerkschaftsbund wegen der Durchführung des Gesetzes Nr. 35 (Mitbestimmung in der Chemie) an die Alliierte Hohe Kommission geschrieben habe. Die Alliierte Hohe Kommission habe ein Antwortschreiben entworfen, dies aber zunächst dem Wirtschaftsministerium zur Stellungnahme zugeleitet. *Dr. Westrick* legt den Entwurf eines Antwortschreibens vor mit der Bitte um Zustimmung[21]. Der Kabinettsausschuß vertritt einstimmig die Meinung, daß es sich hier

---

[17] Fortgang 182. Kabinettssitzung am 26. Okt. 1951 TOP 6 (Kabinettsprotokolle 1951, S. 722). – Verordnung PR 69/51 vom 8. Nov. 1951 (BAnz Nr. 219 vom 10. Nov. 1951, S. 1).

[18] Kurzprotokolle über die Verhandlungen am 26. Sept., 4. und 18. Okt. 1951 in B 102/4768. – Angestrebt war die Erhöhung des Kostenausgleichsbetrages von 50 auf 87 DM pro Tonne. Mit diesen staatlichen Zuschüssen sollten vor allem die Mehraufwendungen für den Import der amerikanischen Kohle abgedeckt werden.

[19] Zur Preissituation bei Eisen und Kohle vgl. auch die Antwort Erhards vom 17. Okt. 1951 (BT-Drs. 2700) auf eine Anfrage des Zentrums vom 1. Okt. 1951 (BT-Drs. 2636), mit Schriftwechsel dazu in B 102/33992.

[20] Fortgang 182. Kabinettssitzung am 26. Okt. 1951 TOP C (Kabinettsprotokolle 1951, S. 723 f.). – Verordnung PR Nr. 74/51 über einen Kostenausgleich bei Roheisen, Halbzeug, Walzwerkerzeugnissen und Schmiedestücken vom 26. Okt. 1951 (BAnz Nr. 211 vom 31. Okt. 1951, S. 1).

[21] Im Rahmen der alliierten Entflechtungspolitik sollte auch mit dem Gesetz Nr. 35 der AHK vom 17. Aug. 1950 (Amtsblatt der AHK, S. 534) der I.G. Farbenindustrie-Komplex neu geordnet werden. Mit Schreiben vom 30. Aug. 1951 an die AHK hatte der DGB Mitwirkungsrechte bei der Umgestaltung dieses Unternehmens für sich beansprucht. In dem von der

um eine hochpolitische Frage handelt, die dem Kabinett zur Entscheidung unterbreitet werden müsse. Bei der Bedeutung der Frage müsse die Alliierte Hohe Kommission der Bundesregierung die nun einmal zu einer solchen Stellungnahme erforderliche Zeit zubilligen. Die Angelegenheit soll dem Kabinett unterbreitet werden[22].

AHK dem BMWi zur Stellungnahme vorgelegten Entwurf eines Antwortschreibens vom 20. Okt. 1951 erklärte sich die AHK für nicht zuständig und verwies auf eine Stellungnahme Erhards, derzufolge mangels eines Bundesgesetzes die Ausdehnung des Mitbestimmungsrechtes in der chemischen Industrie nach Landesgesetzen erfolgen solle. Demnach wären günstigstenfalls zwei Arbeitnehmervertreter in den Aufsichtsräten möglich. Die Forderungen der Gewerkschaften stützten sich dabei auf das Gesetz Nr. 27 der AHK vom 16. Mai 1950 (Amtsblatt der AHK, S. 299) zur Umgestaltung des deutschen Kohlenbergbaues und der deutschen Stahl- und Eisenindustrie, in dessen Rahmen die paritätische Mitbestimmung in den neu errichteten Einheitsgesellschaften etabliert wurde, bzw. auf das Gesetz über die Mitbestimmung der Arbeitnehmer in Unternehmen des Bergbaus sowie der Eisen und Stahl erzeugenden Industrie vom 21. Mai 1951 (BGBl. I 347). – Schriftwechsel in B 102/60756 und B 136/8778.

22 Fortgang 183. Kabinettssitzung am 30. Okt. 1951 TOP D (Kabinettsprotokolle 1951, S. 733). – Im Antwortschreiben an den DGB vom 10. Dez. 1951 kündigte die AHK unter Bezug auf die vorausgegangenen Verhandlungen an, daß bei den ersten drei aus dem I.G. Farbenindustrie-Vermögen herausgelösten Nachfolgegesellschaften ein Aufsichtsrat eingesetzt würde, der jeweils aus zwölf Mitgliedern, davon zwei voll stimmberechtigten Vertretern der Arbeitnehmerseite, bestehen solle. Die AHK behielt sich jedoch Änderungen vor, die sich infolge einer bundesgesetzlichen Regelung des Mitbestimmungsrechts (im Rahmen des Betriebsverfassungsgesetzes) ergeben könnten. – Schreiben in B 102/60675, Entwürfe in B 102/454a. – Fortgang 22. Ausschußsitzung am 19. Juni 1952 TOP 1 (Neuordnung des I.G. Farbenindustrie-Komplexes).

14. Sitzung des Kabinettsausschusses für Wirtschaft am Mittwoch, den 24. Oktober 1951

Teilnehmer: Blücher, Dehler (bis 11.50 Uhr), Wildermuth (bis 10.40 Uhr), Lukaschek (vorübergehend); Strauß, Westrick, Sonnemann (ab 10.45 Uhr), Sauerborn, Frohne; Ernst, Oeftering [BMF], Günther (BMWi), Scholz (BMWi), Seib (BMM). Protokoll: Pühl.

Ort: Haus Carstanjen

Beginn: 10.00 Uhr *Ende: Gegen 13.30 Uhr*

Tagesordnung[1]*:*

1. *Einfuhren von Nahrungs- und Futtermitteln aus dem Dollarraum im Wirtschaftsjahr 1951/52*
   Vorlage des BML vom 22. Sept. 1951 (IV/8 – 6800 – 626/51 – III/L-118/51 Kab. 738/51).
2. *Gemüseordnung*
   Vorlage des BML vom 17. Okt. 1951 (III B 3 – 3206/7 – 463/51 Kab. 690/51).
3. *Entwurf eines Gesetzes gegen Wettbewerbsbeschränkungen*
   Vorlage des BMWi vom 2. Okt. 1951 (I B 5 – 363 001 – 1030/51 II).

1. EINFUHREN VON NAHRUNGS- UND FUTTERMITTELN AUS DEM DOLLARRAUM IM WIRTSCHAFTSJAHR 1951/52 BML

Der *Vizekanzler* teilt mit, daß die Bundesministerien für den Marshallplan, für Wirtschaft und für Ernährung, Landwirtschaft und Forsten eine gemeinsame Aufzeichnung erarbeitet haben, in der die Auffassungen dieser drei Ressorts koordiniert sind und die als Grundlage für die Verhandlungen mit der Bank deutscher Länder genommen werden könne[2]. Er schlägt vor, daß das Bundesministerium für den Marshallplan (Dr. Sachs) beauftragt wird, in Zukunft die Verhandlungen mit der Bank deutscher Länder in Devisenfragen zu übernehmen. Auf diesem Wege sei eine einheitliche Willensbildung der Bundesregierung gesichert; es bestände anderenfalls leicht die Gefahr, daß von dem Bundesministerium für Ernährung,

[1] Gemäß Einladung vom 19. Okt. 1951.

[2] Siehe 178. Kabinettssitzung am 9. Okt. 1951 TOP 12 (Kabinettsprotokolle 1951, S. 686) und 10. Ausschußsitzung am 31. Aug. 1951 TOP 3. – Vorlage des BML vom 22. Sept. 1951 in B 116/1975 und 1854 sowie B 136/7865. – Das BML berechnete den Dollarbedarf für die Einfuhr von Grundnahrungsmitteln (Getreide, Zucker und Nahrungsfette) auf insgesamt 315 Millionen Dollar. Nach Abzug der bereits erfolgten Zuteilungen und der noch erwarteten ECA-Mittel in Höhe von 30 Millionen Dollar belief sich der Bedarf bis zum Ende des Wirtschaftsjahres im Juni 1952 auf 220 Millionen Dollar. Daraus errechnete das BML eine monatliche Zuteilung von 25 Millionen Dollar durch die BdL.

Landwirtschaft und Forsten einerseits und dem Bundeswirtschaftsministerium andererseits divergierende Auffassungen vertreten würden. Der Ausschuß stimmt diesem Vorschlag zu. *Staatssekretär Dr. Sonnemann* schlägt darüber hinaus vor, daß auch in den Fällen, in denen spezielle Verhandlungen der einzelnen Bundesressorts mit der Bank deutscher Länder aus sachlichen Gründen notwendig seien, die Hinzuziehung eines Vertreters des Marshallplanministeriums erfolgen möge. Hiermit erklärt sich *Staatssekretär Dr. Westrick* einverstanden.

In der Sache hält es der Ausschuß für unumgänglich notwendig, baldmöglichst mit festen Zahlen über die verfügbaren Devisen rechnen zu können. *Staatssekretär Dr. Sonnemann* betont in diesem Zusammenhang, wie notwendig die Terminkäufe seien, um preisgünstige Einkäufe zu tätigen.

Der Ausschuß beauftragt Dr. Ernst, unter Zugrundelegung der gemeinsamen Ausarbeitung die Verhandlungen mit der Bank deutscher Länder einzuleiten[3].

Staatssekretär Dr. Westrick berichtet, daß Präsident Vocke sich bereit erklärt habe, in der Sitzung des Zentralbankrats am 24. 10. 1951 dafür einzutreten, daß ein Betrag von 20 Mio Dollar dem Bundeswirtschaftsministerium für Kohlenimporte zusätzlich zur Verfügung gestellt werden sollte. Hierdurch solle die bisher übliche Bezahlung der Kohlenimporte mit deutschen Walzwerkserzeugnissen vermieden werden, die von der deutschen Wirtschaft dringend benötigt würden. Der Ausschuß billigt den Vorschlag von Dr. Westrick, der dieses dem Präsident Vocke sofort fernmündlich mitteilt[4].

2. GEMÜSEORDNUNG BML

Dieser Punkt war von der Tagesordnung abgesetzt worden, weil eine erneute Referentenbesprechung für Freitag, den 26. 10. 1951, vorgesehen ist. Der Ausschuß tritt daher in eine Beratung des Gesetzentwurfs nicht ein; jedoch beanstandet *Staatssekretär Dr. Sonnemann*, daß die erwähnte Ressortbesprechung vom Bundeswirtschaftsministerium einberufen worden sei, während doch die Federführung für den Gesetzentwurf beim Bundesminister für Ernährung, Landwirtschaft und Forsten läge. Er weist weiterhin darauf hin, daß die Vorlage außerordentlich dringlich sei und die Ressortberatungen nunmehr zum Abschluß gebracht werden müßten. Auch der *Vizekanzler* hebt die Eilbedürftigkeit einer abschließenden Beratung hervor.

Staatssekretär Dr. Westrick erklärt sich damit einverstanden, daß in der kommenden Ressortbesprechung im Wirtschaftsministerium der Vorsitz von einem Vertreter des Bundesernährungsministeriums geführt wird[5].

---

[3] Am 9. Nov. 1951 berichtete Ernst dem Bundeskanzler, daß bei seinen Verhandlungen mit Bernard und Vocke am 1. Nov. 1951 die BdL eine Zuteilung von weiteren 70 Millionen Dollar zugesagt habe (B 136/7865). – Fortgang 16. Ausschußsitzung am 17. Jan. 1952 TOP 1.

[4] Vgl. hierzu 10. Ausschußsitzung am 31. Aug. 1951 TOP A.

[5] Siehe 181. Kabinettssitzung am 23. Okt. 1951 TOP 3 (Kabinettsprotokolle 1951, S. 707 f.) und 4. Ausschußsitzung am 28. Mai 1951 TOP 8 (Marktordnungsgesetz für Obst und Gemüse). – Das BMWi sagte die zum 26. Okt. 1951 vorgesehene Sitzung ab. Das BML lud die Ressorts zu einer Besprechung am 29. Okt. 1951 ein (Vermerke des BML und BMWi vom 30. Okt. 1951 über die Besprechung am 29. Okt. 1951 in B 116/368 und B 102/17395). – Fortgang 15. Sitzung TOP 3.

3. ENTWURF EINES GESETZES GEGEN WETTBEWERBSBESCHRÄNKUNGEN BMWi

Dr. Günther referiert einleitend über die wesentlichen Änderungen des vorliegenden Gesetzentwurfs gegenüber dem Entwurf vom 22. 5. 1951[6].

Der *Vizekanzler* richtet an Dr. Ernst die Frage, ob diesem bekannt sei, welchen Standpunkt der Bundeskanzler zu der Grundsatzfrage Verbots- oder Mißbrauchsgesetzgebung einnähme. *Dr. Ernst*, dem nicht bekannt ist, wie der Bundeskanzler über diese Frage endgültig denkt, teilt mit, daß er dem Bundeskanzler bereits vor einigen Monaten die wesentlichsten Grundgedanken des Gesetzentwurfs dargelegt habe. Im übrigen sei ihm bekannt, daß die Alliierte Hohe Kommission eine weitere Verschärfung der Bestimmungen betreffend Verbotsgesetzgebung verlangt habe. Daher sei es wohl kaum möglich, der Alliierten Hohen Kommission einen Gesetzentwurf vorzulegen, der von der Konzeption der Mißbrauchsgesetzgebung ausgehe. *Staatssekretär Dr. Strauß* bestätigt die Ausführungen von Dr. Ernst.

Dr. Günther berichtet, daß ihm ein Beamter der Alliierten Hohen Kommission einen Teil eines Kartellgesetzentwurfes der Alliierten übergeben hätte, der im wesentlichen den deutschen Gesetzentwurf in der Fassung vom 22. 5. 1951 übernommen habe, darüber hinaus aber ergänzt worden sei u. a. durch Dekonzentrierungsbestimmungen. Es sei daher sehr wichtig, die Diskussion mit der Alliierten Hohen Kommission baldmöglichst zu beginnen[7].

Nachdem *Staatssekretär Dr. Strauß* mitgeteilt hat, daß der Bundestagsabgeordnete Etzel[8] (Duisburg) verschiedenen Persönlichkeiten gegenüber erklärt haben soll, daß der Bundeskanzler auf dem Boden des Verbotsprinzips stehe, schlägt der *Vizekanzler* vor, von der Annahme auszugehen, daß dies die Auffassung des Bundeskanzlers sei. Der Ausschuß beschließt daher, sich auf den Boden des vorliegenden Gesetzentwurfs zu stellen und nimmt die Einzelberatungen auf.

1.) Abänderungsvorschläge des Bundesverkehrsministeriums

Der Bundesminister für Verkehr hatte mit Schreiben vom 13. 10. 1951 beantragt, den § 70 noch durch einen Absatz 3 zu erweitern, der die Befreiung von Verträgen von Unternehmen sowie von Verträgen, Beschlüssen und Empfehlungen von Vereinigungen von Unternehmen aus dem Verkehrssektor von dem Kartellverbot vorsieht[9]. *Dr. Günther* erklärt im Auftrage des Bundesministers für Wirtschaft,

---

[6] Siehe 161. Kabinettssitzung am 13. Juli 1951 TOP 2 (Kabinettsprotokolle 1951, S. 536–538) und 7. Ausschußsitzung am 6. Juli 1951 TOP 7. – Die Änderungen zur früheren Fassung waren, wie das BMWi in seiner Vorlage festhielt, meist redaktioneller Art (Vorlage des BMWi vom 2. Okt. 1951 mit dem Entwurf des Gesetzes in der Fassung vom 12. Sept. 1951 in B 102/17082 und B 136/700). Vgl. dazu die Ministervorlage zu den Einwendungen der Ressorts vom 23. Okt. 1951 in B 102/17081.

[7] Vgl. dazu den Vermerk vom 14. Aug. 1951 über die Besprechung mit Vertretern der Entflechtungsabteilung der AHK am 13. Aug. 1951 in B 102/17079. Die amerikanischen Vertreter hatten beanstandet, daß der Gesetzentwurf keine allgemeinen Bestimmungen über die Entflechtung von Monopol-Unternehmen enthielt. Ein vollständiger alliierter Gesetzestext wurde der deutschen Verhandlungsdelegation am 28. Nov. 1951 übergeben (B 102/17081).

[8] Franz Etzel (1902–1970). 1949–1952 und 1957–1965 MdB (CDU), bis Okt. 1952 Vorsitzender des BT-Ausschusses für Wirtschaft, 1952–1957 Vizepräsident der Hohen Behörde der Europäischen Gemeinschaft für Kohle und Stahl, 1957–1961 Bundesminister der Finanzen.

[9] Schreiben des BMV vom 13. Okt. 1951 in B 108/6485, B 102/17081 und B 136/700.

daß dieser der Anregung des Bundesverkehrsministers, gegen die erhebliche rechtliche Bedenken beständen, nicht folgen könne. Wenn man den Wünschen des Bundesverkehrsministeriums entspräche, seien Berufungsfälle anderer Interessenten zu befürchten. Die Ausnahmebestimmungen des vorliegenden Entwurfs seien dehnbar genug, um auch den Wünschen des Bundesverkehrsministeriums zu entsprechen. *Staatssekretär Prof. Dr. Frohne* erklärt sich damit einverstanden, die Forderungen fallen zu lassen, wenn aus der Begründung eindeutig hervorgehe, daß den Wünschen des Bundesverkehrsministeriums bei der Durchführung des Gesetzes entsprochen würde.

2.) Abänderungsvorschläge des Bundesinnenministeriums

a) Der Bundesminister des Innern hat Bedenken gegen die Fassung des § 32 Abs. 2 letzter Satz. Hiernach ist vorgesehen, daß bei Meinungsverschiedenheiten der Kartellbehörde und der Aufsichtsbehörde über Versicherungsunternehmen, Bausparkassen und Bankunternehmen auf Landesebene der Ministerpräsident des jeweiligen Landes entscheidet. Es sei bedenklich, wenn der Bund in das Verfassungs- und Organisationsrecht der Länder eingreifen wolle; man solle diese Zuständigkeitsregelung den Ländern überlassen[10].

Dr. Günther teilt diese Bedenken und schlägt vor, statt des Ministerpräsidenten die „nach Landesrecht zuständige Stelle" entscheiden zu lassen. Der Ausschuß stimmt dem Vorschlag zu.

b) Der Bundesminister für Wirtschaft hat im § 45 des Entwurfs die Verlegung des Rechtszuges zu den ordentlichen Gerichten vorgesehen. Hiergegen hat der Bundesminister des Innern Bedenken geltend gemacht und vorgeschlagen, die Entscheidung über Beschwerden gegen Verfügungen der Kartellbehörden den Verwaltungsgerichten und nicht den Zivilgerichten zu übertragen. *Dr. Günther* weist darauf hin, daß der Vorschlag, die Zivilgerichte einzuschalten, vom Bundesjustizministerium stamme und daß die Verwaltungsgerichtsbarkeit in den drei Besatzungszonen verschieden gehandhabt werde. Das Bundeswirtschaftsministerium müsse daher auf der vorgeschlagenen Regelung bestehen, da sonst die einheitliche Rechtsfindung gefährdet sei. Der Ausschuß stimmt der Auffassung des Bundeswirtschaftsministeriums zu. Dr. Günther wird beauftragt, den Standpunkt des Ausschusses dem Bundesinnenministerium mitzuteilen.

c) Im § 36 Abs. 2 ist vorgesehen, daß der Präsident und die Beamten des Bundeskartellamtes von der Besoldungsgruppe A 1 a aufwärts auf Vorschlag der Bundesregierung vom Bundespräsidenten auf Lebenszeit ernannt werden. Hiergegen erhebt der Bundesminister des Innern Einspruch unter Bezugnahme auf die einschlägigen beamtenrechtlichen Vorschriften und fordert, daß auch die Beamten des Bundeskartellamtes nach diesen Vorschriften behandelt werden sollten. *Dr. Günther* teilt mit, daß diese Vorschrift auf Wunsch des Bundesministeriums für Ernährung, Landwirtschaft und Forsten aufgenommen worden sei, um diesem Gelegenheit zu geben, auf das Vorschlagsrecht ausreichenden Einfluß zu nehmen.

---

[10] Schreiben des BMI vom 19. Okt. 1951 in B 102/17081 und B 136/700.

Der Ausschuß beschließt, an der Fassung des Bundeswirtschaftsministeriums festzuhalten.

d) Nach § 70 Abs. 1 Ziff. 1 sind unter anderem die öffentlichen Straßenbahnen von dem Gesetz ausgenommen. Der Bundesminister des Innern bittet, diese Befreiung auf alle dem öffentlichen Verkehr dienenden Nahverkehrsbetriebe (Obus- und Omnibusbetriebe) auszudehnen. *Dr. Günther* teilt im Auftrage des Bundesministers für Wirtschaft mit, daß keine Bedenken beständen, diesen Wünschen des Bundesministers des Innern zu entsprechen.

e) Der Bundesminister des Innern bittet weiterhin, die Energie- und Wasserversorgung aus dem Gesetz herauszunehmen. *Dr. Günther* teilt mit, daß der Bundesminister für Wirtschaft eine Ausnahmeregelung in diesem Sinne nicht für richtig halte. Es sei ohnehin eine Sonderregelung für die Energieversorgung geplant. Da die Bestimmungen des Wettbewerbsgesetzes für die Energie- und Wasserversorgung erst 9 Monate nach Verkündung des Gesetzes wirksam würden, bestände die Möglichkeit, bis dahin die geplante Sonderregelung zu treffen[11]. Dies läge in der Absicht des Bundeswirtschaftsministers. Hiergegen werden Einwendungen nicht geltend gemacht.

f) Der Bundesminister des Innern bittet weiterhin, wegen der Bedeutung der kommunalen Wirtschafts- und Verkehrsbetriebe die Anwendung des Gesetzes auch bei Verträgen und Beschlüssen auszuschließen, die die Genehmigung der kommunalen Aufsichtsbehörden gefunden haben. Der Ausschuß ist der Auffassung, daß nach den bisherigen Erfahrungen die kommunalen Aufsichtsbehörden nicht immer geneigt seien, den Grundsatz der Wettbewerbsfreiheit ausreichend zu beachten. Es sei daher die vorgesehene Regelung sehr erwünscht.

g) Der Bundesminister des Innern bittet, auch die kulturellen Verbände von den Bestimmungen des Gesetzes auszunehmen. *Dr. Günther* teilt mit, daß über diesen Antrag noch eine Besprechung mit dem Bundesminister des Innern erforderlich sei, da bisher nicht klar zu erkennen sei, was gemeint sei[12].

3.) Abänderungsvorschläge des Bundesarbeitsministeriums (Schnellbrief vom 20. 10. 1951)

a) Der Bundesminister für Arbeit befürchtet, daß die Vorschriften des § 1 des Entwurfs dahin ausgelegt werden könnten, daß hierunter auch Beeinflussungen der Erzeugungs- oder Marktverhältnisse für den Verkehr mit Waren oder gewerbliche Leistungen durch Beschränkung des Wettbewerbs „auf dem Arbeitsmarkt" fallen und daß infolgedessen dieses Gesetz auch gegen derartige Beschränkungen Anwendung finden müsse. Er bittet deshalb, die Befreiungsvorschriften des Gesetzes (§§ 70 – 72) durch folgende Vorschrift zu ergänzen:

---

[11] Angesprochen ist hier die mit Gesetz vom 5. April 1952 (BGBl. I 227) erneut vorgenommene Verlängerung des Energienotgesetzes vom 10. Juni 1949 (WiGBl. S. 87).

[12] Das BMI hatte auf die bei Kunstausstellungen und Aufführungen rechtswirksamen internationalen, urheberrechtlichen Verträge und Konventionen hingewiesen, die durch das Kartellgesetz in Frage gestellt würden.

„Soweit es sich um das Angebot von Leistungen oder die Nachfrage von Leistungen handelt, die auf Grund eines Arbeitsverhältnisses bewirkt werden“[13].

Dr. Günther zerstreut die Bedenken des Bundesministers für Arbeit. *Staatssekretär Dr. Sauerborn* erklärt sich daher damit einverstanden, wenn in der Begründung des Gesetzentwurfs ausdrücklich festgelegt wird, daß Arbeitsverhältnisse nicht unter die gewerblichen Leistungen fallen.

b) In dem Entwurf des Bundesministers für Wirtschaft sind Preisempfehlungen aus der Verbotsnorm des § 20 herausgelassen worden. Hiergegen macht der Bundesminister für Arbeit Bedenken geltend. Es habe sich sowohl im Einzelhandel wie im Handwerk gezeigt, daß Preisempfehlungen die gleiche Wirkung wie ein Preiskartell hätten. Dieses wettbewerbsbeschränkende Verhalten ginge aber zu Lasten der Verbraucher. *Dr. Günther* führt hierzu aus, daß schon früher der Bundesminister der Justiz das Verbot von Preisempfehlungen angeregt habe. Das Bundesministerium für Wirtschaft habe sich seinerzeit dieser Anregung nicht angeschlossen; es schlage jedoch vor, die Frage erneut zu diskutieren. Es wird längere Zeit beraten. *Staatssekretär Dr. Strauß* ist der Auffassung, daß ein Verbot der Preisempfehlungen in der Praxis nicht wirksam durchgeführt werden könne. Eine solche Bestimmung trüge die Gefahr in sich, daß die Betroffenen Mittel und Wege zur Umgehung fänden. *Dr. Ernst* schließt sich der Auffassung von Staatssekretär Dr. Strauß an. *Dr. Günther* unterstreicht die Ausführungen von Staatssekretär Dr. Strauß mit dem Hinweis, die bisherige Praxis habe gezeigt, daß Verstöße gegen das alliierte Verbot von Preisempfehlungen in der Praxis nicht geahndet worden seien. Der Ausschuß beschließt daher, es bei der bisherigen Fassung des § 20 zu belassen.

c) Der Bundesminister für Arbeit schlägt vor, in dem Gesetzentwurf eindeutig zum Ausdruck zu bringen, daß schwere Verstöße gegen die Grundsätze der Wettbewerbsordnung mit einer kriminellen Strafe belegt werden sollten. Der überwiegende Teil des Ausschusses hat hiergegen grundsätzliche Bedenken.

4.) Abänderungsvorschläge des Bundesfinanzministeriums

Ministerialdirektor Dr. Oeftering teilt mit, daß eine schriftliche Stellungnahme des Bundesfinanzministeriums noch nachgereicht würde[14]. Er habe den Auftrag, folgende Vorschläge des Bundesfinanzministers vorzutragen:

a) Gemäß dem Gesetzentwurf unterliegen Banken und Versicherungsunternehmen der Kartellaufsicht. Der Bundesfinanzminister sei der Auffassung, daß diese Unternehmen aus dem Gesetz herausgenommen werden müßten. Dr. Günther berichtet, daß der Bundeswirtschaftsminister dem Bundesfinanzminister bereits früher schriftlich mitgeteilt habe, daß er diesem Wunsch nicht entsprechen könne. Die Belange dieser Unternehmen würden ausreichend dadurch sichergestellt, daß die Aufsichtsbehörde bei der Entscheidung der Kartellaufsichtsbehörde nach § 32 Abs. 2 eingeschaltet würde.

b) Der Bundesminister der Finanzen hat vorgeschlagen, das Branntweinmonopol und das Zündwarenmonopol als staatliches Finanzmonopol von der An-

---

[13] Schreiben des BMA vom 20. Okt. 1951 in B 102/17081 und B 136/700.
[14] Stellungnahme des BMF vom 23. Okt. 1951 in B 126/23054.

wendung des Gesetzes auszunehmen. *Dr. Günther* stellt fest, daß eine generelle Ausnahme nicht gerechtfertigt sei. Das Gesetz gegen Wettbewerbsbeschränkungen würde gegenüber diesen Einrichtungen insoweit von Bedeutung sein, als ihr Verhalten nicht durch die für sie geltenden gesetzlichen Spezialbestimmungen gedeckt sei[15]. Dies könnte im Gesetz zum Ausdruck gebracht werden. Hiermit ist *Min.Dir. Dr. Oeftering* einverstanden. Der Ausschuß beschließt, diesen Fragenkomplex nochmals zum Gegenstand einer Ressortbesprechung zwischen den Bundesministern der Justiz, der Finanzen und für Wirtschaft zu machen[16].

c) *Min.Dir. Dr. Oeftering* bittet zu erwägen, ob nicht die Tabakindustrie und der Tabakhandel aus dem Gesetz herausgenommen werden könne. Berufungsfälle seien nicht zu befürchten, da die Preissituation beim Tabak besonders gelagert sei. *Dr. Günther* vertritt den Standpunkt, daß § 2 in Verbindung mit § 3 ausreiche, um eine Ausnahmegenehmigung für die Tabakindustrie zu erteilen. Dieser Auffassung wird von *Dr. Ernst* widersprochen, der nicht glaubt, daß § 3 in der bisherigen Fassung genüge, um eine Ausnahme zu decken. Der Ausschuß beschließt auf Vorschlag von *Dr. Günther*, daß ein Gutachten angefertigt werden soll des Inhalts, daß die §§ 2 und 3 in der bisherigen Fassung die Ausnahmegenehmigung ermöglichen[17].

d) *Min.Dir. Dr. Oeftering* bittet darum sicherzustellen, daß die nach § 68 eingenommenen Bußgelder in die Bundeskasse fließen. Der Ausschuß beschließt die Aufnahme einer entsprechenden Vorschrift.

e) *Min.Dir. Dr. Oeftering* wendet sich gegen die Erstattung der Kosten zu Lasten der Staatskasse (§ 57 Abs. 3). *Dr. Günther* glaubt, daß diese Bestimmung nicht gestrichen werden könne[18]. Dies sei für die Betroffenen nicht tragbar. Der Ausschuß stimmt zu.

5.) Weitere Bedenken des Ausschusses

a) *Staatssekretär Dr. Strauß* macht Bedenken geltend gegen den Plan der Alliierten, dem Entwurf aus dem amerikanischen Recht entnommene Dekonzentrierungsvorschriften einzufügen. Er sieht in einer deutschen Zustimmung hierzu die Gefahr der Anerkennung der Dekartellisierungspolitik der Besatzungsmächte, die nach seiner Ansicht den völkerrechtlichen Grundsätzen widerspräche. Der deutsche Standpunkt müsse sein, daß das Gesetz gegen Wettbewerbsbeschränkungen eindeutig als deutsche Konzeption herausgestellt würde. Er schlägt daher vor, die

---

[15] Angesprochen sind das Gesetz über die Errichtung der Bundesmonopolverwaltung für Branntwein vom 8. Aug. 1951 (BGBl. I 491) und das Zündwarenmonopol-Gesetz vom 29. Jan. 1930 (RGBl. I S. 11).

[16] In der Fassung des Gesetzentwurfs vom 2. Febr. 1952 sah § 76 eine entsprechende Ausnahme der Finanzmonopole vor (B 126/23054). Vgl. dazu 216. Kabinettssitzung am 2. Mai 1952 TOP 1 (Kabinettsprotokolle 1952, S. 251).

[17] Die §§ 2 und 3 sahen Kann-Bestimmungen für Ausnahmeregelungen in solchen Fällen vor, in denen Absprachen von vorübergehender Natur der wirtschaftlichen Sicherung des Unternehmens dienten oder eine im Verbraucherinteresse liegende Wirkung besäßen. – Gutachtliche Stellungnahme des BMJ (Vermerk vom 17. Juni 1952) in B 141/7347.

[18] Nach dieser Bestimmung konnten die bei Rechtsverfahren anfallenden Gebühren erstattet werden.

Referenten Dr. Günther und Dr. Krawielicki[19] (Bundesjustizministerium) sollten nochmals prüfen, inwieweit von deutscher Seite Dekonzentrierungsvorschriften aufgenommen werden könnten. Man ist sich jedoch darüber klar, daß durch dieses Gutachten die Beratungen des Entwurfs mit der Alliierten Hohen Kommission nicht verzögert werden dürfen[20].

b) *Dr. Ernst* wirft die Frage auf, ob nicht die §§ 24 und 26 betreffend Schadensersatz entfallen könnten. Der Ausschuß beschließt, daß diese Frage geprüft werden soll[21].

Grundsätzlich ist der Ausschuß der Auffassung, daß nach Beschlußfassung durch das Kabinett die Verhandlungen mit der Alliierten Hohen Kommission auf der Grundlage des vorliegenden Entwurfs nunmehr baldmöglichst begonnen werden müssen[22].

Außerhalb der Tagesordnung

[A.] ZUCKER BML

Der Ausschuß ist übereinstimmend der Auffassung, daß eine Beratung der Vorschläge des Bundesministers der Finanzen in seinem Schreiben vom 17. 10. 1951 – II B – F 6105–54/51 – an den Staatssekretär des Bundeskanzleramtes im gegenwärtigen Augenblick unter keinen Umständen in Frage kommen könne[23].

In diesem Zusammenhang weist *Staatssekretär Dr. Sonnemann* darauf hin, daß die Zuckerversorgung gefährdet sei, wenn der Bundesminister der Finanzen keine Subventionen zur Verfügung stelle. Bundesminister Niklas habe ihn beauftragt, diese Frage erneut im Kabinettsausschuß zur Beratung zu stellen[24]. Wenn der

[19] Dr. Robert Krawielicki (1905–1966). 1950–1952 BMJ, dort Leiter des Referats III 3 (Organisation der Gewerblichen Wirtschaft und der Land- und Forstwirtschaft), ab 1952 Dauerabordnung zur Europäischen Gemeinschaft für Kohle und Stahl, Luxemburg.

[20] Das BMJ sah keine verfassungsrechtlichen Bedenken (vgl. u.a. Vermerk vom 8. Mai 1951 in B 141/7347). – Die Frage der Verfassungsmäßigkeit (Vereinbarkeit des im Kartellgesetz vorgesehenen Vereinigungsverbots mit dem Vereinigungsrecht von Artikel 9 des Grundgesetzes) wurde erneut ab 1954 im Laufe der parlamentarischen Beratung behandelt. Unterlagen dazu in B 141/7347.

[21] Vorgesehen war hier eine Schadensersatzpflicht Dritten gegenüber bei vorsätzlichen oder fahrlässigen Verstößen gegen die Vorschriften des Gesetzes.

[22] Fortgang 184. Kabinettssitzung am 7. Nov. 1951 TOP 5 (Kabinettsprotokolle 1951, S. 743 f.) und 23. Ausschußsitzung am 7. Jan. 1955 TOP 1. – BR-Drs. 121/52, BT-Drs. 3462, Gesetz vom 27. Juli 1957 (BGBl. I 1081).

[23] Siehe 7. Ausschußsitzung TOP 4. – Schreiben des BMF vom 17. Okt. 1951 in B 136/2628. – Das BMF hatte eine vom Bundesrat ausgehende Initiative zur Änderung der Preisverordnung für Zucker mit dem Ziel vorgeschlagen, die Preise zu erhöhen und dadurch die Subventionsaufwendungen zu verringern.

[24] Das BMF hatte darauf aufmerksam gemacht, daß die vom Bundesrat geforderte Senkung des von der Bundesregierung beschlossenen Zuckerpreises von 1,40 DM auf 1,32 DM Subventionen in Höhe von 30 Millionen DM erforderten, die im Nachtragshaushalt jedoch nicht mehr unterzubringen seien. Er hatte daher vorgeschlagen, gegen den Beschluß des Bundesrates gemäß Artikel 133 GG Einspruch zu erheben und gleichzeitig einen neuen Verordnungsentwurf vorzulegen, der eine Preissenkung auf 1,36 DM vorsah. Vgl. dazu Schreiben des BMF vom 21. Sept. 1951 („Zuckerpreis und Subventionen für eingeführten Zucker") in

Bundesminister der Finanzen seine Einstellung beibehalte, müsse sofort der Zuckerversorgungsplan umgestellt werden und die monatliche Zuteilungsquote gekürzt werden, da alsdann Zuckerimporte nicht getätigt werden könnten. Der *Vizekanzler* unterstreicht die Ausführungen von Staatssekretär Dr. Sonnemann und weist auf die Notwendigkeit rascher Terminabschlüsse aus preislichen Gründen hin. Wenn eine Einigung über die Subventionierung nicht erzielt werden könne und dadurch die Zuckerimporte gefährdet würden, sei die Einführung der Zuckerkarte notwendig.

Es wurde in diesem Zusammenhang weiterhin die Frage erörtert, ob grundsätzlich eine Kürzung der Zucker- und Kakaoimporte möglich sei. Über diese Frage soll zwischen den beiden Ressorts (Bundesfinanz- und Bundesministerium für Ernährung, Landwirtschaft und Forsten) noch gesprochen werden. Der Ausschuß stimmt der Anregung von *Dr. Ernst* zu, daß der Bundesminister der Finanzen im Einvernehmen mit dem Bundesminister für Ernährung, Landwirtschaft und Forsten und dem Bundesminister für Wirtschaft den Subventionsbedarf für die Vergangenheit und für die Zukunft zahlenmäßig möglichst genau feststellt[25].

B 136/2628 und Schreiben des BML vom 24. Okt. 1951 („Erforderliche Subventionsmittel für Zuckerimporte") in B 116/342.

[25] Fortgang (Subventionsbedarf) 183. Kabinettssitzung am 30. Okt. 1951 TOP 1 und 7 (Kabinettsprotokolle 1951, S. 726f. und 730).

15. Sitzung des Kabinettsausschusses für Wirtschaft am Montag, den 26. November 1951

Teilnehmer: Blücher, Schäffer, Storch; Sonnemann, Westrick, Wandersleb, Thedieck; Bergemann [BMV], Ernst, Bernard [BdL], Louis (BMWi), Rubarth (BMWi). Protokoll: Rust.

Ort: Haus Carstanjen

Beginn: 10.00 Uhr — *Ende: 12.30 Uhr*

Tagesordnung[1]*:*

1. *Lebensmittelbevorratung*
   Vorlage des BMF vom 9. Nov. 1951 (geh. II-94/51).
2. *Fortführung der Subventionen für Phosphatdünger im Düngejahr 1951/52*
   Vorlage des BML vom 12. Juli 1951 (IV/3 – 3188/1 – 512/51 Kab. 591/51).
3. *Entwurf eines Gesetzes zur Ordnung in der Gartenbauwirtschaft*
   Vorlage des BML vom 17. Okt. 1951 (III B 3 – 3206/7 – 463/51 Kab. 690/51), neue Vorlage des BML geht noch vor der Sitzung zu.
4. *Aufrechterhaltung des Preisrates*
   Schreiben des BMWo vom 5. [Okt. 1951] (1628/15/51), Schreiben des BML vom 18. Okt. 1951 (IV/3–215/51), Schreiben des BMWi vom 26. Okt. 1951 (I B 2 – 7080/51).

1. LEBENSMITTELBEVORRATUNG — BML

Der *Bundesminister der Finanzen* weist auf die Schwierigkeiten der Finanzlage hin, die die erstrebte Lebensmittelbevorratung Berlins mit sich bringen würde[2]. Die finanzielle Seite müsse eingehend mit den Alliierten besprochen werden. *Staatssekretär Dr. Sonnemann* schildert die Möglichkeiten einer verstärkten Bevorratung aus der Vorratslage des Bundesgebietes betrachtet. Es würde keine Schwierigkeiten machen, Getreide und Nährmittel in der vorgesehenen Menge an Berlin abzugeben, lediglich der Transport würde ein gewisses Hindernis bedeuten. Auch Schmalz würde wohl in hinreichender Menge zur Verfügung stehen. Sehr schwer sei es jedoch, die erforderliche Menge Fleisch

---

[1] Gemäß Einladung vom 23. Nov. 1951.

[2] Siehe 186. Kabinettssitzung am 16. Nov. 1951 TOP 1 (Kabinettsprotokolle 1951, S. 758). – Die AHK hatte angeordnet, in Berlin die Reserven an Lebensmitteln und Rohstoffen für eine Vorratsdauer von 6 Monaten aufzustocken. Mit Rücksicht auf die „außerordentlich weittragende politische, wirtschaftliche und finanzielle Bedeutung" dieser Anordnung hatten die Ressorts um eine Erörterung gebeten. Schreiben des BMF vom 9. Nov. 1951 mit beiliegender gemeinsamer Stellungnahme des BMWi, BML und BMF vom 5. Nov. 1951 in B 134/3248.

aufzubringen. Würde man verstärkt an den Inlandsmarkt gehen, so würde dies die jetzt schon unerfreuliche Preisentwicklung nur noch verschärfen. Obwohl der Schweinebestand ständig im Wachsen begriffen sei, überwiege die Nachfrage. *Ministerialrat Louis* ergänzte die Ausführungen vom preislichen Standpunkt, indem er auf die Gefahr einer Verfütterung von Brotgetreide und Kartoffeln hinwies, falls nicht in der Preistendenz eine Änderung erzielt werde. Die *Staatssekretäre Dr. Sonnemann* und *Dr. Westrick* sagten zu, nochmals dem Finanzminister gegenüber Stellung zu nehmen, inwieweit im einzelnen das Bundesgebiet in der Lage ist, die angeforderten Mengen von Nahrungsmitteln und Rohstoffen bereitzustellen. Sobald die Stellungnahme vorliegt, soll die finanzielle Seite behandelt werden[3].

2. FORTFÜHRUNG DER SUBVENTIONEN FÜR PHOSPHATDÜNGER IM DÜNGEJAHR 1951/52 BML

Es besteht Einigkeit darüber, daß wegen einer Bereitstellung von Subventionen über die seinerzeit im Kabinett festgelegten Beträge hinaus nichts mehr zu veranlassen sei[4]. Der *Bundesminister der Finanzen* betont mit Nachdruck, daß er finanziell nicht in der Lage sei, im nächsten Jahr noch Mittel für Subventionen dieser oder ähnlicher Art aufzubringen[5]. *Staatssekretär Dr. Sonnemann* gab einen kurzen Überblick über die verbesserte Lage der Landwirtschaft. Der *Vizekanzler* bat das Ernährungsministerium, den Kabinettsmitgliedern in allernächster Zeit ein Memorandum über die Agrarpolitik der letzten zwei Jahre zu übergeben, damit die einzelnen Kabinettsmitglieder ein einwandfreies Zahlenmaterial in der Hand hätten[6].

In diesem Zusammenhang bat der *Vizekanzler* weiter darum, alsbald in die Vorverhandlungen, die im Zusammenhang mit dem Wehrbeitrag stattfinden, eingeschaltet zu werden, da die finanzpolitischen Auswirkungen auch sein Ressort weitgehendst berühren. Der *Bundesfinanzminister* stimmt dem zu und stellt eine Kabinettsvorlage in diesen Tagen in Aussicht, aus der der Ernst der Finanzlage hervorgehe[7]. Den Optimismus des Bundeswirtschaftsministers, wie er in Ulm[8] zu seiner Überraschung zum Ausdruck gekommen sei, könne er nicht teilen[9].

---

[3] Dazu Schreiben des BML vom 5. Dez. 1951 an das BMF in B 116/91371. – Fortgang 16. Ausschußsitzung am 17. Jan. 1952 TOP 2.

[4] Siehe 6. Ausschußsitzung am 18. Juni 1951 TOP A. – Vorlage des BML vom 12. Juli 1951 in B 116/47, B 102/1419 und B 136/2219.

[5] Vgl. dazu 183. Kabinettssitzung am 30. Okt. 1951 (Kabinettsprotokolle 1951, S. 727) TOP 1 (Bundeshaushalt).

[6] Fortgang hierzu 35. Ausschußsitzung am 27. Mai 1953 TOP 8.

[7] Zur finanziellen Höhe des deutschen Verteidigungsbeitrages vgl. 191. Kabinettssitzung am 11. Dez. 1951 TOP H (Kabinettsprotokolle 1951, S. 810) und Sondersitzung am 31. Jan. 1952 TOP 1 (Kabinettsprotokolle 1952, S. 81 f.)

[8] Auf einer Parteiveranstaltung in Ulm am 24. Nov. 1951 hatte Erhard von einem weiteren stetigen Aufstieg in der wirtschaftlichen Entwicklung gesprochen und erklärt, daß der in seiner Höhe noch nicht feststehende Verteidigungsbeitrag durch die Steigerung des Sozialprodukts und damit ohne Gefährdung des Sozialgefüges geleistet werden könne (Pressedokumentation in B 102/8922).

[9] Fortgang 16. Ausschußsitzung am 17. Jan. 1952 TOP 5 (Einspruch gegen den Beschluß des Preisrates).

3. ENTWURF EINES GESETZES ZUR ORDNUNG IN DER GARTENBAUWIRTSCHAFT BML

Staatssekretär Dr. Sonnemann erläutert kurz die letzten Ressortbesprechungen, die besonders über die Bestimmungen der §§ 5 und 7 des Gesetzentwurfs stattgefunden haben[10]. *Staatssekretär Dr. Westrick* meldet ernste Bedenken grundsätzlicher Art an. Er sei der Auffassung, daß der Entwurf nicht der Grundlinie der Wirtschaftspolitik der Bundesregierung entspricht. Der *Bundesminister der Finanzen* bittet den § 5 Absatz 5 zu streichen, er könne keine Vergünstigungen besonderer Art auf dem Umsatzsteuergebiet zuerkennen. Die Umsatzsteuer müßte nach klaren, einheitlichen Grundsätzen erhoben werden und dulde keine Ausnahme der vorgesehenen Art. *Ministerialrat Louis* erläuterte die von Staatssekretär Dr. Westrick vorgetragenen grundsätzlichen Bedenken[11]. Es gehe um folgende 5 Fragen:

1.) Errichtung eines Verkaufsmonopols unter weitgehender Entfaltung des Wettbewerbs

2.) Eingriffsmöglichkeiten des Staates in Richtung einer Drosselung der Produktion

3.) Herausnahme von Waren durch den Staat

4.) Neben den saisonalen Schutzzöllen Schaffung von Einfuhrsperren

5.) Preisbildung.

Das Für und Wider zu diesen 5 Punkten wurde eingehend erörtert. Der *Vizekanzler* fürchtet, daß der Entwurf auch bei den Regierungsparteien auf Schwierigkeiten stoßen werde und hält es für erforderlich, mit Rücksicht auf die Materie vorher mit Fraktionsvertretern zu sprechen. Ebenfalls trägt der *Bundesminister für Arbeit* Bedenken, das Gesetz sei aus den Verhältnissen geboren, wie sie vor zwei Jahren herrschten und sei weitgehendst dazu angetan, unter unmittelbarer Einflußnahme des Staates die Preise hochzuhalten. *Staatssekretär Dr. Sonnemann* will sich den erhobenen Einwendungen nicht verschließen und stellt zur Erwägung anheim, die Bestimmungen der §§ 5, 6 und 8 aus dem Entwurf herauszunehmen.

Der Kabinettsausschuß beschließt, auf der Basis einer Streichung des § 2 Abs. 2 sowie der §§ 5, 6 und 8 eine erneute Ressortbesprechung zwischen Ernährungs- und Wirtschaftsministerium vorzusehen unter Hinzuziehung von Beobachtern des

---

10 Siehe 14. Ausschußsitzung am 24. Okt. 1951 TOP 2. – Vorlagen des BML vom 17. Okt. und 22. Nov. 1951 in B 116/521 und B 136/8698. Weitere Unterlagen in B 116/519 und 520. – Zum Schutz einheimischer Gartenbaubetriebe vor saisonbedingten Preisschwankungen und vor ausländischer Konkurrenz sollte das BML mit weitreichenden Lenkungsvollmachten ausgestattet werden, u. a. mit der Ermächtigung, konstante Preise sicherzustellen (§ 5), einen Stützungsfonds zu errichten (§ 6), Einfuhrbeschränkungen vorzunehmen (§ 7) und nach Rücksprache mit den beteiligten Wirtschaftskreisen und im Einvernehmen mit dem BMWi Preise festzusetzen (§ 8).

11 Vgl. dazu Entwurf vom 10. Nov. 1951 einer Stellungnahme zur Vorlage des BML in B 102/17395.

Finanz- und Arbeitsministeriums. Nach Abschluß dieser Ressortbesprechung soll mit den Regierungsparteien Fühlung genommen werden[12].

4. AUFRECHTERHALTUNG DES PREISRATES BMWi

Die Behandlung des Punktes wird mit Rücksicht auf die Abwesenheit des Bundesministers für den Wohnungsbau vertagt[13].

[12] Vermerk über die Besprechung am 29. Nov. 1951 in B 116/521. – BR-Drs. 91/52, BT-Drs. 3384. – Fortgang 204. Kabinettssitzung am 26. Febr. 1952 TOP 1 (Kabinettsprotokolle 1952, S. 127) und 35. Ausschußsitzung am 27. Mai 1953 TOP 2.

[13] Fortgang 16. Ausschußsitzung am 17. Jan. 1952 TOP 7.

16. Sitzung des Kabinettsausschusses für Wirtschaft am Donnerstag, den 17. Januar 1952

Teilnehmer: Blücher; Hallstein, Hartmann, Sonnemann, Sauerborn, Frohne; Graf [BMWi], Bernard [BdL]. Protokoll: Rust.

Ort: Haus Carstanjen

Beginn: 9.30 Uhr *Ende: 12.45 Uhr*

Tagesordnung[1]*:*

1. *Einfuhren von Nahrungs- und Futtermitteln aus dem Dollarraum 1951/52*
   Vorlage des BML vom 22. Dez. 1951 (VI/8 – 6800 – 670/51 Kab. Nr. 959/51).
2. *Lebensmittelbevorratung*
   Vorlage des BMF vom 9. Nov. 1951 (geh. II-94/51).
3. *Anleihe an Jugoslawien*
   Vorlage des BMF wird nachgereicht.
4. *Mittel für die See- und Küstenfischerei*
   Vorlage des BML vom 29. Dez. 1951 (III B 15 – 3487 – 1281/51 Kab. 970/51).
5. *Einspruch gegen den Beschluß des Preisrates vom 20. Dez. 1951 betr. Erhöhung der Preise für Kalidüngemittel*
   Vorlage des BML vom 21. Dez. 1951 (IV/3 – 4351 D 2 – 284/51 Kab. 957/51).
6. *Einbeziehung des Preisrisikos in die Bundesgarantien und Bundesbürgschaften auf Grund eines Gesetzes über die Übernahme von Sicherheitsleistungen und Gewährleistungen im Ausfuhrgeschäft*
   Vorlage des BMWi vom 20. Dez. 1951 (I C – 3035 – 3245/51).
7. *Aufrechterhaltung des Preisrates*
   Schreiben des BMWo vom 5. Okt. 1951 (1628/15/51), Schreiben des BML vom 8. Okt. 1951 (IV/3 – 215/51), Schreiben des BMWi vom 26. Okt. 1951 (I B 2 – 7080/51).

[A. KASSENARZTRECHT] BMWi

Vor Eintritt in die Tagesordnung beantragt *Staatssekretär Sauerborn*, daß der Gesetzentwurf über die Regelung der Beziehungen zwischen Ärzten, Zahnärzten, Dentisten und Krankenkassen zunächst noch einmal im Kabinettsausschuß besprochen werde. Es wird demgemäß beschlossen, den Entwurf auf die Tagesordnung der nächsten Ausschußsitzung zu setzen[2].

---

[1] Gemäß Einladung vom 10. Jan. 1952.
[2] Fortgang 17. Ausschußsitzung am 21. Febr. 1952 TOP 1.

1. EINFUHREN VON NAHRUNGS- UND FUTTERMITTELN AUS DEM DOLLARRAUM 1951/52 BML

Eine abschließende Besprechung der Vorlage wird bis zur nächsten Kabinettsausschußsitzung zurückgestellt, da ein Gesamt-Einfuhr-Plan im Benehmen mit dem Wirtschaftsministerium aufgestellt werden soll. Zugleich soll mit der Bank deutscher Länder festgestellt werden, welche Dollarbeträge verfügbar sind, und weiter soll beschleunigt Klarheit über die Investitionen aus der ersten Tranche der ECA-Mittel geschaffen werden[3].

2. LEBENSMITTELBEVORRATUNG BML

Staatssekretär Hartmann gibt davon Kenntnis, daß Bundesminister Dr. Schäffer mit den Alliierten gesprochen habe und daß letztere die Übernahme einer Garantie für die Lebensmittelbevorratung ablehnen. Der Bundesfinanzminister sähe sich aber außerstande, weitere Mittel einzusetzen[4]. Berlin bekomme in diesem Jahr vom Bund einen Zuschuß zum Landeshaushalt von 550 Mio DM.

Staatssekretär Dr. Sonnemann berichtet über die Bevorratung Berlins mit Fleisch.

Staatssekretär Prof. Dr. Frohne gibt eine Übersicht darüber, welche Beträge aus Transportrisiken zu garantieren seien. In Betracht kämen für Binnenschiffahrt und Straßenverkehr einschließlich Ladung 11,5 Mio DM[5].

Der Kabinettsausschuß ist der Auffassung, daß vor weiteren Entscheidungen die Besprechungen des Bundesfinanzministers mit dem Berliner Senat abzuwarten seien[6].

3. ANLEIHE AN JUGOSLAWIEN AA

Staatssekretär Hartmann gibt einen Überblick über die Verpflichtungen Jugoslawiens, für die letztlich ein Eintreten des Bundes in Betracht kommen kann. Einmal gehe es um die Verpflichtung aus dem Kreditabkommen, alsdann um die Beträge, die dem Bund aus notleidend gewordenen Geschäften erwachsen könnten, sowie um die aus den Verpflichtungen herrührenden Zinslasten.

---

[3] Siehe 15. Ausschußsitzung am 26. Nov. 1951 TOP 1. – Vorlage des BML vom 22. Dez. 1951 in B 116/1975 und B 136/7865. – Fortgang Außerordentliche Ausschußsitzung am 9. Febr. 1952 TOP 1.

[4] Zur Vorlage des BMF vom 9. Nov. 1951 vgl. 15. Ausschußsitzung am 26. Nov. 1951 TOP 1. – Zum Stand der Verhandlungen und zum Bemühen des BMF, die Alliierten an den Kosten zu beteiligen, vgl. Vermerk für den Minister vom 29. Nov. 1951 in B 126/12075.

[5] Durch Transportgarantien des Bundes sollte das Risiko für private Dienstleister im Interzonenverkehr abgesichert und dadurch der Transportengpaß überwunden werden. Die vom BMV für erforderlich erachtete Garantiesumme betraf vor allem die Kosten für Schäden und Liegezeiten bei der Binnenschiffahrt und im Lastkraftwagenverkehr, die vor allem durch Beschlagnahmen entstanden. Vgl. dazu Vermerk vom 16. Jan. 1952 in B 108/13818.

[6] Die Verhandlungen mit dem Berliner Senat führten zu Vereinbarungen vom 11. Juni 1952. Darin verpflichtete sich Berlin zur Rückzahlung des Teils der Vorratshaltungskosten, der den durchschnittlichen Bedarf von drei Monaten überschritt. Gleichzeitig wurde Berlin aus dem ERP-Sondervermögen ein für Vorsorgemaßnahmen bestimmtes Darlehen in Höhe von 73 Millionen DM zur Verfügung gestellt. Unterlagen dazu in B 126/12075. – Fortgang 221. Kabinettssitzung am 20. Mai 1952 TOP 3 (Kabinettsprotokolle 1952, S. 337).

Es wird erörtert, ob es möglich sei, seitens des Bundes ein allgemeines Moratorium über mehrere Jahre hinaus zu gewähren[7]. Dem Kabinettsausschuß scheint es schwierig, die Angelegenheit, bei der es um über 200 Mio DM gehe, im gegenwärtigen Augenblick im parlamentarischen Bereich zu behandeln. Es wird daher beschlossen, auf der Referentenebene im Benehmen mit der Bank deutscher Länder die Möglichkeiten und Notwendigkeiten umgehend zu erörtern. Das Finanzministerium wird die noch angewachsenen Unterlagen den beteiligten Ressorts übergeben. Nach der Referentenbesprechung soll eine erneute Ressortbesprechung vorgesehen werden, um die Angelegenheit alsdann in der nächsten Kabinettsausschußsitzung erneut zu besprechen. Festgestellt wird, daß dem Finanzministerium die Federführung überlassen werden soll[8]. (Sachbearbeiter Ministerialrat Dr. Féaux de la Croix).

4. MITTEL FÜR DIE SEE- UND KÜSTENFISCHEREI BML

Staatssekretär Dr. Sonnemann begründet eingehend die Notwendigkeit, den See- und Küstenfischern durch Bereitstellung von Darlehen zu helfen. Die Hilfe sei erforderlich sowohl aus politischen als auch aus wirtschaftlichen Gründen. Ein wirtschaftlicher und gerechter Einsatz der Mittel unter Anwendung des richtigen Ausleseprinzips sei durchaus möglich[9].

Staatssekretär Hartmann bezweifelt die Zweckmäßigkeit der Darlehensaktion im Hinblick auf andere Berufsgruppen, die ebenfalls aus den Zeitläufen heraus in Schwierigkeiten geraten oder geraten können.

Staatssekretär Sauerborn unterstützt die vom Ernährungsministerium erbetene Aktion. Er glaubt, man soll auch den Wert der Küstenfischerei für den seemännischen Nachwuchs nicht aus dem Auge lassen.

---

[7] Siehe 193. Kabinettssitzung am 18. Dez. 1951 TOP E (Kabinettsprotokolle 1951, S. 828 f.). – In einem Zusatzprotokoll (Kreditabkommen) vom 1. Nov. 1950 (BAnz Nr. 220 vom 14. Nov. 1950, S. 2) zum Handelsabkommen vom 31. März 1949 und zum Zahlungsabkommen vom 22. Dez. 1949 war die Kreditbasis für die Lieferungen deutscher Waren auf 44 Millionen Dollar erhöht worden. Ende 1951 hatte die jugoslawische Regierung den Vorschlag gemacht, die Kreditmarge von den vereinbarten 7,5 Millionen auf 20 Millionen Dollar zu erhöhen und die notleidend gewordenen privaten Kredite in Höhe von 16 Millionen Dollar sowie die Kredite aus dem Kreditabkommen in Höhe von 35 Millionen Dollar in eine ab 1954 rückzahlbare Staatsanleihe umzuwandeln. Dagegen hatte die AHK der Bundesregierung ein Moratorium empfohlen. Unterlagen dazu in B 102/58109.

[8] Am 12. Febr. 1952 übermittelte das BMF dem Kanzleramt ein Schreiben an die BdL, in dem die Erhöhung des Swings als Lösung vorgeschlagen, der Weg eines Moratoriums oder einer Staatsanleihe abgelehnt wurde (B 136/7865). – Fortgang 198. Kabinettssitzung am 29. Jan. 1952 TOP A (Kabinettsprotokolle 1952, S. 76 f.). – Im Waren- und Zahlungsabkommen vom 11. Juni 1952 (BAnz Nr. 169 vom 1. Sept. 1952, S. 1) wurden das Kreditvolumen um 9 Millionen Dollar aufgestockt, der Swing auf 17 Millionen Dollar erhöht und die Modalitäten über die ab 1. Jan. 1954 fälligen Zahlungsverpflichtungen von einer Überprüfung der finanziellen Situation Jugoslawiens abhängig gemacht. – Fortgang dazu 35. Ausschußsitzung am 27. Mai 1953 TOP 7.

[9] Das BML begründete in der Vorlage vom 29. Dez. 1951 seine Forderung eines Darlehens- und Beihilfefonds in Höhe von 3 Millionen DM u.a. damit, daß die DDR die Notlage der westdeutschen Kutterfischerei ausnutze und durch großzügige Angebote der Nutzung der Ostseehäfen einen „politischen Gefahrenherd erster Ordnung" schaffe (B 116/13402 und B 136/2638).

Ministerialdirektor Dr. Graf hebt die handelspolitischen Gesichtspunkte, die für die Förderungsbedürftigkeit der Küstenfischerei sprechen, hervor.

Der Kabinettsausschuß steht den vorgeschlagenen Maßnahmen im ganzen positiv gegenüber. Es sollen aber nochmals die Einzelheiten zwischen dem Ernährungs- und Finanzministerium erörtert werden[10].

5. EINSPRUCH GEGEN DEN BESCHLUSS DES PREISRATES VOM 20. 12. 1951 BETR. ERHÖHUNG DER PREISE FÜR KALIDÜNGEMITTEL BMWi

Der Kabinettsausschuß ist der Ansicht, daß erneute Verhandlungen im Preisrat erforderlich sind. Der *Vizekanzler* nimmt den Fall zum Anlaß, auf die unmögliche Art der Behandlung der Beratungen in der Öffentlichkeit hinzuweisen[11].

6. EINBEZIEHUNG DES PREISRISIKOS IN DIE BUNDESGARANTIEN UND BUNDESBÜRGSCHAFTEN AUF GRUND EINES GESETZES ÜBER DIE ÜBERNAHME VON SICHERHEITSLEISTUNGEN UND GEWÄHRLEISTUNGEN IM AUSFUHRGESCHÄFT BMWi

Staatssekretär Hartmann bittet um Vertagung, da eine Erwiderung des Finanzministers noch heute den beteiligten Ressorts übergeben werde. Die Beratung soll in der nächsten Ausschußsitzung stattfinden[12].

7. AUFRECHTERHALTUNG DES PREISRATES BMWi

Die endgültige Behandlung des Punktes wird zurückgestellt[13]. Eine vorläufige Aussprache ergibt, daß an einem „Preisausschuß“ wohl festgehalten werden muß. Der Preisrat in seiner jetzigen Form soll jedoch umgestaltet werden. Der *Vizekanzler* glaubt, daß man dem neuen Gremium eine feste Dienstanweisung geben müsse, um die Arbeiten des Ausschusses an eine festgelegte Arbeitsmethodik und an eine

[10] Fortgang 17. Ausschußsitzung am 25. Febr. 1952 TOP 3.

[11] Vorlage des BML vom 21. Dez. 1951 in B 116/41467 und B 136/2438. – Auf Vorschlag des BMWi hatte der Preisrat am 20. Dez. 1951 einem mit Lohn- und Preissteigerungen begründeten Antrag der Kali-Industrie vom 23. Okt. 1951 gegen die Stimme des BML zugestimmt, eine endgültige Festlegung aber von weiteren Kostenprüfungen abhängig gemacht. Gegen die beabsichtigten Preissteigerungen hatte das BML wegen der Kostenerhöhung in der Landwirtschaft Einspruch erhoben. Am 20. Dez. 1951 hatte die „Frankfurter Allgemeine Zeitung“ über die bevorstehende Sitzung des Preisrates, den Beratungsgegenstand und über die Haltung des BMWi berichtet. Vgl. dazu auch Unterlagen in B 116/41467. – Fortgang 18. Ausschußsitzung am 4. März 1952 TOP 1.

[12] Vorlagen des BMWi vom 20. Dez. 1951 und des BMF vom 21. Jan. 1952 in B 102/25054, B 126/12068 und B 136/2229. – Fortgang 17. Ausschußsitzung am 21. Febr. 1952 TOP 2.

[13] In einem Schreiben vom 5. Okt. 1951 an das Kanzleramt (B 136/2438) hatte das BMWo angeregt, nach der Einsetzung des Kabinettsausschusses für Wirtschaft die Aufrechterhaltung des Preisrates zu überprüfen. Für seine Abschaffung plädierte das BML, während sich das BMWi, das BMF und das BMJ für die Beibehaltung aussprachen. – Der Preisrat setzte sich aus Vertretern aller Ministerien zusammen. Die Geschäftsführung nahm das BMWi wahr, jeder Bundesminister war für die in seinen Geschäftsbereich fallenden Preisangelegenheiten federführend. Er hatte die Entwicklung der Preise und Lebenshaltungskosten zu beobachten, Kontakte zu Wirtschafts- und Verbraucherverbänden zu halten und Beschlüsse der Bundesregierung auf dem Preisgebiet vorzubereiten (Geschäftsordnung vom Mai 1950 in B 102/27306, Protokolle von der 1. Sitzung am 6. Juni 1951 bis zur 43. Sitzung am 1. April 1954 in B 102/27306–27309).

besonders geartete Berichtsform zu binden. Das Bundeswirtschaftsministerium und das Ernährungsministerium werden im Benehmen mit dem Bundeskanzleramt eine entsprechende Vorlage ausarbeiten[14].

Außerhalb der Tagesordnung

[B. DEUTSCHE AUSLANDSSCHULDEN] BMF

Der *Vizekanzler* wirft die Frage auf, warum die Frage der Genehmigung des Notenwechsels über die Anerkennung der deutschen Auslandsschulden durch den Bundestag nicht weiter behandelt worden sei[15]. Finanzministerium und Auswärtiges Amt werden diese Angelegenheit nochmals überprüfen, um zu klären, ob vor der Londoner Konferenz irgend etwas zu veranlassen oder ob die Ratifizierung zweckmäßigerweise zurückzustellen sei[16].

[C. ÖFFENTLICHER DIENST – NACHWUCHSFÖRDERUNG] AA

Der *Vizekanzler* nimmt Gelegenheit, im Hinblick auf das Unmaß der in diesem Jahr zu bewältigenden Aufgaben der Bundesregierung die Nachwuchsfrage anzuschneiden. Er bittet die anwesenden Staatssekretäre, doch zunächst einmal bei der nächsten Zusammenkunft der Staatssekretäre dieses Thema eingehend zu prüfen. Im Zusammenhang damit müßte auch erörtert werden, ob es jetzt der gegebene Zeitpunkt sei, eine etwaige Erhöhung der Ministerialzulage vornehmen zu können[17]. *Staatssekretär Sauerborn* sagt zu, dieses Thema entsprechend der Anregung zu behandeln[18].

---

[14] In einer interministeriellen Besprechung am 25. Jan. 1952 sagte das BMWi die Ausarbeitung einer neuen Geschäftsordnung zu (Vermerk vom 2. Febr. 1952 in B 136/2438).

[15] Siehe 191. Kabinettssitzung am 11. Dez. 1951 TOP G (Kabinettsprotokolle 1951, S. 810). – Nach der Erklärung der Bundesregierung vom 6. März 1951 über die Anerkennung der privaten und öffentlichen deutschen Auslandsschulden der Vor- und Nachkriegszeit hatten 1951 Vorverhandlungen zur Vorbereitung einer internationalen Konferenz stattgefunden, die am 28. Febr. 1952 in London beginnen sollte. Am 16. Jan. 1952 hatte der BT-Ausschuß für das Besatzungsstatut und für auswärtige Angelegenheiten das bisherige Ergebnis beraten und dabei die mangelnde Unterrichtung durch die Bundesregierung festgestellt. U.a. war gefordert worden, die Frage der Auslandsschulden mit der des Auslandsvermögens zu verbinden und die Note vom 6. März 1951 ratifizieren zu lassen (Aufzeichnung vom 19. Febr. 1952 in B 126/4837).

[16] Am 28. Febr. 1952 stellte der BT-Ausschuß abschließend fest, daß seine Haltung zur Schuldenfrage, wie sie im Schreiben vom 21. Jan. 1952 an den Bundeskanzler formuliert worden war, der Drei-Mächte-Kommission zur Kenntnis gelangt und dort entgegenkommend aufgenommen worden sei (Vermerke über die Sitzungen und Schreiben an den Bundeskanzler in B 146/1230). – Fortgang 200. Kabinettssitzung am 5. Febr. 1952 TOP B (Kabinettsprotokolle 1952, S. 97) und 24. Ausschußsitzung am 5. Aug. 1952 TOP A (Transferklausel).

[17] Vgl. dazu 237. Kabinettssitzung am 25. Juli 1952 TOP A (Kabinettsprotokolle 1952, S. 477).

[18] Fortgang 18. Ausschußsitzung am 4. März 1952 TOP B.

Außerordentliche Sitzung des Kabinettsausschusses für Wirtschaft am Samstag, den 9. Februar 1952

Teilnehmer: Blücher, Storch; Sonnemann, Frohne; Oeftering [BMF], Graf [BMWi], Häfner (BML), Seib [BMM], Schmitt [BMWi], Jentsch [BMWi]. Protokoll: Rust.

Ort: Haus Carstanjen

Beginn: 8.00 Uhr *Ende: 10.15 Uhr*

1. [EINFUHRPROGRAMM] BML

Oberregierungsrat Dr. Seib[1] erläutert die Vorlage vom 1. 2. 1952[2]. *Staatssekretär Dr. Sonnemann* bemerkt zu den Ausführungen, daß das Ernährungsministerium sich darauf beschränkt habe, den unbedingten Notwendigkeiten der Versorgung der Bundesrepublik Rechnung getragen zu haben. Es sei in den ausgebrachten Positionen nunmehr nichts mehr zu streichen. Die einzige Möglichkeit, zu einem verminderten Devisenbedarf zu kommen, läge darin, gewisse Importe auf den Transitverkehr zu verlagern. Die Versorgungslage an Zucker sei wesentlich besser als im vergangenen Jahr, so daß hier eine Einsparung vor allem auch an Subventionen in Betracht käme. Wenn die Hoffnung erfüllt würde, so könnte der Betrag von 150,90 Mio $ auf Seite XII der Ausarbeitung vermindert werden etwa auf 120 Mio $. Nachdem das Ernährungsministerium sich also fernab von jedem Ressortegoismus die größten Beschränkungen auferlegt habe, müsse es aber erwarten, daß in gleicher Weise das Wirtschaftsministerium die gleichen ernsten Überlegungen wegen einer Minderung des Bedarfes anstellt.

Ministerialrat Dr. Graf versichert seinerseits, daß auch im Wirtschaftsministerium die Zahlen genau auskalkuliert seien. Gewisse Margen lägen lediglich im Dollarbedarf für Importkohle und für Tabak. Inwieweit in der Kohle etwas eingespart werden könne, vermöge die zukünftige Entwicklung erst zu erweisen. Die Frage nach der Einsparung an Dollarbeträgen für Tabak sei hochpolitisch und nicht hier zu klären[3].

---

[1] Korrigiert aus Seibt.

[2] Siehe 16. Ausschußsitzung am 17. Jan. 1952 TOP 1 und 2. – Gemeinsame Vorlage des BML, BMWi und BMM in B 102/13818 und B 136/7865. Weitere Unterlagen in B 116/1854 und 1975. – Nach den von den Ressorts ermittelten Einfuhransätzen bezifferte sich der durch Dollar-Devisen zu deckende Finanzbedarf bis zum 30. Juni 1952 auf insgesamt 344,6 Millionen Dollar, davon 193,7 Millionen für die gewerbliche Wirtschaft und 150,9 Millionen Dollar für die Landwirtschaft.

[3] Die geplante Neuregelung der Tabaksteuer (vgl. 196. Kabinettssitzung am 18. Jan. 1952 TOP G, Kabinettsprotokolle 1952, S. 61) stand in Konflikt mit laufenden Handelsvertragsverhandlungen. Insbesondere wurde von amerikanischer Seite Druck ausgeübt (vgl. dazu Vermerk vom 9. April 1952 in B 146/170). Überdies hatte die durch die Devisenknappheit bedingte Einfuhrbeschränkung die tabakverarbeitende Industrie in wirtschaftliche Bedrängnis gebracht (Unterlagen dazu in B 102/73530, 73531 und 73542).

Nach eingehender Erörterung der einzelnen Positionen erklärt der *Vizekanzler* zusammenfassend, daß es wohl nicht möglich sei, unter den errechneten Devisenplafond herunter zu gehen. Bei den niedergelegten Zahlen gehe es auch nicht um die Einkalkulation einer Zuwachsrate, sondern die Zahlen gäben die Aufrechterhaltung des gegenwärtigen Zustandes wieder. Die Aufnahme eines Kredites sei kein endgültiger Ausweg. Es sei nur eine einmalige Hilfe und damit sei nicht wesentlich weiterzukommen. Die Vorschläge, die am Schluß der gemeinsamen Ausarbeitung gemacht seien (Seite 13), seien in den Ziffern 1 bis 3 eigentlich zwangsläufig[4].

Über Punkt 4 der Vorschläge an der genannten Stelle wird gesondert diskutiert. Es wird eine Einigung darüber erzielt, daß die Ziffer 4 gestrichen wird[5]. *Ministerialdirektor Prof. Dr. Oeftering* sagt jedoch dem Ernährungsministerium zu, daß über Ausgleichsmöglichkeiten bei den Subventionsbeträgen im Falle der Zweckmäßigkeit im einzelnen jeweils verhandelt werden könne. Unglücklich sei nur eine etwaige Generalklausel.

Der Kabinettsausschuß ist sich darüber einig, daß die Vorlage Dienstag dem Kabinett unterbreitet werden soll, daß aber die notwendigen Verhandlungen mit der Bank deutscher Länder umgehend aufgenommen werden müssen. Über die Art des Verhandelns wird der Vizekanzler sich mit dem Wirtschaftsminister unterhalten[6].

---

[4] In Punkt 1 der Beschlußvorlage wurde das BMM beauftragt, mit der BdL über die Freigabe von ca. 170 Millionen Dollar zur Deckung des Einfuhrbedarfs zu verhandeln, und in Punkt 2, einen Import-Export-Kredit in Höhe von 30 bis 40 Millionen Dollar zu erwirken. In Punkt 3 wurden das BMWi und das BML zu Verhandlungen mit der BdL angehalten, mit dem Ziel, Dollar-Waren verstärkt über den EZU-Raum einzuführen.

[5] Danach sollte das BMF im Falle eines erhöhten Subventionsbedarfs als Folge von Transiteinfuhren die erforderlichen Mittel bereitstellen.

[6] Vertreter des BMWi, des BMM und der BdL erörterten am 13. Febr. 1952 die Möglichkeiten der Deckung des Finanzierungsbedarfs (Protokoll vom 18. Febr. 1952 in B 116/1975). – Fortgang 201. Kabinettssitzung am 12. Febr. 1952 TOP F (Kabinettsprotokolle 1952, S. 104 f.) und 23. Ausschußsitzung am 30. Juli 1952 TOP 4.

17. Sitzung des Kabinettsausschusses für Wirtschaft am Donnerstag, den 21. Februar 1952

Teilnehmer: Blücher, Erhard, Wildermuth, Niklas, Seebohm; Hartmann, Bleek, Sonnemann, Sauerborn; Graf [BMWi], Kroll [BMWi], Kattenstroth [BMWi], Meinhold [BMWi], Bölle [BMWi]. Protokoll: Rust.

Ort: Haus Carstanjen

Beginn: 9.30 Uhr *Ende: 12.45 Uhr*

Tagesordnung[1]*:*

1. *Entwurf eines Gesetzes über die Regelung der Beziehungen zwischen Ärzten, Zahnärzten, Dentisten und Krankenkassen (Kassenarztrecht)*
   Vorlage des BMA vom 29. Dez. 1951 (IV a 7 – 5280/51) und Vorlage des BMI vom 11. Jan. 1952 (5283).
2. *Einbeziehung des Preisrisikos in die Bundesgarantien und Bundesbürgschaften auf Grund des Gesetzes über die Übernahme von Sicherheitsleistungen und Gewährleistungen im Ausfuhrgeschäft*
   Vorlage des BMWi vom 20. Dez. 1951 und vom 26. Jan. 1952 (I C – 3035 – 3245/51), Vorlage des BMF vom 21. Jan. 1952 (II B – F 6425 – 1/52).
3. *Mittel für die See- und Küstenfischerei*
   Vorlage des BML vom 11. Febr. 1952 (III B 15 – 3487 – 105/52).
4. *Lebensmittelbevorratung (Katastrophenreserve)*
   Schreiben des BML vom 5. Okt. 1951 (III B 6 a – 3697 – 7/51 geh.). – Dieses Schreiben ist gleichfalls den Herren Bundesministern des Innern und der Finanzen sowie der Dienststelle Blank zugegangen.
5. *Beratung im Kabinettsausschuß über die Beseitigung der Außenstände des Handwerks bei der öffentlichen Hand*
   Vorlage des BMWi vom 30. Jan. 1952 (II Hdw. – 988/52).
6. *Bundeswirtschaftsrat: Bericht des Herrn Bundesministers für Wirtschaft über den Stand der Beratungen*
   Ohne Vorlage.
7. *Entwurf einer Ersten Verordnung zur Durchführung des Gesetzes über die Investitionshilfe der gewerblichen Wirtschaft*
   Vorlage: Referentenentwurf des Herrn Bundesministers der Finanzen.

[1] Gemäß Einladung vom 16. Febr. 1952.

1. ENTWURF EINES GESETZES ÜBER DIE REGELUNG DER BEZIEHUNGEN ZWISCHEN ÄRZTEN, ZAHNÄRZTEN, DENTISTEN UND KRANKENKASSEN BMWi

Staatssekretär Sauerborn gibt einen eingehenden historischen Überblick über die Entwicklung der Verhältnisse zwischen Ärzten, Arztvereinigungen, Krankenkassen und Krankenkassenvereinigungen. Im vorliegenden Entwurf gehe es im wesentlichen darum, daß für die Zukunft der Abschluß unmittelbarer Verträge zwischen den Krankenhäusern und den Krankenkassen nicht mehr zugelassen würde, daß vielmehr die Krankenhäuser in das System der Bezahlung aus der Gesamtvergütung einbezogen würden. Es sei ausdrücklich zu betonen, daß hier lediglich die ambulante Behandlung in den Krankenhäusern zur Erörterung stehe[2].

Staatssekretär Bleek legt demgegenüber dar, daß er sich nicht in der Lage sähe, schon heute eine abschließende Stellungnahme seines Hauses abzugeben. Es sei in der Kabinettssitzung am 15.1. beschlossen, die offenen Fragen durch einen kleinen Ausschuß unter Hinzuziehung von Abgeordneten und Referenten noch einmal klären zu lassen. Dieser Ausschuß habe bislang nicht getagt. Er bittet darum, den Punkt abzusetzen, bis der Ausschuß mit seiner Prüfung fertig sei. Der *Vorsitzende* stellt fest, daß der Ausschuß an die Kabinettsentscheidung gebunden sei. Der Entwurf wird daher nicht weiter beraten, vielmehr soll zunächst der Ausschuß zusammentreten[3].

2. EINBEZIEHUNG DES PREISRISIKOS IN DIE BUNDESGARANTIEN UND BUNDESBÜRGSCHAFTEN AUF GRUND DES GESETZES ÜBER DIE ÜBERNAHME VON SICHERHEITSLEISTUNGEN UND GEWÄHRLEISTUNGEN IM AUSFUHRGESCHÄFT BMWi

Der *Bundeswirtschaftsminister* begründet erneut die volkswirtschaftliche Bedeutung und Notwendigkeit der Einbeziehung des Preisrisikos in die Bundesgarantien[4]. Der Kreis der Geschäfte, die diesen Vorzug genießen sollten, werde fest umgrenzt auf Staatsaufträge und volkswirtschaftlich wichtige Geschäfte. Wenn die öffentliche Hand nicht die vorgesehene Hilfestellung gewähre, so würde dies auf lange Sicht eine untragbare Schädigung der deutschen Wirtschaft bedeuten. Eine strenge Prüfung der Geschäfte sei dadurch möglich, daß man den schon bestehen-

[2] Siehe 195. Kabinettssitzung am 15. Jan. 1952 TOP 8 (Kabinettsprotokolle 1952, S. 43 f.) und 16. Ausschußsitzung am 17. Jan. 1952 TOP A. – Vorlage des BMA vom 29. Dez. 1951 und Vorlage des BMI vom 11. Jan. 1952 in B 149/4256, B 106/8783 und B 136/2684.

[3] Niederschriften über die Sitzungen dieses Ausschusses am 6. und 10. März 1952 in B 149/4256. – Fortgang 236. Kabinettssitzung am 18. Juli 1952 TOP 3 (Kabinettsprotokolle 1952, S. 465 f.). – BR-Drs. 434/52, BT-Drs. 3904, Gesetz vom 17. Aug. 1955 (BGBl. I 513).

[4] Siehe 16. Ausschußsitzung am 17. Jan. 1952 TOP 6. – Vorlagen des BMWi vom 20. Dez. 1951 und vom 26. Jan. 1952 sowie Vorlage des BMF vom 21. Jan. 1952 in B 102/25054, B 126/12068 und B 136/2229. – Das BMWi hatte seinen Vorschlag damit begründet, daß das Schwergewicht der deutschen Ausfuhr auf dem Gebiet der Investitionsgüter liege, deren naturgemäß längere Fertigungszeiten mit einem besonderen Preisrisiko belastet seien. Das BMF lehnte diese Maßnahme mit Hinweis auf die günstigen Startbedingungen der Exportwirtschaft und auf die Beruhigung der Lohn-Preisbewegung ab. Darüber hinaus vertrat es die Ansicht, daß die beabsichtigten staatlichen Schutzmaßnahmen mit den vom BMWi vertretenen marktwirtschaftlichen Grundsätzen nicht vereinbar seien.

den Bürgschaftsausschuß einschalte[5]. *Staatssekretär Hartmann* weist demgegenüber darauf hin, daß man bislang seines Wissens ein solches Verfahren, das zweifellos die staatlichen Finanzen stark in Anspruch nehmen könnte, nur in Frankreich kenne. *Ministerialdirektor Dr. Graf* vertrat demgegenüber die Meinung, daß in anderen Ländern ein gleiches bzw. ähnliches Verfahren anzutreffen sei. *ORR Bölle* macht im einzelnen nähere Angaben über das Volumen der zu garantierenden Geschäfte und über den Umfang möglicher Ausfälle. *Staatssekretär Hartmann* will sich den wirtschaftspolitischen Erwägungen nicht entziehen und sagt zu, die Angelegenheit nochmals im Finanzministerium zu prüfen, sobald das Wirtschaftsministerium im einzelnen Material über die Regelung in anderen Ländern übersandt habe[6].

3. MITTEL FÜR DIE SEE- UND KÜSTENFISCHEREI BML

Der *Vorsitzende* stellt fest, daß alle Ressorts mit Ausnahme des Finanzministeriums positiv zur Bereitstellung von Mitteln für die See- und Küstenfischerei votiert hätten[7]. Demgegenüber erklärt *Staatssekretär Hartmann*, daß er auf Weisung seines Ministers den Standpunkt zu vertreten habe, daß es sich hier um eine Länderangelegenheit handele, für die der Bund unter den bestehenden Verhältnissen keinerlei Mittel bereitstellen könnte. Es wird beschlossen, den Entwurf dem Kabinett zur Entscheidung zuzuleiten[8].

4. LEBENSMITTELBEVORRATUNG BML

Es besteht im Kabinettsausschuß Einmütigkeit darüber, daß in Anbetracht der großen ungeklärten Fragen (Verteidigungsbeitrag, Dollar-Reserve) eine Behandlung der Vorlage des Ernährungsministeriums zur Zeit nicht möglich ist[9].

5. BERATUNG IM KABINETTSAUSSCHUSS ÜBER DIE BESEITIGUNG DER AUSSENSTÄNDE DES HANDWERKS BEI DER ÖFFENTLICHEN HAND BMWi

Der Punkt wird zurückgestellt[10].

---

[5] Der Bürgschaftsausschuß war im Zusammenhang mit dem Gesetz über die Übernahme von Sicherheitsleistungen und Gewährleistungen im Ausfuhrgeschäft vom 26. Aug. 1949 (WiGBl. S. 303) errichtet worden. Er hatte im November 1949 seine regelmäßigen Ausschußsitzungen aufgenommen (Protokolle 1949–1952 in B 102/25490–25494).

[6] Fortgang 216. Kabinettssitzung am 2. Mai 1952 TOP 4 (Kabinettsprotokolle 1952, S. 252 f.). – Nach längerer interner Diskussion wurde die Angelegenheit nicht weiter verfolgt, da die Frage des Preisrisikos sich erübrigt hatte. Vermerk vom 20. Nov. 1953 in B 102/25055.

[7] Siehe 16. Ausschußsitzung am 17. Jan. 1952 TOP 4. – Vorlage des BML vom 11. Febr. 1952 in B 116/13402 und B 136/2638. Darin berichtete das BML über das Ergebnis einer Ressortbesprechung vom 23. Jan. 1952.

[8] Fortgang 206. Kabinettssitzung am 11. März 1952 TOP 14 (Kabinettsprotokolle 1952, S. 162 f.). Das BMF erklärte sich schließlich bereit, 1,5 Millionen DM ausschließlich für Darlehenszwecke zur Verfügung zu stellen (Schreiben des BML vom 29. Mai 1952 in B 136/2638). – Fortgang 40. Ausschußsitzung am 22. Sept. 1953 TOP 2.

[9] Siehe Außerordentliche Ausschußsitzung am 9. Febr. 1952 TOP 1 (Einfuhrprogramm). – Schreiben des BML vom 5. Okt. 1951 (Katastrophenreserve) nicht ermittelt. – Fortgang 20. Ausschußsitzung am 2. April 1952 TOP 1.

[10] Fortgang 18. Ausschußsitzung am 4. März 1952 TOP 3.

6. BUNDESWIRTSCHAFTSRAT BMWi

Die Beratung des Punktes wird zurückgestellt[11].

7. ENTWURF EINER ERSTEN VERORDNUNG ZUR DURCHFÜHRUNG DES GESETZES ÜBER DIE INVESTITIONSHILFE DER GEWERBLICHEN WIRTSCHAFT BMF

Der *Bundeswirtschaftsminister* legt erneut die Grundsätze der gesetzlichen Regelung dar und betont, daß es bei dem geplanten System nicht notwendig sei, über § 10 weitere Ausnahmen zu machen[12]. Die Bemessungsgrundlage sei entscheidend abhängig vom Gewinn und von den Abschreibungen. Dadurch sei also schon generell sichergestellt, daß dort, wo geringe Gewinne gemacht würden, auch nur eine geringe und damit tragbare Heranziehung zur Aufbringung in Betracht käme. Abgesehen davon müßte man sich bei der Schaffung von Ausnahmen größte Zurückhaltung auferlegen, wolle man nicht das Gesetz völlig zerreißen. Schließlich müsse auch bedacht werden, daß die Befreiung einiger Gruppen eine Mehrbelastung der anderen Wirtschaftssparten mit sich bringe. Es dürfte endlich nicht unberücksichtigt gelassen werden, daß in jedem Wirtschaftszweig einzelne Unternehmungen schlecht gingen, hier müsse dann eben im Wege der möglichen Einzelmaßnahmen geholfen werden, und zwar über Stundung und Erlaß. *Staatssekretär Dr. Sonnemann* weist demgegenüber nochmals auf die allgemeine schlechte Lage der Betriebe in der Ernährungswirtschaft hin. Er erkenne grundsätzlich die Gesichtspunkte, die vom Wirtschaftsministerium vorgetragen würden, an. Er bäte aber, daß die in der Vorlage vom 6.2. aufgezeichneten Gesichtspunkte als Richtlinien an die Finanzämter hinausgingen[13]. Demgegenüber erklärt Herr *Staatssekretär Hartmann*, daß es zweckmäßig sei, zunächst die Erfahrungen aus der Praxis abzuwarten. Alsdann könne man Richtlinien herausgeben, die zunächst mit sämtlichen beteiligten Ressorts abgestimmt würden[14].

Außerhalb der Tagesordnung

[A. ERRICHTUNG WEHRWIRTSCHAFTLICHER DIENSTSTELLEN]
BMWi/DIENSTSTELLE BLANK

In einer allgemeinen Aussprache wird festgestellt, daß es nicht zweckmäßig erscheine, im Bereich der Dienststelle Blank gegebenenfalls besondere wehrwirtschaftliche Dienststellen einzurichten. Es müßte von vornherein Bedacht darauf

---

[11] Fortgang 18. Ausschußsitzung am 4. März 1952 TOP 2.

[12] Zum Investitionshilfegesetz vom 2. Jan. 1952 (BGBl. I 7) vgl. 10. Ausschußsitzung am 31. Aug. 1951 TOP 2. – Vorlage des BMF vom 18. Febr. 1952 in B 126/11922 und B 136/1221. – Die Verordnung behandelte die Aufbringung der für die Deckung des vordringlichen Investitionsbedarfs der Grundstoffindustrien benötigten Mittel durch die gewerbliche Wirtschaft, die Feststellung der Aufbringungspflicht und die Bemessungsgrundlagen für die Höhe des Beitrags (§ 10).

[13] In dieser Vorlage hatte das BML Erleichterungen für Betriebe gefordert, die landwirtschaftliche Produkte weiter verarbeiteten, so u. a. für Mühlen, Brot- und Zuckerfabriken sowie für Molkereien (B 136/1221).

[14] BR-Drs. 110/52. – Fortgang 205. Kabinettssitzung am 28. Febr. 1952 in TOP 2 (Kabinettsprotokolle 1952, S. 137 f.) und 19. Ausschußsitzung am 14. März 1952 TOP A.

genommen werden, daß die Dienststelle Blank sich der Einrichtungen der Ressorts bediente. Eine entsprechende Vorlage wird vom Wirtschaftsministerium eingebracht werden[15].

[B. OST-WEST-HANDEL] BMWi

Gesandter Dr. Kroll berichtet über den Stand des Ost-West-Handels[16]. An den Bericht schließt sich eine eingehende Beratung der Lage an, die in Berlin durch die Dumpingmaßnahmen der ostzonalen Behörden entstanden sei. Man ist sich darüber einig, daß eine sorgfältige Prüfung der Verhältnisse anzustellen sei, um dann einmal generell und grundsätzlich Vorbereitungen für Maßnahmen zu treffen, die der Dumpingaktion entgegengestellt werden könnten[17].

[15] Fortgang 36. Ausschußsitzung am 17. Juni 1953 TOP 4.

[16] Siehe 6. Ausschußsitzung am 18. Juni 1951 TOP 3 und 4 und 197. Kabinettssitzung am 22. Jan. 1952 TOP G (Kabinettsprotokolle 1952, S. 71). – Unterlagen zu den Ausführungen Krolls in B 102/108268, vgl. dazu auch Bericht Krolls vom 9. Juni 1952 „Aufzeichnung über den gegenwärtigen Stand und die weiteren Perspektiven der Handelsbeziehungen der Bundesrepublik mit der sowjetischen Besatzungszone und den Ostblockstaaten" in B 136/7807. – Fortgang 229. Kabinettssitzung am 24. Juni 1952 TOP 5 (Kabinettsprotokolle 1952, S. 403).

[17] Das Währungsgefälle zwischen Berlin West und Berlin Ost, das sich im Jahresdurchschnitt 1951 im Verhältnis 1:4,65 bewegte, hatte zu verstärkten Konsumkäufen von Westberlinern im Ostteil der Stadt zum Nachteil vor allem der Westberliner Lebensmittelindustrie geführt. Daraus errechnete das BML einen Wert- und Warenzufluß für Westberlin in Höhe von 478 Millionen DM bzw. eine Erhöhung des Realeinkommens um 7%. Empfohlen war, die als vorübergehende Erscheinung eingestufte Benachteiligung Westberliner Wirtschaftszweige durch Subventionen auszugleichen. Bericht der Berliner Vertretung des BML vom 12. März 1952 in B 116/91318 und B 102/56087.

18. Sitzung des Kabinettsausschusses für Wirtschaft am Dienstag, den 4. März 1952

Teilnehmer: Blücher, Seebohm; Hartmann, Bleek, Sonnemann, Sauerborn, Wandersleb; Blank (MdB) [Beauftragter des Bundeskanzlers für die mit der Vermehrung der alliierten Truppen zusammenhängenden Fragen], Graf [BMWi], Bernard [BdL], Doebel (BML), Michaelis (BMWi), Treitschke (BMWi). Protokoll: Pühl.

Ort: Haus Carstanjen

Beginn: 9.30 Uhr — *Ende: 12.00 Uhr*

Tagesordnung[1]:

1. *Erhöhung der Preise für Kalidüngemittel*
   Vorlage des BMWi vom 20. Febr. 1952.
2. *Bundeswirtschaftsrat*
   Bericht des Herrn Bundeswirtschaftsministers über den Stand der Beratungen
   Ohne Vorlage.
3. *Beseitigung der Außenstände des Handwerks bei der öffentlichen Hand*
   Vorlage des BMWi vom 30. Jan. 1952 (II Hdw.-988/52).

1. ERHÖHUNG DER PREISE FÜR KALIDÜNGEMITTEL — BMWi

Ministerialdirektor Dr. Graf legt einleitend dar, daß nach Ansicht des Bundeswirtschaftsministeriums der Kernpunkt der Differenzen zwischen seinem Ressort und dem Bundesernährungsministerium darin bestehe, daß das Bundeswirtschaftsministerium die beigebrachten betriebswirtschaftlichen Unterlagen als ausreichend ansieht, während das Bundesernährungsministerium dies verneint[2]. Ergänzend teilt *Dr. Michaelis* hierzu mit, daß die Kostenprüfung wie folgt vor sich gegangen sei: Man habe ein Gutachten einer Frankfurter Wirtschaftsprüfungsgesellschaft überprüft[3]. Hierbei sei man so vorgegangen, daß alle unklaren Positionen in dem Prüfungsbericht zuungunsten der Kaliindustrie ausgelegt seien. Für die vom Bundeswirtschaftsministerium beantragte Preiserhöhung habe man lediglich die Kostenelemente zugrunde gelegt, die einwandfrei belegt wurden. Nur so sei auch der Vorschlag des Preisrates zu verstehen, der Kaliindustrie die vorge-

---

[1] Gemäß Einladung vom 28. Febr. 1952.

[2] Siehe 16. Ausschußsitzung am 17. Jan. 1952 TOP 5. – Vorlagen des BML vom 21. Dez. 1951 und des BMWi vom 20. Febr. 1952 in B 116/41467, B 102/1427 und B 136/2438.

[3] Die Kali-Industrie hatte die Treuhand A. G. Wirtschaftsprüfungsgesellschaft beauftragt, dem BMWi Auskünfte im Zusammenhang mit der von ihr beantragten Preiserhöhung zu erteilen. Diese Informationen waren in die Stellungnahme des BMWi eingeflossen (vgl. Stellungnahme des BMWi vom 12. Dez. 1951 zum Antrag der Kali-Industrie in B 102/14566 und Schreiben der Treuhand A.G. vom 13. Dez. 1951 in B 102/1427).

schlagenen Preise mit der Auflage einer Untersuchung der Selbstkosten eines ganzen Jahres zu genehmigen. Das Ziel dieser Untersuchungen sei die rechtzeitige Schaffung von Unterlagen für die Preisbildung im Kaliwirtschaftsjahr 1952/53.

Demgegenüber stellt *Staatssekretär Dr. Sonnemann* fest, daß die Ergebnisse dieser vom Bundeswirtschaftsministerium angestellten Prüfung dem Bundesernährungsministerium nicht zur Kenntnis gebracht worden seien. Eine Erhöhung der Kalipreise noch während des laufenden Kaliwirtschaftsjahres sei nicht tragbar. Man habe unter Zugrundelegung der vorgeschlagenen Preiserhöhung einen Mehraufwand von etwa 30 Mio DM für die Landwirtschaft errechnet. Der Vorschlag des Bundeswirtschaftsministeriums erfordere daher eine genaueste Kostenüberprüfung. Weiterhin sei zu bedenken, daß der Düngemittelverbrauch in den letzten Jahren laufend gesteigert wurde und daß auf Wunsch der OEEC im Sinne einer Intensivierung der europäischen Agrarerzeugung eine weitere Steigerung des Düngemitteleinsatzes verlangt würde. Im übrigen sei die wirtschaftliche Lage der Kaliindustrie als sehr positiv zu bewerten. Die Umstellungsrechnungen einzelner größerer Werke seien sehr günstig ausgefallen. Schließlich habe die laufende Umsatzsteigerung der Kaliindustrie sich erheblich kostendegressiv ausgewirkt.

Staatssekretär Dr. Sonnemann betont weiterhin den engen Zusammenhang zwischen den Preiserhöhungen für Kalidüngemittel und den hierdurch mit Sicherheit ausgelösten Forderungen der Landwirtschaft auf Erhöhung des Zuckerrübenpreises[4]. Zusammenfassend bittet er darum, von einer Preiserhöhung im laufenden Kaliwirtschaftsjahr abzusehen und darüber hinaus die in Aussicht genommenen Kostenuntersuchungen abzuwarten.

Bundesminister Seebohm weist demgegenüber darauf hin, daß die Kalipreise seit 1948 eine Erhöhung nicht erfahren hätten. Es sei kein Novum, Kostenenquêten nachträglich nach einer Preiserhöhung vorzunehmen. Die Umstellungsergebnisse der Kaliindustrie dürften nicht zur Beurteilung der Vermögens- und Ertragslage der Kaliindustrie herangezogen werden, da es sich hierbei um die Auflösung erheblicher stiller Reserven handele, die auf Grund früherer Betriebsstillegungen entstanden seien. Nach seiner Ansicht sei eine Preiserhöhung nicht zu umgehen.

Staatssekretär Sauerborn gibt die Erklärung ab, daß nach der Auffassung seines Hauses ein ausreichender Nachweis für die Kalipreiserhöhung nicht erbracht sei. Die damit verbundene Erhöhung der Lebenshaltungskosten sei nur vertretbar, wenn eine genaue Kostenprüfung vorläge.

Staatssekretär Hartmann schlägt vor, die Preiserhöhung erst ab 15. 5. 1952 (Ablauf des Kaliwirtschaftsjahres) vorzunehmen.

Der *Vizekanzler* stellt grundsätzlich fest, daß seit dem Herbst vorigen Jahres eine gewisse Ruhe im landwirtschaftlichen Preisgefüge eingetreten sei. Es sei daher eine neue Störung nicht sehr erwünscht. Andererseits glaube er, daß die Forderungen der Kaliindustrie in gewissem Umfang berechtigt seien.

Der *Vizekanzler* bemerkt weiterhin, daß der Kabinettsausschuß über diese Frage abschließend nicht Beschluß fassen könne, sondern daß die Angelegenheit nochmals dem Kabinett vorgetragen werden müsse. Dies soll bereits in der nächsten Kabinettssitzung am 11. 3. 1952 geschehen. Der *Vizekanzler* will es überneh-

---

[4] Vgl. TOP A dieser Sitzung.

men, dem Kabinett die drei Vorschläge, die sich im Laufe der Diskussion herausgestellt haben, zur Entscheidung vorzutragen. Es handelt sich hierbei um folgende drei Lösungsmöglichkeiten:

1.) Die Preise für Kalidüngemittel werden sofort entsprechend dem Vorschlag des Bundeswirtschaftsministeriums erhöht.

2.) Die Preise werden erst ab 15. 5. 1952 erhöht.

3.) Von einer Preiserhöhung wird zunächst abgesehen, bis genaue Kostenuntersuchungen vorliegen[5].

2. BUNDESWIRTSCHAFTSRAT BMWi

Ministerialdirektor Dr. Graf gibt einen kurzen Überblick über den letzten Stand der Beratungen. Es habe sich seit dem letzten Kabinettsbeschluß, der eine Referentenbesprechung vorsah, nichts Entscheidendes ereignet[6]. Lediglich der Deutsche Gewerkschaftsbund habe die Erklärung abgegeben, daß er heute bereit sei, dem Entwurf eines Gesetzes über die Errichtung eines Bundeswirtschaftsrates ohne die bisher von ihm geforderte gleichzeitige Regelung auf bezirklicher Ebene zuzustimmen[7]. *Ministerialdirektor Dr. Graf* hält es nunmehr für dringend erforderlich, über die grundsätzlichen Fragen mit den Koalitionsparteien zu sprechen. Hierbei sei besonders wichtig, die Auffassung der Koalitionsparteien zu der Frage kennenzulernen, ob der Bundeswirtschaftsrat sich aus zwei oder drei Gruppen zusammensetzen soll.

In diesem Zusammenhang äußert der *Bundestagsabgeordnete Blank* schwerwiegende Bedenken gegen die Einbeziehung der dritten Gruppe, weil diese in ihrer Struktur nicht klar übersehbar sei und weil man nicht wisse, wie die Vorschläge hierfür zustande kommen, bzw. welche Willensträger hinter diesen Vorschlägen stünden.

Staatssekretär Sauerborn hält eine beschleunigte Verabschiedung des Gesetzentwurfes für dringend erforderlich, da anderenfalls mit einem Initiativentwurf von der Opposition zu rechnen sei. Der *Vizekanzler* bittet das Bundeswirtschaftsministerium, umgehend die vorgesehene Ressortbesprechung abzuhalten, um die schwebenden Probleme zu erörtern und gesicherte Grundlagen für die Besprechung mit den Koalitionsparteien zu erarbeiten[8].

---

[5] Fortgang 206. Kabinettssitzung am 11. März 1952 TOP 13 (Kabinettsprotokolle 1952, S. 162). – Verordnung Pr. Nr. 43/52 vom 27. Mai 1952 (BAnz Nr. 103 vom 30. Mai 1952, S. 1).

[6] Siehe 12. Ausschußsitzung am 28. Sept. 1951 TOP 1 und 184. Kabinettssitzung am 6. Nov. 1951 TOP 4 (Kabinettsprotokolle 1951, S. 734 f.).

[7] Vgl. dazu auch „Gesetzesvorschlag des Deutschen Gewerkschaftsbundes für das Gebiet der Bundesrepublik Deutschland zur Neuordnung der deutschen Wirtschaft" vom 22. Mai 1950 in B 136/2454.

[8] Das Gesetz kam nicht zustande; Unterlagen in B 102/40924 und B 136/2453.

3. BESEITIGUNG DER AUSSENSTÄNDE DES HANDWERKS BEI DER ÖFFENTLICHEN HAND BMWi

Zunächst nimmt *Staatssekretär Hartmann* zu der Vorlage des Bundeswirtschaftsministers vom 30. 1. 1952 Stellung[9]. Nach seiner Auffassung dürften normalerweise Zahlungsrückstände bei der öffentlichen Hand (Bund und Länder) nicht vorliegen. Die Behörden seien durch präzise Anweisungen gebunden, rechtzeitig zu zahlen. Nur in Sonderfällen könnte von diesem Grundsatz abgewichen werden, und zwar

1.) bei Überschreitung der Voranschläge. Hierbei sei eine Verzögerung wegen der erforderlichen Nachbewilligung der Haushaltsmittel unvermeidlich;

2.) bei dem mit öffentlichen Mitteln geförderten Wohnungsbau, soweit die Finanzierungspläne überholt seien;

3.) beim Besatzungsbau, weil hierbei das Abrechnungsverfahren durch die komplizierten Abrechnungsmethoden der Besatzungsmacht erheblich erschwert würde.

Bundesminister Dr. Seebohm und *Staatssekretär Dr. Wandersleb* teilen übereinstimmend mit, daß nach ihren Feststellungen – soweit es sich um ihren Sektor handele – in 90 Prozent der Fälle rechtzeitig gezahlt würde. Nur in Einzelfällen würde später gezahlt. Hierbei hätten Nachprüfungen ergeben, daß die Zahlungen durchweg mit guten Gründen zurückgehalten würden.

Staatssekretär Bleek stellt demgegenüber fest, daß nach seinen Informationen einzelne Länder und Gemeinden in der Tat wegen ihrer schwierigen Kassenlage nur sehr zögernd zahlten.

Diese Ausführungen werden von *Staatssekretär Sauerborn* ergänzt, der dem Kabinettsausschuß zur Kenntnis bringt, daß erhebliche Zahlungsrückstände aus den Ländern Schleswig[-Holstein] und Bayern gemeldet würden.

Präsident Bernard kommt in diesem Zusammenhang auf den Vorwurf des Handwerks, das Bankensystem führe die Kreditrestriktionen gegenüber dem Handwerk besonders scharf durch, zu sprechen. Die daraufhin von der Bank deutscher Länder eingeleiteten Untersuchungen hätten jedoch ergeben, daß die Illiquidität einzelner Handwerksbetriebe nicht auf die mangelnde Kreditbereitschaft der Banken, sondern darauf zurückzuführen sei, daß die offenstehenden Außenstände nicht hereinkommen. Im übrigen neige aber das Handwerk dazu, Einzelfälle zu allgemeinen Vorwürfen zu verdichten[10]. *Ministerialdirektor Dr.*

[9] Vorlage des BMWi in B 136/7577. – Mit Schreiben vom 5. Sept. 1951 hatte sich der Zentralverband des Deutschen Handwerks beim Bundeskanzleramt über eine Benachteiligung des Mittelstandes bei der Kreditvergabe durch die Bundesregierung beschwert und auf die schwierige Finanzsituation des mittelständischen Gewerbes hingewiesen. Das Schreiben hatte Adenauer am 2. Jan. 1952 an die zuständigen Minister zur Beantwortung weitergeleitet. In seinem Schreiben vom 30. Jan. 1952 an das Kanzleramt bat das BMWi um eine Erörterung im Kabinettsausschuß mit der Absicht, die Vorwürfe gegenüber den Bundes- und Landesbehörden prüfen zu lassen. – Vgl. auch 61. Kabinettssitzung am 28. April 1950 TOP D (Kabinettsprotokolle 1950, S. 357).

[10] In einem Schreiben vom 23. Jan. 1952 an Adenauer hatte Bernard seine Kritik präzisiert (B 136/7577).

Graf hebt hervor, daß neben der auf Kassenschwierigkeiten zurückzuführenden zögernden Zahlungsweise einzelner Länder und Gemeinden die schleppende Zahlungsweise der Besatzungsmacht die Vorwürfe des Handwerks begründet erscheinen lasse.

Bundestagsabgeordneter Blank sagt zu, in seinem Hause zu prüfen, ob sich nicht durch Verhandlungen mit den Besatzungsmächten die Zahlungsweise für Besatzungsaufträge verbessern läßt. Der *Vizekanzler* schlägt vor, daß alle beteiligten Ressorts dem Bundeswirtschaftsministerium Material liefern, so daß dieses in die Lage versetzt wird, eine umfassende Antwort für den Bundeskanzler zur Weitergabe an das Handwerk vorzubereiten. Vorher sollen jedoch noch eine Ressortbesprechung sowie Besprechungen mit den Ländern und kommunalen Spitzenverbänden durchgeführt werden[11].

Außerhalb der Tagesordnung

[A. ERHÖHUNG DER ZUCKERRÜBENPREISE] BML

Im Zusammenhang mit den Beratungen über die Preiserhöhung für Kalidüngemittel[12] teilt *Staatssekretär Dr. Sonnemann* mit, daß das Bundesernährungsministerium demnächst dem Kabinett eine Vorlage über die Erhöhung des Zuckerrübenpreises auf 6,25 DM unterbreiten würde. Er würde es begrüßen, wenn die Zuckerrübenpreiserhöhung zeitlich mit einer evtl. Kalipreiserhöhung durchgeführt werden könnte. Dann seien die geringsten Schwierigkeiten von seiten der Landwirtschaft zu erwarten.

Der Kabinettsausschuß vertritt überwiegend die Auffassung, daß die vorgesehene Preiserhöhung für Zuckerrüben nicht zu einer Erhöhung des Zuckerpreises führen dürfte.

Der Kabinettsausschuß beschließt, die Frage der Erhöhung des Zuckerrübenpreises bereits in der nächsten Kabinettssitzung im Zusammenhang mit der Kalipreiserhöhung zur Beratung zu stellen[13].

[B. FÖRDERUNG DES NACHWUCHSES IN DER BUNDESVERWALTUNG] BMI

Der *Vizekanzler* betont erneut die Notwendigkeit, Entscheidendes zur Frage der Nachwuchsförderung in der Bundesverwaltung zu tun. Es zeige sich laufend, insbesondere bei der Zusammenstellung deutscher Delegationen für internationale Verhandlungen, daß der Personalmangel geradezu erschreckend sei. Hierzu teilt *Staatssekretär Hartmann* mit, daß diese Frage bereits in den nächsten Tagen

---

[11] In dem Schreiben vom 12. März 1952 an den Präsidenten des Zentralverbandes verwahrte sich Erhard gegen den Vorwurf einer restriktiven Kreditpolitik und wies auf die verschiedenen Unterstützungsprogramme der Bundesregierung für das mittelständische Gewerbe hin, die sich nach seinen Schätzungen auf insgesamt 214,86 Millionen DM beliefen (B 136/7577).

[12] Vgl. TOP 1 dieser Sitzung.

[13] Fortgang 221. Kabinettssitzung am 20. Mai 1952 TOP 2 (Kabinettsprotokolle 1952, S. 336) und 23. Ausschußsitzung am 30. Juli 1952 TOP 4.

in einem kleineren Kreise zur Erörterung vorgesehen sei. Hierbei wolle man sich insbesondere darüber unterhalten, welche Maßnahmen ergriffen werden müßten, um den Bundesdienst attraktiver zu gestalten[14].

[14] Siehe 16. Ausschußsitzung am 17. Jan. 1952 TOP C. – Unterlagen in B 106/7217. – Mit Schreiben vom 9. Juli 1952 forderte das BMI die obersten Bundesbehörden und die Länder zu Stellungnahmen auf. Der Entwurf einer „Denkschrift über die Gewinnung von Nachwuchskräften für den öffentlichen Dienst" vom 9. März 1953 enthielt Empfehlungen und Vorschläge, die auch bei der im Bundesbeamtengesetz vom 14. Juli 1953 (BGBl. I 551) vorgenommenen Neuregelung des Beamtenrechts Berücksichtigung fanden. – Fortgang 208. Kabinettssitzung am 18. März 1952 TOP B (Kabinettsprotokolle 1952, S. 180) und 23. Ausschußsitzung am 30. Juli 1952 TOP C.

19. Sitzung des Kabinettsausschusses für Wirtschaft am Freitag, den 14. März 1952

Teilnehmer: Blücher, Erhard; Hartmann, Sonnemann, Sauerborn; Graf [BMWi], von Maltzan [BMWi], Müller-Graaf (BMWi), Becker (AA), Sachs (BMM), Seib (BMM). Protokoll: Pühl.

Ort: Haus Carstanjen

Beginn: 16.30 Uhr *Ende: 17.30 Uhr*

Tagesordnung[1]:

1. *Beratung über eine deutsche Erklärung zur Liberalisierung (75%)*
   Ohne Vorlage.
2. *MSA-Wirtschaftshilfe im Jahre 1951/52*
   Vorlage des BMM vom 13. März 1952 (K 4a/16).

1. BERATUNG ÜBER EINE DEUTSCHE ERKLÄRUNG ZUR LIBERALISIERUNG (75%)
BMM

Einleitend referiert Ministerialdirektor Dr. von Maltzan wie folgt: Die günstige Position der Bundesrepublik in der EZU lasse nicht mehr länger eine Sonderregelung für Deutschland hinsichtlich der Liberalisierungsquote zu[2]. Er habe die Überzeugung gewonnen, daß eine Liberalisierung bis zu 75% erforderlich sei. Man müsse damit rechnen, daß nach Überprüfung der deutschen Zahlungsbilanzsituation von seiten der OEEC bis zum 26.3. eine Empfehlung erfolgen müsse, die Liberalisierungsquote zu erhöhen. Einzelne Länder aus dem EZU-Raum hätten bereits

[1] Gemäß Einladung vom 12. und 13. März 1952.

[2] Vgl. 4. Ausschußsitzung am 28. Mai 1951 TOP 3. – Die Europäische Zahlungsunion war ein multilaterales Verrechnungs- und Kreditsystem der Länder der OEEC, mit dem eine zunehmende Befreiung des Außenhandels von der Devisenbewirtschaftung angestrebt wurde. Im Kodex der Liberalisierung hatten sich die Mitgliedsländer verpflichtet, ihren innereuropäischen Warenverkehr zunächst um 60% zu liberalisieren und diesen Prozentsatz nach ihren wirtschaftlichen Möglichkeiten weiter zu erhöhen. Ende Februar 1952 belief sich der kumulative Überschuß der deutschen Zahlungsbilanz innerhalb der EZU auf 100 Millionen Dollar. Der interministerielle Handelspolitische Ausschuß hatte daher am 11. März 1952 beschlossen, die Wareneinfuhr noch weiter zu liberalisieren und den Kabinettsausschuß für Wirtschaft davon zu unterrichten. Er hatte empfohlen, der OEEC einen ab 1. Mai 1952 wirksamen Liberalisierungsprozentsatz von 75% statt der ursprünglich vorgesehenen 70% vorzuschlagen (Protokoll in B 146/788). Noch ein Jahr zuvor hatte sich die Bundesregierung gezwungen gesehen, aufgrund der starken Schuldnerposition die im Liberalisierungskodex der OEEC-Mitgliedsstaaten vorgesehene stufenweise Freigabe des Warenhandels vorübergehend auszusetzen und eine Sonderregelung für den „deutschen Fall" innerhalb der EZU einzuräumen. Vgl. dazu 130. Kabinettssitzung am 21. Febr. 1951 TOP B (Kabinettsprotokolle 1951, S. 169f.).

bis zu 100% liberalisiert. Ministerialdirektor Dr. von Maltzan führt weiterhin aus, daß für die Durchführung einer Erhöhung der Liberalisierungsquote zwei Wege gegangen werden könnten: Entweder die Bundesregierung ergreift die Initiative und erhöht von sich aus spontan die Liberalisierungsquote auf 75% oder die Bundesregierung wartet eine entsprechende Empfehlung der OEEC ab. Bei der gegenwärtigen Sachlage sei mit Bestimmtheit die Empfehlung einer Erhöhung auf 75% zu erwarten.

Eine spontane Erhöhung der Liberalisierungsquote habe folgende Vorteile:

a) es könnten folgende drei Anträge mit Aussicht auf Erfolg gestellt werden:

1.) Erteilung der Ausnahmegenehmigung für gewisse Waren der liste commune[3],

2.) Aussetzung der Verpflichtung zur Liberalisierung des Reiseverkehrs[4],

3.) Verschiebung der Verpflichtung zur Konsolidierung;

b) der Handel im EZU-Raum würde wieder rascher in Gang kommen;

c) die Reformvorschläge der liste commune könnten rascher realisiert werden;

d) ein solcher Schritt würde zur politischen Stärkung der OEEC beitragen.

Der andere Weg, eine Empfehlung der OEEC abzuwarten, habe folgende Vorteile:

a) die Bundesrepublik kann ihre Bedenken gegen eine übermäßige Liberalisierung stärker geltend machen;

b) die Frage der Schuldenregelung könnte zur Sprache gebracht werden[5];

c) ein solches Verfahren sei psychologisch günstig gegenüber der innerdeutschen Wirtschaft.

Ministerialdirektor Dr. von Maltzan glaubt trotzdem, dem Kabinettsausschuß vorschlagen zu sollen, den Weg einer spontanen Erhöhung auf 75% zu wählen. Man solle jedoch diesen Schritt mit einer ausführlichen Erläuterung begleiten, in der die deutschen Vorbehalte und Bedenken vorgetragen würden. Zur formellen Seite bemerkt *Ministerialdirektor Dr. von Maltzan*, daß man den deutschen Vorschlag schriftlich oder mündlich unterbreiten könne.

---

[3] In der jeweils aktualisierten „Liste Commune" waren diejenigen Produkte aufgeführt, die im Warenverkehr unter den Mitgliedsländern der OEEC keinen Beschränkungen mehr unterlagen. Liste vom 22. Jan. 1952 in BAnz Nr. 19 vom 29. Jan. 1952, S. 1.

[4] Im Sommer 1951 betrug das deutsche Reisekontingent für die OEEC-Länder 7,5 Millionen DM, es sollte für das Sommerhalbjahr 1952 auf 12 Millionen DM erhöht werden. Vgl. dazu Schreiben des BMM vom 20. März 1952 an die deutsche Vertretung bei der OEEC in B 146/526.

[5] Der Leiter der deutschen Delegation bei der Londoner Schuldenkonferenz hatte sich gegen eine Erhöhung auf 75% ausgesprochen, da dies seine Verhandlungsposition schwächen würde. Vgl. dazu 207. Kabinettssitzung am 14. März 1952 TOP C (Kabinettsprotokolle 1952, S. 173 f.).

Der Kabinettsausschuß schließt sich dem Votum Dr. v. Maltzans an und bittet den Vizekanzler, anläßlich der Sitzung des Ministerrates der OEEC am 27. 3. 1952 das deutsche Angebot mündlich vorzutragen. *Staatssekretär Dr. Sonnemann* bemerkt zu diesem Beschluß, daß die Verantwortung für die Richtigkeit des in Vorschlag gebrachten Weges der Vizekanzler tragen müsse. Er habe weiterhin den Auftrag, namens des Bundesministers für Ernährung, Landwirtschaft und Forsten die Bitte auszusprechen, daß eingehend geprüft werden soll, ob die im Rahmen der Marktordnungsgesetze eingeführten Waren auf die Liberalisierung angerechnet werden könnten[6].

Der Kabinettsausschuß beschließt, daß diese Frage nochmals grundsätzlich im Einvernehmen mit der Bundesvertretung in Paris geprüft werden soll.

Der Kabinettsausschuß ist sich darüber einig, daß als Zeitpunkt des Inkrafttretens der neuen Liberalisierungsquote der 1. Mai 1952 vorgesehen werden soll[7].

2. MSA-WIRTSCHAFTSHILFE 1951/52 BMM

Der *Vizekanzler* berichtet über das Schreiben des Leiters der MSA-Mission[8]. Demnach betrage die endgültige Wirtschaftshilfe für das Jahr 1951/52 106 Mio $. Von diesem Betrag werden 16,9 Mio $ in Form einer Anleihe gegeben, während der überwiegende Betrag als direkte Zuwendung zur Verfügung gestellt wird. Die Frage, ob für diese Anleiheaufnahme ein besonderer gesetzgeberischer Akt erforderlich sei, sei bereits eingehend geprüft worden; es sei dies nach den bisherigen Feststellungen nicht erforderlich. Der *Vizekanzler* schlägt vor, den Ministerialdirektor Podeyn[9] mit der Führung der Verhandlungen zu beauftragen.

Der Kabinettsausschuß ist damit einverstanden.

Was die Frage der Behandlung der haushaltsrechtlichen Seite der Anleiheaufnahme anbelangt, so will *Staatssekretär Hartmann* diese Frage nochmals eingehend in seinem Hause prüfen lassen[10].

---

[6] Zu der von Sonnemann angesprochenen Problematik vgl. Vermerk des BML vom 19. Nov. 1951 in B 146/525.

[7] Am 20. März 1952 teilte die deutsche Vertretung dem Generalsekretariat der OEEC den Beschluß der Bundesregierung schriftlich mit, zum 1. Mai 1952 eine auf 75% erweiterte Liberalisierung durchzuführen. Unterlagen zur Entstehung der Erklärung in B 146/526 und zur Liberalisierungsliste in B 146/859 und 860 sowie B 102/11137. – Bekanntmachung über die Aufhebung von mengenmäßigen Beschränkungen bei der Einfuhr von Waren aus den Mitgliedsländern der Organisation für Europäische Wirtschaftliche Zusammenarbeit und der von ihnen abhängigen überseeischen Gebiete vom 27. März 1952 (Beilage zu BAnz Nr. 64 vom 1. April 1952). – Fortgang 212. Kabinettssitzung am 1. April 1952 TOP D (Kabinettsprotokolle 1952, S. 222).

[8] Vorlage des BMM vom 13. März 1952 in B 146/170. – In dem der Vorlage beigefügten Schreiben vom 12. März 1952 berichtete der Leiter der Mutual Security Agency (MSA), der Nachfolgeorganisation für das European Recovery Program (ERP), über den Umfang der Dollarhilfe bis zum Ablauf des Rechnungsjahres 1951/52 am 30. Juni 1952.

[9] Hans Carl Podeyn (1894–1965). 1949 stellvertretender Leiter der deutschen ECA-Mission und nachfolgend deutscher Vertreter beim Amt für Gemeinsame Sicherheit (MSA) und Amt für Auslandstätigkeit (FOA) in Washington, 1954–59 Botschafter in Pakistan.

[10] Am 7. April 1952 legte das BMM einen Gesetzentwurf über die Aufnahme einer Anleihe in Höhe von 16,9 Millionen US-Dollar zur Beschlußfassung im Umlaufverfahren vor (B 146/170 und B 136/6581). – BR-Drs. 164/52, BT-Drs. 3333, Gesetz über die Aufnahme ei-

Außerhalb der Tagesordnung

[A. ERSTE DURCHFÜHRUNGSVERORDNUNG ZUM INVESTITIONSHILFEGESETZ]

BMF

Staatssekretär Hartmann teilt dem Kabinettsausschuß mit, daß das Kabinett seinerzeit bei der Beratung der Ersten Durchführungsverordnung zum Investitionshilfegesetz beschlossen habe, keine Sonderanträge einzelner Interessentengruppen zu berücksichtigen, sondern den Weg über die Gleitklausel zu wählen[11]. Nunmehr habe der Bundesrat[12] am heutigen Vormittag auf Antrag des Agrar-Ausschusses beschlossen, daß die von Seiten der Ernährungswirtschaft gestellten Sonderanträge berücksichtigt werden sollten. Hiergegen beständen schwerwiegende Bedenken und zwar

1.) weil hierdurch ein gefährliches Präjudiz geschaffen würde und

2.) weil im Hinblick darauf, daß die Verordnung aus formellen Gründen der Zustimmung des Bundesrates[13] bedürfe, eine weitere Verzögerung hinsichtlich des Inkrafttretens der Verordnung zu befürchten sei.

Der Kabinettsausschuß schließt sich diesen Bedenken an und beschließt, die Angelegenheit dem Kabinett am Dienstag, den 18. März 1952, erneut zur Beratung vorzulegen[14].

---

nes Kredits durch den Bund im Rahmen der von den Vereinigten Staaten gewährten Wirtschaftshilfe vom 23. Mai 1952 (BGBl. I 301).

[11] Siehe 17. Ausschußsitzung am 21. Febr. 1952 und 205. Kabinettssitzung am 28. Febr. 1952 TOP 2 (Kabinettsprotokolle 1952, S. 137).

[12] Ursprünglich lautete der Protokolltext: „Nunmehr habe der Agrar-Ausschuß des Bundesrates gefordert ...“. Die Korrektur wurde aufgrund des Einspruchs von Hartmann vom 19. März 1952 vorgenommen.

[13] Im Text ursprünglich „Bundestag“. Aufgrund des Einspruchs von Hartmann korrigiert.

[14] Stellungnahme des BMF vom 15. März 1952 zu den Änderungsvorschlägen des Bundesrates in B 126/11992. – Fortgang 209. Kabinettssitzung am 21. März 1952 TOP 4 (Kabinettsprotokolle 1952, S. 186). – Erste Durchführungsverordnung vom 5. April 1952 (BGBl. I 232).

20. Sitzung des Kabinettsausschusses für Wirtschaft am Mittwoch, den 2. April 1952

Teilnehmer: Blücher, Erhard, Niklas; Hartmann, Sonnemann, Sauerborn, Frohne; Horlacher, Müller, Preusker, Faßbender, Tobaben, Revenstorff; Reinhardt (BMWi), Louis (BMWi), Becker (AA). Protokoll: Pühl.

Ort: Haus Carstanjen

Beginn: 8.30 Uhr *Ende: 10.45 Uhr*

Tagesordnung[1]*:*

1. *Agrarpreise – Ernährungs- und Vorratslage*
   Ohne Vorlage.
2. *Zolländerungen*
   Ohne Vorlage.

1. AGRARPREISE – ERNÄHRUNGS- UND VORRATSLAGE BML

und

2. ZOLLÄNDERUNGEN BMF

Die Punkte 1. und 2. wurden gemeinsam behandelt. Hierbei wurden zwei Fragen zur Erörterung gestellt:

1.) Entwurf einer zweiten Verordnung über Zolländerungen.

Der *Vizekanzler* teilt mit, daß auf Wunsch der landwirtschaftlichen Abgeordneten der Koalitionsparteien über den Entwurf einer zweiten Verordnung über Zolländerungen, der unter dem 20. 3. 1952 dem Bundestag zugeleitet wurde, nochmals beraten werden soll. Es seien seit der Beschlußfassung des Kabinetts über diese Vorlage grundlegende preisliche Veränderungen eingetreten, die es notwendig machten zu prüfen, ob und inwieweit die Vorlage noch den gegebenen Verhältnissen entspreche[2].

Bundesminister Niklas bemerkt hierzu, daß sich die Agrarpreissituation gegenüber Ende vorigen Jahres in der Tat entscheidend geändert habe. Es sei besonders auf dem Gebiet der Schweinepreise ein erheblicher Preis[ver]fall bis zur Rentabilitätsgrenze zu beobachten. Es müsse daher geprüft werden, ob die Vorlage in der vom Kabinett beschlossenen Form aufrechterhalten bleiben könne. Diese Auf-

---

[1] Gemäß Einladung vom 26. März 1952.

[2] Siehe 200. Kabinettssitzung am 5. Febr. 1952 TOP 2 (Kabinettsprotokolle 1952, S. 95). – Vorlage des BMF vom 26. Jan. 1952 in B 126/11394 und B 136/366, BT-Drs. 3187. – Vorgesehen war eine befristete Senkung der Zollsätze für Nahrungsmittel. Sie sollte vor allem dazu dienen, die Preisauftriebstendenzen in der Bundesrepublik zu dämpfen.

fassung wird von allen in der Sitzung erschienenen Bundestagsabgeordneten unterstützt.

Demgegenüber weist *Ministerialdirigent Reinhardt* im Auftrage des Bundesministers für Wirtschaft darauf hin, daß die in der Vorlage enthaltenen Zollsenkungen Dänemark seinerzeit anläßlich der Handelsvertragsverhandlungen zugesagt worden seien. Dänemark erwarte daher, daß sich die Regierungsparteien hinter diese Zusage der Bundesregierung stellten. Bei Nichteinhaltung dieser Zusage seien nicht nur wirtschaftliche, sondern politische Auswirkungen zu befürchten. Der Bundeswirtschaftsminister lege daher größten Wert darauf, Dänemark zollpolitisch entgegen zu kommen[3].

Der *Abgeordnete Faßbender* teilt mit, daß der Schweinepreis seit Ende des vorigen Jahres bis heute von 155,– auf 110,– DM abgesunken sei. Die Preise konnten bisher nur durch entsprechende Käufe der Einfuhr- und Vorratsstelle gehalten werden. Weitere Preisstürze seien jedoch im Hinblick auf die politische Radikalisierungsgefahr nicht zu vertreten. Er müsse daher die Bundesregierung dringend warnen, an der Vorlage festzuhalten.

Bundesminister Erhard bringt in Erinnerung, daß zur Zeit der Handelsvertragsverhandlungen mit Dänemark die Schweinepreise so hoch lagen, daß man einen solchen Preisfall nicht voraussehen konnte. Man müsse jetzt einen Weg finden, um mit Dänemark zurecht zu kommen. Er denke hierbei im besonderen an Vorratskäufe aus Dänemark ohne Zollsenkung.

Der *Abgeordnete Faßbender* bemerkt hierzu, daß nach seinen Informationen Betriebsmittel für Vorratskäufe nicht vorhanden seien. Es sei im übrigen nicht die Garantie gegeben, daß der Schweinepreis hierdurch gehalten werden könne.

Staatssekretär Dr. Sonnemann ergänzt diese Ausführungen, indem er feststellt, daß bisher die Vorratspolitik der Einfuhr- und Vorratsstelle durch die Haltung des Bundesfinanzministers erheblich erschwert worden sei. Der Bundesfinanzminister habe insbesondere die Forderung erhoben, daß etwaige Gewinne der Vorratsstelle zu Gunsten des Fiskus abgeschöpft werden und nicht zur Deckung von Verlusten Verwendung finden sollen.

Es ist die überwiegende Meinung, daß eine Aktivierung der Einfuhr- und Vorratsstelle erforderlich ist. Es wird daher erwogen, daß sich in den nächsten Wochen Vertreter der Bundesregierung und landwirtschaftliche Abgeordnete der Koalitionsparteien über diese Frage aussprechen und nach Lösungen suchen sollen, die ein einwandfreies Funktionieren der Einfuhr- und Vorratsstelle gewährleisten.

---

[3] Die Zollsenkung sollte für den deutsch-dänischen Handelsvertrag bis zum 30. Juni 1952 gelten. Dies entsprach einer Zusage des BMWi bei den deutsch-dänischen Handelsvertragsverhandlungen, Fleischeinfuhren aus Dänemark zu begünstigen. Vgl. dazu 192. Kabinettssitzung am 14. Dez. 1951 TOP A (Kabinettsprotokolle 1951, S. 817). Das Handelsabkommen vom 17. Dez. 1951 sah für das Jahr 1952 einen Warenaustausch in Höhe von ca. 1 Milliarde DM vor. Runderlaß Außenwirtschaft Nr. 68/52 betreffend Dänemark, Warenabkommen zwischen der Bundesrepublik Deutschland und dem Königreich Dänemark für das Kalenderjahr 1952 (BAnz Nr. 102 vom 29. Mai 1952, S. 1). – In seiner Vorlage vom 22. Febr. 1952 hatte sich das BMWi aus handelspolitischen Gründen für eine Senkung des Butterzolls von 25 auf 15% ausgesprochen, während das BML in seiner Vorlage vom 8. März 1952 im Interesse der Landwirtschaft für die Beibehaltung des 25%igen Einfuhrzolls plädierte (B 126/11394 und B 136/366).

Hierbei soll insbesondere die Frage des Gewinn- und Verlustausgleichs der Vorratsstelle behandelt werden[4].

Der *Vizekanzler* stellt zusammenfassend fest, daß der Bundeswirtschaftsminister anläßlich der Handelsvertragsverhandlungen Dänemark zugesagt habe, die gewünschten Zollsenkungen beim Bundestag zu vertreten. Dieses Versprechen habe die Bundesregierung mit ihrer Beschlußfassung über den Verordnungsentwurf und die Weitergabe an das Parlament gehalten. Die veränderten Verhältnisse verlangten jedoch eine Revision der Haltung der Bundesregierung. Es sei für die Bundesregierung schwierig, die Vorlage einfach zurückzuziehen. Er bittet daher den Bundestagsabgeordneten Horlacher, sich im Ältestenrat dafür einzusetzen, daß alle Zollvorlagen von der Tagesordnung abgesetzt werden, damit die Bundesregierung innerhalb der nächsten Wochen Zeit gewinne, um Mittel und Wege zu suchen, wie man mit dem Problem fertig werden kann. Hierbei würde es erforderlich werden, mit Dänemark Verhandlungen aufzunehmen, ob und in welchem Umfang man Schweine importieren kann. Als Fernziel müßte die endgültige Klärung über die Arbeitsweise der Einfuhr- und Vorratsstelle herbeigeführt werden.

Diese Auffassung wird von allen Anwesenden gebilligt[5].

2.) Butterexport nach England.

Bundesminister Niklas teilt mit, daß mit England über den Export von 1500 t Butter verhandelt worden sei. Diese Butter soll jedoch nicht aus der Butter-Reserve entnommen werden, sondern müßte besonders hergestellt werden. England sei bereit, einen Betrag von 3,65 DM je kg zu zahlen, während die Molkereien zu einem Abgabepreis von 5,20 DM bereit seien. Es seien daher Subventionen in Höhe von rd. 2,2 Mio DM erforderlich. Dieser Betrag könne durch Schmalzimporte aus England oder Holland aufgebracht werden, die verbilligt eingekauft, jedoch zum normalen Inlandspreis abgesetzt würden. Der Kabinettsausschuß müsse sich darüber klar werden, ob man einer solchen Maßnahme zustimmen könne oder nicht[6].

Der *Vizekanzler* stellt im Laufe der Beratungen fest, daß eine besondere Entscheidung des Kabinettsausschusses, ob dieses Geschäft getätigt werden kann oder

---

[4] Die Einfuhr- und Vorratsstellen hatten die Aufgabe, Importe im Ernährungsbereich auf den Inlandsmarkt abzustimmen, saisonale Marktschwankungen aufzufangen und durch Vorratshaltung eine gleichmäßige Versorgung sicherzustellen. Vgl. dazu 23. Ausschußsitzung am 30. Juli 1952 TOP 2.

[5] Die Bundesregierung zog ihren Entwurf zurück (BT-Drs. 3321). Fortgang dazu 214. Kabinettssitzung am 22. April 1952 TOP E (Kabinettsprotokolle 1952, S. 239). – Einen Kompromißvorschlag des BMWi für die Verhandlungen mit Dänemark lehnte das Kabinett ab. Vgl. dazu 221. Kabinettssitzung am 20. Mai 1952 TOP D (Kabinettsprotokolle 1952, S. 343). – Die dänische Regierung brach daraufhin die Verhandlungen ab, sie erteilte ihrerseits keine Einfuhrlizenzen mehr für deutsche Fertigwarenprodukte. Der Bundesrepublik entstand dadurch ein Exportverlust in Höhe von ca. 80 Millionen DM. (Vgl. dazu Schreiben das BMWi vom 4. Juli 1952 in B 136/1258, weitere Unterlagen dazu in B 102/58083).

[6] Siehe 210. Kabinettssitzung am 25. März 1952 TOP C (Kabinettsprotokolle 1952, S. 190f.). – Mit Schreiben vom 26. März 1952 an den Bundeskanzler hatte sich Niklas für diese Maßnahme eingesetzt, mit der Begründung, daß mit ihr der Butterüberhang beseitigt und bei der Einfuhr- und Vorratsstelle neue Reserven für die Frühjahrsproduktion geschaffen werden könnten (B 136/8709).

nicht, sich erübrige, da das Auswärtige Amt bereits bindende Zusagen England gegenüber gemacht habe.

Dr. Becker vom Auswärtigen Amt teilt hierzu mit, daß Staatssekretär Dr. Hallstein ihm im Anschluß an die Beratung dieser Frage im Kabinett am 25. 3. mitgeteilt habe, daß das Kabinett sich für das Geschäft entschieden habe. Er habe in diesem Sinne den deutschen Botschafter in Großbritannien, Herrn Schlange-Schöningen[7], unterrichtet. Das Geschäft sei nunmehr abgeschlossen, man könne ohne schwere politische Rückschläge nicht mehr zurück. Im übrigen sei zu bemerken, daß das Geschäft bereits am 10. 3. 1952, also vor der Beratung im Kabinett, unterzeichnet worden sei[8].

Staatssekretär Dr. Sonnemann betont, daß er seinen Referenten bisher stets die Weisung gegeben habe, diesem Geschäft nur dann zuzustimmen, wenn es als echtes Gegenseitigkeitsgeschäft unter der Voraussetzung, daß die Exportverluste aus entsprechenden Gegenlieferungen außerhalb der Einfuhr- und Vorratsstelle abgefangen werden könnten, abgeschlossen würde. Seitdem man im Bundesernährungsministerium erkannt habe, daß dies nicht möglich sei, habe man sich dort zurückgehalten. Die Bundestagsabgeordneten vertraten einstimmig die Auffassung, daß ein solches Geschäft aus innerpolitischen Gründen völlig untragbar sei und daß, wenn der Abschluß dieses Geschäftes bekannt würde, es zu erheblichen Angriffen gegen die Bundesregierung kommen könne. Es sei nicht zu vertreten, daß der deutsche Konsument den englischen Konsumenten subventioniere. Auf die Frage des *Vizekanzlers*, wie es überhaupt dazu kommen konnte, daß ein deutscher Exporteur auf dieser Grundlage mit England verhandeln konnte, gibt *Staatssekretär Dr. Sonnemann* einen kurzen Überblick. Danach ist der in Frage kommende Butterexporteur seinerzeit an das zuständige Referat im Bundesernährungsministerium herangetreten und hat mitgeteilt, daß der Butterexport möglich sei. Dies habe man dort zur Kenntnis genommen. In den Preisverhandlungen sei er jedoch auf den dänischen Preis (3,65 DM) herabgedrückt worden. Auf Rückfrage habe man dem Exporteur im Ernährungsministerium erklärt, daß die Preisdifferenz nur durch ein Gegenseitigkeitsgeschäft aufgefangen werden könne, und daß der öffentlichen Hand keine Verluste entstehen dürften. Er, *Staatssekretär Sonne-*

[7] Dr. Hans Schlange-Schöningen (1886–1960). 1924–1932 MdR (Deutschnationale Volkspartei), 1931–1932 Reichsminister ohne Geschäftsbereich und Reichskommissar für die Osthilfe, 1949 MdB (CDU), 1950–1953 Generalkonsulat und 1953–1955 Botschafter in London.

[8] Auf Antrag Beckers vom 7. April 1952 war zu diesem Absatz folgende „Ergänzung bzw. Berichtigung" vom 9. April 1952 beigefügt: „Dr. Becker vom Auswärtigen Amt erwidert hierauf, der Vertrag sei laut Bericht des Generalkonsulats London vom 10. März bereits Anfang März in London abgeschlossen worden. Auf Ersuchen des Bundesernährungsministeriums habe der Leiter der Wirtschaftsabteilung des Generalkonsulats der Unterzeichnung beigewohnt und dabei die Erklärung abgegeben, der Vertrag habe die Zustimmung der Bundesregierung. Nach der Kabinettssitzung am 25. 3. sei von Staatssekretär Hallstein geäußert worden, das Kabinett habe über das Geschäft im Sinne der Vertragstreue entschieden. Da auch der zuständige Referent des Bundesernährungsministeriums bestätigt habe, daß das Geschäft nunmehr durchgeführt werde, habe er Generalkonsul Schlange-Schöningen in diesem Sinne telefonisch unterrichtet. Nach Auffassung des Auswärtigen Amtes könne man von dem Vertrag nicht mehr zurücktreten, ohne schweren außenpolitischen und handelspolitischen Schaden zu verursachen."

mann, habe bisher nicht erfahren können, wie es möglich sei, daß das Geschäft nun doch auf anderer Basis zustande gekommen wäre.

Staatssekretär Hartmann spricht sich sehr bestimmt gegen dieses Geschäft aus und betont ausdrücklich, daß sich das Bundesfinanzministerium seine Stellungnahme dazu noch vorbehalten müsse[9]. Auch *Staatssekretär Dr. Sauerborn* kann dem Geschäft unter keinen Umständen zustimmen.

Bundesminister Erhard bemerkt hierzu, daß man sich auf den Boden der Tatsachen stellen müsse. Das Geschäft müsse abgewickelt werden, jedoch müßten Wege gefunden werden, die eine Belastung der öffentlichen Hand vermeiden.

Bundesminister Niklas stellt ausdrücklich fest, daß er die Verantwortung für dieses Geschäft ablehne. Abschließend stellt der *Vizekanzler* fest, daß Übereinstimmung darüber bestehe, daß das Geschäft abgeschlossen werden müsse [10].

Im Hinblick auf die politische Bedeutung der Angelegenheit bittet der *Vizekanzler* um streng vertrauliche Behandlung.

---

[9] Für den Unterschiedsbetrag sollte die Einfuhr- und Vorratsstelle aufkommen. Nach Ansicht des BMF handelte es sich dabei um öffentliche Mittel, für die das BMF zuständig sei, über Abschöpfungsgewinne könne die Stelle nicht selbst verfügen, sie seien an die Bundeskasse abzuführen (Schreiben des BMF vom 26. März 1952 in B 136/8709).

[10] Folgender Satz wurde in der „Ergänzung bzw. Berichtigung" vom 9. April 1952 gestrichen: „Er bittet jedoch Dr. Becker, Staatssekretär Prof. Dr. Hallstein von der Auffassung des Kabinettsausschusses Kenntnis zu geben und ihn zu bitten, dafür Sorge zu tragen, daß in Zukunft durch entsprechende Maßnahmen eine Wiederholung derartiger Fälle vermieden werde." – Das BMF strengte ein Disziplinarverfahren an, da vollendete Tatsachen geschaffen worden seien, obwohl das Kabinett noch keine Entscheidung getroffen habe. Unterlagen dazu in B 136/8709.

21. Sitzung des Kabinettsausschusses für Wirtschaft am Mittwoch, den 9. April 1952

Teilnehmer: Erhard (Vorsitz), Seebohm; Westrick, Hartmann, Sauerborn; Bernard [BdL], Staab [BML], Rust [BMWi], Winkelstern (BML), Schrötter (BMV), Michaelis (BMWi), Feldmann (BMF). Protokoll: Pühl.

Ort: Bundesministerium für Wirtschaft

Beginn: 9.30 Uhr *Ende: Gegen 11 Uhr*

Tagesordnung[1]*:*

Aussprache über die Preisgestaltung für Kohle, Stahl, Schrott und Holz.

[1.] AUSSPRACHE ÜBER DIE PREISGESTALTUNG FÜR KOHLE, STAHL, SCHROTT UND HOLZ BMWi

Es wird in der Sitzung lediglich über die Erhöhung des Kohlenpreises beraten. Der Beratung liegt die Kabinettsvorlage des Bundeswirtschaftsministers vom 7. 4. 1952 betr. Entwurf einer Verordnung PR Nr. .../52 zur Änderung der Anordnung über Preise für Steinkohle, Steinkohlenkoks und Steinkohlenbriketts aus den Revieren Ruhr, Aachen und Niedersachsen sowie für Oberbayerische Pechkohle und Gaskoks vom 30. 7. 1948 vom ... April 1952 zu Grunde.

Bundesminister Erhard weist einleitend auf die Notwendigkeit einer baldigen Preisneuregelung für die Kohle hin. Er schlägt eine Erhöhung des Kohlenpreises um 10,– DM pro t vor[2].

Bundesminister Seebohm erklärt, daß die Verkehrsträger, insbesondere die Bundesbahn und die nichtbundeseigenen Eisenbahnen, die Binnen- und Seeschiffahrt und die Straßenbahnen von der geplanten Preiserhöhung besonders hart betroffen würden. Nach seiner Auffassung sei es diesen Verkehrsträgern nicht zuzumuten, die Mehrbelastung aufzufangen, eine Tariferhöhung sei daher nicht zu vermeiden. Er denke an eine lineare Erhöhung der Gütertarife um 20%. Eine Abwälzung der Preiserhöhung allein auf die Kohlentarife sei nicht möglich, weil hierdurch eine zu große Belastung der frachtungünstigen Länder des Bundesgebietes eintreten würde. Leider würde durch die Tariferhöhung das inzwischen hergestellte Gleichgewicht zwischen der Straße und der Schiene erneut gestört. Die

[1] Gemäß Einladung vom 8. April 1952.

[2] Vorlagen des BMWi vom 7. und 9. April 1952 in B 102/34007 und B 136/2437. – Die vom BMWi vorgeschlagenen Preiserhöhungen sollten den Anteil der Einnahmen an der Deckung der Produktionskosten erhöhen und die Kohlepreise einer freien Marktpreisbildung näherbringen. Ferner war angestrebt, die durch unterschiedliche Preisvorschriften für bestimmte Verbrauchergruppen gekennzeichnete Marktspaltung zu beseitigen und damit eine mit Ausnahme der privaten Hausbrandversorgung einheitliche Preisregelung zu erreichen.

Folge davon sei eine erhebliche Ausweitung und Überlastung des Straßenverkehrs. Eine Tariferhöhung könne man nur vermeiden, wenn sich das Bundeswirtschaftsministerium bereit fände, die Verkehrsträger von der Erhöhung der Steinkohlenpreise allgemein auszunehmen, oder mindestens die gesamte Lokomotiv-Dienst-Kohle von der Preiserhöhung zu befreien[3].

Staatssekretär Dr. Westrick erwidert hierauf, daß die Kohle seit Jahren die gesamte Wirtschaft praktisch subventioniert habe. Die Heranführung des Preises zumindest an die Kosten sei daher überfällig. Die Marktspaltung habe sich zwar bewährt, sei jedoch heute nicht mehr tragbar im Hinblick auf die übermäßige Belastung einzelner Wirtschaftszweige. Er habe daher auch große Bedenken gegen die Sonderbehandlung einzelner Bedarfsträger wie der Bundesbahn. Er müsse darauf hinweisen, daß eine weitere Steigerung der Förderung nur über eine Preiserhöhung zu erreichen sei. Die Preiserhöhung sei daher nicht zu vermeiden. Hinsichtlich der Bundesbahn müßten Wege gesucht werden, um die Mehrbelastung tragbar zu gestalten. Er könne die Bedenken des Bundesverkehrsministers nicht teilen, daß im Falle einer Gütertariferhöhung eine Abwanderung auf die Straße zu befürchten sei, weil durch die Preiserhöhung eine Fördersteigerung für Kohle zu erwarten sei, die trotz etwaiger Abwanderung auf den Straßenverkehr eine volle Beschäftigung der Bundesbahn sichere. Hierzu bemerkt der *Bundesminister für Verkehr*, daß nach den bisherigen Erfahrungen im wesentlichen gerade die hochwertigen Güter auf die Straße abwandern würden, wodurch die Ertragslage der Bundesbahn im besonderen Maße beeinträchtigt würde. *Staatssekretär Hartmann* erklärt, daß der Bundesminister der Finanzen grundsätzlich bereit sei, die Kohlenpreiserhöhung zu unterstützen. Er müsse sich jedoch den vom Bundesverkehrsminister vorgetragenen Bedenken anschließen. Nach seiner Meinung komme man um eine Tariferhöhung nicht herum. Der Bundesfinanzminister halte weiterhin eine Erhöhung um 10,– DM für nicht gerechtfertigt. Er sei der Meinung, daß eine Preiserhöhung um 8,– DM, also ohne Einbeziehung einer Investitionsrate, ausreiche. Hierzu bemerkt *Dr. Michaelis*, daß die Auffassung des Bundesfinanzministers auf einer überhöhten Berechnung basiere. Man habe inzwischen eine Preiserhöhung um 11,60 DM errechnet. Trotzdem wolle man nur eine Preiserhöhung um 10,– DM in Vorschlag bringen. *Staatssekretär Hartmann* stellt hierzu fest, daß vermutlich mit Auslauf des Investitionshilfegesetzes eine weitere Kohlenpreiserhöhung erforderlich würde, um dem Bergbau über den Preis Investitionsmittel zuzuführen. Dies wird von dem Vertreter des Bundeswirtschaftsministeriums bejaht.

Ministerialdirektor Dr. Staab macht für das Bundesernährungsministerium zwei Bedenken geltend:

1.) Die Hochseefischerei habe bis vor kurzem durch Subventionen verbilligte Bunkerkohle bezogen. Diese Subventionen seien inzwischen fortgefallen. Eine weitere Preiserhöhung würde die Konkurrenzlage der deutschen Schiffahrt gegenüber der englischen noch weiter verschlechtern. Er richtet in diesem Zusammenhang an Staatssekretär Hartmann die Frage, ob das

[3] Vgl. dazu Stellungnahme des BMV vom 20. März 1952 in B 108/6891 und B 136/2437.

Bundesfinanzministerium unter diesen Umständen bereit sei, wieder Subventionen zu gewähren.

2.) Es sei zu befürchten, daß das Bäckergewerbe die Kohlenpreiserhöhung zum Anlaß nehmen würde, um eine Brotpreiserhöhung zu fordern.

Staatssekretär Hartmann erklärt, daß an eine Wiederaufnahme der Subventionszahlungen für Bunkerkohle nicht zu denken sei, das Bundesfinanzministerium sei vielmehr bemüht, die Subventionen abzubauen.

Hinsichtlich des Brotpreises kommt in dem Ausschuß übereinstimmend zum Ausdruck, daß einer solchen Forderung des Bäckergewerbes energisch entgegengetreten werden müsse, da die Notwendigkeit für eine Brotpreiserhöhung im Zusammenhang mit der Kohlenpreiserhöhung nicht gegeben sei.

Bundesminister Erhard weist erneut auf die Dringlichkeit einer baldigen Kabinettsentscheidung hin und bittet den Ausschuß um die Zustimmung, daß die Kabinettsentscheidung auf dem Umlaufwege eingeholt werden kann. Man könne nicht bis zur nächsten Kabinettssitzung, die erst für den 22.4. angesetzt sei, warten, sondern müsse versuchen, daß die Angelegenheit noch in der Plenarsitzung des Bundesrates am 25.4. erörtert werden könne. Es soll weiterhin versucht werden, die Frage erstmalig am 18.4. im Wirtschaftsausschuß des Bundesrates zu erörtern.

Der Kabinettsausschuß faßt daher folgenden Beschluß:

1.) Es wird grundsätzlich eine Preiserhöhung um 10,– DM je t für erforderlich gehalten.

2.) Die vom Bundesverkehrsminister vorgetragenen Bedenken wegen der Mehrbelastung der einzelnen Verkehrsträger werden anerkannt. Über die Art, auf welchem Wege diese Mehrbelastung tragbar gestaltet werden kann, soll noch verhandelt werden[4].

3.) Der Bundesminister für Ernährung, Landwirtschaft und Forsten beantragt eine Sonderregelung für die Hochseefischerei[5].

4.) Die Zustimmung der Kabinettsmitglieder soll umgehend auf dem Umlaufwege eingeholt werden[6].

---

[4] Mit Vorlage vom 24. April 1952 beantragte der BMV eine 10%ige Erhöhung der Tarife im Eisenbahn-Güterverkehr und im Güterfernverkehr mit Kraftfahrzeugen, die mit der Preiserhöhung bei der Kohle begründet war (B 108/1387 und B 136/1496). Vgl. dazu 215. Kabinettssitzung am 29. April 1952 TOP D (Kabinettsprotokolle 1952, S. 247).

[5] Vgl. dazu Vorlage des BML vom 17. April 1952 in B 136/2437. – Die Seeschiffahrt, die Hochseefischerei und die nicht bundeseigenen Eisenbahnen wurden von der Preiserhöhung ausgenommen. Weitere Unterlagen in B 116/13357.

[6] Fortgang 214. Kabinettssitzung am 22. April 1952 TOP J (Kabinettsprotokolle 1952, S. 241). – BR-Drs. 159/52, Verordnung Pr. Nr. 41/52 vom 13. Mai 1952 (BAnz Nr. 94 vom 16. Mai 1952, S. 1). – Zur Kohlepreiserhöhung 1953 Fortgang 30. Ausschußsitzung am 14. Jan. 1953 TOP B.

22. Sitzung des Kabinettsausschusses für Wirtschaft am Donnerstag, den 19. Juni 1952

Teilnehmer: Blücher, Niklas (bis 11 Uhr), Seebohm; Hartmann, Wandersleb, Westrick; Bernard [BdL], Herschel [BMA], Bergemann [BMV], Prentzel (BMWi), Kohlbrügge (BMJ), Seib (BMM). Protokoll: Pühl.

Ort: Haus Carstanjen

Beginn: 10.00 Uhr — *Ende: 12.00 Uhr*

Tagesordnung[1]:

1. *Aufteilung der I.G. Farbenindustrie A.G., hier: Beteiligung der I.G. an der Dr. Alexander Wacker GmbH, München*
   Vorlage des BMWi vom 26. Mai [1952] (IV B – 21022/52).
2. *Festsetzung des Zinssatzes für Kredite an die Seeschiffahrt aus dem ERP-Sondervermögen – III ERP-Tranche*
   Vorlage des BMM vom 29. Mai 1952 (II/3 – K 47/9).
3. *Stand der Verhandlungen über die Auflösung des Deutschen Kohlenverkaufs*
   Vorlage des Bundesministers für Wirtschaft wird nachgereicht.
4. *Veräußerung der I.G. Beteiligung an der Deutschen Gasolin A.G*
   Vorlage des Bundesministers für Wirtschaft wird nachgereicht.

1. AUFTEILUNG DER I.G. FARBENINDUSTRIE A.G. — BMWi

Einleitend trägt *Dr. Westrick* den Sachverhalt auf Grund der Kabinettsvorlage des Bundeswirtschaftsministeriums vom 26. 5. vor[2]. Er bemerkt ergänzend, daß in

---

[1] Gemäß Einladung vom 4. Juni 1952.

[2] Siehe 13. Ausschußsitzung am 18. Okt. 1951 TOP B. – Vorlage des BMWi vom 26. Mai 1952 in B 102/395 und B 136/2465. – Mit Gesetz Nr. 35 vom 17. Aug. 1950 hatte die AHK angeordnet, die I.G. Farbeninindustrie A.G. als Unternehmen mit einer übermäßigen Konzentration wirtschaftlicher Macht aufzulösen (Amtsblatt der AHK, S. 534). Die Pläne zur Aufteilung des Unternehmens und zur Gründung von Nachfolgegesellschaften wurden seit 1950 zwischen den beteiligten Wirtschaftskreisen, den Gewerkschaften, der Bundesregierung und Vertretern der AHK diskutiert. Vgl. dazu Sondersitzung am 2. Nov. 1950 TOP 1 c (Kabinettsprotokolle 1950, S. 791 f.). – Durch die Fusion mit den Farbwerken Hoechst 1921 war die I.G. Farbenindustrie A.G. in den Besitz einer 50%igen Beteiligung an der Firma Dr. Alexander Wacker GmbH München gelangt. Die Erbengemeinschaft Wacker wollte diesen Anteil im Zuge der Entflechtung mit Unterstützung der bayerischen Staatsregierung zurückkaufen. Dagegen trat die hessische Landesregierung für einen Verbleib der Anteile bei der Firma Hoechst ein. Der Liquidationsvorstand der I.G. Farbenindustrie hatte den Verkaufswert auf 26 Millionen DM festgesetzt. In seiner Vorlage berichtete das BMWi über die Verhandlungen mit den Kontrahenten und bat den Kabinettsausschuß um Entscheidung dar-

der letzten Zeit der ganz bestimmte Eindruck entstanden sei, daß auch bei den Alliierten, insbesondere bei der französischen Seite, Bedenken gegen den seinerzeit von ihnen geforderten Verkauf der IG-Beteiligung aufgetaucht seien. *Dr. Westrick* glaubt daher, daß eine Empfehlung der Bundesregierung, von dem Verkauf der Beteiligung ganz oder teilweise abzusehen, von der Alliierten Hohen Kommission wohl beachtet würde. Erschwert würde die Stellungnahme der Bundesregierung durch die Einschaltung der Hessischen und Bayerischen Regierung. Wenngleich nicht bestritten werden könnte, daß der Firma Wacker bei einer Loslösung von dem IG-Komplex gewisse neue Möglichkeiten offenstehen, dürfe andererseits nicht übersehen werden, daß die Entscheidung der Bundesregierung mehr eine politische als eine wirtschaftliche sein müsse. Die Kernfrage bestände darin zu überprüfen, ob die Bundesregierung den seinerzeit von der Alliierten Hohen Kommission ausgesprochenen Entflechtungswünschen zustimmen sollte oder nicht[3].

Der *Vizekanzler* wünscht zunächst die Klärung der Vorfrage, ob die Bundesregierung überhaupt in diese Angelegenheit eingreifen soll. Hierzu bemerkt *Ministerialrat Dr. Prentzel*, daß die Bundesregierung seinerzeit bei den Verhandlungen über das Gesetz Nr. 27 mit den Alliierten vereinbart habe, zu den Entflechtungsplänen gehört zu werden[4]. Es sei daher nicht wünschenswert, wenn die Bundesregierung in diesem besonderen Falle einer Entscheidung ausweiche.

Nach eingehender Aussprache gelangt der Kabinettsausschuß übereinstimmend zu der Auffassung, daß es aus politischen Gründen zweckmäßig sei, eine Stellungnahme der Bundesregierung herbeizuführen.

Staatssekretär Hartmann unterrichtet den Kabinettsausschuß davon, daß Bundesminister Schäffer großen Wert darauf lege, daß die Landesregierung Bayern, die sich bekanntlich für die Entscheidung im Sinne der Firma Wacker ausgesprochen habe, durch eine Entscheidung im Sinne von Höchst nicht vor den Kopf gestoßen werden sollte und schlägt daher vor, es sollte unter Einschaltung des Bundeswirtschaftsministeriums ein Gespräch zwischen Bayern und Hessen versucht werden. Bei dem Kampf des Bundesfinanzministers um eine 40%ige Beteiligung an den Einkommen- und Körperschaftssteuern[5] habe sich gerade Bayern bisher relativ aufgeschlossen gezeigt, so daß dem Bundesfinanzminister eine solche Geste gegenüber Bayern sehr wünschenswert erscheine. In der Sache sollte man nach Auffassung des Bundesfinanzministers der Firma Wacker eine Mehrheitsbeteiligung durch Überlassung von 1–2% des IG-Anteils zugestehen.

Hierzu bemerkt *Dr. Westrick*, daß die Firma Wacker bereits weitergehende Angebote in Höhe von 25% mit dem Hinweis abgelehnt habe, daß sie nur einem ungeschmälerten Verkauf des IG-Anteils zustimmen könne.

über, ob die Bundesregierung die Verantwortung für einen Verkauf an Wacker mit übernehmen oder ablehnen solle.

[3] Zum letzten Stand der Verhandlungen zwischen der Bundesregierung und der AHK vgl. 193. Kabinettssitzung am 18. Dez. 1951 TOP A (Kabinettsprotokolle 1951, S. 825–827).

[4] Vgl. dazu Sondersitzung am 2. Nov. 1950 TOP 1 (Kabinettsprotokolle 1950, S. 789–791).

[5] Zum Stand der Beratungen des Vermittlungsausschusses über das Gesetz über die Inanspruchnahme eines Teiles der Einkommen- und Körperschaftsteuer vgl. 227. Kabinettssitzung am 13. Juni 1952 TOP C (Kabinettsprotokolle 1952, S. 389). – Gesetz vom 25. Juli 1952 (BGBl. I 389).

Der *Bundesminister für Verkehr* unterstützt die Forderung von Staatssekretär Hartmann, die beteiligten Länder zumindest erst anzuhören. Er habe durchaus Verständnis für die Bestrebungen der Firma Wacker, selbständig zu werden. Andererseits jedoch sei nicht zu übersehen, welche Konsequenzen ein solcher Verkauf haben könnte, denn es sei der Firma Wacker später durchaus freigestellt, ihre eigene Beteiligung zu verkaufen, an wen sie es für richtig hielte. Um eine solche Entwicklung zu verhindern, sei es ratsam, nochmals mit den Partnern zu verhandeln. Während *Bundesminister Niklas* sich für den Verkauf ausspricht, werden von *Staatssekretär Wandersleb* und *Ministerialdirektor Prof. Dr. Herschel* Bedenken gegen einen Verkauf geltend gemacht. Abschließend faßt der Kabinettsausschuß folgenden Beschluß:

Der Kabinettsausschuß verzichtet vorerst auf eine Empfehlung in dieser oder jener Richtung. *Dr. Westrick* erklärt sich bereit, zunächst eine Aussprache einerseits mit der Landesregierung Hessen und der Gruppe Höchst, andererseits mit der Landesregierung Bayern und der Firma Wacker herbeizuführen mit dem Ziel, doch noch zu einer für alle Teile befriedigenden Lösung zu kommen. Sollte ein Kompromiß nicht zustande kommen, soll die Angelegenheit dem Kabinett zur Entscheidung vorgetragen werden. Dies würde der *Vizekanzler* übernehmen[6].

2. FESTSETZUNG DES ZINSSATZES FÜR KREDITE AN DIE SEESCHIFFAHRT AUS DEM ERP-SONDERVERMÖGEN BMM

Dieser Punkt wird von der Tagesordnung abgesetzt, weil sich eine erneute Erörterung mit dem Bundesminister für Verkehr als notwendig herausgestellt hat[7].

3. STAND DER VERHANDLUNGEN ÜBER DIE AUFLÖSUNG DES DEUTSCHEN KOHLENVERKAUFS BMWi

Dr. Westrick berichtet über den bisherigen Verlauf der Verhandlungen über die Auflösung des deutschen Kohlenverkaufs auf Grund der Vorlage des Bundeswirtschaftsministers vom 17. 6. 1952[8]. Er bemerkt ergänzend, daß bei den ent-

---

[6] Fortgang 230. Kabinettssitzung am 27. Juni 1952. – Die Bundesregierung entschied sich gegen den Verkauf an Wacker. Nach weiteren Verhandlungen mit der Bundesregierung stimmte die AHK im März 1953 dem Vorschlag der Bundesregierung zu, der die I.G. Farbenindustrie zum Verkauf von 1% des 50%igen Wacker-Anteils der Firma Hoechst an die Alexander-Wacker-Erben-G.m.b.H. verpflichtete. Unterlagen dazu in B 102/376, 395 und 134005.

[7] Vorlage des BMM vom 29. Mai 1952 in B 115/5497 und B 108/54413. – Der BMV und das BMM hatten sich nicht über die Höhe des Zinssatzes für die der Schiffahrt aus der III. ERP-Tranche zu gewährenden Darlehen in Höhe von 85 Millionen DM einigen können. Während das BMM, an hohen Rückflüssen an das ERP-Sondervermögen interessiert, für einen Zinssatz von 6½% eintrat, befürwortete der BMV einen gestaffelten Zinssatz, der bei 3½% beginnen und bei 5½% enden sollte. In weiteren Verhandlungen einigte man sich auf einen Anfangszinssatz von 4½%, der sich nach 4 Jahren auf 6½% erhöhen sollte (Vermerk vom 3. Juli 1952 in B 108/54413). – Diese Angelegenheit wurde im Wirtschaftsausschuß wie im Kabinett nicht weiter behandelt. Unterlagen zur Förderung von Einzelprojekten in B 115/5496.

[8] Siehe 223. Kabinettssitzung am 27. Mai 1952 TOP D (Kabinettsprotokolle 1952, S. 362) und 10. Ausschußsitzung am 31. Aug. 1951 TOP 1. – Vorlage des BMWi vom 17. Juni 1952 in B 102/3311, 133904 und B 136/2494.

scheidenden Verhandlungen mit der Alliierten Hohen Kommission in Mehlem, an denen der Bundeskanzler persönlich teilgenommen habe, die von dem Bundeskanzler ausgesprochene Bitte, den DKV nicht vor März 1953 aufzulösen, protokollarisch nicht festgehalten worden sei[9]. Jedoch habe die Note des Bundeskanzlers vom 30. 5. 1952[10] immerhin den Erfolg gehabt, daß heute begründete Hoffnung bestehe, daß die Alliierte Hohe Kommission zu Verhandlungen mit der Bundesregierung bereit sei. Erschwerend hierbei sei allerdings die französische Haltung, da von dieser Seite darauf bestanden würde, daß der DKV spätestens 4 Monate, nachdem die Hohe Behörde ihre Tätigkeit aufgenommen hat, seine gesamte Tätigkeit eingestellt haben müßte. Das Ziel der Verhandlungen müßte sein, daß man sich mit der Alliierten Hohen Kommission auf der Basis der Mehlemer „Empfehlungen" vom 18. 10. 1951[11] einige. Der Sinn seines Vortrages bestände darin, den Kabinettsausschuß nicht um eine Entscheidung zu bitten, sondern lediglich über den gegenwärtigen Sachstand zu informieren.

Der Kabinettsausschuß nimmt den Bericht zur Kenntnis[12].

4. VERÄUSSERUNG DER IG-BETEILIGUNG AN DER DEUTSCHEN GASOLIN A.G.

BMWi

Dr. Westrick teilt mit, daß der IG-Liquidationsvorstand von der Farbenkontrollgruppe mit dem Verkauf der Beteiligung der IG an der Deutschen Gasolin A.G. in Höhe von 41% beauftragt worden sei. Die mit je 25% beteiligte ESSO A.G. und Shellgruppe haben mit dem Liquidationsvorstand der IG vereinbart, einen gemeinsamen Verkauf der Gasolin-Beteiligungen (zusammen 91%) unter der Voraussetzung durchzuführen, daß die erwerbende Seite die Dollarverbindlichkeiten der Gasolin befriedigend regelt. Die Kernfrage bestände darin zu beraten, ob die Beteiligung an Ausländer oder an Inländer oder beziehungsweise an Ausländer und Inländer verkauft werden sollte. Im Bundeswirtschaftsministerium neige man zu einem Verkauf nur an Inländer, da das Ausland ohnehin fast zu großen Einfluß auf den deutschen Treibstoffmarkt gewonnen habe[13].

---

[9] Protokolle der Besprechungen am 21. und 24. April 1952 in B 102/133902. – In der Vorlage betonte das BMWi, daß die Bundesregierung zwar im Prinzip die durch Verordnung Nr. 17 der AHK vom 17. Mai 1952 (Amtsblatt der AHK, S. 1686) verfügte Auflösung des DKV akzeptiere, daß sie aber eine Verschiebung der Auflösung auf einen Zeitpunkt nach dem April 1953 für notwendig erachte.

[10] In dieser Note hatte Adenauer an seinem Widerspruch gegen die Verordnung Nr. 17 festgehalten und auf einen Aufschub der Auflösung des DKV bis zum 1. April 1953 bestanden (B 102/133903).

[11] „Bericht an die Hohe Kommission des Ausschusses zur Prüfung der Frage der Kohlenverteilung im Zusammenhang mit der Auflösung des Deutschen Kohlen-Verkaufs" vom 18. Okt. 1951 in B 102/3311 und 133901 und B 136/2494.

[12] Fortgang 232. Kabinettssitzung am 4. Juli 1952 TOP 3a (Kabinettsprotokolle 1952, S. 429f.). – Die Verordnung Nr. 17 der AHK wurde durch Verordnung Nr. 20 vom 9. Sept. 1952 im Sinne der Bundesregierung geändert (Amtsblatt der AHK, S. 1901). Der DKV stellte seine Tätigkeit am 31. März 1953 ein.

[13] Vgl. TOP 1 dieser Ausschußsitzung. – Vorlage des BMWi vom 16. Juni 1952 in B 102/393 und B 136/2465. – Die Gasolin A.G. war 1926 von I.G. Farben, der Esso A.G. und der Shell-Gruppe gegründet worden. Das Aktienkapital wurde auf 13,2 Millionen DM geschätzt. Die alliierte Farbenkontrollgruppe hatte aufgrund des Gesetzes Nr. 35 Artikel 4 Abs. 1 den Ver-

Ministerialdirigent Dr. Prentzel berichtet hierzu im einzelnen, daß die Firma Caltex als Käufer bereits ausgeschieden sei, während die amerikanische Firma Gulf Oil Corporation noch sehr interessiert sei. Das gleiche gelte für die Deutsche Erdöl A.G. und die Wintershall A.G.

Es würde zur Zeit versucht, eine Kombination zwischen diesen 3 Käufern zu erreichen. Eine Beteiligung der Gulf Oil Corporation sei dadurch besonders interessant, weil diese Firma sich bereiterklärt habe, erhebliche Investitionsmittel in Deutschland anzulegen.

Dr. Prentzel schlägt vor, für den Fall, daß ein Übereinkommen nur mit den deutschen Käufern nicht möglich sei, die Firma Gulf mit einer Minorität zu beteiligen.

Regierungsdirektor Kohlbrügge macht im Auftrage des Bundesjustizministers folgende Bedenken geltend: Der Liquidationsvorstand unterstehe ausschließlich den Weisungen der Farbenkontrollgruppe. Bei der gegenwärtigen Rechtslage habe daher die Bundesregierung keine Möglichkeit, ihrerseits Weisungen an den Liquidationsvorstand zu geben. Der Vorstand sei vielmehr – abgesehen von den von der Farbenkontrollgruppe erteilten Weisungen – für seine Maßnahmen voll verantwortlich. Diese Verantwortung könne ihm auch nicht abgenommen werden. Unter diesen Umständen müsse der Vorstand bemüht sein, das günstigste Angebot anzunehmen. Die Bundesregierung könne daher ihre Auffassung über die von ihr gewünschte Art der Veräußerung nur gegenüber der Farbenkontrollgruppe als dem Organ der Alliierten zur Geltung bringen. Falls man diesen Weg nicht wählen wollte, beständen keine Bedenken dagegen, wenn die Bundesregierung entsprechend den Wünschen des Liquidationsvorstandes ihm ihre Auffassung über die wirtschaftspolitisch erwünschte Art der Veräußerung bekannt geben würde. Hierbei dürfte aber nicht der Eindruck entstehen, als ob der Liquidationsvorstand bei der Auswahl des Käufers der Beteiligung im Auftrag oder auf Weisung der Bundesregierung handeln würde. Bei einer Bekanntgabe der Auffassung der Bundesregierung an den Liquidationsvorstand müßte betont werden, daß dadurch nicht in dessen Rechte und Pflichten als Abwickler eingegriffen werden soll, sondern daß er unter eigener Verantwortung selbständig über die gebotene Art der Veräußerung entscheiden müsse.

Bundesminister Dr. Seebohm bringt – unbeschadet der geltend gemachten rechtlichen Bedenken – die Befürchtung zum Ausdruck, daß durch eine allzu weitgehende ausländische Beteiligung der ohnehin schon sehr starke ausländische Einfluß auf die deutsche Erdölindustrie in unerwünschter Weise noch verstärkt würde. Die vom Vertreter des Bundesjustizministers vorgetragenen Bedenken werden nach kurzer Aussprache als nicht unberechtigt anerkannt. Andererseits werden die von Dr. Westrick und Dr. Prentzel vorgetragenen wirtschaftspolitischen Bedenken als so schwerwiegend angesehen, daß der Kabinettsausschuß

kauf angeordnet, dem Liquidationsvorstand aber freie Hand gelassen. Der Liquidationsvorstand neigte einerseits aus volkswirtschaftlichen Gründen dem Verkauf an eine deutsche Gruppe zu, war aber andererseits im Interesse der IG-Aktionäre auch an einem möglichst hohen Verkaufserlös interessiert, den ausländische Bieter in Aussicht stellten. Der Liquidationsvorstand war bereit, einem Verkauf an deutsche Interessenten zuzustimmen, sofern dieser Schritt die Unterstützung der Bundesregierung fände.

beschließt, dem Liquidationsvorstand zu empfehlen, soweit als möglich die deutsche Seite beim Verkauf zu beteiligen. Ein Abbruch der Verhandlungen mit dem ausländischen Käufer wird deshalb nicht für richtig gehalten, weil gegebenenfalls nur von dieser Seite die Verbindlichkeiten der Gasolin A.G. in Höhe von 2,3 Mio Dollar übernommen werden können. Eine zusätzliche Belastung der deutschen Dollarbilanz mit diesem Betrag erscheint dem Kabinettsausschuß jedoch nicht tragbar[14].

[14] Der Aktienanteil der I.G. Farbenindustrie A.G. an der Gasolin A.G. wurde schließlich von einer deutschen Käufergruppe erworben. Unterlagen dazu in B 102/5441.

23. Sitzung des Kabinettsausschusses für Wirtschaft am Mittwoch, den 30. Juli 1952

Teilnehmer: Blücher, Seebohm (ab 16.40 Uhr), Neumayer; Sonnemann, Hartmann, Sauerborn (ab 16.00 Uhr), Westrick; Bergemann (BMV), Albrecht (BMM), von Spindler (BMF), Gerbaulet (BMM), Dietrich (BML), Meseck (BML), Martens (BML), Bölle (BMWi), Seib (BMM), Feldmann (BMF). Protokoll: Pühl.

Ort: Bundeshaus, Zimmer 119, Nordflügel

Beginn: 15.00 Uhr *Ende: Gegen 19.00 Uhr*

Tagesordnung[1]*:*

1. *Richtlinien für den deutschen Beitrag zum Jahresbericht der OEEC Vorlage des BMM vom 30. Juni 1952.*
2. *Finanzierung der Vorratshaltung von Grundnahrungsmitteln Vorlage des BML vom 27. Juni 1952.*
3. *Entwurf eines Gesetzes über den Verkehr mit Fischen und Fischwaren (Fischgesetz) Vorlage des BML vom 23. Juni 1952.*
4. *Entwurf einer Verordnung über die Festsetzung des Preises für Zuckerrüben ab 1. Oktober 1952 Vorlage des BML vom 25. Juli 1952.*

1. RICHTLINIEN FÜR DEN DEUTSCHEN BEITRAG ZUM JAHRESBERICHT DER OEEC BMM

Ministerialdirigent Dr. Albrecht berichtet in Ergänzung zu der Vorlage des Bundesministers für den Marshallplan vom 30. 6. 1952, daß in der Zwischenzeit die darin enthaltenen Zahlen auf den neuesten Stand gebracht worden seien[2]. Die Zuwachsrate im Volumen des deutschen Sozialprodukts betrüge für das 1. Quartal 1952 gegenüber dem 1. Quartal 1951 4% entgegen der im Bericht vom 30. 6. 1952 angegebenen Zuwachsrate von 2,1%. Er bittet den Kabinettsausschuß zu folgenden Fragen Stellung zu nehmen:

---

[1] Gemäß Einladung vom 26. Juli 1952.

[2] Vorlage des BMM vom 30. Juni 1952 in B 146/896 und B 136/1309, ferner B 102/11137. – Zum Beitritt der Bundesrepublik zur Organisation für wirtschaftliche Zusammenarbeit in Europa (OEEC) vgl. 9. Kabinettssitzung am 4. Okt. 1949 TOP 6 (Kabinettsprotokolle 1949, S. 97 f.). – Gemäß Ratsbeschluß vom 29. März 1952 hatten sich die Mitgliedsstaaten der OEEC verpflichtet, nach bestimmten Vorgaben (Direktive der OEEC vom 23. Juni 1952 in B 146/896) einen Jahresbericht über die wirtschaftliche Entwicklung ihrer Länder vorzulegen. Der Bericht, der von dem Interministeriellen Wirtschaftsausschuß vorbereitet worden war, sollte gleichzeitig auch als Unterlage für die NATO-Jahreserhebung dienen.

1.) Ist der Ausschuß damit einverstanden, daß in dem Bericht von einer Zuwachsrate von 4% ausgegangen wird?

2.) Sollen die Zahlen über die Vorausschätzung des Sozialprodukts für das NATO-Jahr 1953/54 schon jetzt gegeben werden? Der interministerielle Ausschuß müsse hiervon abraten.

3.) Soll in dem Bericht von einer Konsumquote von 57,9% ausgegangen werden? Der interministerielle Ausschuß hält es nicht für vertretbar, diese Konsumquote zu unterschreiten.

Nach eingehender Aussprache kommt der Kabinettsausschuß zu folgendem Ergebnis:

Zu 1) Es wird für richtig gehalten, von einem Wachstum des Brutto-Sozialprodukts um 4% auszugehen.

Zu 2) Die Zahlen für die Vorausschätzung des Sozialprodukts sollen vorerst noch nicht gegeben werden.

Zu 3) Der Kabinettsausschuß spricht sich überwiegend für eine Angabe der Verbrauchsziffern in der genannten Höhe aus.

Dr. Westrick macht lediglich gewisse Bedenken geltend. Durch eine Berichterstattung in dem erwähnten Sinne könnte der Eindruck entstehen, daß der Anstieg des Sozialprodukts vom Konsumsektor aufgefangen wird, während es doch wichtig sei, daß die Zunahme des Sozialprodukts zur Steigerung der Produktivität Verwendung fände.

Der *Vizekanzler* anerkennt diesen Gesichtspunkt im Grundsatz, bemerkt jedoch, daß der deutsche Lebensstandard immer noch erheblich hinter dem Ausland zurückläge, und daß es besonders innerpolitisch nicht vertretbar sei, wenn Deutschland sich mit einer Kürzung im Verbrauchssektor einverstanden erkläre.

Der *Vizekanzler* bringt den Wunsch zum Ausdruck, daß baldmöglichst eine gründliche Aussprache über die Einzelheiten des Berichts auf Referentenebene unter Beteiligung aller Ressorts erfolgen müsse, um dem Bericht die letzte abgerundete Fassung zu geben.

Auf Anregung von *Staatssekretär Hartmann* soll der Verteidigungsbeitrag für die NATO-Jahre 1952/53 und 1953/54 noch genauer aufgegliedert werden[3].

2. FINANZIERUNG DER VORRATSHALTUNG VON GRUNDNAHRUNGSMITTELN

BML

Staatssekretär Dr. Sonnemann berichtet über die am Vortage im Kabinett debattierten Fragen. Hierbei handele es sich im besonderen um die Frage, ob die Getreideimporte im Transitwege oder durch Finanzierung mit Einfuhranrechten erfolgen sollen. Gegen die Behandlung dieser Angelegenheit durch das Bundesernährungsministerium seien von seiten des Bundeswirtschaftsministeriums und des Bundesfinanzministeriums Bedenken geltend gemacht worden[4].

---

[3] Fortgang hierzu 25. Ausschußsitzung am 19. Aug. 1952 TOP 1 (NATO-Fragebogen). – Unterlagen zur weiteren Beratung des Berichts bis zum Abschlußbericht der OEEC vom 11. Dez. 1952 in B 146/897–901.

[4] Siehe 238. Kabinettssitzung am 29. Juli 1952 TOP 4 (Kabinettsprotokolle 1952, S. 484 f.). –

Hinsichtlich der Anrechtseinfuhren ergibt die Aussprache des Kabinettsausschusses folgendes:

Dr. Westrick teilt mit, daß etwa 80 Mio $ an unausgenutzten Einfuhranrechten vorlägen, die in Anspruch genommen werden müßten, bevor man zu Transiteinfuhren übergehen könne[5].

Staatssekretär Dr. Sonnemann erklärt das grundsätzliche Einverständnis des Bundesernährungsministeriums, die Anrechtsdollar zu verwenden, betont jedoch, daß es notwendig sei, vorher eine Abstimmung des Einfuhrplanes auf dem Ernährungssektor mit dem Plan auf dem gewerblichen Sektor vorzunehmen. Wegen der Transiteinfuhren tritt der Kabinettsausschuß in eine längere Aussprache ein[6].

Der *Vizekanzler* bemerkt, daß sich das Kabinett bereits im Grundsatz für die Durchführung des Transitgeschäftes ausgesprochen habe, um Dollars zu sparen und das deutsche EZU-Guthaben zu vermindern. Seines Erachtens könne daher der Bundesfinanzminister nur Einspruch erheben, wenn

a) die haushaltsmäßig vorgesehenen Subventionsbeträge und

b) die Einfuhr- und Lagerhaltungskosten der Einfuhr- und Vorratsstelle gegenüber dem Haushaltsplan überschritten würden.

Staatssekretär Hartmann bestätigt die Auffassung des Vizekanzlers und nimmt eine Erklärung von *Staatssekretär Dr. Sonnemann* zur Kenntnis, daß mit einer Erhöhung der Subventionen und Einfuhrkosten nicht gerechnet zu werden brauche, sondern daß sogar eine Kürzung der Subventionen um 50 Mio DM vorgenommen würde.

Vorlage des BML vom 23. Juli 1952 „Sicherstellung des Einfuhrbedarfs an subventionierten Grundnahrungsmitteln aus dem Dollarraum, hier: Transiteinfuhren" in B 116/1855 und B 136/8599, weitere Unterlagen in B 146/1626. – Das BML berichtete über die Verhandlungen mit den Ressorts und der MSA-Mission hinsichtlich der Entwicklung der deutschen Zahlungsbilanz gegenüber dem Dollarraum. Dabei war übereinstimmend festgestellt worden, daß die als dringlich betrachtete Verringerung der Dollarlücke auch eine Einschränkung der Grundnahrungsmittelimporte aus dem Dollarraum erforderte. Um weiterhin ohne Beanspruchung von Dollardevisen nur im Dollarraum beschaffbare Waren, insbesondere Weizen, einführen zu können, schlug das BML die verstärkte Nutzung von Dreiecksgeschäften (Transithandel) vor.

[5] Das seit 1. April 1952 gültige Verfahren beließ einem deutschen Exporteur von Inlandsware in den Dollarraum 40% seines Brutto-Devisenerlöses in Form zeitlich befristeter Einfuhranrechte (Runderlaß Außenwirtschaft Nr. 45/52 in BAnz Nr. 63 vom 29. März 1952, S. 1). Sie berechtigten zum Kauf von bestimmten Waren aus Ländern, mit denen sich der Zahlungsverkehr in frei konvertierbarer Währung (d. h. Dollar oder Schweizer Franken) abwickelte. Die zur Einfuhr freigegebenen Waren wurden in einer Positivliste aufgeführt. Die Bekanntmachung Nr. 5 zum Runderlaß Außenwirtschaft Nr. 45/52 enthielt eine erweiterte und revidierte Liste mit mehr als 400 Posten (vgl. dazu Beilage zum BAnz. Nr. 147 vom 1. Aug. 1952, S. 3–11). – Unterlagen dazu in B 102/6594 und 6569.

[6] Der Transithandel war großenteils durch Verfügungen der Besatzungsmächte stark beschränkt worden. Durch den Runderlaß Außenwirtschaft Nr. 127/52 vom 6. Dez. 1952 (BAnz Nr. 239 vom 10. Dez. 1952, S. 1) wurden die Devisenkontrollen gelockert und die Bildung von privaten Devisendepots (Transitfonds) zur flexibleren Abwicklung der Außenhandelsgeschäfte zugelassen. – Unterlagen dazu in B 102/6522, 6527 und 6569.

Staatssekretär Dr. Sonnemann erklärt sich weiterhin bereit, dem Kabinett einen Einfuhr- und Versorgungsplan unter Einhaltung der zugestandenen Subventionsbeträge vorzulegen. Er wird jedoch hierbei um eine Globalermächtigung bitten, die Geschäfte im einzelnen in eigener Zuständigkeit zu erledigen.

Der *Vizekanzler* bringt gewisse Bedenken gegen eine solche Globalermächtigung zum Ausdruck. *Staatssekretär Hartmann* teilt diese Bedenken, erklärt sich aber bereit, im Interesse der Beschleunigung Bundesminister Schäffer umgehend von dem Vorschlag zu unterrichten[7].

Was die Erhöhung der Einfuhr- und Lagerhaltungskosten anbelange, teilt *Staatssekretär Dr. Sonnemann* mit, daß das Bundesernährungsministerium daran arbeite, die Arbeitsweise der Einfuhr- und Vorratsstelle zu verbessern. In diesem Zusammenhang seien auch gewisse grundsätzliche organisatorische Veränderungen im Bundesernährungsministerium geplant[8].

Ministerialdirektor Dr. Bergemann bringt zum Ausdruck, daß das Bundesverkehrsministerium aus devisen- und versorgungspolitischen Gründen grundsätzlich der Durchführung von Transitgeschäften zustimme, diese jedoch aus verkehrspolitischen Gründen weniger erwünscht seien, da der Warenumschlag über Auslandsplätze ginge.

Staatssekretär Dr. Sonnemann sagt zu, die verkehrspolitischen Gesichtspunkte so weit wie möglich zu berücksichtigen.

Der Kabinettsausschuß beschließt auf Vorschlag des *Vizekanzlers* und von *Staatssekretär Dr. Sonnemann* folgendes:

1) Es soll baldmöglichst eine Abstimmung der Einfuhr- und Versorgungspläne unter dem Vorsitz des Vizekanzlers vorgenommen werden, um festzulegen, aus welchen Räumen bezw. auf welchem Wege die Einfuhren erfolgen können.
2) Der von Staatssekretär Dr. Sonnemann vorgetragene Vorschlag über die Gestaltung der Transiteinfuhren soll mit dem Bundesminister der Finanzen abgestimmt werden.
3) Das Problem der Transiteinfuhren soll eingehend im handelspolitischen Ausschuß und im Einfuhrausschuß beraten werden[9].

---

[7] Im Protokolltext ursprünglich: „Während der Vizekanzler gewisse Bedenken gegen eine solche Globalermächtigung zum Ausdruck bringt, erklärt sich Staatssekretär Hartmann damit einverstanden, diesen Vorschlag befürwortend Bundesminister Schäffer vorzutragen". Protokoll-Berichtigung vom 5. Aug. 1952.

[8] Die Einfuhr- und Vorratsstellen (für Getreide, Fleisch, Zucker und Fette) hatten die Einfuhren auf den Inlandsmarkt abzustimmen und für ein gleichmäßiges Warenangebot zu sorgen. Unterlagen zu ihrer Umgestaltung in B 116/10206 und 10926. – Einer kritischen Überprüfung der Tätigkeit der Einfuhr- und Vorratsstellen hatte auch eine große Anfrage der FDP-Fraktion gegolten (BT-Drs. 3493), die Sonnemann am 16. Juli 1952 im Bundestag beantwortet hatte (Stenographische Berichte, Bd. 12, S. 9935–9940). Zur Anfrage vgl. auch B 116/10849 und B 136/129.

[9] In der Sitzung am 12. Aug. 1952 sprach sich der handelspolitische Ausschuß dafür aus, eine einvernehmliche Lösung zwischen BdL, BMF und BMWi im Sinne einer Ausweitung des Transithandels anzustreben (B 146/788).

Der Kabinettsausschuß berührt anschließend die in der Kabinettsvorlage des Bundesernährungsministers vom 27.6. zur Aussprache gestellten Fragen über die Finanzierung der Vorratshaltung von Grundnahrungsmitteln[10]. *Staatssekretär Dr. Sonnemann* hält eine erweiterte Vorratshaltung für dringend erforderlich. Man brauche

a) eine saisonale Vorratshaltung (aus Versorgungsgründen)

b) die Anlegung einer Dauerreserve (aus politischen Gründen).

Besonders wichtig sei zunächst die Entscheidung, ob der Bundesfinanzminister mit der Aufstockung des Bürgschaftsvolumens um 350 Mio DM einverstanden sei.

In diesem Zusammenhang berichtet *ORR Seib* über die Bemühungen des Marshallplanministeriums, Mittel zur Auffüllung der Berlinreserve aus dem ERP-Sondervermögen oder aus der JEIA-Reserve zu gewinnen. Während diese Bemühungen keinen Erfolg gehabt hätten, sei es evtl. möglich, einen Betrag von 200 Mio DM aus GARIOA-Mitteln vorzufinanzieren[11].

Staatssekretär Hartmann erklärt die grundsätzliche Bereitschaft des Bundesfinanzministers, das Bürgschaftsvolumen zu erhöhen. Er schlägt jedoch vor, vorerst das Ergebnis der Sitzung des am 31. 7. 1952 tagenden Zentralbankrates und des zur Abstimmung der Einfuhrpläne einzusetzenden Ausschusses abzuwarten[12].

Der Kabinettsausschuß schließt sich dieser Auffassung an.

---

[10] Siehe Außerordentliche Ausschußsitzung am 9. Febr. 1952. – Vorlage des BML vom 27. Juni 1952 in B 116/1001 und B 136/8599. – Die Finanzierung der Lebensmittelbevorratung war vor allem durch die Auflage der Alliierten problematisch geworden, die Vorräte im Bundesgebiet und in Westberlin aufzustocken. Um die Finanzierung (Beschaffungskosten und Lagerhaltungskosten) der saisonalen Bevorratungen sowie der Dauerreserven sicherzustellen, beantragte das BML eine Erhöhung des Bürgschaftsvolumens auf 1,25 Milliarden DM. Das Gesetz über eine Bundesbürgschaft für Kredite zur Finanzierung der Lebensmittelbevorratung vom 14. Juli 1951 (BGBl. I 450) hatte diesen Betrag auf 900 Millionen DM begrenzt. Von der Erhöhung der Bundesgarantien hatte die BdL auch einen Zahlungsaufschub in Höhe von 200 Millionen DM zugunsten der Einfuhr- und Vorratsstelle für Getreide abhängig gemacht.

[11] Vgl. dazu 16. Ausschußsitzung am 17. Jan. 1952 TOP 2. – Unterlagen zum Aufstockungsprogramm der Berlinreserve in B 116/378 und 1001 sowie B 126/12075.

[12] Auf der Tagesordnung des Zentralbankrates stand u. a. die Finanzierung der Vorratshaltung für Getreide. Die BdL hatte einem unter der Führung der Landwirtschaftlichen Rentenbank stehenden Bankenkonsortium für Kredite zur Einlagerung von Getreide eine Rediskontierungszusage bis zum 20. Aug. 1952 in Höhe von 700 Millionen DM und für die Zeit vom 21. Aug. bis zum 30. Sept. 1952 in Höhe von 600 Millionen DM gewährt. Die Anträge auf Stundung bzw. Erhöhung der Kreditlinie lehnte der Zentralbankrat ab, gab aber im übrigen Rediskontierungszusagen für das Getreidewirtschaftsjahr 1952/53 (Protokoll in B 136/335, dazu auch Vermerk vom 7. Aug. 1952 über die Besprechung mit der BdL am 31. Aug. 1952 betreffend Refinanzierung der Vorratswechsel in B 116/1002, dort und in B 116/10849 und 10878 weitere Unterlagen). – Der Interministerielle Wirtschaftsausschuß und ein eigens berufener Unterausschuß tagten am 11., 18., 26. und 29. Aug. 1952 (Protokolle in B 116/10849). – Zum Bericht des Ausschusses Fortgang 27. Ausschußsitzung am 6. Okt. 1952 TOP 1.

3. ENTWURF EINES GESETZES ÜBER DEN VERKEHR MIT FISCHEN UND FISCHWAREN BML

Staatssekretär Dr. Sonnemann referiert auf Grund der Kabinettsvorlage vom 23. 6. 1952 und teilt mit, daß in den Ressortbesprechungen über alle wesentlichen Punkte Einigung erzielt worden sei[13]. Hierzu bemerkt der *Vizekanzler*, daß bedauerlicherweise das Marshallplanministerium bei den Ressortbesprechungen nicht beteiligt worden sei.

Dr. Westrick trägt die Bedenken des Bundeswirtschaftsministers gegen die Fassung der §§ 2 und 3 vor.

Staatssekretär Dr. Sonnemann erklärt sich damit einverstanden, daß § 2 klarer gefaßt wird, so daß die handelspolitischen Bedenken des Bundeswirtschaftsministers beseitigt werden. Wegen der Änderungswünsche im § 3 des Gesetzentwurfes erklärt sich *Staatssekretär Dr. Sonnemann* damit einverstanden, daß der Satz: „Der Bundesminister bestimmt den Mindestsatz" wie folgt abgeändert wird: „Der Bundesminister für Ernährung, Landwirtschaft und Forsten bestimmt den Mindestsatz im Einvernehmen mit dem Bundesminister für Wirtschaft." Es soll im einzelnen zwischen dem Bundeswirtschaftsministerium und dem Bundesernährungsministerium überlegt werden, wie man die mit einer Beteiligung des Bundeswirtschaftsministeriums bei der Festsetzung der Mindestsätze verbundenen technischen Schwierigkeiten vermeiden kann. Außerdem soll geprüft werden, ob und inwieweit auch die Krabbenfischerei in die Marktordnungsregelung einbezogen werden kann.

Der *Vizekanzler* äußert Bedenken gegen die Fassung des § 5 Abs. 2 und des § 7, in denen im einzelnen festgelegt wird, von welchen Verbänden die Vertreter der Verbraucher in den Beirat berufen werden sollen.

Staatssekretär Dr. Sonnemann erklärt sich damit einverstanden, daß der Absatz 2 des § 5 gestrichen wird, und daß die hierin enthaltene Regelung in einer Durchführungsbestimmung, zu deren Erlaß der Bundesminister für Ernährung, Landwirtschaft und Forsten ermächtigt wird, vorgenommen werden soll.

Der Kabinettsausschuß beschließt, den Gesetzentwurf in der so besprochenen Fassung dem Kabinett vorzulegen[14].

---

[13] Siehe 233. Kabinettssitzung am 8. Juli 1952 TOP 1 (Kabinettsprotokolle 1952, S. 435). – Vorlage des BML in B 116/29979 und B 136/2636, Vorstufen des Entwurfs in B 116/29978. – Der Gesetzentwurf sah Marktregelungen vor, die einen Ausgleich zwischen Eigenanlandungen und Importen und eine gleichmäßige Belieferung sicherstellen sollten. In § 2 war die Aufstellung eines Versorgungsplanes sowie die Möglichkeit befristeter Einfuhrsperren vorgesehen, § 3 sah die Möglichkeit vor, Stützungsbeträge zu gewähren, wenn Anlandungen nicht zu einem bestimmten Mindestsatz verkauft werden konnten. Über die Höhe und die Vergabebedingungen der Stützungsmaßnahmen sollte ein Beirat, bestehend aus je einem Vertreter des BML und der zuständigen Landesbehörde und Vertretern der Seefischerei und der Verbraucherkreise entscheiden (§ 5), dessen Zusammensetzung und Amtsdauer in Absatz 2 detailliert vorgeschrieben war. Das Marktgesetz sollte auch der Förderung des Fischkonsums dienen. Zu diesem Zweck sollte eine Abgabe beim Handel erhoben werden (§ 6), über deren Verwendung ein Förderungsbeirat entscheiden sollte (§ 7). – Weitere Unterlagen in B 116/29980 und 29981 sowie B 102/192400 und 192401.

[14] Fortgang 240. Kabinettssitzung am 15. Aug. 1952 TOP 4 (Kabinettsprotokolle 1952, S. 511 f.). – BR-Drs. 364/52, BT-Drs. 4024, Gesetz vom 31. Aug. 1952 (BGBl. I 567).

4. ENTWURF EINER VERORDNUNG ÜBER DIE FESTSETZUNG DES PREISES FÜR ZUCKERRÜBEN AB 1. OKTOBER 1952 BML

Der Kabinettsausschuß macht im Hinblick auf die politische Tragweite schwere Bedenken gegen eine Erhöhung des Zuckerrübenpreises und deren Auswirkung auf den Zuckerpreis geltend[15]. Auf Vorschlag des *Vizekanzlers* soll zunächst der Preisrat die Vorlage beraten[16]. Diese Beratung des Preisrates soll jedoch spätestens bis zur Rückkehr des Bundeskanzlers abgeschlossen sein, damit die Vorlage im Kabinett unter dem Vorsitz des Bundeskanzlers beraten werden kann[17].

Außerhalb der Tagesordnung werden folgende Punkte beraten:

[A.] KONVERSIONSKASSE BMF

Hierzu trägt *Ministerialdirigent Dr. von Spindler* folgendes vor:

Auf Grund des Konversionskassengesetzes vom Jahre 1933 haben die deutschen Privatschuldner an die Konversionskasse gezahlt[18]. Anläßlich der Londoner Verhandlungen[19] wurde jedoch die schuldbefreiende Wirkung dieser Zahlungen nicht anerkannt. Es ergibt sich dabei die Frage, wer zahlen soll, die Konversionskasse oder die Privatschuldner. Die Übernahme der Zahlungen durch die Konversionskasse stößt auf große technische Schwierigkeiten. Als die beste Lösung sei bisher erkannt worden, die Schuldenregelung im Außenverhältnis durch die deutschen Privatschuldner durchführen zu lassen, während im Innenverhältnis, d.h. gegenüber den deutschen Schuldnern, der Bund die Verpflichtungen übernimmt.

Der Kabinettsausschuß sieht von einer Beschlußfassung ab, um die deutsche Delegation nicht unnötig zu binden, regt jedoch an, daß die Verhandlungen in dem vorgeschlagenen Sinne geführt werden[20].

[B.] TRANSFER GEGEN ISRAEL AA

Ministerialdirigent Dr. v. Spindler bezieht sich auf die Kabinettssitzung vom 18. 7. 1952, in der das Kabinett die vorgeschlagene Wertsicherungsklausel abgelehnt habe[21]. Er verliest einen Schriftwechsel der deutschen Delegation, aus dem

---

[15] Siehe 18. Ausschußsitzung am 4. März 1952 TOP A und 231. Kabinettssitzung am 1. Juli 1952 TOP B (Kabinettsprotokolle 1952, S. 423f.). – Vorlage des BML vom 25. Juli 1952 in B 136/2631.

[16] Bericht des BMWi vom 27. Aug. 1952 und Protokolle über die Ausschußsitzungen des Preisrates ebenda.

[17] Fortgang 26. Ausschußsitzung am 18. Sept. 1952 TOP 3.

[18] Nach dem Reichsgesetz vom 9. Juni 1933 über die Zahlungsverbindlichkeiten gegenüber dem Ausland (RGBl. I 349) mußten fällige Zinsen und Annuitäten in Reichsmark an die mit diesem Gesetz gegründete Konversionskasse gezahlt werden.

[19] Vgl. hierzu 238. Kabinettssitzung am 29. Juli 1952 TOP B (Kabinettsprotokolle 1952, S. 486f.).

[20] Unterlagen zum Problem der Konversionskasse in B 126/48395. – Fortgang zur Londoner Schuldenkonferenz 24. Ausschußsitzung am 5. Aug. 1952 TOP A.

[21] Siehe 236. Kabinettssitzung am 18. Juli 1952 TOP A (Kabinettsprotokolle 1952, S. 468f.). – Vorlage des AA vom 17. Juli 1952 in AA B 4/82 und B 136/1127 und Vorlage des BMF vom 15. Juli 1952 in B 126/51544 und B 136/1127. – Die seit dem 21. März 1952 mit dem Staat

hervorgeht, daß durch Einrichtung eines Schiedsgerichts praktisch die Wertsicherungsklausel anerkannt werden soll[22]. Er teilt mit, daß der Bundesfinanzminister dieser Entwicklung nicht zustimmen könne. Der Kabinettsausschuß schließt sich der vorgetragenen Auffassung an und beschließt eine sofortige Aussprache zwischen dem Auswärtigen Amt und dem Bundeswirtschaftsminister, dem Bundesfinanzminister und dem Bundesminister für den Marshallplan mit den Delegationsführern, um die Auffassung der Bundesregierung genügend zur Geltung zu bringen[23].

[C.] DEUTSCHE BEAMTE BEI INTERNATIONALEN ORGANISATIONEN AA

Der *Vizekanzler* bittet Staatssekretär Hartmann, baldmöglichst einen Beschluß vorzubereiten, daß Beamte, die zu internationalen Organisationen abgestellt werden, von der Bundesregierung beurlaubt werden. Man könne nur dann qualifizierte Kräfte gewinnen, wenn diese genau wüßten, welche Möglichkeiten sie nach der Beendigung ihrer Tätigkeit haben.

Staatssekretär Hartmann sagt die Vorbereitung eines solchen Beschlusses zu und teilt mit, daß man im Bundesfinanzministerium plane, eine Regelung in dem Sinne zu treffen, daß Leerstellen geschaffen werden und der Beamtenstatus der betreffenden Beamten aufrecht erhalten bleibt.

Der *Vizekanzler* bittet in diesem Zusammenhang auch die Frage zu prüfen, ob sich nicht auch eine ähnliche Regelung für hochqualifizierte Angestellte ermöglichen läßt[24].

[D.] WEITERBEHANDLUNG DES JAGDGESETZES BML

Staatssekretär Dr. Sonnemann stellt die Frage zur Erörterung, wie man weiter vorgehen solle, nachdem das Bundesjagdgesetz vom Bundesrat abgelehnt sei[25].

Israel geführten Verhandlungen über einen deutschen Beitrag zum Aufbau des Landes und mit der Jewish Claims Conference über eine Abgeltung sog. erbenloser Ansprüche durch Gewährung einer Globalentschädigung hatten hinsichtlich einiger Vertragsklauseln (verschiedene Wertsicherungs- und Gefahrenklauseln) grundsätzliche Fragen offengelassen. Mit der vom AA vorgeschlagenen Wertsicherungsklausel sollte sichergestellt werden, daß das sich aus dem Abkommen für die Lieferung nach Israel ergebende Waren- und Dienstleistungsvolumen von wesentlichen Änderungen in den internationalen Währungsrelationen unberührt blieb. Das BMF hatte sich grundsätzlich gegen die Aufnahme von Wertsicherungsklauseln ausgesprochen, da sie u. a. die Londoner Verhandlungen über die deutschen Auslandsschulden präjudizieren würden.

22 Schriftwechsel der deutschen Delegation in B 126/51544 und B 102/58955.

23 Fortgang 239. Kabinettssitzung am 1. Aug. 1952 TOP G (Kabinettsprotokolle 1952, S. 500 f.).

24 Siehe 18. Ausschußsitzung am 4. März 1952 TOP 2 und 208. Kabinettssitzung am 18. März 1952 TOP B (Kabinettsprotokolle 1952, S. 180). – In einem gemeinsamen Rundschreiben an die obersten Bundesbehörden vom 12. Sept. 1952 (GMBl. S. 301) gaben BMF und BMI vorläufige Grundsätze bekannt, nach denen bei der Entsendung von Beamten und Angestellten des Bundes in internationale, öffentliche Organisationen verfahren werden sollte. Unterlagen dazu in B 106/7260 und B 136/5149. – Fortgang 297. Kabinettssitzung am 9. Juni 1953 TOP 3 (Kabinettsprotokolle 1953, S. 330).

25 Siehe 122. Kabinettssitzung am 12. Jan. 1951 TOP 7 (Kabinettsprotokolle 1951, S. 67). – Unterlagen zur Entstehung des Bundesjagdgesetzes in B 116/198–205, B 116/2738 und B 136/2657. – Auf Antrag Bayerns, das die Zuständigkeit des Bundes auf diesem Rechtsge-

Der Kabinettsausschuß ist übereinstimmend der Auffassung, daß ein neues Gesetz eventuell aus der Mitte des Bundestages eingebracht werden müsse[26].

[E.] TRAKTORENGESCHÄFT ARGENTINIEN BMWi

Hierüber referiert *ORR Bölle*. Argentinien habe für einen Betrag von 22 Mio Dollar Traktoren bestellt[27]. Die Bürgschaftsübernahme und die Finanzierung seien gesichert, jedoch hätten die Banken die Bedingung gestellt, man möge die Karenzzeit für die Exportgarantien von 6 auf 3 Monate herabsetzen. Der Bundesfinanzminister habe dieser Regelung zugestimmt, jedoch nur unter der Bedingung, daß die Eigenbeteiligung von 15 auf 33% heraufgesetzt werden müsse. Der Bundeswirtschaftsminister hält diese Heraufsetzung der Selbstbeteiligung für zu hoch. Man sei zu folgendem Vermittlungsvorschlag bereit:

Erhöhung der Selbstbeteiligung auf 20% unter der Bedingung der Übernahme der dem Bund gegebenenfalls entstehenden Zinsaufwendungen.

Staatssekretär Hartmann führt hierzu aus, daß die Haltung des Bundesfinanzministers von folgenden Überlegungen bestimmt sei: Argentinien verkaufe Getreide an Deutschland zu Überpreisen, dafür nähme es auch Traktoren zu Überpreisen herein. Damit ergäbe sich die Situation, daß das Bundesfinanzministerium das Getreide subventionieren müßte, während der Traktorenindustrie erhöhte Gewinne zuflössen. Die Erhöhung der Eigenbeteiligung sei daher berechtigt. Es bestände keine Veranlassung, die Gewinne der Traktorenindustrie vorzufinanzieren. Er sei jedoch bereit, die Vorschläge des Bundeswirtschaftsministeriums zu prüfen.

Dr. Westrick betont demgegenüber, daß die Traktorenindustrie keine Überpreise gefordert habe, sondern nur zu den abgeschlossenen Preisen rentabel arbeiten könne. Die Bitte der Industrie sei daher nicht abwegig.

[F.] EINKOMMENSTEUERREFORM BMF

Staatssekretär Hartmann teilt mit, daß Nordrhein-Westfalen ein Initiativgesetz im Bundesrat zur Änderung des Einkommensteuergesetzes eingebracht habe[28]. Dieser Gesetzentwurf entspreche keineswegs den Wünschen des Bundesfinanzministers. Es sei ihm, Staatssekretär Hartmann, jedoch gelungen zu erreichen,

---

biet verneint hatte, hatte der Bundesrat am 20. Juni 1952 die Anrufung des Vermittlungsausschusses beschlossen (BR-Drs. 229/52). Nach der Ablehnung der Vorschläge des Vermittlungsausschusses durch den Bundestag (BT-Drs. 3588) hatte der Bundesrat am 30. Juli 1952 die Zustimmung zu dem Gesetz verweigert (BR-Drs. 296/52).

26 Fortgang 24. Ausschußsitzung am 5. Aug. 1952 TOP C.

27 Unterlagen zur Vorbereitung der Handelsvertragsverhandlungen und der Abwicklung des Traktorengeschäfts in B 102/18460, dazu ferner Protokoll der Ausschußsitzung des Interministeriellen Ausschusses für Ausfuhrgarantien und Ausfallbürgschaften am 20. Juni 1952 in B 102/25493.

28 Am 21. Juli 1952 hatte das Land Nordrhein-Westfalen einen Entwurf eines Ersten Gesetzes zur Vereinfachung des Einkommensteuergesetzes als Initiativgesetzentwurf des Bundesrates vorgelegt, das im wesentlichen eine Erhöhung einzelner Pausch- und Freibeträge enthielt (BR-Drs. 319/52).

daß der Gesetzentwurf zunächst an den Finanzausschuß des Bundesrates zurückverwiesen wird, so daß für das Bundesfinanzministerium die Möglichkeit einer ausreichenden Einflußnahme bestände[29].

[29] Fortgang 248. Kabinettssitzung am 19. Sept. 1952 TOP 3 (Kabinettsprotokolle 1952, S. 584). – BR-Drs. 381 (Vorlage der Bundesregierung), BT-Drs. 3377, Gesetz zur Vereinfachung des Einkommensteuergesetzes vom 10. Dez. 1952 (BGBl. I 789).

24. Sitzung des Kabinettsausschusses am Dienstag, den 5. August 1952

Teilnehmer: Blücher, Seebohm, Neumayer, Lukaschek; Hartmann, Sonnemann, Sauerborn, Westrick; Schöne (BMWi), Schwandt (BMF), Häfner (BML), Sachs (AA), Seib (BMM), Klamser (BMF). Protokoll: Pühl.

Ort: Haus Carstanjen

Beginn: 9.30 Uhr *Ende: Gegen 12.00 Uhr*

Tagesordnung[1]*:*

Einfuhr gewerblicher und agrarischer Erzeugnisse (Jahreseinfuhrplan).

[1.] EINFUHR GEWERBLICHER UND AGRARISCHER ERZEUGNISSE (JAHRESEINFUHRPLAN) BML/BMWi

Staatssekretär Dr. Sonnemann erläutert das Einfuhrprogramm des Bundesernährungsministeriums 1952/53 anhand der den Kabinettsausschußmitgliedern übersandten Ausarbeitung vom 22. 7. 1952 und bemerkt dazu ergänzend, daß die Planzahlen bereits das Mindestmaß dessen darstellten, was für die Einfuhr erforderlich sei, so daß eine Reserve in dem vorliegenden Plan nicht enthalten sei[2]. Er schlägt dem Kabinettsausschuß daher vor, auf eine Einzelerörterung der Zahlen zu verzichten, sondern sich darauf zu beschränken, die Einordnung des agrarischen Planes in das gesamte Einfuhrprogramm zu erörtern. Der *Vizekanzler* bemerkt dazu, daß nach seiner Auffassung ein Reserveposten von zusätzlich 30 Mio Dollar im Einfuhrprogramm des Bundesernährungsministeriums vorgesehen werden müsse. *Dr. Westrick* erklärt, auf dem gewerblichen Sektor müsse als Grundsatz vertreten werden, daß die gewerbliche Wirtschaft die Vorratshaltung selber übernimmt. Er könne daher nicht mit so konkreten Zahlen aufwarten wie das Bundesernährungsministerium. Immerhin hätten jedoch die im Bundeswirtschaftsministerium angestellten Berechnungen ergeben, daß für Bevorratungszwecke ein Betrag von 1,8 Milliarden DM (einschl. Nebenkosten) erforderlich würde. Für das Bundeswirtschaftsministerium sei die Einfuhrplanung nicht nur ein Devisenproblem, sondern sie beinhalte zugleich die Notwendigkeit der Beschaffung von Kapitalmarktmitteln als Liquiditätshilfe für die bevorratende deutsche Wirtschaft. Als besonders vordringlich bezeichnet *Dr. Westrick* eine Abstimmung mit dem Bundesernährungsministerium über die Verwendung der freien Dollars.

---

[1] Gemäß Einladung vom 2. Aug. 1952.

[2] Vorlage vom 22. Juli 1952 nicht ermittelt. – Einen Jahresplan für die Einfuhr von Grundnahrungsmitteln und dessen Finanzierungsmöglichkeiten hatte das BML bereits mit der Vorlage vom 27. Juni 1952 vorgelegt (vgl. 23. Ausschußsitzung am 30. Juli 1952 TOP 2).

Hierzu teilt *ORR Seib* einige Zahlen mit. Danach beträgt im Einfuhrjahr 1952/53 der Gesamteinfuhrbedarf 3720 Mio Dollar. Hiervon entfällt auf den gewerblichen Sektor ein Betrag von 2432 Mio Dollar, auf den landwirtschaftlichen Sektor ein Betrag von 1288 Mio Dollar[3].

Aus dem Dollarraum sind Gesamteinfuhren im Betrage von 640 Mio Dollar vorgesehen. Hiervon entfällt auf den gewerblichen Sektor ein Betrag von 470 Mio Dollar, auf den landwirtschaftlichen Sektor ein Betrag von 170 Mio Dollar.

Staatssekretär Dr. Sonnemann regt an, die für den gewerblichen und agrarischen Sektor vorgesehenen Dollarbeträge um eine Reserve von je 30 Mio Dollar zu erhöhen. Es wird ausdrücklich festgestellt, daß in den genannten Ziffern der Nachholbedarf der gewerblichen Wirtschaft noch nicht enthalten ist.

Nach den Angaben von ORR Seib, die mit den beteiligten Ressorts der Bank deutscher Länder abgestimmt wurden, soll der Dollarbedarf für ein halbes Jahr aus folgenden Quellen gedeckt werden:

	Mio DM
Abschlag auf das erwartete Devisenaufkommen	100
Alte und neue Einfuhranrechte	60
MSA-Hilfe	50–55
aus Gegenseitigkeitsgeschäften	48
Tabakkredit	10
	273

Der Kabinettsausschuß beschließt auf Grund dieser Berichte:

1.) Unter dem Vorsitz des Marshallplanministeriums soll eine Abstimmung der gewerblichen und agrarischen Einfuhrprogramme unter Berücksichtigung der verfügbaren Dollarbeträge für die Dauer eines halben Jahres erfolgen.

2.) Der Interministerielle Ausschuß (IWA) soll den Auftrag erhalten, sich im besonderen mit der Frage zu befassen, wie man das bisherige System der Vorratsfinanzierung, das eine fast völlige Freistellung der in das Verfahren eingeschalteten Banken vom Risiko vorsieht, in dem Sinne revidieren kann, daß auch die Banken einen gewissen Teil des Risikos übernehmen[4].

Im Laufe der Erörterung bringt *Staatssekretär Hartmann* nochmals die Erwartung des Bundesfinanzministers zum Ausdruck, daß bei den Subventionen und den Kosten der Einfuhr- und Vorratsstelle die haushaltsmäßigen Ansätze nicht überschritten würden. Hierzu bemerkt *Staatssekretär Dr. Sonnemann*, daß er hoffe, mit den veranschlagten Subventionen dadurch auszukommen, daß durch eine Veränderung des Verfahrens der Konsumbrotverbilligung an dieser Stelle

[3] Vgl. dazu Aufzeichnung vom 30. Juli 1952 („Zahlenmäßige Übersicht für das Programm der Einfuhren aus dem Dollarraum für das 2. Halbjahr 1952") in B 102/13818.

[4] Die besonderen Finanzierungsfragen der Vorratshaltung wurden in einem Unterausschuß des Interministeriellen Wirtschaftsausschusses beraten. Vgl. dazu 23. Ausschußsitzung am 30. Juli 1952 TOP 1 und 27. Ausschußsitzung am 6. Okt. 1952 TOP 1.

Subventionen eingespart werden könnten[5]. Was die Kosten der Einfuhr- und Vorratsstelle anbelange, so müsse er hierüber noch mit Staatssekretär Hartmann verhandeln. Es sei denkbar, daß durch die vorgesehene Änderung in dem Verfahren der Einfuhr- und Vorratsstelle, nach der der Handel in erhöhtem Maße an der Vorratshaltung beteiligt werden soll, auch erhöhte Kosten der Einfuhr- und Vorratsstelle entständen. Insbesondere sei eine Erhöhung der Eigenkapitalausstattung notwendig[6]. Die *Staatssekretäre Hartmann* und *Dr. Sonnemann* kommen abschließend überein, über die kostenmäßigen Auswirkungen der Verlagerung der Vorratshaltung auf den Handel gesondert zu verhandeln[7].

Außerhalb der Tagesordnung werden folgende Punkte beraten:

[A.] LONDONER SCHULDENKONFERENZ; HIER: TRANSFERFRAGEN AA

Dr. Westrick berichtet auf Grund der den Kabinettsausschußmitgliedern zugegangenen Vorlage des Bundeswirtschaftsministers vom 4. August 1952[8]. Im Dreimächte-Ausschuß sei über die von der deutschen Delegation vorgeschlagene Transfer-Klausel Übereinstimmung erzielt worden. Jedoch sei eine von der deutschen Delegation gewünschte Ergänzung der Ziffer 21 durch einen Absatz 3 abgelehnt worden[9]. Daraufhin habe die deutsche Delegation eine Kompromißklausel vorgeschlagen (Ziffer IV der Vorlage des BWM), während der Dreimächte-Ausschuß eine Konsultativ-Klausel anstrebe[10]. Die Annahme einer Konsultativ-Klau-

[5] Das BML hoffte, einen Teil der für das Konsumbrot aufgewendeten Subventionen zur Finanzierung der Lagerhaltung verwenden zu können. Diese Absicht scheiterte am Einspruch des Bundeskanzlers. Vgl. 247. Kabinettssitzung am 16. Sept. 1952 TOP 2d (Kabinettsprotokolle 1952, S. 575). – Das Konsumbrot sollte der Versorgung der Bevölkerung zu günstigen Preisen dienen. Mehltypen und Mischungsverhältnis von Roggen- und Weizenmehl sowie Preise wurden vom BML vorgeschrieben. Subventionsempfänger waren die Backbetriebe. Die für das Rechnungsjahr 1952 auf 270 Millionen DM geschätzten Subventionskosten sollten insbesondere durch eine Veränderung des Mischungsverhältnisses, durch Einschränkung des Mißbrauchs sowie durch Eingrenzung des Kreises der Subventionsempfänger verringert werden. Unterlagen dazu in B 116/9105–9107.

[6] Zu den Forderungen Sonnemanns nach einer finanziellen Selbständigkeit der einzelnen Einfuhr- und Vorratsstellen vgl. 20. Ausschußsitzung am 2. April 1952 TOP 1.

[7] Nicht ermittelt. – Fortgang 25. Ausschußsitzung am 19. Aug. 1952 TOP 2.

[8] Siehe 23. Ausschußsitzung am 30. Juli 1952 TOP A. – Vorlage des BMWi vom 4. Aug. 1952 in B 102/6996 und B 136/1116. – Mit der Transferklausel erklärte sich die Bundesrepublik Deutschland einverstanden, die Zahlung von Zinsen und Tilgungsraten nach Maßgabe eines vereinbarten Planes vorzunehmen und sicherzustellen. Die Zahlungsbilanzlage der Bundesrepublik und deren Entwicklung wurde von der Konferenz als Voraussetzung für die Transferleistungen anerkannt. Die Zahlungsfähigkeit sollte durch Intensivierung der internationalen Zusammenarbeit im Sinne einer liberalen Handelspolitik, durch eine Ausweitung des Welthandels und durch die Wiederherstellung der freien Konvertierbarkeit der Währungen erleichtert werden.

[9] Danach sollte die Bundesregierung bei auftretenden Zahlungsbilanzschwierigkeiten berechtigt sein, die Zahlungen vorübergehend ganz oder teilweise einzustellen. Die Berechtigung der Maßnahmen sollte von einem unabhängigen internationalen Gremium überprüft werden.

[10] Entsprechend der Kompromißklausel sollte es gemäß der Vorlage des BMWi Gegenstand der Verhandlungen über das Regierungsabkommen sein, im einzelnen festzulegen, welche Vorkehrungen im Falle einer gefährdeten Zahlungsbilanzlage getroffen werden sollten.

sel sei gleichbedeutend mit einem Verzicht der Bundesrepublik auf ihre Handlungsfreiheit. Er müsse daher dem Kabinettsausschuß empfehlen, einen Beschluß zu fassen, nach der die deutsche Delegation ermächtigt wird, dem Bericht der Konferenz zuzustimmen, wenn er Vorschläge enthält, die materiell der von der deutschen Delegation vorgeschlagenen Transfer-Klausel sowie dem Kompromißvorschlag entsprechen. Der Ausschuß erörtert diese Frage eingehend. Übereinstimmung besteht darüber, daß die Kompromiß-Klausel der deutschen Delegation das Mindeste sei, was man verlangen müsse, wenn man die deutsche Position nicht unhaltbar schwächen wolle. Während die *Staatssekretäre Hartmann* und *Dr. Sonnemann* zu der von der deutschen Delegation ursprünglich gewählten Fassung, die vom Dreimächte-Ausschuß abgelehnt wurde, neigen, wird von den übrigen Mitgliedern des Kabinettsausschusses die Auffassung vertreten, daß die von der deutschen Delegation vorgeschlagene Kompromiß-Klausel als Verhandlungsgrundlage gelten könne, jedoch noch zu weich sei und schärfer gefaßt werden müsse. Es werden Bedenken geltend gemacht, daß bei einer zu wenig nachgiebigen Haltung der deutschen Delegation das Ergebnis der Londoner Verhandlungen gefährdet werden könne. Der *Vizekanzler* hält die vorgeschlagene Kompromiß-Fassung deshalb für bedenklich, weil hiernach u.U. bereits ein Verfall der deutschen Vermögenslage eingetreten sein kann, bevor Hilfsmaßnahmen eingeleitet werden. Es sei erforderlich, eine Möglichkeit vorzusehen, daß bereits bei dem Erkennen einer gefahrvollen Lage deutscherseits entsprechende Schritte unternommen werden könnten. Auf Anregung des *Vizekanzler*s wird ad hoc ein Redaktions-Ausschuß aus mehreren Beamten gebildet, der während der Sitzung eine Neufassung der Kompromiß-Klausel berät. Auf Grund des Berichts dieses Ausschusses faßt der Kabinettsausschuß folgenden Beschluß:

„Hinsichtlich der Transfer-Frage wird die deutsche Delegation für Auslandsschulden unter Ablehnung jeder Konsultativ-Klausel ermächtigt, dem Bericht der Konferenz zuzustimmen, wenn er Vorschläge enthält, die materiell der unter Ziffer 21 Absatz 1 und Absatz 2 wiedergegebenen Fassung entsprechen und für Ziffer 21 Absatz 3 etwa folgende Fassung durchgesetzt wird, wobei der zweite Halbsatz wesentlich ist:

In dem Regierungsabkommen sollen Bestimmungen getroffen werden über die von jeder der beteiligten Regierungen gegebenenfalls zu unternehmenden Anstrengungen, durch die verhindert werden soll, daß die Zahlungsbilanzlage der Bundesrepublik ernstlich gefährdet wird, und ferner, falls eine solche Gefährdung bereits eingetreten ist, in welcher Weise die von der Bundesregierung in Fällen dringender Gefahr getroffenen Maßnahmen geprüft werden und ein Ausgleich der Zahlungsbilanzlage hergestellt wird.“[11]

Demgegenüber sah der Vorschlag des Dreimächte-Ausschusses im Falle von Transferschwierigkeiten eine Beratung unter den beteiligten Regierungen vor.

[11] Fortgang Sondersitzung am 12. Aug. 1952 TOP 1 (Kabinettsprotokolle 1952, S. 502–505).

[B.] PREISE FÜR GRUNDNAHRUNGSMITTEL BMWi

Der *Vizekanzler* weist auf die in weiten Kreisen der Bevölkerung bemerkbare Unruhe wegen erwarteter Preissteigerungen auf dem Gebiete der Grundnahrungsmittel hin. Er hält es bei Anerkennung aller Schwierigkeiten, die in den saisonalen Preisschwankungen begründet sind, für unbedingt notwendig, die Dinge pressepolitisch dazu vorzubereiten, daß die beteiligten Bundesressorts ihre Presseverlautbarungen untereinander abstimmen, damit eine unnötige Beunruhigung der Bevölkerung vermieden wird[12].

[C.] BUNDESJAGDGESETZ BML

Staatssekretär Dr. Sonnemann teilt mit, sein Haus sowie das Bundesjustizministerium hätten festgestellt, daß die Bundesregierung nach dem Grundgesetz in der Lage sei, den Vermittlungsausschuß anzurufen. Er sei im übrigen unterrichtet, daß auch der Bundesrat gegen dieses Verfahren Einwendungen nicht erheben würde. Der Kabinettsausschuß erklärt sich mit einer Vorlage in diesem Sinne einverstanden[13].

[12] Vgl. dazu 240. Kabinettssitzung am 15. Aug. 1952 TOP D und 231. Kabinettssitzung am 1. Juli 1952 TOP B (Kabinettsprotokolle 1952, S. 518f. und 423f.).

[13] Siehe 23. Ausschußsitzung am 30. Juli 1952 TOP D. – Fortgang Sondersitzung am 12. Aug. 1952 TOP 3 (Kabinettsprotokolle 1952, S. 507). – Der Bundesrat rief den Vermittlungsausschuß an (BR-Drs. 345/52 und BT-Drs. 3558), dessen Vorschlag (BT-Drs. 3794) er annahm (BR-Drs. 438/52), Gesetz vom 29. Nov. 1952 (BGBl. I 780 und 843).

25. Sitzung des Kabinettsausschusses für Wirtschaft am Dienstag, den 19. August 1952

Teilnehmer: Blücher, Schäffer, Lukaschek; Sauerborn, Sonnemann, Bleek, Schneider, Westrick; Oeftering [BMF], Holtz [Dienstsstelle Blank], Egidi [BMI], Albrecht [BMF], Schmid [BMWi], Heusinger [Dienstsstelle Blank], Kaumann [BMWi], Häfner (BML), Martinstetter (BML), Vialon (BMF), Bergemann (Dienstsstelle Blank), Martens (BML), Seib (BMM). Protokoll: Pühl.

Ort: Haus Carstanjen

Beginn: 15.00 Uhr — *Ende: Gegen 17.00 Uhr*

Tagesordnung[1]:

1. *Aussprache über die Bearbeitung des NATO-Fragebogens über den Deutschen Verteidigungsbeitrag*
   Eine Vorlage des BMM und der NATO-Fragebogen werden nachgereicht.
2. *Bericht über das Ergebnis der Beratungen über das Einfuhrprogramm aus dem Dollar-Raum*
   Ohne Vorlage.
3. *Allgemeine Genehmigung zu § 3 WG*
   Vorlage des BMF vom 23. Juni 1952 (V GK – 1720 – 18/52).

1. AUSSPRACHE ÜBER DIE BEARBEITUNG DES NATO-FRAGEBOGENS ÜBER DEN DEUTSCHEN VERTEIDIGUNGSBEITRAG — BMM

Unter Bezugnahme auf seine Kabinettsvorlage vom 16. 8. 1952 umreißt der *Vizekanzler* in kurzen Worten die Aufgabe[2]. Er hebt hervor, daß gerade bei dieser

[1] Gemäß Einladung vom 16. Aug. 1952.

[2] Siehe 240. Kabinettssitzung am 15. Aug. 1952 TOP C (Kabinettsprotokolle 1952, S. 518). – Vorlage des BMM in AA B 10/1032. – „Fragebogen für die Jahreserhebung 1952 über den sich aus der Schaffung und dem Unterhalt einer Verteidigungsmacht ergebenden Bedarf der Bundesrepublik Deutschland" vom 6. Aug. 1952 in AA B 10/1031. Die Antwort sollte der NATO einen ersten Gesamteindruck von den Möglichkeiten der Bundesrepublik hinsichtlich der Mitwirkung an einem integrierten Verteidigungsprogramm der NATO und der vorgesehenen EVG vermitteln. Der an die NATO-Mitgliedstaaten gerichtete Fragebogen verfolgte den Zweck, unter Berücksichtigung der auf der Konferenz von Lissabon (20.–25. Febr. 1952) beschlossenen Empfehlungen die nationalen Programme entsprechend politischer und wirtschaftlicher Gegebenheiten festzulegen. Die Tabellen über Streitkräfte, Rüstungs- und Investitionsprogramme und die Infrastruktur der Bundesrepublik waren nur im Rahmen der Bestimmungen der EVG sowie im Rahmen des Vertrages vom 26. Mai 1952 über die Stationierungskosten zu verstehen. Der Fragebogen war in zwei Teile (Teil A Verteidigungsbemühungen, Teil B Wirtschaftliche Erwägungen) untergliedert. Der erste Teil enthielt drei Abschnitte: verfügbare Streitkräfte, erforderliche und vorgesehene Ausgaben, Materialbedarf und materielle Hilfsquellen. – Weitere Unterlagen in BW 9/974, 975 und 986,

politisch so wichtigen Angelegenheit eine enge Zusammenarbeit aller beteiligten Ressorts unerläßlich sei, damit die Beantwortung des Fragebogens keine inneren Widersprüche aufweise. Es sei daher erforderlich, sich zunächst über den besten Weg der Bearbeitung zu verständigen. Er empfiehlt dem Kabinettsausschuß, im Sinne seiner Vorschläge vom 16. 8. 1952 zu verfahren[3]. Der *Bundesminister der Finanzen* unterstreicht die Ausführungen des Vizekanzlers und weist auch seinerseits auf die Notwendigkeit engster Zusammenarbeit aller Ressorts hin. Die vom Vizekanzler vorgeschlagene Aufteilung der einzelnen Teile des Fragebogens auf die zuständigen Ressorts sei durchaus zweckentsprechend. Im übrigen enthielte der Fragebogen bei genauerer Durchsicht eine Vielzahl von ungelösten Problemen, so daß bei der Beantwortung höchste Vorsicht geboten sei, wenn man die deutschen Belange nicht gefährden wolle. Wegen der engen Verflechtung aller Teile des Fragebogens mit dem Bundeshaushalt müsse die ausreichende Beteiligung des Bundesfinanzministeriums bei allen Fragen gesichert sein[4]. Der *Vizekanzler* bestätigt diesen Grundsatz und bemerkt, daß eigentlich nur das Bundeswirtschaftsministerium zunächst ziemlich unabhängig von den anderen Ressorts arbeiten könne, während alle übrigen Teilfragen von den Ergebnissen der Arbeiten des Bundesfinanzministeriums abhängig seien. Er bittet bei dieser Gelegenheit die Anwesenden, dafür Sorge zu tragen, daß bei der Bearbeitung des Fragebogens größte Vertraulichkeit gewahrt bliebe, um Presseangriffe des Auslandes zu vermeiden.

In der sich anschließenden Aussprache darüber, wie der technische Ablauf der Bearbeitung durch die einzelnen Ressorts erfolgen soll, bringt *Staatssekretär Bleek* die Befürchtung zum Ausdruck, daß im Teil I des Fragebogens offenbar Angaben über technische Einzelheiten der deutschen Polizeikräfte erwartet würden. Er sehe hierin einen Eingriff in deutsche Hoheitsrechte und müsse daher fordern, daß Angaben über die Polizei der Bundesrepublik, soweit sie technischer Art sind, nicht gemacht würden.

Der Kabinettsausschuß beschließt alsdann die sofortige Bildung eines Abteilungsleiterausschusses, der sich aus folgenden Herren zusammensetzt:

B 126/51516 und 51517 sowie B 146/437. Vgl. auch Anfänge Sicherheitspolitik, Bd. 2, S. 99–109.

[3] Nach Vorschlag Blüchers sollten die finanziellen Möglichkeiten und militärischen Erfordernisse von der vom BMWi zu ermittelnden materiellen Wirtschaftskraft der Bundesrepublik abgeleitet werden. Demgegenüber hatte die Dienststelle Blank erklärt, daß von der militärischen Anforderung an Material und Personal ausgegangen und mit dem BMWi und BMF geprüft werden müsse, ob und wieweit die Forderungen erfüllt werden könnten. Vereinbart wurde, daß die Dienststelle Blank zunächst den militärischen Beitrag zu liefern und an die anderen Ressorts weiterzuleiten habe. Vgl. dazu Vermerke vom 20. Aug. 1952 über die Ausschußsitzung vom 19. Aug. 1952 in BW 9/974 und 986.

[4] Das BMF hatte darauf verwiesen, daß zunächst bis zum 30. Juni 1953 ein monatlicher Beitrag von 850 Millionen DM festgelegt sei. Vorgesehen sei ein Jahresbeitrag von 10,2 Mrd. DM, was eine Ausgabensteigerung von 1,4 Mrd. DM bedeute. Hinzu kämen die auf der Londoner Schuldenkonferenz festgelegten Beträge sowie die an Israel zu zahlenden Wiedergutmachungsleistungen. Es schätzte die gesamten erwähnten Ausgaben auf etwa 12–15% des deutschen Sozialprodukts. Vgl. dazu Vermerk vom 20. Aug. 1952 über die Ausschußsitzung am 19. Aug. 1952 in BW 9/974.

Für das Bundesfinanzministerium Min.Dir. Dr. Oeftering – Vorsitz
Für das Bundeswirtsch.Minister. Min.Dir. Dr. Graf
Für die Dienststelle Blank Min.Dir. Dr. Holtz
Für das Marshallplanministerium Min.Dirig. Dr. Albrecht.

Die Bundesministerien für Ernährung, Landwirtschaft und Forsten, für Vertriebene und für Arbeit entsenden lediglich Beobachter, damit die Einschaltung dieser Ressorts in den Fällen gewährleistet ist, in denen Belange derselben berührt werden. Bei der Bearbeitung des Teils I wünscht das Bundesministerium des Innern die Beteiligung von Ministerialdirektor Egidi wegen der Polizeifragen. Der Abteilungsleiter-Ausschuß beginnt sofort mit seinen Beratungen[5], da der NATO-Fragebogen bis zum 15. 9. 1952 zugestellt werden muß[6].

2. BERICHT ÜBER DAS ERGEBNIS DER BERATUNGEN ÜBER DAS EINFUHRPROGRAMM AUS DEM DOLLARRAUM BML

ORR Seib berichtet über das Ergebnis der Referentenbesprechungen[7]. Danach ergibt sich folgendes Bild:

Aus dem Dollarraum sind Gesamteinfuhren im Betrage von 640 Mio Dollar vorgesehen.

Hiervon entfällt auf den gewerblichen Sektor		
ein Betrag von	470 Mio	Dollar
auf den landwirtschaftlichen Sektor		
ein Betrag von	170 Mio	Dollar.
Mithin beträgt der Dollarbedarf		
für ein halbes Jahr	320 Mio	Dollar.

Diesem Betrag stehen an Deckungsmitteln rd. 250 Mio Dollar gegenüber, die sich im einzelnen aus folgenden Beträgen zusammensetzen:

Abschlag der BdL auf das erwartete		
Devisenaufkommen	100 Mio	Dollar
Tabakkredit	10 Mio	Dollar
aus Gegenseitigkeitsgeschäften	40–50 Mio	Dollar
MSA-Hilfe	40 Mio	Dollar
Einfuhranrechte	40–60 Mio	Dollar
etwa	250 Mio	Dollar.

[5] Die 1. Sitzung des interministeriellen „Abteilungsleiterausschusses für die Bearbeitung des NATO-Fragebogens" fand am 20. Aug. 1952 im BMF statt. Hier erfolgte die Aufteilung des Stoffs nach den Teilen und Abschnitten des Fragebogens sowie die Feststellung der Federführung und der jeweils beteiligten Ressorts sowie der Beobachter. Zur Arbeitsmethode wurde festgelegt, daß in regelmäßigen Sitzungen des Ausschusses Übereinstimmung über die Grundannahmen erzielt werden und auf deren Grundlage wiederum die Ausarbeitung und schließlich die Zusammenfassung der Einzelarbeiten erfolgen sollte. Ein Zeitplan war nicht beschlossen worden. Vgl. dazu Vermerke vom 20. Aug. 1952 über die erste Sitzung des Abteilungsleiterausschusses in BW 9/986. Weitere Unterlagen über die erste bis dritte Sitzung am 9. Sept. 1952 in AA B 10/1032.

[6] Fortgang der 26. Ausschußsitzung am 18. Sept. 1952 TOP 5.

[7] Siehe 24. Ausschußsitzung am 5. Aug. 1952 TOP 1. – Protokolle der Referentenbesprechungen nicht ermittelt.

Es besteht mithin eine Dollarlücke von etwa 70 Mio $. Die Vertreter des Bundeswirtschaftsministeriums und des Bundesministeriums für Ernährung, Landwirtschaft und Forsten haben sich in der Weise geeinigt, daß von dem von der Bank deutscher Länder zur Verfügung gestellten Betrag von 100 Mio $ 70 Mio $ auf das Wirtschaftsministerium und 30 Mio $ auf das Ernährungsministerium entfallen sollen. Der Betrag aus der MSA-Hilfe von 40 Mio $ soll so aufgeteilt werden, daß das Wirtschaftsministerium 30 Mio $ und das Ernährungsministerium 10 Mio $ erhält.

Staatssekretär Dr. Sonnemann bemerkt zu den Ausführungen von ORR Seib, daß die von diesem angegebenen Zahlen Nettozahlen darstellten. Im Vorjahr hätte man 240 Mio $ für ein halbes Jahr zur Verfügung gehabt, obgleich die Ernteerträge höher gewesen seien. Es sei daher zu befürchten, daß die errechnete Dollar-Lücke noch größer sei. Man müsse sich den Gegebenheiten anpassen und davon ausgehen, daß die Bank deutscher Länder ein höheres Devisenkontingent nicht zur Verfügung stelle. Unter dieser Voraussetzung müsse er dem Bundeswirtschaftsministerium den Vorschlag unterbreiten, die Ölsaaten von der Positiv-Liste herunterzunehmen und dafür Getreide hereinzunehmen[8]. *Dr. Westrick* trägt Bedenken, diesem Vorschlag in vollem Umfange zu folgen, da hierdurch die Einfuhranrechte so sehr im Kurs sinken würden, daß das Instrument des Einfuhranrechts praktisch bedeutungslos würde. Das aber habe unangenehme Auswirkungen auf den deutschen Export. Er sei der Meinung, man müsse erneut mit der Bank deutscher Länder wegen der Hergabe größerer Dollarbeträge verhandeln. Der *Vizekanzler* vertritt demgegenüber den Standpunkt, man solle der Bank deutscher Länder Zeit lassen, die Entwicklung des Devisenaufkommens zu beobachten.

Nach längerer Aussprache über den Vorschlag von Staatssekretär Dr. Sonnemann wegen der Herausnahme der Ölsaaten aus der Positiv-Liste wird Einigung darüber erzielt, daß die Ölsaaten limitiert auf der Positiv-Liste verbleiben.

Im weiteren Verlauf der Aussprache richtet *Staatssekretär Dr. Sonnemann* folgende Fragen an Bundesminister Schäffer:

1.) Der Bundesfinanzminister habe gegen jede Erhöhung der Subventions- und Lagerkosten Einspruch erhoben. Er, Staatssekretär Dr. Sonnemann, habe zugesagt, daß die Subventionsbeträge unter der Voraussetzung nicht überschritten würden, daß das Preisniveau auf dem Weltmarkt einigermaßen stabil bliebe und keine wesentlichen Verlagerungen der Einfuhren vom Dollarraum auf den EZU-Raum erfolgten. Er bittet den Bundesfinanzminister um eine Erklärung, ob dieses Veto auch dann bestehen bleibe, wenn die genannten Voraussetzungen sich änderten[9].

2.) Es müsse schnellstens Klarheit darüber gewonnen werden, ob die Roggentauschaktion durchführbar sei. Hierfür sei ein Subventionsbetrag von 31 Mio DM erforderlich. Man habe sich bisher auf der Referentenebene

[8] Mit der Einführung des Einfuhranrechtverfahrens im April 1952 (vgl. dazu 23. Ausschußsitzung am 30. Juli 1952 TOP 2) war auch eine Positivliste rechtswirksam geworden, die im Bundesanzeiger veröffentlicht wurde. Sie wies solche Waren aus, die mit den Deviseneinnahmen aus dem Ausland eingeführt werden durften.

[9] Vgl. dazu 24. Ausschußsitzung am 5. Aug. 1952 TOP 1.

nicht einigen können. Er müsse darauf hinweisen, daß jede weitere Verzögerung einen erheblichen Mehrbedarf an Subventionen und Dollars mit sich brächte und bäte daher den Bundesfinanzminister, baldmöglichst eine Entscheidung herbeizuführen[10].

Bundesminister Schäffer sieht sich nicht in der Lage, zu den Ausführungen von Staatssekretär Dr. Sonnemann sofort Stellung zu nehmen. Er sagt jedoch zu, sich schnellstens informieren zu lassen, um eine sofortige Klärung dieser Fragen herbeizuführen.

Wegen Punkt 1. wird eine Chefbesprechung zwischen den Bundesministern für Ernährung, Landwirtschaft und Forsten, der Finanzen, für Wirtschaft und für den Marshallplan vorgesehen[11].

In diesem Zusammenhang weist der *Vizekanzler* auf die Notwendigkeit einer Änderung in der Zollpolitik hin. Die Bundesregierung müsse ermächtigt werden, zeitlich begrenzte Zolländerungen in Anpassung an die jeweilige Marktlage von sich aus vorzusehen. *Bundesminister Schäffer* sagt die Vorbereitung eines entsprechenden Gesetzentwurfes zu[12].

3. ALLGEMEINE GENEHMIGUNG ZU § 3 W[ÄHRUNGS]G[ESETZ] BMF

Dieser Punkt wird auf Wunsch des Bundesjustizministeriums von der Tagesordnung abgesetzt, weil Bundesminister Dehler den Wunsch geäußert hat, persönlich an der Beratung teilzunehmen[13].

[10] Vgl. dazu Bekanntmachung Nr. 36 vom 27. Aug. 1952 (BAnz Nr. 168 vom 30. Aug. 1952, S. 1) über die Abgabe von ausländischer Gerste/Milocorn gegen Lieferung von Roggen durch den Erzeuger (Roggentauschaktion). – Bei der 2. und 3. Lesung des Getreidepreisgesetzes 1952/53 hatte der Bundestag am 26. Juni 1952 eine „Roggentauschaktion" beschlossen: Um Anreize für die Ablieferung von Roggen zur Brotherstellung zu schaffen, sollten die Bauern für den abgegebenen Roggen eine entsprechende Menge verbilligten Futtergetreides erhalten (Stenographische Berichte, Bd. 13, S. 9734). Aus der vom Bundestag beschlossenen Preisdifferenz von 40 DM pro Tonne zum Roggen ergab sich ein Subventionsaufwand von ca. 31 Millionen DM. – Unterlagen zum Gesetz über Preise für Getreide inländischer Erzeugung für das Getreidewirtschaftsjahr 1952/53 und über besondere Maßnahmen in der Getreide- und Futtermittelwirtschaft (Getreidepreisgesetz) vom 9. Juli 1952 (BGBl. I 369) in B 116/8993 und B 136/716.

[11] Nicht ermittelt. – Zur Aufstockung des Bürgschaftsvolumens der Einfuhr- und Versorgungsstelle Fortgang 27. Ausschußsitzung am 6. Okt. 1952 TOP 1.

[12] Fortgang hierzu 26. Ausschußsitzung am 18. Sept. 1952 TOP 1.

[13] Fortgang 26. Ausschußsitzung am 18. Sept. 1952 TOP 4.

26. Sitzung des Kabinettsausschusses für Wirtschaft am Donnerstag, den 18. September 1952

Teilnehmer: Blücher, Storch (ab 10.25 Uhr), Niklas (ab 10.45 Uhr), Lukaschek (ab 11.00 Uhr), Neumayer; Westrick; Oeftering [BMF], Bergemann [BMV], Graf (BMWi) (ab 10.00 Uhr), Ophüls [AA], Büchner (BML), Eichert-Wiersdorff (BML), Seib (BMM), von Hassell (AA). Protokoll: Pühl.

Ort: Haus Carstanjen

Beginn: 9.30 Uhr *Ende: Gegen 12.00 Uhr*

Tagesordnung[1]*:*

1. *Änderungsvorschläge zu § 4 des Zollgesetzes*
   Vorlage des BML wird nachgereicht.
2. *Finanzierung der Vorratshaltung von Grundnahrungsmitteln*
   Vorlage des BML vom 27. Juni 52 (III B 6 – 3694/3–98/52).
3. *Neufestsetzung des Zuckerrüben- und Zuckerpreises ab 1. Okt. 1952*
   Vorlage des BML vom 29. Juli 52 (IV – 4334–4335 – 201/52), Schreiben des Vorsitzenden des Preisrates v. 27. 8. 52 (26/52).
4. *Allgemeine Genehmigung zu § 3 WG*
   Vorlage des BMWi vom 18. Aug. 52 (IV /6–020 b 4457/52).
5. *Wirtschaftspolitische Grundannahmen bei der Bearbeitung des NATO-Fragebogens über den deutschen Verteidigungsbeitrag*
   Vorlage des Stellvertreters des Bundeskanzlers wird nachgereicht.

1. ÄNDERUNGSVORSCHLÄGE ZU § 4 DES ZOLLTARIFGESETZES — BMF

Ministerialdirektor Prof. Dr. Oeftering referiert auf Grund der Vorlage des Bundesministers der Finanzen vom 11. 9. 1952 über den Entwurf eines Gesetzes zur Änderung des Zolltarifgesetzes[2].

Dr. Westrick hält die vorgesehene Frist von 3 Monaten für zu gering und schlägt eine Frist von 6 Monaten vor.

Auch der *Vizekanzler* macht Bedenken gegen die Dreimonatsfrist geltend, dies besonders im Hinblick auf die Überlastung des Bundestages durch die neuen Bundestagswahlen.

---

[1] Gemäß Einladungen vom 10. und 12. Sept. 1952.

[2] Siehe 240. Kabinettssitzung am 15. Aug. 1952 TOP D (Kabinettsprotokolle 1952, S. 518 f.). – Vorlage in B 126/11442 und B 136/352. – Mit der Änderung des § 4 des Zolltarifgesetzes sollte die Bundesregierung in die Lage versetzt werden, auf die wirtschaftliche Entwicklung rascher zu reagieren. Hierzu sollte das BMF ermächtigt werden, innerhalb einer Frist von bis zu drei Monaten Zollsätze zu ermäßigen oder aufzuheben oder zu erhöhen.

Ministerialdirektor Prof. Dr. Oeftering gibt die Erklärung ab, daß seitens des Bundesfinanzministers keine Bedenken beständen, diesem Änderungsvorschlag zuzustimmen. Statt der bisherigen Fassung „für die Dauer von drei Monaten" schlägt er die Fassung „für die Dauer bis zu sechs Monaten" vor.

Der Kabinettsausschuß schließt sich diesem Vorschlag an und beschließt, den Gesetzentwurf mit dieser Änderung dem Kabinett zur Beschlußfassung vorzulegen[3].

2. FINANZIERUNG DER VORRATSHALTUNG VON GRUNDNAHRUNGSMITTELN BML

Dieser Punkt ist auf Wunsch des Bundesministers für Ernährung, Landwirtschaft und Forsten von der Tagesordnung abgesetzt worden, da Staatssekretär Dr. Sonnemann, der die Verhandlungen bisher geführt hat, z.Zt. noch im Urlaub ist[4].

3. NEUFESTSETZUNG DES ZUCKERRÜBEN- UND ZUCKERPREISES BML

Hierzu führt *Bundesminister Niklas* folgendes aus:

Die Erhöhung des Zuckerrübenpreises bedinge zwangsläufig die Erhöhung des Zuckerpreises[5]. Die Zuckerpreiserhöhung jedoch sei aus politischen Gründen nicht durchführbar. Auch der Bundeskanzler habe sich erst kürzlich eindeutig gegen eine Zuckerpreiserhöhung ausgesprochen. Nunmehr sei dem Bundestag von einigen Abgeordneten unter der Führung des Bundestagsabgeordneten Dr. Dr. Müller ein Antrag etwa folgenden Inhalts vorgelegt worden:

1.) Das Zuckersteuergesetz soll mit Wirkung vom 1. 10. 1952 in der Weise geändert werden, daß der Steuersatz von 30,50 DM auf 24,50 DM für 100 kg Weißzucker gesenkt wird. Bis zum Inkrafttreten dieses Gesetzes soll die Differenz von 6,– DM gestundet werden.

2.) Es soll ein Einfuhrzoll für Rohzucker von 15,– DM und für Rüben- und Rohrzucker von 20,– DM erhoben werden.

3.) Der Zuckerrübenpreis soll von 6,– DM auf 6,50 DM erhöht werden.

4.) Der Zuckerpreis soll von 132,– DM auf 130,– DM gesenkt werden[6].

---

[3] Der Ausweitung der Frist stimmte auch das Kabinett zu. – Fortgang 249. Kabinettssitzung am 23. Sept. 1952 TOP 6 (Kabinettsprotokolle 1952, S. 595). – BR-Drs. 387/52, BT-Drs. 3888; das Gesetz kam nicht zustande.

[4] Siehe 27. Ausschußsitzung am 6. Okt. 1952 TOP 1.

[5] Siehe 23. Ausschußsitzung am 30. Juli 1952 TOP 4. – Vorlage des BML vom 29. Juli 1952 in B 136/2631. – In seiner Vorlage begründete das BML nochmals die Forderung nach einer Preiserhöhung, die auch im Interesse einer Förderung des Zuckerrübenanbaus und der einheimischen Zuckerproduktion läge. Er wies aber auch darauf hin, daß eine erhöhte Zuckerproduktion sich auf die Lagerhaltungskosten der Zuckerfabriken auswirke und schließlich eine Erhöhung des Verbraucherpreises von 132,– auf 140,– DM, mindestens jedoch auf 136,– DM je 100 kg Zucker erfordere. Der Preisrat hatte dagegen eine Anhebung der Zuckerrübenpreise wegen der Auswirkungen auf die Verbraucherpreise abgelehnt (Vorlage des BMWi vom 27. Aug. 1952 in B 116/7247 und B 136/2631).

[6] Schreiben Müllers an den Bundeskanzler vom 30. Aug. und 4. Sept. 1952 in B 136/2631. Am 9. Okt. 1952 wurde dieser Antrag auch im Bundestag eingebracht (BT-Drs. 3744).

Hierzu bemerkt *Ministerialdirektor Prof. Dr. Oeftering*, daß bei der Haushaltslage des Bundes eine Senkung der Zuckersteuer undenkbar sei. Zur Frage der Einführung eines Zuckerzolles könne er sich noch nicht äußern, bevor sich nicht übersehen ließe, wie hoch die Zolleinnahmen sein würden. Der *Vizekanzler* ist der Auffassung, daß die vorgeschlagene Zuckerpreissenkung sich praktisch für den Konsumenten nicht auswirken und von der Öffentlichkeit nicht ernst genommen werden würde.

Bundesminister Niklas glaubt, daß die Einführung eines Zuckerzolles im gegenwärtigen Zeitpunkt tragbar sei, weil infolge reichlichen Zuckerangebotes die Weltmarktpreise z.Zt. günstig liegen. Daher flössen dem Bundeshaushalt z.Zt. auch gewisse Abschöpfungsbeträge zu, so daß die Entscheidung des Bundesfinanzministers von der Berechnung abhängig gemacht werden könne, welcher Weg sich günstiger darstelle: Fortfall der Abschöpfungsbeträge oder Einführung eines Zuckerzolles. Nach Ansicht von *Bundesminister Niklas* könne man davon ausgehen, daß das Kabinett die Zuckerpreiserhöhung ablehnen wird. Auch die Erhöhung des Zuckerrübenpreises könne nach dem vorliegenden Gutachten[7] des Sachverständigen Prof. Dr. Woermann[8] nicht als unbedingt notwendig anerkannt werden. Andererseits müsse er die Notwendigkeit einer weiteren Förderung des Zuckerrübenanbaues bejahen. Es sei daher zu erwägen, ob man nicht bei einem Zuckerrübenpreis von 6,– DM die Fabriken ermächtigen sollte, den Rübenbauern einen Zuschlag bis zu 0,25 DM zu zahlen.

Auf Vorschlag des *Vizekanzler*s beschließt der Kabinettsausschuß, daß die Vorschläge des Dr. Dr. Müller zunächst von den Bundesministern für Ernährung, Landwirtschaft und Forsten, für Wirtschaft und der Finanzen geprüft werden sollen. Es wird festgestellt, daß diese Untersuchung beschleunigt durchzuführen ist. Alsdann soll erneut im Kabinettsausschuß darüber beraten werden[9].

4. ALLGEMEINE GENEHMIGUNG ZU § 3 W[ÄHRUNGS]G[ESETZ] BMF

Dieser Punkt ist auf Wunsch des Bundesministers für Wirtschaft abgesetzt worden, weil sich der Preisrat zunächst mit der Vorlage befassen soll. Der *Vizekanzler* hält eine baldige Beratung dieser Vorlage für erforderlich und bittet Dr. Westrick zu prüfen, ob die für Anfang Oktober vorgesehene Sitzung des Preisrates nicht vorverlegt werden kann[10].

---

[7] Das Gutachten war als Anlage zur Kabinettsvorlage angeführt, konnte aber nicht ermittelt werden.

[8] Prof. Dr. Emil Woermann (geb. 1899). Institut für Betriebswirtschaft an der Universität Göttingen, Mitglied des wissenschaftlichen Beirats des BML.

[9] Fortgang 27. Ausschußsitzung am 6. Okt. 1952 TOP 2.

[10] Siehe 25. Ausschußsitzung am 19. Aug. 1952 TOP 3. – Vorlage des BMF vom 23. Juli 1952 in B 126/41900 und B 136/1193. – Nach § 3 des Gesetzes Nr. 61 der amerikanischen und britischen Militärregierung zur Neuordnung des Geldwesens (Währungsgesetz) vom 20. Juni 1948 (Gesetzblatt der Verwaltung des Vereinigten Wirtschaftsgebietes, Beilage 5) bedurften zur Sicherung der Währung Zahlungen von Geld-Schulden in ausländischer Währung der Genehmigung durch die für die Devisenüberwachung zuständigen Stellen. Die BdL hatte bisher derartige Genehmigungen grundsätzlich verweigert. Das BMF war bemüht, Einzelgenehmigungen zuzulassen und hierfür die erforderliche Rechtssicherheit herzustellen. In seiner Vorlage vom 18. Aug. 1952 hatte das BMWi eine Beratung im Preisrat gefor-

5. WIRTSCHAFTSPOLITISCHE GRUNDANNAHMEN BEI DER BEARBEITUNG DES NATO-FRAGEBOGENS ÜBER DEN DEUTSCHEN VERTEIDIGUNGSBEITRAG BMM

Bevor in eine sachliche Erörterung eingetreten wird, beschäftigt sich der Kabinettsausschuß mit der für die Ablieferung des NATO-Fragebogens vorgesehenen Frist vom 15. 9. 1952[11].

Ministerialdirektor Dr. Oeftering legt die Gründe dar, die die Einhaltung der vorgesehenen Frist unmöglich machen. Er schlägt vor, die Beantwortung des NATO-Fragebogens aufzuteilen und zunächst den volkswirtschaftlich-finanziellen Teil zu beantworten. Er weist jedoch bei dieser Gelegenheit darauf hin, daß auch bei diesen Zahlen nach Aufstellung des Verteidigungsprogramms möglicherweise noch Korrekturen vorzunehmen seien.

Prof. Ophüls teilt dem Kabinettsausschuß mit, daß er während seines jüngsten Aufenthalts in Paris den Eindruck gewonnen habe, daß man dort offenbar nicht die genaue Einhaltung des Termins erwarte. *Ministerialdirektor Dr. Oeftering* regt an, daß von deutscher Seite mit den übrigen NATO-Ländern wegen der Behandlung des NATO-Fragebogens Verhandlungen aufgenommen werden sollten[12]. Der Kabinettsausschuß erklärt sich damit einverstanden, daß der vorgeschriebene Termin überschritten wird, solange sich auch die übrigen NATO-Länder wegen des Termins in Verzug befinden. Er hält jedoch die Erteilung eines Zwischenbescheides an den Interimsausschuß der Konferenz für die Gründung einer europäischen Verteidigungsgemeinschaft für erforderlich, in dem die Gründe für die nur teilweise Lieferung der Unterlagen dargestellt werden[13].

Im Anschluß an die Erörterung der Terminfrage referiert *Ministerialdirektor Dr. Oeftering* auf Grund der Vorlage des „Abteilungsleiterausschusses für die Bearbeitung des NATO-Fragebogens“ vom 11. 9. 1952. Er bittet den Kabinettsausschuß, entsprechend der erwähnten Vorlage

a) der angenommenen Zuwachsrate von 4,6%,

b) der vorgeschlagenen Verteilung des Sozialprodukt-Zuwachses von 5,7 Mia DM,

---

dert (B 102/8012 und B 136/1193), der am 8. Okt. 1952 zusammentrat (Protokoll der 36. Sitzung am 8. Okt. 1952 in B 102/27309). Unterlagen zu den weiteren Beratungen in B 102/27509 und B 126/41900. – Genehmigungsgrundsätze der Deutschen Bundesbank vom 12. Dez. 1958 (BAnz Nr. 243 vom 18. Dez. 1958, S. 4).

11 Siehe 25. Ausschußsitzung am 19. Aug. 1952 TOP 1. – Vorlage des BMM vom 11. Sept. 1952 mit Gutachten vom 11. Sept. 1952 des Abteilungsleiterausschusses für die Bearbeitung des NATO-Fragebogens („Wirtschaftspolitische Grundannahmen bei der Bearbeitung des NATO-Fragebogens über den deutschen Verteidigungsbeitrag“) in BW 9/974 und AA B 10/1032.

12 Zur Zusammenarbeit mit Frankreich Unterlagen in BW 9/1604.

13 Am 23. Sept. und am 29. Sept. 1952 legten das BMF und das AA Entwürfe für einen „Zwischenbericht über die Beantwortung des NATO-Fragebogens durch die Bundesrepublik Deutschland“ vor (BW 9/974). – Als Grund für die Überschreitung des Abgabetermins nannten sie hauptsächlich Probleme bei der Beantwortung der Fragen militärischer und rüstungswirtschaftlicher Art, die sich aus fehlenden Grundinformationen über die Gemeinsamkeit der Rüstungsanstrengungen und der hierfür bestehenden Planungen ergaben (z.B. Angaben über Grad der erforderlichen Verteidigungsbereitschaft, Art der Heimatverteidigung, Ausmaß der erforderlichen Fernmeldeeinrichtungen u.a.).

c) der Beibehaltung des Ansatzes des Verteidigungsbeitrages zu laufenden Preisen,

d) der Beschränkung der Korrekturen für sächliche Staatsausgaben auf die Jahre 1953/54 ff.

zuzustimmen.

Dr. Oeftering gibt eine eingehende Begründung für die vorgeschlagene Verteilung des Sozialprodukt-Zuwachses. Er glaubt, daß die vorgeschlagene Konsumquote von 47,3% einerseits den deutschen innenpolitischen Belangen entspreche, andererseits jedoch auch der besonders kritischen Einstellung der NATO-Staaten zu dieser Frage standhalte. Hinsichtlich der Zuwachsrate für die Verteidigungskosten in Höhe von 900 Mio DM wird ausdrücklich bemerkt, daß es sich hierbei lediglich um eine volkswirtschaftliche Größe handele. Es sei damit keineswegs die Frage entschieden, ob dieser Betrag auch realisiert werden könne. Der Bundesminister der Finanzen habe jedoch keine Bedenken, diese Zahl zu nennen, da auf Grund der abgeschlossenen Verträge die Bundesrepublik einen Rechtsanspruch habe, in dieser Frage nicht schlechter behandelt zu werden als Frankreich und England. Die gutachtliche Stellungnahme von Dr. Strathus[14] zeige, daß die Bundesrepublik eine vergleichbar sehr hohe Leistung erbringe[15].

Der *Vizekanzler* hält die relative Kürzung der Konsumquote aus innenpolitischen Gründen nicht für unbedenklich. Dadurch würde der Abstand zu anderen Nationen hinsichtlich der Gestaltung des Lebensstandards immer größer. Er ist der Meinung, daß die vorgeschlagene Konsumquote die unterste Grenze darstelle. Man dürfe nicht vergessen, daß mit der vorgesehenen Erhöhung des Sozialprodukts ein Teil der bisherigen Fürsorgeempfänger erhöhte Lebensansprüche stelle. Auch dürfe nicht der Nachholbedarf weiter Kreise übersehen werden. Der *Vizekanzler* äußert weiterhin Bedenken wegen des geringen Anteils der Investitionen mit 1,6 Mia DM. Jedes Ausweichen in eine Finanzhilfeleistung aus dem Ausland bedeute eine Vorbelastung der Zukunft.

Der *Bundesminister für Wohnungsbau* wirft die Frage auf, ob die Aufwendungen für Luftschutzbauten in den Ziffern für Investitionsausgaben oder für den Verteidigungsbeitrag enthalten seien. Diese Frage kann nicht eindeutig beantwortet werden. Es soll mit den Sachverständigen in Paris geprüft werden, wie die anderen Staaten diese Frage behandeln. Der Kabinettsausschuß ist übereinstimmend der Auffassung, daß die Luftschutzmaßnahmen einen Teil des Verteidigungsbeitrages darstellen.

Nach längerer Aussprache über die vom Abteilungsleiterausschuß vorgeschlagene Aufteilung des Zuwachses des Brutto-Sozialprodukts stimmt der Kabinettsausschuß der vorgeschlagenen Verteilung zu, um eine Erhöhung der Verteidigungsquote um 900 Mio DM zu ermöglichen. Diese Erhöhung wird trotz der schwerwiegenden Bedenken, die wegen der Bemessung der Konsum- und Investi-

---

14 Dr. Heinrich Strathus (1899–1959). 1948–1952 Vertragsangestellter im BMF, Gutachter für den Bereich Finanz- und Steuerpolitik.

15 Vgl. dazu das vom BMF am 13. Sept. 1952 an das AA übersandte Gutachten „Vergleich der Verteidigungsausgaben zwischen der Bundesrepublik, Großbritannien und Frankreich" in AA B 10/1032.

tionsquote geltend gemacht werden, für erforderlich gehalten, um die deutsche Verhandlungsposition in Paris nicht zu schwächen. Der Kabinettsausschuß schließt sich ferner der von *Prof. Dr. Oeftering* vorgetragenen Grundlinie an, daß man es bei den Verhandlungen in Paris vermeiden müsse, über die Grundannahmen zu debattieren. Man müsse sich vielmehr darauf konzentrieren, jede Diskriminierung Deutschlands zu bekämpfen. Auch die übrigen eingangs von Prof. Dr. Oeftering vorgetragenen Vorschläge des Abteilungsleiterausschusses finden die Billigung des Kabinettsausschusses[16].

[A. NÄCHSTE SITZUNG DES KABINETTSAUSSCHUSSES FÜR WIRTSCHAFT]

Es wird vorgesehen, die nächste Sitzung des Kabinettsausschusses im Laufe der nächsten Woche abzuhalten.

Als Beratungspunkte werden in Aussicht genommen:

a) Zuckerrübenpreis

b) Finanzierung der Vorratshaltung von Grundnahrungsmitteln

c) Allgemeine Genehmigung zu § 3 W[ährungs]G[esetz][17].

---

[16] Fortgang 248. Kabinettssitzung am 19. Sept. 1952 TOP 13 (Kabinettsprotokolle 1952, S. 587). – Mit dem 31. Okt. 1952 legte die deutsche Delegation dem Präsidenten des Interimsausschusses für die Organisation einr Europäischen Verteidigungsgemeinschaft die Antwort der Bundesregierung auf den NATO-Fragebogen vor (AA B 10/1033).

[17] Vgl. TOP 4 dieser Sitzung. – Die Einladung für die nächste Ausschußsitzung am 6. Okt. 1952 sah keine Beratung dieses Tagesordnungspunktes vor. Das Thema wurde im Ausschuß bzw. im Kabinett nicht weiter behandelt.

27. Sitzung des Kabinettsausschusses für Wirtschaft am Montag, den 6. Oktober 1952

Teilnehmer: Blücher; Sonnemann, Sauerborn, Hartmann, Wandersleb; Bernard (BdL), Bergemann [BMV] (ab 11.20 Uhr), Bauch (BMI), Schwandt (BMF), Louis (BMWi), Büchner (BML), Féaux de la Croix (BMF), Martens (BML), Seib (BMM), Eichert-Wiersdorff (BML). Protokoll: Pühl.

Ort: Haus Carstanjen

Beginn: 10.00 Uhr | *Ende: Gegen 13.30 Uhr*

Tagesordnung[1]:

1. *Vorratshaltung von Grundnahrungsmitteln*
   Gutachten des Interministeriellen Wirtschaftsausschusses vom 23. Sept. 1952 (Nr. 16/52).
2. *Neufestsetzung des Zuckerrüben- und Zuckerpreises*
   Vorlage des BML vom 24. Sept. 1952 (IV/3 – 4334 – 200/52 Kab. Nr. 675/52).
3. *Entwurf einer Verordnung über die Beimischung inländischen Rüböls und Feintalges. – Entwurf einer Verordnung über Preise für inländischen Raps, Rübsen, deren Verarbeitungsrückstände und Rüböl. – Entwurf einer Verordnung über die Erstreckung des Geltungsbereiches des Gesetzes zur Änderung des Gesetzes über den Verkehr mit Milch, Milcherzeugnissen und Fetten (Milch- und Fettgesetz) vom 25. Aug. 1952 auf das Land Berlin*
   Vorlage des BML vom 23. Sept. 1952 (IV/3 – 4300/4 – 4356 Kab. Nr. 676/52).

1. VORRATSHALTUNG VON GRUNDNAHRUNGSMITTELN — BML

Auf Anregung von *Staatssekretär Dr. Sonnemann* wird in Anlehnung an das Gutachten des Interministeriellen Wirtschaftsausschusses vom 23. 9. 1952[2] über folgende drei Fragen beraten:

1.) Umfang der öffentlichen Vorratshaltung

2.) Finanzierung der Beschaffungskosten

3.) Höhe der Vorratshaltungskosten.

---

[1] Gemäß Einladung vom 2. Okt. 1952.

[2] Siehe 23. Ausschußsitzung am 30. Juli 1952 TOP 2. – Gutachten in B 116/10849, B 126/12060 und B 136/8599. – Darin wurden der für eine gleichmäßige Grundversorgung nötige Umfang der öffentlichen Vorratshaltung, die Höhe der Vorratshaltungs- und Beschaffungskosten und deren Finanzierungsmöglichkeit dargestellt.

Zu 1.: Umfang der öffentlichen Vorratshaltung[3]

Hierzu bemerkt *Staatssekretär Dr. Sonnemann*, daß das Bundesernährungsministerium aus marktpolitischen und anderen politischen Gründen die Anlegung von Dauervorräten grundsätzlich für unbedingt erforderlich halte. Man müsse sich jedoch im gegenwärtigen Zeitpunkt auf die Anlegung einer saisonalen Reserve beschränken. Es gäbe zwar in einzelnen Punkten gewisse Meinungsverschiedenheiten zwischen den Ressorts über Art und Umfang der öffentlichen Vorratshaltung, das Bundesernährungsministerium stimme jedoch den Vorschlägen des Gutachtens des IWA zu.

Der *Vizekanzler* hebt mit besonderem Nachdruck die schwerwiegenden Bedenken hervor, die er gegen einen Verzicht auf die Anlegung einer Dauerreserve habe. Er halte eine zu knappe Vorratshaltung nicht für vertretbar, da erfahrungsgemäß die geringsten Versorgungsschwierigkeiten sofort eine Preis-Hausse auslösten.

Staatssekretär Hartmann weist auf die haushaltsmäßigen Schwierigkeiten hin, die – durch die vom Bundestag gewünschten Verbrauchssteuersenkungen[4] noch verstärkt – die Möglichkeiten der Vorratshaltung begrenzten.

Im weiteren Verlauf der Erörterungen über die einzelnen vom IWA vorgeschlagenen Jahresdurchschnittsmengen betont *Staatssekretär Dr. Sonnemann* die Notwendigkeit, insbesondere auf dem Getreidesektor ausreichende Vorräte anzulegen, um unerwünschten Auswirkungen auf die Kartoffel- und Schweinefleischpreise zu begegnen. Besonders bedenklich sei auch die viel zu knappe Fleischbevorratung (8-Tage-Bedarf). Der Vorschlag des IWA stelle in der Tat die unterste Grenze des Vertretbaren dar.

Der Kabinettsausschuß erörtert in diesem Zusammenhang die vom IWA gleichfalls behandelte Frage der Privatisierung der Vorratshaltung.

Hierzu teilt *Staatssekretär Dr. Sonnemann* mit, daß, obgleich die Privatisierung der Vorratshaltung diese sehr verteuern würde, bereits rd. 140 000 t Roggen über die Genossenschaften eingelagert worden seien. An eine weitere Ausdehnung der privaten Lagerhaltung sei nicht mehr zu denken, denn der Bundesernährungsminister müsse einen ausreichenden Einfluß auf Menge und Termine der Einlagerung behalten.

Staatssekretär Hartmann hält die Privatisierung der Vorratshaltung insbesondere bei der Margarineindustrie für erforderlich.

---

[3] Einschließlich der von den Alliierten angeordneten zusätzlichen Dauerreserve für Berlin hatte der Interministerielle Ausschuß folgende Jahresdurchschnittsmengen als Mindesteinlage für erforderlich gehalten: 1 Million t Brotgetreide, 540 000 t Futtergetreide, 34 000 t Kraftfuttermittel, 30 000 t für die Berlin-Dauerreserve, 7700 t Butter, 20 000 t Schmalz (vorwiegend für die Berlin-Dauerreserve), 40 000 t Margarine-Rohstoffe, 5000 t Kondensmilch (Dauerreserve Berlin), 50 Millionen Stück Eier, 25 000 t Fleisch, 20 000 t Fleischkonserven. Neben den Jahresdurchschnittsmengen waren auch Mindest- und Spitzenmengen angegeben.

[4] Der vom Bundestag am 1. Okt. 1952 angenommene Antrag (BT-Drs. 3239) auf Senkung der Kaffee- und Teesteuer um 5 DM pro kg (Stenographische Berichte, Bd. 13, S. 10588) brachte einen Steuerausfall von ca. 250 Millionen DM mit sich. Vgl. dazu 261. Kabinettssitzung am 25. Nov. 1952 TOP 1 (Kabinettsprotokolle 1952, S. 707).

Hiergegen macht *Staatssekretär Dr. Sonnemann* schwerwiegende Bedenken geltend. Es sei nicht vertretbar, sich auf diese Weise der Konzernpolitik der Margarineindustrie auszuliefern. Man hätte nur geringe Möglichkeiten, die Margarineindustrie, insbesondere soweit sie sich in ausländischen Händen befinde, zu veranlassen, Vorräte in bestimmter Höhe und im Bundesgebiet einzulagern.

Ministerialrat Louis teilt im Auftrag des Bundeswirtschaftsministers mit, daß dieser die vom Vizekanzler hinsichtlich der Höhe der Vorratshaltung geltend gemachten Bedenken in vollem Umfang teile. Nur größere Vorräte ließen ausreichende preispolitische Manipulationen des Verbrauchermarktes zu. Besonders die Vorratshaltung von Futtergetreide, Fleisch und Butter müßte erhöht werden.

Staatssekretär Dr. Sauerborn stimmt den Vorschlägen des IWA zu. Besondere Sorge bereite dem Bundesarbeitsministerium der Kartoffel- und Margarinemarkt.

Abschließend stellt der Kabinettsausschuß fest:

Die Vorschläge des IWA hinsichtlich der Richtmengen werden mit folgender Ausnahme anerkannt:

Vorratshaltung für Butter im Jahre 1952 statt 15800 t nur 10000 t Über die Vorratshaltung von Butter in den künftigen Jahren soll zu gegebener Zeit erneut beraten werden[5].

Zu 2.: Finanzierung der Beschaffungskosten[6]

Einleitend stellt *Staatssekretär Dr. Sonnemann* die im Gutachten des IWA dargelegten Probleme zu dieser Frage (Refinanzierungszusage, Bundesbürgschaft, Sicherungsübereignung, Eigenkapitalausstattung der Einfuhr- und Vorratsstellen) heraus. Nach seiner Ansicht müßte die Finanzierung reibungslos verlaufen, wenn

a) die Refinanzierungszusage der Bank deutscher Länder vorliege,

b) das Bürgschaftsvolumen entsprechend dem Antrag des IWA aufgestockt würde.

Hinsichtlich der Refinanzierungszusage teilt *Präsident Bernard* mit, daß diese mit dem Bankenkonsortium befriedigend geklärt sei.

Zur Frage der Bundesbürgschaft macht *Ministerialdirigent Dr. Schwandt* grundsätzliche Ausführungen. Mit der Staatsbürgschaft auf Bundes- und Länderebene würde heute etwas allzu freigiebig umgegangen. Man solle doch einmal prüfen, ob nicht anstelle dieser Nebensicherung eine in der Privatwirtschaft übliche

[5] Das Gutachten hatte die Differenzen zwischen BML und BMF festgehalten. Während das BML eine Spitzenmenge von 15800 t für notwendig hielt, betrachtete das BMF eine Menge von 10000 t für ausreichend.

[6] Bei der Finanzierung der Vorratshaltung war vereinbart worden, daß die Einfuhr- und Vorratsstelle 10% der Kosten aus Eigenmitteln und den Rest des Finanzierungsvolumens durch Ausgabe von Wechseln deckte, die von einem Bankenkonsortium unter Führung der Landwirtschaftlichen Rentenbank übernommen wurden. Das Bankenkonsortium gewährte den Kredit gegen Sicherungsübereignung der entsprechenden Warenmenge und gegen Einräumung der Bundesbürgschaft. Für diese Wechsel hatte der Zentralbankrat dem Bankenkonsortium die Rediskontierung bzw. Refinanzierung zugesagt.

andere Sicherung gewählt werden könne. Es sei notwendig, die öffentlichen Bürgschaften abzubauen, dies besonders im Hinblick auf die Bemühungen, in der Zukunft Auslandskredite zu erhalten.

Hierzu bemerkt *Oberregierungsrat Seib*, daß sich der IWA sehr gründlich mit dieser Frage befaßt habe, mit dem Ergebnis, daß, wenn man auf die Bundesbürgschaft verzichten wolle, man auch die materiellen Verfügungsrechte der öffentlichen Hand preisgeben müsse. Sonst sei der Privatwirtschaft der Verzicht auf die Bundesbürgschaft nicht zumutbar.

In diesem Zusammenhang wird im Kabinettsausschuß darüber gesprochen, ob nicht auf einen Teil der bisherigen Sicherungen verzichtet werden könne. Der Ausschuß kommt hierbei übereinstimmend zu der Auffassung, daß eine zu weitgehende Sicherung grundsätzlich nicht wünschenswert sei. Er verschließt sich jedoch nicht den Argumenten von *Staatssekretär Dr. Sonnemann*, der dem Ausschuß in Erinnerung bringt, daß über die Frage der Einschränkung von Sicherheiten bereits seit 2 Jahren mit den Banken verhandelt wurde, ohne daß es jedoch gelungen sei, diese zur Aufgabe ihres Standpunktes zu bewegen. Wollte man heute Verhandlungen dieser Art wieder aufnehmen, so würde man kostbare Zeit verlieren und vermutlich doch kein anderes Ergebnis erzielen.

In diesem Zusammenhang bemerkt *Präsident Bernard*, daß die Bank deutscher Länder zwar bereit sei, auf die Sicherungsübereignung zu verzichten, nicht jedoch das Bankenkonsortium. Er müsse außerdem darauf aufmerksam machen, daß bei Einschränkung der Sicherheiten auch größere Schwierigkeiten für die Hergabe der Refinanzierungszusage beständen.

Der Kabinettsausschuß beschäftigt sich weiter sehr eingehend mit der Frage der finanziellen Ausstattung der Einfuhr- und Vorratsstellen.

Staatssekretär Dr. Sonnemann teilt mit, daß das Bundesernährungsministerium zunächst auf eine volle Eigenkapitalausstattung aus Haushaltsmitteln verzichten wolle und sich damit zufrieden gäbe, wenn nach Bedarf Betriebsmittel in Höhe von 10% zur Verfügung gestellt würden. Auch auf die Ausstattung der Einfuhr- und Vorratsstelle mit einem kleinen Eigenkapital neben den Betriebsmitteln solle verzichtet werden. Zur grundsätzlichen Frage, ob die Ausstattung der Einfuhr- und Vorratsstelle mit Eigenvermögen erforderlich sei, vertritt *Präsident Bernard* den Standpunkt, daß nach Auffassung der Bank deutscher Länder die Bonität der Wechselunterschrift der Einfuhr- und Vorratsstelle nur dann ausreichend sei, wenn hinter diesen Stellen ein angemessenes eigenes Vermögen stehe.

Demgegenüber führt *Ministerialrat Dr. Féaux de la Croix* den Standpunkt des Bundesministeriums der Finanzen aus. Man müsse zwar davon ausgehen, daß die Einfuhr- und Vorratsstellen 10% an Eigenmitteln aufbringen müßten, es sei jedoch nicht erforderlich, daß dies Eigenkapital im technischen Sinne sei. Der schwankende Bedarf an Mitteln verlange kein festes Eigenkapital. Eine unnötige Bindung von Mitteln in dieser Weise sei haushaltsmäßig nicht vertretbar. Der Bundesfinanzminister sei selbstverständlich bereit, den jeweiligen Betriebsmittelbedarf von 10% zur Verfügung zu halten.

Für das Bundeswirtschaftsministerium vertritt auch *Ministerialrat Louis* den Standpunkt, daß dem Eigenkapital nur geringe politische Bedeutung zukomme, da es im Ernstfall doch für Vorratskäufe gebunden und daher nicht realisierbar sei. Man könne sich daher mit einem sehr geringen Eigenkapital begnügen.

Abschließend beschließt der Kabinettsausschuß zu diesem Fragenkomplex:

1.) Der Kabinettsausschuß hält die Vielzahl von Sicherungen nicht für vertretbar. Um jedoch den Fortbestand des Konsortiums nicht zu gefährden, soll es auch bezüglich der Sicherungen zunächst bei dem bisherigen Finanzierungsverfahren verbleiben. Die Frage des nach Ansicht des Kabinettsausschusses übersteigerten Sicherungsbedürfnisses der Banken soll einmal grundsätzlich erörtert werden.

2.) Der Aufstockung des Bürgschaftsvolumens von 900 Mio DM auf 1100 Mio DM wird zugestimmt. Mit der Vorlage eines entsprechenden Gesetzentwurfes soll jedoch bis zum Abschluß der Verhandlungen mit der AHK über die Finanzierung der Berlin-Hilfe gewartet werden.

3.) Für dieses Haushaltsjahr soll es bei der bisherigen Form der Kapitalausstattung (Fremdmittel bezw. Betriebsmittelzuweisungen des Bundes) verbleiben, für die Zukunft soll jedoch die Frage der Ausstattung der Vorratsstellen mit Eigenkapital gesondert geprüft und erörtert werden. Hierbei soll – entsprechend dem Vorschlag des *Vizekanzler*s – auch die Frage einer laufenden Überwachung der Geschäftsführung der Einfuhr- und Vorratsstellen beraten werden.

Zu 3.: Höhe der Vorratshaltungskosten[7]

Hierzu führt *Staatssekretär Dr. Sonnemann* aus, daß es selbstverständlich das Bemühen des Bundesernährungsministeriums sei, die Vorratshaltungskosten so niedrig wie möglich zu halten. Hinsichtlich der Höhe der Vorratshaltungskosten beziehe er sich auf die Vorschläge des IWA in den Anlagen 1 bis 3 des Gutachtens.

Staatssekretär Hartmann bringt sein Bedauern darüber zum Ausdruck, daß nach den Berechnungen des IWA die Vorratshaltungskosten sich um 55 Mio DM erhöhen würden. Der größte Teil dieses Mehraufwandes würde in Höhe von rd. 35 Mio DM durch die zukünftig sehr viel höheren Kosten für die Berlinreserve verursacht. Im Hinblick darauf, daß der Bundesminister der Finanzen sich nur bereit erklärt hat, die Hälfte der Vorratshaltungskosten für die Bundesreserve Berlin aus Haushaltsmitteln zu tragen, bitte er den Kabinettsausschuß, die Beschlußfassung über die beantragte Erhöhung der Vorratshaltungskosten um 55 Mio DM solange zurückzustellen, bis die Verhandlungen mit der Alliierten Hohen Kommission über die Finanzierung der Berliner Vorräte abgeschlossen seien.

Nach längerer Aussprache stellt der Kabinettsausschuß fest, daß die Vorratshaltungskosten des neuen Gesamtprogramms mit vorläufig rd. 150 Mio DM anzusetzen seien. Er beschließt, entsprechend dem Vorschlag von *Staatssekretär Hartmann*, daß die Beschlußfassung wegen der restlichen rd. 24 bis 25 Mio DM bis zur

[7] In dem Gutachten waren die Kosten der Vorratshaltung für das Haushaltsjahr 1953 einschließlich für Berlin auf über 174 Millionen DM angesetzt. Dies bedeutete gegenüber dem Vorjahr eine Erhöhung der Ausgaben um 55 Millionen DM.

Beendigung der Verhandlungen über die Finanzierung der Berliner Bevorratung ausgesetzt werden soll[8].

2. NEUFESTSETZUNG DES ZUCKERRÜBEN- UND ZUCKERPREISES BML

Einleitend bemerkt der *Vizekanzler*, das Kabinett habe vor einigen Wochen einstimmig festgestellt, daß eine Erhöhung des Zuckerpreises völlig indiskutabel sei[9]. Demgegenüber weist *Staatssekretär Dr. Sonnemann* auf die Erhöhung der Erzeugungskosten für den Zuckerrübenanbau hin. Besonders die kürzlich erfolgten Lohnerhöhungen hätten das Kostengefüge erneut ins Wanken gebracht. Das Bundesernährungsministerium habe die ernsthafte Befürchtung, daß mit schwindender Rentabilität der Zuckerrübenanbau zurückginge. Er müsse hierauf pflichtgemäß mit größtem Nachdruck hinweisen. Was den Vorschlag von Dr. Dr. Müller anbelange, so sei dieser praktisch nicht realisierbar. Durch die Erhebung eines Einfuhrzolles würden die Abschöpfungsbeträge um den gleichen Betrag gemindert, den die Zölle erbrächten, so daß im Endergebnis der Bundesfinanzminister keine Mehreinnahmen habe. Dagegen bedeute die beantragte Senkung der Zuckersteuer um 6,– bzw. 4,– DM einen gewissen Steuerausfall für den Bundesminister der Finanzen.

Staatssekretär Hartmann schließt sich diesen Ausführungen an und teilt mit, daß der Bundesminister der Finanzen grundsätzlich Bedenken habe, die Subventionierung des Zuckerrübenanbaues auf dem Wege über die Verbrauchssteuersenkung vorzunehmen. Er macht den Vorschlag, die Angelegenheit nochmals dem Preisrat zur Überprüfung zu überweisen. In diesem Zusammenhang kritisieren einige Mitglieder des Kabinettsausschusses die Arbeit des Preisrates. Der Preisrat habe in dem vorliegenden Fall seine Stellungnahme zur Frage der Erhöhung des Zuckerrübenpreises von der Frage abhängig gemacht, ob eine Erhöhung des Zuckerpreises möglich sei. Der Preisrat sei kein politisches Gremium, sondern ein Sachverständigenausschuß, der sich ausschließlich mit der Aufgabe zu beschäftigen gehabt habe, festzustellen, ob die Kostensteigerung beim Zuckerrübenanbau die Rentabilität der Zuckerrübenwirtschaft gefährde oder nicht. Wenn daher der Preisrat erneut mit dieser Frage befaßt würde, dann müsse er einen klar abgegrenzten Auftrag erhalten. Es habe sich weiterhin bei den Arbeiten des Preisrates als mißlich erwie-

---

[8] Vgl. dazu 16. Ausschußsitzung am 17. Jan. 1952 TOP 1 und 247. Kabinettssitzung am 16. Sept. 1952 TOP 1b (Kabinettsprotokolle 1952, S. 574). – Mit Stand vom 1. Okt. 1952 waren in Berlin als Bundesreserve 271000 t Lebensmittel im Wert von 267 Millionen DM und als sog. Senatsreserve 58000 t im Wert von 50 Millionen DM eingelagert. Für die Beschaffung der Senatsreserve waren von alliierter Seite 73 Millionen aus GARIOA- und 200 Millionen DM aus JEIA-Mitteln zugesagt worden. Für die Lagerhaltungskosten der Berlinreserve von ca. 50 Millionen DM pro Jahr hatte letztlich der Bund aufzukommen. Vgl. dazu „Aufzeichnung des Bundesministers der Finanzen zur Frage der weiteren Finanzierung der Berlinbevorratung" vom 21. Okt. 1952 in B 126/12075 und AA B 10/1028.

[9] Siehe 26. Ausschußsitzung am 18. Sept. 1952 TOP 3, zur Haltung des Kabinetts vgl. 231. Kabinettssitzung am 1. Juli 1952 TOP B (Kabinettsprotokolle 1952, S. 423 f.). – Vorlage des BML vom 24. Sept. 1952 in B 116/7247 und B 136/2631. – Das BML berichtete über das Ergebnis der Ressortbesprechung am 19. Sept. 1952, auf der verschiedene Varianten und deren Auswirkungen auf die Preise und Steuereinnahmen erörtert worden waren. Bei der Senkung des Steuersatzes um 6 DM auf 24,50 DM je 100 kg Zucker war ein Steuerausfall von ca. 80 Millionen DM pro Jahr errechnet worden.

sen, daß nicht immer die geeigneten Vertreter in dieses Gremium entsandt würden. Auch diese Frage bedürfe einmal einer grundsätzlichen Überprüfung.

Der *Vizekanzler* greift diese Anregung auf und schlägt vor, den IWA zu beauftragen, sich einmal eingehend mit dem Thema „Preisrat" zu befassen[10].

Der Kabinettsausschuß faßt folgenden Entschluß:

1.) Es soll dem Kabinett mitgeteilt werden, daß nach Ansicht des Kabinettsausschusses der Antrag des Bundestagsabgeordneten Dr. Dr. Karl Müller nicht durchführbar ist[11].

2.) Der Preisrat erhält folgenden Auftrag:

a) Stellungnahme zu der Frage der Rentabilität des Zuckerrübenanbaues,

b) Prüfung der Auswirkungen der in dem Gutachten des Preisrates vom 27.8. 1952 noch nicht berücksichtigten Kostenerhöhungen auf den Zuckerrübenpreis,

c) für den Fall, daß eine Zuckerrübenpreiserhöhung für erforderlich gehalten wird, Prüfung der Auswirkungen derselben auf den Zuckerpreis[12].

3. ENTWURF EINER VERORDNUNG ÜBER DIE BEIMISCHUNG INLÄNDISCHEN RÜBÖLS UND FEINTALGES; ENTWURF EINER VERORDNUNG ÜBER PREISE FÜR INLÄNDISCHEN RAPS, RÜBSEN, DEREN VERARBEITUNGSRÜCKSTÄNDE UND RÜBÖL; ENTWURF EINER VERORDNUNG ÜBER DIE ERSTRECKUNG DES GELTUNGSBEREICHES DES GESETZES ZUR ÄNDERUNG DES GESETZES ÜBER DEN VERKEHR MIT MILCH, MILCHERZEUGNISSEN UND FETTEN (MILCH- UND FETTGESETZ) VOM 25. AUG. 1952 AUF DAS LAND BERLIN BML

Staatssekretär Dr. Sonnemann referiert über Sinn und Zweck der vorgelegten Verordnungsentwürfe über die Beimischung inländischen Rüböls und Feintalges und über Preise für inländischen Raps, Rübsen, deren Verarbeitungsrückstände und Rüböl[13]. Das Bundesernährungsministerium habe zwar grundsätzliche Beden-

---

[10] Zum Preisrat vgl. 16. Ausschußsitzung am 17. Jan. 1952 TOP 7. – Eine Behandlung im Interministeriellen Wirtschaftsausschuß (IWA) konnte nicht ermittelt werden.

[11] Vgl. dazu 23. Ausschußsitzung am 30. Juli 1952 TOP 4.

[12] Fortgang hierzu 252. Kabinettssitzung am 10. Okt. 1952 TOP 4 (Kabinettsprotokolle 1952, S. 620 f.). Dieser Beschluß wurde vom Kabinett bestätigt. Auf Antrag des BMF entschied das Kabinett jedoch später, die Angelegenheit nicht im Preisrat, sondern in einem interministeriellen Ausschuß unter der Federführung des BML behandeln zu lassen. Vgl. hierzu 254. Kabinettssitzung am 28. Okt. 1952 TOP 5 (Kabinettsprotokolle 1952, S. 648 f.). Das Ergebnis dieser Beratungen legte das BML in seiner Kabinettsvorlage vom 22. Dez. 1952 zusammen mit einem neuen Entwurf einer Preisverordnung vor (B 136/2628, Unterlagen in B 116/7248). – Fortgang 30. Ausschußsitzung am 14. Jan. 1953 TOP 1.

[13] Vorlagen des BML vom 23. Sept. 1953 in B 116/8670 und B 136/2644. – Die Bundesregierung war gemäß Art. 17a und 18 des Gesetzes zur Änderung des Gesetzes über den Verkehr mit Milch, Milcherzeugnissen und Fetten vom 25. Aug. 1952 (BGBl. I 581 f.) ermächtigt, bei der Herstellung von Margarine die Beimischung inländischer Ölprodukte mit Ausnahme von Butter anzuordnen. Diese Maßnahme sollte die Verwertung inländischer Produkte sichern, wobei die Bundesregierung auf ein stabiles Preisgefüge zu achten hatte. Das BML ging in seiner Vorlage vom 23. Sept. 1952 bei einer zu erwartenden Rapsproduktion von rund 60 000 t im Jahre 1952 von einem Abnahmepreis von 820 DM je t aus, der den Anbau

ken gegen eine Erhöhung des Rapsanbaues, da dieser letztlich zu Lasten des Rübenanbaues ginge und unter Umständen unangenehme devisenwirtschaftliche Auswirkungen habe. Der Rapsanbau habe sich jedoch in den letzten Jahren vermindert, so daß es agrarpolitisch wünschenswert sei, die Anbaufläche auf der bisherigen Höhe zu halten. Dies sei durch einen Beimischungszwang von 5% bei einem angemessenen Preis von 820,– DM je 1000 kg Raps möglich. Es sei allerdings durch die Erhöhung des Rapspreises eine Mehrbelastung der Produktionskosten für Margarine um 6,19 Deutsche Pfennig je kg zu erwarten. Der Ausschuß für Ernährung, Landwirtschaft und Forsten des Bundestags habe sich in der vergangenen Woche auch mit dieser Frage befaßt und mit den Stimmen der SPD einmütig die Auffassung vertreten, daß durch die Erhöhung des Rapspreises wesentliche Auswirkungen auf den Margarinepreis nicht zu befürchten seien. Er habe daher gefordert, daß die Bundesregierung entsprechende Verordnungsentwürfe so rasch erlassen möge, daß die Abrechnung mit den Erzeugern noch bis zum 15. 10. 1952 ermöglicht wird[14].

Ministerialrat Louis teilt im Auftrag des Bundeswirtschaftsministeriums mit, daß dieses den vorgenannten Verordnungsentwürfen nicht zustimmen könne. Er macht den Vorschlag, den Bundesminister für Ernährung, Landwirtschaft und Forsten zu beauftragen:

1.) Die Einfuhr- und Vorratsstelle (EVSt) Milch und Fett anzuweisen, umgehend den Inlandsraps und -Rübsen der Ernte 1952 oder aus diesem geschlagenes Öl, höchstens jedoch 50000 t Raps bzw. 20000 t Öl auf der Basis eines Erzeugerpreises von 820,– DM je t abgestellt auf einen Wassergehalt von 10%, aufzunehmen. Die Aufnahme vom Wiederverkäufer ist davon abhängig zu machen, daß der Erzeuger in den Genuß dieses Erzeugerpreises kommt;

2.) dafür Sorge zu tragen, daß die für die Aufnahme und etwaige Lagerung erforderlichen Mittel durch Verkauf aus vorhandenen Beständen der EVSt an Margarinerohstoffen freigestellt oder auf andere Weise bereitgestellt werden;

3.) im Einvernehmen mit dem BWM die näheren Bedingungen der Aufnahme, insbesondere der Bezahlung und der Preisauf- und Abschläge für niedrigeren oder höheren Wassergehalt zu regeln;

4.) im Einvernehmen mit dem BWM Maßnahmen zu treffen, die insbesondere in der Höhe des Beimischungssatzes geeignet sind, eine Erhöhung des Margarinepreises zu vermeiden.

Bundesminister Erhard sähe sich außerstande, einer Maßnahme zuzustimmen, die eine Erhöhung des Margarinepreises mit sich bringen könne. Auch die *Staatssekretäre Dr. Sauerborn, Hartmann, Dr. Wandersleb* sowie *Ministerialdirektor Dr. Bergemann* äußern Bedenken gegen eine Erhöhung des Margarinepreises.

---

einheimischer Ölfrüchte (Raps und Rübsen) rentabel gestalten und den Margarinepreis nicht wesentlich beeinflussen sollte.

[14] Protokoll der Sitzung des BT-Ausschusses vom 1. Okt. 1952 in B 136/2644.

Es wird angeregt, die Vorschläge des Bundeswirtschaftsministers einer näheren Prüfung zu unterziehen.

Der Kabinettsausschuß beschließt daher, einen Dreierausschuß aus Vertretern des Bundesernährungsministeriums, des Bundeswirtschaftsministeriums und des Bundesfinanzministeriums zu bilden, der auf der Grundlage der Vorschläge des Bundeswirtschaftsministers den gesamten Fragenkomplex einer erneuten Prüfung unterziehen soll[15].

Der Kabinettsausschuß beschließt weiterhin, dem vom Bundesernährungsminister gleichfalls vorgelegten Entwurf einer Verordnung über die Erstreckung des Geltungsbereichs des Gesetzes zur Änderung des Gesetzes über den Verkehr mit Milch, Milcherzeugnissen und Fetten (Milch- und Fettgesetz) vom 25. 8. 1952 auf das Land Berlin zuzustimmen[16].

[15] Der Dreierausschuß tagte am 8. und 21. Okt. 1952 (Niederschrift vom 23. Okt. 1952 in B 116/8670 und B 136/2644). – Fortgang hierzu 29. Ausschußsitzung am 8. Dez. 1952 TOP 3.

[16] Vorlage des BML vom 23. Sept. 1952 in B 136/2644. – Fortgang 252. Kabinettssitzung am 10. Okt. 1952 TOP 3 (Kabinettsprotokolle 1952, S. 620). – Die Verordnung kam nicht zustande. Sie war durch das Gesetz zur Ergänzung und Änderung des Gesetzes über den Verkehr mit Milch, Milcherzeugnissen und Fetten vom 10. Dez. 1952 (BGBl. I 807) gegenstandslos geworden. Vgl. dazu Vermerk vom 9. Dez. 1952 in B 136/2644.

28. Sitzung des Kabinettsausschusses für Wirtschaft am Montag, den 17. November 1952

Teilnehmer: Blücher; Bleek, Hartmann, Westrick, Sonnemann, Sauerborn; Schiller (BMV), Kattenstroth (BMWi), Winkelstern (BML), Büchner (BML), Louis (BMWi), Eschke (BMWi), Bormann (BMWi), Seib (BMM), Klamser (BMF). Protokoll: Pühl.

Ort: Haus Carstanjen

Beginn: 15.30 Uhr — *Ende: Gegen 18.00 Uhr*

Tagesordnung[1]*:*

1. *Festsetzung der Abgabepreise für ausländischen Weizen im Monat Oktober 1952*
   Vorlage des BML vom 30. Okt. 1952 (IV A 3 – 3410.1 – 259/52 Kab. Nr. 686/52), Vorlage des BMWi vom 31. Okt. 1952 (I B 3/c – 6/ 4579/52).
2. *Entwurf einer Verordnung über die Erhöhung der in der Gebührenordnung für approbierte Ärzte und Zahnärzte vom 1. Sept. 1924 festgesetzten Gebühren*
   Vorlage des BMWi vom 10. Nov. 1952 (I B 4 / Y 2 / 7282 / 52).
3. *Antrag des Herrn Bundesministers für das Post- und Fernmeldewesen auf Erhöhung der Post- und Fernmeldegebühren*
   Vorlage des Bundesministers für Wirtschaft vom 11. Nov. 1952.[2]

1. FESTSETZUNG DER ABGABEPREISE FÜR AUSLÄNDISCHEN WEIZEN IM MONAT OKTOBER 1952 — BML

Einleitend betont der *Vizekanzler* die Notwendigkeit, nunmehr zu einer Entscheidung in der vorgenannten Frage zu kommen. Es sei verwaltungsmäßig nicht mehr länger tragbar, daß die Abgabepreise für Monat Oktober 1952 noch immer nicht festgelegt seien[3].

---

[1] Gemäß Einladung vom 14. Nov. 1952.

[2] Dieser Tagesordnungspunkt wurde durch den Tagesordnungspunkt „Fragen aus den Einzelplänen der Konzernentflechtung nach AHK-Gesetz Nr. 27" ersetzt und in der 31. Ausschußsitzung am 11. Febr. 1953 unter TOP 2 (Umstellung der Betriebsrechnung der Deutschen Bundespost von Buchwerten auf kalkulatorische Werte) behandelt.

[3] Siehe 257. Kabinettssitzung am 11. Nov. 1952 TOP 8 (Kabinettsprotokolle 1952, S. 676 f.). – Vorlage des BML vom 30. Okt. 1952 und Vorlage des BMWi vom 31. Okt. 1952 in B 116/8953 und B 136/2626. – Gegen die vom BML angestrebte, nach Preisgebieten gestaffelte Festsetzung von Höchstpreisen für ausländischen Weizen hatte das BMWi aus grundsätzlichen preispolitischen Gründen eine Herabsetzung des Abgabepreises gefordert, die dem Endverbraucher zugute kommen sollte. Nach dem Getreidegesetz vom 24. Nov. 1951 (BGBl. I 899) mußten das BML und das BMWi die Preise einvernehmlich festlegen.

Staatssekretär Dr. Sonnemann stellt nochmals die Gesichtspunkte des Bundesernährungsministeriums heraus und erläutert bei dieser Gelegenheit auf Grund einer Tabelle die Preisentwicklung für Inlandsweizen, Weizenmehl, Mischbrot und Weißbrot. Danach hätten sich die Preisschwankungen beim Inlandsweizen auf den Brotpreis nicht ausgewirkt. Er sei daher überzeugt, daß das Festhalten am Höchstpreis für ausländischen Weizen keinerlei Auswirkungen auf den Brotpreis habe. Wenn Preiserhöhungen für Brot notwendig würden, so würde eine solche Preisbewegung nicht durch den Weizenpreis ausgelöst, sondern durch andere kostensteigernde Faktoren.

Demgegenüber ist *Staatssekretär Dr. Westrick* nicht davon überzeugt, daß sich das Festhalten am Höchstpreis nicht erhöhend auf den Brotpreis auswirkt. Wenn der Inlandspreis für Weizen heruntergegangen sei, sollte man auch beim Auslandsweizen nicht am Höchstpreis festhalten.

Staatssekretär Hartmann schließt sich der Auffassung des Bundesernährungsministeriums an. Er weist darauf hin, daß sich der Handel für die Monate Oktober, November tatsächlich bereits auf den Höchstpreis eingestellt und entsprechend disponiert habe. Wenn man daher unter den Höchstpreis heruntergingе, würde man den Handel in große Schwierigkeiten bringen.

Auch der Vertreter des Bundesverkehrsministeriums, *Ministerialdirektor Dr. Schiller*, schließt sich der Ansicht des Bundesernährungsministeriums an.

Dagegen teilt *Staatssekretär Dr. Sauerborn* die Bedenken des Bundeswirtschaftsministeriums. Der Bundesarbeitsminister befürchtet, daß, wenn man einmal den Höchstpreis anerkannt habe, diese Entwicklung nicht mehr rückgängig zu machen sei.

Der *Vizekanzler* macht schwerwiegende grundsätzliche Bedenken gegen den Höchstpreis im Hinblick auf die psychologisch-politischen Auswirkungen geltend. Auch er befürchtet gewisse Preisauftriebstendenzen. Da jedoch der gegenwärtige verwaltungsmäßig unmögliche Zustand schnellstens beseitigt werden müßte, schlägt er vor, für die Monate Oktober bis Dezember ds.Js. von einem Mittelpreis auszugehen. Über die Festsetzung der Abgabepreise ab Januar nächsten Jahres müsse dann rechtzeitig im Dezember erneut beraten werden. Während das Bundeswirtschaftsministerium als Mittelpreis für das Preisgebiet

A Nord DM 417 je t

B Mitte DM 420 je t

C Süd DM 423 je t

vorgeschlagen hatte, regt der *Vizekanzler* folgende Mittelpreise an:

A Nord DM 422 je t

B Mitte DM 425 je t

C Süd DM 428 je t.

Nach diesem Kompromißvorschlag würde mithin der Mittelpreis 5,– DM unter dem Höchstpreis liegen.

Hierzu gibt *Staatssekretär Hartmann* die Erklärung ab, daß kaum mit der Zustimmung des Bundesfinanzministers zu diesem Vorschlag gerechnet werden könne, da der Ausfall an Abschöpfungsbeträgen haushaltsmäßig nicht vertretbar sei. Außerdem sehe er auf Grund der bisherigen Erörterungen keinen sachlich zwingenden Grund, unter den Höchstpreis herunterzugehen.

Da trotz eingehender Aussprache eine Einigung nicht erzielt werden kann, stellt der Kabinettsausschuß fest, daß die Entscheidung durch Abstimmung im Kabinett getroffen werden müsse[4].

2. ENTWURF EINER VERORDNUNG ÜBER DIE ERHÖHUNG DER IN DER GEBÜHRENORDNUNG FÜR APPROBIERTE ÄRZTE UND ZAHNÄRZTE VOM 1. SEPT. 1924 FESTGESETZTEN GEBÜHREN BMWi

a) *Staatssekretär Bleek* berichtet kurz über die Entstehungsgeschichte des vorgenannten Verordnungsentwurfes[5]. Bisher habe bei den beteiligten Ressorts Übereinstimmung bestanden. Neuerdings habe jedoch das Bundesjustizministerium Bedenken geltend gemacht, ob nicht für das Gebiet der zahnärztlichen Gebühren die gesetzliche Ermächtigung des Preisgesetzes zum Erlaß einer einheitlichen Gebührenordnung gegenstandslos geworden sei. Wenn diese Frage bejaht werden müßte, würde die Rechtsgrundlage für die Gebührenregelung bei den Zahnärzten entfallen. Alsdann müßte die Gebührenordnung für Zahnärzte durch ein besonderes Gesetz geregelt werden. Andererseits könne man sich auf den Standpunkt stellen, daß zumindest eine Übergangsregelung gemäß dem vorgeschlagenen Verordnungsentwurf nicht dem Willen des Gesetzgebers widerspräche.

Der Kabinettsausschuß ist übereinstimmend der Auffassung, daß man die vom Bundesminister für Wirtschaft im Einvernehmen mit dem Bundesminister des Innern vorgeschlagene Übergangsregelung auch für Zahnärzte durchführen sollte.

b) *Staatssekretär Dr. Westrick* macht auf die Möglichkeit aufmerksam, daß im Zusammenhang mit der Erhöhung der Gebühren für Ärzte und Zahnärzte auch mit Aufkündigungen von Verträgen zwischen den Vereinigungen der Krankenkassen und den Kassenärzten mit dem Ziel einer Erhöhung der Pauschalvergütungen der Kassenärzte zu rechnen[6] sei. Hierdurch könnten sich möglicherweise Auswirkungen auf die Erhöhung der Sozialversicherungsbeiträge ergeben. Der Kabinettsausschuß nimmt dies zur Kenntnis, glaubt aber, trotz dieser Bedenken dem vorgenannten Verordnungsentwurf zustimmen zu können[7].

---

[4] Fortgang 265. Kabinettssitzung am 12. Dez. 1952 TOP 9 (Kabinettsprotokolle 1952, S. 738). Das Kabinett stimmte in der 266. Kabinettssitzung am 16. Dez. 1952 den Vorschlägen des BML zu (Kabinettsprotokolle 1952, S. 747). – Bekanntmachung Nr. 43 der Einfuhr- und Vorratsstelle über die Preise ausländischen Weizens für die Monate Oktober, November, Dezember 1952 und Januar 1953 vom 22. Dez. 1952 in BAnz Nr. 250 vom 30. Dez. 1952, S. 9.

[5] Vorlage des BMWi vom 10. Nov. 1952 in B 102/30883 und B 136/2447. – Der Antrag auf Gebührenerhöhung beruhte auf einem Vorschlag des BMI (Unterlagen dazu in B 142/3817). Neben einer einheitlichen Anwendung der Gebührenordnung im Bundesgebiet sah er u.a. die Anhebung der Mindestsätze bei den allgemeinen ärztlichen und zahnärztlichen Dienstleistungen um 50% vor. Aufgrund des Preisgesetzes vom 10. April 1948 (WiGBl. S. 27), zuletzt in der Fassung vom 29. März 1951 (BGBl. I 223), lag die Zuständigkeit für die Preisgestaltung beim BMWi.

[6] Korrigiert aus „erwarten".

[7] Verordnung PR Nr. 74/52 vom 11. Dez. 1952 (BAnz Nr. 243 vom 16. Dez. 1952, S. 1).

3. FRAGEN AUS DEN EINZELPLÄNEN FÜR KONZERNENTFLECHTUNG NACH AHK-GESETZ NR. 27 BMWi

a) Krupperklärung

Staatssekretär Dr. Westrick teilt dem Kabinettsausschuß mit, daß die AHK den Wunsch geäußert habe, die von Alfried Krupp v. Bohlen[8] abgegebene Erklärung über seine Zurückziehung aus der deutschen Grundstoffindustrie möge Bestandteil des Planes zur Entflechtung des Unternehmens Fried. Krupp, Essen, werden[9]. Die Alliierten erwarten mit anderen Worten, daß die Bundesregierung die Einhaltung dieser Verpflichtung durch Krupp v. Bohlen garantiere. Das Bundeswirtschaftsministerium habe derartige Garantieerklärungen im Einvernehmen mit dem Justizministerium bisher eindeutig abgelehnt. Diese Ablehnung habe in Großbritannien bereits Entrüstung ausgelöst[10]. Auch die Amerikaner und Franzosen unterstützten diese Forderung. Der Bundeswirtschaftsminister könne seine Bedenken nicht aufgeben und bittet daher den Kabinettsausschuß um Stellungnahme.

Der Kabinettsausschuß schließt sich der von Staatssekretär Dr. Westrick vorgetragenen Auffassung in vollem Umfang an. Er hält eine solche Erklärung politisch für völlig untragbar und vertritt den Standpunkt, daß man auch eine Verstimmung, insbesondere seitens der Engländer, in Kauf nehmen müsse.

---

[8] Alfried Krupp von Bohlen und Halbach (1907–1967). 1943–1945 Direktor der Krupp-Werke in Essen, 1948 von dem Internationalen Militärgerichtshof in Nürnberg zu 12 Jahren Haft verurteilt und 1951 aus der Haft entlassen.

[9] Zur Neuordnung des Krupp-Vermögens allgemein gemäß Gesetz Nr. 27 der AHK vom 16. Mai 1950 betreffend die Umgestaltung des deutschen Kohlenbergbaus und der deutschen Stahl- und Eisenindustrie (Amtsblatt der AHK Nr. 20, S. 299–316) vgl. 237. Kabinettssitzung am 25. Juli 1952 TOP K (Kabinettsprotokolle 1952, S. 481). – Vorlagen des BMWi vom 22. Okt. und 8. Nov. 1952 in B 102/133795 und B 136/2461, Sprechzettel für Westrick vom 7. Nov. 1952 in B 102/133976. – Punkt 1 der Vorlage vom 22. Okt. 1952 befaßte sich mit Erwerbsbeschränkungen beim Verkauf von Aktien der Montan-Nachfolgegesellschaften. Bei den Verhandlungen über die Entflechtung der Montanindustrie hatten die Alliierten gefordert, den Erwerb von mehr als 1% des Aktiennennkapitals einer Nachfolgegesellschaft durch eine andere Nachfolgegesellschaft der Montanindustrie zu verbieten. Das BMWi lehnte in seiner Vorlage diese Forderung ab. Punkt 2 der Vorlage vom 22. Okt. 1952 und die Vorlage vom 8. Nov. 1952 behandelten die von den Alliierten geforderte „Krupp-Erklärung", in der sich der Erbe der Krupp-Werke, Alfried Krupp von Bohlen und Halbach, auf Lebenszeit verpflichten sollte, die ihm aus dem Verkauf seines Besitzes in der Kohle-, Eisen-und Stahlindustrie zukommenden Erlöse nicht zu nutzen, um unmittelbare oder mittelbare Beteiligungen an Unternehmen dieser Industriezweige zu erwerben, oder auf andere Weise eine beherrschende Stellung in diesen Industriezweigen zu erlangen (vgl. Vermerk vom 19. Aug. 1952 in B 136/2461 und Plan für die Entflechtung des Krupp-Vermögens, Anlage 1 in B 102/133979). Diese persönliche Erklärung sollte Bestandteil des Entflechtungsplanes werden, so daß die Bundesregierung nach Teil II des Überleitungsvertrages (Vertrag zur Regelung aus Krieg und Besatzung entstandener Fragen) für die Einhaltung der Verpflichtung hätte garantieren müssen. Eine derartige Garantieerklärung lehnte das BMWi aus verfassungsrechtlichen Gründen ab (Unterlagen hierzu in B 102/133975–133980, B 102/60700–60702, B 141/19667–19673 und B 136/2461).

[10] Vgl. dazu die Fragen an Außenminister Eden in der Unterhausssitzung am 15. Okt. 1952 (Parliamentary Debates, Vol. 505, S. 195–201).

Der *Vizekanzler* bittet in diesem Zusammenhang Staatssekretär Dr. Westrick, den Herrn Bundeskanzler von der Auffassung des Kabinettsausschusses in geeigneter Weise zu unterrichten.

b) Erwerbsbeschränkungen beim Verkauf von Aktien der Montan-Nachfolgegesellschaften

Staatssekretär Dr. Westrick teilt dem Kabinettsausschuß mit, daß in zwischenzeitlichen Verhandlungen mit den alliierten Wirtschaftsberatern unerwartete Fortschritte gemacht worden seien und daß die Aussicht bestehe, daß eine für Deutschland befriedigende Gesamtlösung in Kürze doch noch gefunden werden könne[11]. Der Kabinettsausschuß nimmt dies zur Kenntnis[12].

[A. ARBEITSZEITVERKÜRZUNG IM BERGBAU] BMWi

Außerhalb der Tagesordnung berichtet *Staatssekretär Dr. Westrick* über Forderungen der Gewerkschaften, die Arbeitszeit im Kohlenbergbau um eine halbe Stunde zu kürzen. Eine solche Arbeitszeitverringerung würde zu großen Produktionsausfällen führen, die zu ernsten Sorgen berechtigen. Man habe einen Förderausfall von mindestens 10 Mio t errechnet, der nicht vertretbar sei[13].

Staatssekretär Dr. Sauerborn teilt die Bedenken des Bundeswirtschaftsministers und hebt den politischen Akzent der geplanten Aktion hervor. Er bittet jedoch, vorerst von einer Beratung im Kabinett abzusehen, bis die eingeleiteten Besprechungen des Bundesarbeitsministeriums mit dem Bundeswirtschaftsministerium und anderen beteiligten Stellen abgeschlossen seien[14]. Die vorgetragene Auffassung über die Hintergründe dieser Gewerkschaftspläne wird vom Kabinettsausschuß zur Kenntnis genommen und gebilligt[15].

---

[11] Vgl. hierzu u.a. Protokoll vom 6. Nov. 1952 über die Verhandlungen am 3. und 6. Nov. 1952 in B 102/60700.

[12] Fortgang 259. Kabinettssitzung am 18. Nov. 1952 TOP 9 (Kabinettsprotokolle 1952, S. 696) und 29. Ausschußsitzung am 8. Dez. 1952 TOP 1.

[13] Die IG Bergbau hatte den bestehenden Manteltarifvertrag zur Durchsetzung ihrer Forderung nach einer 7,5-Stunden-Schicht gekündigt und für den 26. und 27. Nov. 1952 zu einer Urabstimmung aufgerufen. Das BMWi hatte errechnet, daß eine Arbeitszeitverkürzung zu einem Förderausfall von 10,5 Millionen t und einer Kohlepreiserhöhung von 4,72 DM pro t führen würde. Vgl. dazu Vermerk vom 11. Nov. 1952 in B 102/21393 und B 136/6574, weitere Unterlagen in B 102/33127 und B 136/742.

[14] Zu den Gesprächen vgl. Vermerk vom 12. Jan. 1953 in B 136/742.

[15] Am 16. Jan. 1953 einigten sich die Tarifparteien unter Vermittlung von Adenauer über die Einführung der 7 ½ Stundenschicht zum 1. April 1953. – Fortgang 259. Kabinettssitzung am 18. Nov. 1952 TOP B (Kabinettsprotokolle 1952, S. 698).

29. Sitzung des Kabinettsausschusses für Wirtschaft am Montag, den 8. Dezember 1952

Teilnehmer: Blücher, Lukaschek; Westrick, Wandersleb, Sonnemann (ab 16.15 Uhr); Oeftering (BMF), Petz (BMA), Müller-Armack (BMWi) (ab 16.50 Uhr), Albrecht (BMM), Middelmann (BMVt), Louis (BMWi), Ter-Nedden (BMV), Sachs (AA), Mueller-Graaf (BMWi), Büchner (BML), von Coelln (BMWi), Gocht (BMWi) (ab 16.50 Uhr), Bernard (BdL). Protokoll: Pühl.

Ort: Haus Carstanjen

Beginn: 15.30 Uhr — *Ende: Gegen 19.30 Uhr*

Tagesordnung[1]:

1. *Fragen der Entflechtung*
   Mündlicher Bericht des BMWi.
2. *Verhandlungen über eine Auslandshilfe für die Eingliederung der Vertriebenen in der Bundesrepublik Deutschland.*
   Vorlage des BMVt vom 9. Sept. [1952] (III 5054 a-Kab 1215/52). Weitere Vorlage des Bundesministers für Vertriebene folgt.
3. *Entwürfe a) einer Verordnung über die Beimischung inländischen Rüböls und Feintalges, b) einer Verordnung über Preise für inländischen Raps, Rübsen, deren Verarbeitungsrückstände und Rüböl*
   Vorlage des BML vom 24. Nov. 1952 (IV A 3 – 4316.1, 4323.3, 4356.1 – 219/52 Kab. Nr. 676/52).
4. *Interzonenhandel; Übernahme einer Bundesbürgschaft zu Gunsten der fischverarbeitenden Betriebe*
   Vorlage des BMWi vom 13. Nov. 1952 (VI 8a – 8226/52).
5. *Fragen der Konvertibilität der Währung und Reformvorschläge für die EZU*
   Vorlage des BMWi folgt.

1. FRAGEN DER ENTFLECHTUNG — BMWi

Staatssekretär Dr. Westrick berichtet über das Ergebnis der Verhandlungen des Bundeswirtschaftsministeriums mit den alliierten Wirtschaftsberatern. Danach haben die Alliierten ihre Bedenken gegen den deutschen Vorschlag zur Lösung der Angelegenheit Dr. Alexander Wacker GmbH fallen gelassen[2]. Dagegen

---

[1] Gemäß Einladung vom 5. Dez. 1952.

[2] Vgl. hierzu 22. Ausschußsitzung am 19. Juni 1952 TOP 1 und 230. Kabinettssitzung am 27. Juni 1952 TOP 2 (Kabinettsprotokolle 1952, S. 409–411).

sei es nicht möglich gewesen, die Zustimmung der Alliierten zu der eigentumsmäßigen Verbindung zwischen

1.) der Badischen Anilin- und Sodafabrik Ludwigshafen und der Zeche Augusta-Viktoria sowie

2.) dem AGFA-Kamerawerk München und Leverkusen und

3.) Kalle & Co und Hoechst zu erhalten.

Die alliierten Wirtschaftsberater hätten auf Grund der Verhandlungsergebnisse eine Aussprache mit dem Herrn Bundeskanzler gewünscht, die für den 10.12. vorgesehen sei. *Staatssekretär Dr. Westrick* glaubt, daß es vielleicht doch gelingen würde, die Zustimmung der Alliierten zu der Verbindung der Zeche Augusta-Viktoria mit Ludwigshafen zu erhalten. Dagegen glaube er nicht, daß der deutscherseits besonders gewünschte Zusammenschluß zwischen Kalle und Hoechst die Billigung der Alliierten finden würde. Es sei bei dieser Frage der stärkste Widerstand von der alliierten Seite zu spüren gewesen[3]. *Staatssekretär Dr. Westrick* berichtet weiterhin über den neuesten Stand der Verhandlungen wegen der Krupp-Erklärung[4]. Von alliierter Seite sei eine Garantie der Bundesregierung für die Dauer des Gesetzes Nr. 27 gefordert worden. Das erscheine jedoch nicht tragbar. Anläßlich der kürzlich erfolgten Beratung bei dem Herrn Bundeskanzler sei nur über 5 Jahre gesprochen worden. Man habe nunmehr als Kompromiß eine Garantie für die Dauer von mindestens 5 Jahren, auf jeden Fall jedoch so lange, bis die Kruppaktien verkauft seien, vorgeschlagen. Diesem Vorschlag sei jedoch von britischer Seite entschiedener Widerspruch entgegengebracht worden[5]. Das Interesse der englischen Öffentlichkeit an den deutschen Entflechtungsvorgängen sei bemerkenswert[6]. Er halte jedoch die britische Forderung nach einer mehr oder weniger unbegrenzten deutschen Garantie nicht für akzeptabel.

In der anschließenden Aussprache kommt die übereinstimmende Auffassung des Kabinettsausschusses klar zum Ausdruck, daß ein deutsches Nachgeben als politisch sehr gefährlich und nicht tragbar angesehen wird. Es kommt nach Auffassung des Kabinettsausschusses sehr wesentlich darauf an, die endgültige Entscheidung noch einige Wochen hinauszuschieben, bis die mit dem Wechsel des

---

[3] Fortgang zur Entflechtung der I.G. Farbenindustrie A.G. 30. Ausschußsitzung am 14. Jan. 1953 TOP 5 (Handelsobergesellschaft der Vereinigten Stahlwerke).

[4] Vgl. 28. Ausschußsitzung am 17. Nov. 1952 TOP 3.

[5] Das Gespräch Adenauers mit den Hohen Kommissaren hatte am 25. Nov. 1952 stattgefunden. Die von den Hohen Kommissaren bekundete Bereitschaft, eine Garantie der Bundesregierung für die Einhaltung der „Krupp-Erklärung" zeitlich zu begrenzen, konnte wegen fehlender Weisungen der britischen Regierung nicht weiter vertieft werden (vgl. Vermerk Kattenstroths vom 9. Dez. 1952 in B 102/133980). Ein weiteres Gespräch Adenauers mit den Vertretern der AHK am 10. Dez. 1952 führte zu einem Verhandlungsergebnis, das die Rechtsauffassung der Bundesregierung bestätigte (vgl. Schreiben Westricks an Adenauer vom 29. Jan. 1953 in B 102/133980 und B 136/2461 und Vermerk über das Gespräch Adenauers am 10. Dez. 1952 in B 102/133976).

[6] Am 1. und 8. Dez. 1952 hatten Mitglieder des Unterhauses Außenminister Eden nach Maßnahmen der britischen Regierung zur Verhinderung erneuter wirtschaftlicher Aktivitäten von Krupp im Bereich von Eisen und Stahl gefragt (Parliamentry Debates, Vol. 508, S. 1084 f. und Vol. 509, S. 6).

amerikanischen Hohen Kommissars verbundenen personellen Veränderungen zum Abschluß gebracht sind[7].

2. VERHANDLUNGEN ÜBER EINE AUSLANDSHILFE FÜR DIE EINGLIEDERUNG DER VERTRIEBENEN IN DER BUNDESREPUBLIK DEUTSCHLAND BMVt

Bundesminister Lukaschek berichtet auf Grund der Kabinettsvorlage vom 3. 12. 1952. Man könne sich mit den sachlichen Vorschlägen des Sonne-Gutachtens einverstanden erklären, nicht jedoch mit den amerikanischen Vorstellungen über die Durchführung der Finanzierung[8]. Herr Sonne erwarte, daß die Bundesrepublik das Äußerste an eigener Leistung aufbringe und daß die amerikanische Hilfe erst danach einsetzen dürfte. Man habe auf Grund der neuesten Berechnungen unter Berücksichtigung der eingetretenen Preissteigerungen ein Defizit von 5,9 Mia DM errechnet. Man stehe nunmehr an der Grenze der Vorfinanzierungsmöglichkeiten. Die Bank deutscher Länder habe erklärt, daß die Bereitstellung eines Kreditplafonds von 1,2 Mia DM jährlich oder auch nur für 1 Jahr völlig ausgeschlossen sei. Eine Kreditmaßnahme in dieser Höhe würde nach Auffassung der Bank deutscher Länder ein Abgleiten in inflationistische Tendenzen zur Folge haben. Es müßten daher andere Wege gesucht werden, um aus dem finanziellen Engpaß herauszukommen. Zunächst sei zu hoffen, daß das Vertriebenengesetz im Laufe dieser Woche verabschiedet würde[9]. Darüber hinaus erwäge er, anläßlich eines mehr oder weniger privaten Besuches in den Vereinigten Staaten Anfang nächsten Jahres mit den maßgebenden Stellen ein loses Gespräch über die Finanzierungsfragen zu beginnen.

Die größte Sorge bereite ihm zur Zeit die Unterbringung einer Umsiedlungsanleihe in Höhe von 200 Mio DM, die zur Durchführung des Wohnungsbaues für Vertriebene und Flüchtlinge nicht zu entbehren sei[10].

---

[7] Der amerikanische Hochkommissar Walter Joseph Donelly hatte angekündigt, mit Wirkung vom 31. Dez. 1952 zurückzutreten (Vgl. Vermerk des AA vom 29. Nov. 1952 und Abschiedsschreiben Donnellys an Adenauer in AA B 2/61). – Fortgang 30. Ausschußsitzung am 14. Jan. 1953 TOP 4 und 5 (Handelsobergesellschaft Vereinigte Stahlwerke).

[8] Siehe 251. Kabinettssitzung am 7. Okt. 1952 TOP 4 (Kabinettsprotokolle 1952, S. 612 f.). – Vorlage des BMVt vom 3. Dez. 1952 in B 150/6553 und B 136/802, weitere Unterlagen in B 150/581 und 582 sowie B 136/802–804. – Zum Sonne-Gutachten vgl. 146. Kabinettssitzung am 8. Mai 1951 TOP G (Kabinettsprotokolle 1951, S. 372). In dem unter der Leitung des amerikanischen Bankiers Hans Christian Sonne (geb. 1891 in Dänemark, seit 1917 in den USA) erstellten Gutachten war ein Aufbauplan für die Dauer von sechs Jahren vorgeschlagen. Er sah den Bau von über 1 Million neuer Wohnungen, 100 000 Bauernansiedlungen, Umsiedlungsmaßnahmen, die Förderung der Berufsausbildung für die Jugend und die Errichtung neuer Industrie- und Handwerksbetriebe vor. Dafür war ein Gesamtbetrag von 12,5 Milliarden DM veranschlagt worden, der hauptsächlich aus Steuermitteln und Anleihen finanziert werden sollte.

[9] Der Bericht des Ausschusses für Heimatvertriebene (BT-Drs. Nr. 3902) zum Entwurf eines Bundesvertriebenengesetzes (BT-Drs. Nr. 2872) wurde bei der zweiten Lesung am 11. Dez. 1952 zur weiteren Beratung an mehrere Ausschüsse zurückverwiesen (Stenographische Berichte, Bd. 14, S. 1157). – Fortgang 278. Kabinettssitzung am 27. Febr. 1953 TOP F (Kabinettsprotokolle 1953, S. 193 f.). – Bundesvertriebenengesetz vom 19. Mai 1953, BGBl. I 201.

[10] Zur Umsiedlungsanleihe vgl. 258. Kabinettssitzung am 14. Nov. 1952 TOP 2 (Kabinettsprotokolle 1952, S. 681 f.). Auf Beschluß des BT vom 16. Mai 1952 sollte der Restbetrag für die

Der Kabinettsausschuß nimmt die Ausführungen von Bundesminister Lukaschek zur Kenntnis und beschränkt sich in seinen weiteren Erörterungen auf die nächstliegende Frage, ob und in welcher Weise die Umsiedlungsanleihe untergebracht werden könnte. Hierzu bemerkt *Staatssekretär Dr. Wandersleb*, es sei sehr bedauerlich, daß die Anleihe von der Sozialversicherung nach der jüngsten Erklärung des Bundesarbeitsministers offenbar nicht aufgenommen werden kann[11]. Er regt an zu prüfen, ob man sich nicht dadurch helfen könne, daß die Anleihe zunächst kassenmäßig vorfinanziert wird mit der Absicht, die Konsolidierung Ende 1953 vorzunehmen. Gegen diesen Vorschlag werden von *Ministerialdirektor Prof. Dr. Oeftering* und *Präsident Bernard* schwerwiegende Bedenken geltend gemacht. Es sei nicht zu verantworten, eine Anleihe vorzufinanzieren, wenn man nicht mit Sicherheit wüßte, daß die Konsolidierung Ende 1953 gesichert sei. Nach den bisherigen Prognosen sei es mehr als zweifelhaft, ob der Kapitalmarkt Ende 1953 aufnahmefähig sei.

Der Versuch, die Anleihe bei der Sozialversicherung unterzubringen, sollte nicht ohne weiteres aufgegeben werden.

Ministerialdirektor Dr. Petz gibt eine kurze Begründung dafür, daß der Bundesarbeitsminister die Finanzierung über die Sozialversicherung ablehnen müsse.

Der Kabinettsausschuß beschließt, daß die Frage der Unterbringung der Umsiedlungsanleihe nochmals innerhalb der beteiligten Ressorts erörtert werden soll[12].

3. ENTWÜRFE a) EINER VERORDNUNG ÜBER DIE BEIMISCHUNG INLÄNDISCHEN RÜBÖLS UND FEINTALGES, b) EINER VERORDNUNG ÜBER PREISE FÜR INLÄNDISCHEN RAPS, RÜBSEN, DEREN VERARBEITUNGSRÜCKSTÄNDE UND RÜBÖL BML

Hierzu berichtet *Staatssekretär Dr. Sonnemann*, daß das Bundesernährungsministerium bereit sei, einem Rapspreis von 750 DM statt bisher 820 DM je 1000 kg zuzustimmen[13]. Nach den angestellten Berechnungen würde – vorausgesetzt, daß sich die Rapsbeimischung in voller Höhe auf den Margarinepreis auswirken würde – dieser um 0,05 DM je kg erhöht werden. Wenn das Bundesernährungsministerium auch nicht daran interessiert sei, den Rapsanbau zu steigern, so müßte man doch bestrebt sein, ihn zumindest auf der bisherigen Höhe zu halten. Dazu sei der Abschluß fester Anbauverträge erforderlich.

Umsiedlungsaktion 1953 im Anleihewege aufgebracht werden (BT-Drs. Nr. 3373). – Fortgang 267. Kabinettssitzung am 19. Dez. 1952 TOP 2 (Kabinettsprotokolle 1952, S. 755 f.).

[11] Oeftering hatte auf der Chefbesprechung am 17. Nov. 1952 (Niederschrift in B 134/506) vorgeschlagen, die Anleihe bei der Sozialversicherung unterzubringen. Sauerborn erachtete dagegen die liquiden Mittel der Sozialversicherung in Höhe von rund 400 Millionen DM für unentbehrlich (vgl. Vermerk vom 12. Dez. 1952 in B 126/10550).

[12] Unterlagen zu den Ressortbesprechungen in B 134/506 und B 136/814. – Das Kabinett stimmte am 1. Sept. 1953 der Auflegung der Lastenausgleichsanleihe in Höhe von 200 Millionen DM zu. Vgl. hierzu 307. Kabinettssitzung am 1. Sept. 1953 TOP 2 (Kabinettsprotokolle 1953, S. 443 f.).

[13] Siehe 27. Ausschußsitzung am 6. Okt. 1952 TOP 3. – Vorlage des BML vom 24. Nov. 1952 in B 136/2644.

Zu diesen Ausführungen nimmt für das Bundeswirtschaftsministerium *Ministerialrat Louis* Stellung. Das Bundeswirtschaftsministerium halte einen Rapspreis von 700 DM je 1000 kg für ausreichend. Bei einem Preis von 700 DM sei eine Verteuerung der Margarine um 0,04 DM je kg zu erwarten. Das Bundeswirtschaftsministerium könne sich weiterhin nicht mit der Absicht des Bundesernährungsministeriums einverstanden erklären, die Preisfestsetzung zeitlich nicht zu begrenzen, während der Beimischungszwang zeitlich auf 1 Jahr befristet werden soll. Man sollte daher auch die Preisfestsetzung auf 1 Jahr begrenzen.

In der anschließenden Aussprache besteht im wesentlichen Übereinstimmung darüber, daß die Frage, ob man den Preis von 700 oder 750 DM festsetzt, von untergeordneter Bedeutung ist. Allerdings glaubt *Staatssekretär Dr. Sonnemann*, daß man bei einem Preis unter 750 DM mit politischen Schwierigkeiten rechnen müsse.

Es wird jedoch von den Vertretern des Bundesfinanzministeriums und des Bundesarbeitsministeriums grundsätzlich gegen jede Preisfestsetzung für Raps Einspruch erhoben, die die Gefahr einer Margarinepreiserhöhung mit sich bringe. Diese sei aus sozial- und lohnpolitischen Erwägungen besonders im Hinblick auf die laufende Erhöhung des Butterpreises nicht vertretbar.

Auf Vorschlag von *Ministerialdirektor Dr. Oeftering* beschließt der Kabinettsausschuß, daß die Frage nochmals auf höchster Ebene mit der Margarineindustrie erörtert werde. Es wird in Aussicht genommen, den Bundeskanzler zu bitten, sich an dieser Besprechung zu beteiligen.

Der Vertreter des Arbeitsministeriums bittet um Beteiligung an dieser Besprechung.

Der *Vizekanzler* übernimmt es, dem Kabinett in der nächsten Sitzung über das Ergebnis der Kabinettsausschußsitzung zu berichten[14].

4. INTERZONENHANDEL; ÜBERNAHME EINER BUNDESBÜRGSCHAFT ZU GUNSTEN DER FISCHVERARBEITENDEN BETRIEBE BMWi

Die Beratung wird auf Antrag des Vertreters des Bundesfinanzministeriums zurückgestellt, bis die gemäß § 74 der GGO der Bundesministerien vorgesehene Chefbesprechung stattgefunden hat[15].

5. FRAGEN DER KONVERTIBILITÄT DER WÄHRUNG UND REFORMVORSCHLÄGE FÜR DIE EZU BMWi

Der Kabinettsausschuß sieht von einer Beratung über die Denkschrift im einzelnen ab, sondern beschränkt sich auf eine ganz allgemeine Aussprache[16].

---

[14] Fortgang 265. Kabinettssitzung am 12. Dez. 1952 TOP 11 (Kabinettsprotokolle 1952, S. 738 f.) und 30. Ausschußsitzung am 14. Jan. 1953 TOP C.

[15] § 74 der Gemeinsamen Geschäftsordnung der Bundesministerien (GGO) behandelte den Verkehr der Bundesministerien mit den Landesregierunge und nachgeordneten Landesbehörden. – Fortgang 30. Ausschußsitzung am 14. Jan. 1953 TOP 3.

[16] Denkschrift des BMWi „Konvertibilität der Währungen" in der Fassung vom 6. Dez. 1952 in B 102/56905 und B 136/7863, weitere Unterlagen in B 102/25878 und 25879. – Das BMWi sprach sich für eine Überwindung des in der OEEC bzw. EZU praktizierten Systems des Zahlungsbilanzausgleichs aus. Anstelle von Handelsbeschränkungen und Devisenbewirt-

Nach Ansicht von *Präsident Bernard* sind die in der Denkschrift enthaltenen Gedankengänge noch nicht so weit innerhalb der beteiligten Stellen abgeklärt, daß sie für eine Beratung im Kabinettsausschuß bzw. im Kabinett reif wären. Dieser Auffassung schließt sich der Kabinettsausschuß in der Mehrheit an.

Der *Vizekanzler* bittet den Präsidenten des Zentralbankrates, im Laufe dieser Woche eine kurze Stellungnahme der Bank deutscher Länder zu der vorgelegten Denkschrift ausarbeiten zu lassen, um für den Fall gerüstet zu sein, daß die Angelegenheit in Paris zur Sprache kommen sollte[17].

Nachdem der Vizekanzler die Sitzung verlassen hat, trägt *Prof. Dr. Müller-Armack* die Grundgedanken der Denkschrift vor. Hieran schließt sich eine kurze Aussprache an, die zu dem Beschluß des Kabinettsausschusses führt, die Denkschrift noch vor Weihnachten zwischen den hauptbeteiligten Ressorts unter Beteiligung der Bank deutscher Länder soweit abzustimmen, daß sie dem Kabinett vorgelegt werden kann[18].

Außerhalb der Tagesordnung

[A.] HANDELSVERTRAG MIT SCHWEDEN BMWi

Hierzu berichtet *Ministerialrat Dr. Mueller-Graaf* (BWM). Die Verhandlungen ständen unmittelbar vor dem Abschluß bzw. Abbruch[19]. Es sei eine Gesamteinfuhr in Höhe von 1 Mia DM vorgesehen. Hierbei sei besonders bemerkenswert eine Erhöhung des Anteils des Erzimports gegenüber dem Vorjahr. Dieser Einfuhr stehe eine Gesamtausfuhr von 1,25 Mia DM gegenüber. Die Verhandlungen seien jedoch ins Stocken geraten, da man sich über einige landwirtschaftliche Positionen nicht habe einigen können. Hierbei handele es sich im einzelnen um folgendes:

1.) Schweden verlange die Abnahme von Schweinefleisch für 12 Mio DM, während sich die deutsche Delegation bisher nur zu einem Import von 9 Mio DM bereit gefunden habe.

---

schaftung forderte das BMWi den freien Umtausch der Währungen als Mittel zur Förderung des Handels- und Zahlungsverkehrs. Bei den sich bietenden theoretischen Lösungsmöglichkeiten empfahl das BMWi eine Festlegung relativ fester Währungsparitäten, die Schwankungen innerhalb einer gewissen Bandbreite zulassen sollten. Als ersten Schritt zur Verwirklichung des unbeschränkten Währungstauschs schlug das BMWi eine partielle Konvertibilität zunächst gegenüber dem EZU-Raum vor.

17 In einem Schreiben vom 11. Dez. 1952 an Erhard (B 136/7863) warnte der Präsident des Direktoriums der BdL, Wilhelm Vocke, davor, die freie Tauschbarkeit (Konvertibilität) der Währungen zu propagieren. Dies würde nicht nur Frankreich und England verärgern, sondern auch für die Bundesrepublik noch zu viele Risiken mit sich bringen.

18 Fortgang 292. Kabinettssitzung am 15. Mai 1953 TOP D (Kabinettsprotokolle 1953, S. 290 f.).

19 Unterlagen über den Stand der Verhandlungen und Protokoll in B 102/58132 und 58133, ferner betreffend Zollfragen B 102/6386. – Nach Vorverhandlungen in Bonn über den Abschluß eines Warenabkommens für das Jahr 1953 waren die Gespräche am 20. Nov. 1952 in Stockholm wieder aufgenommen worden. Sie wurden am 18. Dez. 1952 mit der Paraphierung des Dritten Protokolls zum Abkommen über den Warenverkehr (Warenabkommen) vom 26. Jan. 1951 (BAnz Nr. 23 vom 2. Febr. 1951, S. 1) abgeschlossen. – Runderlaß Außenwirtschaft Nr. 2/53 vom 7. Jan. 1953 (BAnz Nr. 12 vom 20. Jan. 1953, S. 1).

2.) Die deutsche Delegation habe sich mit einer Buttereinfuhr von 6000 t einverstanden erklärt, die möglichst im ersten Vierteljahr ausgeliefert werden sollte. Schweden sei nur bereit, 1500 t im ersten Quartal zu liefern.

3.) Schweden habe die Abnahme von Schokolade im Werte von 2,5 Mio DM verlangt, während sich die deutsche Delegation nur zum Import von 1 Mio DM bereit gefunden habe.

Die deutsche Delegation müsse baldmöglichst mit Weisungen der Bundesregierung versehen werden.

In der anschließenden Aussprache machte *Staatssekretär Dr. Sonnemann* folgende Gesichtspunkte geltend: Die Erhöhung des Buttereinfuhrkontingentes sei für das Bundesernährungsministerium nur dann attraktiv, wenn man möglichst große Mengen (etwa 6000 t) sofort, d. h. innerhalb des ersten Quartals geliefert bekäme. Was den Import von Schweinefleisch betreffe, so sei der deutsche Einfuhrbedarf äußerst begrenzt. Bei einem deutschen Gesamtbedarf von 2 Mio t würde 1,9 Mio t aus eigener Erzeugung geliefert. Er habe schwerwiegende Bedenken gegen den Abschluß fester Kontingente in einer Zeit, die den endgültigen Bedarf an Fleisch noch nicht übersehen lasse.

Demgegenüber heben der *Vizekanzler* und *Staatssekretär Dr. Westrick* die eminente Bedeutung hervor, die in der Erhöhung der Erzimporte für die deutsche Wirtschaft zu erblicken ist. Die Aufnahme der handelsvertraglichen Beziehungen sei auch aus politischen Gründen außerordentlich wichtig. Der *Vizekanzler* regt an zu versuchen, wegen der Fleischlieferungen mit den amerikanischen Besatzungstruppen ins Geschäft zu kommen.

Der Kabinettsausschuß beschließt, der deutschen Handelsdelegation folgende Weisungen zu erteilen:

1.) Butter:

Es soll auf folgender Basis verhandelt werden:

Einfuhr: 8000 t, davon 3000 t im ersten Quartal, 3000 t im vierten Quartal, je 1000 t im zweiten und dritten Quartal.

Falls dieser Vorschlag nicht durchzusetzen ist, soll auf folgender Grundlage abgeschlossen werden:

Gesamtkontingent: 6000 t
davon 2000 t im ersten Quartal, 2000 t im vierten Quartal, je 1000 t im zweiten und dritten Quartal.

Gegen den letzteren Vorschlag werden von *Staatssekretär Dr. Sonnemann* jedoch schwerwiegende Bedenken angemeldet.

2.) Fleisch

Gesamtkontingent: 12 Mio DM

davon 6 Mio DM Rindfleisch, 6 Mio DM Schweinefleisch.

Wenn dieses Angebot nicht durchzusetzen ist, wird die Delegation ermächtigt, auf folgender Grundlage abzuschließen:
8 Mio DM Schweinefleisch, 4 Mio DM Rindfleisch.

Staatssekretär Dr. Sonnemann stimmt diesen Weisungen nur unter der Voraussetzung zu, daß ein erhöhter Fleischabsatz an die amerikanischen Besatzungstruppen möglich ist. Er behält sich vor, auf die Frage des Schweinefleischimportes grundsätzlich zurückzukommen.

3.) Schokolade

Die deutsche Delegation erhält die Weisung, den Import von 1,5 Mio DM anzubieten. Sollte dieser Vorschlag nicht durchführbar sein, so darf sie einem Import von höchstens 2,5 Mio DM zustimmen.

30. Sitzung des Kabinettsausschusses für Wirtschaft am Mittwoch, den 14. Januar 1953

Teilnehmer: Blücher, Erhard (bis 11.00 Uhr), Neumayer (bis 11.30 Uhr), Lehr (von 11.00 bis 12.00 Uhr); Hartmann, Westrick, Sonnemann (ab 10.30 Uhr), Sauerborn, Thedieck (ab 11.45 Uhr); Schiller [BMV], Bernard (BdL), von Spindler (BMF), Kattenstroth (BMWi), Nonhoff (BML). Protokoll: Haenlein.

Ort: Haus Carstanjen

Beginn: 10 Uhr *Ende: 12.35 Uhr*

Tagesordnung[1]*:*

1. *Festsetzung der Preise für Zuckerrüben der Ernte 1952*
   Vorlage des BML vom 22. Dez. 1952 (IV A 3 – 4334 – 358/52 Kab. Nr. 531, 675/52).
2. *Entwurf eines Gesetzes über die landwirtschaftliche Selbstverwaltung*
   Vorlage des BML vom 18. Nov. 1952 (IV A 2 – 4204 – 127/52 Kab. Nr. 732/52).
3. *Abschluß einer neuen Interzonenhandelsvereinbarung für das Jahr 1953 mit der sowjetisch besetzten Zone*
   Vorlage des BMWi vom 30. Dez. 1952 (V – Gruppe West-Ost – A 8 – 84338/52).
4. *Neuordnung Fried. Krupp*
   Vorlage des BMWi vom 11. Dez. 1952 (III A 2 – 21535/52).
5. *Handelsobergesellschaft der Vereinigten Stahlwerke*
   Vorlage des BMWi vom 13. Dez. 1952 (I B 7 – 37258–2611/52).
6. *Entwurf eines Gesetzes über die Landeszentralbanken*
   Vorlage des BMF vom 6. Jan. 1953 (V GK 2121–10/52).

Da Staatssekretär Sonnemann erst später kommen kann, stellt der Vorsitzende die Punkte 1 und 2 der Tagesordnung zurück.

3. ABSCHLUSS EINER NEUEN INTERZONENHANDELSVEREINBARUNG FÜR DAS JAHR 1953 MIT DER SOWJETISCH BESETZTEN ZONE BMWi

Staatssekretär Dr. Westrick trägt den Inhalt der Vorlage des Bundeswirtschaftsministers vor und betont die Notwendigkeit, der deutschen Delegation eine Anweisung für die Verhandlungen zu geben[2].

---

[1] Gemäß Einladung vom 8. Jan. 1953.

[2] Siehe 243. Kabinettssitzung am 29. Aug. 1952 TOP 9 (Kabinettsprotokolle 1952, S. 540). – Vorlage vom 30. Dez. 1952 in B 102/108193 und B 136/7834. – Bei den am 1. Dez. 1952 begonnenen Verhandlungen für das Jahr 1953 hatte die Delegation der DDR ein Vertragsvo-

Der *Vizekanzler* weist darauf hin, daß das Angebot der Sowjetzone auf ein Austauschvolumen von 1 Mia DM propagandistisch gemeint ist. Wir sollten aber nicht nach außen hin den Eindruck erwecken, als wollten wir das Volumen erheblich herabsetzen. Es sei angebracht, zunächst nicht über das Gesamtvolumen, sondern über die einzelnen Positionen des Austauschprogramms zu verhandeln. Dabei würden die Liefermöglichkeiten der Ostzone ohnehin schon zu einer Einschränkung des Volumens führen.

Der *Bundeswirtschaftsminister* glaubt, daß die Ostzone nicht in der Lage ist, für 1 Milliarde zu liefern, doch müßten auch bei herabgesetztem Gesamtvolumen (etwa 500 Mio DM) landwirtschaftliche Produkte in einem Gegenwert von 100 Mio DM abgenommen werden.

Staatssekretär Dr. Sonnemann teilt mit, daß sein Haus bereits die ursprünglich vorgesehene Bezugsmenge von 55 Mio DM für agrarische Produkte um je 10 Mio DM für Getreide, Futtermittel und Ölsaaten auf 85 Mio DM erhöht habe.

Dadurch würde sich das Abnahmekontingent für Weißzucker auf 25 000 t ermäßigen[3].

Der Forderung von *Staatssekretär Hartmann*, nach Möglichkeit keine Lagerkosten für diese Zuckermenge aufzuwenden, glaubt *Staatssekretär Sonnemann* durch eine entsprechende Hinausschiebung der Abladungen nachkommen zu können[4].

Der *Vizekanzler* betont, daß aus politischen Gründen lange andauernde Verhandlungen mit der Ostzone möglichst vermieden werden müßten und daß die Frage der Weißzuckerabnahme eine relativ geringe Rolle spielt.

Der Kabinettsausschuß beschließt:

a) Die Verhandlungen mit der Ostzone sind umgehend wieder aufzunehmen. Wegen der Höhe des Warenaustausches sollen nach außen hin keine Beschränkungen verlangt werden.

---

lumen von je 1 Milliarde Verrechnungseinheiten (VE) bzw. DM, die Delegation der Bundesrepublik einen Warenverkehr in Höhe von je 350 Millionen VE vorgeschlagen (vgl. hierzu Vermerk vom 10. Dez. 1952 in B 102/5612). 1951 hatte das Gesamtvolumen 271 Millionen DM betragen, 1952 war es auf 180 Millionen DM im Jahresdurchschnitt abgesunken. Das BMWi strebte für 1953 ein Warenverkehrsvolumen von je 500 Millionen DM mit der Möglichkeit zur jederzeitigen Aufstockung an. Von dieser Summe sollten entsprechend dem Berliner Abkommen vom 20. Sept. 1951 (BAnz Nr. 186 vom 26. Sept. 1951, S. 3) 75% auf den gewerblichen und 25% auf den landwirtschaftlichen Sektor entfallen. Das BML sollte sich außerdem bereit erklären, 50 000 t Weißzucker zu importieren. Das BMWi begründete die empfohlene Ausweitung des Warenverkehrs damit, daß der Interzonenhandel weiter notwendig sei, um den Verkehr nach Westberlin nicht zu gefährden und um zu dokumentieren, daß „die Außenpolitik der Bundesregierung in Bezug auf die Westintegration [keine] Unterbindung der Beziehungen zum Osten zur Folge hat".

[3] Das BML strebte eine Verringerung des Zuckerkontingentes wegen der schon bestehenden hohen Zuckerreserven an, für die zusätzliche Lagerhaltungskosten in Höhe von 22 Millionen DM entstanden waren (vgl. Vermerk vom 2. Jan. 1953 in B 102/5611).

[4] Das BMWi erklärte sich mit der vom BML vorgeschlagenen Reduzierung einverstanden. Ferner sollten durch eine gleichmäßige Verteilung der Zuckerbezüge auf das Vertragsjahr zusätzliche Kosten für die Lagerhaltung nach Möglichkeit vermieden werden (vgl. Vermerk vom 15. Jan. 1953 in B 102/108193).

b) Bei den internen Verhandlungen soll von einer Liefermöglichkeit der Ostzone in Höhe von etwa 500 Mio DM ausgegangen werden. Dabei soll die landwirtschaftliche Einfuhr aus Sicherheitsgründen möglichst niedrig gehalten werden[5].

[A. HIBERNIA-BERGWERKSGESELLSCHAFT] BMWi

Vor Punkt 4 der Tagesordnung trägt *Staatssekretär Dr. Westrick* den Fall Emscher-Lippe-Hibernia vor[6]. Die DKBL hat die Bundesregierung um eine abschließende Erklärung gebeten, ob mit dem Ankauf der Zechen der Gewerkschaft Emscher-Lippe durch die Hibernia noch gerechnet werden kann. Falls dies verneint wird, bittet die DKBL um Erklärung, ob die Hibernia bereit ist, die in Frage stehenden Felderteile „An der Haardt" an Emscher-Lippe abzugeben[7]. *Staatssekretär Dr. Westrick* ist der Ansicht, daß sich die Bundesregierung in diesen Fragen nicht festlegen solle.

Der Kabinettsausschuß beschließt, daß beiden Gesellschaften für ihre Verhandlungen die kaufmännischen Freiheiten belassen werden sollen und jede vernünftige Regelung begrüßt wird[8].

4. NEUORDNUNG FRIED. KRUPP „VEREINIGTE CONSTANTIN DER GROSSE" BMWi

Staatssekretär Dr. Westrick erklärt, daß wahrscheinlich der französische Staat hinter der Käufergruppe stehe. Es habe sich herausgestellt, daß die Kaufpreisabreden mit dieser Gruppe nicht so günstig seien, wie dies von Krupp dargestellt wurde. Vor allem aber habe die Gegenseite in der Kohlenverteilungsfrage noch keine eindeutige Zusicherung gemacht.

Auf Vorschlag von *Staatssekretär Dr. Westrick* beschließt der Kabinettsausschuß, daß Krupp zunächst befriedigende Verhandlungsergebnisse in diesen beiden Punkten nachweisen muß[9].

---

[5] Abkommen vom 21. Febr. 1953 (BAnz Nr. 39 vom 26. Febr. 1953, S. 1). – Fortgang 293. Kabinettssitzung am 19. Mai 1953 TOP 7 und 8 (Kabinettsprotokolle 1953, S. 296 f.).

[6] Unterlagen zum Aufkauf der zur Krupp A.G. gehörenden Kohlenzeche Emscher-Lippe durch die bundeseigene Hibernia-Bergwerksgesellschaft im Rahmen der Entflechtung der Montanindustrie sowie zu den Verhandlungen mit der Deutschen Kohlenbergbau-Leitung (DKBL) in B 102/21361 und 21362, 133964, 75996, 157296 und B 136/2461.

[7] Das der Hibernia gehörende, besonders fettkohlehaltige Feld „An der Haardt" sollte aus technischen und finanziellen Gründen von der Zeche Emscher-Lippe erschlossen werden. Der Verkauf war auf Grund der noch nicht überschaubaren Folgen bei der Neuordnung der Kohleindustrie von der Hibernia abgelehnt worden (vgl. hierzu Schreiben der Hibernia A.G. an Westrick vom 4. Nov. 1953 in B 102/133964).

[8] Fortgang 42. Kabinettssitzung am 2. Sept. 1954 (Kabinettsprotokolle 1954, S. 357 f.).

[9] Siehe 240. Kabinettssitzung am 15. Aug. 1952 TOP G (Kabinettsprotokolle 1952, S. 520) und 28. Ausschußsitzung am 17. Nov. 1952 TOP 3. – Vorlage des BMWi vom 11. Dez. 1952 in B 102/3312 und B 136/2461, weitere Unterlagen in B 102/21362 und 60702. – Die Alliierten hatten im Rahmen der Entflechtung und Neuordnung der Krupp A.G. eine Veräußerung der Mehrheitsbeteiligung Krupps an der Gewerkschaft „Vereinigte Constantin der Große" an eine ausländische Gesellschaft vorgesehen. Bei den Verkaufsverhandlungen, die Krupp seit dem Sommer 1952 mit einem französischen Konsortium führte, befürchtete die Bundesregierung, daß eine Vergrößerung des französischen Einflusses auf den deutschen Steinkohlenbergbau auch den geplanten gemeinschaftlichen Ruhrkohlenvertrieb gefährden

5. HANDELSOBERGESELLSCHAFT DER VEREINIGTEN STAHLWERKE BMWi

Staatssekretär Dr. Westrick trägt den Inhalt der Vorlage des Bundesministers für Wirtschaft vor und führt aus, daß die Alliierten kein Verständnis für den deutschen Standpunkt zeigten[10]. Vor allem die Franzosen verhielten sich vollkommen ablehnend, weil sie sich wohl selbst an der Frankfurter Gesellschaft beteiligen wollten. Der Bundeskanzler wolle die alliierte Forderung ablehnen und den deutschen Standpunkt den Hohen Kommissaren noch einmal schriftlich darlegen, wenn das Kabinett zustimme. Ein entsprechender Brief sei bereits im Bundesministerium für Wirtschaft entworfen[11].

Der *Bundesminister des Innern* führt aus, daß die Anregung zu der alliierten Forderung von Herrn Monnet[12] komme. Die Franzosen wollten über die Frankfurter Gesellschaft in den süddeutschen Markt eindringen. Begründet werde die verlangte Trennung mit der Größe der Handelsobergesellschaft. Das sei kein Rechtsgrund und außerdem unlogisch, weil die Franzosen selbst starke Holdings besäßen[13].

Der *Bundesminister des Innern* verlangt deshalb ein energisches und grundsätzliches „Nein".

Der Kabinettsausschuß schließt sich dieser Forderung an[14].

In diesem Zusammenhang teilt *Staatssekretär Dr. Westrick* mit, daß immer noch einige Fragen bei der Restentflechtung der IG-Farbenindustrie offen sind. Es handelt sich um die Tochtergesellschaften Kalle & Co, Zeche Augusta-Viktoria und Agfa-Kamerawerk, die nach deutscher Ansicht den Nachfolgegesellschaften der IG zugeteilt, nach alliierter Absicht aber als selbständige Gesellschaften ausgegliedert werden sollen[15]. Die Alliierten sind bereit, einen deutschen Kompromißvorschlag zu prüfen. Die Bundesregierung will von sich aus keinen Vorschlag machen und

---

könnte. Am 11. Dez. 1952 hatte das französische Kabinett den Plan abgelehnt, für den Ankauf einen Staatskredit bereitzustellen (vgl. Vermerk für Westrick vom 10. Jan. 1952 in B 136/2461). Die Veräußerung des Aktienanteils an eine französische Gruppe kam nicht zustande.

10 Siehe 232. Kabinettssitzung am 4. Juli 1952 TOP 3b (Kabinettsprotokolle 1952, S. 430). – Vorlage des BMWi vom 13. Dez. 1952 in B 102/60691 und B 136/2461, weitere Unterlagen zu den Verhandlungen mit der AHK in B 102/4734. – Die AHK hatte mit Schreiben vom 26. Nov. 1952 ihren Beschluß mitgeteilt, bei der Entflechtung der Vereinigten Stahlwerke A.G. die Eisen- und Stahlhandel A.G. Frankfurt/M. von den anderen Stahlhandelsgesellschaften zu trennen und als unabhängige Handelsgesellschaft zu errichten. Das BMWi war dagegen bestrebt, alle Handelsgesellschaften der Vereinigten Stahlwerke A.G. in einer Obergesellschaft zusammenzufassen, deren Marktanteil sich nach den Schätzungen des BMWi auf 11% belaufen würde.

11 Vgl. dazu Entwurf des BMWi vom 10. Jan. 1953 in B 102/60691 und Schreiben Adenauers an die AHK vom 28. Jan. 1953 in AA B 10/1473.

12 Jean Monnet (1888–1979). 1952–1955 Präsident der Hohen Behörde der Europäischen Gemeinschaft für Kohle und Stahl (EGKS).

13 Vgl. dazu Aide-mémoire Monnets an Hallstein in B 102/4734.

14 Die AHK stimmte schließlich der Gründung einer Handelsobergesellschaft zu, verlangte aber andererseits Konzessionen bei den Satzungen für die ausgegliederten Gesellschaften der Vereinigten Stahlwerke. Vgl. dazu Schriftwechsel in B 136/2461.

15 Vgl. dazu 29. Ausschußsitzung am 8. Dez. 1952 TOP 1.

hat den drei Nachfolgegesellschaften aufgegeben, einen solchen vorzulegen. Diese konnten jedoch bisher noch keine Einigung unter sich erzielen[16].

2. ENTWURF EINES GESETZES ÜBER DIE LANDWIRTSCHAFTLICHE SELBSTVERWALTUNG BML

Hierzu trägt *Staatssekretär Dr. Sonnemann* vor, daß die Grundlagen dieses Gesetzes in interministeriellen Besprechungen zwischen den Bundesministerien der Justiz, des Innern und für Wirtschaft geklärt worden sind[17]. Die vom Bundesminister des Innern gewünschte Abgrenzung zwischen Selbstverwaltung und Auftragsverwaltung soll vorgenommen werden[18]. Auch die von Staatssekretär Hartmann in Übereinstimmung mit dem Bundesrechnungshof gewünschten Änderungen sollen berücksichtigt werden[19]. Der Forderung des Bundesministers für Vertriebene, einen eigenen Wahlkörper für die Heimatvertriebenen zu schaffen, glaubt *Staatssekretär Dr. Sonnemann* nicht entsprechen zu können, weil nur eine unterschiedslose Behandlung die Heimatvertriebenen und die Einheimischen zusammenwachsen lasse.

Staatssekretär Dr. Westrick macht darauf aufmerksam, daß der Bundesminister für Wirtschaft grundsätzliche Bedenken gegen den Gesetzentwurf gehabt habe. Diese werden von *Herrn Kattenstroth* im einzelnen dargelegt. Dabei hebt *Herr Kattenstroth* besonders den Einfluß auf die Mitbestimmungsfrage hervor und verweist darauf, daß das Kammersystem in das Aktionsprogramm der SPD aufgenommen worden sei[20].

---

[16] Nach der Verkündung des AHK-Gesetzes Nr. 84 „Beendigung der Entflechtung und der Liquidation der I.G. Farbenindustrie A.G. i.L. auf Grund des Gesetzes Nr. 35" vom 31. Jan. 1955 (Amtsbl. S. 3161) wurden die Verhandlungen mit den Alliierten eingestellt. Vgl. 31. Kabinettssitzung am 5. Mai 1954 TOP 3 (Kabinettsprotokolle 1954, S. 194).

[17] Siehe 178. Kabinettssitzung am 9. Okt. 1951 TOP 13 (Kabinettsprotokolle 1951, S. 686). – Vorlage des BML vom 18. Nov. 1952 in B 116/7543 und B 136/7548. – Anlaß der Vorlage war ein Antrag der FDP zur Neubildung von Landwirtschaftskammern (BT-Drs. 1707), den der Bundestag am 11. Jan. 1951 angenommen hatte (Stenographische Berichte, Bd. 8, S. 4159). Der Gesetzentwurf sollte die Grundsätze für die Errichtung von Landwirtschaftskammern als Körperschaften des öffentlichen Rechts festlegen, während die Ausgestaltung den Ländern überlassen war.

[18] In § 2 Abs. 1 des Gesetzentwurfes war die Aufgabe der landwirtschaftlichen Selbstverwaltung, die Landwirtschaft zu fördern und zu betreuen, im einzelnen erläutert. Abs. 2 hatte die Möglichkeit vorgesehen, daß die Landesregierungen den Kammern weitere Aufgaben im Sinne des Abs. 1 als Auftragsangelegenheiten übertragen können. Dem hatte das BMI in seinem Schreiben vom 16. Dez. 1952 (B 116/7543 und B 136/7548) mit dem Hinweis widersprochen, daß Aufgaben im Sinne des § 2 Abs. 1 kraft Gesetzes Selbstverwaltungsaufgaben seien, somit den Kammern nicht als Auftragsangelegenheiten übertragen werden könnten.

[19] BMI und Bundesrechnungshof wünschten, im Gesetzentwurf eine Bestimmung zur Sicherstellung des Prüfrechts der Obersten Rechnungsprüfbehörden einzufügen (vgl. Schreiben des Bundesrechnungshofs vom 1. Dez. 1952 in B 116/7543 und B 136/7548).

[20] Da die Neubildung von Landwirtschaftskammern im Zusammenhang mit der weitreichenden Problematik des überbetrieblichen Mitbestimmungsrechts stand, fürchtete das BMWi ein Präjudiz für die Frage der Errichtung eines Bundeswirtschaftsrates (vgl. hierzu 18. Ausschußsitzung am 4. März 1952 TOP 2). Am 8. Okt. 1952 waren auf einer Chefbesprechung beim BML die Bedenken des BMWi behandelt worden (Vermerk des BML vom 9. Okt. 1952 in B 116/7543). – Die SPD hatte sich auf ihrem Parteitag in Dortmund am 28. Sept. 1952 zu den Forderungen des DGB nach Demokratisierung der Wirtschaft, nach Stärkung des Mitbe-

Staatssekretär Dr. Sonnemann glaubt, daß durch die Beteiligung der Arbeitnehmer in den Landwirtschaftskammern mit nur 1/3 ein gutes Präjudiz für die Mitbestimmungsfrage geschaffen werde. Dem hält *Herr Kattenstroth* entgegen, daß es auf den Prozentsatz der Beteiligung nicht ankomme, da jede Beteiligung zur Syndikalisierung führe. *Min.Rat Nonhoff* betont die besondere Zweckbestimmung der Landwirtschaftskammern. Da sich diese nur mit fachlichen Fragen zu befassen hätten, bestehe kein Zusammenhang mit dem Problem der Mitbestimmung.

Der *Vizekanzler* möchte diesen Gesichtspunkt in der Begründung klar herausgearbeitet sehen.

Der Bundesminister für Ernährung, Landwirtschaft und Forsten wird dem Kabinett einen neuen Gesetzentwurf vorlegen[21].

6. ENTWURF EINES GESETZES ÜBER DIE LANDESZENTRALBANKEN BMF

Der *Vizekanzler* schlägt vor, mit dem Entwurf des Landeszentralbankgesetzes auch die Stellungnahme der Bundesregierung zu den Änderungswünschen des Bundesrates bei dem Entwurf des Bundesnotenbankgesetzes zu erörtern. Der Bundesminister des Innern widerspricht der Behandlung dieser Punkte, da er erst am Abend des Vortages die Stellungnahme des Bundesministers für Wirtschaft zu den beiden Entwürfen erhalten habe[22].

Nach der Versicherung von *Staatssekretär Hartmann*, daß die strittigen Punkte von den Ressorts im wesentlichen geklärt worden seien, beschließt der Kabinettsausschuß, daß beide Entwürfe in einer der nächsten Kabinettssitzungen beraten werden sollen[23].

---

stimmungsrechts der Arbeitnehmerschaft und nach einer Errichtung paritätischer Kammern (Maria Laacher Schlußerklärung des DGB vom 6. Juni 1950) bekannt. – Unterlagen dazu in B 102/40930.

[21] Fortgang 276. Kabinettssitzung am 20. Febr. 1953 TOP 5 (Kabinettsprotokolle 1953, S. 176). – BR-Drs. 96/53, BT-Drs. 4382. – Das Gesetz kam nicht zustande. Vgl. dazu 292. Kabinettssitzung am 15. Mai 1953 TOP 6 (Kabinettsprotokolle 1953, S. 288).

[22] Siehe 256. Kabinettssitzung am 7. Nov. 1952 TOP 1 (Kabinettsprotokolle 1952, S. 665–667) und 10. Ausschußsitzung am 31. Aug. 1951 TOP 5. – Vorlage des BMF (Entwurf eines Gesetzes über die Landeszentralbanken) vom 6. Jan. 1953 in B 126/12134 und B 136/3319, mit der Stellungnahme des BMWi vom 13. Jan. 1953 in B 102/5681 und B 136/3319 sowie Vorlage des BMF (Bundesbankgesetz – Entwurf einer Stellungnahme der Bundesregierung zu den Änderungsvorschlägen des Bundesrates) vom 8. Jan. 1953 in B 126/12128 und B 136/1201, mit der Stellungnahme des BMWi vom 13. Jan. 1953 in B 102/5681 und B 136/1201. – Der Bundesrat hatte auf seiner 97. Sitzung am 5. Dez. 1952 Änderungen zum „Entwurf eines Gesetzes über die Währungs- und Notenbank des Bundes (Bundesbankgesetz)“ vorgeschlagen und die Bundesregierung um Vorlage des angekündigten Entwurfs eines Bundesgesetzes über die Landeszentralbanken gebeten, um eine gemeinsame Beratung und gleichzeitige Verabschiedung beider Gesetze im Bundestag zu erreichen (Schreiben des Bundesrates vom 5. Dez. 1952 in B 136/1201).

[23] Fortgang 270. Kabinettssitzung am 20. Jan. 1953 TOP 9 und 10 (Kabinettsprotokolle 1953, S. 122 f.). – Bundesbankgesetz: BT-Drs. 4020, Gesetz vom 26. Juli 1957 (BGBl. I 745). – Landeszentralbankgesetz: BR-Drs. 44/53, BT-Drs. 4240. Die Rechtsstellung der Landeszentralbanken wurde im Bundesbankgesetz von 1957 festgelegt.

1. FESTSETZUNG DES PREISES FÜR ZUCKERRÜBEN DER ERNTE 1952 BML

Staatssekretär Dr. Sonnemann teilt das Ergebnis einer Chefbesprechung mit dem Bundesminister der Finanzen mit[24]. Die Frage des Rübenpreises steht in engem Zusammenhang mit der vom Bundestag beschlossenen Senkung der Zuckersteuer[25]. Der Bundesminister der Finanzen wird mit dem Bundestag verhandeln, damit das Zuckersteuersenkungsgesetz geändert und die Steuer nur soweit gesenkt wird, wie es die Erhöhung des Rübenpreises von 6,– auf 6,50 DM fordert, d. h. nicht um 4,– DM, sondern nur um 2,80 DM je dz.

Der Kabinettsausschuß beschließt die Verordnung zur Erhöhung des Zuckerrübenpreises zurückzustellen, bis die Frage der Senkung der Zuckersteuer geklärt ist[26].

Außerhalb der Tagesordnung werden behandelt:

[B.] ÄNDERUNG VON PREISEN FÜR STEINKOHLE BMWi

Staatssekretär Dr. Westrick trägt den wesentlichen Inhalt des Verordnungsentwurfs vor[27]. Der *Vizekanzler* ist der Ansicht, daß die Hohe Behörde der Ausnahmeregelung für die Bahn nicht zustimmen wird und damit eine Erhöhung der Bahntarife bevorsteht. Aus politischen Gründen sollte eine Tariferhöhung lieber sofort durchgeführt werden und nicht etwa in der Mitte des Jahres[28].

Staatssekretär Dr. Westrick glaubt, daß die Hohe Behörde die Bevorzugung des Hausbrandes billigen wird. Sehr zweifelhaft sei das allerdings mit den anderen Ausnahmen. Die Verhandlungen hierüber würden sich jedoch längere Zeit hinziehen und die Bundesbahn könne deshalb noch einige Zeit vor einer Kohlenpreiserhöhung bewahrt bleiben.

Der *Vizekanzler* rechnet damit, daß in diesem Jahre ohnehin eine Angleichung der Transporttarife innerhalb der Montan-Union erfolgen muß. Mit Rücksicht hierauf lasse sich vorläufig eine Ausnahmeregelung für die Bahn rechtfertigen.

---

24 Siehe 27. Ausschußsitzung am 6. Okt. 1952 TOP 2 und 266. Kabinettssitzung am 16. Dez. 1952 TOP E (Kabinettsprotokolle 1952, S. 752). – Vorlage des BML vom 22. Dez. 1952 in B 116/11026 und B 136/2628. – Vermerk vom 20. Jan. 1953 über die Besprechung am 13. Jan. 1953 in B 116/11026 und B 126/11879.

25 Am 10. Dez. 1952 hatte der Bundestag einen Initiativ-Entwurf eines zweiten Gesetzes zur Änderung des Zuckersteuergesetzes angenommen. Vgl. BT-Drs. 3744 und 3908 sowie 269. Kabinettssitzung am 16. Jan. 1953 TOP 9 (Kabinettsprotokolle 1953, S. 115 f.).

26 Verordnung vom 23. Febr. 1953 (BAnz Nr. 46 vom 7. März 1953, S. 1). – Fortgang 40. Ausschußsitzung am 22. Sept. 1953 TOP 1.

27 Vgl. 21. Ausschußsitzung am 9. April 1952 TOP 1. – Vorlage vom 10. Jan. 1953 in B 102/34009 und B 136/2437. – Mit dem vom BMWi vorgelegten Entwurf einer Preisverordnung sollten die Preise für Steinkohle um 5 DM auf 60 DM je t im Durchschnitt erhöht werden. Das BMWi hatte die Maßnahme mit erhöhten Selbstkostenpreisen im Bergbau und mit dem zum 10. Febr. 1953 für Kohle in Kraft tretenden Montanunionsvertrag begründet, der eine einheitliche Preisfestsetzung forderte. In der Bundesrepublik lagen die Inlandspreise um 5 DM unter den Exportpreisen.

28 Zur finanziellen Lage der Bundesbahn und zur Neugestaltung der Tarife vgl. 300. Kabinettssitzung am 7. Juli 1953 TOP 1 (Kabinettsprotokolle 1953, S. 377–379).

Ministerialdirektor Schiller erläutert die Finanzlage der Bundesbahn und hält Subventionen für erforderlich, wenn man die Bahn jetzt nicht ausnehme. Auf seine Anregung werden die nicht bundeseigenen Bahnen in der Ziffer 1 b) der Verordnung statt in 1 a) aufgenommen[29].

Staatssekretär Dr. Sonnemann wünscht eine ausdrückliche Erklärung des Bundesministers für Wirtschaft, daß durch die Kohlenpreiserhöhung keine Erhöhung der Preise der Stickstoffdüngemittel eintritt[30].

Staatssekretär Dr. Westrick bestätigt, daß diese Erhöhung vom Bundesministerium für Wirtschaft bereits bei der letzten Preisfestsetzung für Stickstoffdüngemittel berücksichtigt worden sei. Er bestätigt ferner dem Bundesminister für Wohnungsbau, daß keine Auswirkungen auf die Bauabgabe zu befürchten sind[31]. Auf Anfrage von *Staatssekretär Sauerborn* teilt *Staatssekretär Dr. Westrick* mit, daß Mitglieder der Hohen Behörde ihm versichert haben, daß sie eine Ausnahmeregelung für den Hausbrand billigen werden.

Es werden sodann die Wirkungen der Schichtzeitverkürzung im Bergbau und der drohende Bergarbeiterstreik besprochen[32].

Der Kabinettsausschuß beschließt, daß die Verordnung zur Änderung der Preise für Steinkohle sofort dem Kabinett vorgelegt werden soll[33].

[C.] ENTWÜRFE A) EINER VERORDNUNG ÜBER DIE BEIMISCHUNG INLÄNDISCHEN RÜBÖLS UND FEINTALGS, B) EINER VERORDNUNG ÜBER PREISE FÜR INLÄNDISCHEN RAPS UND RÜBSEN BML

Staatssekretär Dr. Sonnemann trägt vor, daß das Kabinett am 19. 12. 1952 in einer internen Sitzung, über die kein Protokoll geführt wurde, diese Verordnungen gebilligt habe[34]. Der Bundesminister der Finanzen habe erklärt, nur zustimmen zu können, wenn feststehe, daß dadurch keine Erhöhung des Margarinepreises eintrete.

Hierzu sagt *Staatssekretär Dr. Sonnemann*, daß der Margarinepreis in stärkstem Maße von den Weltmarktpreisen abhängig sei. Der Beimischungszwang und

---

29 § 1 der Verordnung sah unterschiedlich begünstigte Verkaufshöchstpreise für die Eisenbahnen, Binnenschiffahrt und Energiewirtschaft (§ 1 Satz 2 Abs. a) und für Hausbrandverbraucher, Seeschiffahrt und Hochseefischerei vor (§ 1 Satz 2 Abs. b).

30 Vgl. 18. Ausschußsitzung am 4. März 1952 TOP 1.

31 Angesprochen ist die im Gesetz zur Förderung des Bergarbeiterwohnungsbaues im Kohlenbergbau vom 23. Okt. 1951 (BGBl. I 865) vorgeschriebene Abgabe der Kohlenbergbauunternehmen.

32 Vgl. dazu 28. Ausschußsitzung am 17. Nov. 1952 TOP A. – Die Streikgefahr konnte gebannt werden. Unter Mitwirkung der Bundesregierung wurden die Forderungen der Gewerkschaft erfüllt. Vgl. 269. Kabinettssitzung am 16. Jan. 1953 TOP F (Kabinettsprotokolle 1953, S. 113).

33 Fortgang 270. Kabinettssitzung am 20. Jan. 1953 TOP 6 (Kabinettsprotokolle 1953, S. 121). – BR-Drs. 27/53, Verordnung PR Nr. 2/53 vom 30. Jan. 1953 (BAnz Nr. 21 vom 31. Jan. 1953, S. 1).

34 Siehe 265. Kabinettssitzung am 12. Dez. 1952 TOP 11 (Kabinettsprotokolle 1952, S. 738 f.) und 29. Ausschußsitzung am 8. Dez. 1952 TOP 3. – Bei der Kabinettssitzung am 19. Dez. 1952 war dieser Punkt nicht protokolliert worden. Die Stellungnahmen der Bundesminister wurden in einer nachträglichen Befragungsaktion rekonstruiert. Vgl. dazu Vermerke vom 6., 9. und 10. Jan. 1953 in B 136/2644.

die Erhöhung des Raps- und Rübsenpreises hätten für sich allein keine Auswirkungen auf den Margarinepreis.

Der Kabinettsausschuß stellt fest, daß die beiden Verordnungen dem Bundesrat zugeleitet werden können[35].

[35] Vorlage des BML vom 31. Dez. 1952 in B 116/8670 und B 136/2644. – BR-Drs. 39/53 und 40/53, Verordnungen vom 26. und 27. Febr. 1953 (BAnz Nr. 41 vom 28. Febr. 1953, S. 1 f.).

31. Sitzung des Kabinettsausschusses für Wirtschaft am Mittwoch, den 11. Februar 1953

Teilnehmer: Blücher, Niklas (von 10.25 bis 11.55 Uhr), Schuberth (bis 10.50 Uhr); Hartmann, Sauerborn; Schiller (BMV), Staab (BML), von Maltzan (AA), van Scherpenberg (BMWi), Bormann (BMWi), Heise (BMM), Feldmann (BMF), Sommerlatte (BMWi). Protokoll: Hornschu.

Ort: Haus Carstanjen

Beginn: 10.00 Uhr — *Ende: 12.20 Uhr*

Tagesordnung[1]:

1. *Erneuerung des Internationalen Weizenabkommens (IWA)*
   Vorlage des BML vom 17. Jan. 1953 (III-L – 1/53 Kab. Nr. 28/53).
2. *Umstellung der Betriebsrechnung der Deutschen Bundespost von Buchwerten auf kalkulatorische Werte*
   Vorlage des BMWi vom 11. Nov. 1952 (I B 4/S 5/7934/52).
3. *Neuregelung des Export-Taxendienstes*
   Vorlage des BMV vom 24. Jan. 1952 (StV 5 Nr. 5/72/52).

Da der Bundesminister für Ernährung, Landwirtschaft und Forsten erst später kommen kann, stellt der Vorsitzende Punkt 1 der Tagesordnung zurück.

2. UMSTELLUNG DER BETRIEBSRECHNUNG DER DEUTSCHEN BUNDESPOST VON BUCHWERTEN AUF KALKULATORISCHE WERTE — BMP

Staatssekretär Hartmann erklärt zur Geschäftsordnung, daß er nicht in der Lage sei, in eine Diskussion der Einzelheiten einzutreten, da sein zuständiger Referent sich in Berlin befinde.

Der BM f. d. Post- und Fernmeldewesen führt aus, daß es ihm nicht darauf ankomme, jetzt schon über Gebührenerhöhungen der Post zu sprechen. Vielmehr sollte eine Grundlinie für die Betriebs- und Kapitalrechnung der Post festgelegt werden, damit der Preisrat darauf aufbauen könne[2]. Nach seiner Auffassung habe

---

[1] Gemäß Einladung vom 7. Febr. 1953.

[2] Vorlage des BMWi vom 11. Nov. 1952 in B 136/1581, weitere Unterlagen in B 102/3688, B 257/10643 und 11111 und B 136/1579. – Anfang Juli 1952 hatte das BMP dem BMWi den Entwurf einer Verordnung zur Änderung der Post-, Postscheck- und Fernmeldegebühren zugeleitet und die Stellungnahme des Preisrates beantragt (Protokoll der 35. Sitzung des Preisrates am 16. Sept. 1952 in B 102/27309). Dieser hatte einen Unterausschuß mit der Erarbeitung eines Gutachtens über „Finanzlage und Investitionsbedarf der Deutschen Bundespost" beauftragt (Bericht des Unterausschusses vom 2. Aug. 1952 in B 257/372) und den Ka-

die Post bisher die Abschreibungen unrichtigerweise nach den Anschaffungswerten vorgenommen. Um aber eine neue Basis für die Neu- und Ersatzinvestitionen zu erhalten, hält die Post es für erforderlich, andere Abschreibungsmethoden einzuführen. Darüber sollte der Kabinettsausschuß entscheiden. Die Entscheidung sei insofern unaufschiebbar geworden, als die Post bisher mit kurzfristigen Finanzierungen ausgekommen sei, nun aber kurzfristige Mittel nicht mehr zur Verfügung ständen und außerdem die jetzt erforderlichen Investitionen nur mit langfristigen Mitteln finanziert werden könnten.

Oberregierungsrat Bormann (BWM) erklärt, daß mit Ausnahme der Gebäudewirtschaft von der gewerblichen Wirtschaft der Wiederbeschaffungswert ihrer Kalkulation zugrunde gelegt werde. Der Kapitalverkehrsausschuß des Bundestages habe die Möglichkeit zu langfristigen Investitionen bei der Post verneint. *Staatssekretär Hartmann* hält es für bedenklich, wenn eine Betriebsverwaltung des Bundes sogar mit Genehmigung des Kabinetts dazu übergeht, die Wiederbeschaffungskosten ihrer Betriebs- und Kapitalrechnung zugrunde zu legen. Das Bundesfinanzministerium habe sich bisher geweigert, bei der Privatwirtschaft die Wiederbeschaffungskosten in den Steuerbilanzen anzuerkennen. Allerdings sei die Bundesbahn bei der Neubewertung ihrer Anlagen im Jahre 1949 von den Wiederbeschaffungskosten ausgegangen. *Ministerialdirektor Schiller* erklärt, daß angesichts der Notwendigkeit, für die Bahn einen Erneuerungsstock zu schaffen, bei der Neubewertung der Anlagen im Jahre 1949 der Wiederbeschaffungspreis habe zugrunde gelegt werden müssen. Die so gewonnene Rechnungsgrundlage sei je nach dem Preisindex durch Zu- oder Abschläge durchgeführt worden[3].

Der *Vizekanzler* ist der Meinung, daß im Gegensatz zur Privatwirtschaft die Post als Monopolbetrieb gezwungen sei, Bedürfnisse der Allgemeinheit zu befriedigen, ohne Rücksicht darauf, ob die Geschäftslage es gestatte. Diese besondere Lage müßte auch in den Rechnungsgrundlagen der Post berücksichtigt werden. Da Staatssekretär Hartmann einer dem Antrag des BM f.d. Post- und Fernmeldewesen entsprechenden Entscheidung widersprochen habe, schlägt der *Vizekanzler* vor, diese Frage in einer Chefbesprechung in zwei Wochen zur Entscheidung zu bringen, an der er sich selbst beteiligen wolle.

Der Kabinettsausschuß schließt sich dem an.

---

binettsausschuß für Wirtschaft um eine Entscheidung in der Frage der Art der Betriebs- und Kapitalrechnung gebeten.

[3] Mit Schreiben vom 23. Febr. 1953 hatte Schiller eine Protokollkorrektur erbeten, die in einem Vermerk des Bundeskanzleramtes vom 2. März 1952 festgehalten, nicht aber in das offizielle Protokoll aufgenommen wurde. Sie lautete: „Ministerialdirektor Dr. Schiller erklärt, daß angesichts der Notwendigkeit, den im Bundesgebiet noch vorhandenen tatsächlichen Bestand an Anlagen und Betriebsmitteln der Reichsbahn wertmäßig zu erfassen, keine andere Möglichkeit bestanden habe, als die Beschaffungskosten zugrunde zu legen, die im Zeitpunkt dieser Inventur, also im Jahre 1949 gegolten haben. Bei der Ermittlung der Abschreibungen bildeten die Wiederbeschaffungswerte des Jahres 1949 die Rechnungsgrundlage; man korrigierte die so gewonnenen Abschreibungsgeräte je nach dem Preisindex durch Zu- oder Abschläge. Für die deutschen Eisenbahnen sei dies nichts Neues, denn in den ersten 110 Jahren der deutschen Eisenbahngeschichte habe die Kameralistik von einer Abschreibung abgesehen und dafür die Bildung von Erneuerungsfonds gefordert, deren Dotierung nach den Wiederbeschaffungskosten erfolgt sei, wobei die Richtigkeit der Höhe der Dotierung alle paar Jahre überprüft worden sei."

Der Bundesminister für das Post- und Fernmeldewesen wird gebeten, zu dieser Besprechung einzuladen[4].

Inzwischen ist Bundesminister Prof. Niklas erschienen; es wird daher Punkt 1 der Tagesordnung behandelt.

1. ERNEUERUNG DES INTERNATIONALEN WEIZENABKOMMENS BML

Der *Vizekanzler* führt einleitend aus, daß nach seiner Auffassung dem Wunsch des Bundesernährungsministers entsprechend eine langfristige Sicherung des Einfuhrbedarfes im Rahmen des IWA geschaffen werden müsse, und zwar von 1,5 Mio t[5]. Ein Risiko dürfe seines Erachtens bei der Brotgetreideversorgung unter keinen Umständen in Kauf genommen werden, zumal die Deckung in Nichtdollarländern unsicher sei. Man müsse sogar versuchen, eher noch eine höhere Bevorratung zu erreichen. Leider sei eine höhere Bevorratung wegen nicht ausreichender Finanzierungsmöglichkeiten schwer durchzuführen. Der Wunsch des Bundeswirtschaftsministers und des Auswärtigen Amtes, eine handelspolitische Manövriermasse von ausreichender Höhe zu behalten, müsse demgegenüber zurücktreten. Der *Bundesminister für Ernährung, Landwirtschaft und Forsten* macht darauf aufmerksam, daß infolge des frühen Einbruchs des Winters im kommenden Jahr mit einem um etwa 200000 t geringeren Ernteaufkommen an Brotgetreide gerechnet werden müsse. Insofern werde sich die aus politischen und handelspolitischen Gründen wünschenswerte Manövriermasse ohnehin erhöhen. Die Sicherung des deutschen Bedarfs durch eine verhältnismäßig hohe Quote im IWA wirke sich auch auf Bezüge außerhalb des IWA preisgünstig aus. *Ministerialrat Dr. van Scherpenberg* (BWM) hält eine Herabsetzung der deutschen IWA-Quote auf 1 Mio t aus handelspolitischen Erwägungen für notwendig und legt Wert darauf, daß in das IWA eine Bestimmung aufgenommen werde, nach der die Bundesregierung nicht verpflichtet ist, bei unausgeglichener Zahlungsbilanz gegenüber einem Lieferland (Dollarlücke) Weizen aus diesem Lande einzuführen.

Ministerialdirektor Dr. von Maltzan (Ausw. Amt) begründet die handelspolitischen Gesichtspunkte näher, die für eine geringere IWA-Quote als 1,5 Mio t sprechen.

Ministerialdirektor Dr. Staab (BM f. Ernährung, Landwirtschaft und Forsten) erwidert hierzu, daß sich unsere Dollarlücke keinesfalls verringern könne, denn die Dollarländer seien regelmäßig mit 77% an den Lieferungen beteiligt und der

[4] Fortgang 34. Ausschußsitzung am 30. April 1953 TOP 2.

[5] Siehe 273. Kabinettssitzung am 3. Febr. 1953 TOP 4 (Kabinettsprotokolle 1953, S. 147). – Vorlage des BML vom 17. Jan. 1953 in B 136/2652. – Das am 23. März 1949 abgeschlossene Abkommen, dem 4 Export- und 42 Importländer angehörten, lief zum 31. Juli 1953 aus und sollte erneuert werden. Bei der Einfuhrabhängigkeit der Bundesrepublik – der jährliche Einfuhrbedarf wurde auf 2,1 Millionen t geschätzt – war das BML an einer langfristigen Sicherung der Weizenbezüge zu möglichst günstigen Einkaufspreisen interessiert. Diese erhoffte es mit einer relativ hohen Einfuhrquote von 1,5 (statt bisher 1,8) Millionen t erzielen zu können. Es beantragte, der Verlängerung des Abkommens und der Einfuhrquote grundsätzlich zuzustimmen und hinsichtlich der Preisfrage der deutschen Verhandlungsdelegation einen in der Vorlage beschriebenen Spielraum zu überlassen.

deutsche Bedarf werde zu 85% aus dem Dollarraum gedeckt. Gerade darum sei es also wichtig, für eine möglichst hohe Quote einen günstigen Preis zu sichern. Außerdem begründe die Quote nur eine Abnahmeverpflichtung zum Mindestpreis. Voraussichtlich würden die internationalen Weizenpreise aber nicht unter den Minimalpreis des IWA heruntergehen, so daß die Freiheit der deutschen Handelspolitik gewahrt bleibe.

Der Kabinettsausschuß beschließt, daß die Instruktionen an die deutsche Delegation entsprechend dem Antrag des Bundesernährungsministers erteilt werden sollen. Bundeswirtschaftsminister und Auswärtiges Amt machten allerdings den Vorbehalt, daß jeweils eine Entscheidung des Kabinetts herbeigeführt werden müsse, wenn sie es aus politischen oder handelspolitischen Gründen für erforderlich halten würden, Weizen außerhalb des IWA zu kaufen und dabei höhere Preise bezahlt werden müßten[6].

3. NEUREGELUNG DES EXPORT-TAXENDIENSTES BMV

Ministerialdirektor Schiller (BM f. Verkehr) nimmt Bezug auf den Kabinettsbeschluß vom 20. 2. 1952 und die im Anschluß daran geführte Ressortbesprechung, die keine Einigung gebracht habe[7]. Er betont, daß die Einrichtung der ET-Taxen einen Überrest des Besatzungsrechtes darstelle, für den nach Inkrafttreten des Deutschlandvertrages ohnehin kein Raum mehr sei. *Dr. Sommerlatte* (BM f. Wirtschaft) führt aus, daß ein Eingehen auf den Wunsch des Bundesverkehrsministeriums mit hoher Wahrscheinlichkeit zum Ausfall des größten Teiles der z.Zt. jährlich 8 Mio $ betragenden Deviseneinnahmen aus dem ET-Taxendienst führen werde.

Der *Vizekanzler* schlägt vor, im Hinblick darauf, daß auch nach Auffassung des Verkehrsministers der Export-Taxendienst nach Inkrafttreten des Deutschlandvertrages nicht mehr aufrechterhalten werden könne, keine Änderung in dem bestehenden Zustand mehr eintreten zu lassen.

Der Kabinettsausschuß beschließt entsprechend[8].

---

[6] Fortgang 276. Kabinettssitzung am 20. Febr. 1953 TOP 4 (Kabinettsprotokolle 1953, S. 176). – BR-Drs. 249/53, BT-Drs. 4577, Gesetz vom 31. Juli 1953 (BGBl. II 187).

[7] Siehe 202. Kabinettssitzung am 20. Febr. 1952 TOP 10 (Kabinettsprotokolle 1952, S. 116). – Vorlage vom 4. Jan. 1953 in B 102/6683 und B 136/9743. – Das BMV berichtete über die letztlich ergebnislosen Verhandlungen mit dem BMF und BMWi sowie mit der Alliierten Hohen Kommission über eine Auflösung des Exporttaxendienstes, der durch Vertrag der American Express Company mit deutschen Taxengesellschafen zur Personenbeförderung von Ausländern, insbesondere von Angehörigen der US-Streitkräfte gegründet worden war. Von gewerblicher Seite als wettbewerbsverzerrende Einrichtung bekämpft, sah das BMWi in ihm eine Devisenquelle, die 1951 der Bundesrepublik 7,5 Millionen Dollar eingebracht hatte.

[8] Durch die Aufkündigung der Verträge mit den deutschen Taxengesellschaften durch die amerikanische Besatzungsverwaltung erübrigte sich eine weitere Behandlung dieser Frage (Schreiben des BMV vom 25. Nov. 1953 in B 136/9743).

32. Sitzung des Kabinettsausschusses für Wirtschaft am Samstag, den 21. März 1953

Teilnehmer: Blücher, Erhard (ab 8.30 Uhr); Sonnemann, Sauerborn; Bernard (BdL), Oeftering (BMF), Schiller (BMV), Albrecht (BMM), van Scherpenberg (AA), Sachs (AA), Gerbaulet (BMM), Haenlein (Bundeskanzleramt), Görs (BMWi), Schlebitz (BML), Heise (BMM). Protokoll: Hornschu

Ort: Haus Carstanjen

Beginn: 8.00 Uhr — *Ende: 9.40 Uhr*

Tagesordnung[1]:

1. *Entwurf eines Getreidepreisgesetzes 1953/54*
   Vorlage des BML vom 5. März 1953 (IV A 3 – 4310 – 48/53 Kab. Nr. 144/53).
2. *MSA-Wirtschaftshilfe*
   Vorlage des BMM vom 13. Febr. 53 (II/3 – K 4c/16).
3. *Anerkennung ausländischer Untersuchungszeugnisse bei der Einfuhr von Wein, Einfuhrbehandlung von Wein*
   Vorlage des BMWi vom 12. März 1953 (V B 11 b – 10007/53).

[1.] ERÖRTERUNG DER MINISTERRATSSITZUNG DER OEEC, PARIS (LIBERALISIERUNG) — BMM

Einleitend hebt der *Vizekanzler* die große Bedeutung der EZU für die Bundesrepublik hervor und macht darauf aufmerksam, daß in der Sitzung des Ministerrates der OEEC in Paris am kommenden Montag alle Länder eine beträchtliche Anstrengung von uns erwarten würden, um den aufgetretenen Schwierigkeiten zu begegnen[2]. Es werde schwer zu umgehen sein, daß von deutscher Seite wenigstens

---

[1] Gemäß Einladung vom 16. März 1953. – Die ursprünglich vorgesehenen Tagesordnungspunkte wurden auf der 33. Ausschußsitzung am 26. März 1953 behandelt. – Die Erörterung über die Ministerratssitzung der OEEC erfolgte gemäß Protokollentwurf ohne Vorlage.

[2] Siehe 266. Kabinettssitzung am 16. Dez. 1952 TOP A (Kabinettsprotokolle 1952, S. 744). – Grundlage der Erörterungen war ein Bericht des EZU-Direktoriums der OEEC vom 6. März 1953, der als Ratsdokument der Ministerratstagung am 23. und 24. März 1953 zur Entscheidung vorgelegt werden sollte. Er befaßte sich u.a. mit der Frage der Fortführung der EZU, den Austrittsmodalitäten aus der Zahlungsunion, der Erhöhung des Goldanteils beim Ausgleich der Salden innerhalb der EZU (gegenüber den Verrechnungsländern mußte ein Teil der Schulden in Gold, der Rest in Krediten beglichen werden) sowie mit der Frage einer weiteren Liberalisierung des Handels und der Wechselkurse (Konvertibilität). Zur Vorbereitung der Haltung der Bundesrepublik hatten am 16. März eine interministerielle Besprechung und am 17. März 1953 eine Besprechung Blüchers mit Mitgliedern seines Hauses stattgefunden (B 146/465, weitere Unterlagen in B 146/481 und 485 sowie B 136/7863).

eine Liberalisierung von 90% gewährt würde[3]. Für dieses Zugeständnis sollten wir fordern:

1.) Verlängerung der EZU für 1 Jahr,

2.) Erschwerung des Ausscheidens aus der EZU,

3.) Revision der Goldklausel in der Weise, daß in Zukunft Schulden zu 50% statt bisher 40% in Gold abgedeckt werden müssen.

Staatssekretär Dr. Sonnemann hält die Ausweitung der Liberalisierung auf dem Ernährungssektor bei folgenden Waren für möglich: Petersilie, Bataten, Quitten, Spargel, Schellfisch, Thunfisch in Konserven, Roquefort. Theoretisch seien das 2 bis 3% des Ernährungssektors, während es auf das Gesamtvolumen nur 1% ausmachen würde. Diese Zugeständnisse sollen befristet werden.

Ministerialrat Dr. van Scherpenberg erklärt für die gewerbliche Wirtschaft, daß auf verschiedenen Sektoren Liberalisierungsmaßnahmen ins Auge gefaßt seien, die insgesamt 2,6% ausmachen würden. Wenn also der Anteil der gewerblichen Wirtschaft 2,6% ausmache, so ergäbe sich daraus, daß der Anteil des Sektors Ernährung und Landwirtschaft 3% betragen müsse, um den Liberalisierungssatz von 90% zu erreichen. Es müsse ernstlich geprüft werden, ob nicht etwa bei Waren mit hohem Zollschutz mit dem traditionellen handelspolitischen Mittel des Zolls auszukommen sei. Er denke besonders an die Marmelade- und Süßwarenindustrie. Ferner halte er auch bei Käse eine weitgehende Liberalisierung für erwünscht. Außerdem regt er Liberalisierung bei Zwiebeln, Blumenkohl, nicht eßbaren Gartenbauerzeugnissen, Süßwasserfischen, Seefischen, gesalzenen Heringen und Erweiterung der Liberalisierung bei Spirituosen an.

In seiner Entgegnung weist *Staatssekretär Dr. Sonnemann* darauf hin, daß z.B. in Frankreich und Italien insofern eine falsche Landwirtschaftspolitik betrieben werde, als dort mehr und mehr vom Reis- und Getreideanbau zugunsten gewinnbringender Monokulturen (Obstbau) abgegangen werde. Uns werde zugemutet, die Folgen dieser umstrittenen Landwirtschaftspolitik durch Erweiterung unserer Liberalisierung auszugleichen. Eine stärkere Liberalisierung auf dem Gartenbausektor sei aus innerpolitischen Gründen nicht zu verantworten. Erzeugnisse der Schokoladen- und Süßwarenindustrie könnten liberalisiert werden, wenn seitens des Arbeitsministeriums wegen der hohen Beschäftigtenzahlen dieser Industrien keine Einwendungen kommen. Die Liberalisierung von gesalzenen Heringen und evtl. auch Süßwasserfischen sei nur möglich, wenn Absatz nach der Ostzone geschaffen werden könne. Der Einfuhrzoll von 10% reiche nicht aus, da andere Länder Treibstoffsubventionen gewährten. Bei den erwähnten Spirituosen halte er eine Liberalisierung wegen der damit zu erreichenden geringen Verbesse-

[3] Zur Erhöhung der deutschen Liberalisierungsquote auf 75% siehe 19. Ausschußsitzung am 14. März 1952 TOP 1. – Zu den Liberalisierungsvorschlägen vgl. Aufzeichnung vom 20. März 1953 in B 146/528. – Die anhaltende Überschußposition der Bundesrepublik gegenüber den EZU-Ländern wurde von seiten der OEEC kritisch beobachtet. Um Ungleichgewichte oder eine Störung des Zahlungssystems zu vermeiden, wurden von seiten der Bundesrepublik als Maßnahmen zum Abbau der Gläubigerposition u.a. weitere Liberalisierungsschritte erwartet. Unterlagen dazu in B 146/460. – Zur EZU-Gläubigerstellung der Bundesrepublik Fortgang 37. Ausschußsitzung am 2. Juli 1953 TOP 1.

rung des Liberalisierungsprozentsatzes nicht für ratsam, zumal die inneren Schwierigkeiten in keinem Verhältnis dazu ständen. Eine ähnliche Erwägung gelte für die nicht eßbaren Gartenbauerzeugnisse. Liberalisierung von Tomatenkonserven halte er für möglich. Der Einbeziehung sämtlicher Käsesorten in die Liberalisierung wolle er nur zustimmen, wenn wirklich gar kein anderer Ausweg zu finden sei, um den von uns gedachten Liberalisierungsprozentsatz von 90% zu erreichen. Dabei sei noch zu bedenken, daß mit der Liberalisierung von Käse gerade für Italien keine Hilfe gegeben werden könnte, da die italienischen Käsearten von uns schon bisher liberalisiert worden seien, so daß der Nutzen einer völligen Liberalisierung nur der Schweiz, Dänemark und Holland zufallen werde.

Bundesminister Erhard erklärt in diesem Zusammenhang, daß die Liberalisierungsmaßnahmen allein im allgemeinen für unsere heimische Wirtschaft kaum gefährlich seien. Sie würden es dadurch, daß von unseren Handelspartnern die Wettbewerbsbedingungen mit den verschiedensten Mitteln verschoben würden. Trotzdem müßten wir im Hinblick auf unser Interesse an Italien zu einem Entgegenkommen bereit sein.

Vizekanzler Blücher erklärt abschließend, über das Schicksal der EZU werde am 23. und 24. 3. in Paris noch keine endgültige Entscheidung getroffen werden. Diese sei erst Mitte Mai zu erwarten. Er würde es sehr begrüßen, wenn ein Ratsbeschluß die teilnehmenden Länder zur Aufdeckung ihrer verschiedenen Subventionsmaßnahmen verpflichten würde. Das deutsche Liberalisierungszugeständnis werde auch nur unter der Bedingung gemacht werden, daß die übrigen Länder ihre Restriktionspolitik bis zu einem bestimmten Zeitpunkt aufgeben; andernfalls müßten wir unser Zugeständnis wieder zurückziehen. Die einzelnen Warenpositionen würden ohnehin in Paris noch nicht spezifiziert. Heute komme es nur darauf an, sich darüber klar zu sein, daß ungefähr 90% erreicht werden müßten. Im Hinblick auf das wachsende Realeinkommen und die Bevölkerungszunahme scheine ihm das Zugeständnis des Ernährungsministers in dieser Höhe nicht beunruhigend. Ferner lasse sich eine weitere Verbrauchssteigerung erreichen, wenn der Bundesminister der Finanzen die Amerikaner zur Deckung ihres Lebensmittelbedarfes auf dem deutschen Markt veranlassen könnte.

Präsident Bernard fragt an, ob bei den Pariser Verhandlungen über die EZU von deutscher Seite auch die Einführung einer Schwankungsbreite für die Wechselkurse erwogen wird. Der Zentralbankrat hielte diese Anregung für verhängnisvoll, da bei freien Kursen völlig andere Gesetze zum Zuge kämen[4].

Der *Vizekanzler* erklärte, daß dies nicht beabsichtigt sei[5].

---

[4] Zur ablehnenden Haltung der BdL gegenüber den Vorschlägen einer Konvertierbarkeit der Währungen zum damaligen Zeitpunkt vgl. 29. Ausschußsitzung am 8. Dez. 1952 TOP 5 sowie Dickhaus, Bundesbank, S. 164–183.

[5] Fortgang 33. Ausschußsitzung am 26. März 1953 TOP A.

33. Sitzung des Kabinettsausschusses für Wirtschaft am Donnerstag, den 26. März 1953

Teilnehmer: Blücher; Sonnemann, Sauerborn, Westrick, Bleek (ab 9.00 Uhr); Bernard (BdL), Oeftering (BMF), Ter-Nedden (BMV), Büchner (BML), Winkelstern (BML), Gerbaulet (BMM), Louis (BMWi), Haenlein (Bundeskanzleramt), Schlebitz (BML), Heise (BMM). Protokoll: Hornschu.

Ort: Haus Carstanjen

Beginn: 8.30 Uhr *Ende: 11.00 Uhr*

Tagesordnung[1]:

1. *Entwurf eines Getreidepreisgesetzes 1953/54*
   Vorlage des BML vom 5. März 1953 (IV A 3 – 4310 – 48/53 Kab. Nr. 144/53).
2. *MSA-Wirtschaftshilfe*
   Vorlage des BMM vom 13. Febr. 1953 (II/3-K 4c/16).
3. *Anerkennung ausländischer Untersuchungszeugnisse bei der Einfuhr von Wein, Einfuhrbehandlung von Wein*
   Vorlage des BMWi vom 12. März 1953 (V B 11 b – 10007/53).

[A. MINISTERKONFERENZ DER OEEC] BMM

Einleitend gibt der *Vizekanzler* einen kurzen Bericht über die Ministerkonferenz der OEEC in Paris und weist darauf hin, daß die Bundesrepublik sich zu einer Liberalisierung von etwa 90% verpflichtet habe[2]. Er betont, daß die deutsche Liberalisierungsliste im Hinblick auf die Reise des Herrn Bundeskanzlers nach den USA[3] umgehend zwischen den beteiligten Häusern abgestimmt werden müßte, da sie am 31. 3. im Bundesanzeiger veröffentlicht werden soll[4].

Staatssekretär Dr. Sonnemann bittet dringend, von der in Aussicht genommenen Liberalisierung von Käse abzusehen, da es sich immerhin um eine Position im

[1] Gemäß Einladung vom 19. März 1953.

[2] Siehe 32. Ausschußsitzung am 21. März 1953 TOP 1. – Ratsentschließungen vom 24. und 25. März 1953 in B 146/530.

[3] Zum Aufenthalt des Bundeskanzlers in den Vereinigten Staaten von Amerika vom 6. bis 17. April 1953 vgl. 285. Kabinettssitzung am 31. März 1953 TOP D (Kabinettsprotokolle 1953, S. 245).

[4] Unterlagen hierzu nicht ermittelt. – „Zweite Berichtigung und Änderung der Liste der Waren, die ohne mengenmäßige Beschränkungen aus den Mitgliedsländern der Organisation für europäische Zusammenarbeit und den von ihnen abhängigen überseeischen Gebieten eingeführt werden können" vom 25. März 1953 (Beilage zum BAnz Nr. 63 vom 1. April 1953). – Fortgang 284. Kabinettssitzung am 27. März 1953 TOP D (Kabinettsprotokolle 1953, S. 234) und 37. Ausschußsitzung am 2. Juli 1953 TOP 1 und 2.

Werte von 10 Mio $ handele. Einer Liberalisierung von Emmentaler Käse wolle er zustimmen, doch glaube er, daß eine generelle Liberalisierung von Hartkäse ruinöse Auswirkungen auf den deutschen Käsemarkt vor allem im Süden des Landes haben werde. Er schlägt vor, zum Ausgleich auf dem gewerblichen Sektor die Liberalisierung zu erweitern.

Staatssekretär Dr. Westrick erklärt demgegenüber, daß eine über 2,8% hinausgehende Liberalisierung auf dem gewerblichen Sektor nicht möglich sei.

Der Kabinettsausschuß beschließt nach eingehender Erörterung gegen die Stimme von *Staatssekretär Dr. Sonnemann*, sämtliche Käsesorten in die Liberalisierungsliste aufzunehmen[5].

1. ENTWURF EINES GETREIDEPREISGESETZES 1953/54 BML

Staatssekretär Dr. Sonnemann trägt den wesentlichen Inhalt der Kabinettsvorlage vom 5. 3. 1953 vor[6].

Der *Vizekanzler* ist der Meinung, daß der Gesetzentwurf nicht der wirtschaftlichen Konzeption der Bundesregierung entspricht. Dem stimmt *Staatssekretär Dr. Westrick* zu. Er schlägt vor, sowohl auf die Festsetzung von Mindestpreisen wie auf die Ablieferungsprämie und die Regelung für Braumalz zu verzichten.

Auf Vorschlag des *Vizekanzlers* werden sodann folgende Einzelfragen beraten:

a) Festsetzung der Preise für Futter- und Industriegetreide sowie für Braugerste

MR Louis (BWM) bittet, in § 2 des Gesetzentwurfs für Futter- Industrie- und Braugerste nur Höchstpreise freizugeben. Namentlich bei Hafer ergäben sich große Schwierigkeiten bei der Einfuhr- und Vorratsstelle, da der Haferpreis seit einem Jahr auf der Höhe des Mindestpreises liege und die Einfuhr- und Vorratsstelle bereits 100000 t eingelagert habe. Neuerdings habe Bayern die Abnahme von weiteren 30000 t verlangt. Mit der zunehmenden Technisierung der Landwirtschaft sei es dringend erforderlich, den Haferanbau einzuschränken.

Der *Vizekanzler* glaubt, daß eine radikale Lösung der Probleme nicht angebracht sei, da den tatsächlichen Anbauverhältnissen Rechnung getragen werden müsse; er empfiehlt deshalb, für das Getreidewirtschaftsjahr 1953/54 eine mittlere Lösung zu schaffen. Für das nächste Anbaujahr indessen müsse man rechtzeitig versuchen, die Anbauflächen für Futtermittel zu verringern.

Dem schließt sich *Min.Dir. Prof. Dr. Oeftering* an, betont jedoch, daß bezüglich der Haferpreise sofort etwas unternommen werden müsse, um die Einfuhr- und Vorratsstelle zu entlasten.

---

[5] Der Beschluß führte zu Protestaktionen von seiten der betroffenen Bauernschaft und der landwirtschaftlichen Vertreter im Bundestag (Unterlagen in B 146/582).

[6] Vorlage des BML in B 116/41420 und B 136/717, weitere Unterlagen in B 116/8994. – In enger Anlehnung an das Getreidepreisgesetz für das Wirtschaftsjahr 1952/1953 vom 9. Juli 1952 (BGBl. I 369) – vgl. 223. Kabinettssitzung am 27. Mai 1952 TOP 1 (Kabinettsprotokolle 1952, S. 355) – hielt der Gesetzentwurf an dem System der Mindest- und Höchstpreise für Brotgetreide, d.h. für Roggen und Weizen (§ 1), für Futter-, Industriegetreide und für Braugerste (§ 2) sowie für Saatgetreide (§ 3) bei weitgehend unveränderten Preisen fest.

Staatssekretär Dr. Sonnemann warnt ebenfalls vor einer radikalen Lösung. Infolge des frühen Einbruchs des Winters sei ein Teil der Weizenanbaufläche ausgefallen; die Landwirtschaft sei daher auf den Anbau von Hafer und Gerste ausgewichen. Er müsse daher auf einer Festsetzung von Mindestpreisen bestehen, da sonst die Rentabilität in der Landwirtschaft nicht gewährleistet sei.

Der Kabinettsausschuß beschließt, als Übergangslösung noch einmal Mindestpreise festzulegen. Der Mindestpreis für Futterhafer wird auf 280 DM, der für Industriehafer auf 315 DM je t festgesetzt. Im übrigen bleibt es bei den Höchst- und Mindestpreisen der Vorlage des Bundesministers für Ernährung, Landwirtschaft und Forsten. In Zukunft sollen für Gerste nur noch Höchstpreise festgesetzt werden. Die Haferpreise sollen freigegeben werden. Dies soll den beteiligten Kreisen bekanntgegeben werden.

b) Reports

Nach eingehenden Ausführungen von *MR Louis* (BWM) über die Bedeutung und Auswirkungen der Reports[7] regt *Min.Dir. Prof. Dr. Oeftering* an, den für Monat Januar vorgesehenen Report von DM 4,– je t mit je DM 2,– auf Januar und Februar zu verteilen. Der Kabinettsausschuß beschließt entsprechend.

c) Braumalz

Staatssekretär Dr. Westrick erklärt, daß eine Einbeziehung von Braumalz in die Marktregelung unserer Wirtschaftspolitik zuwider laufe. Braumalz sei konsolidiert, könne also nicht aus der Liberalisierung herausgenommen werden.

Auch *Min.Dir. Prof. Dr. Oeftering* (BFM) spricht sich gegen eine Aufnahme von Braumalz in die Marktregelung aus, da durch den Anbietungszwang die Liberalisierung praktisch aufgehoben werden würde.

Staatssekretär Dr. Sonnemann gibt zu bedenken, daß die Beschäftigungsmöglichkeiten für unsere Mälzereibetriebe aufrecht erhalten werden müssen, was auch ein Anliegen des Arbeitsministers sei. Infolge der gesunkenen Weltmarktpreise seien die Belgier in der Lage, Malz zu Schleuderpreisen anzubieten und den deutschen Markt für Gerste und Braumalz nachteilig zu beeinflussen. Es würde daher nötig sein, 60 000 t Braugerste aus dem Markt zu nehmen; diese Menge komme einem 5-Wochenbedarf gleich und werde Lager- und Zinskosten von etwa 3 Mio DM erfordern.

Der Vertreter des BFM erklärt, daß eine Übernahme dieser Kosten auf den Haushalt nicht in Betracht komme.

Der *Vizekanzler* hält eine Entliberalisierung von Braumalz in Anbetracht der ohnehin schon schwierigen Position der Bundesrepublik bei den Pariser Verhandlungen für vollkommen unmöglich[8]. Er schlägt vielmehr vor, durch Verhandlun-

[7] Reports waren im Getreidepreis festgelegte, monatlich bis zum Ende des Wirtschaftsjahres steigende Prämien für die private Lagerhaltung. Sie sollten eine gleichmäßige Belieferung des Marktes begünstigen.

[8] Vgl. dazu TOP A dieser Sitzung.

gen mit einigen großen belgischen Exporteuren zu einer befriedigenden Lösung zu kommen. Mit der belgischen Regierung könne man leider nicht verhandeln, da dort die Exportkontrolle aufgehoben sei.

Der Kabinettsausschuß beschließt, Braumalz nicht in die Marktregelung aufzunehmen. Es sollen aber die Bundesministerien für Wirtschaft und für Ernährung, Landwirtschaft und Forsten mit belgischen Exporteuren und deutschen Importeuren Verhandlungen aufnehmen, um eine Regelung zu finden, die sicherstellt, daß die 60 000 t vorjähriger Ernte zunächst verbraucht werden[9].

d) Ablieferungsprämie für Roggen

Min.Dir. Prof. Dr. Oeftering gibt bekannt, daß inzwischen eine Abrede zwischen dem Bundesernährungsminister und dem Bundesfinanzminister getroffen worden ist, nach der vom BFM eine Ablieferungsprämie von DM 10.– je t aus Haushaltsmitteln zur Verfügung gestellt wird. Gesamtbelastung des Haushalts: 13 Mio DM. Dafür will der Bundesminister für Ernährung, Landwirtschaft und Forsten auf eine Roggenumtauschaktion[10] in diesem Jahr verzichten. Die andere Hälfte der vom Bundesernährungsminister vorgesehenen Ablieferungsprämie (10,– DM) solle auf den Roggenpreis aufgeschlagen werden, was praktisch das kg Brot um einen Pfennig verteuern würde.

Staatssekretär Dr. Westrick wendet sich gegen einen Aufschlag auf den Roggenpreis. Er sieht keine Gefahr darin, wenn infolge angeblich nicht ausreichender Höhe der Ablieferungsprämie ein Teil des Roggens verfüttert wird, weil auf dem Weltmarkt genügend Roggen zu günstigem Preis angeboten werde.

MR Louis warnt ebenfalls vor einer Erhöhung des Roggenpreises, weil hierdurch in den Roggenverbrauchsgebieten Schleswig-Holstein und Ost-Niedersachsen eine größere Erhöhung des Brotpreises eintreten würde.

Staatssekretär Dr. Sonnemann bestreitet die Möglichkeit, größere Mengen von Roggen ohne Schwierigkeiten einführen zu können, weil die Angebote der Exportländer vollkommen unsicher seien. Er regt an, die andere Hälfte der Ablieferungsprämie ebenfalls auf den Bundeshaushalt zu übernehmen. Dem wird vom Vertreter des Bundesfinanzministeriums widersprochen.

---

[9] Die im Gesetzentwurf vorgeschlagene Entliberalisierung von Braumalz stand im Gegensatz zu den gegenüber der OEEC eingegangenen Verpflichtungen und bedurfte eines ordnungsgemäßen Antragsverfahrens (vgl. dazu Vermerk vom 12. März 1953 und Stellungnahme vom 9. März 1953 in B 102/10541, Unterlagen zu den Verhandlungen mit der OEEC um eine Entliberalisierung in B 116/1547 und B 146/528). – Der Bundestag nahm am 3. Juli 1953 einen interfraktionellen Antrag (BT-Drs. 4560) an, mit dem die Bundesregierung dringend ersucht wurde, Braumalz zur Sicherung des Mindestpreises für Braugerste zeitweilig zu entliberalisieren und entsprechende Zollmaßnahmen zu ergreifen (Stenographische Berichte, Bd. 17, S. 14241). Mit Bekanntmachung vom 14. Juli 1953 setzte die Bundesregierung die Liberalisierung für Braugerste bis zum 31. Dez. 1953 aus (BAnz Nr. 133 vom 15. Juli 1953 S. 1). Mit Gesetz zur Änderung des Zolltarifs vom 22. Dez. 1953 (BGBl. I 1568) wurde ein gleitender Mischzoll für Braumalz eingeführt.

[10] Vgl. dazu 25. Ausschußsitzung am 19. Aug. 1952 TOP 2 (Einfuhrprogramm aus dem Dollarraum).

Der Kabinettsausschuß beschließt gegen die Stimme von Staatssekretär Dr. Sonnemann, die Ablieferungsprämie von DM 20,– auf DM 10,– je t zu senken[11].

2. MSA-WIRTSCHAFTSHILFE BMM

Der *Vizekanzler* erläutert seine Vorlage. Der Kabinettsausschuß beschließt laut Vorlage des Bundesministers für den Marshallplan vom 13. Febr. 1953[12].

3. ANERKENNUNG AUSLÄNDISCHER UNTERSUCHUNGSZEUGNISSE BEI DER EINFUHR VON WEIN, EINFUHRBEHANDLUNG VON WEIN BMWi

Staatssekretär Bleek hält die Beratung der Angelegenheit in der heutigen Sitzung des Kabinettsausschusses für verfrüht, da die „Verwaltungsvorschrift über die Untersuchung italienischer Weine bei der Einfuhr" am 27. 3. 1953 im Plenum des Bundesrates zur Beratung ansteht und deren Ergebnis zweckmäßigerweise abgewartet werden sollte[13]. Außerdem macht er geschäftsordnungsmäßige Bedenken geltend, da bisher kein persönlicher Verständigungsversuch zwischen dem Bundesminister für Wirtschaft und dem Bundesminister des Innern gemäß § 17 GGO stattgefunden habe.

Der Kabinettsausschuß beschließt, die Angelegenheit zu vertagen[14].

[B.] STRASSBURGER PRODUKTIVITÄTSAUSSTELLUNG BMM

Der *Vizekanzler* gibt bekannt, daß im Mai 1954 eine Produktivitätsausstellung in Straßburg veranstaltet werden soll, auf der auch die Bundesrepublik vertreten sein wird. Von den Gesamtkosten in Höhe von 10 Mio DM soll die Bundesrepublik 1 Mio DM aufbringen. Wenn nicht anders, sei zu erwägen, ob das ERP-Ministerium diesen Betrag aus Zinsrückflüssen zur Verfügung stellen solle. Der französische Hohe Kommissar habe den Herrn Bundeskanzler bereits in dieser Angelegen-

[11] Fassung des Gesetzentwurfs mit den beschlossenen Änderungen in B 116/8994 und B 136/717. – Fortgang 284. Kabinettssitzung am 27. März 1953 TOP 15 (Kabinettsprotokolle 1953, S. 241). – BR-Drs. 153/53, BT-Drs. 4347, Gesetz vom 6. Aug. 1953 (BGBl. I 889).

[12] In seiner Vorlage hatte das BMM über das Angebot einer auf Berlin beschränkten Wirtschaftshilfe in Höhe von 22 Millionen Dollar berichtet und um Ermächtigung gebeten, über eine Erhöhung der Zuschüsse zu verhandeln (B 115/4487 und B 136/6581).

[13] Vorlage des BMWi vom 12. März 1953 in B 142/2654 und B 136/7804, weitere Unterlagen in B 142/2652, 2653 und 2655. – Das BMWi hatte zur Belebung des Handels und zur Verbesserung der Wirtschaftsbeziehungen mit Italien die Inkraftsetzung von Vorkriegsvereinbarungen gefordert, während das BMI diese Maßnahme mit der Befürchtung der Einfuhr minderwertiger Weine ablehnte (Vorlage des BMI vom 22. Aug. 1952 in B 142/2653 und 136/1984). Die Verwaltungsvorschrift war Bestandteil des deutsch-italienischen Handelsabkommens vom 19. April 1952 (BAnz Nr. 92 vom 14. Mai 1952, S. 1). Zu den laufenden Handelsvertragsverhandlungen mit Italien vgl. 282. Kabinettssitzung am 13. März 1953 TOP 9 (Kabinettsprotokolle 1953, S. 221–223).

[14] Der Bundesrat lehnte den Entwurf der Verwaltungsvorschrift am 27. März 1953 wegen der Unvereinbarkeit mit dem deutschen Weingesetz, der Weinzollordnung und mit dem Gesetze zur Lebensmittelüberwachung ab und empfahl, eine Revision des Abkommens zu erwirken (BR-Drs. Nr. 369/52). – Fortgang 34. Ausschußsitzung am 30. April 1953 TOP 4 und 35. Ausschußsitzung am 27. Mai 1953 TOP 3.

heit aufgesucht. Es sei notwendig, dem französischen Hohen Kommissar möglichst bald eine zusagende Antwort zu geben[15].

Staatssekretär Dr. Westrick bittet vor endgültiger Bekanntgabe der Meinung des Bundeswirtschaftsministers um einen Tag Zeit zwecks Abstimmung mit der Auffassung des Bundesfinanzministers.

Min.Dir. Prof. Dr. Oeftering schließt sich diesem Wunsche an[16].

[15] Schreiben des BMWi vom 20. Juni 1953 an François-Poncet in B 136/7765.

[16] Die Ausstellung stand unter der Schirmherrschaft des Europarates, der OEEC und der Europäischen Bewegung. Der französische Hochkommissar François-Poncet war in seiner Eigenschaft als Präsident der französischen Europa-Verbände Vorsitzender der Vereinigung zur Verwirklichung der europäischen Produktivitätsausstellung. – Unterlagen zur Vorbereitung der ursprünglich für den 14. Mai bis 7. Juni 1954 geplanten Ausstellung in B 102/4291–4298.

Sondersitzung des Kabinettsausschusses für Wirtschaft am Dienstag, den 28. April 1953

Teilnehmer: Blücher, Niklas, Storch, Seebohm, Neumayer; Hartmann, Westrick; von Maltzan (BMWi), Rust (BMWi), Mersmann (BMF), Ophüls (AA), Michaelis (BMWi), Solveen (BMWi). Protokoll: Haenlein.

Ort: Haus des Bundeskanzlers

Beginn: 9.00 Uhr *Ende: 9.30 Uhr*

[1.] BERICHT ÜBER DIE SITZUNG DES MINISTERRATES DER MONTAN-UNION; HIER: UMSATZSTEUERLICHE UNTERSCHIEDLICHE BEHANDLUNG INNERHALB DES GEMEINSAMEN MARKTES BMWi

Staatssekretär Dr. Westrick berichtet über die Verhandlungen in Luxemburg zur Eröffnung des Gemeinsamen Marktes für Eisen und Stahl. Nach dem Beratenden Ausschuß hat man sich auch im Ministerrat nicht über die Steuerfrage einigen können. Frankreich und Holland treten bei der von der Hohen Behörde zu erlassenden „Entscheidung über das Verbot von Diskriminierungen" für den Artikel 4 mit folgendem Wortlaut ein:

„Als diskriminierende Praktik gilt es, wenn Steuern oder Abgaben, bei welchen der Verkäufer einen Anspruch auf Befreiung oder Rückvergütung hat, in den den Käufern gestellten Preis einbezogen werden."[1]

Das von den Sachverständigen unter Prof. Tinbergen[2] erstattete Gutachten spricht sich für diese Regelung aus[3]. Italien, Belgien und Luxemburg suchen zu

[1] Anläßlich der Eröffnung des gemeinsamen Marktes für Stahl zum 1. Mai 1953 hatte der Ministerrat der Mitgliedsstaaten der Montanunion am 24. April 1953 einen von der Hohen Behörde vorgelegten Entscheidungsentwurf über das Verbot von Diskriminierungen auf dem Gebiet der Kohle, des Eisenerzes und des Stahls erörtert, ohne zu einer einheitlichen Stellungnahme zu gelangen. Die deutsche Delegation unter Leitung von Westrick lehnte den Vorschlag zu Artikel 4 des Entscheidungsentwurfs ab. Ihrer Meinung nach standen die Erstattung von Umsatzsteuern im grenzüberschreitenden Verkehr sowie die Erhebung von Ausgleichsabgaben nicht im Einklang mit den Grundsätzen des Gemeinsamen Marktes. Ferner befürchtete sie, daß die Aufrechterhaltung des bestehenden Steuersystems bei Eröffnung des Gemeinsamen Marktes tiefgreifende wirtschaftliche Störungen mit sich bringen würde. Die Bedenken richteten sich vor allem gegen das von Frankreich praktizierte Ausmaß an steuerlichen Exportvergünstigungen, das eine erhebliche Benachteiligung der Wettbewerbsfähigkeit der deutschen Stahlindustrie darstellte. Die deutsche Delegation plädierte daher für eine Übergangsphase, in der die unterschiedlichen Steuersätze einander angeglichen werden sollten. – Protokoll, Stellungnahmen der Delegierten und weitere Konferenzdokumente in B 136/1246 und B 102/60940 und 14432 sowie B 126/16173 und 16174.

[2] Prof. Dr. Jan Tinbergen (1903–1994). 1933–1973 Professor für Wirtschaftsplanung und Entwicklung an der Universität Rotterdam, 1945–1955 Leiter des Zentralen Büros für Wirtschaftsplanung in Den Haag, Träger des 1969 erstmals verliehenen Nobelpreises für Wirtschaftswissenschaften.

[3] Mit Beschluß der Hohen Behörde vom 5. März 1953 war ein Sachverständigenausschuß gebildet worden, der unter der Leitung von Prof. Dr. Tinbergen die Auswirkungen der ver-

vermitteln und schlagen vor, die Entscheidung zwar in Kraft zu setzen, aber sofort mit Verhandlungen über die Umgestaltung der unterschiedlichen Steuersysteme zu beginnen. Vizepräsident Etzel hat der deutschen Delegation empfohlen, sich dem Vermittlungsvorschlag anzuschließen. Die deutschen Vertreter sind bei ihrem ablehnenden Standpunkt verblieben.

Es erhebt sich die Frage, ob durch steuerliche Maßnahmen von deutscher Seite die starken Unterschiede zwischen den französischen Vorteilen und der deutschen Belastung abgeschwächt werden sollen. Hiermit wären die Industrie und die Gewerkschaften einverstanden. Eine weitere Möglichkeit wäre, Schutzmaßnahmen nach § 29 des Übergangsabkommens zuzustimmen[4].

Der *Stellvertreter des Bundeskanzlers* betont, es gehe hier um den Grundsatz, ob auf dem Gemeinsamen Markt diskriminierende Tatbestände erhalten werden. Wir dürften in dieser Grundsatzfrage nicht nachgeben und auf die Kritik der französischen Sondervergünstigungen nicht verzichten.

Ministerialdirektor Dr. Rust glaubt auf Grund der von ihm in Luxemburg geführten Gespräche, daß mit einer ungünstigen Entscheidung der Hohen Behörde gerechnet werden muß, hält es aber für möglich, daß bei der Formulierung des Artikels 4 noch geringfügige Änderungen zu Gunsten des deutschen Standpunktes gefunden werden können.

Nach einem Überblick von *Ministerialrat Dr. Michaelis* über die Auswirkungen der von der Hohen Behörde in Aussicht genommenen Regelung auf die deutsche Eisenindustrie und den deutschen Markt erläutert *Staatssekretär Hartmann* die Steuersituation und die Möglichkeiten einer Änderung der deutschen Steuerbestimmungen. Diese sei nur auf der Grundlage einer allgemeinen Ermächtigung zu empfehlen.

Es werden sodann die politischen Folgen einer Steuererhöhung im Zusammenhang mit der Entscheidung der Hohen Behörde erörtert. Allgemein wird bedauert, daß mit dieser Entscheidung Zweck und Ziele der Montan-Union in Deutschland diskreditiert werden.

Über folgende Maßnahmen wird ein Einverständnis erzielt:

1.) Die Herren Dr. Rust und Mersmann sollen sofort noch einmal in Luxemburg den Ernst der Lage schildern, wenn Deutschland durch die Entscheidung der Hohen Behörde eine diskriminierende Behandlung erfährt[5].

2.) Im gleichen Sinne soll der Präsident der Hohen Behörde, Herr Monnet, unterrichtet werden, wenn er nach Bonn kommt[6].

---

schiedenen Steuersysteme auf den gemeinsamen Markt zu prüfen hatte. Er hatte seinen Bericht am 8. April 1953 vorgelegt (B 102/14433).

[4] Das Abkommen über die Übergangsbestimmungen war Bestandteil des Vertrages vom 18. April 1951 über die Gründung der Europäischen Gemeinschaft für Kohle und Stahl (Montanunion), der am 29. April 1952 in Kraft getreten war (BGBl. II 445). § 29 enthielt besondere Schutzbestimmungen für die Stahlindustrie während der Phase der Marktangleichung.

[5] Der Beschluß blieb unverändert. Vgl. dazu „Entscheidung Nr. 30/53 über die innerhalb des Gemeinsamen Marktes von Kohle und Stahl durch Artikel 60 § 1 des Vertrages verbotenen Praktiken" (Amtsblatt der Europäischen Gemeinschaft für Kohle und Stahl, 1953, S. 109).

[6] Am 17. Mai wurde Jean Monnet in Aachen der Internationale Karlspreis der Stadt verlie-

3.) Bei der Beratung des Antrags der Föderalistischen Union im Bundestag am 29. 4. 1953 betr. „Steuerliche Sonderregelung für Lieferungen von und nach Ländern der Europäischen Gemeinschaft für Kohle und Stahl" (Drucksache Nr. 4230) soll von Abgeordneten in aller Öffentlichkeit und mit Nachdruck darauf hingewiesen werden, daß die von der Hohen Behörde beabsichtigte Entscheidung steuerliche Erleichterungen nicht nur unmöglich macht, sondern Deutschland dazu zwingt zu erwägen, ob die steuerliche Belastung nicht erhöht werden muß, um die deutsche Wirtschaft zu schützen[7].

hen. (Rede Monnets in AA B 15/319, Ansprache von Bundesminister Storch in Bulletin Nr. 93 vom 20. Mai 1953, S. 792 f.).

[7] Die Föderalistische Union (Fraktions-Zusammenschluß von Zentrum und Bayernpartei im Dezember 1951) hatte die Einsetzung eines Sonderausschusses beantragt, der Maßnahmen gegen die zu erwartenden Störungen anläßlich des Inkrafttretens des Gemeinsamen Marktes für Stahl beraten sollte. Als Vertreter der Koalition erklärte der Abgeordnete Preusker (FDP) am 29. April 1953 u. a., daß „auf deutscher Seite nichts anderes übrig [bleibt], als die Ermächtigung an den Finanzminister zu geben, daß er die Belastung mit der Umsatzausgleichsteuer bei der Einfuhr französischer Produkte in das deutsche Wirtschaftsgebiet ähnlich hoch setzt, wie auf der anderen Seite die Rückvergütungen an den französischen Produzenten sind." Im nächsten Satz fuhr er fort: „Das ist aber nicht der Sinn des Schumanplans, der auf eine möglichst billige Versorgung und möglichst große Erleichterung der Beziehungen zwischen den einzelnen Ländern gerichtet ist." (Stenographische Berichte, Bd. 15, S. 12788).

34. Sitzung des Kabinettsausschusses für Wirtschaft am Donnerstag, den 30. April 1953

Teilnehmer: Blücher, Schuberth; Hartmann, Sauerborn, Schreiber, Wandersleb; Schiller (BMV), Kramer (BMWi), Engel (BMP), Korff (BMF), Schubert (BMP), Krieger (BMP), Schubel (BMP), Bormann (BMWi), Sandgänger (BMWo), Heise (BMM), Beutler (Bundeskanzleramt), Garbe (BMP). Protokoll: Haenlein.

Ort: Haus Carstanjen

Beginn: 9.30 Uhr *Ende: 12.25 Uhr*

Tagesordnung[1]:

1. *Finanzlage der Deutschen Bundespost*
   Vorlage des BMP vom 14. April 1953 (IV A – 7000–0/52).
2. *Umstellung der Betriebs- und Kapitalrechnung von Anschaffungswerten auf Wiederbeschaffungswerte*
   Vorlage des BMWi vom 11. Nov. 1952 (I B 4/S 5/7934/52 und Vorlage des Bundesministers der Finanzen vom 31. März 1953 (II A – PM 1281 – 5/53).
3. *Entwurf eines Gesetzes zur Ordnung der Gartenbauwirtschaft*
   Vorlage des BML vom 7. April 1953 (III A 8 – 93/53 Kab. 690/51).
4. *Anerkennung ausländischer Untersuchungszeugnisse bei der Einfuhr von Wein, Einfuhrbehandlung von Wein*
   Vorlage des BMWi vom 12. März 1953 (V B 11 b – 10007/53).

1. FINANZLAGE DER DEUTSCHEN BUNDESPOST BMP

Zu dem geschäftsordnungsmäßigen Bedenken von *Staatssekretär Hartmann*, daß dem Postanlageausschuß[2] durch eine Entscheidung des Kabinettsausschusses vorgegriffen werde, führt der *Vizekanzler* aus, der Kabinettsausschuß solle heute nicht beschließen, sondern sich mit Rücksicht auf die politische Bedeutung einer Inanspruchnahme von Postscheck- und Postsparkassengeldern nur politisch äußern[3]. Seine Stellungnahme solle als Grundlage für die von dem Anlageaus-

[1] Gemäß Einladung vom 24. April 1953.

[2] Der „Ausschuß für die Anlage von Postscheck- und Postsparkassengeldern" setzte sich aus Vertretern des BMF, BMWi, BMP und der BdL zusammen und hatte die Aufgabe, die Anlage der verfügbaren Postscheck- und Postsparguthaben mit den Erfordernissen der allgemeinen Währungs- und Kreditpolitik abzustimmen und den rasch wechselnden heimischen und internationalen Marktverhältnissen anzupassen. Unterlagen hierzu in B 257/11111.

[3] Vorlage des BMP vom 14. April 1953 in B 136/ 1581. – Das BMP hatte beantragt, das Kassendefizit der Bundespost in Höhe von 200 Millionen DM durch Zugriff auf die Liquiditätsreserven der Postscheckverwaltung und auf Postsparkassengelder zu decken. Gestiegene Preise und Gehalts- und Lohnforderungen bei gleichbleibenden Postgebühren hatten dieses

schuß zu treffende Entscheidung dienen. Diesem bleibe die Beurteilung in fachlich technischer Hinsicht völlig überlassen. Nachdem der *Bundespostminister* bestätigt hat, daß der Anlageausschuß nicht übergangen werden soll, wird im allseitigen Einverständnis in diesem Sinne zur Sache verhandelt[4].

Ministerialdirigent Dr. Engel berichtet über die Finanz- und Haushaltslage der Bundespost und erläutert sie an Hand der überreichten Unterlagen.

Der *Bundesminister für das Post- und Fernmeldewesen* gibt im einzelnen die Gründe an, die zu der angespannten Finanz- und Kassenlage geführt haben, und weist darauf hin, daß auf Grund einer Entscheidung des Herrn Bundeskanzlers bisher eine Gebührenerhöhung bei der Deutschen Bundespost nicht vorgenommen worden ist[5]. Im Herbst sei jedoch eine Tariferhöhung auf Grund der seit Korea[6] eingetretenen Preissteigerung aller Materialien um 30% sowie der gestiegenen Personalausgaben unvermeidlich.

Staatssekretär Hartmann erklärt, daß der Bundesfinanzminister im Herbst vorigen Jahres einer Gebührenerhöhung, die 160 bis 180 Mio DM gebracht hätte, zugestimmt haben würde. Sie hätte sich im wesentlichen auf die Betriebe auswirken sollen. Auf dem Wege über entsprechend geringere Steuereingänge hätte eine solche Gebührenerhöhung vorwiegend den Finanzminister und nicht die breite Masse getroffen. Nach der Auffassung des Bundesministers der Finanzen müssen sich die Beschaffungsaufträge der Post nach den Notwendigkeiten und finanziellen Möglichkeiten der Post richten und nicht danach, was vom Standpunkt der Beschaffungslage der Industrie wünschenswert ist. Die Bestellungen müßten sich daher mit der Kapitalmarktlage in Übereinstimmung halten. Der Kapitalmarkt müsse aber von der öffentlichen Hand geschont werden, bis die private Wirtschaft zum Zuge gekommen sei. Die Finanzlage der Post sehe das Bundesfinanzministerium nach der heutigen Schilderung als durchaus ernst an. Die Inanspruchnahme von Postspargeldern und Postscheckguthaben könne nur gebilligt werden, wenn die Rückzahlung unter allen Umständen gesichert sei. Bei einer etwaigen späteren Illiquidität der Post bestehe sonst die Gefahr, daß der Bundeshaushalt einspringen müsse.

In der anschließenden Aussprache wird vom *Vizekanzler*, dem *Bundespostminister* und *Min.Dir. Dr. Kramer* darauf hingewiesen, daß die deutsche Fernmeldeindustrie in hohem Maße von den Aufträgen der Post abhängig ist und erhalten werden muß, um das sich wieder anbahnende Exportgeschäft ausbauen zu können

---

Defizit entstehen lassen, eine Beschaffung der Mittel auf dem Kreditwege erschien dem BMP wegen der vorbelasteten Kapitalmarktsituation nicht erfolgversprechend.

[4] Die Ausführungen des BMP hatte der Vertreter des BMF, Hartmann, folgendermaßen festgehalten: „Seitens des Bundespostministers wurde die Erklärung abgegeben, daß eine Änderung der Bilanzsätze in den Voranschlägen und Jahresabschlüssen der DP nicht beabsichtigt sei. Entsprechend dem Schreiben des Bundesfinanzministeriums vom 31. 3. 1953 beabsichtigt auch die Deutsche Bundespost nur, eine kalkulatorische Bilanz, die nicht veröffentlicht werde, aufzustellen."

[5] Zur Gebührenerhöhung vgl. 31. Ausschußsitzung am 11. Febr. 1953 TOP 2 (Umstellung der Betriebsrechnung der Deutschen Bundespost von Buchwerten auf kalkulatorische Werte).

[6] Der Ausbruch des Korea-Krieges im Juni 1950 hatte zu einer weltweiten Nachfrage nach Rüstungs- und Investitionsgütern geführt und in der Bundesrepublik einen steilen Anstieg der industriellen Produktion ausgelöst. Vgl. dazu u.a. Werner Abelshauser, Wirtschaftsgeschichte, S. 67–70.

und um Berlin zu helfen, wo sich ein erheblicher Teil dieser Industrie befindet. Der *Bundespostminister* verweist dabei noch auf die internationalen Verpflichtungen der Post zum Ausbau gewisser Anlagen.

Staatssekretär Hartmann verlangt nochmals, daß die Post Aufträge nur geben soll, soweit sie für den Betrieb unbedingt erforderlich und finanziell möglich sind. Sonst komme man zu einer Subventionierung bestimmter Industriezweige. Für die Fernmeldeindustrie sei eine mehrjährige Planung erforderlich.

Demgegenüber betonen der *Vizekanzler* und der *Bundespostminister*, daß die Post die Folgen des Krieges überwinden und die technische Entwicklung fördern müsse. Ihre Ertragsrechnung werde gemindert, wenn man nicht rechtzeitig investiere.

Ministerialdirektor Dr. Schiller ergänzt das dahin, daß bei der Deutschen Bundespost dem Erneuerungs- und Erweiterungsbedarf besondere Bedeutung zukomme und die Post nicht wie die Bahn in die unerfreuliche Lage gebracht werden dürfe, ihre Rechnungen nicht bezahlen zu können.

Zu der Frage, wie die Guthaben auf Postscheck- und Postsparkonten angelegt sind und wie weit sie noch für Zwecke der Post in Anspruch genommen werden können, machen *Min.Dirig. Dr. Engel* und *OPDir. Dr. Schubert* eingehende Ausführungen. Sie sprechen sich dafür aus, die Liquiditätsanforderungen zu ermäßigen und die Liquiditätsreserve bei den Postscheckguthaben von $33^1/_3$ auf 25% zu senken.

Min.Dir. Dr. Kramer erklärt hierzu, daß er unter gewissen Voraussetzungen und vorbehaltlich einer näheren Prüfung und Entscheidung durch den Postanlageausschuß die stärkere Inanspruchnahme der vorgenannten Guthaben für vertretbar hält.

Die *Staatssekretäre Dr. Wandersleb, Dr. Schreiber, Sauerborn* und *Min.Dir. Dr. Schiller* sprechen sich positiv zu den Vorschlägen der Post aus. Auch *Staatssekretär Hartmann* stimmt ihnen zu, betont aber nochmals, er erwarte dabei, daß man durch eine baldige Gebührenerhöhung zu einer soliden Fundamentierung der Finanzlage komme.

Der *Vizekanzler* faßt das Ergebnis der Aussprache dahin zusammen, daß der Kabinettsausschuß gegen die Inanspruchnahme der Postscheck- und Postsparguthaben in dem vorgesehenen Ausmaß keine grundsätzlichen Bedenken hat und sie für politisch tragbar hält. Der Anlageausschuß kann daher in die Prüfung der Wünsche des Bundespostministeriums eintreten. Bei dieser Stellungnahme geht der Kabinettsausschuß davon aus, daß die Post eine Gebührenreform im Herbst durchführen kann[7].

Auf die Frage von *Min.Dirig. Dr. Engel*, ob der Kabinettsausschuß im Hinblick auf die derzeitige Finanzlage der Post mit der Inanspruchnahme eines nur 2jährigen statt eines 5jährigen Kredites in Höhe von etwa 150 Mio DM, den die Fernmeldeindustrie geben will, einverstanden ist, wird festgestellt, daß der Kabinettsausschuß hiergegen keine Bedenken hat.

[7] Fortgang hierzu 21. Kabinettssitzung am 4. März 1954 TOP 4 (Kabinettsprotokolle 1954, S. 80f.).

2. UMSTELLUNG DER BETRIEBS- UND KAPITALRECHNUNG VON ANSCHAFFUNGSWERTEN AUF WIEDERBESCHAFFUNGSWERTE BMP

Der *Vizekanzler* erklärt, daß diese Frage nur in Anwesenheit des Bundesfinanzministers verhandelt und entsprechend seinem Antrag vom 31. 3. 1953 an einen Interministeriellen Ausschuß überwiesen werden sollte[8].

Min.Dirig. Dr. Engel macht darauf aufmerksam, daß die von der Post beantragte Umstellung der Betriebs- und Kapitalrechnung von Buchwerten auf kalkulatorische Werte nur innerbetrieblich als Grundlage der Preiskalkulation dienen und nicht nach außen hin in Erscheinung treten soll.

Der *Vizekanzler* erklärt in Übereinstimmung mit *Staatssekretär Hartmann*, daß auch die Beurteilung dieser Erwägung dem Interministeriellen Ausschuß überlassen bleiben soll[9].

Staatssekretär Hartmann bittet, in den Interministeriellen Ausschuß statt des Bundesrechnungshofes den Bundesbeauftragten für Wirtschaftlichkeit, also den Behördenleiter, aufzunehmen[10].

Der Kabinettsausschuß beschließt nach kurzer Aussprache, die Angelegenheit einem Interministeriellen Ausschuß, der nach dem Vorschlag des Bundesfinanzministers zusammengesetzt sein soll, zur weiteren Behandlung zu überweisen[11].

3. ENTWURF EINES GESETZES ZUR ORDNUNG DER GARTENBAUWIRTSCHAFT BML

und

4. ANERKENNUNG AUSLÄNDISCHER UNTERSUCHUNGSZEUGNISSE BEI DER EINFUHR VON WEIN, EINFUHRBEHANDLUNG VON WEIN BMWi

Anstelle dieser beiden Punkte[12] war vorgesehen, die Frage der Kapitalerhöhung der Deutschen Pfandbriefanstalt[13] zu erörtern. Mit Rücksicht auf die z.Zt. wegen dieser Frage schwebenden Verhandlungen soll sie erst in der nächsten Sitzung des Kabinettsausschusses behandelt werden.

---

[8] Siehe 31. Ausschußsitzung am 11. Febr. 1953 TOP 2.

[9] Mit Schreiben vom 23. Mai 1953 hatte das BMP eine Protokollkorrektur vorgeschlagen, wonach Absatz 3 dieses TOPs gestrichen und im nächsten Absatz hinter Staatssekretär Hartmann eingefügt werden sollte: „[...] erklärt, daß Punkt 1 des Antrags des Bundesfinanzministers vom 31. März 1953 als erledigt angesehen werden kann und [...]". Eine Protokollkorrektur erübrigte sich, nachdem das BMF erklärte, an Punkt 1 seiner Vorlage nicht mehr festzuhalten.

[10] Zur Ernennung des Präsidenten des Bundesrechnungshofes zum Bundesbeauftragten für die Wirtschaftlichkeit in der Verwaltung vgl. 194. Kabinettssitzung am 8. Jan. 1952 (Kabinettsprotokolle 1952, S. 36 f.).

[11] Der „Interministerielle Ausschuß zur Aufstellung einer kalkulatorischen Kostenrechnung der Deutschen Bundespost", der sich aus Vertretern des BMWi, BMP, BMF, BMV einschließlich Vertretern der Deutschen Bundesbahn und dem Präsidenten des Bundesrechnungshofes in seiner Eigenschaft als Bundesbeauftragter für Wirtschaftlichkeit in der Verwaltung zusammensetzte, legte das Ergebnis seiner Arbeit mit Bericht vom 14. Juli 1954 vor (B 136/1579). – Fortgang 17. Ausschußsitzung am 20. Sept. 1954 TOP 2.

[12] Fortgang zu TOP 3 und 4 in 35. Ausschußsitzung am 15. Mai 1953 TOP 2 und 3.

[13] Fortgang hierzu 1. Ausschußsitzung am 19. Nov. 1953 TOP 1.

35. Sitzung des Kabinettsausschusses für Wirtschaft am Mittwoch, den 27. Mai 1953

Teilnehmer: Blücher (bis 12.00 Uhr); Bleek (bis 11.30 Uhr), Westrick (ab 12.00 Uhr Vorsitz), Sonnemann (bis 11.30 Uhr), Sauerborn; Oeftering (BMF), Schiller (BMV), Emminger (BdL), van Scherpenberg (AA), Gabel (BMI), Reinhardt (BMWi), Louis (BMWi), Rau (BMWi), Kullmann (BMV), Schellpeper (BMWi), Heise (BMM). Protokoll: Haenlein.

Ort: Haus Carstanjen

Beginn: 9.00 Uhr — *Ende: 12.40 Uhr*

Tagesordnung[1]:

1. *Gesamtlage der deutschen Landwirtschaft*
   Ohne Vorlage.
2. *Entwurf eines Gesetzes zur Ordnung der Gartenbauwirtschaft*
   Vorlage des BML vom 7. April 1953 (III A – 8 – 93/53 – Kab. 690/51).
3. *Anerkennung ausländischer Untersuchungszeugnisse bei der Einfuhr von Wein; Einfuhrbehandlung von Wein*
   Vorlage des BMWi vom 12. März 1953 (V B 11 b – 10007/53).
4. *Würdigung der Londoner Gespräche, gegenwärtige Devisenlage und künftige Devisenpolitik der Bundesrepublik*
   [Ohne Vorlage].
5. *Die Aufbringung der deutschen Quote bei der Weltbank.*
   Vorlage des BMWi wird nachgereicht.
6. *Gewährung eines ERP-Kredites im Rahmen des Berliner Auftragsfinanzierungsprogramms an die Firma Kersten Hunik & Co. GmbH Düsseldorf-Benrath, bzw. Kersten Rheinreederei GmbH, zum Bau von 10 Motor-Güterschiffen und von 10 Schleppschiffen mit einem Gesamtauftragsvolumen von DM 11367000*
   Vorlage des BMM vom 8. Mai 1953 (II/3 – K – 23/16).
7. *Jugoslawische Kreditwünsche*
   Vorlage des AA wird nachgereicht.
8. *Ausländische Beteiligung am westdeutschen Steinkohlenbergbau*
   Vorlage des BMWi vom 15. Mai 1953 (III A 2 – 20754/53).
9. *Verkauf der Röchlingwerke*
   Vorlage des BMWi wird nachgereicht.

[1] Gemäß Einladung vom 20. Mai 1953.

1. GESAMTLAGE DER DEUTSCHEN LANDWIRTSCHAFT BML

Anlaß zu einer Aussprache über die Lage der Landwirtschaft waren die Briefe des Präsidenten des Deutschen Bauernverbandes Hermes vom 2. 4. 1953 und des Bundestagsabgeordneten Euler[2] vom 16. 4. 1953 an den Bundeskanzler.

Es wurde festgestellt, daß der Bundeskanzler am Sitzungstage um 12.30 Uhr eine Besprechung mit Präsident Hermes hat[3]. Mit Rücksicht hierauf und auf die Tatsache, daß sich die von dem Abg. Euler geschilderte kritische Lage auf dem Fleisch- und Fettmarkt inzwischen erleichtert hat, wird von einer Grundsatzaussprache abgesehen.

Nach Ausführungen von *Staatssekretär Dr. Sonnemann* über die noch zu verwertenden Rapsbestände und die Vorteile eines Beimischungszwanges von Schinkenfett zur Margarineherstellung schlägt der *Vizekanzler* vor, hierzu dem Kabinett einen Verordnungsentwurf zuzuleiten[4]. Der Kabinettsausschuß tritt diesem Vorschlag bei und schließt sich auch der vom Vizekanzler erhobenen Forderung an, durch Veröffentlichungen, die zwischen den Bundesministern für Wirtschaft und für Ernährung, Landwirtschaft und Forsten abgestimmt sind, aufklärend und beruhigend über die Lage der deutschen Landwirtschaft einzuwirken[5].

2. ENTWURF EINES GESETZES ZUR ORDNUNG DER GARTENBAUWIRTSCHAFT BML

Staatssekretär Dr. Sonnemann erläutert den Vorschlag des Bundesministeriums für Ernährung, Landwirtschaft und Forsten[6]. In den bisherigen Untersuchungen hätten zwar in Einzelfällen zu hohe Handelsspannen festgestellt werden können, ein Eingreifen sei aber nur möglich, wenn die Preise und Spannen systematisch kontrolliert werden könnten. Er bittet deshalb um die Ermächtigung, im Bundestag eine entsprechende Ergänzung des Gesetzes zur Ordnung der Gartenbauwirtschaft anzuregen.

Staatssekretär Dr. Westrick erhebt hiergegen grundsätzlich Bedenken. Es genüge, wenn die Auswüchse bekämpft würden. Seine Ausführungen werden von

---

[2] August Martin Euler (1908–1966). 1949–1958 MdB (FDP, 1956 FVP, 1957 DP), 1951–1952 Vorsitzender, 1952–1956 stellvertretender Vorsitzender der Fraktion.

[3] Hermes und Euler hatten in ihren Briefen vom 2. und 16. April 1953 auf die kritische finanzielle Situation vor allem der kleinbäuerlichen Betriebe hingewiesen, die vor allem durch die Diskrepanz zwischen den Preisen für landwirtschaftliche Produkte und den Bedarfsgütern in der Landwirtschaft entstanden war. Euler hatte zudem auf die Preissituation auf dem Milch- und Fleischmarkt hingewiesen, aber auch die Liberalisierung des Außenhandels kritisiert, die die Preisentwicklung in der Landwirtschaft nachhaltig beeinträchtige (Schreiben von Euler und Hermes sowie Gesprächsunterlagen und Ergebnisvermerk vom 28. Mai 1953 über die Besprechung in B 136/706).

[4] Siehe 29. Ausschußsitzung am 8. Dez. 1952 TOP 3. – Die Vorlage des BML (Verordnung zur Verlängerung der Verordnung über die Beimischung inländischen Rüböls und Feintalges) vom 6. Juli 1953 wurde im Umlaufverfahren verabschiedet (B 136/2644). – Verordnung vom 26. Aug. 1953 (BAnz Nr. 168 vom 2. Sept. 1953, S. 1).

[5] Fortgang 295. Kabinettssitzung am 29. Mai 1953 TOP H (Kabinettsprotokolle 1953, S. 321).

[6] Siehe 15. Ausschußsitzung am 26. Nov. 1951 TOP 3 und 287. Kabinettssitzung am 21. April 1953 TOP 6 (Kabinettsprotokolle 1953, S. 264). – Vorlage des BML vom 24. April 1953 in B 116/521 und B 136/8698.

Min.Rat Louis ergänzt, der auch über den Stand der Beratungen zu dieser Frage im Bundestag berichtet.

Staatssekretär Dr. Sonnemann räumt ein, daß auch dann, wenn dem Bundesminister für Ernährung, Landwirtschaft und Forsten die erwünschte Ermächtigung gewährt werde, nur ein geringer Erfolg zu erwarten sei. Die Durchführung der Maßnahmen sei Sache von Länderbehörden, die nicht energisch genug vorgingen und auf die der Bund nicht genügend einwirken könne. Er empfehle deshalb, den Auftrag des Kabinetts an den Bundesminister für Ernährung, Landwirtschaft und Forsten, gegen zu hohe Spannen vorzugehen, zurückzunehmen.

Der *Vizekanzler* wendet sich ebenfalls aus grundsätzlichen Erwägungen gegen die vom Bundesminister für Ernährung, Landwirtschaft und Forsten verlangte Ermächtigung. Er tritt dafür ein, daß der vom Kabinett erteilte Auftrag aufrechterhalten bleibt, und gibt zu erwägen, ob in besonders krassen Fällen eine Strafverfolgung wegen Wuchers möglich ist. Eine Ergänzung der viel zu schwachen Bundeskompetenzen auf diesem Gebiet hält er für unumgänglich.

Die Angelegenheit soll vom Ressort noch einmal geprüft und zu gegebener Zeit erneut dem Kabinett vorgelegt werden[7].

3. ANERKENNUNG AUSLÄNDISCHER UNTERSUCHUNGSZEUGNISSE BEI DER EINFUHR VON WEIN; EINFUHRBEHANDLUNG VON WEIN — BMWi

Nach eingehender Aussprache wird von allen Sitzungsteilnehmern dem Vorschlag des *Vizekanzlers* zugestimmt, daß die Verhandlungen mit den beteiligten Mächten nach vorheriger Einigung der Ressorts über die Berücksichtigung der deutschen weingesetzlichen Bestimmungen geführt werden sollen[8].

4. WÜRDIGUNG DER LONDONER GESPRÄCHE, GEGENWÄRTIGE DEVISENLAGE UND KÜNFTIGE DEVISENPOLITIK DER BUNDESREPUBLIK — BMM

Da der Bundesminister für Wirtschaft an der Aussprache über diesen Punkt der Tagesordnung teilnehmen will, heute jedoch verhindert ist, wird die Angelegenheit vertagt[9].

5. DIE AUFBRINGUNG DER DEUTSCHEN QUOTE BEI DER WELTBANK — BMWi

Staatssekretär Dr. Westrick trägt den Inhalt der Kabinettsvorlage vom 23. 5. 1953 vor und verweist darauf, daß die Zahlungspflicht des Bundes bereits besteht[10]. Es handele sich darum, für den Zeitpunkt der einzelnen Zahlungen an

---

7 Der Entwurf wurde nach der ersten Lesung am 11. Juni 1953 an die Ausschüsse überwiesen (Stenographische Berichte, Bd. 12, S. 9599). Das Gesetz kam nicht zustande. – Fortgang 298. Kabinettssitzung am 23. Juni 1953 TOP 9 (Kabinettsprotokolle 1953, S. 357 f.).

8 Siehe 33. Ausschußsitzung am 26. März 1953 TOP 3. – Unterlagen über die weiteren Besprechungen in B 142/2654. – Die Verhandlungen mit Italien führten zum Abkommen über die Überwachung und Untersuchung von Wein vom 14. April 1954 (BAnz Nr. 90 vom 12. Mai 1954, S. 1f.). Unterlagen dazu in B 142/2655.

9 Fortgang 37. Ausschußsitzung TOP 1.

10 Siehe 268. Kabinettssitzung am 9. Jan. 1953 TOP 6 (Kabinettsprotokolle 1953, S. 92). – Vorlage des BMWi in B 102/26314 und B 136/3339. – Die Bundesrepublik hatte sich bei Eintritt in die Weltbank verpflichtet, einen Kapitalanteil (Quote) von 330 Millionen Dollar zu zeich-

die Weltbank einen Plan zu entwickeln, der von den Ressorts gebilligt wird und am 4. 6. 1953 dem Weltbank-Präsidenten vorgetragen werden kann.

Ministerialdirektor Prof. Dr. Oeftering stimmt der Vorlage unter der Bedingung zu, daß die Quoten aus ERP-Mitteln gezahlt werden und versichert, daß das Bundesministerium der Finanzen seine Verpflichtungen aus der 250-Mio-Anleihe gegenüber dem ERP-Sondervermögen pünktlich erfüllen werde[11].

Der *Vizekanzler* stimmt dem in der Kabinettsvorlage vorgeschlagenen Beschluß, nicht jedoch der dazu gegebenen Begründung zu. Er verweist darauf, daß er die ERP-Mittel samt Zinsen in erster Linie für Investitionen verwenden müsse. Er erklärt sich jedoch bereit, für einen Teil der Weltbankquote rückfließende Beträge aus der Bundesanleihe zur Verfügung zu stellen. Dabei müsse noch über die Zinsen – auf die er keinesfalls verzichten könne – gesprochen werden. Der Rest der Quote müsse aber aus Haushaltsmitteln aufgebracht werden.

Ministerialdirektor Prof. Dr. Oeftering glaubt, daß eine Einigung in der Zinsfrage leicht möglich sein wird.

Es wird beschlossen, die Einzelbesprechungen über diese Angelegenheit fortzusetzen[12].

6. GEWÄHRUNG EINES ERP-KREDITES IM RAHMEN DES BERLINER AUFTRAGSFINANZIERUNGSPROGRAMMS AN DIE FIRMA KERSTEN, HUNIK & CO. GMBH, DÜSSELDORF-BENRATH, BZW. KERSTEN RHEINREEDEREI GMBH ZUM BAU VON 10 MOTOR-GÜTERSCHIFFEN UND VON 10 SCHLEPPSCHIFFEN MIT EINEM GESAMTAUFTRAGSVOLUMEN VON 11 367 000,– DM BMM

Der *Vizekanzler* berichtet über die mit amerikanischen Dienststellen in dieser Sache geführten Verhandlungen und verweist zur Erläuterung seines die amerikanischen Wünsche ablehnenden Standpunkts auf den der Kabinettsvorlage abschriftlich beigefügten Brief an den Chef der amerikanischen Sondermission Harris[13] vom 6. 5. 1953[14].

---

nen (vgl. 208. Kabinettssitzung am 18. März 1952 TOP 7, Kabinettsprotokolle 1952, S. 179). Den Statuten der Weltbank folgend waren von dieser Quote zunächst nur 20% einzuzahlen, davon 2% in US-Dollar und 18% in Landeswährung. Von diesen 18% mit einer Gesamthöhe von 59,4 Millionen Dollar hatte die Bundesrepublik lediglich 5% bzw. 3,1 Millionen Dollar als deutsche Beteiligung am Jugoslawienkredit freigegeben. Über die restlichen 56,3 Millionen Dollar oder 236,5 Millionen DM konnte die Weltbank nur mit Zustimmung der Bundesrepublik verfügen. Das BMWi hatte vorgeschlagen, diese Summe in fünf Jahresraten ab 1955 freizugeben. Das BMF hatte es dagegen aus haushaltsrechtlichen Gründen abgelehnt, Verpflichtungen für den Bundeshaushalt zu übernehmen (vgl. hierzu Vermerk vom 26. Mai 1953 und weitere Unterlagen in B 126/7749).

11 Zur Bundesanleihe aus dem ERP-Sondervermögen vgl. 268. Kabinettssitzung am 9. Jan. 1953 TOP 8 (Kabinettsprotokolle 1953, S. 93).

12 Zur nächsten Ressortbesprechung am 1. Juni 1953 vgl. Niederschrift vom 2. Juni 1953 in B 102/26314 und B 126/7749. – Fortgang 297. Kabinettssitzung am 9. Juni 1953 TOP G (Kabinettsprotokolle 1953, S. 336–338).

13 Michael S. Harris (geb. 1916). 1951–1953 Leiter der Sondermission der Economic Cooperation Administration (ECA) in Deutschland.

14 Vorlage des BMM vom 8. Mai 1953 in B 146/233d und B 136/1290. – Zur Auslastung der Berliner Produktionskapazitäten war aus Mitteln des ERP-Sondervermögens ein Auftragsfinanzierungsprogramm durchgeführt worden, für das die MSA-Sondermission nach Abwicklung der Programme I und II im April 1953 einen Betrag von 15 Millionen DM bereit-

Bei ihren Darlegungen heben *Ministerialdirektor Dr. Schiller* und *Ministerialdirigent Dr. Kullmann* u.a. hervor, daß der schon durch seine Höhe überraschende Kredit einer Firma gegeben werden soll, die noch eröffnet werden muß und hinter der holländische Interessenten stehen. Da sie insgesamt etwa 80 Schiffe bauen wolle, seien Rückwirkungen auf die Beschäftigungslage der Bundesbahn unvermeidlich. Deutschland komme zudem gegenüber den Rheinschiffahrtsländern durch diese Kapazitätsausweitung in eine schwierige Lage.

Dr. Westrick erhebt ebenfalls Bedenken gegen das in diesem Fall von den amerikanischen Stellen geübte Verfahren. Er gibt aber zu erwägen, daß mit Hilfe dieses Kredits in Berlin 700 Arbeitskräfte für 45 Monate beschäftigt werden können. Seine Ausführungen werden von *Min.Rat Dr. Rau* ergänzt, der darauf hinweist, daß die technische Durchführung der Aufträge in Berlin gesichert ist und sowohl die Berliner Stellen wie auch der Bundesbeauftragte für die Förderung der Berliner Wirtschaft, Dr. Bucerius[15], den größten Wert auf diese Aufträge legen[16].

Staatssekretär Dr. Sauerborn teilt mit, daß die verhältnismäßig geringe Zahl von Facharbeitern für den Schiffsbau in Berlin (300) z.Zt. voll beschäftigt sei und Arbeitskräfte aus der Bundesrepublik nach Berlin kommen müßten, wenn die Aufträge dort durchgeführt werden sollen.

Der *Vizekanzler* drückt sein Befremden darüber aus, daß von den interessierten Berliner Kreisen in dieser Angelegenheit unter Umgehung des zuständigen Bundesministeriums unmittelbar mit den Amerikanern verhandelt worden sei. Entsprechend seinem Vorschlag soll bei den weiteren Verhandlungen mit der Sondermission das Junctim zwischen der Kreditgewährung an die Firma Kersten und weiteren MSA-Krediten bekämpft und eine größere Streuung der Berlin-Aufträge erstrebt werden[17].

7. JUGOSLAWISCHE KREDITWÜNSCHE — AA

Die Kabinettsvorlage des Auswärtigen Amtes vom 19. 5. 1953 wird von *Min.Rat Dr. v. Scherpenberg* ausführlich erläutert[18].

---

gestellt hatte. Auf Anregung der amerikanischen Hohen Kommission hatte der Berliner Senat vorgeschlagen, der deutschen Niederlassung der niederländischen Firma Kersten, Hunik & Co. GmbH und Kersten-Rheinreederei GmbH einen Kredit zur 60%igen Finanzierung des Baus von 20 Schiffen für den Frachtverkehr auf dem Rhein zu gewähren. Der Auftrag sollte an die Brandenburgische Bagger- und Schiffsbauwerft Berlin-Spandau und die Lanke-Werft Berlin-Spandau vergeben werden. Das BMV hatte u.a. deshalb gegen die Vergabe der Aufträge Bedenken erhoben, weil es durch die Kapazitätserweiterung des Frachtverkehrs auf dem Rhein Auslastungsprobleme der Bundesbahn befürchtete (vgl. hierzu Unterlagen in B 108/13606).

15 Dr. Gerd Bucerius (1906–1995). 1949–1962 MdB (CDU), 1949–1953 Vorsitzender des Bundestagsausschusses für Berlin und 1952–1957 Bundesbeauftragter für die Förderung der Berliner Wirtschaft; Verleger der 1946 gegründeten Wochenzeitschrift „Die Zeit".

16 Vgl. hierzu Protokolle der Arbeitstagungen des Berliner Investitionsausschusses in B 115/4526.

17 Laut Vermerk vom 18. Aug. 1953 sollte der Kredit nicht aus ERP-Mitteln bereitgestellt werden, als Kreditgeber war die Berliner Sparkasse im Gespräch (B 136/1290). – Zur Kreditvergabe in Berlin vgl. auch 2. Ausschußsitzung am 21. Dez. 1953 TOP 4.

18 Siehe 16. Ausschußsitzung am 17. Jan. 1952 TOP 3, zur DM-Freigabe für die Jugoslawien-Anleihe der Weltbank vgl. ferner 268. Kabinettssitzung am 9. Jan. 1953 TOP 6 (Kabinetts-

Die starken Bedenken der Bank deutscher Länder werden von *Direktor Emminger* zur Sprache gebracht. Dieser hebt hervor, daß es nicht Sache der Notenbank sei, mit ihren Mitteln Exporte zu finanzieren. Vielmehr müsse die Regierung Wege finden, um auftretende Schwierigkeiten beim Export zu überwinden.

Ministerialdirektor Prof. Dr. Oeftering betont, daß ein Staatskredit an Jugoslawien nicht in Frage komme.

In der eingehenden Aussprache weist *Staatssekretär Dr. Westrick* auf die Gefahr einer wirtschaftlichen und politischen Krise in den Beziehungen zu Jugoslawien hin. *Staatssekretär Dr. Sauerborn* betont das arbeitsmarktpolitische Interesse an einem starken Exportgeschäft mit Jugoslawien.

Nach eingehender Aussprache wird entsprechend einer Anregung von *Min.Dirigent Dr. Reinhardt* Übereinstimmung dahin erzielt, daß zunächst mit der Ausfuhr-Kreditbank über die Finanzierungsmöglichkeiten verhandelt werden soll[19].

8. AUSLÄNDISCHE BETEILIGUNG AM WESTDEUTSCHEN STEINKOHLENBERGBAU BMWi

und

9. VERKAUF DER RÖCHLINGWERKE BMWi

Da diese Punkte wegen ihrer besonderen Bedeutung behandelt werden sollen, wenn der Kabinettsausschuß möglichst vollzählig ist, werden sie auf die nächste Sitzung vertagt[20].

protokolle 1953, S. 92). – Vorlage des AA in B 136/1258 und 7865. – In den Ende März aufgenommenen Verhandlungen war deutlich geworden, daß Jugoslawien die Liefer- und Zahlungsverpflichtungen für 1952 und die folgenden Jahre nicht würde einhalten können. Zur Konsolidierung der kurzfristig fällig werdenden Kredite in einer Gesamthöhe von 82 Millionen Dollar (44 Millionen aus dem Kreditabkommen vom 1. Nov. 1950 und 38 Millionen Dollar für 1952 vergebene jugoslawische Aufträge) schlug die jugoslawische Delegation deren Umwandlung in einen langfristigen Staatskredit vor. Das AA lehnte diesen Weg ab und empfahl seinerseits eine Erhöhung der Kreditsumme um 38 Millionen Dollar.

[19] Unterlagen zu den Verhandlungen in B 102/58109. – Erste Zusatzvereinbarung vom 10. Sept. 1953 zum Waren- und Zahlungsabkommen vom 11. Juni 1952 (Runderlaß Außenwirtschaft 88/53 vom 26. Sept. 1953, BAnz Nr. 194 vom 8. Okt. 1953, S. 1). – Fortgang 4. Ausschußsitzung am 16. Febr. 1954 TOP A.

[20] Fortgang 36. Ausschußsitzung am 17. Juni 1953 TOP 2 und 3.

36. Sitzung des Kabinettsausschusses für Wirtschaft am Mittwoch, den 17. Juni 1953

Teilnehmer: Blücher, Erhard (bis 10.40 Uhr); Hartmann, Sonnemann; Bernard (BdL), von Maltzan (AA) (ab 9.55 Uhr), Lemke (BMI), Herschel (BMA), Ter-Nedden (BMV), Schornstein (BMWo), Knoop (BMG), Blank [MdB] [Beauftragter des Bundeskanzlers für die mit der Vermehrung der alliierten Truppen zusammenhängenden Fragen] (ab 10.30 Uhr), Holtz (Dienststelle Blank), van Scherpenberg (AA), Thierfelder (AA), Heise (BMM), Schwandt (BMF), Feldmann (BMF), Krautwig (BMWi), Reinhardt (BMWi), Stalmann (BML), Schlebitz (BML), Martens (BML), von Brandenstein (BML), Knolle (BMA), Bachmann (Bundeskanzleramt), Hornschu (Bundeskanzleramt). Protokoll: Haenlein.

Ort: Haus Carstanjen

Beginn: 9.00 Uhr — *Ende: 11.50 Uhr*

Tagesordnung[1]:

1. *a) Einfuhr- und Versorgungsprogramm des Ernährungssektors 1953/54*
   Vorlage des BML vom 22. Mai 1953 (VI/8 6804 – 46/53 – Kab. 371/53).

   b) Einfuhr- und Versorgungsprogramm des Ernährungssektors 1953/54
   Vorlage des Auswärtigen Amtes vom 3. Juni 1953 (31102 IV – 11331/53).
2. *Ausländische Beteiligung am westdeutschen Steinkohlenbergbau.*
   Vorlage des BMWi vom 15. Mai 1953 (III A 2 – 20754/53).
3. *Verkauf der Röchlingwerke*
   Ohne Vorlage.
4. *Bearbeitung verteidigungswirtschaftlicher Aufgaben*
   Behandlung auf Antrag des BML vom 20. April 1953, Unterlage: Vorläufiger gemeinsamer Entwurf einer Kabinettsvorlage des BMWi (ZO – 285/52 geh.) und des Amtes Blank (III/2 – 921 – 05 – 777 III/52 geh.) vom 3. Dez. 1952.

1. EINFUHR- UND VERSORGUNGSPROGRAMM DES ERNÄHRUNGSSEKTORS 1953/54 — BML

Staatssekretär Dr. Sonnemann trägt in den Grundzügen den Inhalt der Kabinettsvorlage des Bundesministers für Ernährung, Landwirtschaft und Forsten vom 22. 5. 1953 vor[2]. Er bemerkt dazu, daß neue Möglichkeiten der Entwicklung, wie

---

[1] Gemäß Einladung vom 13. Juni 1953.

[2] Vgl. 25. Ausschußsitzung am 19. Aug. 1952 TOP 2. – Vorlage vom 22. Mai 1953 in B 116/1975 und B 136/2655, weitere Unterlagen in B 146/551. – Das BML hatte vier verschiedene Szenarien (Variante I bis IV) mit unterschiedlichen Annahmen über die Weizeneinfuhr 1953/54 und deren Kosteneffekte vorgestellt. Maßgebliche Faktoren waren die auf-

sie sich z.B. aus einer Änderung der politischen Lage in der Ostzone ergeben können, darin naturgemäß nicht berücksichtigt werden konnten. Die beste Sicherung der Versorgung mit Brotgetreide sieht das Bundesministerium für Ernährung, Landwirtschaft und Forsten in Bezügen aus dem Dollarraum, jedoch trägt das Bundesministerium für Ernährung, Landwirtschaft und Forsten den Erwägungen der am Außenhandel interessierten Ressorts dadurch Rechnung, daß es seine eigene Ressortauffassung in die von ihm dargestellten vier Alternativvorschläge für den Weizenbezug einordnet[3]. Der Bundesminister für Ernährung, Landwirtschaft und Forsten selbst entscheidet sich für Vorschlag IV. Allerdings bittet er gleichzeitig mit der Entscheidung über die Annahme der einen oder anderen Lösung auch über die finanzielle Sicherstellung der Durchführung im Kabinettsausschuß zu entscheiden.

Staatssekretär Hartmann erklärt, daß wegen der entstehenden Kosten bei der Entscheidung über die Alternativvorschläge Zurückhaltung geboten sei. Da der Haushalt so gut wie durchberaten sei, sei es ausgeschlossen, Auswirkungen auf den Bundeshaushalt auch nur in Betracht zu ziehen. Der Bundesminister der Finanzen sei daher für Vorschlag I, da er die geringsten Kosten verursache. Da im übrigen die Reserve Berlin auf Wunsch der Alliierten erhöht werden müsse, stellt er die Frage, ob damit eine Kürzung der Vorratshaltung im Bundesgebiet verbunden sein könne. Für die Kosten der Finanzierung (vergl. S. 5 der Kab.Vorlage des BELF) lehnt er den Gedanken an Haushaltsmittel ab und verweist auf die Heranziehung anderer Quellen, z.B. der Bank deutscher Länder.

Der *Vizekanzler* erklärt, daß er gegen eine Kürzung der Vorratshaltung in Westdeutschland sein „geschäftsordnungsmäßiges Veto" einlegen würde.

Bundesminister Dr. Erhard äußert die Auffassung, daß im Handelsvertragsraum genügend Weizen vorhanden sei, um den Bedarf mit Sicherheit decken zu können und spricht sich für den Fall III der Vorlage aus (evtl. IV).

Min.Dirig. Dr. Reinhardt (BWM) sagt hierzu, daß insbesondere Argentinien sichere Möglichkeiten biete und schlägt vor, möglichst die IWA-Quote noch um weitere 200000 t zu kürzen, um diese Möglichkeiten auszunutzen. Er hoffe, daß die argentinischen Preise gesenkt würden.

Staatssekretär Dr. Sonnemann entgegnet, daß er den Weizenbezug aus dem Handelsvertragsraum nicht für sicher halten könne, und daß auch die Bezüge aus Argentinien mit Rücksicht auf dessen labile politische Lage keinesfalls in dem wünschenswerten Maß als gesichert angesehen werden könnten. Auch die geringe Qualität, z.B. des türkischen Weizens, lasse diesen nicht als vollwertigen Ersatz

grund des Internationalen Weizenabkommens (IWA) abzunehmende Menge (vgl. dazu 31. Ausschußsitzung am 11. Febr. 1953 TOP 1), der Zeitpunkt der Ankunft, der Umfang der Vorratshaltung an Brotgetreide (und dessen Kosten) und schließlich der aus den verschiedenen Grundannahmen resultierende Spielraum für die Einfuhr von Weizen aus den Ländern der OEEC. Die Modelle sollten als Entscheidungsgrundlage dafür dienen, bei möglichst geringen Lagerhaltungskosten einen möglichst großen Spielraum für Getreideeinfuhren aus den Verrechnungsländern zu erhalten. Auf diese Weise sollte ein Teil der Überschußposition der Bundesrepublik gegenüber den EZU-Ländern abgebaut werden.

[3] Das AA setzte sich aus handelspolitischen Gründen für die Variante III ein, die die größten Einfuhrmöglichkeiten bot. Vgl. dazu die Vorlage des AA vom 3. Juni 1953 in AA B 51/108 und B 116/1975.

für Bezüge aus dem Dollarraum erscheinen. Für den Fall einer Beschlußfassung über die Aufstockung der Weizenreserve um 200000 t sei eine Überschreitung der Haushaltsansätze für Vorratshaltung und Subventionierung nicht zu erwarten, unter der Voraussetzung, daß die Weltmarktpreise nicht steigen. Er wolle sich bemühen, den Haushaltsansatz möglichst nicht zu überschreiten und werde das Bundesfinanzministerium laufend über alle sich aus der Entwicklung ergebenden Änderungen unterrichten. Vor Beschlußfassungen über Weisungen an die Einfuhr- und Vorratsstelle werde er sich mit dem Bundesminister der Finanzen beraten. Es sei aber wesentlich, daß eine Aufrechnung zwischen den Haushaltsansätzen für Subventionen, Abschöpfungen und Kosten der Vorratshaltung ermöglicht würde. Da nach Mitteilung von Staatssekretär Hartmann diese drei Posten jedoch gegenseitig nicht deckungsfähig seien, müsse auf Ministerebene darüber Klarheit herbeigeführt werden.

Der *Vizekanzler* macht darauf aufmerksam, daß über die Finanzierung ein Beschluß auch deshalb nicht gefaßt werden könne, weil es auf die Kenntnis der in den Verhandlungen erzielten Preise und die Dauer der Lagerung ankomme.

Ministerialdirigent Ter-Nedden (BVM) weist darauf hin, daß bei der Einfuhr von IWA-Weizen die Verschiffungsdisposition ausschließlich in deutschen Händen liege. Daher könne weitgehend deutsche Tonnage eingeschaltet und die jeweilige Frachtlage möglichst günstig ausgenutzt werden. Da diese Vorteile bei der Einfuhr aus den Handelsvertragsländern nicht sichergestellt seien, lege das Bundesverkehrsministerium Wert darauf, daß die Verschiffungsdisposition auch bei den Getreideeinfuhren aus dem Handelsvertragsraum für die deutsche Seite gesichert werde. Er befürwortet die Entscheidung für Vorschlag IV. Im Falle einer Entscheidung für Vorschlag III werde sich eine Zusammenballung der Importe auf die Monate Juli/August ergeben.

Staatssekretär Dr. Sonnemann erwidert, daß es schwer sein werde, eine fob-Klausel[4] in den handelsvertraglichen Vereinbarungen durchzusetzen, jedoch erklärt er sich bereit, bei der Durchführung der Getreideimporte darauf hinzuwirken, daß den Wünschen des Bundesverkehrsministeriums Rechnung getragen wird.

Präsident Bernard und *Min.Dirig. Dr. van Scherpenberg* (AA) sprechen sich für Vorschlag III aus.

Die hierauf vorgenommene Abstimmung ergibt eine Mehrheit des Kabinettsausschusses für Vorschlag III.

Staatssekretär Dr. Sonnemann führt anschließend zu der Frage der Finanzierung der Lagerhaltung aus, daß die Mittel der Einfuhr- und Vorratsstelle nicht für Dauerbevorratungen (Berlin) herangezogen werden sollten, da dies nicht die gesetzliche Aufgabe der Einfuhr- und Vorratsstelle sei.

---

[4] Die im Welthandel allgemein gebräuchliche free-on-board-Klausel (fob-Klausel) verpflichtete u. a. den Verkäufer, die Ware an Bord des vom Käufer bestimmten Schiffes in einem vereinbarten Hafen zu einem vereinbarten Zeitpunkt oder innerhalb einer vereinbarten Frist zu liefern.

Präsident Bernard sagt zu, eine Besprechung mit dem Bankenkonsortium zu führen, um dort zu einer befriedigenden Lösung für die Finanzierung der Bevorratung zu kommen[5].

Staatssekretär Dr. Sonnemann macht sodann zu dem Einfuhr- und Versorgungsprogramm weitere Ausführungen. Im einzelnen erwähnt er

a) Futtergetreide. Ansätze für die Einfuhr 1,3 Mill. t. Es besteht die Möglichkeit, daß dieser Einfuhransatz unterschritten wird;

b) Roggeneinfuhr. Die im Plan aus USA/Kanada vorgesehene Einfuhr in Höhe von 110000 t soll bei entsprechenden Einfuhrmöglichkeiten auf Argentinien und/oder die Türkei und/oder auf Transiteinfuhren über EZU-Länder verlagert werden;

c) Butter. Vermutlich sind gar keine Einfuhren im nächsten Wirtschaftsjahr erforderlich;

d) Fleisch. Einfuhr von 60000 t eingesetzt, aber die bei dieser Einfuhrmenge zugrundegelegte Steigerung des Pro-Kopf-Verbrauchs von 40 auf 42 kg p.a. dürfte nicht eintreten;

e) Zucker. Das Einfuhrprogramm ist dem überraschend tief gesunkenen Pro-Kopf-Verbrauch angepaßt worden und in der angegebenen Menge von 350000 t realisierbar.

Der Kabinettsausschuß stimmt den obigen Ansätzen zu.

In der Schlußabstimmung billigt der Kabinettsausschuß das gesamte Einfuhr- und Versorgungsprogramm 1953/54 mit dem Vorschlag III für die Einfuhr von Weizen. Auf dieser Grundlage können nunmehr die Handelsvertragsverhandlungen aufgenommen werden[6].

2. AUSLÄNDISCHE BETEILIGUNG AM WESTDEUTSCHEN STEINKOHLENBERGBAU BMWi

und

3. VERKAUF DER RÖCHLINGWERKE BMWi

Der *Vizekanzler* erinnert daran, daß es in der vorhergehenden Kabinettsausschußsitzung[7] für notwendig erachtet worden sei, in der Presse berichtigend klar-

[5] Vgl. dazu 27. Ausschußsitzung am 6. Okt. 1952 TOP 1.

[6] Fall III war eine Kombination der Annahmen der Fälle II und IV. Er sah eine Erhöhung der Durchschnittsbestände an Brotgetreide von 1 Million auf 1,2 Millionen t vor und kalkulierte eine Verschiebung der Ankünfte von IWA-Weizen ein. Daraus ergab sich einerseits bei der Lagerhaltung eine Kostensteigerung um 1 Million DM pro Monat, andererseits ein maximaler Einfuhrspielraum in Höhe von 800000 Tonnen gegenüber den Ländern der OEEC.

[7] Vgl. 35. Ausschußsitzung am 15. Mai 1953 TOP 8 und 9. – Vorlage des BMWi in B 136/2461. – Im Zuge der von den Alliierten angeordneten Neuordnung der Montanindustrie stand der Flick-Konzern in Verhandlungen, die schließlich zum Verkauf der Aktienmehrheit an der Harpener Bergbau A. G. an eine französische Gesellschaft führten (vgl. hierzu auch Schreiben Erhards an Flick vom 3. Juni 1953 in B 102/133993 und B 136/2461 sowie den Vermerk Westricks für Adenauer vom 29. Juni 1953 in B 136/2462). Der Verkauf

zustellen, daß das Verhalten von Flick nicht eine Auswirkung des ersten Teiles des Überleitungsvertrages[8] sei.

Bundesminister Erhard betont hierzu, die Behauptung Flicks, er habe unter Zwang gehandelt, sei unrichtig, denn Flick habe besonders mit Rücksicht auf die Lage des Kapitalmarktes mit Sicherheit auf eine Verlängerung der Veräußerungsfrist rechnen können.

Ministerialrat Haenlein (Bundeskanzleramt) bemerkt hierzu, daß vor der Abgabe der Presseerklärung noch geklärt werden sollte, ob und welche Devisengenehmigungen für die Transaktion erforderlich seien. Die Erteilung dieser Genehmigungen könnte als Zustimmung der Bundesregierung zu der Transaktion ausgelegt werden.

Präsident Bernard hält es für zweckmäßig, vorher die grundsätzliche Stellungnahme der Bundesregierung zu solchen Transaktionen herbeizuführen.

Der *Vizekanzler* äußert sich dahin, daß er mit Rücksicht auf unsere Stellung in der Montan-Union gegen derartige Verkäufe sei, zumindest müsse größte Zurückhaltung geübt werden. Er schlägt eine grundsätzliche Aussprache darüber im Kabinett vor.

Bundesminister Erhard betont, daß der Fall Röchling noch schwieriger liege. Die Diskussion darüber könne nur auf Ministerebene geführt werden und dürfe unter keinen Umständen an die Öffentlichkeit gelangen[9].

Ministerialdirektor Dr. von Maltzan betont, daß der Fall Röchling ein Politikum erster Ordnung sei.

---

war Anlaß für das BMWi, die ausländischen Beteiligungen sowie deren Anteil am gesamten Produktionsvolumen der Bergbauindustrie darzustellen.

[8] Teil II Art. 5 Abs. 4 des Überleitungsvertrages (Vertrag zur Regelung aus Krieg und Besatzung entstandener Fragen) vom 26. Mai 1952 als Bestandteil des Deutschland- bzw. Generalvertrages sah vor, daß eine Verlängerung der Veräußerungsfrist beantragt werden konnte, sofern dargestellt wurde, „daß die Wertpapiere trotz zumutbarer Bemühungen zu wirtschaftlichen Bedingungen und auf einer mit dem deutschen Allgemeininteresse zu vereinbarenden Grundlage nicht veräußert werden konnten...".

[9] Aufgrund eines Abkommens zwischen Frankreich, Großbritannien und den USA vom 20. Febr. 1948 war ein Teil des Eigentums an den aus der Gesamtdemontageliste herausgenommenen Saarwerken zum 25. Jan. 1949 auf die Französische Republik übertragen worden. Darunter befand sich auch die seit 1945 unter Sequesterverwaltung stehende Röchlingsche Eisen- und Stahlwerke GmbH, Völklingen, die mit einem Drittel der saarländischen Stahlproduktion das bedeutendste Wirtschaftsunternehmen des Landes war. Die Familie Röchling, seit 1945 von der Verwaltung und wirtschaftlichen Nutzung ausgeschlossen, hatte im April 1953 Verhandlungen mit der New Yorker Privatbank Lehman Brothers über den Verkauf ihrer Anteile aufgenommen. Diese Veräußerungsverhandlungen waren auch von der französischen Regierung unterstützt worden, während die Bundesregierung sich darum bemühte, einen Verkauf zu verhindern bzw. solange hinauszuschieben, bis die deutsch-französischen Verhandlungen über die Saar begonnen hätten. Sie wollte ihre Verhandlungsposition nicht dadurch schwächen, daß die Röchling-Werke als integraler Bestandteil der saarländischen Industrie sich nicht mehr im Besitz deutscher Eigentümer befänden. – Der Entwurf einer Kabinettsvorlage des BMWi wurde nicht ausgefertigt. Entwurf und Unterlagen zu den Verhandlungen in B 102/171538 und B 102/435460. Weitere Unterlagen in B 102/171519, 171521–171524 und 171539–171545, B 102/435461 f. sowie B 136/2227.

Der Kabinettsausschuß beschließt, den gesamten Fragenkomplex im Kabinett zu behandeln. Vorher sollen die devisenmäßigen und steuerlichen Gesichtspunkte von den zuständigen Ressorts geklärt werden[10].

4. BEARBEITUNG VERTEIDIGUNGSWIRTSCHAFTLICHER AUFGABEN
BMWi/DIENSTSTELLE BLANK

Abgeordneter Blank macht darauf aufmerksam, daß für alle Vorstellungen über das militärische Beschaffungswesen, die auf Erfahrungen aus dem Vierjahresplan und der Kriegswirtschaftsorganisation beruhen, kein Raum sei. Er gibt einige Zahlenbeispiele für den in Betracht kommenden Bedarf und legt anhand dieser Zahlen dar, daß es keiner Lenkungsmaßnahmen und Planungsarbeiten bedürfe, um den Bedarf zu decken.

Diesen Darlegungen stimmt der *Bundesminister für Wirtschaft* zu.

Abgeordneter Blank führt weiter aus, daß auf dem Agrarsektor keine Schwierigkeiten entstehen werden. Daher könne er nur empfehlen, die gemeinsame Kabinettsvorlage von ihm und dem Bundeswirtschaftsminister vom 3. 12. 1952 zurückzuziehen[11].

Staatssekretär Dr. Sonnemann pflichtet dieser Stellungnahme bei. Auch ihm sei es darauf angekommen, daß keine neue Apparatur geschaffen werde, sondern jeder in seinem Ressort bleibe. Über die Regelung von auftretenden Schwierigkeiten solle der Kabinettsausschuß entscheiden[12].

Der Kabinettsausschuß beschließt, daß notwendig werdende Koordinierungsmaßnahmen im Kabinettsausschuß entschieden werden sollen. Jeder Minister soll, auch wenn er ressortmäßig nicht zuständig ist, das Recht haben, die Angelegenheit der militärischen Beschaffung im Kabinettsausschuß zur Sprache zu bringen[13].

---

10 Die Angelegenheit wurde in der 299. Kabinettssitzung am 30. Juni 1953 ohne Eintrag in das Protokoll und im Anschluß an die 302. Kabinettssitzung am 21. Juli 1953 behandelt (vgl. die Vorlage des BMM vom 18. Juli 1953 und Vermerk vom 15. Aug. 1953 in B 102/171538 und B 102/435460). – Fortgang 38. Ausschußsitzung am 12. Aug. 1953 TOP 4.

11 Vgl. 17. Ausschußsitzung am 21. Febr. 1952 TOP A. – Vorlagen des BMWi und des Amtes Blank vom 3. Dez. 1952 nicht ermittelt. – Unterlagen in BW 9/817 und 3751.

12 Vgl. dazu Abschrift des Schreibens von Sonnemann an Blücher vom 20. April 1953 in B 136/6894.

13 Die vom BMWi und der Dienststelle Blank erarbeiteten „Leitsätze für die Zusammenarbeit zwischen dem Bundesministerium für Wirtschaft und dem Verteidigungsressort" vom 2. Nov. 1954 (B 102/14580 und B 136/6894) sahen die Bildung eines gemeinsamen Arbeitsausschusses vor. Die Federführung in grundsätzlichen wirtschaftspolitischen Angelegenheiten lag beim BMWi, der auch bei der Durchführung der Beschaffung ein Mitwirkungsrecht besaß. Für die Auftragsvergabe galt die Verdingungsordnung für Leistungen. Der Ausschuß trat am 20. Juni 1955 zu seiner konstituierenden Sitzung zusammen (BAnz Nr. 118 vom 23. Juni 1955, S. 3).

37. Sitzung des Kabinettsausschusses für Wirtschaft am Donnerstag, den 2. Juli 1953

Teilnehmer: Blücher, Erhard (bis 11.45 Uhr), Seebohm (bis 12.40 Uhr), Neumayer; Westrick, Bergemann (bis 11.45 Uhr), Sauerborn, Wandersleb; Ophüls (AA), Stalmann (BML), Vocke (BdL), Abs [Bankier] (bis 10.20 Uhr), Fitzler (Dienststelle Blank), van Scherpenberg (AA), Gerbaulet (BMM), Turowski (BMM), Heise (BMM), Dumke (BMM), Sonnenhol (BMM), Müller-Armack (BMWi), von Boeckh (BMWi), Stedtfeld (BMWi), Schmitt (BMWi), Weniger (BMWi), Bohlen (BMWi), Schlebitz (BML), Ter-Nedden (BMV), Hornschu (Bundeskanzleramt). Protokoll: Haenlein.

Ort: Bonn, Bundeshaus,

Beginn: 9.30 Uhr *Ende: 12.45 Uhr*

Tagesordnung[1]*:*

1. *a) Maßnahmen zum Abbau der extremen Gläubigerstellung der Bundesrepublik in der Europäischen Zahlungsunion*
   Vorlage des BMM vom 25. Juni 1953 (III/2b-1/30 K 16/16).

   b) Würdigung der Londoner Gespräche
   Ohne Vorlage.
2. *Grundannahmen für den deutschen Beitrag zum 5. OEEC-Bericht*
   Vorlage des BMM vom 19. Juni 1953 (II/676/53 geh.).

1 a. MASSNAHMEN ZUM ABBAU DER EXTREMEN GLÄUBIGERSTELLUNG DER BUNDESREPUBLIK IN DER EUROPÄISCHEN ZAHLUNGSUNION BMM

ORR Dr. Schmitt (BWM) berichtet zu Punkt 1 der Vorlage über die Entwicklung des Warenverkehrs. Nach Ansicht des Handelspolitischen Ausschusses sei nicht damit zu rechnen, daß die seit 1 ½ Jahren anhaltende günstige Entwicklung im EZU-Raum kurzfristig abbrechen werde[2].

---

[1] Gemäß Einladung vom 26. Juni 1953.

[2] Siehe 33. Ausschußsitzung am 26. März 1953 TOP 1. – Vorlage des BMM vom 25. Juni 1953 in B 146/691 und B 136/7846, weitere Unterlagen in B 146/482 und B 102/12650. – In seiner Vorlage berichtete das BMM über die sich seit 1951 abzeichnende Entwicklung der Bundesrepublik zu einem extremen Gläubigerland innerhalb der EZU. Ende Mai hatten sich die Überschüsse auf 524,4 Millionen $ kumuliert. Damit war nicht nur die deutsche EZU-Quote erschöpft, sondern auch die der Bundesrepublik für das Rechnungsjahr 1953/54 zugebilligte Rallonge (Aufstockung) der Quote um weitere 150 Millionen $ bereits in Anspruch genommen worden. In dem der Vorlage beigefügten Memorandum des Handelspolitischen Ausschusses wurde für absehbare Zeit keine Änderung prognostiziert, so daß mit einer Ausschöpfung der Rallonge in naher Zukunft gerechnet werden mußte. Bei der Zuteilung einer weiteren Rallonge mußte die Bundesrepublik mit Forderungen der OEEC rechnen, so

Nach dem Hinweis des *Vizekanzlers*, daß eine stärkere Verlagerung der Einfuhr aus dem Dollarraum über EZU-Länder wünschenswert sei, erklärt *Geheimrat Vocke,* die Lage sei nicht alarmierend, denn schlimmstenfalls würden wir kein Gold erhalten, wenn wir unsere Gläubigerposition bei der EZU weiter erhöhen. Im übrigen werde sich auf Grund der nach dem Londoner Schuldenabkommen[3] fälligen Zahlungen von 50 Mio DM im Juli und 95 Mio DM im August ein Abbau unserer Gläubigerstellung ergeben. Eine allgemeine Freigabe von Sperrmark zwecks Abbaues des Guthabens bei der EZU komme grundsätzlich nicht in Betracht.

Bankier Abs wiederholt seine in der Chefbesprechung am 9. 5. 1953 vorgetragene Auffassung[4]. Er sieht eine gewisse Frist für das Anlaufen des Londoner Schuldenabkommens als erforderlich an, bevor über das Londoner Schuldenabkommen hinaus ein Transfer von Vermögenserträgnissen aufgenommen wird, denn der reine Vermögenstransfer könne nicht günstiger behandelt werden als die nach dem Londoner Schuldenabkommen reduzierten Zahlungen. Er regt an, daß die Bundesregierung für die nächste Sitzung des Ministerrates der OEEC eine Erklärung über beabsichtigte Maßnahmen vorbereitet.

Der *Vizekanzler* wünscht, daß diese Erklärung der deutschen Regierung schon jetzt angekündigt werden sollte, und daß Form und Inhalt so rechtzeitig zwischen den Ressorts abgestimmt werden müssen, daß sie bis zum 31. 8. 1953 abgegeben werden könne.

Der *Vizekanzler* stellt hierauf die Frage der Transiteinfuhren zur Erörterung. Er habe Sorge, daß durch eine evtl. eintretende Verteuerung unserer Einfuhren das innere Preisniveau beeinträchtigt werden könne.

Auf den Einwand von *Dr. Stalmann* (BWM), daß es sich bei Transiteinfuhren von Getreide nur um eine Verringerung der Abschöpfungsbeträge handeln würde, bemerkt der *Vizekanzler*, daß das auf das gleiche hinauslaufe, da diese Beträge Haushaltseinnahmen darstellten.

---

u. a. nach einer Ausdehnung der Handelsliberalisierung auf 100%, nach Lockerungen im Kapitalverkehr und nach Exportrestriktionen. Das BMM hatte in der Vorlage verschiedene Lösungsmöglichkeiten vorgelegt. So sollten auf dem Gebiet des Warenverkehrs die Möglichkeiten zur Durchführung von Transiteinfuhren dollarwertiger Waren gegen Bezahlung in EZU-Währung ausgeschöpft, ein Zollsenkungsprogramm ausgearbeitet und die Möglichkeit einer Differenzierung der steuerlichen Exportvergünstigung nach Währungsräumen geprüft werden. Auf dem Gebiet des Kapitalverkehrs schlug das BMM vor, den Zahlungsverkehr zu erleichtern und den Transfer von Leistungen, zu dem sich die Bundesrepublik im Wiedergutmachungsabkommen mit Israel und im Londoner Schuldenabkommen verpflichtet hatte, in einem gewissen Rahmen zu erleichtern. Vor allem aber sollte die Entscheidung der Chefbesprechung vom 8. Mai 1953 überprüft werden, Transfers von Erträgnissen aus echten Beteiligungen, Grundbesitz und in den Londoner Schuldenabkommen nicht geregelten Hypotheken zurückzustellen. – Zu dem Komplex der extremen Gläubigerstellung der Bundesrepublik gegenüber der EZU vgl. auch Bührer, Westdeutschland, insbesondere S. 284–297.

[3] Vgl. dazu 292. Kabinettssitzung am 15. Mai 1953 TOP 1 (Kabinettsprotokolle 1953, S. 285 f.).

[4] Ausweislich der Einladung und der Arbeitsunterlagen hatte diese Besprechung am 8. Mai 1953 stattgefunden. Unterlagen dazu in B 136/7864 und B 102/57697.

Geheimrat Vocke betont mit Nachdruck, daß alles geschehen müsse, um unsere Dollarposition auf Kosten der EZU zu schonen.

Minister Erhard hebt hervor, daß nicht nur angestrebt werden müsse, Dollareinfuhren über die EZU zu leiten, sondern, gestützt auf die innere Wirtschaftsexpansion, überhaupt zu vermehrten Einfuhren zu gelangen. In diesem Zusammenhang wird die Frage der Vorziehung der 320 Mio DM Zinsen und Tilgungen des ERP-Sondervermögens erörtert und beschlossen, sie in Anwesenheit des Bundesfinanzministers am Dienstag den 7. 7. 1953 im Kabinett zu behandeln[5]. Ferner soll Ende nächster Woche eine Aussprache über die Verlagerung von Dollareinfuhren auf Bezüge über die EZU stattfinden.

Eine Senkung des Exports zur Erleichterung unserer EZU-Position lehnt der *Vizekanzler* ab. Wohl sei bei den Maßnahmen zur Exportförderung eine gewisse Zurückhaltung geboten. Aus taktischen Gründen sei es jedoch derzeit nicht zweckmäßig, alle Maßnahmen abzubauen, denn wir würden sonst bei kommenden Verhandlungen über eine allgemeine Einschränkung solcher Expansionsförderungsmaßnahmen ein wertvolles Verhandlungsobjekt verlieren. *Minister Erhard* pflichtet dem bei und erklärt sich bereit, bei Verbürgung der Gegenseitigkeit auf alle derartigen Maßnahmen zu verzichten.

Auch *Geheimrat Vocke* und *Bankier Abs* stimmen dem zu.

In der anschließenden Erörterung über die Switch-Geschäfte vertritt *Ministerialrat Dr. Stedtfeld* (BWM) die Auffassung, daß ein deutsches Verbot nicht leicht durchführbar sein würde, sondern eher zu einem Steigen der Switch-Prämie führen könne; es sei aber Zurückhaltung geboten[6].

Sowohl *Minister Erhard* als auch *Bankier Abs* halten es für erforderlich, diese vorwiegend von Holländern geübten Praktiken tunlichst abzuschaffen[7]. Es sollte erwogen werden, in diesen Fällen die Exportprämie zu sperren.

Nachdem *Ministerialdirigent Dr. van Scherpenberg* (AA) darauf aufmerksam gemacht hat, daß dieses System sich auch auf holländische Regierungsmaßnahmen stützt und es insofern auch einer Ergänzung durch diplomatische Maßnah-

---

[5] Vgl. dazu 300. Kabinettssitzung am 7. Juli 1953 TOP 2 (Kabinettsprotokolle 1953, S. 379 f.).

[6] Bei Switch-Geschäften werden zwei in entgegengesetzter Richtung laufende Transitgeschäfte miteinander in Verbindung gebracht, nämlich der Wiederverkauf von Weichwährungswaren auf dem Dollarmarkt und der Verkauf von Dollarwaren auf dem Weichwährungsmarkt. Diese Transaktionen dienten dem Erwerb harter Devisen. Ihre Grundlage bildete das in den Ländern der OEEC in unterschiedlicher Form eingeführte Einfuhranrechtsverfahren (vgl. dazu 23. Ausschußsitzung am 30. Juli 1952 TOP 2) bzw. das System der Belassungsquoten, das dem Exporteur von Weichwährungsware in den Dollarraum einen Teil der Devisen aus dem Exporterlös zur freien Verwendung überließ. Als Anrechte wurden diese Devisen auf dem Markt zu Werten über dem amtlichen Wechselkurs gehandelt, wodurch dem Exporteur ein Veräußerungsgewinn beim Verkauf der ihm zustehenden Devisen, die Switchprämie, entstand. Das Verfahren, Weichwährungswaren einzuführen, um sie in den Dollarraum abzusetzen, brachte dem Land, in dem das Switch-Geschäft abgewickelt wurde, die Devisen, während das Weichwährungsland, das die Ware ursprünglich ausgeführt hatte, vom Erwerb der Dollardevisen ausgeschlossen blieb.

[7] Vgl. zu den Exportförderungsmaßnahmen der Niederlande und anderer OEEC-Staaten den Bericht der Bundesauskunftstelle für den Außenhandel vom 1. Okt. 1952 in B 126/6218 sowie den Bericht des Internationalen Währungsfonds vom 6. Febr. 1953 „Belassungsquoten und ähnliche Verfahren" in B 102/57538.

men bedarf, sprechen sich der *Vizekanzler* und *Minister Erhard* dafür aus, mit den Engländern in dieser Hinsicht Fühlung zu halten[8].

Geheimrat Vocke fügt hinzu, daß die Gelegenheit der Monetary Found-Gespräche im September in Washington benutzt werden müsse, um zusammen mit den Engländern gegen diese holländischen Geschäfte vorzugehen[9].

Es wird beschlossen, einen Vorstoß in der Transitausfuhrfrage zwischen dem Auswärtigen Amt und den Bundesministerien für Wirtschaft, der Finanzen und für den Marshallplan vorzubereiten.

Der *Vertreter des Auswärtigen Amtes* regt an, angesichts der deutschen Gläubigerposition weitgehend Erleichterungen für deutsche Kapitalexporte zuzulassen. *Geheimrat Vocke* wendet ein, daß die Handhabung schon jetzt großzügig sei, daß jedoch eine unkontrollierte Freigabe wegen der Höhe der deutschen Besteuerung mit Sicherheit zu Kapitalflucht führen werde.

Staatssekretär Dr. Wandersleb befürchtet bei einem zu starken Kapitalexport Nachteile für die Finanzierung des Wohnungsbaues.

Bei dieser Gelegenheit stellt *Minister Erhard* die Frage, ob ein stärkerer Kapitalimport zur Zeit wünschenswert sei. Er sei nicht dieser Meinung.

Geheimrat Vocke äußert sich dahin, daß ein Bedürfnis nur noch für langfristige größere Anlagen bejaht werden kann.

Staatssekretär Dr. Westrick legt Wert darauf, daß die z.Zt. mit der Schweiz[10] und der Weltbank[11] hierüber geführten Gespräche nicht ungünstig beeinflußt werden.

Abschließend beschließt sodann der Kabinettsausschuß: Der Transfer von Vermögenserträgnissen wird in gewissem Umfang gegenüber beiden Währungsräumen aufgenommen. Dabei sind die individuellen Wiedergutmachungsleistungen in beschränktem Umfang ebenfalls zu berücksichtigen.

Der Umfang des Transfers wird in einer von den Ressorts in der nächsten Woche auszuarbeitenden Erklärung festgelegt, die der OEEC anschließend anzukündigen und spätestens bis zum 31. 8. 1953 bekanntgegeben wird[12].

---

[8] Zu den offiziellen und anschließenden informellen deutsch-britischen Gesprächen über eine Konvertierbarkeit der Währungen und eine Aufspaltung des EZU-Raumes vgl. TOP 1b dieser Sitzung.

[9] Die 8. Jahrestagung der Weltbank fand vom 9. bis 12. Sept. 1953 in Washington statt (Bericht der Diplomatischen Vertretung der Bundesrepublik Deutschland vom 14. Sept. 1953 und Rede Westricks vom 9. Sept. 1953 in AA B 51/10).

[10] Vgl. dazu 39. Ausschußsitzung am 19. Aug. 1953 TOP A (Schweizerische Investitionskredite).

[11] Vgl. dazu 35. Ausschußsitzung am 27. Mai 1953 TOP 5 (Deutsche Quote bei der Weltbank). – Zu den Verhandlungen über eine Anleihe bei der Weltbank Unterlagen in B 102/26250, 26251 und 26254.

[12] Ab dem 10. Juli 1953 wurden in Ressortbesprechungen Vorschläge zur Teilliberalisierung ausgearbeitet, die den Transfer in das Ausland von Erträgen ausländischer Kapitalanlagen in Deutschland erleichtern sollten. Mit der Erklärung betreffend Transfer von Kapitalvermögen vom 28. Aug. 1953 hoffte die Bundesrepublik, den Erwartungen der OEEC entgegenzukommen und die Voraussetzungen für eine weitere Aufstockung der EZU-Quote zu erfüllen. – Erklärung vom 28. Aug. 1954 in B 146/532, weitere Unterlagen in B 102/57698 und 6609. – Fortgang 40. Ausschußsitzung am 22. Sept. 1953 TOP B.

1 b. WÜRDIGUNG DER LONDONER GESPRÄCHE BMM

Wird auf die nächste Sitzung des Kabinettsausschusses vertagt[13].

2. GRUNDANNAHMEN FÜR DEN DEUTSCHEN BEITRAG ZUM 5. OEEC-BERICHT BMM

Ministerialdirigent von Boeckh (BWM) trägt den Inhalt der Vorlage vor, die auf einer realistischen Beurteilung aufgebaut sei[14]. Er weist darauf hin, daß die deutsche Zuwachsrate des Sozialproduktes doppelt so hoch ist als die vieler anderer Länder.

Geheimrat Vocke verweist auf die Möglichkeit eines konjunkturellen Rückschlages, die auch in den Erwägungen der anderen Länder eine Rolle spielt. Er hält die Grundannahmen für zu optimistisch und fürchtet, daß unser NATO-Beitrag dadurch präjudiziert werden kann. Der *Vizekanzler* bemerkt, daß man möglichst realistische Zahlen geben solle, um zu vermeiden, daß, wie manchmal bisher, die deutschen Zahlen von der tatsächlichen Entwicklung zu stark abweichen.

Im übrigen werden im Kabinettsausschuß keine grundsätzlichen Einwendungen gegen die Zahlen erhoben. Es wird sodann erörtert, wie das Sozialprodukt aufgeteilt werden soll.

Zu den Staatsausgaben bemerkt *Dr. Bohlen* (BWM), daß man eine etwaige Wiedereingliederung der Sowjetzone berücksichtigen solle. Demgegenüber führt der *Vizekanzler* aus, daß mit einer Wiedereingliederung der sowjetisch besetzten

[13] Siehe 35. Ausschußsitzung am 27. Mai 1953 TOP 4 und 292. Kabinettssitzung am 15. Mai 1953 TOP D (Kabinettsprotokolle 1953, S. 290). Dieser Tagesordnungspunkt wurde im Kabinettsausschuß nicht mehr behandelt. – Am 12. und 13. Mai hatten Blücher und Erhard in London mit dem britischen Schatzkanzler Gespräche über den Abbau des britischen Handels- und Zahlungsbilanzdefizits gegenüber den Ländern der EZU sowie über die Pläne einer Konvertibilität der Währungen geführt. Der von beiden Seiten befürwortete Übergang zu einem freien Währungsaustausch hatte aber zu einer unterschiedlichen Bewertung der Rolle und der Zukunft des festen Verrechnungssystems der EZU geführt. Während die deutsche Seite Reformen der EZU anstrebte, dachte die englische Seite an eine Aufspaltung der EZU in einen Verrechnungsraum und einen Raum mit Währungskonvertibilität. Protokolle der Besprechungen in B 102/56894, weitere Unterlagen in B 102/55340, 56905, 12650 und 12655 sowie B 146/482. Vgl. dazu Ringe, Konkurrenten in Europa, S. 426–429.

[14] Zum 4. Bericht siehe 23. Ausschußsitzung am 30. Juli 1952 TOP 1. – Vorlage des BMM vom 19. Juni 1953 in B 146/902 und B 136/1307, weitere Unterlagen in B 146/903–905 und B 102/11189. – Der deutsche Beitrag zum 5. OEEC-Bericht enthielt eine Darstellung der Entwicklungstendenzen der Wirtschaft bis zum Jahre 1954/55 in Form einer volkswirtschaftlichen Gesamtbilanz. Den erwarteten Zuwachsraten beim Sozialprodukt in Höhe von 5,1% (1953) und 4,9% (1954) war die Verwendung des Sozialprodukts gegenübergestellt. Hier waren im einzelnen der Staatsverbrauch mit dem Verteidigungsbeitrag, die Investitionen, der Außenbeitrag (Waren- und Dienstleistungsbilanz) und der Privatverbrauch angeführt. Abschließend wurde um Entscheidung bzw. Billigung der Annahmen über das Wachstum des Sozialprodukts, über die starke Zunahme des Privatverbrauchs und das relative Zurückbleiben der Bruttoinvestitionen gegenüber dem Sozialprodukt und über die Leistungen an Berlin gebeten und gefragt, mit welchem Betrag der Nettoverteidigungsbeitrag und der Saldo der laufenden Waren- und Dienstleistungsbilanz angesetzt werden sollten.

Zone das gesamte Zahlengebäude ohnehin revidiert werden müsse und diese Möglichkeit besser im Vorwort angedeutet werden sollte.

Zu den Annahmen der Vorlage für Investitionen wendet der *Vizekanzler* ein, daß bei uns große Investitionsrückstände zu berücksichtigen seien, da weite Gebiete in den vergangenen Jahren nur unzureichend entwickelt werden konnten, wie z.B. Verkehr, Wasserwirtschaft, Aufforstung. Würden wir diesen Umstand nicht bewerten, so würden wir selbst die für diese Zwecke anzusammelnden Investitionsmittel zu Gunsten des Verteidigungsbeitrages willkürlich beschneiden. Ferner stellt er die Frage, ob in den Zahlen auch die unmittelbaren Wehrinvestitionen berücksichtigt seien, bzw. ob diese in den Verteidigungsbeitrag eingerechnet würden. Andernfalls würden sich die Zahlen für Investitionen erhöhen müssen.

Ferner weist der *Vizekanzler* darauf hin, daß seit dem Ende des ersten Weltkrieges die Bevorratung durchgängig unzureichend gewesen sei und daher die Wirtschaft allzusehr konjunkturellen Preisschwankungen ausgesetzt worden sei. Überdies sei zu berücksichtigen, daß mit Aufnahme der Wehrwirtschaft der Bevorratungsbedarf ansteigen werde.

Nachdem *Min. Dirigent von Boeckh* (BWM) hierzu bemerkt hatte, daß die Zahlenannahmen der Vorlage von der güterwirtschaftlichen Seite her auf der tatsächlichen Entwicklung aufgebaut seien, erklärt *Prof. Müller-Armack*, es handele sich um eine Vorausschau der tatsächlichen Entwicklung, die sich einer Steuerung entzöge.

Staatssekretär Sauerborn weist auf die sich aus dem Flüchtlingsstrom aus der Sowjetzone ergebenden Investitionsnotwendigkeiten hin. Durch eine Herabsetzung der Investitionsrate würden wir den Eindruck erwecken, daß wir unmittelbar vor dem Abschluß des Wiederaufbaues in Deutschland ständen.

Ministerialdirigent von Boeckh betont, daß man die Zahlen für den privaten Verbrauch oder für den Außenbeitrag senken müsse, wenn man die Angaben über die Investitionen erhöhen wolle.

Zu dem Zahlenansatz für den privaten Verbrauch führt der *Vizekanzler* aus, daß im Hinblick auf den Bedarf derjenigen, die bisher nicht in ausreichendem Maße an der Entwicklung haben teilnehmen können (Rentner, Flüchtlinge, Kriegsopfer, 131-er[15]) diese Zahlen nicht herabgesetzt, sondern maßvoll erhöht werden müßten.

Geheimrat Vocke warnt dann, die Zahlen zu hoch anzusetzen, damit der deutsche Verteidigungsbeitrag nicht nach oben gedrückt wird. *Ministerialdirigent von Boeckh* macht darauf aufmerksam, daß der Verteidigungsbeitrag für 1954 und für das NATO-Jahr 1954/55 gleichbleibend mit 9 Mia DM angenommen worden sei, so daß der prozentuale Anteil wegen der Steigerung des Sozialproduktes relativ geringer werde.

---

[15] Das Gesetz vom 11. Mai 1951 zur Regelung der Rechtsverhältnisse der unter Artikel 131 des Grundgesetzes fallenden Personen (BGBl. I 307) befaßte sich mit der Wiedereingliederung und Versorgung ehemaliger Angehöriger des öffentlichen Dienstes, die aus politischen Gründen entlassen worden waren oder durch die Kriegsfolgen bedingt ihren Dienstherren verloren hatten.

Nach kurzer Erörterung wird beschlossen, es bei einem feststehenden Verteidigungsbeitrag von 9 Mia DM zu belassen[16].

Geheimrat Vocke lehnt eine Festlegung des Außenbeitrages in der vorgesehenen Höhe ab, weil diese Ziffern irreal seien. Es solle lediglich der Trend aufgezeigt, aber keine positive Ziffer gegeben werden.

Der *Vizekanzler* bemerkt, daß als Außenbeitrag nur ein echter Kapitalexport zu Gunsten Dritter angesetzt werden könne, und auch *Prof. Dr. Müller-Armack* möchte den Eindruck vermieden wissen, als ob die Bundesrepublik strukturelles Gläubigerland sei. Es müßte hervorgehoben werden, daß wir uns nur vorübergehend in einer günstigen Lage befinden.

Im Hinblick auf diese gegen die Zahlen der Vorlage im Kabinettsausschuß geltend gemachten Bedenken beschließt der Kabinettsausschuß die Einzelaufgliederung nochmals zwischen den Ressorts unter der Beteiligung der Bank deutscher Länder zu erörtern. Dabei soll auf Anregung von *Ministerialrat Haenlein* der Beitrag für Berlin von dem Außenbeitrag gesondert dargestellt werden.

Nach Abschluß dieser Besprechungen soll die Angelegenheit nochmals im Kabinettsausschuß beraten werden[17].

Außerhalb der Tagesordnung

[A.] BERICHT DES BUNDESMINISTERS FÜR VERKEHR ÜBER DIE EUROPÄISCHE BINNENVERKEHRSKONFERENZ BMV

Außerhalb der Tagesordnung berichtet *Staatssekretär Bergemann* über die Entwicklung, die zu der Europäischen Binnenverkehrskonferenz geführt hat[18]. Der Gedanke, die Verkehrsminister als Rat der OEEC oder an deren Stelle auftreten zu lassen, habe sich nicht verwirklichen lassen, da Spanien und Jugoslawien nicht der OEEC angehören[19]. Auch vom deutschen Standpunkt aus sei dieser Gedanke nicht glücklich gewesen, da unsere Binnenverkehrslage eine besondere Behandlung erfordere, die im Rahmen der OEEC voraussichtlich nicht genügend gesichert werden könne. Das jetzige Konferenzergebnis laufe darauf hinaus, daß kein Verkehrsminister etwas anderes tun kann, als dies ihm auch in seiner heimatlichen Zuständigkeit möglich sei. Andererseits soll auch nicht in die Zuständigkeit irgend einer bestehenden internationalen Organisation eingegriffen werden. Die Konferenz hat nicht die Befugnis, Beschlüsse zu fassen, die die Mitgliedstaaten

[16] Zu den Verhandlungen über einen deutschen finanziellen Verteidigungsbeitrag vgl. 289. Kabinettssitzung am 28. April 1953 TOP 1 (Kabinettsprotokolle 1953, S. 273).

[17] Beiträge für die endgültige Fassung vom 14. Juli 1953 in B 146/903 und B 102/11189. – Fortgang 302. Kabinettssitzung am 21. Juli 1953 TOP 1 (Kabinettsprotokolle 1953, S. 404).

[18] Siehe 277. Kabinettssitzung am 24. Febr. 1953 TOP 2 (Kabinettsprotokolle 1953, S. 187). – Schlußbericht der europäischen Binnenverkehrskonferenz vom 17. Juni 1953 in B 136/2777. – Auf der Konferenz in Paris hatten (durch Beschluß des Rates der OEEC vom 11. Dez. 1952) in drei Sitzungsperioden vom 18. März 1953 bis 17. Juni 1953 Vertreter der OEEC-Länder sowie Spaniens, Jugoslawiens und der USA das bestehende internationale Verkehrssystem analysiert und Empfehlungen für dessen vollkommene Ausnutzung und rationelle Entwicklung gegeben. In ihrem Bericht hatten sie die Schaffung einer ständigen Europäischen Konferenz der Verkehrsminister vorgeschlagen.

[19] Unterlagen zu diesen Verhandlungen in B 108/4536.

binden. Die Verkehrsminister sollen lediglich die Verkehrspolitik in ihrem Heimatland so ausrichten, daß sie mit den Maßnahmen in den anderen Konferenzländern übereinstimmt, und zwar entweder durch administrative Mittel oder durch Einschaltung der Regierung und wenn nötig auch des Parlaments. Bei Maßnahmen von internationaler Auswirkung würde es entsprechender Abkommen bedürfen. Eine Einrichtung mit neuem Verwaltungsapparat soll nicht geschaffen werden; die büromäßige Erledigung soll in Angliederung an die OEEC vor sich gehen.

Der *Vizekanzler* erklärt, daß seine bisherigen Bedenken durch die hier vorgeschlagene Regelung beseitigt seien. Der Verkehr müsse als Teil der gesamteuropäischen Wirtschaft betrachtet werden. Nach dem vorliegenden Ergebnis halte er die Gefahr von Friktionen zwischen der gesamteuropäischen Wirtschaft und der Verkehrsministerkonferenz für vermieden. Wesentlich sei, daß jedenfalls keine Lösung nur im Rahmen der Montan-Union zustande komme[20].

Der *Vizekanzler* und *Bundesminister Seebohm* halten es für erforderlich, daß der Verkehrsminister noch im Juli ermächtigt wird, die deutsche Zustimmung zu dem Konferenzbericht sowie zum Beitritt zur ständigen Europäischen Konferenz der Verkehrsminister zu geben[21]. Zur Vorbereitung des Kabinettsbeschlusses darüber sollen vom Bundesverkehrsministerium das Auswärtige Amt und die Bundesministerien der Finanzen, für Wirtschaft, für den Marshallplan, für Arbeit und der Justiz zu einer Ressortbesprechung in der nächsten Woche eingeladen werden[22].

---

[20] Wegen des begrenzten Aufgaben- und Teilnehmerkreises erschien es nicht zweckmäßig, sich der Montanunion (Schuman-Plan) hinsichtlich der europäischen Verkehrskoordinierung zu bedienen (Unterlagen in B 108/4536 und 4537).

[21] Sitzungsunterlagen und Protokolle der ständigen Europäischen Konferenz der Verkehrsminister in B 108/6499.

[22] Vermerk über die Ressortbesprechung vom 8. Juli 1953 in B 136/2777. – Fortgang 303. Kabinettssitzung am 28. Juli 1953 TOP 2 (Kabinettsprotokolle 1953, S. 410).

38. Sitzung des Kabinettsausschusses für Wirtschaft am Mittwoch, den 12. August 1953

Teilnehmer: Blücher; Hallstein, Hartmann, Westrick, Sauerborn, Bergemann; Bernard (BdL), Ophüls (AA), von Maltzan (AA), van Scherpenberg (AA), Korff (BMF), Bolder (BMF), Rust (BMWi), Kötter (BMWi), Estner (BMWi), Heise (BMM). Protokoll: Hornschu.

Ort: Haus Carstanjen

Beginn: 10.30 Uhr *Ende: 13.10 Uhr*

Tagesordnung[1]:

1. *Devisenbereitstellung für Luftfahrt*
   Vorlage des BMV folgt.
2. *Montanunion-Zollfragen*
   Vorlage des BMWi folgt.
3. *Verwendung von DM-Mitteln zur Bezahlung von Verteidigungsausgaben (off shore)*
   Vorlage des BMWi folgt.
4. *Fall Röchling*
   Ohne Vorlage.

Auf Wunsch von *Staatssekretär Prof. Dr. Hallstein* werden zunächst die Punkte 4 und 2 der Tagesordnung beraten.

4. FALL RÖCHLING BMWi

Staatssekretär Prof. Dr. Hallstein führt aus, daß das vorliegende Angebot der Firma Lehman Brothers Anlaß gäbe, die verschiedenen Lösungsmöglichkeiten für das Problem der Röchlingwerke zu überprüfen und möglichst kurzfristig sich eitens der Bundesregierung zu entscheiden[2]. Im einzelnen trägt *Staatssekretär*

[1] Gemäß Einladung vom 11. Aug. 1953.

[2] Siehe 36. Ausschußsitzung am 17. Juni 1953 TOP 3. – Vorlage des BMM vom 18. Juli 1953 (Abschrift) in B 102/435460. – Blücher hatte in seiner Vorlage berichtet, daß die Familie Röchling über ein Angebot der Lehman-Bank von 20 bis 25 Millionen $ für ihre Anteile an den Röchling-Werken verhandele, bei der Zusicherung eines gleichwertigen finanziellen Angebots aber auch für die Vorschläge der Bundesregierung offen sei. Das BMM schlug vor, bis zu dieser Regelung der Familie die Möglichkeit zu verschaffen, „sich jetzt schon industriell zu betätigen, um von einer solchen Position aus den Kampf um Völklingen weiterführen zu können". Dafür sollte ein Kredit gewährt oder die pachtweise Überlassung eines bundeseigenen Betriebs zur Bewirtschaftung durch die Familie Röchling angeboten werden.

Prof. Dr. Hallstein die in Betracht kommenden Varianten vor, die aber alle darauf hinauslaufen, daß das Angebot von Lehman Brothers abgelehnt wird. Zusammenfassend äußerte er die Meinung des Auswärtigen Amtes dahin, daß das Auswärtige Amt gegenüber den verschiedenen Lösungen ziemlich indifferent sei, in jedem Falle den Übergang der Röchlingwerke in französischen Besitz jedoch als politisch unerträglich empfinde. Zwar sei der Wert der Titel ausgehöhlt, doch sei es politisch äußerst wichtig, trotzdem an der deutschen Rechtsposition festzuhalten.

Staatssekretär Dr. Westrick schlägt vor, auf hoher politischer Ebene mit verantwortlichen Vertretern der Familie Röchling zu sprechen.

Staatssekretär Hartmann betont, daß auf Haushaltsmittel nicht gerechnet werden könne. Daher sei an ein Austauschobjekt aus Staatsbesitz zu denken. Auch er ist der Auffassung, daß ein Gespräch mit der Familie Röchling von Kabinettsmitgliedern geführt werden sollte.

Auf allgemeinen Wunsch erklärt sich der *Vizekanzler* bereit, die Verhandlungen mit Familie Röchling aufzunehmen[3].

2. MONTANUNION – ZOLLFRAGEN BMF

Staatssekretär Dr. Westrick trägt den wesentlichen Inhalt der Vorlage des Bundesministers für Wirtschaft vor[4]. Er ist der Auffassung, daß die Bundesrepublik den Zoll autonom herabsetzen könne und nicht durch die Übergangsbestimmungen zum Montanvertrag daran gehindert sei. Zur Abschwächung dieses Vorgehens sei im Bundeswirtschaftsministerium beabsichtigt, ein Zollkontingent vielleicht in Höhe von monatlich 120 000 t festzusetzen. Die Franzosen hätten sich übrigens in den mit ihnen geführten Verhandlungen mit einer gewissen deutschen Zollherabsetzung einverstanden erklären wollen, jedoch nur auf die Dauer von sechs Monaten. Da dann der Status quo ante nach dem Wunsche der Franzosen wieder hergestellt werden soll, kann dieses Ergebnis deutscherseits nicht als ausreichend angesehen werden.

Von der Anwendung des § 14 des Übergangsabkommens verspricht sich das Bundeswirtschaftsministerium keine Lösung des Problems, denn danach müßte die Hohe Behörde als Mandatar aller Länder auftreten und nur, wenn sich dafür keine Einmütigkeit ergibt, könnten die Länder wieder autonom handeln[5]. Bundes-

[3] Blücher traf am 19. Aug. 1953 mit Ernst Röchling zu einem Gespräch zusammen, an dem auch Westrick, Hartmann und Kattenstroth teilnahmen (Eintrag in Blüchers Terminkalender in Nachlaß Blücher N 1080/294–7). – Fortgang 19. Ausschußsitzung am 19. Okt. 1954 TOP A.

[4] Vorlage des BMWi vom 11. Aug. 1952 in B 102/22074 und B 136/371. – Die Freigabe der Eisenpreise zum 1. Aug. 1952 hatte zu einem Anstieg der Preise um ca. 10% geführt, den das BMWi durch Einfuhrkontingente zu erheblich verminderten Zollsätzen (von 15% bis 22% auf 6% bis 8%) rückgängig machen wollte. Unklarheit bestand darüber, ob die beabsichtigte Senkung, die vor allem die Interessen Frankreichs mit seinen ebenfalls hohen Zollsätzen berührte, mit den Bestimmungen des Vertrages über die Gründung der Montanunion vereinbar war.

[5] § 14 des Abkommens über die Übergangsbestimmungen zum Gesetz vom 29. April 1952 über den Vertrag über die Gründung der Europäischen Gemeinschaft für Kohle und Stahl sah vor, daß bei Verhandlungen über Kohle und Stahl mit dritten Ländern die Hohe Be-

minister Erhard sei jedenfalls unbedingt für die Senkung der Eisenzölle und zwar unbefristet, schon weil die Kritik am Schumanplan in Deutschland ohnehin zu wachsen droht und weil eine solche Zollsenkung der von uns allgemein verfolgten wirtschaftspolitischen Linie entspricht[6].

Staatssekretär Prof. Dr. Hallstein spricht sich gegen die vom Bundeswirtschaftsminister beabsichtigte autonome Zollherabsetzung aus. Er ist der Auffassung, daß eine solche Maßnahme nach § 14 unzulässig sein würde; ein solches deutsches Vorgehen würde auch in direktem Widerspruch stehen zu der von Anfang an eingenommenen deutschen Haltung. In den Verhandlungen sei die Bundesrepublik protektionistisch eingestellt gewesen und habe auf einen erheblichen Zollschutz nicht verzichten wollen. So sei es zu den Bestimmungen gekommen, die jetzt nach der Auffassung des Auswärtigen Amtes einer autonomen Zollherabsetzung entgegenstehen.

Allerdings wolle sich das Auswärtige Amt nicht gegen das vom Bundeswirtschaftsminister verfolgte Ziel wenden. *Staatssekretär Prof. Dr. Hallstein* hält es je-

---

hörde als gemeinsame Beauftragte der Mitgliedsstaaten auftreten sollte (BGBl. II 445). Im Rahmen der laufenden Assoziationsverhandlungen der Montanunion mit Großbritannien, das in § 14 des Übergangsabkommens namentlich genannt war, hoffte das BMWi die Zollsenkungspläne zu verwirklichen. Unterlagen dazu in B 102/21965.

[6] Mit Schreiben vom 19. Aug. 1953 an das Bundeskanzleramt bat Westrick um folgende Änderung seiner Ausführungen: „Staatssekretär Westrick trägt den wesentlichen Inhalt der Vorlage des Bundesministers für Wirtschaft vor. Er weist darauf hin, daß die Rechtsfrage, ob die Bundesrepublik nach dem Vertrage über die Gründung der Europäischen Gemeinschaft für Kohle und Stahl in der Lage sei, autonom die Zölle herabzusetzen, nicht klar zu entscheiden sei und unterschiedlich beantwortet werde. Um dem Rechnung zu tragen und in dem Wunsche, die Belange der Gemeinschaft möglichst nicht zu verletzen, beabsichtige das BMWi, ein Zollkontingent in Höhe von monatlich 120000 t festzusetzen. Die Franzosen hätten sich in den mit ihnen hierüber geführten Verhandlungen mit einem solchen Kontingent und der vorgesehenen Höhe einverstanden erklärt, wollten aber die Zollsenkung auf die Dauer von sechs Monaten befristen und wünschten auch eine Erhöhung der von der Bundesrepublik in Aussicht genommenen Zollsätze. Nach Auffassung der Franzosen sollte nach Ablauf der sechs Monate der Status quo ante wieder hergestellt sein. Nach sechs Monaten seien aber die Verhandlungen nach Paragraph 14 des Überleitungsabkommens angelaufen, nach deren Beginn nach übereinstimmender Auffassung ein autonomes Vorgehen rechtlich nicht mehr zulässig sei. Die Verhandlungen nach Paragraph 14 Überleitungsabkommen würden von der Hohen Behörde als Mandatar aller Mitgliedsstaaten geführt. Erst wenn ein einstimmiger Beschluß des Ministerrates nicht zustande komme, könnten die Mitgliedsstaaten Zollsenkungen autonom vornehmen. So lange könnte aber die beabsichtigte Zollsenkung nicht zurückgestellt werden. Bundesminister Erhard sei jedenfalls unbedingt für die Senkung der Eisenzölle; sie entspreche der von uns allgemein verfolgten wirtschaftspolitischen Linie. Ein Festhalten an den gegenwärtigen hohen Zöllen sei auch geeignet, die Kritik am Schumanplan in Deutschland wachsen zu lassen." In einem Vermerk vom 21. Aug. 1953 hielt der Protokollant dazu fest: „[...] Nach übereinstimmender Protokollierung sowohl von mir als auch von ORR Dr. Heise (BMM) hat Staatssekretär Dr. Westrick die im Protokoll aufgenommenen Ausführungen gemacht. In der Kabinettssitzung vom 18. 8. soll der Bundesminister der Justiz die Ansicht vertreten haben, daß er Zweifel habe, ob die Bundesregierung nach dem Montanvertrag befugt sei, autonome Zollregelungen vorzunehmen. Vermutlich wünscht Staatssekretär Dr. Westrick seine im Kabinettsausschußprotokoll niedergelegten Ausführungen deshalb zu mildern. Eine formelle Protokolländerung kann nicht in Betracht gezogen werden [...]." Der Änderungswunsch wurde den offiziellen Teilnehmern der Ausschußrunde im nachhinein zur Kenntnis zugesandt.

doch zu diesem Zweck für besser, Verhandlungen aufzunehmen über die Instruktionen, die der Hohen Behörde vom Ministerrat zwecks Aufnahme von Assoziationsverhandlungen zu erteilen seien. Wenn dann, wie sicher zu erwarten, keine Übereinstimmung zu erzielen wäre, würde die Zollautonomie auch nach dem Montanvertrag wieder hergestellt.

Staatssekretär Hartmann pflichtet dem von Staatssekretär Prof. Dr. Hallstein vorgetragenen Rechtsstandpunkt bei, hält es aber auch für erwünscht, daß das wirtschaftspolitische Ziel des Bundeswirtschaftsministers erreicht werde und zwar ziemlich schnell.

In der weiteren Erörterung werden starke Zweifel geäußert, ob auf dem von Staatssekretär Prof. Dr. Hallstein vorgeschlagenen Weg die wünschenswerte schnelle Regelung erreicht werden kann. Ferner wird es als bedenklich angesehen, die wirtschaftlich und politisch wichtigen Assoziationsverhandlungen, in denen die Zollfrage nur einen Teilausschnitt bildet, von deutscher Seite aus scheitern zu lassen und sich mit diesem Odium zu belasten.

Der Kabinettsausschuß beschließt

a) der Bundesfinanzminister wird einen Verordnungsentwurf für die Zollherabsetzung entsprechend der Vorlage dem Kabinett zur Beschlußfassung zuleiten,

b) die Mitteilung dieser Maßnahmen an die Hohe Behörde soll mit einem Brief verbunden werden, in dem zum Ausdruck gebracht wird, daß die Bundesrepublik ihre Zölle wieder erhöhen wird, wenn es sich bei den Assoziationsverhandlungen als notwendig erweisen sollte.

Dieser Brief soll zwischen dem Auswärtigen Amt, dem Bundesfinanzministerium und dem Bundeswirtschaftsministerium abgestimmt werden. Die Kabinettsvorlage zu a) soll in der Kabinettssitzung am 18.8. beraten werden[7].

1. DEVISENBEREITSTELLUNG FÜR LUFTFAHRT BMV

Staatssekretär Dr. Bergemann trägt den Inhalt der Kabinettsvorlage des Bundesverkehrsministers vor[8].

---

[7] Fortgang 305. Kabinettssitzung am 18. Aug. 1953 TOP 12 (Kabinettsprotokolle 1953, S. 432 f.). – Das BMF legte mit Datum vom 14. Aug. 1953 einen dem Antrag des BMWi entsprechenden Entwurf einer „Vierten Verordnung über Zolltarifänderungen aus Anlaß der Errichtung des Gemeinsamen Marktes der Europäischen Gemeinschaft für Kohle und Stahl" (B 126/11130 und B 136/371) vor. – Verordnung vom 27. Aug. 1953 (BGBl. I 1068).

[8] Siehe 268. Kabinettssitzung am 9. Jan. 1953 TOP 5 (Kabinettsprotokolle 1953, S. 91 f.). – Vorlage vom 11. Aug. 1953 in B 136/9955, weitere Unterlagen in B 108/58961. – Auf der Grundlage des Kabinettsbeschlusses vom 26. Sept. 1952 (Kabinettsprotokolle 1952, S. 606) war am 6. Jan. 1953 die Aktiengesellschaft für Luftverkehrsbedarf gegründet worden. Das Kabinett hatte in der 268. Sitzung am 9. Jan. 1953 das Beschaffungsprogramm in Höhe von 150 Millionen DM u.a mit der Auflage gebilligt, daß keine Verpflichtungen eingegangen werden sollten, solange der Beginn des deutschen zivilen Luftverkehrs noch nicht feststehe. Das BMV hatte jedoch den sofortigen Kauf von vier Mittelstreckenflugzeugen für 1954 und vier Langstreckenflugzeugen für 1955 als notwendig erachtet. Ein Kaufvertrag mit der Firma Lockheed Aircraft Corp. lag bereits vor. In seiner Vorlage erläuterte das BMV die finanziellen Modalitäten des Kaufes. Rechtliche Hindernisse bestanden nach Ansicht des

Der Kabinettsausschuß stimmt der Vorlage zu.

Der *Vizekanzler*, die *Staatssekretäre Prof. Dr. Hallstein, Hartmann, Sauerborn* und *Präsident Bernard* heben jedoch übereinstimmend hervor, daß damit die Zustimmung zu einem erweiterten Programm der Luftfahrt nicht präjudiziert werde.

Die Angelegenheit soll im Kabinett am 18. 8. 1953 beraten werden, da der entgegengesetzte Kabinettsbeschluß vom 9. 1. 1953 aufgehoben werden muß[9].

3. VERWENDUNG VON DM-MITTELN ZUR BEZAHLUNG VON VERTEIDIGUNGSAUSGABEN (OFF SHORE) BMWi

In kurzer Aussprache wird beschlossen, diese Frage in der nächsten Sitzung des Kabinettsausschusses zu behandeln. (Voraussichtlich in der am 23. 8. beginnenden Woche)[10].

Außerhalb der Tagesordnung

[A.] CHINA-GESCHÄFT BMWi

Außerhalb der Tagesordnung bringt *Staatssekretär Dr. Westrick* die Sprache auf die auf Veranlassung des Auswärtigen Amtes in der Bundesrepublik vorgenommene Erweiterung des Embargos gegenüber Rotchina[11]. Dadurch wird nach Auffassung des Bundeswirtschaftsministeriums die deutsche Stellung in diesem Markt stärkstens gefährdet. Das Bundeswirtschaftsministerium legt größten Wert darauf, das Rotchinageschäft zu erhalten[12].

Ministerialdirigent Dr. van Scherpenberg erklärt, daß die Ausdehnung des Embargos auf einen englischen Vorschlag zurückgehe, der auf Grund von Bespre-

---

BMV nicht, da nach AHK-Gesetz Nr. 24 nur die Einfuhr von Luftfahrzeugen verboten sei, nicht aber deren Kauf.

9 Vgl. 268. Kabinettssitzung am 9. Jan. 1953 TOP 5 (Kabinettsprotokolle 1953, S. 91 f.). – Fortgang 305. Kabinettssitzung am 18. Aug. 1953 TOP 4 (Kabinettsprotokolle 1953, S. 429 f.).

10 Laut Einladung sollte eine Vorlage des BMWi noch folgen. – Fortgang 39. Ausschußsitzung am 19. Aug. 1953 TOP 1.

11 Das Coordinating Committee for Multilateral Export Controls (COCOM) war ein Beratungsgremium westlicher Staaten, das die Aufgabe hatte, den Handel mit den Ostblock-Staaten zu kontrollieren und hinsichtlich militärisch wichtiger Güter und Rohstoffe zu unterbinden. Ende 1952 war ein China-Committee eingerichtet worden, das u.a. die im Okt. 1951 von England im COCOM eingereichte Zusatz-Embargoliste für China verabschieden sollte. Diese Liste umfaßte Erzeugnisse der Feinmechanik und Optik, der Elektrotechnik, der Werkzeug- und Werkzeugmaschinenindustrie sowie sämtliche Stahl- und Eisenerzeugnisse vom Rohmaterial bis zum fertigen Walzwerkerzeugnis. Die Bundesrepublik hatte sich mit Ausnahme der Position Eisen und Stahl, die von Frankreich ebenso entschieden abgelehnt wurde, den britischen Vorschlägen angeschlossen. Gemeinsam mit der französischen Delegation hatte Deutschland einen Gegenvorschlag eingereicht, der nur gewisse hochwertige Eisen- und Stahlerzeugnisse umfaßte. Die Annahme dieses Vorschlags durch das China-Committee wurde von den USA zum Anlaß einer diplomatischen Demarche genommen, der schließlich nachgegeben wurde. Laut Vermerk vom 5. Aug. 1953 (B 102/57808) hatte das Bundeskabinett am 4. Aug. 1953 beschlossen, dem amerikanischen Druck zu weichen und das Embargo für Eisen und Stahl in der vorgeschlagenen Form anzunehmen. Dieser Beschluß fand im Protokoll der 304. Kabinettssitzung am 4. Aug. 1953 keinen Niederschlag (Kabinettsprotokolle 1953, S. 417–422). Weitere Unterlagen in B 102/57859, B 102/435422.

12 Zum Handel mit der Volksrepublik China vgl. 6. Ausschußsitzung am 18. Juni 1951 TOP 4.

chungen in Washington im Januar gemacht wurde. Bisher waren Frankreich und die Bundesrepublik gegen diese Ausdehnung. Als die Franzosen jedoch ihren Standpunkt in Washington revidierten, war die Bundesrepublik isoliert. Auf Drängen der Amerikaner wurde deutscherseits in Aussicht gestellt und inzwischen in einem an die USA abgesandten Schreiben zugesichert, daß sich die Bundesrepublik unter zwei Einschränkungen einem Totalembargo anschließen würde, nämlich:

a) der deutsche Anschluß gilt nur für 3–4 Monate; innerhalb dieser Zeit muß die Frage neu erörtert werden,

b) das deutsche Totalembargo wird zurückgezogen, wenn sich herausstellen sollte, daß das Totalembargo nicht effektiv ist (wenn nämlich England z.B. unter Durchbrechung der eingegangenen Verpflichtung liefern sollte)[13].

Staatssekretär Dr. Westrick erklärt, daß die Feststellung der Durchbrechung praktisch kaum möglich sein werde und daß er im Interesse der Wahrung der deutschen Position im Chinamarkt mit dem Auswärtigen Amt zu einer gemeinsamen Überprüfung der Frage zu kommen wünsche.

Der Kabinettsausschuß nimmt von diesen Ausführungen vorläufig Kenntnis.

---

[13] Vgl. Vermerk vom 6. Aug. 1953 in B 102/57859.

39. Sitzung des Kabinettsausschusses für Wirtschaft am Mittwoch, den 19. August 1953

Teilnehmer: Blücher; Hartmann, Westrick, Sauerborn, Bergemann; Emminger (BdL), Jerratsch (BML), Fischer-Dieskau (BMWo), Junker (AA), Nahm (BMVt), Zettelmeyer (BMG), Oeftering (BMF), Wolff (BMF), Lenski (BMF), Loosen (BMF), Müller-Armack (BMWi), Rau (BMWi), Hanemann (BMWi), Heise (BMM). Protokoll: Hornschu.

Ort: Haus Carstanjen

Beginn: 10.00 Uhr — *Ende: 13.10 Uhr*

Tagesordnung[1]*:*

1. *Entwurf eines Abkommens zwischen der Regierung der Vereinigten Staaten von Amerika und der Regierung der Bundesrepublik Deutschland über die von der Bundesrepublik zu gewährenden Abgabevergünstigungen für die von den Vereinigten Staaten zum Zwecke der gemeinsamen Verteidigung geleisteten Ausgaben*
   Vorlage des BMWi vom 11. Aug. 1953 (IV D 1 – 26839/53).
2. *Förderungsprogramm für den Grenzstreifen entlang dem eisernen Vorhang*
   Vorlage des BMWi vom 13. Aug. 1953 (I – A II – 2246/53).

1. ENTWURF EINES ABKOMMENS ZWISCHEN DER REGIERUNG DER VEREINIGTEN STAATEN VON AMERIKA UND DER REGIERUNG DER BUNDESREPUBLIK DEUTSCHLAND ÜBER DIE VON DER BUNDESREPUBLIK ZU GEWÄHRENDEN ABGABEVERGÜNSTIGUNGEN FÜR DIE VON DEN VEREINIGTEN STAATEN ZUM ZWECKE DER GEMEINSAMEN VERTEIDIGUNG GELEISTETEN AUSGABEN BMWi

ORR Dr. Hanemann (BWM) trägt den Inhalt der Kabinettsvorlage des Bundeswirtschaftsministers vor[2].

---

[1] Gemäß Einladung vom 17. Aug. 1953.

[2] Vorlage des BMWi vom 11. Aug. 1953 in B 102/3041 und B 136/3128. – Die Abgabevergünstigungen bezogen sich auf Teile der Umsatzsteuer, Verbrauchssteuern und Monopolabgaben für Leistungen, die die Vereinigten Staaten für die gemeinsame Verteidigung einschließlich des Auslandshilfsprogramms erbringen sollten. Das BMWi berichtete in seiner Vorlage über die noch offenen Fragen, insbesondere über die Modalitäten der Bezahlung seitens der USA, die die DM in bestimmten Fällen als devisengleiches Zahlungsmittel ansahen. Das BMWi schlug vor, für das laufende amerikanische Fiskaljahr Zahlungen in DM aus den beschleunigten Abrufen gemäß Artikel IV des Londoner Abkommens zuzulassen. Für die folgenden Jahre sollte mit den USA jeweils erneut verhandelt werden, ob und in welcher Höhe Zahlungen in DM unter Berücksichtigung der Dollarsituation der Bundesrepublik zu erfolgen hätten.

In der anschließenden Erörterung kommt die Erwägung zum Ausdruck, daß der Wunsch der USA auf Einsatz von DM-Mitteln aus den beschleunigten Abrufen[3] das in London anerkannte deutsche Verlangen auf Begrenzung von Transfer und Aufbringung nicht berücksichtigt. Auf der anderen Seite würde durch den Einsatz der beschleunigten DM-Abrufe die Bundesregierung von der Rückzahlung der StEG-Verpflichtung in Dollar ab 1958 in gleichem Maße befreit[4].

Der *Vizekanzler* und *Staatssekretär Hartmann* tragen Bedenken, die beschleunigten DM-Zahlungen für off shore Lieferungen zur Verfügung zu stellen[5].

Die *Staatssekretäre Dr. Westrick* und *Hartmann* halten die Rechtslage für sehr zweifelhaft und sind der Auffassung, daß man auch politische und wirtschaftliche Erwägungen berücksichtigen müsse. Beide Staatssekretäre schlagen daher vor, mit Mr. Harris in Besprechungen im kleinsten Kreis einzutreten[6]. Dabei möchten sie die Frage geklärt wissen, ob es hierüber wirklich eine völlig einheitliche Auffassung in den USA gibt[7].

Man war allgemein der Auffassung, daß in der in Aussicht genommenen Besprechung mit Mr. Harris die Tatsache Berücksichtigung finden könne, daß z.Zt. für die Bundesregierung eine Entscheidung im Sinne der Amerikaner politisch außerordentlich schwer sein würde. Die Besprechungen mit Mr. Harris sollen also dazu dienen, zumindest die Lösung des Gesamtproblems auf einen späteren Zeitpunkt zu vertagen.

Ferner war man in der Erörterung auch der Auffassung, daß für die Amerikaner eigentlich keine zwingende Notwendigkeit bestehen sollte, die hier grundsätzlich aufgeworfene Frage unbedingt schon für die unmittelbar bevorstehenden off shore Aufträge entschieden zu wissen. In der Besprechung mit Mr. Harris soll die Frage auch in diesem Sinne von deutscher Seite verfolgt werden.

Auf die Frage des *Vizekanzlers*, welche Beträge z.Zt. überhaupt in Betracht kämen, berichtet *ORR Loosen* (BFM), daß nach dem gegenwärtig laufenden Zahlungsplan die nächste Zahlung in Höhe von 5 Mio Dollar im Oktober 1953 und die

---

[3] In Artikel IV des Londoner Abkommens hatte sich die Bundesrepublik verpflichtet, vor dem vereinbarten Zahlungsbeginn im Jahre 1958 auf Wunsch der USA Ausgaben der USA in Deutschland im Gegenwert von bis zu 40 Millionen Dollar jährlich zu begleichen.

[4] Angesprochen ist das sog. StEG-Abkommen (Abkommen vom 27. Febr. 1953 „über die Regelung der Verbindlichkeiten der Bundesrepublik Deutschland gegenüber den Vereinigten Staaten von Amerika aus der Lieferung von Überschußgütern an Deutschland") im Rahmen des multilateralen Londoner Schuldenabkommens (Gesetz vom 24. Aug. 1953, BGBl. II 331). Die von den USA in der Bundesrepublik belassenen Güter hauptsächlich aus Heeresbeständen wurden von der Staatlichen Erfassungsgesellschaft für öffentliches Gut (StEG) erfaßt und verteilt.

[5] Bei Offshore-Lieferungen handelte es sich um Warenlieferungen (insbesondere zur Deckung des militärischen und zivilen Bedarfs für die außerhalb der USA stationierten Streitkräfte), die von den USA bezahlt wurden, die aber die amerikanische Küste nicht berührten.

[6] Westrick konferierte am 4. Sept. 1953 mit Harris, Erhard am 14. Sept. 1953 mit Harris und dem stellv. Verteidigungsminister Nash (vgl. Schreiben vom 9. Sept. 1953 und Vermerk vom 15. Sept. 1953 in B 102/3041).

[7] Nach einer Kanzleiberichtigung, die den Teilnehmern der Ausschußsitzung am 26. Aug. 1953 zuging, war an dieser Stelle noch folgender Satz einzufügen: „Staatssekretär Dr. Westrick legt Wert auf eine Lösung, damit die Bundesregierung bei den off shore Aufträgen nicht zu kurz kommt, weil sonst die übrigen Industrieländer in diese Lücke eintreten würden."

übernächste Zahlung in gleicher Höhe im Januar 1954 fällig sei. Die für Juli 1953 vorgesehene Zahlung in Höhe von 5 Mio Dollar sei bereits abgerufen und stelle höchstwahrscheinlich den Betrag dar, der allein zur Zeit den Amerikanern zur Verfügung stehe. Wie *Vizekanzler Blücher* zutreffend ausgeführt habe, seien die beiden dieser Zahlung vorausgehenden Abrufe (5 Mio Dollar im März 1953 und 13 Mio Dollar im April 1953) in der Hauptsache für den Betrag von 54 Mio DM, den die US-Regierung für die weitere Bevorratung Berlins zur Verfügung gestellt habe, aufgebraucht worden.

Der *Vizekanzler* ist zwar der Auffassung, daß wir auf keinen Fall auf Dollars verzichten dürften, bei einer Begrenzung der DM-Zahlungen dagegen halte er es für vertretbar, eine Einbuße in Dollar-Einnahmen vielleicht in Kauf zu nehmen.

Der Kabinettsausschuß beschließt, die Staatssekretäre Dr. Westrick und Hartmann zu bitten, die Besprechung mit Mr. Harris in diesem Sinne unter Berücksichtigung der in der Erörterung zutage getretenen Gesichtspunkte zu führen[8].

2. FÖRDERUNGSPROGRAMM FÜR DEN GRENZSTREIFEN ENTLANG DEM EISERNEN VORHANG BMWi

Ministerialrat Dr. Rau (BWM) trägt den Inhalt der Kabinettsvorlage des Bundeswirtschaftsministers vor[9].

Staatssekretär Hartmann betont, daß bei der Förderung der Zonengrenzgebiete Haushaltsmaßnahmen und steuerliche Maßnahmen auseinanderzuhalten seien. Für steuerliche Maßnahmen brauche man die Mitwirkung der Länder. Man

---

[8] Unterlagen zu den Offshore-Verhandlungen in B 102/3030–3046, B 126/11081 und 11082, B 126/11091 und B 146/793–795. – Fortgang 43. Kabinettssitzung am 8. Sept. 1954 TOP 6 (Kabinettsprotokolle 1954, S. 375) und 21. Ausschußsitzung am 17. Dez. 1954 TOP 4. – BT-Drs. 1211, BR-Drs. 28/55, Gesetz vom 19. Aug. 1955 (BGBl. II 821).

[9] Siehe 298. Kabinettssitzung am 23. Juni 1953 (Kabinettsprotokolle 1953, S. 360 f.). – Vorlage des BMWi vom 14. Aug. 1953 in B 102/13192a und B 136/698. – Am 2. Juli 1953 hatte der Bundestag ein „Förderprogramm für die Gebiete an der Zonengrenze" beschlossen. Neben Zuschüssen zu überhöhten Frachtkosten infolge der Schließung der Zonengrenze und des Wegfalls von Absatzgebieten sowie steuerlichen Erleichterungen insbesondere zur Rücklagenbildung und Erhöhung des Anlagevermögens sah es Mittel für kulturelle Hilfsmaßnahmen vor. Ferner sollte das Zonenrandgebiet bei allen Investitions- und Förderungsprogrammen des Bundes künftig besondere Berücksichtigung finden (BT-Drs. 4276, 4467 und 4563 sowie Umdruck Nr. 1066, Stenographische Berichte, Bd. 17, S. 13955–13970 und 14407). In seiner Vorlage hatte das BMWi den Entwurf einer Stellungnahme der Bundesregierung zu den Beschlüssen des Bundestages vorgelegt. Darin sollte die Notwendigkeit anerkannt werden, „der wirtschaftlichen Verödung des Gebiets entlang dem Eisernen Vorhang durch besondere Hilfsmaßnahmen entgegenzuwirken". Zu den bis dahin bereits ergriffenen Maßnahmen sollten 7,5 Millionen DM für Frachthilfen bereitgestellt (Ziffer 1) und den betroffenen Bundesländern nahegelegt werden, der Situation im Zonengrenzgebiet bei der Festsetzung der Gewerbesteuer und anderer Abgaben sowie durch eine großzügige Nutzung von steuerlichen Ermessensspielräumen Rechnung zu tragen (Ziffer 2). Alle Bundesbehörden sollten angewiesen werden, „nach Möglichkeit bei Anordnungen und Erlassen, bei der Vorbereitung von Gesetzen und Richtlinien, bei der Durchführung von Investitions- und Hilfsprogrammen u.a. Maßnahmen sowie allgemein bei der Verwendung der bewilligten Etatmittel für das Grenzgebiet entlang dem Eisernen Vorhang eine besondere Begünstigung vorzusehen" (Ziffer 3). Schließlich wollte die Bundesregierung für die Dauer von fünf Jahren jährlich 25 Millionen DM für kulturelle Hilfs- und Fördermaßnahmen bereitstellen (Ziffer 4).

werde zweckmäßigerweise die Länderministerien herbitten und die Förderungsmöglichkeiten mit diesen besprechen. Zum Teil bedürfe es gesetzlicher Grundlagen; Verwaltungsmaßnahmen seien natürlich leichter möglich. Weiter brauche man sich hier daher über steuerliche Maßnahmen nicht zu verbreiten.

Der *Vizekanzler* hebt hervor, daß nach seiner Kenntnis der Dinge an der Bereitstellung von Investitionsmitteln unter diesen Förderungsgesichtspunkten kein Interesse bestehe, eben weil die Wirtschaft in diesen Gebieten aus verschiedenen anderen Gründen nicht konkurrenzfähig ist. Ihm sei als besonderer Wunsch der Bau einer Ost-West-Straße für die Erschließung des bayerischen Nordostgebietes vorgetragen worden[10].

Min.Dir. Prof. Dr. Oeftering (BFM) führt aus, daß in dem Problem gemäß den vorliegenden Bundestagsbeschlüssen verschiedene Elemente enthalten seien, so daß für die Durchführung eine Reihe von Wegen gegangen werden müßten, die auch längere Zeit in Anspruch nehmen würden. Ein gewisses Sofortprogramm werde aber in diesen Gebieten auf alle Fälle erwartet. Allerdings bleibe bei Ausklammerung des steuerlichen Teils nur ein allgemeiner Wohlwollenserlaß für die Anwendung des administrativen Ermessens übrig.

Das Problem der Frachthilfe könne sofort gelöst werden. Allerdings sei das Bundesfinanzministerium, statt des vom Bundeswirtschaftsministerium vorgeschlagenen Betrages von 7,5 Mio DM, nur bereit, 5 Mio DM über die bisher schon im Sanierungsprogramm bereitgestellten Mittel hinaus auszuwerfen. Bei genügendem Druck werde sich Bayern an der Frachthilfe zur Hälfte beteiligen[11].

Die Ziffer 4 des vorgeschlagenen Beschlusses gehöre nicht in den Rahmen des Sofortprogramms, da die Bereitstellung eines derartigen Betrages für 5 Jahre haushaltsrechtliche Schwierigkeiten bereiten würde und im übrigen die Länder auf dem fraglichen Gebiet zu beteiligen seien.

Staatssekretär Sauerborn weist noch darauf hin, daß häufig Betriebe für dauernd aus den Zonengrenzgebieten wegverlegt würden, weil die Gemeinden mancher Länder sehr günstige steuerliche Bedingungen in Aussicht stellen. Diese Frage soll mit den Ländern im Zusammenhang mit der beabsichtigten Erörterung der Steuerfrage behandelt werden.

Ministerialrat Jerratsch (BELF) ist der Auffassung, daß der landwirtschaftliche Sektor für Kartoffeln und Zuckerrüben auch Frachthilfen nötig hätte.

Min.Dir. Prof. Dr. Oeftering erwidert hierzu, daß Frachthilfen nur für diejenigen in Betracht kommen, die durch die Grenzziehung genötigt seien, Umwegfrachten zu bezahlen.

Min.Dir. Dr. Nahm (BM f. Vertriebene) betont, daß darauf zu achten sei, daß den Grenzgebieten kein Vorrecht gegenüber den Vertriebenen eingeräumt werde. Gegen eine Gleichstellung hat er nichts einzuwenden.

Der *Vizekanzler* faßt das Ergebnis der Aussprache dahin zusammen, daß die durchschlagende Hilfe nur durch eingehende Verhandlungen mit den Ländern zu

[10] Nicht ermittelt.

[11] Unterlagen zu den Sanierungsprogrammen der Bundesregierung 1952/53 und 1953/54 in B 136/659–671 und 2378 und 2379 sowie B 102/13233–13260 und 13406–13409b.

erreichen sein werde, weil dem Bund die Gesetzgebungskompetenz fehle. Seitens des Bundes kann nur

1.) die Frachthilfe gewährt werden;

2.) eine Empfehlung seitens des Bundesministers der Finanzen an die Länder gegeben werden, ihrerseits durch die gewünschten Maßnahmen im Rahmen ihrer Kompetenz zu helfen[12];

3.) durch den Bundesminister für Wirtschaft könnten die Bestimmungen über die notleidenden Gebiete im Sinne der VOL geändert werden.

Schließlich sei zu erörtern, ob in Zukunft für bestimmte Unterstützungsmaßnahmen weitere Haushaltsmittel angesetzt werden könnten.

Alles müßte so dringend behandelt werden, daß zwei Wochen vor dem Wahltag die Maßnahmen von der Bundesregierung veröffentlicht werden könnten.

Zu Punkt 3 des Vorschlags des Vizekanzlers trägt *Ministerialrat Dr. Rau* (BWM) anhand von Übersichtskarten die vom Bundeswirtschaftsministerium geplante Erklärung des gesamten Zonengrenzstreifens als notleidendes Gebiet im Sinne der VOL vor, wobei Wilhelmshaven und Berlin wiederum mit unter die Regelung fallen würden. Der Zonengrenzstreifen sei auf eine Breite von 40 km begrenzt[13].

Staatssekretär Sauerborn meint, daß durch diese Regelung auch Gebiete miteinbezogen würden, die nicht so notleidend seien, wenn freilich auch die schematische Festlegung eines solchen Grenzstreifens von 40 km Breite praktisch einfach sei.

Auch *Min.Dir. Dr. Nahm* (BM f. Vertriebene) tritt diesem Bedenken bei.

Der *Vizekanzler* betont das Interesse der Bundesregierung an äußerster Beschleunigung der Maßnahmen und ihrer Veröffentlichung. Daher soll sofort eine Arbeitsbesprechung der beteiligten Ressorts einberufen werden, in der die Formulierung der von der Bundesregierung vorzunehmenden Veröffentlichung ausgearbeitet werden soll.

Für die Festlegung der notleidenden Gebiete im Sinne der VOL soll der Bundesregierung ein Beschluß vorgeschlagen und zur Bekanntgabe an die Öffentlich-

[12] Mit Schreiben vom 12. Okt. 1953 (B 126/11656 und B 136/698) empfahl das BMF den Finanzministern von Bayern, Hessen, Niedersachsen und Schleswig-Holstein eine entgegenkommende Behandlung 1) von „Stundungs- und Erlaßanträgen auf dem Gebiet der Einkommenssteuer, Körperschaftsteuer, der Abgabe ‚Notopfer Berlin‘, der Vermögenssteuer und der Vermögenssteuerabgabe zum Lastenausgleich“ sowie 2) von Anträgen auf „Sonderabschreibungen für neu angeschaffte oder neu hergestellte Wirtschaftsgüter des Anlagevermögens“. Außerdem sollte den besonderen Verhältnissen der Grenzgemeinden im Rahmen des kommunalen Finanzausgleichs Rechnung getragen werden.

[13] Unterlagen in B 102/19785 und 19786. – Das BMWi legte mit Schreiben vom 20. Aug. 1953 den Entwurf einer Verwaltungsvorschrift zur Definition der notleidenden Gebiete im Sinne des § 24 Abs. 3 der Verdingungsordnung für Leistungen (VOL) vor, die sinngemäß auch bei Auftragsvergaben nach der Verdingungsordnung für Bauleistungen (VOB) anzuwenden sei. Danach sollten das Land Berlin, die Stadt Wilhelmshaven samt der umliegenden Gemeinden und das „Zonengrenzgebiet“, das alle Kreise an der Ostgrenze der Bundesrepublik zwischen Flensburg und Passau umfassen sollte, als notleidende Gebiete gelten (B 136/2485). – Fortgang hierzu 306. Kabinettssitzung am 25. Aug. 1953 TOP 4 (Kabinettsprotokolle 1953, S. 437) und 1. Ausschußsitzung am 19. Nov. 1953 TOP 2.

keit vorgelegt werden, der etwa basieren könnte auf der in der Kabinettsausschußsitzung von Staatssekretär Dr. Westrick vorgetragenen Formulierung, oder, wenn das nicht möglich sein sollte, wenigstens deren Gedanken mit berücksichtigen sollte.

Die Veröffentlichung soll eine Übersicht über die bisherigen Leistungen und über die in Zukunft vorgesehenen Hilfsmaßnahmen geben. An der Besprechung sollen sich die Bundesminister der Finanzen, für Vertriebene, für Arbeit, für Wohnungsbau, für Verkehr und für den Marshallplan beteiligen.

Der *Vizekanzler* bittet, ihm den Text der Veröffentlichung dann umgehend vorzulegen[14].

Außerhalb der Tagesordnung

[A.] SCHWEIZERISCHE INVESTITIONSKREDITE FÜR DIE DEUTSCHE BUNDESBAHN UND DIE DEUTSCHE INDUSTRIE BMF

In Ausführung des Kabinettsbeschlusses vom 18. 8. 1953 werden die Kreditverträge mit der Schweiz erörtert, um die Instruktionen für den Abschluß der Kreditverträge mit der Industrie festzulegen. Nachdem die Kreditverhandlungen über den Bundesbahnkredit abgeschlossen sind, handelt es sich nur noch um die Verhandlungen über die Industriekredite. Die Schweizer haben ein Junktim in dem Sinne hergestellt, daß der Bundesbahnkredit nur dann unterzeichnet wird, wenn zur gleichen Zeit die Bedingungen für die Industriekredite festgelegt werden[15].

Der *Vizekanzler* bemerkt hierzu, daß nach dem Kabinettsbeschluß der derzeitige Wartezustand für die Deutsche Bundesbahn beendet werden soll und daß auf alle Fälle ermöglicht werden soll, dem von den Schweizern erstrebten Junktim auszuweichen.

Direktor Emminger (BdL) ist der Auffassung, daß an diesen Industriekrediten kein wesentliches deutsches Interesse bestehe. Zwar sei natürlich die deutsche Industrie daran interessiert, weil für sie die Kredite günstig seien, jedoch seien

[14] Besprechung nicht ermittelt. – Pressemitteilung in Bulletin Nr. 160 vom 25. Aug. 1953, S. 1343. – Fortgang 5. Ausschußsitzung am 19. März 1954 TOP 3.

[15] Siehe 305. Kabinettssitzung am 18. Aug. 1953 TOP 11 (Kabinettsprotokolle 1953, S. 425). – Vorlage des BMF vom 14. Aug. 1953 in B 126/12420 und B 136/1123. Die Grundlage der Kreditverhandlungen bildete das deutsch-schweizerische Schuldenabkommen vom 26. Aug. 1952 (Gesetz vom 7. März 1953, BGBl. II 15), dementsprechend ein Teilbetrag der von der Schweiz gegen den Bund geltend gemachten Forderung aus der sog. Clearing-Milliarde für Investitionen in Deutschland verwendet werden sollte. Auf diesem Wege sollten der Deutschen Bundesbahn 140 Millionen Schweizer Franken zur Finanzierung der Elektrifizierung der Bahnstrecke Basel-Karlsruhe zur Verfügung gestellt werden. Die Verhandlungen waren am 6. Aug. 1953 abgeschlossen worden (Unterlagen in B 126/12420). Vereinbarungsgemäß sollten zudem 110 Millionen Schweizer Franken in ausgewählte Werke der deutschen Eisen- und Stahlindustrie, denen gegenüber die Schweiz ein besonderes Bezugsinteresse hatte, investiert werden. Die Schweizer Vorstellungen für den Industriekredit sahen u. a. eine Beteiligung Schweizer Banken an der nötigen Vorfinanzierung mit 30 Millionen auf ein bis zwei Jahre, die Zusammendrängung des Aufbringungsplanes des BMF auf fünf Jahre und eine Verzinsung des Kredits mit 5 bis 5½% vor (Unterlagen hierzu in B 126/68395 und B 102/26646f.).

die zu transferierenden Zinsen zu hoch. Infolgedessen würde die Zinsbelastung der deutschen Wirtschaft, wenn von der Möglichkeit schweizerischer Investitionen kein Gebrauch gemacht werden würde, wesentlich geringer sein, als sie auch bei der nunmehr auf 4% herabgesetzten Verzinsung ist. Er sei daher dafür, die Kreditverhandlungen nur auf den Bundesbahnkredit zu beschränken und die Stahlwerksfinanzierungen nicht einzubeziehen. Im übrigen sei die Bundesrepublik nach der Auffassung der Bank deutscher Länder nicht an mittelfristigen Krediten interessiert, sondern nur an langfristigen. Auch sei es kapitalmarktpolitisch unerwünscht, für einige ausgewählte Industriewerke unter Mithilfe der Regierung so günstige Kreditbedingungen zu schaffen, die allgemein sonst nicht möglich seien.

Der *Vizekanzler* bemerkt zu diesen Einwendungen, daß eben die Frage zu beantworten sei, ob die Öffnung des Kapitalmarktes den rein von der Kostenseite vorhandenen Mehraufwand wert sei. Dann sei zu erwägen, ob nicht den Kreditnehmern eine erhöhte Haftungsgebühr auferlegt werden soll, indem etwa statt ½% eine Haftungsgebühr von 1% berechnet werde. Praktisch werde auf diese Weise unterschieden zwischen der sich daraus ergebenden Devisenbelastung und der inneren Zinslast. Die Kreditnehmer würden also statt eines Haftungsentgelts eine Zinsdifferenz zu zahlen haben.

Dieser Gedanke des Vizekanzlers findet die Zustimmung von *Staatssekretär Dr. Westrick* und *Ministerialdirektor Prof. Dr. Oeftering. Dr. Oeftering* hält es für richtig, den Zinsfuß für ERP-Kredite zum Maßstab zu nehmen, und *Staatssekretär Dr. Westrick* glaubt, daß die Werke diese Belastung schließlich tragen müßten. Mit Bezug darauf, daß der Vertreter der Bank deutscher Länder das Bedürfnis für die Gewährung der fraglichen Kredite an die Industrie verneint, bemerkt der *Vizekanzler*, daß das Kapitalbedürfnis für die deutsche Wirtschaft unterschätzt werde. Er ist der Auffassung, daß die Inanspruchnahme der Schweizer Industriekredite doch wünschenswert sei.

Nach eingehender Aussprache beschließt der Kabinettsausschuß, daß die Verhandlungen auf der Grundlage des neuen Schweizer Angebotes durchgeführt werden sollen und zwar nach Maßgabe folgender Instruktionen für die deutschen Unterhändler:

1.) Die Konditionen für den Industriekredit müssen die gleichen sein wie für den Bundesbahnkredit, nämlich 4% Zinsen und 0,5% Haftungsentschädigung für den Bund, 20 tilgungsfreie Jahre und sodann Tilgung in fünf gleichen Jahresraten.

2.) Bei den Verhandlungen über die nach Artikel 5 Abs. 2 des Abkommens notwendige Änderung des Zahlungsplanes soll verlangt werden, daß, in Berücksichtigung der Erhöhung des Kredits um 50 Mio sfrs. gegenüber dem in Artikel 4 in Aussicht genommenen Betrage von 200 Mio sfrs., drei Tilgungsraten von je 14,9 Mio nach dem 1. April 1957 fortfallen, daß also nicht, wie das an sich auch möglich wäre, nur eine Herabsetzung der Tilgungsraten erfolgt.

3.) Eine Erklärung der Bundesregierung zu den mit den Industrieunternehmen unmittelbar auszuhandelnden Lieferungsbedingungen soll nach Möglichkeit vermieden werden. Allenfalls käme eine Erklärung des Inhalts in Frage, daß die

Durchführung der Lieferungsvereinbarungen von seiten der Bundesregierung nicht gehindert werden würde[16].

[B.] BESCHÄFTIGUNGSLAGE DER DEUTSCHEN WERFTEN BMWi

Der *Vizekanzler* hält es auf Grund der von ihm kürzlich gewonnenen Eindrücke und der ihm zugegangenen Berichte für dringend erforderlich, daß die Bundesregierung sich mit der Auftragslage bei den deutschen Werften beschäftigt, da offenbar ein harter Einbruch unmittelbar bevorstehe und sogar mit Illiquiditäten größeren Ausmaßes gerechnet werden müsse[17].

Im Hinblick auf die von dem *Vizekanzler* hervorgehobene Eilbedürftigkeit sagt *Staatssekretär Dr. Westrick* zu, für Anfang der kommenden Woche zu einer Besprechung bei sich einzuladen[18].

---

[16] Fortgang 306. Kabinettssitzung am 25. Aug. 1953 TOP E (Kabinettsprotokolle 1953, S. 440). – Texte der Abkommen vom 2. Sept. 1953 mit der Schweiz in B 126/12420. Auf dieser Grundlage wurden u. a. der August-Thyssen-Hütte AG in Duisburg-Hamborn der Gegenwert von 32 Millionen, den Hüttenwerken Phoenix AG in Duisburg-Ruhrort 27 Millionen, dem Gußstahlwerk Bochumer Verein AG in Bochum 12 Millionen Schweizer Franken zur Verfügung gestellt (Unterlagen zur Abwicklung dieser Kreditaktion in B 102/22782).

[17] Das BMWi konstatierte im November 1953 eine rückläufige Beschäftigtenzahl auf den Werften von 82151 am 1. Sept. auf 81328 am 1. Okt. 1953. Unterlagen hierzu in B 136/7717.

[18] Nicht ermittelt. – Unter Bezugnahme auf diese Ressortbesprechung legte das BMWi am 16. Okt. 1953 einen Bericht über die Beschäftigtenlage in der Werftindustrie vor (B 136/7717). Hierin wurde eine drohende Beschäftigungskrise vor allem in den mittleren und kleinen Werften bestätigt. Die Gründe lagen u.a. in der geringen Auftragslage für Schiffsneubauten, im Mangel an Eigenkapital und in den Einschränkungen bei der Gewährung von Krediten gemäß § 7d des Einkommensteuergesetzes (vgl. hierzu 270. Kabinettssitzung am 20. Jan. 1953 TOP 1, Kabinettsprotokolle 1953, S. 119f.). Zudem hatten Exportförderungsmaßnahmen der Konkurrenten Frankreich, der Niederlande und Japan die durch hohe Inlandspreise ohnehin belastete Wettbewerbssituation verschlechtert. Ein weiterer Grund lag in der generell höheren Kapazität durch die Umstellung auf die Schweißtechnik. Um dem deutschen Schiffsbau erforderliche Anschlußaufträge zu sichern und um eine Beschäftigungskrise abzuwenden, hatte das BMWi u. a. Preissenkungen für Schiffsbaumaterial und eine Modernisierung der überalterten deutschen Binnen-, Fischlogger- und Fischkutterflotte vorgeschlagen.

40. Sitzung des Kabinettsausschusses für Wirtschaft am Dienstag, den 22. September 1953

Teilnehmer: Blücher, Neumayer; Hartmann, Sonnemann (bis 11.00 Uhr), Sauerborn, Bergemann; Bernard (BdL), Krautwig (BMWi), Klamser (BMF), Louis (BMWi), Schmitt (BMWi) (ab 10.50 Uhr), Meseck (BML), Büchner (BML) (bis 11.00 Uhr), Schmerbach (BML), Elson (BMM), Hornschu (Bundeskanzleramt). Protokoll: Haenlein.

Ort: Haus Carstanjen

Beginn: 9.30 Uhr — *Ende: 11.20 Uhr*

Tagesordnung[1]:

1. *Entwürfe*

   a) einer Verordnung Z Nr. 1/53 über Preise für Zucker

   b) einer Verordnung Z Nr. 2/53 über die Durchführung eines Frachtausgleichs für Zucker
   Vorlage des BML vom 12. Sept. 1953 (IV A 3 – 4335 – 200/53).

2. *Mittel für die See- und Küstenfischerei*
   Vorlage des BML vom 4. Sept. 1953 (III C 3 – 3968.1–562/53 Kab. Nr. 688/53).

1. ENTWÜRFE

a) EINER VERORDNUNG Z NR. 1/53 ÜBER PREISE FÜR ZUCKER — BML

b) EINER VERORDNUNG Z NR. 2/53 ÜBER DIE DURCHFÜHRUNG EINES FRACHTAUSGLEICHS FÜR ZUCKER — BML

Staatssekretär Dr. Sonnemann führt aus, daß durch beide Verordnungen der Verbraucherpreis für Zucker nicht berührt werde[2]. Die Entwürfe seien mit den

---

[1] Gemäß Einladung vom 16. Sept. 1953.

[2] Siehe 27. Ausschußsitzung am 6. Okt. 1952 TOP 2. – Vorlage des BML vom 3. Sept. 1953 in B 116/7248 und B 136/2629, weitere Unterlagen in B 116/7242, 2181, B 102/12840 und 12986. – Die Entwürfe zu Z 1/53 und Z 2/53 stellten eine gesetzestechnische Neufassung der bisherigen Preisverordnung vom 3. Okt. 1951 (BAnz Nr. 192 vom 3. Okt. 1951, S. 1) bzw. der Vorschriften des Frachtausgleiches für Zucker dar. Der Frachtausgleich wurde als Ausgleich für einen unterschiedlichen Transportaufwand zur Gewährleistung eines einheitlichen Zuckerfestpreises gezahlt. Zur Finanzierung des Frachtausgleiches wurden Frachtausgleichsabgaben von den Produzenten und Importeuren abgeführt und von der Frachtausgleichskasse an Spediteure bzw. Händler ausgezahlt. Neben rechtlichen Gesichtspunkten hatte das BMF wegen der Mehrbelastung des Bundeshaushalts von ca. 1,6 Millionen DM durch die beabsichtigte Ausnahmeregelung für die Zuckerfabriken Einspruch erhoben.

beteiligten Bundesressorts und den beteiligten Wirtschaftskreisen abgestimmt worden. Mit dem Bundesfinanzministerium sei lediglich eine Einigung in einem Punkt nicht zustandegekommen. Das Bundesernährungsministerium befürworte – entsprechend früher gegebenen Zusagen zugunsten der Zuckerfabriken in Niedersachsen und Schleswig-Holstein – die Ab-Fabrikpreise bereits ab 1. 10. 1951 zu erhöhen, während das Bundesfinanzministerium dies erst ab 1. 10. 1952 zugestehen wolle. Die erforderlichen Mittel (1660000 DM) seien in der Frachtenausgleichskasse vorhanden; es verbliebe dann immer noch ein Überschuß von 381000 DM, der vorgetragen werden könne. Im übrigen werde durch die Ausschüttung dieser Mittel der Bundeshaushalt nicht berührt. Die Mittel würden durch die Zuckerfabriken aufgebracht und die Überschüsse könnten daher auch nicht vom Bund in Anspruch genommen werden.

Staatssekretär Hartmann entgegnet, daß der Bundesfinanzminister nicht beabsichtige, die Überschüsse der Frachtenausgleichskasse in Anspruch zu nehmen. Er habe jedoch Bedenken, die Erhöhung der Ab-Fabrikpreise für zwei Jahre rückwirkend durchzuführen, zumal die Zuckerfabriken ihre Bilanzen für 1951/52 bereits erstellt und veröffentlicht hätten. Außerdem sei auch die Verwaltungsarbeit bei einer Rückrechnung für zwei Jahre nicht unbeträchtlich. Hinzu komme, daß aus den Mitteln der Frachtenausgleichskasse im letzten Jahre 24 Mio DM für Lagerkosten zur Verfügung gestellt worden seien. In Anbetracht der Lage des Bundeshaushalts für 1953 sei das Vorhandensein einer solchen Reserve von ganz besonderer Bedeutung. Er befürworte nach wie vor die Ab-Fabrikpreise für die niedersächsischen und schleswig-holsteinischen Zuckerfabriken erst ab 1. 10. 1952 zu erhöhen. Sollte seine Auffassung nicht geteilt werden, bitte er die Entscheidung noch etwas zurückzustellen[3].

Der *Vizekanzler* weist darauf hin, daß diese Überlegungen rein praktischer Natur einer grundlegenden Ergänzung bedürften. Die in Rede stehenden Zuckerfabriken hätten produziert in der Annahme, daß die ihnen gemachten Zusagen gehalten würden. Hierauf hätten sie ihre Kalkulationen aufgebaut. Es sei nicht möglich, daß die Bundesregierung ihre Zusagen nicht erfülle und auch eine seit vielen Jahren bestehende Regelung durchbreche. Hiergegen müsse er rechtliche Bedenken erheben.

Staatssekretär Dr. Sonnemann spricht sich gegen den von Staatssekretär Hartmann geäußerten Vertagungswunsch aus und weist darauf hin, daß die Angelegenheit bereits seit Januar 1950 in der Schwebe sei. Die nochmalige Entnahme von Mitteln für die Lagerhaltung aus der Frachtenausgleichskasse hält er – wenn sich sein Haus auch im letzten Jahr damit einverstanden erklärt habe – für ausgeschlossen, da die Lagerkosten einwandfrei aus staatlichen Mitteln zu decken seien. Er versichert gleichzeitig, daß bei Unterschüssen der Frachtenausgleichskasse für Zucker in der Zukunft nicht auf Bundesmittel zurückgegriffen werden sollte und

[3] Nach schriftlichem Einwand von Hartmann vom 6. Okt. 1953 erhielten die Empfänger des Protokolls noch folgende Erklärung nachgereicht: „Herr Staatssekretär Hartmann legt Wert auf die Feststellung, daß er mit Rücksicht auf die von ihm dargelegten Bedenken an dem ablehnenden Standpunkt seines Hauses festhalten muß."

betont, daß es sich bei den erörterten Fragen nur um die Regelung für Inlandszukker handelt.

Staatssekretär Hartmann begrüßte diese Zusage und der Kabinettsausschuß beschließt entsprechend dem Antrag des Bundesministers für Ernährung, Landwirtschaft und Forsten.

Zur Klärung einiger rechtlicher Zweifel des Bundeswirtschaftsministeriums, die u. a. durch eine Zuschrift des Bundesjustizministeriums entstanden sind, soll am 22. 9. 1953 nachmittags eine Ressortbesprechung zwischen Bundesernährungsministerium und Bundeswirtschaftsministerium stattfinden, in der die endgültige Formulierung der Verordnungen festgelegt werden soll[4].

2. MITTEL FÜR DIE SEE- UND KÜSTENFISCHEREI BML

Einleitend weist der *Vizekanzler* darauf hin, daß zwar der Bundesfinanzminister der Behandlung dieses Punktes widersprochen habe, der Bundeskanzler jedoch dem Ministerpräsidenten von Schleswig-Holstein zugesagt habe, die Angelegenheit im Kabinettsausschuß beraten zu lassen[5]. Eine Vorklärung einzelner Probleme des Haushalts im Kabinettsausschuß scheine im Hinblick auf die ständig zunehmende Kompliziertheit des Haushalts auch zur Entlastung der Kabinettsverhandlungen angeraten[6].

Staatssekretär Hartmann erklärt, daß der Kabinettsausschuß keine Festlegung in Detailfragen vornehmen könne, ehe nicht beim Bundesfinanzministerium eine Gesamtübersicht über den Haushaltsplan 1954 vorhanden sei. Mit einer solchen Vorwegberatung werde sonst ein Präjudiz für alle anderen Ressorts geschaffen. Erst nach eingehenden Ressort- und Chefbesprechungen könne die endgültige Entscheidung im Kabinett getroffen werden. Er bitte, eine Erörterung der Frage nur in Gegenwart des Bundesfinanzministers vorzunehmen, andernfalls sei er gezwungen, aus geschäftsordnungsmäßigen Gründen den weiteren Erörterungen zu widersprechen.

---

[4] Am 24. Sept. 1953 legte das BML eine Neufassung vor, „die den Beschlüssen des Kabinetts-Ausschusses in seiner Sitzung am 22. Sept. 1953 sowie den Wünschen der Herren Bundesminister für Wirtschaft und der Justiz entspricht" (B 136/2629). – BR-Drs. 447/53 und 448/53; Verordnung Z Nr. 1/53 über Preise für Zucker und Verordnung Z Nr. 2/53 über die Durchführung eines Frachtausgleichs für Zucker vom 13. Nov. 1953 (BAnz Nr. 222 vom 17. Nov. 1953, S. 3).

[5] Siehe 206. Kabinettssitzung am 11. März 1952 TOP 14 (Kabinettsprotokolle 1952, S. 162 f.) und 17. Ausschußsitzung am 21. Febr. 1952 TOP 3. – Vorlage des BML vom 4. Sept. 1953 in B 116/13402 und B 136/2638. – Auf das Ersuchen des Ministerpräsidenten von Schleswig-Holstein, den Darlehensfonds von 1,5 Millionen DM um weitere 1,5 Millionen DM zu erhöhen, hatte Adenauer die Behandlung der Angelegenheit im Kabinettsausschuß zugesagt (Schriftwechsel vom 13. Aug. und 14. Sept. 1953 in B 136/2638). In seiner Vorlage hatte sich auch das BML vor allem wegen des politischen Einwirkens der DDR auf die Flüchtlinge in Schleswig-Holstein für die Erhöhung des Darlehens um weitere 1,5 Millionen DM eingesetzt und zusätzlich Mittel für die Einrichtung eines Fischereischutzes für die Ostsee gefordert. Das BMF hatte dagegen auf die laufenden Haushaltsplanungen für das Jahr 1954 verwiesen und zudem die Ansicht vertreten, daß es sich hierbei um eine Wirtschaftsförderung mit regionalem Charakter handele, die in die Zuständigkeit der Länder falle (Schreiben des BMF vom 14. Sept. 1953 in B 136/2638).

[6] Vermerk für Blücher vom 18. Sept. 1953 in B 146/1624.

Staatssekretär Dr. Sonnemann wendet sich gegen eine Vertagung, da im Grunde nur über die geringfügige Erhöhung des Bundesdarlehensfonds um 750 000 DM zu verhandeln sei. Die Aufstockung sei besonders notwendig wegen der von den Engländern angekündigten Rückgabe der Kriegsfischkutter, für die sie im Gegensatz zu den Amerikanern Bezahlung verlangten. Eine Übernahme dieser Fahrzeuge, die bisher von den Fischern gechartert sind, sei nur durch eine entsprechende Darlehensgewährung möglich. Außerdem befänden sich unter den Kutterfischern sehr viele Ostflüchtlinge, denen mit Darlehen geholfen werden müsse. Eine mangelnde Unterstützung der Fischer könne zu kommunistischer Infiltration und der Gefahr der Abwanderung in die Sowjetzone führen.

Staatssekretär Sauerborn und *Ministerialdirektor Dr. Krautwig* (BMWi) bemängeln, daß keine Ressortbesprechungen stattgefunden haben. *Staatssekretär Dr. Sonnemann* erklärt, daß im Hinblick auf den Wunsch des Bundeskanzlers, die Angelegenheit möglichst rasch zu entscheiden, davon abgesehen worden sei.

Ministerialrat Haenlein weist darauf hin, daß mit der Vorlage die Modernisierung und der Neubau von Fischereifahrzeugen verlangt werde und schlägt vor, diese Frage im Zusammenhang mit der z.Zt. laufenden Untersuchung über die Lage der Werftindustrie zu behandeln[7].

Der *Vizekanzler* stimmt dem zu und tritt für eine sofortige Aufnahme der Ressortberatungen ein.

Der Kabinettsausschuß beschließt entsprechend. Der Bundesminister für Ernährung, Landwirtschaft und Forsten soll zu einer Besprechung, an der auch das Bundesjustizministerium beteiligt werden soll, einladen[8].

Staatssekretär Dr. Bergemann bezweifelt, ob die Frage des Fischereischutzes in der Ostsee weiter verfolgt werden sollte, da dieser im Gegensatz zur Nordsee nicht international geregelt sei. Es könnten sich daraus internationale Konflikte ergeben.

Staatssekretär Dr. Sonnemann hält einen Fischereischutz durch Zivilfahrzeuge in der Ostsee in Anbetracht der dort vorhandenen Verhältnisse für besser geeignet als einen solchen durch Polizeiboote. Er schlägt aber vor, die Frage des Fischereischutzes in der Ostsee in der o.a. Besprechung nicht zu behandeln, um die Hilfsmaßnahmen für die Fischer nicht zu verzögern[9].

Außerhalb der Tagesordnung

[A.] BERLINPROGRAMM DER BUNDESREGIERUNG BMM

Ministerialrat Haenlein weist darauf hin, daß eine Koordinierung aller Hilfsmaßnahmen des Bundes für Berlin erwünscht sei, um Überschneidungen zu ver-

---

[7] Vgl. dazu 39. Ausschußsitzung am 19. Aug. 1953 TOP B (Beschäftigungslage der deutschen Werften).

[8] In der Ressortbesprechung am 2. Febr. 1954, an der Vertreter des BK, des BML, des BMWi, des BMV, des BMVt sowie der Länder Schleswig-Holstein, Niedersachsen und Bremen teilnahmen, einigte man sich auf ein reduziertes Förderungsprogramm (vgl. Niederschrift in B 116/13402 und Vermerk vom 4. Febr. 1954 in B 136/2638).

[9] Vgl. hierzu die Niederschrift über die Ausschußsitzung am 22. Sept. 1953 in B 116/13402. Weitere Unterlagen in B 116/13350.

meiden und die vielerlei Programme und Einzelhilfen zu einem konstruktiven Gesamtplan zu verbinden. Die Stadt Berlin, die selbst keine konstruktiven Pläne entwickelt habe, werfe der Bundesregierung einen Mangel an Initiative vor[10].

Das Fehlen konstruktiver Pläne des Berliner Senats wird vom *Vizekanzler* bestätigt. Er weist auf die vom Bund insbesondere aus ERP-Mitteln bereits geleisteten Hilfen hin und erklärt, daß der Bund im Gegensatz zum Senat der Stadt Berlin konstruktive Vorschläge ausgearbeitet habe. Die Berliner Ratschläge seien entweder Vorschauinvestitionen oder sie forderten eine Bundeshilfe, die ins Astronomische gehe. Es sei nur der auf das Nützliche und Zweckmäßige abgestellten Planung der Bundesregierung zu verdanken, daß bisher größere Rückschläge vermieden werden konnten (z. B. Fall Werner und Dürener Metallwaren A.G.)[11].

Staatssekretär Dr. Sonnemann unterstreicht die Ausführungen des Vizekanzlers und weist auf seine Erfahrungen auf dem Ernährungsgebiet hin. Auf Verlangen Berlins führten wir ein Sortiment sämtlicher im Bundesgebiet produzierten Ernährungsgüter nach Berlin aus, während andererseits Erzeugnisse der Berliner Ernährungswirtschaft unter Gewährung weitgehender Vergünstigungen in die Bundesrepublik transportiert werden müßten, weil sie angeblich in Berlin nicht absetzbar seien. Es müsse erreicht werden, daß Berlin sich ernährungswirtschaftlich zunächst aus der eigenen Produktion versorge und die dann noch bestehende Lücke durch zusätzliche Einfuhren aus dem Bundesgebiet gedeckt würde.

Staatssekretär Sauerborn bemängelt ebenfalls das Fehlen konstruktiver Vorschläge des Berliner Senats und berichtet über das Ergebnis der Besprechungen des Bundesarbeitsministers mit dem Berliner Senat über die Verstärkung der Notstandsarbeiten[12].

Der *Vizekanzler* mißbilligt abschließend, daß Mitglieder des Berliner Senats häufig in der Öffentlichkeit erklären, die Berliner Notstände könnten wesentlich gemildert werden, wenn die Bundesregierung nur den ehrlichen Willen dazu habe. Auf die Dauer müßten derartige Reden, die den Tatsachen widersprächen, die moralische Kraft der Berliner Bevölkerung schwächen und bei ihr den Eindruck er-

[10] So hatte der Regierende Bürgermeister Ernst Reuter in seiner Rede auf einer SPD-Kundgebung am 30. Aug. 1953 in Berlin der Bundesregierung mangelnde Hilfsbereitschaft gegenüber Berlin vorgeworfen. Vgl. Reuter, Schriften, Bd. 4, S. 765–780.

[11] Das Maschinenbauunternehmen Fritz Werner AG hatte trotz erhöhter Kreditaufnahme, Arbeitsplatzabbau und Kurzarbeit seine Defizite nicht ausgleichen können. Durch die Erteilung eines weiteren Kredits aus ERP-Mitteln sollte ein Vergleichs- oder Konkursverfahren abgewendet werden (zum Sachstand zur Zeit der Ausschußsitzung vgl. die Protokolle der Arbeitstagungen des Berliner Investitionsausschusses am 18. Juni, 17. Juli, 21. Aug., 4. Sept. und 25. Sept. 1953 in B 115/4538). Die Dürener Metallwaren GmbH hatte ihr im Krieg stark zerstörtes Berliner Zweigwerk trotz zweier Kredite aus Mitteln des ERP-Sondervermögens über zusammen 8,25 Millionen DM nicht zu einem rentablen Betrieb ausbauen können (vgl. das Protokoll der 10. Arbeitstagung des Berliner Investitionsausschusses am 17. Juli 1953 in B 115/4538, Unterlagen in B 115/5541). – Fortgang zur Berlin-Förderung aus Mitteln des ERP-Sondervermögens 2. Ausschußsitzung am 21. Dez. 1953 TOP 4.

[12] In der Besprechung Storchs mit Vertretern des Berliner Senats über Maßnahmen zur Behebung der Arbeitslosigkeit in Berlin am 15. Sept. 1953 war vereinbart worden, daß der Senat „konkrete Zahlen und Unterlagen vorlegen“ sollte, auf deren Grundlage eine Kabinettsvorlage für ein Hilfsprogramm der Bundesregierung erarbeitet werden sollte (Vermerk vom 16. Sept. 1953 in B 149/22793).

wecken, als ob sie auf verlorenem Posten stehe. Wir könnten Berlin auf diese Weise eines Tages wirklich verlieren. Er macht den Vorschlag, die bisher für Berlin geleistete Bundeshilfe in einer umfassenden Denkschrift der Bundesregierung, an deren Ausarbeitung möglichst alle Ressorts mitwirken sollen, niederzulegen.

Der Kabinettsausschuß beschließt entsprechend. Der Bundesminister für den Marshallplan wird die Federführung übernehmen[13].

[B.] BEANTRAGUNG EINER WEITEREN RALLONGE FÜR DIE BUNDESREPUBLIK IN DER EZU

BMM

Der *Vizekanzler* erörtert die Frage einer weiteren Rallonge für die Bundesrepublik in der EZU[14]. Es ist vorgeschlagen, die Quote der Bundesrepublik auf insgesamt 800 Mio VE zu erweitern, wobei versucht werden soll, für die Erhöhung um 50 Mio VE auf 700 Mio VE ein Verhältnis von 50% Goldzahlung und 50% Kreditgewährung und für die weitere Erhöhung um 100 Mio VE auf insgesamt 800 Mio VE ein Verhältnis von 65% Goldzahlung und 35% Kreditgewährung zu erreichen. Die Bundesrepublik sollte auch mit Rücksicht auf Belgien, dessen Interessen in der gleichen Richtung lägen, einen möglichst großen Goldzahlungsanteil fordern.

Auf den Einwand von *Präsident Bernard*, es genüge eine Erhöhung der Gesamtquote auf 750 Mio VE, da die jetzt beginnenden Transferleistungen aus dem Londoner Schuldenabkommen einem weiteren Ansteigen der Überschüsse entgegenwirken würden und Deutschland nicht zu sehr seine Bereitwilligkeit zur Erweiterung des Kredites zeigen sollte, erwidert der *Vizekanzler*, daß er es in jedem Falle für zweckmäßig erachte, eine Erhöhung der Quote auf 800 Mio VE ins Auge zu fassen. Damit würde eine nochmalige Erörterung vermieden, falls sich nach einiger Zeit herausstellen sollte, daß auch die Erhöhung auf 750 Mio VE nicht ausreicht.

ORR Dr. Schmitt (BMWi) schließt sich dieser Auffassung an. Die Erhöhung der Rallonge hänge von der Beurteilung der weiteren Entwicklung des Warenverkehrs der Bundesrepublik mit den EZU-Ländern ab. Er sehe weder auf der Einfuhr- noch auf der Ausfuhrseite eine Änderung der positiven Entwicklungstendenzen der deutschen Handelsbilanz mit den EZU-Ländern.

Präsident Bernard stellt seine Bedenken hinsichtlich der Erhöhung der Rallonge auf 800 Mio DM zurück, er bittet jedoch, bei den Verhandlungen zu verstehen zu geben, daß nach Auffassung der Bundesregierung die deutschen Überschüsse bei der EZU auf die Dauer diesen Höchstbetrag nicht erreichen werden.

Der Vizekanzler wird Dr. v. Mangoldt entsprechend anweisen[15].

---

[13] Blücher legte den Entwurf einer Denkschrift „Die Finanzhilfe für Berlin" mit Schreiben vom 3. Juli 1954 vor (B 146/230a und B 136/680). – Fortgang 13. Ausschußsitzung am 13. Juli 1954 TOP A.

[14] Vgl. 37. Ausschußsitzung am 2. Juli 1953 TOP 1a. – Anlaß der Erörterung war eine Anfrage des deutschen Vertreters und Präsidenten des Direktoriums der EZU, von Mangoldt, auf der nächsten Direktoriumssitzung eine Erhöhung der deutschen EZU-Quote von 650 auf 800 Millionen Rechnungseinheiten (Dollar) ansprechen zu dürfen (Vermerk vom 22. Sept. 1953 in B 146/691).

[15] Fortgang 2. Ausschußsitzung am 21. Dez. 1953 TOP 2.

1. Sitzung des Kabinettsausschusses für Wirtschaft am Donnerstag, den 19. November 1953

Teilnehmer: Blücher, Kraft; Hartmann, Westrick, Sauerborn, Wandersleb, Nahm; Gareis (BML), Schiller (BMV), Achenbach (BMG), von Spindler (BMF), Kramer (BMWi), Rau (BMWi), Kleine (BMWi), Sandgänger (BMWo), Middelmann (BMVt), Heise (BMZ), Hornschu (Bundeskanzleramt). Protokoll: Haenlein.

Ort: Haus Carstanjen

Beginn: 10.00 Uhr *Ende: 13.10 Uhr*

Tagesordnung[1]*:*

1. *Kapitalerhöhung der Deutschen Pfandbriefanstalt (Depfa) Wiesbaden Vorlage des BMWi vom 24. Sept. 1953 (VI 5 – 4918/53).*
2. *Vergebung öffentlicher Aufträge; bevorzugte Berücksichtigung notleidender Gebiete Vorlage des BMWi vom 31. Okt. 1953 (I B 9 – 4801/53).*
3. *Verschiedenes.*

[A. KONSTITUIERUNG UND ZUSTÄNDIGKEIT DES KABINETTSAUSSCHUSSES]

Einleitend begrüßt der *Vizekanzler* die Sitzungsteilnehmer und teilt mit, daß die sehr anregenden und fruchtbaren Beratungen des Kabinettsausschusses auch in der neuen Regierung fortgesetzt werden sollen. Damit komme man dem Wunsche des Bundeskanzlers entgegen, der die Kabinettssitzungen entlasten wolle. Der Kabinettsausschuß werde sich mit allen Fragen befassen,

a) die ihm das Kabinett zur weiteren Klärung überweise,

b) zu deren Entscheidung das Kabinett ihn ermächtige,

c) in denen im Einvernehmen mit den beteiligten Ressorts eine Entscheidung vorbereitet werden könne.

1. KAPITALERHÖHUNG DER DEUTSCHEN PFANDBRIEFANSTALT BMWi

Ministerialdirektor Dr. Kramer (BMWi) trägt den wesentlichen Inhalt der Kabinettsvorlage des Bundeswirtschaftsministers vom 24. 9. 53 vor und erwähnt besonders, daß die Verbände der Kreditgeber gegen die Übernahme der 8 Mio DM Beteiligung seitens des Lastenausgleichsfonds Stellung genommen hätten[2]. Die

[1] Gemäß Einladung vom 14. Nov. 1953.

[2] Vorlage des BMWi vom 24. Sept. 1953 in B 102/28096 und B 136/7368. – Der Aufgabenkreis der Deutschen Pfandbriefanstalt beschränkte sich ausschließlich auf die Finanzierung des

Bankenverbände hätten zu erkennen gegeben, daß sie ihren Einspruch nicht aufrechterhalten würden, wenn eine unabhängige Prüfungsgesellschaft die Notwendigkeit der Kapitalerhöhung bestätigen würde. Nachdem der Prüfungsbericht der Deutschen Revisions- und Treuhandgesellschaft vorliege, könnten die erhobenen Bedenken als erledigt angesehen werden[3].

Staatssekretär Dr. Wandersleb begrüßt es besonders, daß die neben der wirtschaftlichen Prüfung durchgeführte steuerliche Überprüfung der 7c-Geschäfte keine nennenswerten Beanstandungen ergeben habe[4].

Die *Staatssekretäre Dr. Nahm* und *Hartmann* stimmen der vorgesehenen Kapitalerhöhung ausdrücklich zu. Auf Anfrage von *Staatssekretär Hartmann*, ob neben dem Beschluß des Kontrollausschusses beim Bundesausgleichsamt ein Kabinettsbeschluß zur Übernahme der Beteiligung durch den Lastenausgleichsfonds notwendig sei, erklärt *Ministerialrat Haenlein*, daß es genüge, wenn nach der Beschlußfassung im Kabinettsausschuß die Ressortminister ihren Vertreter im Kontrollausschuß entsprechend ermächtigen.

Der *Vizekanzler* stellt das allgemeine Einverständnis mit der Vorlage des Bundeswirtschaftsministers fest.

In diesem Zusammenhang erwähnt *Staatssekretär Hartmann*, daß der Gesetzentwurf „zur Überleitung der Beteiligung des ehemaligen Landes Preußen am Grundkapital des preußischen Anteils der Deutschen Pfandbriefanstalt auf den Bund" in Kürze dem Kabinett vorgelegt werde.

Es besteht Übereinstimmung, daß dieser Gesetzentwurf im Umlaufverfahren beschlossen werden kann[5].

2. VERGEBUNG ÖFFENTLICHER AUFTRÄGE; BEVORZUGTE BERÜCKSICHTIGUNG NOTLEIDENDER GEBIETE BMWi

Der *Vizekanzler* hebt hervor, daß bei der Kabinettsvorlage des Bundeswirtschaftsministers keine sachlichen Meinungsverschiedenheiten zwischen den Ressorts bestehen, und daß nur ein Einvernehmen über die Benennung des Streifens entlang der Zonengrenze, der tschechoslowakischen und der österreichischen

---

sozialen Wohnungsbaus durch Hergabe erst- und nachstelliger Hypotheken. Das BMWi hatte eine Erhöhung des Grundkapitals um 14 Millionen DM auf 20,5 Millionen DM beantragt (davon 3 Millionen DM als Stammeinlage des Bundes und 8 Millionen DM als Einlage des Bundesausgleichsamtes), um die Haftungsgrundlage bei den bestehenden Verbindlichkeiten in Gesamthöhe von 580 Millionen DM zu verbessern. Eine Stammeinlage u.a. des Bundesausgleichsamtes sollte die Mehrheitsbeteiligung des Bundes sichern.

3 Bericht der Revisions- und Treuhandgesellschaft vom 8. Aug. 1953 und Schreiben des Verbandes Privater Hypothekenbanken an das BMWi vom 25. April 1953 in B 102/28096. Die Banken befürchteten durch eine Kapitalerhöhung Wettbewerbsnachteile zu ihren Ungunsten.

4 Angesprochen ist die Steuerbegünstigung für Darlehen zu Wohnungsbauzwecken nach § 7c des Einkommensteuergesetzes (Unterlagen zur Diskussion um die Anerkennung der Steuerbegünstigung in B 126/26182).

5 Vorlage des BMF vom 25. Nov. 1953 in B 102/28096 und B 136/7368. – BR-Drs. 1/54, BT-Drs. 644, Gesetz vom 16. Dez. 1954 (BGBl. I 439).

Grenze herbeizuführen sei. Er hält die Bezeichnung „Ostrandgebiet" aus politischen Gründen nicht für angebracht[6].

Ref. Achenbach (BM f. gesamtd. Fragen) schlägt vor, die Bezeichnung „Zonenrandgebiet der Bundesrepublik" zu wählen. Alle anderen Bezeichnungen erschienen zu lang.

Der Kabinettsausschuß beschließt entsprechend und nimmt dabei in Kauf, daß zu diesem Gebiet auch Teile gehören, die nicht an der Zonengrenze liegen (z. B. Enklaven)[7].

Außerhalb der Tagesordnung

[B.] ENTWURF EINER VERORDNUNG ÜBER DIE ANERKENNUNG DER BESONDEREN FÖRDERUNGSWÜRDIGKEIT DES VERWENDUNGSZWECKS DES ERLÖSES DER 5%IGEN INHABERSCHULDVERSCHREIBUNGEN VON 1953 DER BANK FÜR VERTRIEBENE UND GESCHÄDIGTE (LASTENAUSGLEICHSBANK) AKTIENGESELLSCHAFT BAD GODESBERG, IN HÖHE VON 200 000 000 DEUTSCHE MARK BMF

Staatssekretär Hartmann schlägt vor, diesen Punkt zurückzustellen wegen des Zusammenhangs mit den übrigen Emissionen, die demnächst im Zentralbankrat und anschließend im Kabinett erörtert werden sollen[8].

Der *Vizekanzler* bemerkt hierzu, daß eine baldige positive Stellungnahme der Regierung zu dieser Anleihe aus politischen Gründen besonders im Hinblick auf frühere Erklärungen der Bundesregierung angebracht sei[9].

Staatssekretär Dr. Nahm pflichtet dieser Auffassung bei und meint, eine positive Entscheidung der Regierung sei ein nobile officium. Der Kapitalverkehrsausschuß habe sich bereits für die steuerliche Förderung der Anleihe ausgespro-

[6] Siehe 39. Ausschußsitzung am 19. Aug. 1953 TOP 2 und 306. Kabinettssitzung am 25. Aug. 1953 TOP 4 (Kabinettsprotokolle 1953, S. 437). – Nachdem BMG, BMVt und BMV Einwendungen gegen den vom BMWi am 20. Aug. 1953 zur Beschlußfassung im Umlaufverfahren vorgelegten Entwurf einer Verwaltungsvorschrift zur Definition der notleidenden Gebiete im Sinne des § 24 Abs. 3 der Verdingungsordnung für Leistungen (VOL) geltend gemacht hatten, hatte das BMWi mit Schreiben vom 31. Okt. 1953 einen neuen Entwurf vorgelegt, in dem u. a. die Bezeichnung „Zonengrenzgebiet" durch den Begriff „Ostrandgebiet der Bundesrepublik" ersetzt worden war. Dem Entwurf zufolge sollten bei beschränkten Ausschreibungen und freihändigen Vergebungen immer auch Firmen aus den notleidenden Gebieten zur Angebotsabgabe aufgefordert werden. Waren diese Angebote ebenso wirtschaftlich wie die ihrer Konkurrenten oder lagen sie „nur geringfügig über dem wirtschaftlichsten Angebot", sollte den Bietern aus den notleidenden Gebieten der Zuschlag erteilt werden. Diese Bestimmungen sollten sinngemäß auch bei Auftragsvergaben nach der Verdingungsordnung für Bauleistungen (VOB) angewandt werden (B 136/2485).

[7] Mit Schreiben vom 30. Nov. 1954 legte das BMWi eine Neufassung des Entwurfs zur Genehmigung im Umlaufverfahren vor (B 136/2485). – Fortgang 2. Ausschußsitzung am 21. Dez. 1953 TOP 1.

[8] Vorlage des BMF vom 12. Nov. 1953 in B 126/11713 und B 136/2334. – Vgl. 12. Kabinettssitzung am 11. Dez. 1953 TOP 8 (Kabinettsprotokolle 1953, S. 560).

[9] Zur Umsiedlungsanleihe siehe 297. Kabinettssitzung am 9. Juni 1953 TOP 4 (Kabinettsprotokolle 1953, S. 330 f.). – Bei der Verabschiedung des Lastenausgleichsgesetzes hatte Blücher am 16. Mai 1952 vor dem Bundestag die Auflegung einer Umsiedlungsanleihe von 200 Millionen DM zugesagt (Stenographische Berichte, Bd. 11, S. 9318 f.).

chen[10]. Allerdings habe sich auch dort das Bundesfinanzministerium der Stimme enthalten. Auch Präsident Vocke habe sich nicht ablehnend geäußert.

Staatssekretär Dr. Westrick verkennt die politische Bedeutung dieser Anleihe nicht, neigt aber dazu, die Frage zurückzustellen, da sie im Zusammenhang mit der 250 Mio DM-Anleihe der Kreditanstalt für Wiederaufbau behandelt werden sollte. Die steuerliche Begünstigung gerade dieser Anleihe sei um so dringlicher, als im Haushaltsplan nicht genügend Mittel für die mit der Anleihe zu fördernden Zwecke bewilligt worden seien.

Der *Vizekanzler* spricht sich dafür aus, die Lastenausgleichsanleihe nicht mit der Entscheidung über andere Emissionen zu koppeln. Allerdings handele es sich bei der Anleihe der Kreditanstalt für Wiederaufbau ebenfalls um eine zwingende Notwendigkeit. Der Erlös sollte von den Grundstoffindustrien nicht zu Ausweitungen, sondern zu Rationalisierungen verwendet werden.

Staatssekretär Hartmann erklärt, er könne zwar der eigenen Vorlage nicht ausdrücklich zustimmen, weil er ein Präjudiz vermeiden müsse. Er wolle aber die Sache wegen ihrer politischen Bedeutung nicht hindern und seinem Minister empfehlen, keine Folgerungen aus der Nichtzustimmung zu ziehen. Dem Bundesfinanzminister liege daran, daß die Anleihe schnell untergebracht werde, damit die kommende Bundesanleihe vom Kapitalmarkt ohne weiteres aufgenommen werden könne.

Nach eingehender Aussprache wird zum Ausdruck gebracht, daß die Vorlage im Umlaufverfahren beschlossen werden kann, wenn der Bundesfinanzminister nicht binnen 24 Stunden Einspruch erhebt.

Staatssekretär Dr. Wandersleb erklärt sodann, daß er einen Einspruch seines Ministers gegen die Förderungswürdigkeit der Lastenausgleichsanleihe vortragen müsse. Die dann allerdings bei der gegenwärtigen Kapitalmarktlage aufzubringende Zinsdifferenz werde vom Lastenausgleichsfonds getragen werden müssen.

Dem widerspricht *Staatssekretär Dr. Nahm* mit Nachdruck und verweist darauf, daß sich die Bundesregierung bereits im Mai 1952 zu dieser Anleihe verpflichtet habe. Er erklärt, daß der Bundesvertriebenenminister für die Umsiedlungsanleihe, die erst nach dem 1. 1. 1954 begeben werde, keine Förderungswürdigkeit beanspruche.

Staatssekretär Hartmann ist der Auffassung, daß unter diesen Umständen die Lastenausgleichsanleihe nur im Zusammenhang mit der Behandlung des Kapitalmarktes in der nächsten Kabinettssitzung erörtert werden könne.

Der *Vizekanzler* erklärt sich zur Vermeidung der dadurch entstehenden Verzögerung bereit, in persönlicher Aussprache mit Bundesminister Preusker die politischen Gründe zur Geltung zu bringen, die für die Förderungswürdigkeit der Lastenausgleichsanleihe sprechen. Bleibe der Minister bei seinem Widerspruch, dann soll versucht werden, die Angelegenheit auf die Tagesordnung der Kabinetts-

---

[10] Protokoll der Sitzungen am 24. Sept. und 6. Nov. 1953 in B 126/12083.

sitzung am 27. 11. 1953 zu setzen[11]. Im Anschluß hieran wird die veränderte Einstellung in den USA über die Vertriebenenhilfe[12] erörtert.

3. VERSCHIEDENES

Der *Vizekanzler* legt die Gesichtspunkte dar, nach denen künftig die Arbeit des Kabinettsausschusses gestaltet werden könne.

Er habe die Absicht, noch vor Weihnachten im Kabinettsausschuß zu erörtern, welche Themen in nächster Zeit behandelt werden sollten. Er denke beispielsweise an die Frage der Konvertibilität, die Reform des Aktienrechts und ähnliches. Nach diesem Besprechungsergebnis werde sich die Tagesordnung der Kabinettsausschußsitzungen vorausschauend bestimmen lassen. Durch diese vorbereitende Tätigkeit könne auch der Wunsch des Bundeskanzlers leichter erfüllt werden, der zu Beginn des nächsten Jahres festlegen möchte, welche grundlegenden Gesetze in der kommenden Legislaturperiode verabschiedet werden müssen und wie unerwünschte Teillösungen vermieden werden können[13].

[11] Fortgang 10. Kabinettssitzung am 1. Dez. 1953 TOP 9 (Kabinettsprotokolle 1953, S. 545). – BR-Drs. 510/53; Verordnung vom 19. Jan. 1954 (BAnz vom 22. Jan. 1954, S. 1).

[12] Unterlagen hierzu nicht ermittelt.

[13] Unterlagen über eine vorbereitende Besprechung nicht ermittelt. – Zum Gesetzgebungprogramm der Bundesregierung für die zweite Wahlperiode vgl. 2. Kabinettssitzung am 27. Okt. 1953 TOP D (Kabinettsprotokolle 1953, S. 464 f.).

2. Sitzung des Kabinettsausschusses für Wirtschaft am Montag, den 21. Dezember 1953

Teilnehmer: Blücher, Storch, Tillmanns, Kraft; Bleek, Strauß, Hartmann, Westrick, Sonnemann, Sauerborn, Wandersleb, Thedieck, Nahm; von Maltzan [AA], Schiller [BMV], von Mangoldt [EZU], Bernard [BdL], Abs [Bankier], zahlreiche Vertreter verschiedener Bundesministerien, Heise [BMZ]. Protokoll: Haenlein.

Ort: Haus Carstanjen

Beginn: 15.00 Uhr | *Ende: 19.30 Uhr*

Tagesordnung[1]:

1. *Vergebung öffentlicher Aufträge; hier: Bevorzugte Berücksichtigung notleidender Gebiete*
   Vorlage des BMWi vom 30. Nov. 1953 (I B 9 – 4801/53).
2. *Aussprache über die deutschen Zahlungsüberschüsse*
   Vorlage des BMZ wird unmittelbar zugestellt.
3. *Subventionierung der Margarine und anderer Fette in der Zeit vom 1. Juli 1951 bis 14. Sept. 1951*
   Vorlage des BML vom 5. Dez. 1953 (III A 2 3245–818/53 Kab. Nr. 734/53).
4. *Darstellung der Berlin-Finanzierungen aus Mitteln des ERP-Sondervermögens und ihre Behandlung durch die Ressorts*
   Vortrag des BMZ.
5. *Verstärkung der haftenden Mittel der Kreditanstalt für Wiederaufbau mit Hilfe des ERP-Sondervermögens*
   Gemeinsame Vorlage des BMWi und des BMZ wird nachgereicht.
6. *Entwurf eines Gesetzes zur Änderung und Ergänzung steuerlicher Vorschriften zur Förderung des Kapitalmarktes*
   Vorlage des BMF vom 11. Dez. 1953 (IV S 2000 – 83/53).
7. *Bildung des Aufsichtsrates der Aktiengesellschaft für Berg- und Hüttenbetriebe (früher Reichswerke Salzgitter)*
   Vorlage des BMF wird unmittelbar zugestellt.
8. *Verschiedenes*

---

[1] Gemäß Einladung vom 16. Dez. 1953.

1. VERGEBUNG ÖFFENTLICHER AUFTRÄGE; HIER: BEVORZUGTE BERÜCKSICHTIGUNG NOTLEIDENDER GEBIETE BMWi

Ministerialrat Dr. Rau berichtet über die Erwägungen, die zu der Vorlage des Bundesministers für Wirtschaft vom 30. 11. 1953 geführt haben. Nach Ziffer 4 des Erlasses des Bundesministers für Wirtschaft vom 21. 7. 1950 war es Firmen in den notleidenden Gebieten möglich, in Konkurrenzangebote einzutreten. Dem Antrag, diese Bestimmung für das Land Berlin beizubehalten, könne nicht entsprochen werden[2]. Über diese Frage sei mit den Vertretern der Länder eingehend verhandelt worden. Alle Länder hätten sich mit Nachdruck dafür ausgesprochen, diese Ausnahmevorschrift abzuschaffen. Vom Land Berlin sei keine offizielle, hiervon abweichende Stellungnahme eingegangen. Die Vergabestellen selbst hätten nur sehr zögernd und in verhältnismäßig wenig Fällen von den Möglichkeiten der Bestimmung Gebrauch gemacht. Sie entspreche auch nicht den Grundsätzen des freien Wettbewerbs. Man habe seinerzeit eine Ausnahme gemacht, weil sie nur für einen kleinen Bezirk gelten sollte. Inzwischen seien aber die „notleidenden Gebiete" erheblich erweitert worden. Sie könne deshalb nicht beibehalten werden, und es sei zu fragen, ob für den verhältnismäßig kleinen Teil Berliner Interessen eine Sonderlösung getroffen werden müsse.

Bundesminister Dr. Tillmanns erklärt, Berlin dürfe nicht ungünstiger gestellt werden als bisher. Wenn es bisher möglich gewesen sei, eine Sonderregelung zu treffen, dann müsse das auch für die Zukunft gelten. Gewisse Betriebe des Baugewerbes hätten nur mit Hilfe der erwähnten Bestimmung Aufträge erhalten. Bei der Neuregelung müsse auf die innenpolitisch schwierige Situation des neuen Senats in Berlin Rücksicht genommen werden[3].

Staatssekretär Hartmann erklärt, das Bundesministerium der Finanzen unterstütze jeden Vorschlag, der geeignet sei, Berlin noch mehr Aufträge als bisher zukommen zu lassen. Aus den Erfahrungen des Ministeriums bei den Bauaufträgen in Bonn müsse jedoch festgestellt werden, daß die Bestimmung der Ziffer 4 sich sehr zweischneidig ausgewirkt habe. Berliner Firmen seien unüberlegt in die niedrigen Gebote anderer Firmen eingetreten und hätten bei der Ausführung der Aufträge große Verluste erlitten. Einige Firmen hätten sogar ihre Zahlungen einstellen

---

[2] Siehe 1. Ausschußsitzung am 19. Nov. 1953 TOP 2. – Vorlage des BMWi in B 136/2485. – Mit Schreiben vom 30. Nov. 1954 hatte das BMWi eine Neufassung des Verordnungsentwurfs zur Genehmigung im Umlaufverfahren vorgelegt. Tillmanns hatte dagegen eine mündliche Beratung im Kabinett und die Beibehaltung einer Vorschrift (Ziffer 4) aus dem Erlaß des BMWi vom 21. Juli 1950 (Erlaß in B 102/4277) „zum mindesten für das Land Berlin" beantragt, nach der unterlegenen Bietern aus notleidenden Gebieten die Möglichkeit gegeben werden sollte, „mindestens zu einem Teillos in das wirtschaftlichste Angebot einzutreten". Damit sollte eine sich aus der Erweiterung der Notstandsgebiete ergebende Benachteiligung Berlins ausgeglichen werden, „da die Berliner Firmen nunmehr mit einer wesentlich größeren Zahl von Betrieben in der Bundesrepublik in Wettbewerb stehen, denen die gleichen Vergünstigungen zuteil werden" (Schreiben Tillmanns vom 17. Dez. 1953 in B 136/2485).

[3] Nach dem Tod Ernst Reuters am 29. Sept. 1953 hatten sich SPD, CDU und FDP nicht auf eine Fortführung ihrer Großen Koalition verständigen können. Am 24. Nov. 1953 hatte das Berliner Abgeordnetenhaus Walther Schreiber zum Regierenden Bürgermeister gewählt, der daraufhin einen Senat gebildet hatte, der sich auf eine Kleine Koalition aus CDU und FDP stützte.

müssen. Es sei danach zweifelhaft, ob die Bestimmung überhaupt im Interesse Berlins liege. Er schlägt vor, dies nach der tatsächlichen Seite noch nachzuprüfen.

Nach den Ausführungen von *Ministerialdirektor Dr. Schiller* ist die Bestimmung der Ziffer 4 auf dem Verkehrsgebiet nicht praktisch geworden. Er tritt für die Abschaffung der Bestimmung ein.

Bundesminister Kraft ergänzt die Ausführungen von Bundesminister Dr. Tillmanns dahin, daß Berlin durch die Erweiterung des Gebietes, dem die Vorteile der neuen Verwaltungsvorschrift zugute kommen sollen, eine stärkere Konkurrenz bekomme. Er empfiehlt deshalb, zum Ausgleich dafür Berlin einen besonderen Vorteil zu verschaffen.

Da Berliner Firmen für Aufträge in Westdeutschland regelmäßig ortsansässige Arbeitskräfte verwendet hätten, schlägt *Staatssekretär Dr. Nahm* vor, die Sonderregelung für Berlin nur aufrechtzuerhalten, wenn durch einen Zusatz dafür gesorgt werde, daß sie sich auf die Fälle beschränke, in denen Berliner Arbeitskräfte bei der Durchführung der Aufträge beschäftigt würden.

Hiergegen wendet sich *Bundesarbeitsminister Storch*, weil in diesem Falle Berliner Firmen gezwungen seien, für ihre auswärts beschäftigten Arbeiter Montagezuschläge zu zahlen. Damit seien sie aber nicht mehr konkurrenzfähig. Im übrigen könne der praktische Nutzen für Berlin nur sehr gering sein; er komme nur einigen wenigen Unternehmern zugute.

Bundesminister Dr. Tillmanns bemerkt, daß der Senator für Wirtschaft in Berlin die Angelegenheit für sehr bedeutsam halte[4]. Auch wenn man die wirtschaftlichen Auswirkungen nicht sehr hoch einschätze, so seien doch die politischen Folgen von besonderer Wichtigkeit.

Staatssekretär Thedieck erinnert daran, daß im Jahre 1950, als der Erlaß herauskam, die Berlinhilfe erst in ihren Anfängen steckte. Inzwischen sei Berlin durch vielerlei Maßnahmen besser gestellt worden als die Zonenrandgebiete; er schlägt vor, die praktischen Auswirkungen der Bestimmungen, – auch ob z.B. die Bundespost von ihr in größerem Umfang Gebrauch gemacht habe, – noch näher zu prüfen.

Der *Vizekanzler* hält es für notwendig, folgende Fragen zu beantworten:

a) Soll den politischen Bedenken Bundesminister Dr. Tillmanns Rechnung getragen werden?

b) Müßte die Regelung zu Ziffer 4, wenn ihre Aufrechterhaltung zugunsten Berlins für notwendig gehalten wird, auch für alle anderen Gebiete bestehen bleiben?

Auf seinen Vorschlag sollen Bundesminister Dr. Tillmanns und Vertreter der Bundesministerien der Finanzen, für Wirtschaft, für Arbeit und für gesamtdeutsche Fragen möglichst bald zu einer Besprechung von ihm eingeladen werden, um ein Einvernehmen zu erzielen.

Der Kabinettsausschuß ist hiermit einverstanden[5].

---

[4] Nicht ermittelt.

[5] Protokoll der Besprechung am 12. Jan. 1954 in B 136/2485. – Der mit Schreiben des BMWi

2. AUSSPRACHE ÜBER DIE DEUTSCHEN ZAHLUNGSÜBERSCHÜSSE BMZ

Einleitend schlägt der *Vizekanzler* vor, die Diskussion auf die Frage zu beschränken, wie sich die Bundesregierung im Hinblick auf die von Deutschland erzielten Überschüsse in der EZU verhalten soll[6]. Hierzu möchten sich vom Standpunkt der Handelspolitik Botschafter v. Maltzan und für das Direktorium der EZU Herr v. Mangoldt äußern. Es sei notwendig, eine einheitliche Auffassung der Bundesregierung in dieser Frage zu erarbeiten, und es sollte vermieden werden, in der deutschen Öffentlichkeit Dinge zu äußern, die von der Linie der Bundesregierung abweichen. Die manchmal geäußerte Kritik an der EZU widerspreche dem, was der Bundeskanzler in der Regierungserklärung hierzu gesagt habe[7].

Botschafter v. Maltzan gibt einleitend einen Überblick über die deutsche Zahlungsbilanz und erinnert an die Empfehlung des Ministerrates der OEEC vom 10. 12. 1953, wonach die Bundesregierung Maßnahmen ergreifen soll, um die deutschen Überschüsse zu verringern[8]. Bei der Beurteilung dieser Angelegenheit sollte nicht vergessen werden, daß sich andere Länder, die früher in einer ähnlichen Lage gewesen sind wie jetzt die Bundesrepublik, an die Spielregeln der EZU gehalten und damit Opfer auch zugunsten Deutschlands gebracht haben.

Es müsse auch bedacht werden, daß unser Export in die EZU-Länder diskriminiert werden könnte, wenn von deutscher Seite kein Entgegenkommen gezeigt werde. Damit drohe die Rückkehr zum Bilateralismus.

Bei der Beurteilung des Gesamtproblems müsse ferner berücksichtigt werden, daß die OEEC bereits durch die schlechte Position Frankreichs stark belastet sei.

Im einzelnen macht *Botschafter v. Maltzan* folgende Vorschläge:

---

vom 26. März 1954 vorgelegte Verordnungsentwurf sah vor, daß bei beschränkten Ausschreibungen auf dem Gebiet des Baugewerbes und Baunebengewerbes Bietern aus dem Bundesgebiet auferlegt werden soll, Arbeitsgemeinschaften mit Berliner Unternehmen zu bilden. Diese Arbeitsgemeinschaften sollten als bevorzugte Bewerber gelten (B 102/19775 und B 136/2485). – Fortgang 27. Kabinettssitzung am 31. März 1954 (Kabinettsprotokolle 1954, S. 138). – Richtlinien für die Berücksichtigung bevorzugter Bewerber bei der Vergabe von öffentlichen Aufträgen und Bekanntmachung über die Anerkennung notleidender Gebiete vom 31. März 1954 in BAnz Nr. 68 vom 7. April 1954, S. 1.

6 Siehe 40. Ausschußsitzung am 22. Sept. 1953 TOP 2. – Vorlage des BMZ vom 18. Dez. 1953 in B 146/691 und B 136/2594. – Seit Mai 1953 hatte die OEEC die deutsche EZU-Quote von 500 Millionen Dollar viermal auf zuletzt 800 Millionen Dollar aufgestockt. Die Zuteilung der letzten Rallonge hatte die OEEC mit der Erwartung eines Berichts bis zum 31. Jan. 1954 verbunden, in dem die Bundesregierung über ihre Maßnahmen zum Abbau der Überschußposition berichten sollte. Der Vorlage war ein Memorandum des interministeriellen Handelspolitischen Ausschusses vom 17. Dez. 1953 beigefügt, das eine Zusammenstellung beschlossener und beabsichtigter Maßnahmen im Bereich des Zahlungs- und Warenverkehrs enthielt.

7 Am 20. Okt. 1953 hatte Adenauer in seiner Regierungserklärung ausgeführt, „daß insbesondere in Europa die Befreiung der gegenseitigen Wirtschaftsbeziehungen von allen kleinlichen Beschränkungen die Integration fördern und die Voraussetzungen für die Hebung des allgemeinen Lebensstandards schaffen wird. Die Europäische Zahlungsunion muß fortgesetzt werden, bis ihr eigentliches Ziel, die Konvertibilität der Währungen, erreicht ist." (Stenographische Berichte, Bd. 18, S. 15).

8 Ratsbeschluß in B 146/691.

1.) Zur Frage der Liberalisierung sollten die zuständigen Ressorts möglichst bald einige konkrete erweiternde Maßnahmen vereinbaren. Auch wenn diese in ihrer praktischen Auswirkung nur gering sein würden, hätten sie doch einen bedeutsamen psychologischen Effekt.

2.) Da einzelne Zollpositionen zweifellos überhöht seien, sollte in den Fällen, in denen auf deutscher Seite keine wesentlichen Interessen berührt würden, der Zoll ermäßigt werden. Darüber hinaus könnte erwogen werden, ob ein gelegentliches Aussetzen der Verzollung auf der ganzen Breite möglich wäre.

3.) Der Erleichterung des Kapitalverkehrs mißt *Botschafter v. Maltzan* die entscheidende Bedeutung zu. Er verweist auf die Anregungen des handelspolitischen Ausschusses und schlägt vor, sie in einem Interministeriellen Ausschuß so bald wie möglich zu erörtern.

4.) Darüber hinaus empfiehlt *Botschafter v. Maltzan* einen volkswirtschaftlichen Ausschuß einzusetzen, der sich mit der gesamtwirtschaftlichen Entwicklung der Bundesrepublik befassen soll. Für die weiteren Verhandlungen in Paris würden die Ergebnisse dieses Ausschusses sehr bald gebraucht werden.

Dr. v. Mangoldt, der diesen Vorschlägen zustimmt, erläutert die Bemühungen der deutschen Delegation in Paris, einen besseren Ausgleich der Zahlungsbilanz dadurch zu erreichen, daß die Schuldnerländer veranlaßt werden, einen größeren Prozentsatz ihrer Verpflichtungen in Gold abzudecken. Wenn diese Bestrebungen z.Zt. auch noch keinen Erfolg gehabt hätten, so sei doch beschlossen worden, daß der Ministerrat sich im März 1954 mit dieser Frage befaßt und der deutschen Forderung gegebenenfalls mit Rückwirkung entsprochen werden kann. Dadurch sei unsere Verhandlungsposition recht vorteilhaft. Im übrigen werde erwogen, Schuldsalden, die älter als 18 Monate sind, abtragen zu lassen.

Dr. v. Mangoldt weist darauf hin, daß wir uns bis zum 31. 1. 1954 in Paris zu folgenden Fragen äußern müssen:

1.) Am 25. 8. 1953 hätten wir wegen des Transfers von Kapitalerträgnissen erleichternde Schritte versprochen[9]. Die Bundesrepublik müsse berichten, was sie inzwischen auf diesem Gebiet getan habe und ankündigen, in welcher Weise sie in einer verhältnismäßig kurzen Frist – etwa einem Vierteljahr – die restlichen Fragen lösen wolle. Es gehe hierbei vor allem um das Sperrmarkproblem[10]. Noch im Laufe des Januar sollte nach Meinung *Dr. v. Mangoldts* der Komplex der originären Sperrmark gelöst werden.

---

[9] Vgl. dazu 37. Ausschußsitzung am 2. Juli 1953 TOP 1 a.

[10] Die Überlegungen zum Abbau der deutschen Bilanzüberschüsse konzentrierten sich auf eine Liberalisierung des Kapitalverkehrs, insbesondere auf eine Freigabe der Sperrmarkguthaben, d.h. eine Erleichterung der Ausfuhr von ausländischem Kapital (einschließlich Zinsen), das in deutschen Werten angelegt war. Wegen des Devisenmangels der Bundesrepublik hatten die Alliierten im Zuge der Währungsreform für diese Vermögen eine Ausfuhrsperre verfügt. Bei den Überlegungen zum Abbau der übermäßigen Gläubigerstellung der Bundesrepublik standen diese Beschränkungen zur Disposition (vgl. dazu u.a. die Ver-

2.) Zum gleichen Termin müsse die Bundesregierung mitteilen, in welcher Weise sie für die Zukunft ihrer Überschußposition in der EZU Herr werden wolle.

Etwa Mitte Februar würden die von der Bundesregierung zu den beiden Punkten gemachten Bemerkungen und Vorschläge vom wirtschaftspolitischen Ausschuß der OEEC geprüft werden. *Dr. v. Mangoldt* schlägt vor, psychologisch einleuchtende Maßnahmen vorzusehen. Es sei wichtig, die internationale Organisation wissen zu lassen, daß die Bundesrepublik für die Unterstützung, die sie in früherer Zeit genossen habe, dankbar sei und nun auch ihrerseits in ihrer jetzt günstigeren Lage bereit sei, Opfer zu bringen. Wir müßten zum Ausdruck bringen, daß wir nicht egoistisch, sondern kooperativ denken und an einer liberalen, expansiven Wirtschaft festhalten. Es sei dringend zu empfehlen, der Weltöffentlichkeit gegenüber zu zeigen, daß die Bundesrepublik ihre Rolle als Schuldner nicht vergißt und sich nicht als Gläubiger aufspielt.

Für die anschließende Generaldebatte bemerkt *Staatssekretär Dr. Sonnemann*, daß er Bemühungen um Abbau von Zöllen, Importbeschränkungen und Staatshandel, soweit es sich um den Bereich des Bundesministers für Ernährung, Landwirtschaft und Forsten handele, nicht für erfolgversprechend halte, um zu einer Erleichterung der deutschen Zahlungsbilanz zu kommen. Die weit größeren Möglichkeiten hierfür sieht er auf dem Gebiet des Kapitaltransfers.

Bankier Abs legt Gewicht auf die Feststellung, daß er nach wie vor das Londoner Schuldenabkommen als einen Vorteil für Deutschland ansieht. Eine positive Regelung der jetzt im Rahmen der EZU zur Erörterung stehenden Fragen des Kapitaltransfers werde dadurch keineswegs grundsätzlich verhindert, sondern nur vorübergehend erschwert. Bei einer Neuregelung in Paris müsse bedacht werden, daß einige Länder Zahlungen über die EZU ablehnen würden. Für *Bankier Abs* sind folgende Erwägungen wesentlich:

1.) Ein Rückkauf deutscher Titel (z. B. Young-Anleihe) sei in Betracht zu ziehen, namentlich in Anwendung einer offenen Marktpolitik seitens der Bank deutscher Länder. Allerdings werde man solange noch davon absehen müssen, bis wir den Zinsendienst aufgenommen haben, damit wir uns keinen Vorwürfen aussetzen.

2.) Die Rekommerzialisierung von Stillhalteschulden, wodurch etwa 100 Mio $ transferiert werden könnten, erscheint ihm durchführbar[11].

3.) Zur Sperrmarkfrage weist *Bankier Abs* auf die sehr schwierige Abgrenzung zwischen originärer und erworbener Sperrmark hin. Auf jeden Fall sollte eine Re-

---

merke vom 14. und 15. Okt. 1953 in B 146/671), nachdem die Besatzungsmächte mit dem Inkrafttreten des Londoner Schuldenabkommens am 16. Sept. 1953 auf die Ausübung der Devisenkontrolle verzichtet hatten (vgl. dazu Schreiben der AHK vom 15. Okt. 1953 in AA B 10/1476, weitere Unterlagen zu den Bemühen der Bundesregierung um eine Beendigung der Devisenkontrollen in AA B 10/1360).

[11] Anlage III zum Londoner Schuldenabkommen vom 27. Febr. 1953 (BGBl. II 402) enthielt eine vereinbarte Empfehlung für die Regelung der Stillhalteschulden, d. h. der von ausländischen Bankgläubigern an das Deutsche Reich begebenen kurzfristigen Kredite, die ab 1931 und in den folgenden Jahren durch gesonderte Abkommen gestundet worden waren.

gelung für die erworbene Sperrmark erst später getroffen werden und ein Schritt hierfür im Januar nur angekündigt werden. Da die Schulden aus dem Londoner Abkommen nur mit etwa 4% verzinst würden, bestehe die Gefahr, daß viele Gläubiger des Londoner Schuldenabkommens ihre Forderungen kündigte um in höher verzinsliche Sperrmark überzugehen. Diese Gefahr habe sich zwar durch Ablauf gewisser Fristen vermindert, sie sei aber noch nicht ganz beseitigt.

Präsident Bernard begrüßt für die Bank deutscher Länder jede mögliche Lokkerung des internationalen Warenverkehrs. Die Bank mache hierzu jedoch keine Vorschläge, da dies Angelegenheit der zuständigen Ministerien sei. Auf dem Kapitalsektor sei die Bank für eine etappenweise Auflockerung des Sperrmarkkomplexes. Sperrmarkgläubigern, die Wertpapiere kaufen, könne der Transfer der Zinsen gestattet werden. Diese Wertpapiere müßten jedoch dem Depotzwang unterliegen; auch sei erforderlich, für unnotierte Werte eine besondere Kontrolle einzubauen. Bedauerlich sei, daß die Kapitalschuld zur Zeit noch nicht verringert werden könnte[12].

Staatssekretär Hartmann glaubt, daß die erörterten Probleme noch nicht voll ausgereift sind. Er begrüßt die Überweisung der Fragen an einen Interministeriellen Ausschuß. Dabei sollte allerdings nicht die starre Richtlinie gegeben werden, sich an die vom handelspolitischen Ausschuß vorgeschlagene Minderung des Überschusses um 680 Mio DM zu halten[13]. Der Ausschuß sollte nicht so sehr festgelegt werden, vielmehr eine umfassende Aufgabe erhalten. Den Ausführungen von Präsident Bernard stimmt *Staatssekretär Hartmann* zu. Unter den Wertpapieren, in denen die Sperrmark – und zwar in erster Linie originäre Sperrmark – angelegt werden könne, möchte er auch Aktien verstanden wissen. Neben den Zinsen sollten auch Amortisationen und Auslosungen transferiert werden können.

Zu dem von Bankier Abs erwähnten Rückkauf von Wertpapieren (z. B. Young-Anleihe[14]) bemerkt *Staatssekretär Hartmann*, daß hierfür im Haushalt 1953 keine Gelder vorhanden seien. Auch für 1954 könne nicht mit Bundesmitteln gerechnet werden, da alle Anstrengungen darauf gerichtet sein müßten, jede Ausgabenerhöhung zu vermeiden und eine wirksame Steuerreform zu schaffen.

Staatssekretär Hartmann teilt in diesem Zusammenhang weiter mit, daß im Bundesfinanzministerium ein Entwurf vorbereitet werde, der die steuerlichen Förderungsmaßnahmen für den Export einschränke. Dieser Entwurf werde in Kürze den anderen Ressorts zugestellt werden.

---

[12] Die BdL sah in den Vorschlägen zur Liberalisierung des Kapital- und Devisenverkehrs auch die Gefahr eines unkontrollierbaren Abflusses von Kapital. Vgl. dazu Schreiben Vockes vom 17. Dez. 1953 an Blücher mit beiliegendem Vermerk vom 9. Dez. 1953 („Zur Frage der Konvertibilität") in B 146/691.

[13] Der Ausschuß hatte in Anbetracht der deutschen EZU-Überschüsse und der Unwägbarkeiten des Kapitaltransfers empfohlen, einen interministeriellen Ausschuß zu bestellen und mit der Aufgabe zu betreuen, „Lösungsmöglichkeiten zu entwickeln, die zu einer zusätzlichen Belastung der deutschen EZU-Position für das Jahr 1954 und 1955 in Höhe von 600–800 Mio DM jährlich führen können".

[14] Die Modalitäten der Rückzahlung der Young-Anleihe, einer 5½%igen internationalen Anleihe des Deutschen Reiches von 1930, waren im Londoner Schuldenabkommen vom 27. Febr. 1952 festgelegt worden. Vgl. dazu Sondersitzung am 12. Aug. 1952 TOP 1 (Kabinettsprotokolle 1952, S. 503).

Eine Senkung der Finanzzölle hält *Staatssekretär Hartmann* wegen des inneren Zusammenhangs mit den Verbrauchssteuern im Inland für kaum durchführbar. Erleichterungen bei den Handelszöllen würden dadurch erschwert, daß sie auf alle Partnerländer erstreckt werden müßten.

Der *Vizekanzler* schlägt vor, in den zu bildenden Interimsausschuß die Staatssekretäre oder mindestens Ministerialdirektoren zu entsenden, damit die Entscheidungen schnell getroffen werden können.

Bei der weiteren Liberalisierung sei es notwendig, sowohl von der Seite der Wirtschaft wie von der Landwirtschaft Entgegenkommen zu zeigen und ein einheitliches Vorgehen möglich zu machen.

Zur Frage der Zölle bemerkt der *Vizekanzler*, es sei nicht eine Senkung der Finanzzölle vorgeschlagen, sondern nur angeregt worden, die Zölle zu senken, an denen wir kein besonderes Interesse hätten, die aber bisher noch nicht in den Handelsvertragsverhandlungen zur Diskussion gestanden hätten.

Staatssekretär Dr. Westrick verweist auf die Möglichkeit, die deutsche Zahlungsbilanz dadurch mehr auszugleichen, daß in größerem Umfang Transiteinfuhren zugelassen werden. Als Beispiel nennt er das Abkommen über die Einfuhr von IWA-Weizen, das unsere Bilanz um etwa 14 Mio $ erleichtert habe[15]. Eine gewisse Verteuerung der Waren müsse dabei allerdings in Kauf genommen werden. Er schlägt vor, durch weitere ähnliche Aktionen die Lage zu entspannen. Auch mit dieser Frage sollte sich der interministerielle Ausschuß befassen.

Einer weiteren Liberalisierung will sich *Staatssekretär Dr. Westrick* nicht verschließen, wenn in diesem Punkt auch vom Landwirtschaftsministerium Entgegenkommen gezeigt werde. Viel komme allerdings hierbei nicht heraus.

Zu einer allgemeinen Aussetzung der Zölle habe er keine große Neigung, da es schwierig sein werde, die Zölle wieder zu erheben, wenn die Aussetzungsfrist abgelaufen sei und außerdem die Wirtschaft durch die jeweilige Umstellung zu stark belastet werde.

Bei der steuerlichen Exportförderung empfiehlt *Staatssekretär Dr. Westrick* höchstens eine Verlagerung auf andere Länder, er ist aber nicht mit einem Abbau etwa zugunsten des Haushalts einverstanden. Diesen Ausführungen stimmt der *Vizekanzler* mit dem Bemerken zu, daß wir damit auch bei weiteren Verhandlungen unsere Trümpfe aus der Hand geben würden.

Staatssekretär Dr. Sonnemann betont, daß jede weitere Liberalisierung auf dem Agrarsektor nur optische Bedeutung haben könne. Man müsse bedenken, daß jeder Schritt in dieser Richtung innerhalb der Bundesrepublik mehr schade als dem Ausland gegenüber nütze. Das gleiche gelte für die Aufgabe nicht ausgenutzter Zollpositionen. Einer zeitweisen Aussetzung von Zöllen könne zugestimmt werden. Auf diesem Wege sei es möglich, z.B. bei Pflichteinfuhren vorübergehende Lücken besser auszufüllen. Die dazu wünschenswerte Änderung des § 4 des Zolltarifgesetzes[16], damit solche Änderungen ohne Inanspruchnahme des

---

[15] Vgl. dazu 31. Ausschußsitzung am 11. Febr. 1953 TOP 1, ferner 36. Ausschußsitzung am 17. Juni 1953 TOP 1 (Einfuhrprogramm).

[16] Vgl. dazu 26. Ausschußsitzung am 18. Sept. 1952 TOP 1.

Bundestages bei Bedarf schnell vorgenommen werden können, werde allerdings nach den bisherigen Erfahrungen kaum erreichbar sein.

Bei der Umwandlung der originären Sperrmark bittet *Staatssekretär Dr. Sonnemann* den langfristigen Investitionsbedarf der Landwirtschaft zu berücksichtigen.

Der *Vizekanzler* stellt fest, daß dem Interministeriellen Ausschuß schon jetzt die Richtlinie gegeben werden könne:

a) keine Maßnahmen vorzuschlagen, die eine Beschränkung der Ausfuhr zum Ziele haben,

b) den vom Bundesfinanzminister angekündigten Entwurf über die steuerliche Exportförderung zu prüfen.

Er unterstreicht die Wichtigkeit, bei den weiteren Verhandlungen in Paris das Vertrauen zu Deutschland innerhalb der EZU zu stärken.

Auf Anregung des *Vizekanzlers* verspricht *Staatssekretär Hartmann* dem Interministeriellen Ausschuß konkrete Zahlen über die notwendigen Leistungen für die Wiedergutmachung vorzulegen[17].

Ministerialdirektor Dr. Reinhardt bittet, schon jetzt etwas Konkretes über das deutsche Entgegenkommen in der Liberalisierung zu sagen. Er glaubt, daß auf dem Gebiet der Landwirtschaft etwa 25 bis 30 Positionen und auf dem gewerblichen Sektor über 200 Positionen freigegeben werden könnten. Wenn die praktische Wirkung auch nur etwa 0,5% bis 0,8% betrage, sollten doch die sehr günstigen, psychologischen Folgen genützt werden.

Staatssekretär Dr. Sonnemann erklärt, daß er sich z.Zt. hierzu noch nicht positiv äußern könne. Er spricht sich für Erleichterungen der Transiteinfuhren aus, wobei allerdings auf einen Teil der Abschöpfungsbeträge verzichtet werden müsse. Besonderes Gewicht legt er auf Erleichterungen im Kapitaltransfer. Er bittet zu prüfen, ob nicht auch bei der Ausstattung ausländischer Handelsniederlassungen oder bei der Gewährung von Bürgschaften zur Kreditierung der Außenstände im Ausland mehr Entgegenkommen gezeigt werden könne.

Staatssekretär Dr. Westrick befürchtet eine Erschwerung der innenpolitischen Situation, wenn man in den Berichten zum 31. 1. 1954 die weiteren Schritte der Bundesregierung schon zu sehr festlege. Er möchte, daß für die Zukunft nur angekündigt wird, die Bundesregierung werde neue Maßnahmen beschließen, wenn mit den bereits getroffenen keine wesentlichen Erleichterungen erreicht werden.

---

[17] Zahlenmaterial über die Höhe der Verbindlichkeiten gegenüber dem Ausland und die sich daraus ergebende Transferbelastung lag schon zu einem früheren Zeitpunkt bei den Beratungen über die Liberalisierung der laufenden Zahlungen vor. Nach einer Aufstellung des BMWi vom 6. Mai 1953 (B 102/57697) summierten sich die Forderungen auf Rückerstattung und Entschädigung an Berechtigte mit Wohnsitz im Ausland aufgrund der Wiedergutmachungsbestimmungen auf insgesamt 3,5 Milliarden DM. Ohne Zahlungen an Israel brachten die Wiedergutmachungsleistungen für das Rechnungsjahr 1953/54 eine Devisenbelastung von 60 Millionen DM gegenüber dem EZU-Raum und 140 Millionen DM gegenüber dem Dollarraum. – Der Transfer von Wiedergutmachungsleistungen der öffentlichen Hand wurde mit Runderlaß Außenwirtschaft Nr. 110/53 vom 19. Dez. 1953 zunächst in begrenztem Rahmen aufgenommen (BAnz Nr. 248 vom 24. Dez. 1953, S. 2). Unterlagen dazu in B 136/7864.

Der *Vizekanzler* bittet, den Rahmen für den Interministeriellen Ausschuß nicht zu weit zu spannen, damit die Besprechungen bis 31. 1. 1954 abgeschlossen werden können. Er faßt das Ergebnis der Beratungen dahin zusammen, daß zunächst die beiden Unterausschüsse des handelspolitischen Ausschusses ihre Arbeiten beschleunigt fertigstellen sollen. Der Interministerielle Ausschuß, an dem sich auch die Bank deutscher Länder und Bankier Abs beteiligen möchten, haben sie dann im Sinne der heutigen Aussprache zu überarbeiten.

Hiergegen und gegen die Einsetzung des von Botschafter von Maltzan und Staatssekretär Dr. Sonnemann gewünschten besonderen Ausschusses zur Ausarbeitung eines gesamtwirtschaftlichen Memorandums für die OEEC wird kein Widerspruch erhoben. Diesem Ausschuß soll auch der Leiter des Statistischen Bundesamtes, Herr Fürst[18], angehören[19].

3. SUBVENTIONIERUNG DER MARGARINE UND ANDERER FETTE IN DER ZEIT VOM 1. JULI 1951 BIS 14. SEPTEMBER 1951 BML

Der *Vizekanzler* bemerkt, auch in dieser schon seit längerer Zeit schwebenden Angelegenheit sollte die Bundesregierung an ihrer wirtschaftspolitischen Konzeption festhalten. Er unterstütze deshalb den Antrag des Bundesministers für Ernährung, Landwirtschaft und Forsten, der auf einer nach kaufmännischen Grundsätzen errechneten Forderung beruhe[20].

---

[18] Dr. Gerhard Fürst (1897–1988). 1945–1947 Direktor des Statistischen Landesamtes Hessen, 1947–1949 Leiter des Statistischen Amtes des Vereinigten Wirtschaftsgebietes, 1949–1964 Präsident des Statistischen Bundesamtes.

[19] Entwurf vom 7. Jan. 1954 („Maßnahmen zur Verminderung der deutschen EZU-Überschüsse") in B 102/55333, Entwürfe und Ergebnisberichte über die Ressortbesprechungen am 7. und 8. Jan. 1954 in B 146/693. – Der Bericht enthielt eine Zusammenstellung über die von der Bundesregierung im Dezember 1953 und im Jan. 1954 ergriffenen Maßnahmen, einen Ausblick auf die weiter geplanten Schritte und eine Schätzung der 1954 zu erwartenden Transferbelastung. Danach wurde einschließlich des Schuldendienstes aus dem Londoner Schuldenabkommen eine Belastung von 2,310 Milliarden DM erwartet. Als Maßnahmen zur Erleichterung des Zahlungstransfers waren angeführt der Runderlaß Außenwirtschaft Nr. 111/53 vom 19. Dez. 1953 (BAnz Nr. 247 vom 23. Dez. 1953 S. 2), der die Transfermöglichkeit von Vermögenserträgnissen ausdehnte, der Runderlaß Außenwirtschaft Nr. 110/53 vom 19. Dez. 1953 (BAnz Nr. 248 vom 24. Dez. 1953, S. 2), der den Transfer von Wiedergutmachungsleistungen in Höhe von 500 DM monatlich unter bestimmten Voraussetzungen freigab, und Runderlaß Außenwirtschaft Nr. 106/53 vom 3. Dez. 1953 (BAnz Nr. 236 vom 8. Dez. 1953, S. 1), der die Zahlungsfreigrenze für die Ausfuhr von Devisen ins Ausland erhöhte. – Fortgang 28. Kabinettssitzung am 6. April 1954 TOP D (Kabinettsprotokolle 1954, S. 146–148) und 11. Ausschußsitzung am 9. Juni 1954 TOP 1.

[20] Siehe 5. Ausschußsitzung am 15. Juni 1951 TOP E. – Vorlage des BML vom 5. Dez. 1953 in B 136/2219. – Generelle Subventionen für preisgebundene Margarine und andere Speisefette waren aufgrund fallender Rohstoffpreise zum 30. Juni 1951 eingestellt worden. Bis zum Inkrafttreten der Verordnung M Nr. 3/51 über Margarine, Kunstspeisefette sowie feste Speisefette vom 29. Aug. 1951 (BAnz. Nr. 177 vom 13. Sept. 1951, S. 1) und der damit verbundenen Freigabe der Preise am 15. Sept. 1951 sollten aber einzelnen Betrieben für den Zeitraum 1. Juli bis 14. Sept. 1951 gegen individuell zu erbringenden Verlustnachweis weiterhin Subventionen gewährt werden. – Aufgrund divergierender Auffassungen des BML und des BMF hinsichtlich der Durchführung der Maßnahmen waren entsprechende Subventionsforderungen bis Dez. 1953 unerfüllt geblieben. Das BMF hatte die Auffassung vertreten, der Nachweis der Betriebsverluste sei durch die Steuerbilanz zu führen. Dagegen

Staatssekretär Hartmann hält die gewünschte Zuwendung an die Margarineindustrie nicht für wirtschaftlich notwendig. Er erklärt, an dem ablehnenden Standpunkt des Bundesfinanzministeriums festhalten zu müssen. Er wolle aber nicht, daß sich diese Angelegenheit zu sehr auswachse und werde ihrem Fortgang keine Schwierigkeiten in den Weg legen.

Staatssekretär Sauerborn bemerkt, das Bundesarbeitsministerium trete der Auffassung des Bundesfinanzministeriums bei, er werde sich jedoch der Stimme enthalten.

Hierzu weist *Staatssekretär Dr. Westrick* darauf hin, daß gerade das Bundesarbeitsministerium sich seinerzeit besonders für die Subventionierung der Margarine und Fette eingesetzt habe, da damals die Interessen der Verbraucher im Vordergrund gestanden hätten.

Für das Bundesverkehrsministerium gibt *Ministerialdirektor Dr. Schiller* die Erklärung ab, er werde sich der Stimme enthalten.

Es wird sodann über die Kabinettsvorlage abgestimmt. Der *Vizekanzler* stellt fest, daß die Mehrheit ihr zugestimmt hat.

4. DARSTELLUNG DER BERLIN-FINANZIERUNGEN AUS MITTELN DES ERP-SONDERVERMÖGENS UND IHRE BEHANDLUNG DURCH DIE RESSORTS BMZ

Der *Vizekanzler* verweist auf die den Ressorts inzwischen zugegangene Kabinettsvorlage vom 18. 12. 1953 und bemerkt erläuternd, bei der Durchführung der Kreditmaßnahmen für Berlin hätten sich unterschiedliche Auffassungen zwischen den Bonner Ressorts, dem Berliner Senat und amerikanischen Stellen ergeben[21]. Mit Rücksicht darauf, daß sich bei der Vergabe der Mittel Wagnisse in Höhe von z.Zt. etwa 68 Millionen DM herausgestellt haben, möchte er die Verantwortung hierfür nicht allein tragen und das Kabinett über die Lage unterrichten.

Auf Wunsch von *Staatssekretär Hartmann* wird die Angelegenheit zurückgestellt, damit sie eingehend geprüft werden kann[22].

---

hatte das BML gefordert, daß die Subventionierung der Margarine und anderer Fette analog zum Verfahren für den Zeitabschnitt vom 1. Febr. bis 30. Juni 1951 durchgeführt werden sollte, „d. h. unter Berücksichtigung einer angemessenen Gewinn- und Wagnisspanne".

[21] Zur Berlin-Förderung vgl. 40. Ausschußsitzung am 22. Sept. 1953 TOP A. – Mit Schreiben vom 18. Dez. 1953 hatte Blücher beantragt, das Kabinett möge 1) die vom BMZ im Einvernehmen mit BMWi und BMF „getroffenen Maßnahmen hinsichtlich der Gewährung und Überwachung von Krediten an Berliner Unternehmen aus Mitteln des ERP-Sondervermögens" zustimmend zur Kenntnis nehmen, 2) die an der Vergabe solcher Kredite beteiligten Ressorts ermächtigen, in Einzelfällen auch dann Kredite zu genehmigen, wenn die üblichen bankmäßigen und betriebswirtschaftlichen Voraussetzungen fehlten, 3) eine großzügige Auslegung der Reichshaushaltsordnung „bei der Vergabe von Mitteln aus geschenkweisen Zuwendungen der USA" befürworten und 4) den BMZ beauftragen, allein oder im Benehmen mit der Berliner Industriebank A.G. „alle im Hinblick auf die wirtschaftliche Lage Berlins möglichen Maßnahmen zu ergreifen", um die Kreditrisiken zu vermindern (B 136/2384).

[22] Fortgang 3. Ausschußsitzung am 1. Febr. 1954 TOP 4.

5. VERSTÄRKUNG DER HAFTENDEN MITTEL DER KREDITANSTALT FÜR WIEDERAUFBAU MIT HILFE DES ERP-SONDERVERMÖGENS BMZ

Nach einer Mitteilung des *Vizekanzlers* hat sich insofern eine neue Lage ergeben, als der Bundesfinanzminister beabsichtigt, sich Anfang Januar mit dem Vorsitzenden des Verwaltungsrates der Kreditanstalt für Wiederaufbau, Herrn Schniewind[23], persönlich über die Angelegenheit auszusprechen. Mit Rücksicht hierauf schlägt er vor, die Angelegenheit zurückzustellen. *Staatssekretär Hartmann* stimmt diesem Vorschlag zu und der Kabinettsausschuß beschließt die Vertagung[24].

6. ENTWURF EINES GESETZES ZUR ÄNDERUNG UND ERGÄNZUNG STEUERLICHER VORSCHRIFTEN ZUR FÖRDERUNG DES KAPITALMARKTES BMF

Ministerialdirektor Dr. Kramer (Bundeswirtschaftsministerium) trägt die Auffassung des Bundeswirtschaftsministeriums zu der Kabinettsvorlage des Bundesfinanzministers vom 11. 12. 1953 vor[25]. In dieser Vorlage sei die Aktie nicht erwähnt. Der Bundeswirtschaftsminister habe sich seit langem, auch in der Öffentlichkeit, für eine Förderung des Aktienbesitzes ausgesprochen und könne darauf nicht verzichten. Es müsse der Wirtschaft in stärkerem Maße die Möglichkeit gegeben werden, Eigenkapital aufzunehmen. Die bisherige Finanzierung der Investitionen über den Bankkredit sei unerfreulich und werde sogar zu einer bedeutenden Gefahr, wenn die konjunkturelle Lage sich ändern sollte. Der Bundesminister der Finanzen wolle mit der Regelung dieser Frage bis zur Steuerreform warten. Es sei aber schon jetzt eine Klärung dringend erforderlich, um der Wirtschaft zu gestatten, ihre Dispositionen zu treffen. Diese Auffassung des Bundeswirtschaftsministers werde von der gesamten Wirtschaft geschlossen geteilt.

Die Aktie sei gegenüber anderen Wertpapieren zweifellos benachteiligt, weil sie von der Steuer doppelt betroffen werde und ihr auch keine Vorteile beim Ersterwerb gewährt würden. Der Bundeswirtschaftsminister setze sich deshalb für eine Couponsteuer von 20% ein. Mit Rücksicht auf den Einwand des Bundesfinanzministers, daß die Vorteile hieraus in erster Linie den großen Gesellschaften

[23] Dr. Otto Schniewind (1887–1970). 1948–1958 Vorsitzender des Verwaltungsrates der Kreditanstalt für Wiederaufbau.

[24] Um das Mißverhältnis zwischen Bilanzvolumen (4,3 Milliarden DM) und Eigenkapitalausstattung (1 Million DM Kapital und 143 Millionen DM Rücklagen) zu verringern, sollten zur erforderlichen Kapitalerhöhung nach Vorschlag des BMWi 150 Millionen DM aus dem Bestand des ERP-Sondervermögens als Sonderkapital vom Bund in die Kreditanstalt eingebracht werden (Memorandum vom 19. Dez. 1953 und weitere Unterlagen in B 102/28020).

[25] Vgl. 13. Kabinettssitzung am 18. Dez. 1953 TOP D (Kabinettsprotokolle 1953, S. 578). Zum Ersten Gesetz zur Förderung des Kapitalmarktes vom 15. Dez. 1952 (BGBl. I 793) vgl. 233. Kabinettssitzung am 8. Juli 1952 TOP 4 (Kabinettsprotokolle 1952, S. 438 f.). – Vorlage des BMF in B 126/12079 und B 136/2254 und Schreiben des BMWi vom 16. Dez. 1953 an das BMF in B 102/28611 und B 136/2254 , weitere Unterlagen in B 126/ 6208 und 51541. – Das Gesetz über den Kapitalverkehr lief zum 31. Dez. 1953 aus. Für eine Übergangszeit sollte nach Vorschlag des BMF der Kapitalmarkt mit Hilfe staatlicher Genehmigungsverfahren soweit gefestigt werden, daß sich weitere staatliche Stützungsmaßnahmen erübrigten. Bei den Förderungsvorschlägen hatte der BMWi steuerliche Begünstigungen für den Aktienerwerb vermißt.

zukämen und einen Steuerausfall von etwa 120 Millionen DM brächten, sei der Bundeswirtschaftsminister bereit, diese Forderung vorerst zurückzustellen. Er verlange aber nach wie vor eine Herabsetzung des Steuersatzes für die von der Gesellschaft ausgeschütteten Beträge von 30% auf 20%. Der Bundeswirtschaftsminister verlange weiter, daß etwas für die Spekulationssteuer getan werde und daß bei den Hypothekenbanken, die bisher benachteiligt gewesen seien, nur die Hälfte des Körperschaftsteuersatzes erhoben werde. Da die Vorlage des Bundesfinanzministers für alle diese Maßnahmen keine Regelung enthalte, beantrage er ihre Behandlung durch die Referenten.

Staatssekretär Hartmann meint, von einer Referentenbesprechung sei nichts mehr zu erhoffen, da sich die Leiter der Ressorts festgelegt hätten. Man müsse in der Angelegenheit schnell zu Entschlüssen kommen, damit der Gesetzentwurf noch vor Ostern vom Bundestag verabschiedet werden könne. Der Bundesfinanzminister habe sich bereit erklärt, für die nächste Bundesanleihe auf eine Steuerbegünstigung zu verzichten. Er werde aber gezwungen, sie steuerfrei auszugeben, wenn das Gesetz nicht bald in Kraft trete.

Staatssekretär Hartmann geht sodann auf die Entstehungsgeschichte des 1. Kapitalmarktförderungsgesetzes ein und spricht sich dafür aus, dieses Gesetz so schnell wie möglich abzuschaffen. Mit steuerlichen Maßnahmen sollte keine Kapitalmarktpolitik getrieben werden. Die Wirtschaft müsse vielmehr in völliger Freiheit selbst entscheiden, wie sie ihr Geld anlegen wolle. Man solle sie durch steuerliche Maßnahmen weder zu Investitionen noch zu Ausschüttungen oder zu Kreditrückzahlungen zwingen. Nur widerstrebend sei das Bundesfinanzministerium bereit, für eine Übergangszeit noch die Fixsteuer und auch die Steuerbegünstigung für die Zinsen der Sozialpfandbriefe vorzusehen.

Abschließend hebt *Staatssekretär Hartmann* hervor, daß sich die Senkung des Steuersatzes für die ausgeschüttete Dividende auf 30% bisher überhaupt noch nicht ausgewirkt habe. Dieser Steuersatz werde zum ersten Male bei der im Jahre 1954 für das Jahr 1953 gezahlten Dividende angewandt werden. Man solle zunächst einmal abwarten, welche Auswirkungen diese Regelung habe. Die Begünstigung der Ausschüttungen fördere zudem auch nicht die Investitionstätigkeit. Im übrigen müßte wegen dieses Verlangens nicht das Kapitalmarktförderungsgesetz, sondern die kürzlich erst beschlossene Kleine Steuerreform geändert werden. Schon jetzt könne gesagt werden, daß die Finanzminister der Länder einer solchen Änderung nicht zustimmen würden.

Bei der Spekulationssteuer glaubt *Staatssekretär Hartmann*, den Wünschen des Bundeswirtschaftsministers auf Verkürzung der Veräußerungsfrist entgegenkommen zu können.

Staatssekretär Dr. Westrick stellt fest, daß die Kabinettsvorlage des Bundesministers der Finanzen seinem Hause erst am Tage vor der Kabinettssitzung, am 18. 12. 1953, zugestellt worden ist. Sie sei nicht ausreichend vorbereitet und nicht mit den Ressorts abgestimmt worden. Er habe 8 Punkte, die noch zwischen den Referenten besprochen werden müßten[26].

[26] Vgl. Schreiben Erhards an Schäffer vom 16. Dez. 1953 in B 136/2254.

Staatssekretär Wandersleb betont die Notwendigkeit, die Steuerbegünstigung für den Sozialpfandbrief[27] aufrechtzuerhalten. Bei der augenblicklichen Lage auf dem Kapitalmarkt müsse mit Subventionen geholfen werden, wenn die Steuerbegünstigung wegfalle. Die von dem Bundeswirtschaftsminister vorgetragenen Ansichten zur Förderung der Aktie würden von dem Bundeswohnungsbauminister geteilt.

Bankier Abs betont mit Nachdruck, daß die Aufhebung des Kapitalmarktförderungsgesetzes zum 31. 12. 1953 die glücklichste Lösung sein würde. Die Vergünstigungen dieses Gesetzes seien mit ein Grund für das überhöhte Zinsniveau. Das Gesetz fördere die Neigung vieler Firmen, die ihnen gewährten Kredite nicht zurückzuzahlen und statt dessen steuerbegünstigte Papiere zu kaufen. Dieses Streben, die Rendite auf Kosten der Liquidität zu verbessern, greife bei längerer Geltung des Gesetzes immer weiter um sich und bilde eine sehr ernste Gefahr.

An einigen Beispielen legt *Bankier Abs* dar, in welcher Weise die Fixsteuer der Wirtschaft die Möglichkeit gibt, Steuerverpflichtungen zu umgehen. An Stelle einer Fixsteuer sollte besser der Steuertarif geändert werden. Es sei durchaus zweifelhaft, ob die Aktiengesellschaften überhaupt bereit seien, die ihnen gewährten steuerlichen Erleichterungen dem Aktionär zugute kommen zu lassen. Wenn man sich jetzt so sehr für die Aktie einsetze, so sollte immerhin bedacht werden, daß der Aktienbesitz im Zuge der wirtschaftlichen Entwicklung teilweise bis auf das Dreifache aufgewertet worden sei, während die Obligationen auf ein Zehntel abgewertet wurden. Es dürfe auch nicht übersehen werden, daß nahezu alle Länder, auch USA und England, eine Doppelbesteuerung der Aktie kennen.

Von einer Kürzung der Sperrfrist von 12 auf 3 Monate bei der Spekulationssteuer verspricht sich Bankier Abs keine wesentlichen Vorteile.

Nachdem auch *Staatssekretär Bleek* mit Rücksicht auf eine Reihe von Wünschen, die das Bundesinnenministerium noch zu dem Gesetzentwurf des Bundesfinanzministeriums habe, sich für eine Ressortbesprechung einsetzt, schlägt *Staatssekretär Hartmann* vor, Anfang Januar die Staatssekretäre zu einer Aussprache zusammenkommen zu lassen, damit der Gesetzentwurf dann in der ersten Sitzung des Bundeskabinetts am 12. 1. 1954 behandelt werden kann.

Der Kabinettsausschuß beschließt entsprechend[28].

7. BILDUNG DES AUFSICHTSRATS DER AKTIENGESELLSCHAFT FÜR BERG- UND HÜTTENBETRIEBE (FRÜHER REICHSWERKE SALZGITTER) BMF

Ministerialdirektor Kattenstroth trägt vor, daß die im Bundesbesitz befindlichen früheren Reichswerke Salzgitter zur Zeit keinen Aufsichtsrat haben. Es handelt sich um eine reine Verwaltungsgesellschaft, die nicht selbst, sondern nur durch ihre Untergesellschaften eine zahlreiche Arbeiterschaft hat. Davon arbeiten etwa 50000 in Kohle- oder Eisenbetrieben. Es erhebt sich die Frage, ob der neue

---

[27] Hierbei handelte es sich um Hypothekenpfandbriefe, die der Förderung des sozialen Wohnungsbaus dienten.

[28] Die Besprechung der Staatssekretäre fand am 8. Jan. 1954 statt. – Fortgang 16. Ausschußsitzung am 29. Jan. 1954 TOP 4. – BR-Drs. 32/54, BT-Drs. 961, Gesetz zur Neuordnung von Steuern vom 16. Dez. 54 (BGBl. I 373).

Aufsichtsrat nach dem Betriebsverfassungsgesetz oder dem Mitbestimmungsgesetz für Kohle und Eisen bestellt werden muß[29]. Die Ressorts stehen auf dem Standpunkt, daß das Betriebsverfassungsgesetz anzuwenden ist und damit ein Drittel der Aufsichtsratsmitglieder von den Arbeitnehmern zu wählen sind. Diese Ansicht wird durch ein Urteil des Landgerichts Düsseldorf bezüglich der Mannesmann-Holding bestätigt[30]. Wenn diese Auffassung durchgesetzt werden soll, kommt es jedoch zu Schwierigkeiten mit den Gewerkschaften, die eine Wahl durch die Belegschaften nicht zulassen wollen und – entgegen dem Gesetz – verlangen, daß die Arbeitnehmervertreter im Aufsichtsrat durch den Betriebsrat als geborene Wahlmänner zu wählen sind.

Es ist deshalb erwogen worden, ob im vorliegenden Fall das Montan-Mitbestimmungsgesetz angewendet werden kann. Damit würde allerdings das noch zu erlassende Gesetz über Holding-Gesellschaften präjudiziert und es ist rechtlich zweifelhaft, ob die Beschlüsse des so gewählten Aufsichtsrates gültig sind.

Ministerialdirektor Kattenstroth gibt deshalb zu erwägen, ob sofort ein Holdinggesetz eingebracht werden soll; hiervon würden neun Gesellschaften betroffen werden[31]. Finde man keinen Ausweg, dann müsse der Registerrichter den Aufsichtsrat bestellen. Das sei allerdings erst nach Ablauf von drei Monaten möglich.

Staatssekretär Hartmann betont die Notwendigkeit einer sehr schnellen Entscheidung. Der Salzgitterkonzern sei mitten im Aufbau und der Vorstand müsse sich deshalb im besonderen Maße vom Aufsichtsrat – dessen Vorsitzender er gewesen sei – beraten lassen. Die Nähe der Zonengrenze gebiete eine feste Führung. Aus diesem Grunde könne man nicht warten, bis der Registerrichter tätig geworden sei. In der Anwendung des Betriebsverfassungsgesetzes würden die Gewerkschaften eine Kampfansage erblicken, zumal die Reichswerke, in denen sie schon

---

29 Eine Kabinettsvorlage des BMF konnte nicht ermittelt werden. – Der Aufsichtsrat der Aktiengesellschaft für Berg- und Hüttenbetriebe in Salzgitter-Drütte war gemäß § 89 Absatz 2 des Betriebsverfassungsgesetzes vom 11. Okt. 1952 (BGBl. I 681) am 18. Dez. 1953 aufgelöst worden. Da die Berg- und Hüttenbetriebe eine fast ausschließlich im Montanbereich tätige Holding-Gesellschaft waren, forderten IG Metall und IG Bergbau die Bestellung des neuen Aufsichtsrates nach den Bestimmungen des Gesetzes über die Montanmitbestimmung vom 21. Mai 1951 (BGBl. I 347), obwohl in diesem Gesetz die Holding-Gesellschaften bewußt ausgeklammert worden waren (Vermerk des BMF vom 29. Dez. 1953 in B 136/723).

30 Das Landgericht Düsseldorf hatte am 21. Dez. 1953 den Antrag einer Aktionärin der Mannesmann AG abgelehnt, die Wahlen zum Aufsichtsrat der Firma vom 26. Juni 1953 für ungültig erklären zu lassen. Das Gericht hatte festgestellt, „daß zurzeit für die Montan-Holding das Betriebsverfassungsgesetz gilt, daß andererseits jedoch die westdeutschen Montankonzerne zum großen Teil für die Montan-Holding bereits das Mitbestimmungsgesetz tatsächlich anwenden und eine derartige Handhabung sachlich auch gerechtfertigt erscheint" (Vermerk aus dem BMF vom 29. Dez. 1953 in B 136/723; Urteil in B 149/26738 und B 141/7921).

31 Außer der Aktiengesellschaft für Berg- und Hüttenbetriebe in Salzgitter-Drütte gehörten dazu die Rheinisch-Westfälischen Eisen- und Stahlwerke AG in Mühlheim/Ruhr, der Nordwestdeutsche Hütten- und Bergwerksverein AG in Duisburg, die Hoesch-Werke AG in Dortmund, die Gelsenkirchener Bergwerke AG in Essen und die Mannesmann AG in Düsseldorf als Mischkonzerne sowie die Hütten- und Bergwerke AG in Rheinhausen und die Ilseder Hütte in Peine als reine Grundstoff-Holding-Gesellschaften (Vermerk des BMWi vom 16. Jan. 1954 in B 102/21506).

jetzt ein Mitwirkungsrecht hätten, demnächst wegfallen sollen. Er schlägt deshalb vor, daß der Kabinettsausschuß den Bundesarbeitsminister auffordert, schnellstens den Entwurf für ein Holding-Gesetz vorzulegen. Es könne dann für die Zeit bis zu dessen Verabschiedung durch das Parlament ein auf etwa ein Jahr befristeter Aufsichtsrat bestellt werden.

Staatssekretär Dr. Strauß erklärt, das Montan-Mitbestimmungsgesetz sei in diesem Falle nicht anzuwenden. Diese vom Bundesjustizministerium stets vertretene Ansicht habe das Landgericht Düsseldorf bestätigt. Vor weiteren Schritten müsse sich das Kabinett selbst mit der Angelegenheit befassen. Die Fraktion der SPD bereite im Bundestag einen Initiativ-Gesetzentwurf zu dieser Frage vor[32].

Staatssekretär Dr. Sauerborn teilt mit, daß im Bundesarbeitsministerium diese Auffassung nicht mit dieser Schärfe geteilt werde. Er hält es für ratsam, daß die Bundesregierung in der Frage initiativ wird und spricht sich dafür aus, den Gesetzentwurf so schnell wie möglich dem Kabinett vorzulegen. Er bittet die beteiligten Ressorts, dem Bundesarbeitsministerium sofort mitzuteilen, welche Wünsche sie für die Kabinettsvorlage noch anzumelden haben[33].

Der *Vizekanzler* stellt als übereinstimmende Meinung fest, daß sehr schnell eine Regierungsinitiative ergriffen werden soll. Bis zu der günstigenfalls etwa im März/April erfolgenden Verkündung des Holding-Gesetzes dürfe der Konzern nicht ohne Aufsichtsrat gelassen werden. Er schlägt vor, hierzu am 12. 1. 1954 eine Entscheidung im Kabinett herbeizuführen. In der für den 8. 1. 1954 vorgesehenen Besprechung der Staatssekretäre solle auch dieser Punkt behandelt werden, um die Kabinettsentscheidung vorzubereiten.

Der Kabinettsausschuß stimmt diesem Vorschlag zu[34].

---

[32] Nicht ermittelt.

[33] Das BMA legte mit Schreiben vom 8. Jan. 1954 einen ersten Gesetzentwurf vor (B 136/723). – Fortgang dazu 16. Kabinettssitzung am 29. Jan. 1954 (Kabinettsprotokolle 1954, S. 49 f.) und 17. Ausschußsitzung am 20. Sept. 1954 TOP 1. – Gesetz zur Ergänzung des Gesetzes über die Mitbestimmung der Arbeitnehmer in den Aufsichtsräten und Vorständen der Unternehmen des Bergbaus und der Eisen und Stahl erzeugenden Industrie (Mitbestimmungsergänzungsgesetz) vom 7. Aug. 1956 (BGBl. I 707).

[34] In der Besprechung der Staatssekretäre am 8. Jan. 1954 wurde ausschließlich über den Gesetzentwurf des BMA zur Ergänzung des Mitbestimmungsgesetzes verhandelt (Vermerk vom 8. Jan. 1954 in B 136/723). – Wann und nach welchem Verfahren ein neuer Aufsichtsrat für die Berg- und Hüttenbetriebe Salzgitter-Drütte bestellt wurde, konnte nicht ermittelt werden.

ANHANG

DOKUMENTE

DOKUMENT 1

KABINETTSVORLAGE DES BUNDESMINISTERS FÜR WIRTSCHAFT VOM 24. NOV. 1949[1]

Kabinettsvorlage zur Geschäftsverteilung auf dem Gebiete der Wirtschaftspolitik.

I. *Grundsätzliches*

In den Wahlen zum Bundestag hat sich die Mehrheit der Wähler eindeutig für die *soziale Marktwirtschaft* entschieden. Der Herr Bundeskanzler hat dies auch in seiner Regierungserklärung vom 20. 9. 1949 zum Ausdruck gebracht und die soziale Marktwirtschaft zum Programmpunkt der Regierung erhoben. Die soziale Marktwirtschaft ist damit der Inhalt der von der Regierung zu betreibenden allgemeinen Wirtschaftspolitik.

Unerläßliche Voraussetzung einer sozialen Marktwirtschaft ist, wie z.B. auch der Wissenschaftliche Beirat der Verwaltung für Wirtschaft in seinem Gutachten vom 30. 10. 1949 dargelegt hat, „eine Koordinierung sämtlicher wirtschafts- und sozialpolitischen Entscheidungen" als der „wichtigsten Voraussetzung der künftigen Wirtschaftspolitik". Eine solche Koordinierung, d.h. die Übereinstimmung aller wirtschaftspolitischen Maßnahmen, verlangt die Zusammenfassung dieser Maßnahmen in der Hand des für die Wirtschaftspolitik verantwortlichen Bundesministers für Wirtschaft. Die soziale Marktwirtschaft kann ihre wesentlichen Aufgaben – freie Marktwirtschaft ohne soziale Fehlwirkungen – nur verwirklichen, wenn sich *alle Teile der Wirtschaft* in innerer Übereinstimmung befinden. Das setzt aber voraus, daß nicht nur die richtunggebenden *Programme*, sondern auch die beiden wesentlichsten *Mittel zu ihrer Durchführung*, nämlich die Geld- und Kreditpolitik und die Preispolitik, von *einem wirtschaftspolitisch federführenden Ressort* in Übereinstimmung gebracht werden.

[1] Ausfertigung in B 136/4649.

Vgl. die Empfehlungen des Organisationsausschusses der Ministerpräsidenten-Konferenz vom 30. 7. 1949 über den Aufbau der Bundesorgane (Seite 41):

„In den Geschäftsbereich des Bundeswirtschaftsministeriums gehören grundsätzlich alle Aufgaben, die für die Führung der Wirtschaftspolitik von Bedeutung sein können. Das Bundeswirtschaftsministerium wird daher wie in der vergangenen Zeit Sachgebiete zu bearbeiten haben, die sehr stark andere Ressorts berühren, die aber wegen ihres inneren Zusammenhanges nicht aufgeteilt oder federführend in Teilsachgebieten von verschiedenen Ressorts übernommen werden können. In diesen Fällen kommt dem Bundesministerium für Wirtschaft, nach Ansicht der Mehrheit des O.A., die Stellung eines Generalreferenten der Bundesregierung für alle Wirtschaftsfragen zu."

Jedem Bundesminister bleibt es, wie auch der Organisationsausschuß in seinen Empfehlungen festgestellt hat, selbstverständlich unbenommen, jede Entscheidung des Bundesministers für Wirtschaft bei abweichender Auffassung vor das Kabinett zu bringen. Die Existenz eines wirtschaftspolitisch federführenden Ressorts bedeutet also keinesfalls eine „Bevormundung" anderer Minister.

II. *Geschäftsverteilung auf einzelnen Gebieten der Wirtschaftspolitik*

1) *Geld- und Kreditpolitik.*

Die Geld- und Kreditpolitik ist ein untrennbarer Teil der Wirtschaftspolitik. Je stärker sich der Gedanke der sozialen Marktwirtschaft durchgesetzt hat, um so mehr hat sich das Schwergewicht der Wirtschaftspolitik auf die Geld- und Kreditpolitik verlagert. Das ist heute in einem solchen Maße der Fall, daß weder eine organische Außenhandelspolitik noch eine Investitions- und Versorgungspolitik auf allen Gebieten der Wirtschaft ohne ständige Abstimmung aller Maßnahmen mit der Kreditpolitik erfolgen kann.

Zwar ist der Bundesminister der Finanzen mit den Mitteln, die ihm aus den Steuern zufließen, ein bedeutender Geldgeber für die Wirtschaft. Er ist mit der staatlichen Ausgabenpolitik ein wesentlicher Faktor der Konjunkturpolitik. Ferner hat er mit den Steuern ein wichtiges Instrument der Pflege des Kapitalmarktes in der Hand. Auch auf diesen Gebieten ist daher eine ständige Abstimmung mit den Grundlinien der Geld- und Kreditpolitik erforderlich. Es entspricht dem Wesen der beiden Ministerien, daß der Bundesminister der Finanzen auf diesen Gebieten in erster Linie die fiskalischen, der Bundesminister für Wirtschaft die wirtschaftspolitischen Interessen zu vertreten und der Ausgleich auf interministerieller Ebene zu erfolgen hat.

Seit 1½ Jahren habe ich in meiner Eigenschaft als Direktor der Verwaltung für Wirtschaft und als einziger Ressortchef einen bestimmenden Einfluß auf die Geld- und Kreditpolitik ausgeübt. Das Volk belastet daher im richtigen Gefühl für die Zuständigkeiten ausschließlich mich mit der Verantwortung für die Kreditpolitik. Es hat in weitem Umfange im Vertrauen auf meine kreditpolitischen Ausführungen durch seine Stimmabgabe der derzeitigen Wirtschaftspolitik zugestimmt. Ich halte es nicht für möglich, daß ich in den Augen der Öffentlichkeit als für die Kredit- und Währungspolitik verantwortlich angesehen werde, wenn ich diese Politik – selbstverständlich im Rahmen der von dem Herrn Bundeskanzler bestimmten Richtlinien der Politik – nicht selbst gestalten kann. Der Erfolg der marktwirtschaftlichen Politik hängt entscheidend von der Steuerung der Kreditpolitik ab, so daß ich auf die Federführung auf kreditpolitischem Gebiet nicht verzichten kann.

Von der Errichtung des Reichswirtschaftsministeriums bis zum Jahre 1945 hat die Federführung auf dem Gebiete der Geld- und Kreditpolitik bei dem Reichswirtschaftsminister gelegen. Es geht nicht an, eine mit der Besetzung vollzogene Umorganisation zur Grundlage der deutschen Politik zu machen.

Die Fragen des Geld- und Kapitalmarktes (einschließlich der Zinspolitik und der Auslandsverschuldung), des Banken- und Sparwesens (einschließlich der Bankenaufsicht), des Börsen- und Wertpapierwesens, des Versicherungsgewerbes ausschließlich der Sozialversicherung (jedoch einschließlich der Versicherungsaufsicht) sowie der Investitionspolitik gehören zur Geld- und Kreditpolitik oder hängen organisch aufs engste mit ihr zusammen und sind deshalb von ihr auch nicht zu trennen. Eine erfolgreiche Geld- und Kreditpolitik verlangt zudem einen besonders engen und unmittelbaren Kontakt zwischen der Kreditwirtschaft und dem Bundesminister für Wirtschaft, der über die Betreuung des gesamten Kreditapparates gesichert wird.

Die Börsen sowie das Banken- und das Versicherungsgewerbe müssen im übrigen schon als Teile der gewerblichen Wirtschaft der Betreuung des Bundesministers für Wirtschaft unterliegen.

2) *Preispolitik.*

Der Organisationsausschuß des Ministerpräsidenten hat zur Preispolitik in seinen Empfehlungen (Seite 42) folgendes festgestellt:

> „Die Mehrheit der O.A. war der Meinung, daß die Preispolitik und die Fragen der Preisbildung in engem Zusammenhang mit der gesamten Wirtschaftspolitik, vor allem mit der Außenhandelswirtschaft, stehen und daß es daher zweckmäßig sei, beim Wirtschaftsminister eine Unterabteilung für alle Preisfragen einzurichten.
> Eine solche Regelung erscheint auch deshalb zweckmäßig, weil die gemeinsamen Fragen des Preisrechts nur an einer Stelle bearbeitet werden können. Den Einwendungen gegen die Zuständigkeit des Wirtschaftsministers auf diesem Gebiet wird dadurch Rechnung getragen werden, daß die Einrichtung des Preisrates als interministerieller Ausschuß jedem an der Preisbildung beteiligten Minister die Möglichkeit gibt, im Falle von Meinungsverschiedenheiten die Entscheidung des Gesamtkabinetts anzurufen."

Dem muß uneingeschränkt beigetreten werden. Soll die Marktwirtschaft eine *soziale* sein, so ist die Preispolitik eines der entscheidenden Instrumente für die Verwirklichung ihrer wirtschaftspolitischen Ziele. Es geht dabei, wie die Zeit nach der Währungsreform deutlich gezeigt hat, weniger um den Einzelpreis. Entscheidend ist vielmehr die Eingliederung der Einzelpreise in die preispolitische Gesamtkonzeption. Sie kann nur von einer Stelle ausgehen. Beispielsweise kann nicht im Bereich der Ernährungs- und der Landwirtschaft eine Preispolitik betrieben werden, die nicht mit der Preispolitik auf dem Gebiete der gewerblichen Wirtschaft, der Verkehrswirtschaft oder mit der Mietpreispolitik in Einklang gebracht ist. Würde jedes Ressort seine eigene Preispolitik betreiben, so wäre eine einheitliche preispolitische Linie unmöglich. Verkehrstarife nehmen als ein unausweichliches Kostenelement eine Schlüsselstellung in der Gesamtwirtschaft ein. Der hohe Anteil der Ernährungskosten an den Gesamtlebenshaltungskosten und die sich aus jeder Preisveränderung auf diesem Gebiet zwangsläufig ergebenden Auswirkungen würden eine gesamtwirtschaftliche Konzeption unmöglich machen, wenn nicht auch die Preispolitik auf diesem Gebiet in die einheitliche Gesamtkonzeption einbezogen wird. Das gleiche gilt für die Mieten und Pachten. Überdies ist ein nicht unbeträchtlicher Anteil der Mieten und Pachten gleichzeitig ein wesentlicher Bestandteil der Produktions- und Handelsunkosten. Schließlich ist das ganze Problem des Wohnungsneubaus letztlich eine Frage der Investitions- und Konjunkturpolitik.

Es müßte zu verhängnisvollen Folgen führen, wenn man auf Einzelgebieten eine ressortmäßig getrennte Preispolitik treiben und sich darauf beschränken würde, die anderen Ressorts bei den Arbeiten nur zu beteiligen. Bei dem Zusammenhang und dem Ineinandergreifen aller Preise ist die absolut erforderliche einheitliche Preispolitik vielmehr nur gewährleistet, wenn sie in *einer* Hand zusammengefaßt ist. Da eine *soziale* Marktwirtschaft ohne eine entsprechende Preispolitik nicht denkbar ist, muß die preispolitische Gesamtkonzeption in der Hand des für die Gestaltung der sozialen Marktwirtschaft verantwortlichen Bundesministers für Wirtschaft liegen. Er muß die Federführung in der gesamten Preispolitik für sich beanspruchen. Nur dann kann er einen laufenden zusammenfassenden Überblick über die gesamte Preisentwicklung gewinnen; nur dann hat er die Möglichkeit zu rascher und umfassender Initiative; nur dann kann er von ihm für notwendig erachtete Maßnahmen nach Abstimmung im Kabinett erforderlichenfalls auch gegen ein Fachressort ergreifen und durchführen. Würde er die Federführung und den Gesamtüberblick nicht haben, so würde der Fachminister von sich aus eine solche Frage vielfach nicht aufrollen, und es bestünde die Gefahr, daß für die Wirtschaftspolitik wesentliche Möglichkeiten nicht ausgenutzt würden. Um initiativ eingreifen zu können und die Verantwortung für eine Gesamtwirtschaftspolitik tragen zu können, kann der Bundesminister für Wirtschaft deswegen auch nicht lediglich auf ein Mitzeichnungsrecht beschränkt sein. Wäre er nur bei von anderen Stellen geplanten Maßnahmen zu beteiligen, so würde jeder Ressortminister seine eigene Preispolitik treiben. Kein Bundesminister – auch nicht der Bundesminister für Wirtschaft – würde in diesem Falle einen zusammenfassenden Überblick über die gesamte Preisentwicklung haben, da ihm die für diesen Überblick erforderlichen Unterlagen in ihrer Gesamtheit fehlen würden. Für die Gesamtpreispolitik wäre *kein* Minister verantwortlich. Die Verantwortung für eine *einheitliche* Preispolitik ist aber Voraussetzung einer sozialen Marktwirtschaft.

Diesen Gedankengängen hat sich auch die Bundesregierung nicht verschlossen, als sie der Verlängerung des Preisgesetzes zustimmte, das die Zuständigkeiten auf dem Preisgebiet bei dem Bundesminister für Wirtschaft zusammengefaßt.

Ich darf auch darauf hinweisen, daß ich als Direktor der Verwaltung für Wirtschaft die zentrale Position der Preispolitik im vorigen Jahre gegen die Opposition und gegen andere Strömungen durchgekämpft habe und daß es niemand in der Öffentlichkeit verstehen würde, wenn jetzt aus dem eigenen Kabinett heraus die Einheitlichkeit der Preispolitik gesprengt würde.

3) *Fragen des Marshall-Planes.*

Soweit die allgemeinen Wirtschaftsprogramme in den Marshall-Plan eingehen, ist in Besprechungen zwischen dem Bundesminister für den Marshall-Plan und mir grundsätzlich Klarheit darüber geschaffen worden, daß die wirtschaftspolitischen Inhalte der Programme koordinierend vom Bundesminister für Wirtschaft bearbeitet werden, während die Vertretung der Programme im Ausland und die Ausrichtung der Programmentwürfe hierauf beim Bundesminister für den Marshall-Plan liegen. Dabei wird sich der Minister für den Marshall-Plan in den fachlichen Fragen der Bearbeiter in den Fachressorts bedienen.

Es ist undenkbar, daß wirtschaftspolitische Programme fachlich oder koordinierend von einem anderen Minister bearbeitet werden als von dem für die Gesamtausrichtung der Wirtschaftspolitik und für ihre Durchführung mit den wesentlichsten Mitteln der modernen Marktwirtschaft – der Geld-, Kredit- und der Preispolitik – federführend verantwortlichen Bundesminister für Wirtschaft.

III. *Interministerielle Gremien.*

1) *Ausschüsse für Geld- und Kreditpolitik.*

Die zur Führung der Geld- und Kreditpolitik erforderliche Abstimmung mit den übrigen beteiligten Ressorts geschieht in dem durch Erlaß des Herrn Bundeskanzlers vom 9. 11. 1949 – BK 505/49 unter Hinzuziehung von Vertretern der Bank deutscher Länder und der Wiederaufbaubank gebildeten Ausschuß in Verbindung mit dem durch Kabinettsbeschluß vom 11. 11. 1949 gebildeten wirtschaftspolitischen Ausschuß. Der Ausschuß, der durch Erlaß des Herrn Bundeskanzlers geschaffen ist, wird von diesem, der wirtschaftspolitische Ausschuß vom Bundesminister für Wirtschaft geleitet.

2) *Preisrat.*

Zur Sicherstellung der ausreichenden und rechtzeitigen Abstimmung mit den übrigen beteiligten Ressorts sollte der bisherige Preisrat beibehalten werden. Ihm gehören sämtliche Staatssekretäre an. Den Vorsitz führt wie bisher der Staatssekretär im Bundesministerium für Wirtschaft.

3) *ERP-Ausschuß, ERP-Arbeitsausschuß usw.*

Zur Sicherstellung der erforderlichen Abstimmung und der rechtzeitigen Beteiligung der übrigen interessierten Ressorts wird außer dem durch Kabinettsbeschluß vom 14.10.49 gebildeten ERP-Ausschuß der auf Referentenebene arbeitende ERP-Arbeitsausschuß der bisherigen Verwaltungen in der Form beibehalten, daß er die Vorsitzenden der Arbeitskreise und Spiegelkomitees umfaßt. In beiden Ausschüssen sollte das Bundesministerium für den Marshall-Plan als fachlich für den Marshall-Plan zuständiges Ressort den Vorsitz, das Bundesministerium für Wirtschaft als wirtschaftspolitisch koordinierendes Ressort den stellvertretenden Vorsitz übernehmen und die Zusammenarbeit beider Ressorts derart geregelt werden, daß über Fragen der Tagesordnung und der Gestaltung der Sitzungen vor den Sitzungen der Ausschüsse gemeinsam beraten wird. Die beiden wirtschaftspolitisch wichtigsten Arbeitskreise, nämlich der Arbeitskreis Programme, der die volkswirtschaftliche Rahmengebung feststellt, und der Arbeitskreis Investitionen sollten weiterhin von dem fachlich zuständigen Bundesministerium für Wirtschaft geleitet werden; über die Frage des stellvertretenden Vorsitzes wäre zweckmäßigerweise später zwischen den beteiligten Ressorts zu sprechen. Auch bei diesen Arbeitskreisen müßten vor den Sitzungen Vorsitzender und stellvertretender Vorsitzender Tagesordnung und Gestaltung der Sitzungen gemeinsam beraten. Auf solche Weise erscheint die Verantwortlichkeit der beiden Ministerien am besten geregelt zu sein.

Unberührt hiervon werden die fachlich ausgerichteten Arbeitskreise und Spiegelkomitees der ERP-Organisation jeweils von dem fachlich zuständigen Ressort geleitet. Diese fachliche Ausrichtung der Arbeitskreise und Spiegelkomitees hat sich bewährt. Sie bedingt, daß die Vorsitzenden der Verkehrsausschüsse vom Bundesminister für Verkehr, der Ernährungsausschüsse vom Bundesminister für Ernährung, Landwirtschaft und Forsten, des Arbeitskreises für Außenhandel außer den oben erwähnten Arbeitskreisen vom Bundesminister für Wirtschaft und des Bundeskreises für besondere ERP-Fragen (Technical Assistance, Berichterstattung) vom Bundesminister für den Marshall-Plan gestellt werden. Auch sollte die bewährte Einrichtung beibehalten bleiben, daß bei Nichteinigung in diesen Ausschüssen (Arbeitskreisen und Spiegelkomitees) der ERP-Arbeitsausschuß und sodann der ERP-Ausschuß als übergeordnete Ausschüsse angerufen werden, ehe die Frage dem Kabinett vorgelegt wird.

gez. Dr. Ludwig Erhard

Entwurf

Beschluß

In den Geschäftsbereich des Bundesministers für Wirtschaft gehören alle Aufgaben, die für die Gesamtausrichtung der Wirtschaftspolitik von Bedeutung sind. Der Bundesminister für Wirtschaft hat die Federführung auf dem Gebiete der Geld- und Kreditpolitik und der Preispolitik. Die wirtschaftspolitischen Inhalte der allgemeinen Wirtschaftsprogramme des Marshall-Planes werden von dem Bundesminister für Wirtschaft, die Vertretung der Programme im Ausland und die Ausrichtung der Programmentwürfe hierauf werden von dem Bundesminister für den Marshall-Plan bearbeitet.

In dem wirtschaftspolitischen Ausschuß des Bundeskabinetts führt den Vorsitz der Bundesminister für Wirtschaft. In dem ERP-Ausschuß und in dem ERP-Arbeitsausschuß führt den Vorsitz der Bundesminister für den Marshall-Plan, den stellvertretenden Vorsitz der Bundesminister für Wirtschaft.

24. 11. 1949

DOKUMENT 2

KABINETTSVORLAGE DES BUNDESKANZLERS VOM 19. MÄRZ 1951[2]

Beschluß

über die Errichtung
eines Wirtschaftspolitischen Koordinierungsausschusses

1.

Um eine einheitliche Ausrichtung der Wirtschaftspolitik in allen beteiligten Bundesministerien sicherzustellen, wird unter dem Vorsitz des Bundeskanzlers ein besonderer Kabinettsausschuß (Wirtschaftspolitischer Koordinierungsausschuß) gebildet. Ihm gehören die Bundesminister für den Marshallplan, der Finanzen, für Wirtschaft, für Ernährung, Landwirtschaft und Forsten, für Arbeit, für Verkehr sowie für Wohnungsbau an. Der Bundeskanzler beauftragt den Bundesminister für den Marshallplan in seiner Eigenschaft als Stellvertreter des Bundeskanzlers mit seiner ständigen Vertretung im Vorsitz.

2.

Der Wirtschaftspolitische Koordinierungsausschuß tritt in der Regel mindestens einmal wöchentlich zusammen.

3.

Der Wirtschaftspolitische Koordinierungsausschuß kann von den Bundesministerien und den sonstigen Bundesdienststellen alle Auskünfte verlangen, die er zur Durchführung seiner Aufgaben für erforderlich erachtet.

4.

Der Wirtschaftspolitische Koordinierungsausschuß trifft innerhalb seiner Zuständigkeit seine Entscheidungen namens der Bundesregierung. Ist ein Bundesminister mit einer Entscheidung nicht einverstanden, so kann er die Beschlußfassung durch das Kabinett verlangen. Bis zu einer Entscheidung des Kabinetts bleibt die Entscheidung des Wirtschaftspolitischen Koordinierungsausschusses wirksam.

5.

Der Wirtschaftspolitische Koordinierungsausschuß kann verlangen, daß ein Bundesminister von der Durchführung einer Maßnahme bis zur Erörterung im Wirtschaftspolitischen Koordinierungsausschuß, gegebenenfalls bis zu einer Entscheidung des Kabinetts, Abstand nimmt.

---

[2] Ausfertigung in B 102/128776.

6.

Der Wirtschaftspolitische Koordinierungsausschuß hält ständige Fühlung mit der Bank deutscher Länder. Er wirkt darauf hin, daß die Wirtschaftspolitik der Bank deutscher Länder mit der Wirtschaftspolitik der Bundesregierung im Einklang steht.

7.

Der Wirtschaftspolitische Koordinierungsausschuß hält enge Verbindung mit den Organisationen der Wirtschaft.

8.

Für den Wirtschaftspolitischen Koordinierungsausschuß wird ein besonderer Geschäftsführer bestellt. Er führt bei Verhinderung des Bundeskanzlers und des Bundesministers für den Marshallplan den Vorsitz in den Sitzungen des Wirtschaftspolitischen Koordinierungsausschusses, sorgt für die Durchführung seiner Beschlüsse und handelt außerhalb der Sitzungen für ihn. Der Geschäftsführer beruft im Einvernehmen mit dem Vorsitzenden eine Anzahl fachlich geeigneter Mitarbeiter.

DOKUMENT 3

Schreiben von Bundeswirtschaftsminister Erhard an den Staatssekretär im Bundeskanzleramt, Otto Lenz, vom 21. März 1951[3]

Sehr geehrter Herr Staatssekretär!

Nach Beschluß der gestrigen Kabinettssitzung haben Sie es übernommen, die Formulierung für die Errichtung des „Engeren Kabinetts-Ausschusses" vorzunehmen. Um etwaigen Mißhelligkeiten rechtzeitig zu begegnen und das erzielte Einvernehmen nicht noch einmal zu stören, möchte ich Ihnen nachfolgend, wie ich glaube in korrekter Wiedergabe der gestern gefundenen Richtlinie, die entscheidenden Gesichtspunkte vortragen.

1. Nachdem es sich jetzt eindeutig um einen Minister-Ausschuß handelt, der in sich eine Abstimmung wirtschaftlicher Pläne und Maßnahmen und im Falle der Übereinstimmung die Beschlußfassung vorzunehmen hat, erübrigt sich Punkt 3 der Vorlage vom 19. März, weil die Minister selbstverständlich jede notwendige Auskunft von sich aus erteilen werden. Nachdem es sich um Koordinierungsaufgaben handelt, ist damit auch schon ausgedrückt, daß von der Zusammenarbeit nicht diejenigen Maßnahmen berührt werden, die jeder Ressortminister ohne Berührungspunkte mit anderen Ministerien innerhalb seiner eigenen Zuständigkeit und Verantwortung zu erledigen hat.
2. Zu dem Punkt 4 der Vorlage vom 19.3. war die Entscheidung eindeutig dahin gegangen, daß jedes Mitglied des Engeren Kabinetts-Ausschusses gegen eine geplante Maßnahme Einspruch erheben kann und in einem solchen Falle die Entscheidung des Kabinetts herbeizuführen ist. Der letzte Satz der Vorlage, daß bis zur Entscheidung des Kabinetts die Entscheidung des Ausschusses wirksam bleibt, ist praktisch unmöglich und nichtig.
3. Punkt 5 der alten Vorlage stellt wieder eine Unmöglichkeit dar, denn in Fällen, in denen ein Minister für Maßnahmen der Zustimmung des Kabinetts bedarf, kommt die Vorlage ohnedies in den Engeren Kabinetts-Ausschuß. In jeden anderen Fällen aber, die einen Kabinettsbeschluß nicht erfordern, d.h. bei Fragen, die lediglich das eigene Ressort berühren, kann der Ausschuß die Zuständigkeit und Verantwortung des Ministers auch nicht beschränken.
4. Zu Punkt 6 der alten Vorlage ist zu sagen, daß der Bundesminister für Wirtschaft und der Bundesminister der Finanzen aus ihrer ressortmäßigen Zuständigkeit den Sitzungen des Zentralbankrates beiwohnen und in diesem Gremium über bestimmte Rechte verfügen. Daneben ergibt sich für diese Ministerien aus ihrer Aufgabenstellung heraus ohnedies eine laufende Zusammenarbeit mit der Bank deutscher Länder, sodaß Gewähr geboten ist, die

[3] Abschrift in B 102/128776.

Wirtschaftspolitik der Bank deutscher Länder mit der Wirtschaftspolitik der Bundesregierung in Einklang zu halten. Auf jeden Fall kann diese Aufgabe nur von den ressortmäßig zuständigen Ministern besorgt werden.

5. Punkt 7 der alten Fassung führt zu unhaltbaren Konsequenzen und zu einem unerträglichen Gegeneinander-Regieren. Er wurde auch in der Sitzung vom 20. März 1951 ohne weiteres fallen gelassen.

6. Zu Punkt 8 der alten Fassung ist zu sagen, daß in dem Minister-Kollegium der Vorsitz in keinem Falle bei dem Geschäftsführer des Ausschusses liegen kann.

7. Es bestand weiter darüber Übereinstimmung, daß der Geschäftsführer die Verbindung mit den beteiligten Ministerien nur über den jeweiligen Minister selbst vornimmt.

8. Ich lege Wert darauf, daß die Zuständigkeit und Verantwortung der Minister nach Artikel 65 des Grundgesetzes ausdrücklich verankert wird, um von vornherein der Gefahr einer Nebenregierung vorzubeugen. Das besagt praktisch, daß der Geschäftsführer aus eigener Veranlassung heraus keine wirtschaftspolitische Aktivität und Initiative zu entfalten hat, und daß die Vorlagen für den Ausschuß nur von den Ministern herkommen können.

9. Die gefaßten Beschlüsse bzw. die Vertretung der Vorlagen vor dem Kabinett erfolgen durch den jeweilig zuständigen Ressortminister. Er hat auch nach außen hin, wie etwa gegenüber der Presse, die Entscheidungen zu begründen und zu erklären. Der Geschäftsführer des Ausschusses tritt nach außen als Vertreter der Wirtschaftspolitik der Regierung nicht in Erscheinung.

10. Die Aufgaben des Geschäftsführers bestehen darin, gemäß den Anträgen der beteiligten Minister die Sitzungen in formaler und materieller Hinsicht vorzubereiten, für die Zusammenstellung ausreichender Unterlagen besorgt zu sein und die Weiterverfolgung und Durchsetzung der gefaßten Beschlüsse so zu überwachen, daß eine schnelle und reibungslose Verwirklichung erreicht wird. Jede andere Funktion des Engeren Kabinetts-Ausschusses und jede weitergehenden Rechte seines Geschäftsführers würden mit den Verantwortungen und Zuständigkeiten der Minister nicht in Einklang zu bringen sein.

Ich bin mir selbstverständlich bewußt, daß sich aus der Zusammenarbeit mannigfache Möglichkeiten einer weitergehenden informellen Zusammenarbeit ergeben, und daß selbstverständlich der Rat und die Vorschläge des Geschäftsführers bei den Entscheidungen ins Gewicht fallen werden. Das aber sind Konsequenzen, die sich aus der Zusammenarbeit ergeben, und können nicht Rechte sein, die statuiert werden und die Klarheit der Verantwortung verwischen. Ich brauche wohl auch kaum hinzuzufügen, daß bei all diesen Fragen meine Bedenken nicht der Person des auch von mir sehr geschätzten Herrn Dr. Ernst gelten, sondern sehr viel grundsätzlicherer Art sind.

Ich wäre Ihnen besonders dankbar, wenn ich vor der Einbringung der Vorlage ins Kabinett noch einmal die Möglichkeit hätte, an Hand Ihrer Ausarbeitung die Dinge zu erörtern.

Mit freundlicher Begrüßung

Ihr

gez. Dr. Erhard

DOKUMENT 4

ENTWURF EINER GESCHÄFTSORDNUNG FÜR DEN KABINETTSAUSSCHUSS FÜR WIRTSCHAFT AUS DEM BUNDESKANZLERAMT VOM 7. APRIL 1951[4]

Entwurf
einer Geschäftsordnung des engeren Kabinettsausschusses

§ 1

Gemäß Kabinettsbeschluß vom .... ist die Bildung eines engeren Kabinettsausschusses beschlossen worden, dem die Behandlung und Entscheidung von wirtschaftspolitischen Fragen von grundsätzlicher Bedeutung obliegt.

§ 2

Der Vorsitz in diesem Kabinettsausschuß führt der Bundeskanzler, der mit seiner ständigen Vertretung seinen Stellvertreter beauftragt hat.

§ 3

(1) Dem Kabinettsausschuß gehören ständig an:
Der Bundesminister für den Marshallplan
Der Bundesminister der Finanzen
Der Bundesminister für Wirtschaft
Der Bundesminister für Ernährung, Landwirtschaft u. Forsten
Der Bundesminister für Arbeit
Der Bundesminister für Verkehr
Der Bundesminister für Wohnungsbau

(2) Jedes andere Kabinettsmitglied hat das Recht, an den Sitzungen teilzunehmen.

(3) Zu den Sitzungen des Kabinettsausschusses wird zugezogen ein Vertreter der Bank deutscher Länder.

(4) Außerdem können Sachverständige als Berater hinzugezogen werden.

§ 4

(1) Der Kabinettsausschuß entscheidet mit Stimmenmehrheit. Jedes Kabinettsmitglied kann über einen Beschluß des Ausschusses die Entscheidung des Gesamtkabinetts beantragen.

(2) Die verfassungsmäßige Verantwortlichkeit des einzelnen Ministers für seinen Geschäftsbereich wird durch die Einrichtung des Kabinettsausschusses nicht berührt.

---

[4] Entwurf in B 102/128776.

§ 5

(1) Die Vorbereitung der Beschlüsse des Kabinettsausschusses liegt dem Geschäftsführer des Ausschusses in enger Verbindung mit den beteiligten Ressorts ob. Ihre Durchführung erfolgt durch die zuständigen Ressortminister in Fühlung mit dem Geschäftsführer.
(2) Um dem Geschäftsführer die Vorbereitung der Beschlüsse des Kabinettsausschusses zu ermöglichen, werden die in Betracht kommenden Ressortminister ihm Einblick in alle Vorgänge von wirtschaftspolitischer Bedeutung gewähren.

§ 6

(1) Der Geschäftsführer des Kabinettsausschusses hat das Recht, zur Vorbereitung von Beschlüssen des Ausschusses Sitzungen von Vertretern der beteiligten Ressorts einzuberufen.
(2) Er hat die Pflicht, für die Koordinierung der Durchführung der Beschlüsse des Kabinettsausschusses bezw. des Gesamtkabinetts in wirtschaftspolitischen Fragen Sorge zu tragen und zu diesem Zwecke den Gang dieser Arbeiten zu verfolgen.
(3) Er kann von sich aus in wirtschaftspolitischen Fragen organisatorische und sachliche Vorschläge dem Ausschuß unterbreiten.

§ 7

Der Geschäftsführer des Kabinettsausschusses gehört zum Bundeskanzleramt. Er untersteht dem Bundeskanzler.

§ 8

Der Kabinettsausschuß kann durch einen Beschluß des Gesamtkabinetts, an dem der Bundeskanzler mitgewirkt hat, wieder aufgehoben werden.

GESCHÄFTSORDNUNG DER BUNDESREGIERUNG VOM 11. MAI 1951[1]

Die Bundesregierung hat nach Artikel 65 des Grundgesetzes folgende, von dem Bundespräsidenten genehmigte Geschäftsordnung beschlossen:

I. Der Bundeskanzler

§ 1

(1) Der Bundeskanzler bestimmt die Richtlinien der inneren und äußeren Politik. Diese sind für die Bundesminister verbindlich und von ihnen in ihrem Geschäftsbereich selbständig und unter eigener Verantwortung zu verwirklichen. In Zweifelsfällen ist die Entscheidung des Bundeskanzlers einzuholen.
(2) Der Bundeskanzler hat das Recht und die Pflicht, auf die Durchführung der Richtlinien zu achten.

§ 2

Neben der Bestimmung der Richtlinien der Politik hat der Bundeskanzler auch auf die Einheitlichkeit der Geschäftsführung in der Bundesregierung hinzuwirken.

§ 3

Der Bundeskanzler ist aus dem Geschäftsbereich der einzelnen Bundesminister über Maßnahmen und Vorhaben zu unterrichten, die für die Bestimmung der Richtlinien der Politik und die Leitung der Geschäfte der Bundesregierung von Bedeutung sind.

§ 4

Hält ein Bundesminister eine Erweiterung oder Änderung der Richtlinien der Politik für erforderlich, so hat er dem Bundeskanzler unter Angabe der Gründe hiervon Mitteilung zu machen und seine Entscheidung zu erbitten.

---

[1] GMBl. 1951 S. 137.

§ 5

Der Bundeskanzler unterrichtet den Bundespräsidenten laufend über seine Politik und die Geschäftsführung der einzelnen Bundesminister durch Übersendung der wesentlichen Unterlagen, durch schriftliche Berichte über Angelegenheiten von besonderer Bedeutung sowie nach Bedarf durch persönlichen Vortrag.

§ 6

Der Bundeskanzler leitet die Geschäfte der Bundesregierung nach Maßgabe des IV. Abschnittes.

§ 7

(1) Der Staatssekretär des Bundeskanzleramtes nimmt zugleich die Geschäfte eines Staatssekretärs der Bundesregierung wahr.
(2) Er kann die an den Bundeskanzler gerichteten oder ihm von dem Bundespräsidenten überwiesenen Schreiben unmittelbar an den zuständigen Bundesminister weiterleiten. Empfiehlt der zuständige Bundesminister eine Beantwortung durch den Bundeskanzler, so legt er dem Bundeskanzler einen entsprechenden Entwurf vor.

II. Stellvertretung des Bundeskanzlers

§ 8

Ist der Bundeskanzler an der Wahrnehmung der Geschäfte allgemein verhindert, so vertritt ihn der gemäß Artikel 69 des Grundgesetzes zu seinem Stellvertreter ernannte Bundesminister in seinem gesamten Geschäftsbereich. Im übrigen kann der Bundeskanzler den Umfang seiner Vertretung näher bestimmen.

III. Die Bundesminister

§ 9

Der Geschäftsbereich der einzelnen Bundesminister wird in den Grundzügen durch den Bundeskanzler festgelegt. Bei Überschneidungen und sich daraus ergebenden Meinungsverschiedenheiten zwischen den einzelnen Bundesministern entscheidet die Bundesregierung durch Beschluß.

§ 10

(1) Abordnungen (Deputationen) sollen in der Regel nur von dem federführenden Fachminister oder seinem Vertreter empfangen werden. Sie sind vorher um Angabe des Verhandlungsgegenstandes zu ersuchen. Erscheint ein gemeinsamer

Empfang angezeigt, so benachrichtigt der angegangene Bundesminister die außer ihm noch in Frage kommenden Bundesminister.
(2) Der Bundeskanzler empfängt Abordnungen nur in besonderen Fällen.

§ 11

(1) Mitglieder und Vertreter auswärtiger Regierungen sowie Vertreter zwischenstaatlicher Einrichtungen sollen nur nach vorherigem Benehmen mit dem Auswärtigen Amt empfangen werden.
(2) Verhandlungen mit dem Ausland oder im Ausland dürfen nur mit Zustimmung des Auswärtigen Amtes, auf sein Verlangen auch nur unter seiner Mitwirkung geführt werden.
(3) Die Bestimmungen der Absätze 1 und 2 gelten nicht für den Bundesminister für den Marshallplan, soweit er in Ausübung der ihm übertragenen Aufgaben tätig ist. Er hat jedoch das Auswärtige Amt über Verhandlungen mit dem Ausland oder im Auslande und über solche Besprechungen mit Vertretern auswärtiger Regierungen sowie Vertretern zwischenstaatlicher Einrichtungen zu unterrichten, die über die Erledigung laufender Angelegenheiten seines Geschäftsbereiches hinausgehen.

§ 12

Äußerungen eines Bundesministers, die in der Öffentlichkeit erfolgen oder für die Öffentlichkeit bestimmt sind, müssen mit den vom Bundeskanzler gegebenen Richtlinien der Politik in Einklang stehen.

§ 13

(1) Jeder Bundesminister macht, bevor er den Sitz der Bundesregierung länger als 1 Tag verläßt, dem Bundeskanzler Mitteilung. Bei Abwesenheit von mehr als 3 Tagen und bei Auslandsreisen ist das Einvernehmen mit dem Bundeskanzler herzustellen.
(2) Zur Annahme von Einladungen in das Ausland ist die Zustimmung des Bundeskanzlers erforderlich.
(3) Bevor ein Bundesminister den Sitz der Bundesregierung verläßt, gibt er dem Bundeskanzler die Anschrift an, unter der er während seiner Abwesenheit zu erreichen ist.

§ 14

Ist ein Bundesminister verhindert, so wird er in der Regierung durch den dazu bestimmten Bundesminister, als Leiter einer obersten Bundesbehörde durch den Staatssekretär oder bei dessen Behinderung durch die dazu bestimmten Beamten seines Ministeriums vertreten.

IV. Die Bundesregierung

§ 15

(1) Der Bundesregierung sind zur Beratung und Beschlußfassung zu unterbreiten alle Angelegenheiten von allgemeiner innen- oder außenpolitischer, wirtschaftlicher, sozialer, finanzieller oder kultureller Bedeutung, insbesondere

a) alle Gesetzentwürfe,
b) alle Entwürfe von Verordnungen der Bundesregierung,
c) sonstige Verordnungsentwürfe, wenn sie von besonderer politischer Bedeutung sind,
d) die Stellungnahme des Bundesrates zu den Vorlagen der Bundesregierung,
e) alle Angelegenheiten, für welche Grundgesetz oder Gesetz dieses vorschreiben,
f) Meinungsverschiedenheiten zwischen verschiedenen Bundesministern.

(2) Ihr sind außerdem zu unterbreiten:

a) Vorschläge zur Ernennung von Beamten, die jederzeit in den Wartestand versetzt werden können, von sonstigen Beamten, die nach der Besoldungsordnung feste Gehälter beziehen, sowie von Ministerialräten und Ministerialbeamten gleichen Ranges.
b) Vorschläge zur Anstellung von Angestellten nach der ADO für übertarifliche Angestellte im öffentlichen Dienst der obersten Bundesbehörden,
c) zur Beratung ohne Beschlußfassung: Vorschläge für die Zustimmung des zuständigen Bundesministers zur Ernennung von Bundesrichtern.

§ 16

(1) Alle Angelegenheiten, die der Bundesregierung unterbreitet werden, sind vorher zwischen den beteiligten Bundesministerien zu beraten, sofern nicht im Einzelfalle die Dringlichkeit der Entscheidung eine Ausnahme notwendig macht.
(2) Die bei den Beratungen strittig gebliebenen Punkte sind in dem Anschreiben an den Staatssekretär des Bundeskanzleramtes (§ 21 Abs. 2) oder in sonst geeigneter Weise mit kurzer Begründung der vorgeschlagenen Lösung auszuführen.
(3) Bei der Vorlage von Gesetzentwürfen ist mitzuteilen, daß die Ausführung des Gesetzes Bund, Länder und Gemeinden nicht mit Kosten belastet oder, wenn dies der Fall ist, ob der Bundesminister der Finanzen nach Kenntnis von dem Plane des Gesetzes Widerspruch erhoben hat. Fehlt der Vermerk, so sorgt der Staatssekretär des Bundeskanzleramtes dafür, daß er nachgeholt wird.
(4) Ist keine mündliche Erörterung im Kabinett erforderlich, so ist bei der Vorlage zu bemerken, daß ein Beschluß auf schriftlichem Wege ausreichen wird (§ 20 Abs. 2).

§ 17

(1) Meinungsverschiedenheiten zwischen den Bundesministern sind der Bundesregierung erst zu unterbreiten, wenn ein persönlicher Verständigungsversuch zwi-

schen den beteiligten Bundesministern oder im Falle ihrer Behinderung zwischen ihren Vertretern ohne Erfolg geblieben ist.
(2) Der Bundeskanzler kann Meinungsverschiedenheiten vor der Beratung im Kabinett zunächst in einer Ministerbesprechung mit den beteiligten Bundesministern unter seinem Vorsitz erörtern.

§ 18

(1) Vorschläge zur Ernennung von Beamten und zur Anstellung von Angestellten sind in den Fällen des § 15 Abs. 2 Buchst. a) und b) vor jeder entscheidenden oder verpflichtenden Maßnahme oder Mitteilung der Bundesregierung zu unterbreiten; in den übrigen Fällen sind sie, sofern es sich um Beamte des höheren Dienstes (Gruppe A 2 c 2 und höher) und die ihnen gleichgestellten Angestellten in den Ministerien handelt, dem Bundeskanzler zur Kenntnis mitzuteilen.
(2) Ernennungen dürfen erst nach Vollziehung der Urkunde durch den Bundespräsidenten veröffentlicht werden.

§ 19

Soll ein Beamter der Gruppe B 4 oder höherer Gruppen der Besoldungsordnung entlassen, in den Wartestand oder in den Ruhestand versetzt werden, so ist vor entscheidenden und verpflichtenden Maßnahmen oder Mitteilungen die Stellungnahme des Bundeskanzlers einzuholen. Alsdann ist vor solchen Maßnahmen oder Mitteilungen die Angelegenheit dem Bundespräsidenten zur Entscheidung zu unterbreiten.

§ 20

(1) Die Bundesregierung faßt ihre Beschlüsse in der Regel in gemeinschaftlicher Sitzung.
(2) Ist die mündliche Beratung einer Angelegenheit nicht erforderlich, so soll der Staatssekretär des Bundeskanzleramtes die Zustimmung der Mitglieder der Bundesregierung auf schriftlichem Wege einholen (Umlaufsache). Bestehen über die Notwendigkeit einer mündlichen Beratung Zweifel, so hat er die Entscheidung des Bundeskanzlers herbeizuführen.

§ 21

(1) Die Sitzungen der Bundesregierung werden durch den Staatssekretär des Bundeskanzleramtes nach näherer Anweisung des Bundeskanzlers festgesetzt. Er veranlaßt die Einladung zu den Sitzungen unter Beifügung einer Tagesordnung.
(2) Die von den Bundesministern vorgelegten Entwürfe und Ausführungen sind dem Staatssekretär des Bundeskanzleramtes in der gewünschten Zahl von Abdrucken einzureichen; sie sind gleichzeitig sämtlichen Bundesministern und dem Chef des Bundespräsidialamtes unmittelbar zuzuleiten.
(3) Die Übersendung von Kabinettsvorlagen hat so zeitig zu erfolgen, daß für eine sachliche Prüfung vor der Beratung noch ausreichend Zeit bleibt. Zwischen der Zustellung der Vorlage an den Staatssekretär des Bundeskanzleramtes und die

Bundesminister und der Beratung soll mindestens eine Woche liegen. Handelt es sich um umfangreichere Gesetzesvorlagen oder sonstige Vorlagen von weittragender Bedeutung und ist die Frist nicht eingehalten, so ist auf Antrag von zwei Bundesministern oder deren Vertretern die Angelegenheit von der Tagesordnung abzusetzen, es sei denn, daß der Bundeskanzler die sofortige Beratung für notwendig hält.

§ 22

(1) Die Sitzungen der Bundesregierung finden unter dem Vorsitz des Bundeskanzlers, im Falle seiner Behinderung unter dem Vorsitz des Stellvertreters des Bundeskanzlers statt. Ist auch der Stellvertreter verhindert, so führt den Vorsitz der vom Bundeskanzler oder seinem Stellvertreter besonders bezeichnete Bundesminister oder mangels solcher Bezeichnungen der Bundesminister, der am längsten ununterbrochen der Bundesregierung angehört; bei mehreren Bundesministern mit gleicher Amtszeit übernimmt den Vorsitz der an Lebensjahren älteste Bundesminister.
(2) Die Sitzungen beginnen pünktlich zu der in der Einladung angegebenen Zeit. Behinderte Bundesminister haben für ihre Vertretungen zu sorgen.
(3) Die Sitzungen der Bundesregierung sind vertraulich. Insbesondere sind Mitteilungen über Ausführung einzelner Bundesminister, über das Stimmenverhältnis und über den Inhalt der Niederschrift ohne besondere Ermächtigung des Bundeskanzlers unzulässig.

§ 23

(1) An den Sitzungen der Bundesregierung nehmen außer den Bundesministern und dem Staatssekretär des Bundeskanzleramtes regelmäßig teil:
der Chef des Bundespräsidialamtes,
der Bundespressechef,
der Persönliche Referent des Bundeskanzlers,
der Schriftführer.
(2) Ist ein Bundesminister an der Teilnahme an einer Sitzung der Bundesregierung verhindert, so hat der Staatssekretär seines Ministeriums an der Sitzung teilzunehmen. Der Staatssekretär eines Bundesministeriums kann auch in Begleitung des Bundesministers an den Sitzungen der Bundesregierung teilnehmen.
(3) Hält ein Bundesminister die Zuziehung eines Beamten seines Ministeriums außer dem Staatssekretär für erwünscht, so hat er dies unter Benennung des Beamten schriftlich anzuzeigen. Über die Zulassung zur Sitzung entscheidet der Vorsitzende. Der Beamte nimmt an der Sitzung nur für die Dauer der Verhandlungen über den Punkt, zu dem er zugezogen ist, teil.
(4) Der Bundeskanzler kann die Sitzung auf die Bundesminister beschränken.

§ 24

(1) Die Bundesregierung ist beschlußfähig, wenn einschließlich des Vorsitzenden die Hälfte der Bundesminister anwesend ist.

(2) Die Bundesregierung faßt ihre Beschlüsse mit Stimmenmehrheit. Bei Stimmengleichheit entscheidet die Stimme des Vorsitzenden.

§ 25

Der Wortlaut der Beschlüsse der Bundesregierung wird von dem Vorsitzenden jeweils im Anschluß an die mündliche Beratung eines Gegenstandes festgelegt.

§ 26

(1) Beschließt die Bundesregierung abgesehen von den §§ 20 und 21 der Haushaltsordnung, in einer Frage von finanzieller Bedeutung gegen oder ohne die Stimme des Bundesministers der Finanzen, so kann dieser gegen den Beschluß ausdrücklich Widerspruch erheben. Wird Widerspruch erhoben, so ist über die Angelegenheit in einer weiteren Sitzung der Bundesregierung erneut abzustimmen. Die Durchführung der Angelegenheit, der der Bundesminister der Finanzen widersprochen hat, muß unterbleiben, wenn sie nicht in der neuen Abstimmung in Anwesenheit des Bundesministers der Finanzen oder seines Vertreters von der Mehrheit sämtlicher Bundesminister beschlossen wird und der Bundeskanzler mit der Mehrheit gestimmt hat.
(2) Entsprechendes gilt, wenn der Bundesminister der Justiz oder der Bundesminister des Innern gegen einen Gesetz- oder Verordnungsentwurf oder eine Maßnahme der Bundesregierung wegen ihrer Unvereinbarkeit mit geltendem Recht Widerspruch erhebt.

§ 27

(1) Über die Sitzungen der Bundesregierung wird eine Niederschrift aufgenommen, die von dem Schriftführer unterzeichnet wird. Eine Abschrift der Niederschrift wird den Bundesministern umgehend zugesandt. Der Chef des Bundespräsidialamtes und der Bundespressechef erhalten nachrichtlich eine Abschrift der Niederschrift.
(2) Die Niederschrift gilt als genehmigt, wenn die beteiligten Bundesminister nicht innerhalb 3 Tagen nach ihrer Zustellung Einwendungen gegen den Inhalt oder die Fassung erheben.
(3) In Zweifelsfällen ist die Angelegenheit nochmals der Bundesregierung zu unterbreiten.

§ 28

(1) Die von der Bundesregierung beschlossenen Vorlagen werden den gesetzgebenden Körperschaften durch den Bundeskanzler zugeleitet und vor ihnen durch den in der Sache zuständigen Bundesminister vertreten.
(2) Die Vertretung hat einheitlich zu erfolgen, auch wenn einzelne Bundesminister anderer Auffassung sein sollten. Gegen die Auffassung der Bundesregierung zu wirken, ist den Bundesministern nicht gestattet.

(3) Bevor das Einverständnis mit wesentlichen Änderungen einer Gesetzesvorlage im Bundestag oder Bundesrat oder in den Ausschüssen erklärt wird, ist die Bundesregierung zu befragen. Ist dies aus Zeitmangel nicht möglich und doch eine Stellungnahme geboten, so soll wenigstens eine Einigung mit den erreichbaren Ministerien gesucht werden.

§ 29

(1) Gesetze sind dem Bundespräsidenten erst nach der Gegenzeichnung durch den Bundeskanzler und den zuständigen Bundesministern zur Vollziehung vorzulegen. Berührt der Inhalt des Gesetzes den Geschäftsbereich mehrerer Bundesminister, so zeichnen diese in der Regel auch die Ausfertigung.
(2) Verfügungen und Anordnungen sind dem Bundespräsidenten erst nach der Gegenzeichnung durch den zuständigen Bundesminister zur Vollziehung vorzulegen. Absatz 1 Satz 2 gilt entsprechend.

§ 30

(1) Verordnungen der Bundesregierung werden nach Gegenzeichnung durch den zuständigen Fachminister vom Bundeskanzler gezeichnet. Sonstige Verordnungen werden – auch wenn sie der Bundesregierung vorgelegen haben – grundsätzlich von dem zuständigen Bundesminister allein gezeichnet.
(2) Unter der ausdrücklichen Bezeichnung „Die Bundesregierung“ sollen – abgesehen von Fällen besonderer Ermächtigung durch die Bundesregierung – nur der Bundeskanzler oder mit ihm der zuständige oder alle Bundesminister zeichnen.

§ 31

Die präsidierenden Mitglieder der Landesregierungen sollen mehrmals im Jahre persönlich zu gemeinsamen Besprechungen mit der Bundesregierung vom Bundeskanzler eingeladen werden, um wichtige politische, wirtschaftliche, soziale und finanzielle Fragen zu erörtern und in persönlicher Fühlungnahme zu einer verständnisvollen einheitlichen Politik in Bund und Ländern beizutragen.

VERZEICHNIS DER SITZUNGSTEILNEHMER

Bundesminister

Blücher, Franz (1896–1959). 1919–1946 Kaufmännische Tätigkeit u.a. als Direktor eines Bankhauses in Essen, 1946–1949 Vorsitzender der FDP in der Britischen Zone, 1946–1947 Finanzminister des Landes Nordrhein-Westfalen, 1947–1949 Vorsitzender der FDP-Fraktion im Wirtschaftsrat des Vereinigten Wirtschaftsgebiets, 1949–1954 Bundesvorsitzender der FDP, 1949–1958 MdB (1956 FVP, 1957 DP/FVP, dann DP), 1949–1953 Bundesminister für Angelegenheiten des Marshallplanes, 1953–1957 Bundesminister für wirtschaftliche Zusammenarbeit, 1949–1957 Stellvertreter des Bundeskanzlers, 1958–1959 Mitglied der Hohen Behörde der Montanunion.

Dehler, Dr. Thomas (1897–1967). Ab 1924 Rechtsanwalt in München und Bamberg, 1930–1933 Vorsitzender der DDP/DStP in Bamberg, 1938 vorübergehend in Schutzhaft, 1944 Zwangsarbeitslager bei Rositz in Thüringen, 1945 Landrat, 1946–1947 Generalstaatsanwalt, 1947 Präsident des Oberlandesgerichtes Bamberg, 1946–1956 Vorsitzender der FDP in Bayern, 1946–1949 MdL Bayern, 1949 Mitglied des Parlamentarischen Rates, 1949–1967 MdB, 1949–1953 Bundesminister der Justiz, 1953–1957 Vorsitzender der FDP-Bundestagsfraktion, 1954–1957 Bundesvorsitzender der FDP, 1960–1967 Vizepräsident des Deutschen Bundestages.

Erhard, Dr. Ludwig (1897–1977). 1913–1916 Kaufmannslehre, 1919–1925 Studium in Nürnberg und Frankfurt am Main, 1928–1942 wissenschaftlicher Assistent und Mitglied der geschäftsführenden Leitung des Instituts für Wirtschaftsbeobachtung der deutschen Fertigware, 1942–1945 Leiter des Instituts für Industrieforschung, 1945–1946 Bayerischer Staatsminister für Handel und Gewerbe, 1947 Honorarprofessor der Universität München, Vorsitzender der Sonderstelle Geld und Kredit der Verwaltung des Vereinigten Wirtschaftsgebiets, 1948–1949 Direktor der Verwaltung für Wirtschaft des Vereinigten Wirtschaftsgebiets, 1949–1977 MdB (CDU), 1949–1963 Bundesminister für Wirtschaft, 1963–1966 Bundeskanzler, 1966–1967 Bundesvorsitzender der CDU.

Hellwege, Heinrich (1908–1991). Ab 1928 kaufmännische Tätigkeit, 1946–1947 Landrat in Stade, 1946–1952 und 1955–1963 MdL Niedersachsen (DP), 1947–1961 Vorsitzender der DP, anschließend Übertritt zur CDU, 1949–1955 Bundesminister für Angelegenheiten des Bundesrates, 1955–1959 Ministerpräsident des Landes Niedersachsen.

Kraft, Waldemar (1898–1977). 1920–1939 polnische Staatsbürgerschaft, 1925 Direktor des deutschen landwirtschaftlichen Zentralverbandes, 1940–1945 Geschäftsführer der Reichsgesellschaft für Landbewirtschaftung, 1945–1948 Internierung, Mitbegründer des BHE in Schleswig-Holstein, 1950 Finanzminister und stellvertretender Ministerpräsident des Landes Schleswig-Holstein sowie 1951 zusätzlich Justizminister, 1952–1953 Vorsitzender des GB/BHE, 1953–1961 MdB (1953–1955 GB/BHE, 1955 fraktionslos, ab 1956 CDU), 1953–1956 Bundesminister für besondere Aufgaben.

Lehr, Dr. Robert (1883–1956). 1924–1933 Oberbürgermeister von Düsseldorf (DNVP), 1933 Amtsenthebung und vorübergehende Verhaftung, 1945 Oberpräsident der Nordrhein-Provinz, Mitbegründer der Rheinischen CDU, 1946–1950 MdL Nordrhein-Westfalen, 1946 Vorsitzender und 1947–1948 stellvertretender Vorsitzender des Zonenbeirats der britischen Besatzungszone, 1948–1949 Mitglied des Parlamentarischen Rates (Vorsitzender der CDU/CSU-Fraktion sowie des Ausschusses für Organisation des Bundes), 1949–1953 MdB, 1950–1953 Bundesminister des Innern.

Lukaschek, Dr. Hans (1885–1960). 1914 Reichspatentamt in Berlin, 1916 Bürgermeister, 1919 Landrat in Rybnik, 1927 Oberbürgermeister der Stadt Hindenburg (Zentrum), 1929–1933 Oberpräsident von Oberschlesien, anschließend Anwaltstätigkeit, 1946 Minister für Land- und Forstwirtschaft des Landes Thüringen (CDU), 1948 Vizepräsident des Deutschen Obergerichtes für das Vereinigte Wirtschaftsgebiet in Köln, 1949–1953 Bundesminister für Angelegenheiten der Vertriebenen.

Neumayer, Fritz (1884–1973). Ab 1911 Rechtsanwalt, 1945 Landgerichtspräsident in Kaiserslautern, 1947–1951 MdL Rheinland-Pfalz (FDP), 1947–1948 Minister für Wirtschaft und Verkehr des Landes Rheinland-Pfalz, 1949–1957 MdB (1956 FVP, 1957 DP/FVP), 1952–1953 Bundesminister für Wohnungsbau, 1953–1956 Bundesminister der Justiz.

Niklas, Prof. Dr. Wilhelm (1887–1957). 1916–1925 Kriegsernährungsamt und Reichsministerium für Ernährung und Landwirtschaft, 1925–1934 und 1945–1947 Bayerisches Staatsministerium für Ernährung, Landwirtschaft und Forsten, 1945 Staatsrat, 1948–1949 stellvertretender Direktor der Verwaltung für Ernährung, Landwirtschaft und Forsten des Vereinigten Wirtschaftsgebiets, 1949–1953 Bundesminister für Ernährung, Landwirtschaft und Forsten, 1951–1953 MdB (CSU).

Schäffer, Fritz (1888–1967). 1920 Bayerisches Staatsministerium für Unterricht und Kultus, 1920–1933 MdL Bayern (Bayerische Volkspartei), 1929–1933 Vorsitzender der Bayerischen Volkspartei, 1931–1933 als Staatsrat Leiter des Bayerischen Staatsministeriums der Finanzen, anschließend Anwaltstätigkeit, 1945 Bayerischer Ministerpräsident (CSU), 1949–1961 MdB (CSU), 1949–1957 Bundesminister der Finanzen, 1957–1961 Bundesminister der Justiz.

Schuberth, Hans (1897–1976). Dipl. Ing., ab 1926 u.a. Telegraphentechnisches Reichsamt, 1945 Präsident der Oberpostdirektion Regensburg, 1947 Präsident der Oberpostdirektion München und Staatssekretär für das Post- und Fernmeldewesen im Bayerischen Verkehrsministerium, 1947–1949 Direktor der Verwaltung für das Post- und Fernmeldewesen des Vereinigten Wirtschaftsgebiets, 1949–1953 Bundesminister für das Post- und Fernmeldewesen, 1953–1957 MdB (CSU).

Seebohm, Dr.-Ing. Hans Christoph (1903–1967). 1931–1946 stellvertretender Direktor, Direktor und Geschäftsführer verschiedener Bergbau-Gesellschaften, 1946–1948 Minister für Aufbau, Arbeit und Gesundheitswesen des Landes Niedersachsen, 1949 Mitglied des Parlamentarischen Rates (DP), 1949–1967 MdB (DP, ab 1960 CDU), 1949–1966 Bundesminister für Verkehr, 1959–1967 Sprecher der Sudetendeutschen Landsmannschaft.

Storch, Anton (1892–1975). 1920–1933 Angestellter im Zentralverband Christlicher Holzarbeiter Deutschlands, 1931–1933 Leiter des Allgemeinen Deutschen Gewerkschaftsbundes in der Provinz Hannover, 1933–1939 Versicherungsvertreter, 1939–1945 dienstverpflichtet zur Feuerschutzpolizei Hannover, 1945 Mitbegründer der CDU in Hannover und des Deutschen Gewerkschaftsbundes in Niedersachsen, 1946–1948 Leiter der Hauptabteilung Sozialpolitik des Deutschen Gewerkschaftsbundes (Britische Zone), 1947–1948 Mitglied des Wirtschaftsrates des Vereinigten Wirtschaftsgebiets, 1948–1949 Direktor der Verwaltung für Arbeit des Vereinigten Wirtschaftsgebiets, 1949–1965 MdB (CDU), 1949–1957 Bundesminister für Arbeit, 1958–1965 MdEP.

Tillmanns, Dr. Robert (1896–1955). 1925–1930 stellvertretender Hauptgeschäftsführer der Studienstiftung des deutschen Volkes, 1931–1933 preußische Schulverwaltung, 1933–1945 Mitteldeutsche Stahlwerke, 1945 Mitbegründer der Christlich Demokratischen Union Deutschlands (CDUD), 1945–1949 Leiter des Zentralbüros Ost des Hilfswerks der Evangelischen Kirche in Deutschland, 1946 MdL Sachsen, 1949–1955 MdB (CDU), 1952–1955 Vorsitzender des CDU-Landesverbandes Berlin, 1953–1955 Bundesminister für besondere Aufgaben, 1954–1955 Vorsitzender des Evangelischen Arbeitskreises der CDU/CSU.

Wildermuth, Eberhard (1890–1952). 1925–1928 Reichsministerium für Arbeit und Reichsanstalt für Arbeitslosenversicherung, ab 1928 Vorstandsmitglied der Deutschen Bau- und Bodenbank, 1947 Wirtschaftsminister des Landes Württemberg-Hohenzollern, 1949–1952 MdB (FDP), 1949–1952 Bundesminister für Wohnungsbau.

Staatssekretäre

Bergemann, Dr. Günther (1902–1968). 1929–1933 Dozent an der Fachhochschule für Wirtschaft und Verwaltung in Berlin, 1934–1941 Reichswirtschaftsministerium, 1942–1945 Reichsverkehrsministerium, 1945–1946 Leiter der Zentralbehörde für die deutsche Seeschiffahrt in Hamburg, 1947–1949 Hauptverwaltung des Seeverkehrs/ Abteilung Seeverkehr der Verwaltung für Verkehr des Vereinigten Wirtschaftsgebiets, 1949–1957 BMV, dort bis 1952 Leiter der Allgemeinen Abteilung, 1952–1957 Staatssekretär, 1957–1967 Geschäftsführer der Margarine-Union GmbH.

Bleek, Karl Theodor (1898–1969). 1927–1931 Preußisches Innenministerium, 1932–1933 Landrat im Kreis Arnswalde/Neum., 1933 Bezirksregierung in Stade, 1934–1937 in Arnsberg und 1937–1939 in Breslau, 1939–1945 Stadtkämmerer von Breslau, 1946–1951 Oberbürgermeister von Marburg, 1951–1957 Staatssekretär im BMI, 1957–1961 Chef des Bundespräsidialamtes.

Frohne, Dr.-Ing. Edmund (1891–1971). Seit 1918 Deutsche Reichsbahn, dort 1938 Abteilungspräsident, nach 1945 Staatssekretär für Verkehr in Niedersachsen, 1947–1949 Direktor der Verwaltung für Verkehr des Vereinigten Wirtschaftsgebiets, 1950–1952 Staatssekretär im BMV, 1952–1956 Vorsitzender des Vorstandes der Deutschen Bundesbahn.

Hallstein, Prof. Dr. Walter (1901–1982). 1930–1941 Professor für Privat- und Gesellschaftsrecht, 1946 Lehrstuhl für Internationales Privatrecht, Völkerrecht, Rechtsvergleichung und Gesellschaftsrecht an der Universität Frankfurt/Main, 1950 Leiter der deutschen Verhandlungsdelegation für den Schuman-Plan, 1950–1951 Staatssekretär im Bundeskanzleramt, 1951–1957 im AA, 1958–1967 Präsident der Kommission der Europäischen Wirtschaftsgemeinschaft in Brüssel, 1968 Präsident des Rates der Europäischen Bewegung, 1969–1972 MdB (CDU).

Hartmann, Alfred (1894–1967). 1923–1935 Reichsfinanzverwaltung, 1935–1942 Finanzamt Berlin-Friedrichshain, 1942–1943 Rechnungshof des Deutschen Reiches, 1945–1947 Bayerisches Finanzministerium, 1947–1949 Direktor der Verwaltung für Finanzen des Vereinigten Wirtschaftsgebiets, 1950–1959 Staatssekretär im BMF.

Lenz, Dr. Otto (1903–1957). 1928–1938 im Preußischen Justizministerium (ab 1934 vereinigt mit dem Reichsjustizministerium), 1938 Rechtsanwalt, Okt. 1944 Verhaftung im Zusammenhang mit dem 20. Juli 1944, Jan. 1945 Verurteilung zu einer Zuchthausstrafe vor dem Volksgerichtshof, 1945 Mitbegründer der CDU in Berlin, 1951–1953 Staatssekretär im Bundeskanzleramt, 1953–1957 MdB.

Lex, Hans Ritter von (1893–1970). 1921–1923 und 1927–1932 Bayerisches Kultusministerium, 1923–1927 Bezirksamtmann (Landrat) in Rosenheim, 1932–1933 MdR (Bayerische Volkspartei), 1933–1945 Reichsministerium des Innern, 1945

Bayerisches Kultusministerium, 1946 Bayerisches Innenministerium, 1950–1960 Staatssekretär im BMI, 1961–1967 Präsident des Deutschen Roten Kreuzes.

Nahm, Dr. Peter Paul (1901–1981). 1919–1933 Mitglied des Zentrums, seit 1924 Journalist, 1933 Inhaftierung, 1934–1945 Tätigkeit im Weinbau und Weinhandel, 1945–1946 Landrat, 1947–1949 Leiter des hessischen Landesamtes für Vertriebenen- und Flüchtlingsfragen, 1949–1952 Hessisches Innenministerium, 1953–1957 BMVt, dort zunächst Leiter der Zentralstelle für Sowjetzonenflüchtlinge, 1953–1967 Staatssekretär im BMVt.

Sauerborn, Max (1889–1963). 1923–1945 Reichsarbeitsministerium, 1948–1949 Bayerisches Arbeitsministerium und Präsident des Bayerischen Landesversicherungsamtes, 1950–1957 Staatssekretär im BMA.

Schneider, Dr. Karl Richard Gustav (1887–1969). 1919–1933 Reichspostministerium, 1933–1938 Präsident der Oberpostdirektion Bremen, 1938 Frankfurt/Oder und 1939–1942 Aachen, 1942 Versetzung in den Ruhestand, 1945–1948 erneut Präsident der Oberpostdirektion Bremen, 1948–1949 Hauptverwaltung für das Post- und Fernmeldewesen des Vereinigten Wirtschaftsgebiets, 1949–1953 BMP, dort 1949–1951 Leiter der Abteilung Z (Zentralabteilung: Politische und rechtliche Angelegenheiten), 1951–1953 Staatssekretär.

Schreiber, Dr. Ottomar (1889–1955). 1922–1932 geschäftsführender Vorsitzender des Arbeitgeberverbandes des Memellandes sowie 1922–1932 und 1938–1942 Syndikus der Industrie- und Handelskammer, 1934 Entlassung als Präsident des Landesdirektoriums des Memellandes, 1949 Leiter des Amtes für Fragen der Heimatvertriebenen bei der Verwaltung des Vereinigten Wirtschaftsgebiets, 1950–1953 Staatssekretär im BMVt.

Sonnemann, Dr. Theodor (1900–1987). 1923–1933 Syndikus des Reichslandbundes, 1934–1936 Reichsnährstand, 1936–1945 Kriegsmarine und Reichsministerium für Rüstung und Kriegsproduktion, 1947–1949 Hauptgeschäftsführer des Landesverbandes des Niedersächsischen Landvolkes, 1950–1961 Staatssekretär im BML, 1961–1973 Präsident des Deutschen Raiffeisenverbandes e.V.

Strauß, Dr. Walter (1900–1976). 1928–1935 Reichswirtschaftsministerium, 1935–1945 Wirtschaftsberater und Anwaltstätigkeit, 1945 Gründungsmitglied der CDU Berlin, 1946–1947 Staatssekretär im Hessischen Staatsministerium, 1947–1949 stellvertretender Direktor der Verwaltung für Wirtschaft des Vereinigten Wirtschaftsgebiets und Leiter des Rechtsamtes der Verwaltung des Vereinigten Wirtschaftsgebiets, 1948–1949 Mitglied des Parlamentarischen Rates, 1950–1962 Staatssekretär im BMJ, 1963–1970 Mitglied des Gerichtshofes der Europäischen Gemeinschaften.

Thedieck, Franz (1900–1995). 1923–1930 Kölner Abwehrstelle des Preußischen Innenministeriums gegen den Separatismus, 1931–1940 Bezirksregierung Köln,

1940–1943 Militärverwaltung in Belgien und Nordfrankreich, 1946–1949 erneut Bezirksregierung Köln, 1950–1964 Staatssekretär im BMG, 1961–1966 Vorsitzender des Verwaltungsrats und 1966–1972 Intendant des Deutschlandfunks.

Wandersleb, Dr. Hermann (1895–1977). 1927–1933 Landrat in Querfurt, 1945 Vizepräsident des Oberpräsidiums der Nordrhein-Provinz, 1946–1949 Chef der Landeskanzlei Nordrhein-Westfalen, 1950–1959 Staatssekretär im BMWo.

Westrick, Dr. Ludger (1894–1990). 1921–1948 Vereinigte Aluminium-Werke AG, 1948–1951 Finanzdirektor der Deutschen Kohlenbergbauleitung, 1951–1963 Staatssekretär im BMWi, 1963–1964 im Bundeskanzleramt, 1964–1966 Bundesminister für besondere Aufgaben.

Ministerialbeamte und sonstige Teilnehmer

Abs, Dr. Hermann Josef (1901–1994). Seit 1935 Teilhaber des Bankhauses Delbrück, Schickler & Co., 1948 Mitglied und 1951 stellvertretender Vorsitzender des Verwaltungsrates der Kreditanstalt für Wiederaufbau, 1951–1953 Leiter der deutschen Delegation bei der Londoner Schuldenkonferenz, 1957–1967 Vorstandssprecher und 1967–1976 Aufsichtsratsvorsitzender der Deutschen Bank.

Achenbach, Dr. Hermann (geb. 1902). 1931–1945 Tätigkeit in der Industrie, 1946–1949 Deutsche Verwaltung für Handel und Versorgung der SBZ, 1949 Deutsche Wirtschaftskommission der SBZ, 1950 Ministerium für Handel und Versorgung der DDR, 1950–1967 BMG, dort 1951–1953 Leiter des Referats I 3 (SBZ und deutsche Ostgebiete: Wirtschaft, Finanzen, Soziales, Ernährung), 1953–1967 des Referats I 7, ab 1964: I 5, ab 1966: II 5 (Wirtschaft, Verkehr, Ernährung und Landwirtschaft, Arbeits- und Sozialpolitik).

Albrecht, Dr. Karl (1902–1976). 1943–1945 Reichsgruppe Industrie und Reichswirtschaftskammer, dort Leiter der Abteilung Außenwirtschaft, 1947–1949 Wirtschaftsministerium des Landes Württemberg-Hohenzollern, dort Leiter der Forschungsstelle für Wirtschaftsaufbau, 1949–1953 BMM, dort Leiter der Hauptabteilung Wirtschaftliche Zusammenarbeit und gleichzeitig der Abteilung II (Europäisches Wiederaufbauwerk), 1953–1957 Hauptgeschäftsführer der Industrie- und Handelskammer zu Düsseldorf, 1956–1971 Geschäftsführer der C. Rudolf Poensgen-Stiftung zur Förderung des Führungsnachwuchses der Wirtschaft.

Bachmann, Dr. Günther (geb. 1915). 1947–1948 Staatsanwaltschaft Mannheim, 1950–1951 Amtsgericht bzw. Landgericht Mannheim, 1952–1968 Bundeskanzleramt, dort 1952–1955 Hilfsreferent im Referat 5 (Grundsatzfragen, Koordinierung und Kabinettssachen aus den Geschäftsbereichen des AA, des BMI, Abt. Innere Sicherheit, des BMG, Dienststelle Blank und Bevollmächtigter der Bundesrepublik in Berlin), 1955–1958 Leiter dieses Referats, 1958 Persönlicher Referent des Bundeskanzlers, 1965 Leiter der für Fragen der militärischen und zivilen Verteidigung zuständigen Unterabteilung I A, ab 1966: III A, 1969 BMI, 1970–1983 Direktor des Caritas-Verbandes Bonn e.V.

Bauch, Botho (1897–1973). 1950–1962 BMI, dort 1950–1952 Leiter des Referats Z 2 (Haushalt) und zusätzlich des Referats II 2 (Beamtenrecht: Personalwirtschaft), 1952–1957 Leiter der Unterabteilung, ab 1957 der Abteilung ZB (Ziviler Bevölkerungsschutz), 1957–1962 Leiter der Abteilung II (Beamtenrecht und sonstiges Personalrecht des öffentlichen Dienstes, Wiedergutmachung).

Becker, Dr. Walther (geb. 1894). 1945–1951 Syndikus in Hamburg, 1951–1954 AA, dort Stellvertretender Leiter der Handelspolitischen Abteilung und 1951 Leiter der Unterabteilung B (Koordination der Wirtschaftsressorts, Handelspolitische Beziehungen zu den einzelnen Ländern), 1952 der Unterabteilung A (Allgemeine Fragen der Handelspolitik), 1954–1959 Botschafter in Kairo.

Bergemann, Wolfgang (geb. 1910). 1951–1952 Rechtsanwalt, leitende Stellung im Ölimporthandel, seit 1952 Dienststelle Blank/BMVtg, dort 1953 Leiter der Unterabteilung III 2 (Wirtschaft), 1954 Leiter der Gruppe AK/B (Außenabteilung Koblenz/Bonn), 1955 Leiter der Unterabteilung X A (Programme und Bedarfsdekkung), 1958 in der Abteilung W (Verteidigungswirtschaft) Leiter der Unterabteilung I (Allgemeine verteidigungswirtschaftliche Angelegenheiten, Aufstellung der Programme).

Bernard, Karl George (1890–1972). 1936–1948 Vorstandsmitglied der Frankfurter Hypothekenbank, 1947 Mitglied der Sonderstelle Geld und Kredit bei der Verwaltung für Finanzen des Vereinigten Wirtschaftsgebiets, 1948–1957 Präsident des Zentralbankrates der Bank deutscher Länder.

Beutler, Otto (geb. 1900). 1946–1951 Innenministerium des Landes Württemberg-Hohenzollern, 1951–1956 Bundeskanzleramt, dort Hilfsreferent im Referat 2 (Haushalt), 1956 Wechsel ins BMAt.

Blank, Theodor (1905–1972). 1945–1950 Mitglied des Vorstandes der IG Bergbau, 1946 MdL Nordrhein-Westfalen (CDU), 1947–1949 Mitglied des Wirtschaftsrates des Vereinigten Wirtschaftsgebiets, 1949–1972 MdB, 1950–1955 Beauftragter des Bundeskanzlers für die mit der Vermehrung der alliierten Truppen zusammenhängenden Fragen, 1955–1956 Bundesminister für Verteidigung, 1957–1965 Bundesminister für Arbeit und Sozialordnung.

Boeckh, Hans von (1900–1980). 1946 Rechtsanwalt, 1948–1951 Badisches Ministerium für Wirtschaft und Arbeit, 1952–1958 BMWi, dort Leiter der Unterabteilung I A (Wirtschaftspolitische Grundsatzfragen, Marshallplan), 1958–1963 Forschungsbeirat für Fragen der Wiedervereinigung Deutschlands beim BMG, 1963–1965 geschäftsführender Vorstand der Forschungsstelle für gesamtdeutsche wirtschaftliche und soziale Fragen.

Bohlen, Dr. Josef (geb. 1913). 1949–1975 BMWi, dort bis 1956 Hilfsreferent im Referat I A 2 (Langfristige Strukturplanung, Notstandsgebiete), 1957–1960 Referent für Volkswirtschaftliche Gesamtrechnungen im Referat I A 2, 1960–1968 Leiter des Referats III E 2, ab 1964: III D 5 (Energiemarkt und Energiebilanzen bzw. ab 1966: Struktur- und Marktfragen der Energiewirtschaft), 1968–1975 des Referats I D 4 (Gesamtwirtschaftliche Bereichsanalysen und -projektionen).

Bolder, Dr. Otto (1908–1979). 1949–1951 Landesfinanzamt bzw. Oberfinanzdirektion Koblenz, 1951–1963 BMF, dort seit 1952 Leiter des Referats III B 5 (Zolltarifpolitik), 1963–1973 Präsident der Oberfinanzdirektion Freiburg i. Br.

Bölle, Adolf (1889–1959). 1947–1949 Verwaltung für Wirtschaft des Vereinigten Wirtschaftsgebiets, 1949–1954 BMWi, dort 1951 Leiter des Referats I C 3 (Finanzierungsaufgaben), 1952–1954 des Referats I C 4 bzw. VI 8 c (Exportfinanzierung).

Bormann, Hellmut (1906–1964). 1946–1947 Zentralamt für Wirtschaft in der britischen Zone, 1947 Verwaltungsamt für Wirtschaft, 1947–1949 Verwaltung für Wirtschaft des Vereinigten Wirtschaftsgebiets, 1949–1964 BMWi, dort 1950–1964 Leiter des Referats I B 4 (Preisfragen in der Bauwirtschaft, Miet-, Versicherungs- und Verkehrswesen, öffentliche Gebühren), 1954–1955 zugleich auch des Referats IV C 5 (Gewerbliche Wirtschaft: Bauwirtschaft).

Brandenstein, Dr. Wolf von (1912–1990). 1947–1950 Verwaltung für Ernährung, Landwirtschaft und Forsten des Vereinigten Wirtschaftsgebiets, 1950–1977 BML, dort 1953–1965 Leiter des Referats VI 8 (Einfuhr- und Versorgungsprogramme), 1965–1973 Leiter des Referats VI A 1 (Grundsätzliche Angelegenheiten der Wirtschaftsbeobachtung, Beziehungen zur OECD), 1973–1977 des Referats 214 (Wirtschafts- und währungspolitische Angelegenheiten).

Büchner, Hans (1906–1986). 1950–1969 BML, dort seit 1952 Leiter des Referats IV 3 (Land- und ernährungswirtschaftliche Preise), 1954–1958 Leiter des Referats III A 8 (Recht der Ernährungswirtschaft, Lebensmittelrecht), 1958–1964 Leiter des Referats I A 4 (Forschungseinrichtungen), 1964–1967 Leiter der Unterabteilung I A (Organisation und Haushalt), 1967–1969 Leiter der Unterabteilung VII A (Grundsätzliche Angelegenheiten der Außenwirtschaft, Wirtschaftsbeziehungen zu europäischen Ländern).

Coelln, Dr. Carl-Günther von (1905–1979). 1952–1969 BMWi, dort 1952–1961 Leiter des Referats VI 8, seit 1955 VI B 1 (Geld und Kredit: Finanzierungen außer Investitions- und Exportfinanzierung), 1962–1963 Leiter des Referats VI A 2 (Währungs- und Notenbankwesen, Sparkassen und öffentlich-rechtliche Kreditinstitute), 1963–1969 erneut Leiter des Referats VI B I (Finanzierungen im Inland).

Dietrich, Dr. Kurt (1889–1965). 1946–1947 Ernährungs- und Landwirtschaftsrat der amerikanischen und britischen Zone, 1947–1950 Verwaltung für Ernährung,

Landwirtschaft und Forsten des Vereinigten Wirtschaftsgebiets, 1950–1954 BML, dort Leiter des Referats III B 3, seit 1953: III A 8 (Recht der Ernährungswirtschaft).

Doebel, Dr. Walther (1885–1963). 1927–1930 Landrat in Alzenau, 1930–1940 Regierung Ansbach, 1940–1945 beim Reichspreiskommisar, 1946–1948 Zentralamt für Ernährung und Landwirtschaft in der britischen Zone/Verwaltung für Ernährung, Landwirtschaft und Forsten des Vereinigten Wirtschaftsgebiets, 1950–1952 BML, dort Leiter des Referats IV 3 (Preispolitik).

Dumke, Horst (geb.1914). 1952–1956 BMM/BMZ, dort 1949–1956 Leiter des Referats II 4 (ERP-Angelegenheiten), 1956–1961 AA, dort Leiter des Referats 400 (Grundsatzfragen der Handelspolitik), 1960 des Referates 407 (Zusammenarbeit mit den Entwicklungsländern), 1961–1974 BMZ, dort Leiter der Abteilung II (Entwicklungspolitische Grundlagen).

Egidi, Dr. Hans (1890–1970). 1939–1945 Rechnungshof des Deutschen Reiches, 1945–1946 Provinzialverwaltung Mark Brandenburg, 1948–1949 Vizepräsident des Niedersächsischen Rechnungshofs, 1949–1955 BMI, dort 1949–1951 Leiter der Abteilung I (Verfassung, Verwaltung und öffentliche Sicherheit), 1952–1955 der Abteilung VI (Öffentliche Sicherheit) und Stellvertreter des Staatssekretärs, 1955–1958 Präsident des Bundesverwaltungsgerichtes.

Eichert-Wiersdorff, Curt (geb. 1888). Vor 1945 Zuckerfabrikant in Wegeleben (Ostharz) und Beirat der Wirtschaftsgruppe Zuckerindustrie, 1947–1948 Zentralamt für Ernährung und Landwirtschaft in der britischen Zone, 1948–1950 Verwaltung für Ernährung, Landwirtschaft und Forsten des Vereinigten Wirtschaftsgebiets, dort Leiter des Referats III B 7 (Zucker- und Süßwarenwirtschaft, Hefe, Süßstoff), 1950–1953 BML, dort Leiter des Referats III B 10, ab 1952: III A 4 (Zucker- und Süßwarenwirtschaft), später Aufsichtsrat der Schleswig-Holsteinischen Zucker-AG, Schleswig.

Elson, Erich (1910–1994). 1933–1937 Kammergericht Berlin, 1937–1945 Reichspostverwaltung (1939–1945 Kriegsdienst), 1951–1952 Versicherungsanstalt Berlin, 1953–1957 BMM/BMZ, dort 1953 Leiter des Referats II 6 (Durchführung der mit Marshallplanmitteln finanzierten Einfuhrprogramme, MSA-Garantien für Investitionen, West-Ost-Handel und Off-shore Aufträge), 1954 Leiter des Referats II 2 (u.a. Internationale Projekte der OEEC, Einfuhren und Dreiecksgeschäfte im Rahmen der amerikanischen Auslandshilfe, Maßnahmen zur Steigerung der Produktivität, ab 1957 zusätzlich Euratom und technische Hilfeleistung für Entwicklungsländer), 1958–1975 BMWi, dort bis 1960 Leiter des Referats V A 2 (Multilaterale außereuropäische außenwirtschaftliche Organisationen), 1960–1966 Leiter des Referats V A 4 (Entwicklungshilfepolitik, Kapitalhilfe), 1966–1970 Leiter der Unterabteilung V B (Entwicklungspolitik), 1970–1975 der Unterabteilung V A (Handelspolitik).

Emminger, Dr. Otmar (1911–1986). 1953–1957 Mitglied des Direktoriums der Bank deutscher Länder, ab 1957 Mitglied des Zentralbankrats der Deutschen Bundesbank, 1969–1977 Vizepräsident und 1977–1979 Präsident der Deutschen Bundesbank.

Engel, Dr. Ulrich (geb. 1902). 1946–1947 Generalsekretär beim Verwaltungsrat für das Post- und Fernmeldewesen des amerikanischen und britischen Besatzungsgebietes, 1947 Leiter der Finanzen und Wirtschaft in der Hauptverwaltung Post- und Fernmeldewesen des Vereinigten Wirtschaftsgebiets, 1949–1967 BMP, dort Leiter der Abteilung IV (Finanz- und Wirtschaftsangelegenheiten).

Ernst, Dr. Friedrich (1889–1960). 1919–1931 Preußisches Ministerium für Handel und Gewerbe, 1931–1939 Reichskommissar für das Bankgewerbe (ab 1935 für das Kreditwesen), 1939–1941 Reichskommissar für die Behandlung feindlichen Vermögens, ab 1941 Mitinhaber der Privatbank Delbrück, Schickler u. Co., 1948 Leiter der Berliner Währungskommission, 1949–1957 Vorsitz im Verwaltungsrat der Berliner Zentralbank, 1951 Geschäftsführer des Kabinettsausschusses für Wirtschaft, 1952–1958 Vorsitzender des Forschungsbeirates für Fragen der Wiedervereinigung Deutschlands beim BMG.

Eschke, Dietrich (1897–1971). 1951–1962 BMWi, dort 1951–1955 Hilfsreferent im Referat I B 2 (Preisrecht), 1955–1959 ständiger Vertreter des Leiters der Verbindungsstelle des BMWi beim BMVtg in Koblenz, 1959–1962 Leiter der Verbindungsstelle des BMWi beim Bundesamt für Wehrtechnik und Beschaffung in Koblenz.

Estner, Dr. Hans (1909–1967). 1952 Wirtschaftsministerium des Landes Baden, 1952–1967 BMWi, dort Leiter des Referats III D 4 (Montanunion und Außenhandel), 1959–1962 des Referats III D 2 (Rechtsangelegenheiten und Wettbewerbsregeln im Rahmen der EGKS), 1962–1964 Leiter der Unterabteilung III D (EGKS), 1964–1966 Leiter der Abteilung III (Bergbau, Energie und Wasserwirtschaft, Eisen und Stahl, EGKS), 1966–1967 der Abteilung E (Europäische zwischenstaatliche wirtschaftliche Zusammenarbeit).

Faßbender, Heinrich (1899–1971). 1921 Mitglied der DNVP, 1946–1948 MdL Hessen (LDP), 1948–1949 Mitglied des Wirtschaftsrates des Vereinigten Wirtschaftsgebiets (LDP bzw. FDP), 1949–1957 MdB (FDP, 1955 DP, 1957 DP/FVP), 1966–1970 MdL Hessen (NPD, Fraktionsvorsitzender).

Féaux de la Croix, Dr. Ernst (1906–1995). 1950–1971 BMF, dort 1950–1952 Leiter des Referats VI 4 (Gesetzgebung über Reichs- und Staatsvermögen), 1952 zusätzlich Leiter des Referats II B 1 (Hilfsmaßnahmen für die Wirtschaft), 1953–1959 Leiter der Unterabteilung V B (Wiedergutmachung, Liquidation des Krieges, Rechtsangelegenheiten), 1959–1971 Leiter der Abteilung VI (Liquidation des Krieges, Verteidigungslasten, Finanzielle Verteidigungsangelegenheiten, Rechtsangelegenheiten).

Feldmann, Kurt (geb. 1920). 1947–1950 Verwaltung für Finanzen des Vereinigten Wirtschaftsgebiets, 1950–1963 BMF, dort 1950–1954 in der „Volkswirtschaftlichen Gruppe" der Abteilung II (Allgemeine Finanzpolitik und öffentliche Finanzwirtschaft) Leiter des Referats 4 (u.a. Preis- und Handelspolitik, Bewirtschaftungsfragen, finanz- und kreditpolitische Auswirkungen der europäischen Integration), 1954–1956 zum Stab des Internationalen Währungsfonds nach Washington beurlaubt, seit 1956 erneut BMF, dort 1956–1958 Hilfsreferent im Referat II C 1 (Generalreferat für Volkswirtschaft und Statistik), 1958–1963 in der „Finanzpolitischen und Volkswirtschaftlichen Gruppe" Leiter des Referats 2 (Grundsatzfragen der europäischen politischen und wirtschaftlichen Zusammenschlüsse, finanzpolitische Entwicklung in den Mitgliedstaaten; später u.a.: Europäische und internationale Angelegenheiten der Finanzpolitik).

Fischer-Dieskau, Dr. Joachim (1896–1977). 1927–1941 Reichsarbeitsministerium, 1941–1945 beim Reichswohnungskommissar, dort Leiter der Abteilung II (Wohnungswesen), 1949–1957 BMWo, dort Leiter der Abteilung I (Wohnungs- und Siedlungswesen, Wohnungswirtschaft), 1957–1964 Vorstandsmitglied der Deutschen Bau- und Bodenbank AG.

Fitzler, Dr. Ernst (1893–1971). 1924–1934 Marineintendantur Wilhelmshaven und Marineleitung Berlin, 1936–1943 Reichskriegsministerium bzw. Oberkommando der Kriegsmarine, 1943–1945 Marineoberkommando Nordsee, dort Chef des Oberverwaltungsstabes (1944 Admiralintendant), 1947–1948 Rechtsanwalt und Notar, 1949–1952 Verwaltungsamt für Reichs- und Staatsvermögen in Wilhelmshaven, 1952–1958 Dienststelle Blank/BMVtg, dort Leiter der für Haushalts-, Finanz- und Kassenangelegenheiten zuständigen Organisationseinheit (zunächst Referat in der Zentralabteilung bzw. Abteilung Verwaltung, ab 1955 Unterabteilung in der Abteilung Haushalt und Finanzen).

Friedrich, Otto A. (1902–1975). 1939–1965 Mitglied des Vorstands der Phoenix Gummiwerke AG, März bis September 1951 BMWi, dort Berater der Bundesregierung in Rohstofffragen, Mai bis September 1951 gleichzeitig kommissarischer Leiter der Bundesstelle für den Warenverkehr der gewerblichen Wirtschaft, seit 1966 persönlich haftender geschäftsführender Gesellschafter der Friedrich Flick KG, 1969–1973 Präsident der Bundesvereinigung der Deutschen Arbeitgeberverbände.

Gabel, Prof. Dr. Werner (geb. 1904). 1950–1962 BMI, dort 1950–1954 Leiter des Referats IV 5 (Lebensmittelhygiene und -überwachung), 1954–1962 des Referats IV 8, ab 1957 IV B 8, ab 1960 IV B 2 (Allgemeine Lebensmittelhygiene und -chemie), 1962–1969 mit gleichem Aufgabenbereich im neugebildeten BMGes, dort Leiter des Referats B 2, ab 1963 II B 5 (Allgemeine Lebensmittelhygiene und -chemie).

Garbe, Dr. Georg (geb. 1904). 1945–1949 Hauptverwaltung der Deutschen Reichsbahn, Berlin, 1949–1950 Magistrat Berlin (West), 1950–1969 BMP, dort Leiter des Referats IV D (Allgemeine Wirtschafts- und Finanzpolitik der Deutschen Bundespost; seit 1954: Volkswirtschaftliche Angelegenheiten und finanzpolitische Grundsatzfragen u.a., seit 1960: Wirtschaftspolitik u.a.).

Gareis, Dr. Hanns (1896–1972). 1934–1945 Hauptstabsleiter im Reichsnährstand, 1948–1950 Direktor des Bayerischen Bauernverbands, 1950–1957 BML, dort Leiter der Abteilung IV (Agrarwesen).

Gerbaulet, Dr. Gustav (1901–1987). 1938–1943 Reichswirtschaftsministerium, 1950–1957 BMM bzw. BMZ, dort 1950 Mitarbeiter im Referat II 2 (u.a. Methoden der europäischen Zusammenarbeit, OEEC, Europa-Rat, Arbeitskreis Außenhandel und Handelspolitik), 1951 Leiter des Referats III 2 (u.a. Förderung des europäischen Warenverkehrs, Außenhandelsförderung, Vertretung im Einfuhrausschuß), 1952 Leiter der Abteilung III (Zwischenstaatliche Wirtschaftsbeziehungen), 1953–1957 der Abteilung II (Europäische wirtschaftliche Zusammenarbeit), 1958–1966 BMWi, dort 1959–1960 Leiter des Referats V C 6 (Wirtschaftsbeziehungen mit dem Ausland: Italien, UN-Treuhandverwaltung, Somaliland, Griechenland), ab 1960 des Referats V C 4, ab 1966: V A 8 (Schweiz, Liechtenstein, Österreich, Griechenland, Zypern, Jugoslawien, Israel, Spanien, Portugal).

Gocht, Dr. Rolf (geb. 1913). 1951–1967 BMWi, dort 1951–1953 Leiter des Referats I A 1 a (Allgemeine wirtschaftspolitische Fragen), 1953 Leiter des Referats I A 1 (Grundsatzfragen der Wirtschaftspolitik, Geschäftsführung des Interministeriellen Wirtschaftsausschusses), 1959–1963 Leiter der Unterabteilung I A (Grundsatzfragen der Wirtschaftspolitik), 1963–1967 Leiter der Abteilung I (Wirtschaftspolitik), 1967–1975 Mitglied des Direktoriums der Deutschen Bundesbank.

Görs, Hans-Albert (1910–1978). 1951–1973 BMWi, dort 1951 Koordinierungsreferent für außenwirtschaftliche Fragen in der Abteilung IV (Gewerbliche Wirtschaft), seit 1952 Leiter des Referats IV K 1 (Koordinierung außenwirtschaftlicher Fragen), 1956–1959 Leiter der Unterabteilung IV C (Sonstige Industrien), 1959–1963 Leiter der Unterabteilung V C (Wirtschaftsbeziehungen zu den Ländern des ehemaligen EZU-Raumes), 1963–1972 der Unterabteilung IV B (Chemie, Mineralöl, Holz, Zellstoff, Papier, ab 1966 Chemie, Investitionsgüterwirtschaft, Fragen der zwischenstaatlichen wirtschaftlichen Zusammenarbeit), 1972–1973 Leiter der Unterabteilung (W) III C (Eisen und Stahl, NE-Metalle).

Graf, Dr. Otto (1894–1953). 1947–1949 Präsident des Bayerischen Landeswirtschaftsamtes, 1949 Verwaltung für Wirtschaft des Vereinigten Wirtschaftsgebiets, dort Leiter der Hauptabteilung IV (Binnenwirtschaft), 1949–1952 BMWi, dort Leiter der Abteilung I (Wirtschaftspolitik), seit Aug. 1951 auch der Abteilung IV (Gewerbliche Wirtschaft).

Günther, Prof. Dr. Eberhard (1911–1994). 1949–1958 BMWi, dort Leiter des Referats I B 5 (Kartelle und Monopole), 1958–1976 Präsident des Bundeskartellamtes.

Haenlein, Franz (1903–1989). 1947–1958 Exekutivrat des Vereinigten Wirtschaftsgebiets, 1948–1949 Staatskanzlei Rheinland-Pfalz, 1949–1952 Bevollmächtigter des Landes Rheinland-Pfalz beim Bund, Dez. 1952–1960 Bundeskanzleramt, dort 1952–1957 Leiter des Referats 6 (Grundsatzfragen, Koordinierung und Kabinettssachen aus den Geschäftsbereichen des BMM, BMF, BMWi, BML; Bundesbank), 1957–1960 Leiter des Referats II (Haushaltsangelegenheiten, Kassen- und Rechnungswesen u.a.), gleichzeitig seit 1956 Leiter der Unterabteilung B (Referate 2, 6, 7 und 8), 1960 Leiter des Planungsbüros, 1960–1968 BMA, dort Leiter der Abteilung I (Allgemeine Verwaltung, wirtschaftspolitische und statistische Angelegenheiten, internationale Sozialpolitik).

Häfner, Dr. Kurt (1908–1985). 1934–1945 Ernährungswirtschaftliche Forschungsstelle, Berlin, 1945–1946 OMGUS Berlin, 1946 Länderrat des amerikanischen Besatzungsgebietes, dort Leiter der statistischen Abteilung, 1947–1949 Verwaltung für Ernährung, Landwirtschaft und Forsten des Vereinigten Wirtschaftsgebiets, 1950–1973 BML, dort Leiter der Abteilung VI (Planung und Statistik, ab 1953: Planung und Wirtschaftsbeobachtung).

Hanemann, Dr. Wilhelm (1910–1989). 1951–1973 BMWi, dort bis 1956 Hilfsreferent im Referat I A 5 (Wirtschaftspolitische Grundsatzfragen des Außenhandels), 1956 Leiter des Referats VI B 3 (Internationale Finanzierungen, Weltbank, Internationaler Währungsfonds), 1956–1959 Internationaler Währungsfonds, dort stellv. deutscher Direktor, 1959–1962 Leiter des Referats I A 5 (Wirtschaftspolitische Grundsätze der Außenwirtschaft), 1962–1964 erneut beim Internationalen Währungsfonds, dort deutscher Exekutivdirektor, 1964–1966 OECD in Paris, dort Leiter der Hauptabteilung Handels- und Zahlungsverkehr, 1966–1969 Leiter der Unterabteilung VI B (Internationale Währungsfragen, Finanzierungen und Versicherungen), 1970 deutscher Direktor bei der Weltbank in Washington, 1970–1973 Leiter der Abteilung V (Außenwirtschaft und Entwicklungshilfe).

Hassell, Dr. Wolf-Ulrich von (1913–1999). 1947–1950 Verwaltung für Wirtschaft des Vereinigten Wirtschaftsgebiets, 1950–1951 BMWi, 1951–1953 AA, dort in der Abteilung II (Politische Abteilung) Juli-Sept. 1951 Hilfsreferent im Sekretariat für den Schuman-Plan, Sept. 1951–1953 Leiter des Referats VI (Atlantik-Pakt, Angelegenheiten der gemeinsamen europäischen Verteidigung), 1953–1958 an der Botschaft in Rom, 1958 AA, 1958–1964 an der Ständigen Vertretung der Bundesrepublik Deutschland bei den Europäischen Gemeinschaften in Brüssel, 1964–1971 AA, dort Vertreter des Leiters des Referats Vereinte Nationen, weltweite Organisationen, 1971–1978 beim Beobachter der Bundesrepublik Deutschland bei den Vereinten Nationen, dort Ständiger Vertreter des Leiters.

Heise, Dr. Hans-Joachim (geb. 1907). 1952–1957 BMM bzw. BMZ, dort bis 1953 Leiter des Referats III 2 (Zwischenstaatliche Wirtschaftsbeziehungen: Warenverkehr), 1953–1957 des Referats II 3 (Handelspolitik im Rahmen der OEEC und der anderen internationalen Organisationen, Kabinettsausschuß – Kleines Wirtschaftskabinett u.a.), 1957–1972 BMWi, dort 1958–1972 Leiter des Referats E A 6 (Europäische Zusammenarbeit: Assoziierung der überseeischen Gebiete, Entwicklungsgebiete: Investitionsbank, Entwicklungsfonds usw.; ab 1960 dazu: Koordinierung der gemeinsamen Handelspolitik der EWG, Förderungspolitik der EWG gegenüber Entwicklungsländern).

Herschel, Prof. Dr. Wilhelm (1895–1986). 1931–1944 Professor am Staatlichen Berufspädagogischen Institut in Köln und Frankfurt/Main, 1940–1946 Direktor des Instituts für Arbeitsrecht der Universität Halle, 1946–1949 Zentralamt für Arbeit in der Britischen Zone, 1949–1950 Verwaltung für Arbeit des Vereinigten Wirtschaftsgebiets, 1950–1960 BMA, dort Leiter der Abteilung III (Arbeitsrecht, Lohn-, Tarif- und Schlichtungswesen, Arbeitsschutz).

Heusinger, Adolf (1897–1982). 1931–1944 im Generalstab des Heeres, seit 1950 militärischer Berater Adenauers, 1951 deutscher Sachverständiger bei den Beratungen über die EVG, seit 1952 Dienststelle Blank/BMVtg, dort 1952 Leiter der Militärabteilung, 1955 Vorsitzender des militärischen Führungsrates, 1957 Leiter der Abteilung Gesamtstreitkräfte, 1957–1961 Generalinspekteur der Bundeswehr, 1961–1964 Vorsitzender des Militärausschusses der NATO in Washington.

Holtz, Dr. Wolfgang (1897–1966). 1948–1949 Verwaltung für Verkehr des Vereinigten Wirtschaftsgebiets, 1950–1951 BMWo, dort Leiter des Sonderreferats „Ausbau Bonn und Bundeszone“, 1951–1955 Dienststelle Blank, dort Vertreter des Leiters, 1955–1959 BMVtg, dort Leiter der Abteilung Verteidigungswirtschaft.

Horlacher, Dr. Michael (1888–1957). 1920–1933 Direktor der Bayerischen Landesbauernkammer, 1920–1924 MdL Bayern (Bayerische Volkspartei), 1924–1933 MdR, 1944 Konzentrationslager Dachau, 1945 Mitgründer der CSU, Staatskommissar für das landwirtschaftliche Genossenschaftswesen im Bayerischen Landwirtschaftsministerium und Präsident des Bayerischen Bauernverbandes, 1945 Direktor, seit 1948 geschäftsführender Präsident des Deutschen Raiffeisenverbandes, 1946–1950 Präsident des Bayerischen Landtags, 1949–1957 MdB.

Hornschu, Dr. Hans-Erich (1914–1986). 1948–1951 Institut für Weltwirtschaft in Kiel, 1951–1952 Hilfsreferent im BMF, 1953–1978 Bundeskanzleramt, dort bis 1956 Hilfsreferent im Referat 6 (Grundsatzfragen, Koordinierung und Kabinettssachen aus den Geschäftsbereichen des BMM, BMF, BMWi, BML; Bundesbank), 1956–1969 Leiter des Referats 8, später II 5 und III 5 (BMF, BMWo, Bundesrechnungshof u. a.), 1969–1978 des Referats III 4, ab 1978: 34 (BMV, BMP, Bundesbahn).

Jentsch, Rudolf (1905–1984). 1951–1970 BMWi, dort 1951 Leiter des Referats I A 6 (Allgemeine Fragen Europäischer Wirtschaftsintegration und Koordinierung von Gesamtwirtschaftsprogrammen), zuletzt 1967 Leiter der Abteilung E (Europäische zwischenstaatliche wirtschaftliche Zusammenarbeit).

Jerratsch, Otto (geb. 1900). 1940–1947 Geschäftsführer bei der Bauernsiedlung Westmark GmbH, Saarbrücken, 1946–1947 Provinzialregierung Pfalz, 1947 Ernährungs- und Landwirtschaftsrat der amerikanischen und britischen Zone, 1947–1950 Verwaltung für Ernährung, Landwirtschaft und Forsten des Vereinigten Wirtschaftsgebiets, 1950–1961 BML, dort bis 1953 Leiter des Referats IV 7 (Ländliche Siedlung, Besitzfestigung), 1953–1961 Leiter der Unterabteilung B (Ländliche

Sozialfragen, Siedlung, Flurbereinigung, ab 1958: Agrarstruktur) in der Abteilung IV (Agrarwesen), ab 1961 Vorstandsmitglied der Deutschen Siedlungs- und Landesrentenbank.

Junker, Dr. Werner (1902–1990). 1947–1951 Senatskanzlei der Hansestadt Hamburg, seit 1951 AA, dort 1956 Leiter der Unterabteilung 41 (Handelspolitische Beziehungen zu fremden Staaten) in der Handelspolitischen Abteilung, 1956–1963 Botschafter in Argentinien, 1963–1967 Botschafter in Südafrika.

Kattenstroth, Ludwig (1906–1971). 1947–1948 Dokumentenabteilung des Internationalen Gerichtshofes Nürnberg, 1949 Verwaltung für Wirtschaft des Vereinigten Wirtschaftsgebiets, 1949–1962 BMWi, dort 1949–1954 Leiter der Abteilung II (Wirtschaftsordnung bzw. seit 1953: Wirtschaftsordnung und -förderung), 1954–1956 der Abteilung Z (Zentralabteilung), 1956–1962 der Abteilung III (Bergbau, Energie und Wasserwirtschaft, Eisen und Stahl, Europäische Gemeinschaft für Kohle und Stahl), 1962–1963 Bundeskanzleramt, dort Leiter der Abteilung II (Wirtschaft, Finanzen, Soziales), 1963–1965 Staatssekretär im BMSchatz, 1965–1969 Staatssekretär im BMA.

Kaumann, Dr. Gottfried (1893–1954). 1949–1951 Leiter der Treuhandstelle für den Interzonenhandel in Berlin, 1951–1952 BMWi, dort Leiter des Referats V A 10 (Interzonenhandel), 1952–1954 Gesandter in Bangkok.

Keiser, Dr. Günter (1902–1993). 1946 Zentralamt für Wirtschaft in der britischen Zone, 1947 Verwaltungsamt für Wirtschaft, 1947–1949 Verwaltung für Wirtschaft des Vereinigten Wirtschaftsgebiets, dort jeweils Leiter der Planungs- und Grundsatzabteilung, 1950–1952 BMWi, dort Leiter der Unterabteilung I A (Wirtschaftspolitische Grundsatzfragen, Marshallplan), 1952–1956 Tätigkeit in der freien Wirtschaft, 1956–1964 bei der OECD in Paris, dort Direktor für Handels- und Zahlungsverkehr, 1964–1967 erneut BMWi, dort Ministerialdirektor und Leiter der Abteilung V (Außenwirtschaft und Entwicklungshilfe).

Klamser, Dr. Franz (geb. 1916). 1948–1949 Verwaltung für Finanzen des Vereinigten Wirtschaftsgebiets, 1949–1962 BMF, dort 1953 Hilfsreferent und 1954 Leiter des Referats II B 1 (Hilfsmaßnahmen für die Wirtschaft), zuletzt 1960 Leiter des Referats V B 2 (Finanzielle Angelegenheiten des Außenhandels, Hilfsmaßnahmen für die Entwicklungsländer), 1962 Wechsel zum BMZ, dort Leiter der Unterabteilung I B (Entwicklungsausschuß, Finanzierung der Entwicklungshilfe u.a.).

Kleine, Otto (1902–1986). 1937–1945 Reichswirtschaftsministerium, 1945–1948 Syndikus der Industrie- und Handelskammer Dillenburg, 1948 Verwaltung für Wirtschaft des Vereinigten Wirtschaftsgebiets, 1949–1967 BMWi, dort 1950 Leiter des Referats IV L (Interzonenhandel, Berlin, öffentliche Aufträge, Handelsverträge, Filmwirtschaft u.a.), 1951 des Referats I A 3 (Produktionsprogramme), 1953 des Referats I B 9 (Grundsatzfragen des öffentlichen Auftragswesens).

Knolle, Dr. Herbert (1906–1993). 1946–1949 Zentralamt für Arbeit in der britischen Zone, 1949–1950 Bundesvereinigung der Deutschen Arbeitgeberverbände, dort Referent für Lohnfragen, 1950–1971 BMA, dort 1951–1965 Leiter des Referats Ia 6, ab 1955: Ia 8, ab 1956: Ic 1, ab 1960: Ib 1 (Volkswirtschaftliche Fragen, ab 1961: Volks- und betriebswirtschaftliche Angelegenheiten, Steuerrecht), 1956–1968 (bis 1965 gleichzeitig) Leiter der Unterabteilung Ic, ab 1960: Ib (Volkswirtschaftliche Angelegenheiten, ab 1960. Wirtschaftspolitische und Statistische Angelegenheiten, Internationale Sozialpolitik), 1968–1971 Leiter der Abteilung VI (Internationale Sozialpolitik).

Knoop, Dr. Emil (1911–1997). 1937–1945 Reichswirtschaftsministerium (1939–1945 Kriegsdienst), 1948–1950 beim Regierungspräsidenten Köln, 1950–1974 BMG bzw. ab 1969: BMB, dort 1953–1964 Leiter der Abteilung III (Grenzgebiete der Bundesrepublik außer Zonen- und Ostgrenze, dazu bis 1955: Saargebiet; ab 1963: Angelegenheiten der Grenzgebiete und des Zonenrandgebiets), 1964–1970 Leiter der Unterabteilung Z B, ab 1966: I B, ab 1967: II B (Öffentlichkeitsarbeit, bis 1967 dazu: Angelegenheiten des Zonenrandgebiets und der Grenzgebiete), 1970–1974 Leiter der Unterabteilung I A (Verwaltung, Zonenrand, Grenzgebiete), 1974 Leiter der Abteilung Z (Verwaltung).

Kohlbrügge, Ulrich (1899–1968). 1950–1953 BMJ, dort Leiter des Referats III 2, ab 1952: III 3 (Bank- und Börsenrecht, Kreditwesen, Hypothekenbankrecht u.a.), 1953–1968 Bundesrichter am Bundesverwaltungsgericht.

Korff, Hans-Clausen (geb. 1905). 1950–1969 BMF, dort 1950–1957 Leiter des Referats II A 2 (Bundeshaushalt: Einzelpläne 12 und 13, Haushalt der Verkehrsträger, Hilfsmaßnahmen für Handelsflotte, Beteiligung an Verkehrsmittelunternehmungen), 1957–1958 Leiter der Unterabteilung VI A (Finanzbeziehungen zu den internationalen Einrichtungen, zu den Ländern und Gemeinden, Wirtschafts- und Verkehrsangelegenheiten), 1958–1959 Leiter der Abteilung VI (Finanzbeziehungen zu den Ländern, Wirtschaftsförderung, Verteidigungslasten, Rechtsangelegenheiten u.a.), 1959–1969 Leiter der Abteilung II (Bundeshaushalt).

Kötter, Prof. Dr. Hans Wilhelm (1911–1975). 1945–1949 Richter am Amtsgericht Erlangen, 1949–1950 am Oberlandesgericht Nürnberg, 1950–1967 BMWi, dort 1950–1956 im Rechtsreferat (II R, ab 1954: ZR) Referent für Bürgerliches Recht, Verfahrensrecht, Handelsrecht u.a., 1956–1967 Leiter des Rechtsreferats (ZR), 1967–1975 Professor für Bürgerliches Recht an der Universität Marburg.

Kramer, Dr. Arnold (1893–1967). 1934–1945 Reichsbank, 1945–1948 Reichsbankleitstelle – Hauptverwaltung der Reichsbank für die britische Zone, 1948–1952 Treuhänder für die Reichsbank in der britischen, später auch in der amerikanischen Zone (ohne Bayern), 1952–1958 BMWi, dort 1952–1958 Leiter der Abteilung VI (Geld und Kredit).

Krautwig, Dr. Carl (1904–1981). 1945–1946 Oberverwaltungsdirektor in Köln, 1947–1949 Verwaltungsrat des Vereinigten Wirtschaftsgebiets, dort Leiter der Direktorialkanzlei, 1950–1963 BMWi, dort bis 1953 Leiter der Abteilung Z (Verwaltung), April 1953–1963 Leiter der Abteilung IV (Gewerbliche Wirtschaft), 1963–1968 Staatssekretär im BMG, daneben 1966–1969 Bevollmächtigter der Bundesrepublik Deutschland in Berlin.

Krieger, Dr. Gerhard (geb. 1905). 1948–1950 Hauptverwaltung für das Post- und Fernmeldewesen des Vereinigten Wirtschaftsgebiets, 1950–1970 BMP, dort 1950–1954 Leiter des Referats IV A (Haushaltswesen, Finanzangelegenheiten, Besatzungskosten), 1954–1968 des Referats IV B (Kassen- und Rechnungswesen der Deutschen Bundespost u.a.), 1968–1970 Leiter der Unterabteilung IV a (Finanzwirtschaft).

Kroll, Dr. Hans (1898–1967). 1920–1945 im auswärtigen Dienst, 1947–1948 außenpolitischer Berater der Landesregierung Nordrhein-Westfalen, 1950–1953 BMWi, dort Delegierter der Bundesregierung für die Pariser Embargo-Ausschüsse, ab März 1951 Leiter der Gruppe West-Ost-Handel einschließlich Interzonenhandel in der Abteilung V (Außenwirtschaft), 1953–1955 Botschafter in Belgrad, 1955–1958 in Tokio, 1958–1962 in Moskau.

Kühne, Dr. Walter (1892–1968). 1938–1945 Oberfinanzpräsident in Köln, 1948–1949 Verwaltung für Finanzen des Vereinigten Wirtschaftsgebiets, 1950–1952 BMF, dort Leiter der Untergruppe A (Steuerliche Seite des Lastenausgleichs) der Sondergruppe Lastenausgleich, 1952–1957 Präsident des Bundesausgleichsamtes.

Kullmann, Dr. Wilhelm (1900–1973). 1948–1949 Verwaltung für Verkehr des Vereinigten Wirtschaftsgebiets, 1949–1965 BMV, dort bis1952 Leiter des Referats B 3 (Sozial-, Steuer-, Finanzierungs- und Wirtschaftsfragen der Binnenschiffahrt, Bundesschleppbetrieb), 1952–1957 Leiter des Referats B 6 (Binnenschiffahrtsrecht, Internationale Binnenschiffahrt u.a.), 1957–1965 Leiter der Verbindungsstelle Berlin.

Lemke, Kurt (geb. 1911). 1948–1950 Leiter des Büros für Sondereinfuhren des Vereinigten Wirtschaftsgebiets, 1950–1956 BMI, dort Leiter des Referats I C 6, ab 1952: VI A 6, ab 1953: VI B 3 (Wirtschaftliche Angelegenheiten des Bundesgrenzschutzes und der Bereitschaftspolizeien der Länder u.a.), 1956 Wechsel zum BMVtg, 1957 zum AA als Leiter der Verbindungsstelle des BMVtg in Ankara.

Lenski, Prof. Dr. Dr. Edgar (1906–1971). 1951–1956 BMF, dort Leiter des Referats IV A 2, ab 1954: IV B 1 (Einkommensteuer), ab 1956 Niedersächsisches Finanzministerium, dort Leiter der Abteilung Steuern.

Loosen, Franz (1900–1968). 1931–1947 Rechtsanwalt, 1950–1955 BMF, dort 1950–1952 Hilfsreferent im Referat V 6 (ERP-Angelegenheiten), 1952–1955 Leiter des Referats V 7 (Liquidation der JEIA, Abwicklung der StEG), 1955–1958 Referent des Bevollmächtigten der Bundesrepublik Deutschland in Berlin, 1959–1965 Bundeskanzleramt, dort 1959–1965 Leiter des Referats 7 (BMA, BMVt, BMFa, BAVAV, Geschäftsführung des Ministerausschusses für Sozialreform), 1965 des Referats II 2 (BMWi, BML, BMSchatz, Bundesbank, Kabinettsausschuß für Wirtschaft).

Louis, Friedrich (1900–1979). 1939–1945 beim Reichskommissar für die Preisbildung, 1948–1949 Verwaltung für Wirtschaft des Vereinigten Wirtschaftsgebiets, 1949–1965 BMWi, dort 1949–1956 Leiter des Referats I B 3 (Ernährung und Landwirtschaft), 1957–1965 Leiter der Unterabteilung I B (Preise, Kartelle, Monopole, Steuern und Abgaben).

Maltzan, Dr. Vollrath Freiherr von (1899–1967). 1925–1938 im auswärtigen Dienst, 1942–1945 kaufmännischer Abgestellter bei der IG-Farben-Industrie AG in Berlin, 1946 Großhessisches Ministerium für Wirtschaft und Verkehr, dort Leiter der Abteilung Handel, 1946–1950 Verwaltung für Wirtschaft des Vereinigten Wirtschaftsgebiets, 1950–1952 BMWi, dort Leiter der Abteilung V (Außenwirtschaft), 1953–1955 AA, dort Leiter der Handelspolitischen Abteilung, 1955–1958 Botschafter in Paris.

Mangoldt (-Reiboldt), Dr. Hans Karl von (1896–1971). Tätigkeit im Bankwesen und in der Industrie, 1949–1951 Leiter der deutschen Delegation bei der OEEC in Paris, seit 1950 deutscher Vertreter in der Europäischen Zahlungsunion (EZU), 1952–1958 Präsident des Direktoriums der EZU, 1952–1962 stellvertretender deutscher Gouverneur beim Internationalen Währungsfonds in Washington, 1958–1964 Vizepräsident und Vertreter der Bundesrepublik im Direktorium der Europäischen Investitionsbank Brüssel.

Martens, Gunter (1907–1973). 1947–1949 Geschäftsführer im Niedersächsischen Landvolk, 1950–1967 BML, dort 1950–1951 Persönlicher Referent des Staatssekretärs, 1951–1952 Leiter des Referats III B 6a (Vorratswirtschaft), 1952–1955 Leiter des Referats III 1 (Allgemeine Aufsicht über die Geschäfte und Tätigkeit der Einfuhr- und Vorratsstellen, der Mühlenstelle und der Dienststelle für besondere Versorgungsaufgaben-DbV, 1953: Allgemeine Fragen der Aufsicht und Organisation im Bereich der Abteilung III: Ernährungswirtschaft), 1955–1956 Leiter des Referats III A 9 (Finanzierungs-, Bevorratungs- und insbesondere Versorgungsaufgaben), 1956–1965 Leiter der Vertretung des BML in Berlin, 1965–1967 Leiter der Unterabteilung VI B (Verbraucherangelegenheiten), 1968–1972 Präsident der Biologischen Bundesanstalt für Land- und Forstwirtschaft in Berlin und Braunschweig.

Martinstetter, Dr. Hermann (1907–1977). 1949–1950 Landestreuhänder für den Reichsnährstand in München, 1950–1972 BML, dort 1951–1955 Leiter des Referats III A 2, ab 1953: VII 2 (Zahlungsverkehr mit dem Ausland, Devisenbewirtschaftung, Devisenrecht, Einfuhrverfahren, Einfuhrausschuß), 1955–1958 Leiter der Unterabteilung VII A (Grundsatzfragen des Außenhandels, Wirtschaftsbeziehungen zu den Ländern der EZU und des Vorderen Orients), 1958–1963 Leiter der Unterabteilung VII B (Außenhandelsrecht, Zoll- und Devisenpolitik, Wirtschaftsbeziehungen zu Ost- und Südosteuropa sowie zu den überseeischen Ländern, Internationale Landwirtschafts- und Warenabkommen), 1964–1970 Leiter der Abteilung I (Allgemeine Verwaltung), 1970–1972 der Abteilung VII (Außenwirtschaft).

Meinhold, Prof. Dr. Helmut (1914–1994). 1937–1940 Institut für Weltwirtschaft, Kiel, 1941–1945 Institut für Deutsche Ostarbeit in Krakau, 1946 Zentralamt für Wirtschaft in der britischen Zone, 1947 Verwaltungsamt für Wirtschaft, 1947–1949 Verwaltung für Wirtschaft des Vereinigten Wirtschaftsgebiets, 1949–1952 BMWi, dort bis 1950 Leiter des Referats I A 2 (Langfristige Strukturplanung), 1950–1952 des Referats I A 1 (Grundsatzfragen der Wirtschaftspolitik, ab 1952 dazu: Geschäftsführung des Interministeriellen Wirtschaftsausschusses), Mitglied des wissenschaftlichen Beirats des BMWi, 1952–1962 Professor für Sozialwissenschaft und Volkswirtschaftslehre in Heidelberg, 1962–1980 in Frankfurt/Main.

Mersmann, Wolfgang (1902–1973). Seit 1930 in der Finanzverwaltung, 1948–1949 Verwaltung für Finanzen des Vereinigten Wirtschaftsgebietes, dort stellvertretender Leiter der Abteilung III (Zölle, Finanzmonopole, Verbrauch-, Besitz- und Verkehrsteuern), 1949–1962 BMF, dort 1950–1962 Leiter der Abteilung IV (Besitz- und Verkehrsteuern), 1962–1970 Präsident des Bundesfinanzhofs.

Meseck, Gerhard (geb. 1906). 1938–1945 Reichsministerium für Ernährung und Landwirtschaft, 1947–1948 Zentralamt für Ernährung und Landwirtschaft in der britischen Zone, 1948–1950 Verwaltung für Ernährung, Landwirtschaft und Forsten, 1950–1971 BML, dort 1950–1953 Leiter des Referats II A 9 (Binnenfischerei), 1953–1971 Leiter der Unterabteilung III C (Fischwirtschaft), zugleich bis 1964 Leiter des Referats III C 1 (Allgemeine Angelegenheiten der Fischerei und der Fischwirtschaft).

Michaelis, Prof. Dr. Hans (1914–1998). 1950–1953 BMWi, dort 1951 bis Juli 1953 Leiter des Referats I B 1 (Preispolitik), 1953–1960 EGKS, ab 1960 EURATOM, dort Generaldirektor in der Abteilung Industrie und Wirtschaft.

Middelmann, Werner (1909–1985). 1945–1946 Landrat des Kreises Bruchsal, 1946–1947 Landesbeauftragter für das Flüchtlingswesen in Nordbaden, 1947–1949 Länderrat des amerikanischen Besatzungsgebietes, dort Referent für Flüchtlingsfragen, gleichzeitig Generalsekretär der Arbeitsgemeinschaft der Deutschen Flüchtlingsverwaltungen, 1949 Amt für Fragen der Heimatvertriebenen bei der Verwaltung des Vereinigten Wirtschaftsgebiets, dort stellv. Leiter, 1949–1961 BMVt, dort Leiter der Abteilung II (Wirtschaftliche Eingliederung, Auslandshilfen, Finanzen, Planung und Forschung, Lastenausgleich, Wohnungsbau, Eingliederung in die Landwirtschaft u. a.), 1949–1961 deutscher Delegierter im Exekutivkomitee des Hohen Kommissars der UNO für Flüchtlinge, 1961–1965 Regionaldirektor der Organisation des Kinderhilfswerks der UNO (UNICEF) für den Mittleren Osten in Beirut, 1965–1974 Finanzdirektor der UNICEF in New York.

Müller, Dr. Dr. Karl (1884–1964). 1921–1933 Direktor der Landwirtschaftskammer Rheinland, nach 1945 Vorsitzender der Wirtschaftlichen Vereinigung Zucker e.V., 1949–1957 MdB (CDU), 1950–1953 Vorsitzender des BT-Ausschusses für Ernährung, Landwirtschaft und Forsten.

Mueller-Graaf, Dr. Carl Hermann (1903–1963). 1931–1945 Reichswirtschaftsministerium und beim Generalinspektor für Wasser und Energie, 1949–1953 BMWi, dort bis 1950 Leiter der Gruppe „Osteuropa" in der Abteilung V A (Außenhandelspolitik), 1950–1951 Leiter der Unterabteilung V B (Außenhandel mit Marshallplanraum), 1951–1953 Leiter der Gruppe „Länder des Marshallplanraums" in der Unterabteilung V B (Handelspolitik mit dem Ausland), 1953 Leiter der Unterabteilung V B, Aug. 1953 Leiter der Unterabteilung V A (Allgemeine Fragen der Außenwirtschaft, Ein- und Ausfuhr, Zollpolitik), 1953–1963 auswärtiger Dienst, dort 1953–1955 Gesandter in Wien und Leiter der deutschen Delegation beim deutsch-österreichischen Regierungsausschuß, 1955–1961 Botschafter in Wien, 1961–1963 Leiter der Vertretung der Bundesrepublik Deutschland bei der OECD in Paris.

Müller-Armack, Prof. Dr. Alfred (1901–1978). Professor für Volkswirtschaftslehre an den Universitäten Münster (1939) und Köln (1950–1955), 1952–1963 BMWi, dort 1952–1958 Leiter der Abteilung I (Wirtschaftspolitik), 1958–1963 Staatssekretär mit Zuständigkeit für die Vertretung des Ministers in den Ministerräten der OEEC und EWG und für die Abteilungen E (Europäische zwischenstaatliche wirtschaftliche Zusammenarbeit) und I (nur 1958), 1966–1968 Aufsichtsratsvorsitzender der Rheinischen Stahlwerke in Essen.

Nonhoff, Friedrich (1903–1974). 1930–1945 beim Reichskommissar für die Osthilfe und Reichsministerium für Ernährung und Landwirtschaft, 1946–1948 Zentralamt für Ernährung und Landwirtschaft in der britischen Zone, 1948–1950 Verwaltung für Ernährung, Landwirtschaft und Forsten des Vereinigten Wirtschaftsgebiets, 1950–1968 BML, dort 1950–1958 Leiter des Referats IV 2, ab 1953 IV A 2 (Agrarrecht), 1953–1958 zusätzlich Leiter der Unterabteilung IV A (Agrar- und Bodenrecht), 1958–1968 Leiter der Abteilung IV (Agrarwesen).

Oeftering, Dr. Heinz Maria (geb. 1903). 1930–1943 Reichsfinanzverwaltung, 1945–1947 Präsident der Rechnungskammer Rheinhessen-Pfalz, 1947–1949 Präsident des Rechnungshofes Rheinland-Pfalz, 1949–1957 BMF, dort Leiter der Abteilung II (Allgemeine Finanzpolitik und öffentliche Finanzwirtschaft) und Ständiger Vertreter des Staatssekretärs, 1957 Präsident des Bundesrechnungshofs, 1957–1972 Vorstandsvorsitzender und Präsident der Deutschen Bundesbahn, 1972–1975 Präsident des Verwaltungsrates der Deutschen Bundesbahn.

Ophüls, Dr. Carl Friedrich (1895–1970). 1918–1923 Justizdienst, 1923–1933 im auswärtigen Dienst, nach 1933 erneut Justizdienst, 1948 Rechtsamt der Verwaltung des Vereinigten Wirtschaftsgebiets, 1949–1952 BMJ, dort Leiter des Referats IV 4 (Völkerrecht im allgemeinen, zwischenstaatliches Sonderrecht, Rechtsfragen der Friedensregelung), 1951–1952 Mitglied der Delegation für die Konferenz über die

Bildung einer europäischen Armee und Sachverständiger der Delegation für die Ablösung des Besatzungsstatuts, 1952–1955 AA, dort Leiter der Unterabteilung Internationale und Supranationale Organisationen, 1955–1958 Botschafter in Brüssel, 1958–1960 Ständiger Vertreter der Bundesrepublik bei der EWG und der EURATOM.

Petz, Dr. Rudolf (1904–1970). 1945–1947 Oberkreisdirektor in Eutin, 1947–1949 Zentralamt für Arbeit der britischen Zone bzw. Verwaltung für Arbeit des Vereinigten Wirtschaftsgebiets, 1949–1950 BMA, dort Leiter der Referate 3, 4 und 5 in der Abteilung II a (Arbeitsplanung), 1950–1952 Bundeskanzleramt, dort Leiter des Referats 7 (Arbeit, Vertriebene, Wohnungsbau, ab 1951: Grundsatzfragen, Koordinierung und Kabinettssachen aus den Geschäftsbereichen BMA, BMWo und BMVt; BAVAV), 1952 Leiter des Kanzlerbüros, 1952–1961 erneut BMA, dort Leiter der Abteilung II (Arbeitsmarktpolitik, Arbeitsvermittlung, Berufsberatung, Berufsausbildung, unterstützende Arbeitslosenhilfe; seit 1957: Arbeitskräfte), danach Universitätsdozent in Graz.

Pohl, Rudolf (geb. 1900). 1923–1935 Stadtwerke Insterburg, 1935–1937 Fischhausen und 1938–1945 Ortelsburg (zuletzt Betriebsdirektor), 1951–1965 BMWi, dort Mitarbeiter im Referat III B 3 (Gaswirtschaft).

Pohland, Dr. Erich (geb. 1898). 1937–1945 Amt für deutsche Roh- und Werkstoffe bzw. ab 1938: Reichsamt für Wirtschaftsausbau, 1946 Zentralamt für Wirtschaft in der britischen Zone, 1947 Verwaltungsamt für Wirtschaft, 1947–1949 Verwaltung für Wirtschaft des Vereinigten Wirtschaftsgebiets, 1949–1956 BMWi, dort Hilfsreferent im Referat IV B 1 (Chemie), zuständig für das Sachgebiet „Düngemittel, Schädlingsbekämpfung, Sprengstoffe“, 1956–1960 BMAt, dort 1956–1958 Leiter des Referats 8 (Strahlennutzung), 1958–1960 des Referats II B 4 (Grundsatzfragen der Atomchemie), 1960 Abordnung zur Eurochemic – Europäische Gesellschaft für die chemische Aufbereitung bestrahlter Kernbrennstoffe in Brüssel, dort Generaldirektor.

Prentzel, Dr. Felix (1905–1993). 1949–1955 BMWi, dort Leiter der Unterabteilung IV B (Chemie, Mineralöl, Holz, Zellstoff, Papier), 1955–1959 Vorstand, 1959–1966 Vorstandsvorsitzender der Deutschen Gold- und Silberscheideanstalt (Degussa) in Frankfurt.

Preusker, Dr. Victor-Emanuel (1913–1991). 1937–1940 Bankkaufmann, 1947 Geschäftsführer der FDP in Hessen, 1949–1961 MdB (FDP, 1956 FVP, 1957 DP/FVP, dann DP, 1960 CDU), 1953–1957 Bundesminister für Wohnungsbau, 1958–1960 Vizepräsident des Deutschen Bundestags, 1963–1975 wieder im Bankgeschäft tätig.

Pühl, Dr. Karl-Heinz (geb. 1912). 1947–1950 Finanzministerium des Landes Schleswig-Holstein, 1950–1956 Bundeskanzleramt, dort 1950–1952 Hilfsreferent im Referat 6 (Finanzen, Wirtschaft, Landwirtschaft, ERP, Bundesbank), 1952–1956

Leiter des Referats 7 (Grundsatzfragen, Koordinierung und Kabinettssachen aus den Geschäftsbereichen des BMA, BMWo, BMVt; BAVAV), 1960–1962 Prüfungsleiter einer Wirtschaftsprüfungsgesellschaft, 1962–1973 Tätigkeit in der Industrie.

Rau, Walter (geb. 1907). 1946–1951 Amt für Wirtschaft, dann Ministerium für Arbeit, Wirtschaft und Verkehr, später Ministerium für Ernährung, Landwirtschaft und Forsten des Landes Schleswig-Holstein, schließlich Landeskanzlei des Ministerpräsidenten von Schleswig-Holstein, 1951–1962 BMWi, dort 1951–1958 Leiter des Referats I A 2 (Strukturplanung, regionale Wirtschaftsfragen, Notstandsgebiete), 1959 Leiter des Referats I A 5 (Wirtschaftspolitische Grundsätze der Außenwirtschaft), Sept. 1959–1962 des Referats I A 1 (Grundsatzfragen der Wirtschaftspolitik, Konjunkturpolitik), 1962–63 beurlaubt als Leiter der deutschen Wirtschaftsberatergruppe der (süd-)koreanischen Regierung in Seoul, 1964–1972 BMZ, dort bis 1967 Leiter der Unterabteilung II A (Grundlagen und Programme der deutschen Entwicklungshilfe, Beirat für Entwicklungspolitik, Entwicklungspolitische Forschung, Zusammenarbeit mit der Wirtschaft u. a.), 1970–1972 Leiter der Unterabteilung II B (Internationale Entwicklungshilfe, Internationale Fragen der Technologie).

Reinhardt, Dr. Hermann (1898–1972). 1933–1945 Reichswirtschaftsministerium, 1947–1950 Stadtdirektor von Gronau, 1950–1964 BMWi, dort 1950 Leiter der Unterabteilung V A (Außenhandel außerhalb des Marshallplanraumes), 1951–1953 der Unterabteilung V B (Handelspolitik mit dem Ausland), 1953–1964 Leiter der Abteilung V (Außenwirtschaft).

Revenstorff, Hans (1906–1978). 1949–1953 MdB (FDP), 1951–1952 Vorsitzender des Landesverbandes Schleswig-Holstein und Mitglied des Bundesvorstandes der FDP.

Rubarth, Werner (1896–1961). 1927–1938 Justizdienst, 1938–1945 beim Reichskommissar für die Preisbildung, 1946 Zentralamt für Wirtschaft in der britischen Zone, 1947 Verwaltungsamt für Wirtschaft, 1947–1949 Verwaltung für Wirtschaft des Vereinigten Wirtschaftsgebiets, 1949–1958 BMWi, dort 1949–1958 Leiter des Referats I B 2 (Preisrecht, ab 1952 dazu: Geschäftsführung des Preisrates).

Rust, Dr. Josef (1907–1997). 1948–1949 Niedersächsisches Finanzministerium, 1949–1952 Bundeskanzleramt, dort Leiter des Referats 6 (Finanzen, Wirtschaft, Landwirtschaft, ERP, Bundesbank, ab 1951: Grundsatzfragen, Koordinierung und Kabinettssachen aus den Geschäftsbereichen des BMM, BMF, BMWi, BML; Bundesbank), 1952–1955 BMWi, dort Leiter der Abteilung III (Bergbau, Energie und Wasserwirtschaft, Eisen und Stahl, Europäische Gemeinschaft), 1955–1959 Staatssekretär im BMVtg, 1959–1969 Vorstandsvorsitzender und 1969–1978 Aufsichtsratsvorsitzender der Wintershall AG (Kassel), 1966–1974 Aufsichtsratsvorsitzender der Volkswagen AG.

Sachs, Dr. Hans-Georg (1911–1975). 1938–1940 Reichswirtschaftsministerium, 1940–1945 AA, 1946–48 Leiter des Zentralbüros des Council of Relief Agencies Licensed for Operations in Germany (CRALOG) in der französischen Besatzungszone, 1948–1949 Leiter der deutschen Geschäftsstelle des Marshallplanes in der französischen Besatzungszone, 1949–1952 BMM, dort Leiter der Abteilung III (ERP-Politik und Durchführung, seit 1951: Zwischenstaatliche Wirtschaftsbeziehungen), 1952–1975 AA und auswärtiger Dienst, dort 1952–1955 Leiter des Referats 401 (Grundsätze der europäischen wirtschaftlichen Integration), 1955–1958 Botschaftsrat an der Botschaft in Paris, 1958–1961 im AA Leiter der Unterabteilung Allgemeine Handelspolitik, 1961–1963 Leiter der Entwicklungsabteilung, 1963–1965 der Abteilung für Handels- und Entwicklungspolitik, 1965–1973 Botschafter und Leiter der Ständigen Vertretung der Bundesrepublik Deutschland bei EWG und EURATOM in Brüssel, 1973–1975 Staatssekretär im AA.

Sandgänger, Ferdinand (1902–1976). 1949–1956 BMWo, dort Leiter des Referats I 3, seit 1954: I 10 (Finanzierung des Wohnungsbaus), 1956–1967 Bausparkasse Wüstenrot, dort ab 1960 Sprecher der Geschäftsführung.

Schellpeper, Herbert (1899–1963). 1949–1963 BMWi, dort 1949–1960 Hilfsreferent in den für den Außenhandel mit Ost- und Südosteuropa zuständigen Organisationseinheiten: 1950 in der Gruppe III der Abteilung V A (Außenhandelspolitik), 1950 im Referat V A 7, danach 1951–1960 in Referaten mit häufig wechselnden Referatsbezeichnungen (1951–1953: V B 6, 1956–1960: V B 3) der Unterabteilung V B (Außenhandel mit Ländern außerhalb des EZU-Raumes), 1960–1963 Leiter des Referats V A 2 (Wirtschaftliche Zusammenarbeit in außereuropäischen Organisationen).

Scherpenberg, Dr. Albert Hilger van (1899–1969). 1926–1944 im auswärtigen Dienst, 1945–1949 Bayerisches Wirtschaftsministerium, 1949–1953 Verwaltung für Wirtschaft des Vereinigten Wirtschaftsgebiets/BMWi, dort Leiter des Referats V A 6, 1951: V B 3, 1952: V B 4 (Außenwirtschaft: Sterlingblock), 1953–1961 AA, dort bis 1958 Leiter der Handelspolitischen Abteilung, 1958–1961 Staatssekretär, 1961–1964 Botschafter beim Vatikan.

Scheuble, Julius (1890–1964). 1930–1933 Präsident des Landesarbeitsamtes Rheinland, 1945–1946 Präsident des Landesarbeitsamtes Nordrhein-Provinz, 1946–1949 Präsident des Zentralamtes für Arbeit in der britischen Zone, 1949–1950 Stellvertreter des Direktors der Verwaltung für Arbeit des Vereinigten Wirtschaftsgebiets, 1950–1952 BMA, dort Leiter der Abteilung II (Arbeitsmarktpolitik, Arbeitsvermittlung, Berufsberatung, Berufsausbildung, unterstützende Arbeitslosenhilfe), 1952–1957 Präsident der Bundesanstalt für Arbeitsvermittlung und Arbeitslosenversicherung.

Schiller, Dr. Friedrich (1895–1990). 1928–1933 Württembergisches Wirtschaftsministerium, 1933–1946 u.a. Vorstandsmitglied der Deutschen Eisenbahn-Gesellschaft AG, 1946–1947 Vorsitzender des Verwaltungsrates für Verkehr in Bielefeld, 1946–1949 Stellvertreter des Direktors der Verwaltung für Verkehr des Vereinigten Wirtschaftsgebiets, 1949–1960 BMV, dort Stellvertreter des Staatssekretärs.

Schlebitz, Dr. Werner (1913–1964). 1946–1950 Finanzverwaltung des Landes Württemberg-Hohenzollern, 1950–1964 BML, dort 1950–1954 Hilfsreferent im Referat II A 1, ab 1952: VII A 1, ab 1953: VII 1 (Allgemeine Angelegenheiten des Außenhandels), dann 1954–1958 Leiter dieses Referats, 1958–1964 Leiter der Unterabteilung VII A (Grundsatzfragen des Außenhandels, Wirtschaftsbeziehungen zu den Ländern der EZU und des Vorderen Orients).

Schmerbach, Dr. Gerhard (1908–1985). 1948–1951 Dienststelle für besondere Versorgungsaufgaben (seit 1949: des BML), 1951–1972 BML, dort bis 1954 Hilfsreferent im Referat III A 4 (Zucker- und Süßwarenwirtschaft), 1954–1972 Leiter dieses Referats (ab 1964: III A 6, ab 1968: III B 4).

Schmid, Walther (1893–1982). 1924–1945 Reichspatentamt, 1946–1947 Wirtschaftsministerium des Landes Württemberg-Baden, 1947 Verwaltungsamt für Wirtschaft, 1947–1949 Verwaltung für Wirtschaft des Vereinigten Wirtschaftsgebiets, 1949–1955 BMWi, dort 1949–1950 Leiter des Referats I R 2 (Reparationen und völkerrechtliche Fragen), 1950–1955 Leiter der Unterabteilung IV A (Eisen- u. Metallwirtschaft) im BMWi, 1955–1958 abgeordnet zur Ständigen Vertretung der Bundesrepublik Deutschland bei der NATO in Paris, dort Leiter der Wirtschaftsabteilung.

Schmitt, Dr. Matthias (1913–1997). 1938–1939 Institut für Wirtschaftswissenschaften an der Universität Berlin, 1941–1943 Reichskolonialinstitut in Berlin sowie eigene kolonialwissenschaftliche Forschungen, 1948–1949 Verwaltung für Wirtschaft des Vereinigten Wirtschaftsgebiets, 1949–1957 BMWi, dort 1949–1950 Hilfsreferent im Referat I A 4 (Ein- und Ausfuhrplanung), 1950–1955 Leiter des Referats I A 5 (Wirtschaftspolitische Grundsatzfragen des Außenhandels), 1955–1957 Leiter der Gruppe V A I (Handelsverkehr mit dem Ausland, Zollpolitik), 1957–1961 Vorstandsmitglied der Berliner Bank AG, seit 1962 Lehrauftrag an der Universität Frankfurt/Main (Probleme der Entwicklungsländer), seit 1966 Honorarprofessor an der Universität Köln (Fragen der Internationalen Wirtschaftspolitik).

Scholz, Wolfgang (1905–1984). 1935–1941 Reichswirtschaftsministerium, 1946–1949 Tätigkeit in einer Anwaltsfirma, 1949–1958 BMWi, dort Hilfsreferent mit Zuständigkeit für das Sachgebiet Einfuhrprogramme im Referat I A 5 (Wirtschaftspolitische Grundsatzfragen des Außenhandels), 1955–1958 Leiter dieses Referats, ab 1958 beurlaubt zur EWG-Kommission in Brüssel, dort Leiter der Abteilung Niederlassungsrecht und Dienstleistungsverkehr im Bereich Innerer Markt.

Schöne, Dr. Kurt (1891–1972). 1935–1945 Reichswirtschaftsministerium, 1945–1946 Leiter der Überleitungsstelle des ehem. Reichswirtschaftsministeriums in Berlin, 1946–1947 Zentralamt für Wirtschaft in der britischen Zone, 1947 Verwaltungsamt für Wirtschaft, 1947–1949 Verwaltung für Wirtschaft des Vereinigten Wirtschaftsgebiets, 1949–1956 BMWi, dort seit 1950 Leiter der Unterabteilung V C, 1953: V D (Zahlungsverkehr mit dem Ausland), 1954–1956 Leiter der Unterabteilung V A (Allgemeine Fragen der Außenwirtschaft).

Schornstein, Dr. Johannes (1909–1976). 1937–1943 Reichswirtschaftsministerium, 1943–1945 Reichsministerium für Rüstung und Kriegsproduktion, 1946–1947 Wirtschaftsministerium des Landes Nordrhein-Westfalen, 1947–1949 Landesvertretung Nordrhein-Westfalen im Länderrat des Vereinigten Wirtschaftsgebiets, 1950–1969 BMWo, dort bis 1952 im Sonderreferat „Ausbau Bonn und Bundeszone" Leiter des Referats 1 (u.a. Generalplanung und grundsätzliche Fragen der Wohnraumerfassung und Unterbringung), 1952–1956 Leiter der Abteilung III (Beamtenwohnungsfürsorge, Sonderbauprogramme, Bauwirtschaftliche Koordinierung der öffentlichen und privaten Baumaßnahmen im Bundesgebiet), 1957–1965 der Abteilung I (Wohnungs- und Siedlungswesen, Wohnungswirtschaft), 1966–1969 Staatssekretär.

Schrötter, Dr. Erich (1898–1989). 1950–1963 BMV, dort bis 1952 Leiter des Referats A 5 (Verkehrsreferent für die deutsche Delegation bei der Internationalen Ruhrbehörde), 1950–1954 zusätzlich Leiter der Pressestelle, 1952–1963 Leiter des Referats A 1 (Allgemeine Verkehrspolitik u. a.), 1958–1963 zusätzlich Leiter einer eigenen Unterabteilung A (UA) der Abteilung A (Allgemeine Verkehrspolitik und Verkehrswirtschaft).

Schubel, Kurt (geb. 1897). 1950–1962 BMP, dort 1950–1962 Leiter des Referats IV E (Bilanz-, Gewinn- und Verlustrechnung, Gesamtrechnung der Deutschen Bundespost u. a.).

Schubert, Dr. Manfred (geb. 1903). 1950–1968 BMP, dort 1950–1967 Leiter des Referats IV C (Geld- und kreditwirtschaftliche Angelegenheiten, Rechtsangelegenheiten der Abt. IV), 1964–1968 (bis 1967 zusätzlich zur Referatsleitung IV C) Leiter der Unterabteilung IV b (Finanzwesen).

Schwandt, Dr. Johannes (geb. 1888). 1947–1952 Finanzministerium des Landes Niedersachsen, dort Leiter der Abteilung II (Wirtschaft und Recht), 1952–1957 BMF, dort 1952–1957 Leiter der Unterabteilung II B (Hilfsmaßnahmen für die Wirtschaft, Bundesvermögen, Anleihen, Schulden, Münzwesen).

Seib, Dr. Friedrich Georg (geb. 1915). 1949–1950 Verwaltung für Wirtschaft des Vereinigten Wirtschaftsgebiets, dort Leiter des ERP-Kontors, 1950–1952 (mit kurzer Unterbrechung 1951 im BMV) BMM, dort 1950–1952 Leiter des Referats III 3, ab 1951: III 4 (u.a. Disposition über die ECA-Dollarhilfe, Durchführung der mit Marshallplanmitteln finanzierten Einfuhrprogramme, Leitung des ERP-Kontors), zusätzlich 1951–1952 Persönlicher Referent des Ministers, 1953–1973 Direktor des Internationalen Arbeitsamtes (IAA) – Zweigamt Bonn.

Solveen, Walter (1901–1979). 1927–1938 Deutsche Reichsbahn, 1938–1945 Reichswirtschaftsministerium, 1948–1949 Verwaltung für Wirtschaft des Vereinigten Wirtschaftsgebiets, 1949–1966 BMWi, dort 1949–1952 Leiter des Referats IV A1 Eisen und Stahl, 1952–1966 Leiter der Unterabteilung III C (Eisen und Stahl), 1966–1967 Sonderberater des BMWi für die Rourkela-Stahlwerke in Indien.

Sommerlatte, Dr. Hans-Wolfgang (geb. 1909). 1939–1942 Reichswirtschaftsministerium, 1949–1953 Verwaltung für Wirtschaft des Vereinigten Wirtschaftsgebiets/BMWi, dort Leiter des Referats V B 4, ab 1950: V C 4 (Zahlungsverkehr mit dem Ausland: Nebenkosten des Warenverkehrs und sonstige Dienstleistungen), 1953 Wechsel zu den Chemischen Werken Hüls AG, Marl/Recklinghausen.

Sonnenhol, Dr. Gustav Adolf (1912–1988). 1939–1945 im auswärtigen Dienst mit Stationen u.a. in Paris, Casablanca, Tanger und Genf, 1949–1957 BMM/BMZ, dort 1949–1941 Mitarbeiter bzw. 1951 Leiter des Referats III 4 (u.a. Öffentlichkeits- und Pressearbeit), 1951–1953 Leiter der Pressestelle, März 1953–1956 Leiter des Referats K 1 (u.a. Kabinettsvorlagen des Bundeskanzleramts, AA, BMBR, BMG, Rechtsfragen der europäischen Integration, Ausschußsitzungen von Bundestag und Bundesrat), 1956–1957 Leiter des Referats II 4 (GATT-Fragen, Fragen der europäischen Integration, Europarat), 1957–1962 Botschafter bei der Vertretung der Bundesrepublik Deutschland bei der OEEC in Paris, 1962–1968 BMZ, dort Leiter der Abteilung I (Finanz- und Wirtschaftsfragen der Entwicklungshilfe), 1968–1971 Botschafter in Pretoria (Südafrika), 1971–1977 in Ankara, 1977–1985 Industrieberater.

Spindler, Dr. Dr. Joachim von (1899–1987). 1932–1945 Reichswirtschaftsministerium, 1948 Verwaltung für Finanzen des Vereinigten Wirtschaftsgebiets, 1949–1961 BMF, dort bis 1952 Leiter des Referats V 1 (Geld- und Kreditwesen), 1952–1961 Leiter der Abteilung V (Banken, internationale Finanzierungsfragen, Devisen, öffentliches Versicherungswesen, ab 1954 dazu: Liquidation des Krieges, Rechtsangelegenheiten, ab 1958: Schuldenwesen, allgemeine und internationale Finanzierungsfragen, Liquidation des Krieges).

Staab, Dr. Friedrich (1893–1975). 1947–1949 Verwaltung für Ernährung, Landwirtschaft und Forsten des Vereinigten Wirtschaftsgebiets, dort Leiter der Abteilung III (Ernährungswirtschaft), 1949–1958 BML, dort 1949–1955 ebenfalls Leiter der Abteilung III (Ernährungswirtschaft, bis 1952 dazu auch Außenwirtschaft).

Stalmann, Dr. Otto (1905–1972). 1924–1945 Preußisches Justizministerium und Reichsministerium für Ernährung und Landwirtschaft, 1945–1946 Deutsche Treuverkehrs AG. in Bielefeld, 1946–1948 Zentralamt für Ernährung und Landwirtschaft in der britischen Zone, 1948–1950 Verwaltung für Ernährung, Landwirtschaft und Forsten des Vereinigten Wirtschaftsgebiets, 1950–1970 BML, dort 1950–1953 Leiter des Referates III A 1, ab 1952: VII 1 (Grundsatzfragen, ab 1952: Allgemeine Angelegenheiten des Außenhandels), 1953–1970 Leiter der Abteilung VII (Außenhandel).

Stedtfeld, Dr. Fritz (1908–1993). 1935–1945 Reichswirtschaftsministerium, 1946–1947 Zentralamt für Wirtschaft in der britischen Zone, 1947 Verwaltungsamt für Wirtschaft, 1947–1949 Verwaltung für Wirtschaft des Vereinigten Wirtschaftsgebiets, 1949–1970 BMWi, dort 1949–1950 Leiter des Referats V B 1 (Grundsatzfragen des Zahlungsverkehrs mit dem Ausland), 1950–1953 des Referats V C 1, 1953: V D 1 (Zahlungsverkehr mit dem Ausland: Devisenbilanz, Reiseverkehr),

1954–1956 Leiter der Gruppe V A II (Zahlungsverkehr mit dem Ausland), 1956–1970 Leiter der Unterabteilung V A (Allgemeine Fragen der Außenwirtschaft, ab 1966: Handelspolitik), 1970–1973 Deutscher Direktor bei der Weltbank.

Ter-Nedden, Dr. Wilhelm (geb. 1904). 1933–1945 Reichswirtschaftsministerium, 1950–1969 BMV, dort 1950–1952 Leiter des Referats A 4 (Rechtsetzung, Rechtsförmlichkeit der Gesetze und Verordnungen, Justitiar), 1953–1969 Leiter der Abteilung A (Allgemeine Verkehrspolitik und Verkehrswirtschaft).

Thierfelder, Dr. Rudolf (1905–1997). 1946–1950 Senatskanzlei des Landes Württemberg-Hohenzollern, 1950 Deutsches Büro für Friedensfragen, Juli 1950–1956 Dienststelle für Auswärtige Angelegenheiten im Bundeskanzleramt bzw. ab 1951 AA, dort in der Abteilung II (Politische Abteilung) ab 1952 Leiter des Referats IV (Europarat), später des Referats 217 (Saarfragen), 1956–1961 Generalkonsul in Genf, 1961–1964 Gesandter an der Botschaft in London, 1964–1968 AA, dort Leiter der Abteilung V (Rechtsabteilung), 1968–1971 Botschafter in der Türkei.

Tobaben, Peter (1905–1972), Landwirt, 1923 Mitglied der Deutsch-Hannoverschen Partei, 1943–1945 Kriegsdienst, 1948 Landrat, 1949–1953 und 1957–1972 MdB (DP, seit 1961 CDU), 1955–1957 MdL Niedersachsen.

Treitschke, Wolfgang (geb. 1920). 1947–1949 Verwaltungsamt für Wirtschaft/Verwaltung für Wirtschaft des Vereinigten Wirtschaftsgebiets, 1949–1959 BMWi, dort 1949–1952 Hilfsreferent im Referat IV B 1 (Chemie) mit Zuständigkeit für den Aufgabenbereich Düngemittel-Subventionierung, Preisfragen, 1952–1959 Hilfsreferent im Referat III D 3 (Schumanplan und Binnenwirtschaft), 1959 beurlaubt zum Gemeinsamen Sekretariat der Ministerräte der EWG und der EURATOM in Luxemburg.

Turowski, Lothar (geb. 1907). 1951–1957 BMM/BMZ, dort Leiter des Referats III 3, ab 1953: II 5, 1957: II 4 (Zahlungsverkehr, Europäische Zahlungsunion und europäische Währungsfragen), 1957–1972 BMWi, dort bis 1959 Leiter des Referats E A 2 (Außenwirtschaftliche Fragen der OEEC, EWG und des Europarates), 1959–1972 des Referats E A 1 (EWG).

Vialon, Prof. Dr. Friedrich Karl (1905–1990). 1937–1942 und 1944–1945 Reichsfinanzministerium, 1942–1944 Leiter der Finanzabteilung beim Reichskommissariat Ostland in Riga, 1945–1950 in der Privatindustrie, 1950–1957 BMF, dort 1950–1952 Leiter des Referats II A 5 (Bundeshaushalt: Einzelpläne VI, VIII, XV, XXVI und ERP), 1952–1953 des Referats II A 9 (Finanzielle Verteidigungsfragen), 1953–1954 des Referats II A 1 (Generalreferat Bundeshaushalt, Einzelpläne 60 und 32), 1955–1957 Leiter der Unterabteilung II A (Bundeshaushalt), 1957 Leiter der Abteilung II (Bundeshaushalt), 1958–1962 Bundeskanzleramt, dort Leiter der u.a. für Wirtschaft, Landwirtschaft, Soziales und Verkehr zuständigen Abteilung II, 1962–1966 Staatssekretär im BMZ.

Vocke, Dr. Wilhelm (1886–1973). 1913–1919 Reichsamt des Inneren, 1919–1939 Direktoriumsmitglied der Deutschen Reichsbank, 1945 stellvertretender Leiter der Reichsbankleitstelle in der britischen Besatzungszone, 1948–1957 Präsident des Direktoriums der Bank deutscher Länder, 1950 Mitglied des Verwaltungsrates der Bank für Internationalen Zahlungsausgleich (BIZ).

Weniger, Friedrich-Wilhelm (1889–1971). 1951–1956 BMWi, dort 1951–1956 Leiter des Referats I A 3 (Produktionsprogramme).

Winkelstern, Dr. Heinrich (1906–1991). 1935–1945 Hauptvereinigung der Deutschen Getreide- und Futtermittelwirtschaft, 1946–1948 Zentralamt für Ernährung und Landwirtschaft in der britischen Zone, 1948–1950 Verwaltung für Ernährung, Landwirtschaft und Forsten des Vereinigten Wirtschaftsgebiets, 1950–1971 BML, dort 1950–1955 Leiter des Referats III B 8, ab 1952: III A 1 (Getreide und Futtermittel), 1958–1971 Leiter des Referats III B 2 (Ernährungsgewerbe, ab 1964 dazu: Absatzförderung, Verkehrswesen, Versorgung Berlins).

Wolff, Bernhard (1886–1970). 1921–1933 Preußisches Ministerium des Innern, 1933–1941 Preußisches Oberverwaltungsgericht, 1941–1945 Reichsjustizministerium, 1948–1949 Verwaltung für Finanzen des Vereinigten Wirtschaftsgebiets, 1949–1956 BMF, dort 1950–1954 Leiter der Abteilung VI (Rechtsangelegenheiten, Liquidation des Krieges, ab 1952 dazu: Zwischenstaatliche Finanzbeziehungen, Wiedergutmachung), 1954–1956 Leiter des Arbeitskreises für die Wiedergutmachung.

Zettelmeyer, Hans (1900–1974). 1951–1965 BMG, dort 1953–1965 Leiter des Referats I 3 (Angelegenheiten der sowjetischen Besatzungszone und des deutschen Ostens: Verwaltung, öffentliche Finanzwirtschaft, Wirtschafts- und Sozialrecht), zusätzlich 1962–1965 Leiter der Unterabteilung I A (Politik, Recht, Wirtschaft).

ZEITTAFEL

1951

8. Januar
Das Kabinett berät über die Verschlechterung der Kohlenversorgung

31. Januar
Die Bank deutscher Länder verfügt Kreditrestriktionen

15. Februar
Beginn der Konferenz in Paris über die Europäische Verteidigungsgemeinschaft

22. Februar
Die Bundesregierung verkündet die Aufhebung der Liberalisierung des Handels mit den Ländern der OEEC

27. Februar
Das Kabinett berät über Sicherungsmaßnahmen auf einzelnen Gebieten der Gewerblichen Wirtschaft und über die Devisenlage

6. März
Revision des Besatzungsstatuts, partielle Wiederherstellung der deutschen Devisenhoheit

6. März
Das Kabinett berät über die von John McCloy geforderten wirtschaftspolitischen Maßnahmen

10. April
Das Kabinett erörtert das Wirtschaftsprogramm der Bundesregierung

18. April
Das Kabinett beschließt anläßlich der Beratung der Preise für Milch und Butter die Einberufung des Kabinettsausschusses für Wirtschaft

1951

19. April
Erste Sitzung des Kabinettsausschusses für Wirtschaft

8. Mai
Das Kabinett berät über ein Investitionshilfegesetz

28. Mai
Der Kabinettsausschuß erörtert das Einfuhrprogramm

5. bis 17. Juli
Vorkonferenz über die deutschen Auslandsschulden in London

6. Juli
Der Kabinettsausschuß erörtert die Versorgungslage bei Zucker

4. August
Für die Bundesrepubik wird die EZU-Quote von 320 auf 500 Millionen Dollar erhöht

17. August
Der Kabinettsausschuß erörtet die Versorgungslage bei Kohle

13. September
Der Kabinettsausschuß berät über die Tariferhöhungen bei der Bundesbahn, im Güterfernverkehr und bei der Post

10. bis 14. September
Außenministerkonferenz der drei Westmächte in Washington

20. September
Interzonenhandelsabkommen (Berliner Abkommen) tritt in Kraft

18. Oktober
Der Kabinettsausschuß erörtert die Richtlinien für die Wohnungsbaupolitik

19. Oktober
Das Sechs-Mächte-Protokoll über die Aufhebung des Ruhrstatuts und der Beschränkung der deutschen Stahlindustrie wird unterzeichnet

24. Oktober
Der Kabinettsausschuß berät über das Gesetz gegen Wettbewerbsbeschränkungen

24. bis 28. November
NATO-Tagung in Rom

1952

1. Januar
Die Bunderegierung nimmt die Liberalisierung des Handels mit den Ländern der OEEC wieder auf

17. Januar
Der Kabinettsausschuß erörtert die Lebensmittelversorgung und das Bevorratungsprogramm für Berlin

9. Februar
Der Kabinettsausschuß erörtert abschließend das Einfuhrprogramm für die erste Jahreshälfte 1952

28. Februar
Beginn der Londoner Schuldenkonferenz

4. März
Der Kabinettsausschuß berät über die Erhöhung der Preise bei Dünger und Zucker

14. März
Der Kabinettsausschuß beschließt die Erhöhung der Liberalisierungsquote auf 75%

21. März
Beginn der Wiedergutmachungsverhandlungen mit Israel

9. April
Der Kabinettsausschuß erörtert Preiserhöhungen bei Steinkohle

26. bis 27. Mai
Unterzeichnung des Generalvertrages und des EVG-Vertrages in Bonn und Paris

29. Mai
Senkung des Diskontsatzes von 6 auf 5%

23. Juli
Inkrafttreten des Vertrages über die Gründung der EGKS

2. August
Beitritt der Bundesrepublik zum Internationalen Währungsfond

5. August
Der Kabinettsausschuß erörtert das Jahreseinfuhrprogramm für 1952/53

1952

8. August
Abschluß der Londoner Schuldenkonferenz

14. August
Beitritt der Bundesrepublik zur Internationalen Bank für Wiederaufbau und Entwicklung

19. August
Der Kabinettsaussshuß führt eine Aussprache über den NATO-Fragebogen und den deutschen Verteidigungsbeitrag

21. August
Senkung des Diskontsatzes von 5 auf 4½%

1. September
Inkraftreten des Lastenausgleichsgesetzes

6. Oktober
Der Kabinettsausschuß berät über Umfang und Finanzierung der Vorratshaltung bei Grundnahrungsmitteln

1953

7. Januar
Die Außenhandelsbilanz 1952 schließt erstmals mit einem Überschuß ab

10. Januar
Der Kabinettsausschuß berät über eine neue Interzonenhandelsvereinbarung

14. Januar
Der Kabinettsausschuß erörtert die Erhöhung der Preise für Steinkohle

10. Februar
Inkrafttreten des europäischen Marktes für Kohle, Erze und Schrott

21. März
Der Kabinettsausschuß beschließt eine Erhöhung der Liberalisierungsquote auf ca. 90% im Handel mit den Ländern der OEEC

23. bis 24. März
Ministerratstagung der OEEC in Paris

28. April
Der Kabinettsausschuß beschließt einen Einspruch gegen diskriminierende Praktiken bei der Eröffnung des gemeinsamen Marktes für Stahl

1953

1. Mai
Inkraftreten des europäischen Marktes für Stahl

12. bis 13. Mai
Blücher und Erhard erörtern in London Fragen der Währungspolitik

22. Mai
Die Bundesregierung verabschiedet ein Investitionsprogramm

11. Juni
Senkung des Diskontsatzes von 4 auf 3½%

17. Juni
Der Kabinettsausschuß berät über das Einfuhr- und Versorgungsprogramm 1953/54

22. Juni
Tagung der Außenminister der Montanunion in Paris

2. Juli
Der Kabinettsausschuß berät über Maßnahmen zum Abbau der übermäßigen Gläubigerstellung bei der Europäischen Zahlungsunion

10. August
Der US-Dollar wird zum freien Devisenhandel zugelassen

19. August
Der Kabinettsausschuß berät das Abkommen mit den USA über die zu gewährenden Abgabevergünstigungen für die von den USA zu Verteidigungszwecken geleisteten Ausgaben

6. September
Bundestagswahlen

22. September
Der Kabinettsausschuß beschließt Preiserhöhungen bei Zucker sowie ein Hilfsprogramm für Berlin

6. Oktober
Konstituierung des 2. Deutschen Bundestages

15. Oktober
Die Alliierten verzichten auf eine Ausübung der Devisenkontrolle

1953

20. Oktober
Vereidigung des Zweiten Kabinetts Adenauer

4. November
Das Kabinett erörtert die Grundzüge der künftigen Wirtschafts-, Finanz- und Sozialpolitik

14. bis 16. Dezember
Tagung des Ministerrats der NATO

21. Dezember
Der Kabinettsausschuß führt eine Aussprache über die Zahlungsbilanzüberschüsse der Bundesrepublik gegenüber den Ländern der EZU

ABKÜRZUNGSVERZEICHNIS

AA	Auswärtiges Amt / Politisches Archiv des Auswärtigen Amts
Abg.	Abgeordnete(r)
Abs.	Absatz
Abt.	Abteilung
ACDP	Archiv für Christlich-Demokratische Politik der Konrad-Adenauer-Stiftung
AEG	Allgemeine Elektrizitätsgesellschaft
AHK	Alliierte Hohe Kommission
Anm.	Anmerkung
Art.	Artikel
BAnz	Bundesanzeiger
BAVAV	Bundesanstalt für Arbeitsvermittlung und Arbeitslosenversicherung
BdL	Bank deutscher Länder
BELF	Bundesminister / Bundesministerium für Ernährung, Landwirtschaft und Forsten
BFM	Bundesminister / Bundesministerium der Finanzen
BGBl.	Bundesgesetzblatt
BHE	Block der Heimatvertriebenen und Entrechteten
BIZ	Bank für internationalen Zahlungsausgleich
BK	Bundeskanzler / Bundeskanzleramt
BM	Bundesminister / Bundesministerium
BMA	Bundesminister / Bundesministerium für Arbeit
BMAt	Bundesminister / Bundesministerium für Atomfragen
BMB	Bundesminister / Bundesministerium für innerdeutsche Beziehungen
BMF	Bundesminister / Bundesministerium der Finanzen
BMFa	Bundesminister / Bundesministerium für Familienfragen
BMG	Bundesminister / Bundesministerium für gesamtdeutsche Fragen
BMGes	Bundesministerium für Gesundheitswesen
BMI	Bundesminister / Bundesministerium des Innern
BMJ	Bundesminister / Bundesministerium der Justiz

BML	Bundesminister / Bundesministerium für Ernährung, Landwirtschaft und Forsten
BMM	Bundesminister / Bundesministerium für den Marshallplan
BMP	Bundesminister / Bundesministerium für das Post- und Fernmeldewesen
BMSchatz	Bundesschatzminister / Bundesschatzministerium
BMV	Bundesminister / Bundesministerium für Verkehr
BMVt	Bundesminister / Bundesministerium für Vertriebene, Flüchtlinge und Kriegsgeschädigte
BMVtg	Bundesminister / Bundesministerium für Verteidigung
BMWi	Bundesminister / Bundesministerium für Wirtschaft
BMWo	Bundesminister / Bundesministerium für Wohnungsbau
BMZ	Bundesminister / Bundesministerium für wirtschaftliche Zusammenarbeit
BPA	Presse- und Informationsamt der Bundesregierung
BR	Bundesrat
BT	Bundestag
BWM	Bundesminister / Bundesministerium für Wirtschaft
CDU	Christlich Demokratische Union
CDUD	Christlich Demokratische Union Deutschlands
cif	cost, insurance and freight
Co.	Compagnie
COCOM	Coordinating Committee for Multilateral Export Controls
CRALOG	Council of Relief Agencies Licensed for Operations in Germany
CSU	Christlich Soziale Union
DDP	Deutsche Demokratische Partei
DDR	Deutsche Demokratische Republik
Depfa	Deutsche Pfandbriefanstalt
DGB	Deutscher Gewerkschaftsbund
DKBL	Deutsche Kohlenbergbau-Leitung
DKV	Deutscher Kohlenverkauf
DNVP	Deutsch-Nationale Volkspartei
DP	Deutsche Partei
DP	Deutsche Post
Dpf	Deutscher Pfennig
Drs.	Drucksache
DStP	Deutsche Staatspartei
dz	Doppelzentner
ECA	Economic Cooperation Administration
ECE	Economic Commission for Europe
EGKS	Europäische Gemeinschaft für Kohle und Stahl
ERP	European Recovery Program
ET	Export-Taxendienst

EURATOM	Europäische Atomgemeinschaft
EVG	Europäische Verteidigungsgemeinschaft
EVSt	Einfuhr- und Vorratsstelle
EWG	Europäische Wirtschaftsgemeinschaft
EZU	Europäische Zahlungsunion
FDP	Freie Demokratische Partei
FOA	Foreign Organization Administration
fob	free on board
FVP	Freie Volkspartei
GARIOA	Government and Relief in Occupied Areas
GB	Gesamtdeutscher Block
geh.	geheim
GG	Grundgesetz
GGO	Gemeinsame Geschäftsordnung der Bundesministerien
GmbH	Gesellschaft mit beschränkter Haftung
GMBl.	Gemeinsames Ministerialblatt
IG	Industriegemeinschaft
IG	Industriegewerkschaft
i.L.	in Liquidation
IWA	Internationales Weizenabkommen
IWA	Interministerieller Wirtschaftsausschuß
JEIA	Joint Export–Import–Agency
LDP	Liberal-Demokratische Partei
MdB	Mitglied des Bundestages
MdEP	Mitglied des Europäischen Parlaments
MdL	Mitglied des Landtages
MdR	Mitglied des Reichstages
Mia	Milliarden
Mill.	Millionen
MinBlFin	Ministerialblatt des Bundesministeriums der Finanzen
Min.Dir.	Ministerialdirektor
Min.Dirig.	Ministerialdirigent
Min.Rat	Ministerialrat
Mio	Millionen
MSA	Mutual Security Agency
NATO	North Atlantic Treaty Organization
o.D.	ohne Datum
OECD	Organization for Economic Cooperation and Development
OEEC	Organization for European Economic Cooperation

OPDir	Oberpostdirektor
ORR	Oberregierungsrat
PKW	Personenkraftwagen
Ref.	Referat / Referent
RGBl.	Reichsgesetzblatt
S.	Seite
SBZ	Sowjetische Besatzungszone
Sfr.	Schweizer Franken
SPD	Sozialdemokratische Partei Deutschlands
StBKAH	Stiftung Bundeskanzler-Adenauer-Haus
StEG	Staatliche Erfassungsgesellschaft für öffentliches Gut
t	Tonne
TOP	Tagesordnungspunkt
UN	United Nations
UNO	United Nations Organization
USA	United States of America
VE	Verrechnungseinheit
VO	Verordnung
VOB	Verdingungsordnung für Bauleistungen
VOL	Verdingungsordnung für Leistungen
WG	Währungsgesetz
WiGBl.	Gesetzblatt der Verwaltung des Vereinigten Wirtschaftsgebiets
WP	Wahlperiode
Ziff.	Ziffer

QUELLEN- UND LITERATURVERZEICHNIS

1. UNGEDRUCKTE QUELLEN

Archiv für Christlich-Demokratische Politik der Konrad-Adenauer-Stiftung, St. Augustin (ACDP)

I-162	Nachlaß Curt Becker
I-172	Nachlaß Otto Lenz

Bundesarchiv

B 102	Bundesministerium für Wirtschaft
B 106	Bundesministerium des Innern
B 108	Bundesministerium für Verkehr
B 116	Bundesministerium für Ernährung, Landwirtschaft und Forsten
B 115	Bundesschatzministerium/Bundesvermögensverwaltung
B 126	Bundesministerium der Finanzen
B 134	Bundesministerium für Raumordnung, Bauwesen und Städtebau
B 136	Bundeskanzleramt
B 141	Bundesministerium der Justiz
B 142	Bundesministerium für Gesundheitswesen
B 146	Bundesministerium für den Marshallplan / Bundesministerium für wirtschaftliche Zusammenarbeit
B 149	Bundesministerium für Arbeit
B 150	Bundesministerium für Vertriebene, Flüchtlinge und Kriegsgeschädigte
B 257	Bundesministerium für Post und Telekommunikation
BD 7	Presse- und Informationsamt der Bundesregierung – Amtliche Druckschriften
BW 9	Deutsche Dienststellen zur Vorbereitung der Europäischen Verteidigungsgemeinschaft 1950–1955

Persönliche Papiere, Nachlässe:

N 1080	Franz Blücher
N 1168	Fritz Schäffer
N 1239	Heinrich von Brentano

Politisches Archiv des Auswärtigen Amts, Bonn (AA)

B 2	Büro Staatssekretäre
B 4	Kabinettsreferat
B 10	Politische Abteilung (Abt. 2)
B 15	Sekretariat für Fragen des Schuman-Plans
B 51	Allgemeine Handelspolitik (Unterabteilung 40)

Stiftung Bundeskanzler-Adenauer-Haus, Bad Honnef-Rhöndorf (StBKAH)

I/III	Nachlaß Konrad Adenauer

2. GEDRUCKTE QUELLEN UND LITERATUR

Abelshauser, Werner: Ansätze „korporativer Marktwirtschaft" in der Korea-Krise der frühen fünfziger Jahre. In: Vierteljahrshefte für Zeitgeschichte 30 (1982), S. 715–756

Abelshauser, Werner: Wirtschaftsgeschichte der Bundesrepublik Deutschland. 1945–1980. Frankfurt a.M. 1983

Abelshauser, Werner: Die langen Fünfziger Jahre. Wirtschaft und Gesellschaft der Bundesrepublik Deutschland 1949–1966. Düsseldorf 1987

Adamsen, Heiner R.: Investitionshilfe für die Ruhr. Wiederaufbau, Verbände und Soziale Marktwirtschaft 1948–1952. Wuppertal 1981

Adenauer. Briefe 1949–1951. Bearb. von Hans Peter Mensing. (Rhöndorfer Ausgabe) Berlin 1985

Adenauer. Briefe 1951–1953. Bearb. von Hans Peter Mensing. (Rhöndorfer Ausgabe) Berlin 1987

Adenauer – Heuss. Unter vier Augen. Gespräche aus den Gründerjahren 1949–1959. Bearb. von Hans Peter Mensing. (Rhöndorfer Ausgabe) Berlin 1997

Akten zur Auswärtigen Politik der Bundesrepublik Deutschland. Hrsg. im Auftrag des Auswärtigen Amts von Hans-Peter Schwarz.
Bd. 1: Adenauer und die Hohen Kommissare 1949–1951. Bearb. von Frank-Lothar Kroll und Manfred Nebelin. München 1989
Bd. 2: Adenauer und die Hohen Kommissare 1952. Bearb. von Frank-Lothar Kroll und Manfred Nebelin. München 1990

Amtsblatt der Hohen Alliierten Kommission in Deutschland. Bonn-Petersberg 1949

Amtsblatt der Militärregierung in Deutschland, Amerikanisches Kontrollgebiet. Military Government Gazette Germany, US Zone. 1947

Amtsblatt der Mititärregierung in Deutschland, Britisches Kontrollgebiet. Military Government Gazette, British Zone of Control. 1947

Amtsblatt der französischen Militärregierung in Deutschland. Journal Officiel du Commandement en Chef français en Allemagne. Gouvernement Militaire de la Zone française d'Occupation. 1948

Amtsblatt der Europäischen Gemeinschaft für Kohle und Stahl. Hrsg. von der Abteilung Drucksachen der Europäischen Gemeinschaft in Luxemburg. 1953

Anfänge westdeutscher Sicherheitspolitik 1945–1956. Hrsg. vom Militärgeschichtlichen Forschungsamt.
Bd. 2: Die EVG-Phase. Von Lutz Köllner, Klaus A. Maier, Wilhelm Meier-Dörnberg und Hans-Erich Volkmann. München 1990
Bd. 4: Wirtschaft und Rüstung, Souveränität und Sicherheit. Von Werner Abelshauser und Walter Schwengler. München 1996

Baring, Arnulf: Sehr verehrter Herr Bundeskanzler! Heinrich von Brentano im Briefwechsel mit Konrad Adenauer 1949–1964. Hamburg 1974

Becker, Curt: Verantwortung für das Gemeinwohl. In: Abgeordnete des Deutschen Bundestages. Aufzeichnungen und Erinnerungen, Bd. 2. Boppard 1983

Berlin. Ringen um Einheit und Wiederaufbau 1948–1951. Hrsg. im Auftrag des Senats von Berlin. Berlin 1962

Buchheim, Christoph: Die Wiedereingliederung Deutschlands in die Weltwirtschaft 1945–1958. München 1990

Bührer, Werner: Westdeutschland in der OEEC. Eingliederung, Krise, Bewährung 1947–1961. München 1977

Bulletin des Presse- und Informationsamtes der Bundesregierung, 1951–1953

Bundesanzeiger. Hrsg. vom Bundesminister der Justiz, 1949 ff.

Bundesgesetzblatt. Hrsg. vom Bundesminister der Justiz, 1949 ff.

Die CDU/CSU-Fraktion im Deutschen Bundestag 1949–1966. Bd. 1: Sitzungsprotokolle 1949–1953. Bearb. von Helge Heidemeyer. (Quellen zur Geschichte des Parlamentarismus und der politischen Parteien, Vierte Reihe Bd. 11) Düsseldorf 1998

Dickhaus, Monika: Die Bundesbank im westeuropäischen Wiederaufbau. Die Internationale Währungspolitik der Bundesrepublik Deutschland 1948 bis 1958. (Schriftenreihe der Vierteljahrshefte für Zeitgeschichte, Bd. 72) München 1996

FDP-Bundesvorstand. Die Liberalen unter dem Vorsitz von Theodor Heuss und Franz Blücher. Sitzungsprotokolle 1949–1954. Bearb. von Udo Wengst. (Quellen zur Geschichte des Parlamentarismus und der Politischen Parteien, Vierte Reihe Bd. 7/I) Düsseldorf 1990

Gesetzblatt der Verwaltung des Vereinigten Wirtschaftsgebietes 1947–1949. Hrsg. vom Büro des Wirtschaftsrates. [Frankfurt a.M. 1949]

Geschäftsberichte der Bank deutscher Länder für das Geschäftsjahr [1951–1953]. Hrsg. von der Bank deutscher Länder. Frankfurt 1952–1954

Gradl, Johann Baptist: Anfang unter dem Sowjetstern. Die CDU 1945–1948 in der sowjetischen Besatzungszone Deutschlands. Köln 1981

Gradl, Johann Baptist: Adenauer und Berlin. In: Konrad Adenauer und seine Zeit. Politik und Persönlichkeit des ersten Bundeskanzlers. Hrsg. von Dieter Blumenwitz u.a. Bd. 1: Beiträge von Weg- und Zeitgenossen. Stuttgart 1976

Hansard's Parliamentary Debates. 5th Series. House of Commons, Official Report. Session 1951–52. Vol. 505 und 508. London 1952

Hentschel, Volker: Die europäische Zahlungsunion und die deutschen Devisenkrisen 1950/51. In: Vierteljahrshefte für Zeitgeschichte 37 (1989), S. 716–758

Hentschel, Volker: Ludwig Erhard. Ein Politikerleben. München und Landsberg am Lech 1996

Holtfrerich, Carl-Ludwig: Geldpolitik bei festen Wechselkursen. In: Fünfzig Jahre Deutsche Mark. Notenbank und Währung in Deutschland seit 1948. Hrsg. von der Deutschen Bundesbank. München 1998, S. 347–438

Honnacker, Heinz und Gottfried Grimm: Geschäftsordnung der Bundesregierung. Kommentar. München 1968

Die Kabinettsprotokolle der Bundesregierung. Hrsg. für das Bundesarchiv von Hans Booms und Friedrich P. Kahlenberg.
Bd. 1: 1949. Bearb. von Ulrich Enders und Konrad Reiser. Boppard 1982
Bd. 2: 1950. Bearb. von Ulrich Enders und Konrad Reiser. Boppard 1984
Bd. 4: 1951. Bearb. von Ursula Hüllbüsch. Boppard 1988
Bd. 5: 1952. Bearb. von Kai von Jena. Boppard 1989
Bd. 6: 1953. Bearb. von Ulrich Enders und Konrad Reiser. Boppard 1989
Bd. 7: 1954. Bearb. von Ursula Hüllbüsch und Thomas Trumpp. Boppard 1993

Koerfer, Daniel: Kampf ums Kanzleramt. Erhard und Adenauer. Stuttgart und Landsberg am Lech 1987

Ringe, Astrid: Konkurrenten in Europa. Großbritannien und die Bundesrepublik Deutschland. Deutsch-britische Wirtschaftsbeziehungen 1949–1957. Stuttgart 1996

Schwarz, Hans-Peter: Adenauer. [Bd. 1:] Der Aufstieg: 1876–1952. Stuttgart 1986

Die Unionsparteien 1946–1950. Protokolle der Arbeitgemeinschaft der CDU/CSU Deutschlands und der Konferenzen der Landesvorsitzenden. Bearb. von Brigitte Kaff. Düsseldorf 1991

Verhandlungen des Deutschen Bundestages. 1. Wahlperiode. Stenographische Berichte. Bonn 1949–1953

Verordnungsblatt für die Britische Zone. Amtliches Organ zur Verkündung von Rechtsverordnungen der Zentralverwaltungen. Hrsg. vom Zentral-Justizamt für die Britische Zone. Hamburg 1949

Wirtschaft und Statistik. 4. Jahrgang N.F. 1952. Hrsg. vom Statistischen Bundesamt. Stuttgart [1952]

Wolf, Michael W.: Die Währungsreform in Berlin 1948/49. Berlin, New York 1991

PERSONENINDEX

Nicht aufgenommen wurden die Namen der Verfasser der in den Anmerkungen zitierten Publikationen bzw. Quellensammlungen. Fundstellen mit biographischen Angaben zur Person sind durch Fettdruck hervorgehoben. Die auf teilnehmende Bundesminister und Staatssekretäre bezogenen Indexeinträge sind nach Sachgebieten spezifiziert.

SACH- UND ORTSINDEX